AFTER OUR LIKENESS
The Church as the Image of the Trinity

Copyright © 1998 by Wm. B. Eerdmans Publishing Co.
Originally published in English under the title
After Our Likeness: The Church as the Image of the Trinity by Miroslav Volf
Published by Wm. B. Eerdmans Publishing Co.
2140 Oak Industrial Drive NE, Grand Rapids, Michigan 49505, U.S.A.
All rights reserved.

Translated and used by arrangement of Wm. B. Eerdmans Publishing Co.,
through rMaeng2 Literary Agency, Seoul, Korea.

Korean Copyright © 2012 by Holy Wave Plus, Seoul, Korea.

본 저작물의 한국어판 저작권은 알맹2 에이전시를 통하여 Wm. B. Eerdmans Publishing Co.와 독점
계약한 새물결플러스에 있습니다. 신 저작권법에 의하여 한국 내에서 보호받는 저작물이므로 무
단전재와 무단복제를 금합니다.

삼위일체와 교회

하나님의 형상으로서 교회에 대한
가톨릭·동방 정교회·개신교적 이해를 찾아서

미로슬라브 볼프 지음
황은영 옮김

목차

서문 9

한국어판 서문 15

영어판 서문 18

서론 31
   1. 저항의 외침과 그 운명 32
   2. 자유교회들: 미래의 교회들? 37
   3. 교회일치적 연구 48

제1부
제Ⅰ장 라칭거: 교제와 전체 63
   1. 신앙, 성례전, 교제 69
      1.1. 신앙과 교제 69
      1.2. 성례전과 교제 80
   2. 성만찬과 교제 84
   3. 하나님의 말씀과 교제 94
   4. 직임과 교제 103
   5. 신자들의 교제 116
   6. 삼위일체와 교회적 교제 124

제Ⅱ장 지지울라스: 성도의 교제, 하나와 다수 135
   1. 인격의 존재론 140
      1.1. 삼위일체적 인격성 140

1.2. 인간의 인격성	148
2. 교회의 인격성	153
2.1. 그리스도: 인격과 공동체	153
2.2. 세례	160
2.3. 진리	165
3. 교회적 교제	174
3.1. 성만찬과 교제	175
3.2. 공동체와 공동체들	184
4. 교제의 구조	191
4.1. 제도와 사건	191
4.2. 주교	194
4.3. 평신도	200
4.4. 사도성과 공의회성	206

제2부

제Ⅲ장 교회의 교회성   219

1. 교회의 정체성과 동일시	221
1.1. 교회란 무엇인가?	222
1.2. 교회는 어디에 있는가?	225
2. 우리가 교회다!	232
2.1. 회합으로서 교회	235
2.2. 교회와 신앙의 고백	247
3. 교회와 교회들	260

제 IV 장 신앙, 인격, 교회   269

  1. 신앙과 교회   272
    1.1. 신앙의 교회적 매개   272
    1.2. 신앙의 개인주의?   283
  2. 구원의 교회적 성격   290
    2.1. 구원의 교회성   290
    2.2. 구체적 교회의 기원   295
  3. 교회적 공동체에서의 인격성   304
    3.1. 인격성과 그리스도인의 실존   305
    3.2. 성령의 교제 속에 있는 인격   311

제 V 장 삼위일체와 교회   319

  1. 상응점과 그 한계점들   321
    1.1. 상응점들   322
    1.2. 유비의 한계들   331
  2. 삼위일체, 보편 교회, 지역 교회   334
  3. 삼위일체적 인격들과 교회   340
    3.1. 관계적 인격성   341
    3.2. 페리코레시스적 인격성   348
  4. 삼위일체적 관계들과 교회적 관계들의 구조   356

제 VI 장 교회의 구조들   369

  1. 은사와 참여   372
    1.1. 주교인가, 모든 사람들인가?   373

1.2. 은사적 교회	381
2. 삼위일체와 교회의 제도들	390
2.1. 모형으로서 삼위일체	390
2.2. 성령, 제도, 구원의 매개	398
3. 서임	408
3.1. 직임과 서임	409
3.2. 서임과 선출	418

제Ⅶ장 교회의 전일성   429

1. 전일성에 대한 질문	431
2. 전일성과 새 창조	439
3. 지역 교회의 전일성	447
3.1. 전일성과 은혜	448
3.2. 전일성과 창조	457
4. 인격의 전일성	461

제Ⅷ장 통일성의 삼위일체적 본성에 근거한 수위권   469

1. 교황의 권고	470
2. 접속사의 운명	474
3. 삼위일체적 통일성	480
4. 교회적 통일성과 공동체적 수위권	484

참고 문헌 492

색인 526

나의 부모님 드라구틴과 미라에게

서문

이 책을 쓰게 된 유래를 추적해가다 보면, 결국 어린 시절 기억 속에 있는 안개 자욱한 동네를 떠올리게 된다. 나는 아버지가 신학을 공부하던 때에 태어났으며, 마샬 티토(Marshall Tito)와 공산당원들이 아무런 견제 없이 권력을 휘두르던 시기에 유고슬라비아의 노비 사드(Novi Sad)라는 도시의 한 목사 사택에서 자라났다. 어떤 면에서 부모님이 교회에서 "일했다"는 표현은 정확하지 않다. 부모님은 자신들이 돌봐야 할 신자들의 작은 공동체를 위해서 "살았다." 아직 어렸던 나와 여동생은, 말하자면 바로 그러한 공동체의 삶의 궤도 속으로 온전히 빨려 들어갔다. 우리 가정은 교회 속에 있었고, 교회는 우리의 가정의 삶에 깊이 스며들어 있었다. 교회가 우리의 부분이었기에, 우리도 교회의 부분이었다.

어린 나는 나에 대한 교회 사람들의 기대—그들에게 나는 좀더 바른 행실을 지녀야 할, 목사님의 말썽꾸러기 아들이었다—를 싫어했고, 또한 내가 학교에서 직면한 노골적인 차별—재능이 있기는 해도 결국에는 경멸받는 "인민의 적"의 아들일 뿐이었다—에 대해서 분개했다. 그러한 원한으로 가득 찬 감정이 너무나 현실적인 문제였기에 한때 나는 아버지의 길을 뒤따르지 않으리라고 맹세했지만, 그 후 그러한 맹세를 기꺼이 깨뜨렸고, 그 원한의 감정들도 희미하게 바랬다. 하지만 그러한 기억보다 나의 영혼에 지울 수 없게 깊이 새겨진 것은 다름 아니라 나의 부모님이 공동체에 대해서 가졌던 심원하고 굴하지 않는 헌신의 마음, 즉 사랑이었다. 그 공동체는 어려운 시절을 살아갔던 다소 이상한 일단의 무리였다. 많은 괴팍스러운 인물들이 그리스도의 복음보다는 개인적인 좌절들과 더 관련 있는 사소한 다툼을 벌였다. 또한 공산당 기관원들이 우리 집을 곧잘 방문했는데, 그들은 교회 내에서 숨어 있는 밀고자들이 전달해주는 것들을 상기시키며, 넘어선다면 처벌을 받게 될 경계를 국가가 그어놓았다는 사실을 강조하고자 했다. 교회 내부의 사소한 갈등들과 외부에서 다가오는 끈질긴 압력들에도 불구하고, 나의 부모님은 30년 동안이나 그 공동체에 자신들의 많은 시간과 에너지를, 더 나아가서 그들 자신을 지속적으로 내주었다. 시간이 흐른 뒤에 되돌아보니, 나는 이제 당시에는 알아보지 못했지만 그럼에도 나의 내면의 깊은 차원을 형성해온 것들을 보게 된다. 그것은 "교회를 사랑하시고 그 교회를 위하여 자신을 주신"(엡 5:25) 그리스도의 헌신을 반영하는 그들의 헌신이다. 그러한 사랑―그리스도의 사랑이자 그들의 사랑―이 아니었더라면 나는 어쩌면 그리스도인이 되지 않았을 것이며, 신학을 공부하지 않았을 것이다. 그리고 그들이 아니었다면 이렇게 연약하고 언제나 좌절뿐인 교회라 불리는 공동체가 실제로 삼위일체 하나님의 형상이라고 이야기하는 전통의 합창 속으로 내가 내 모든 진지함을 가지고 참여하고 있는 이 책을 쓰지 않았을지도 모른다. 그러므로 이 책을 그분들께 바치는 것이 합당하리라.

　　노비 사드의 작은 기독교 공동체에서 체험한 삶은 내가 그 내용을 표현할 신학적 언어를 가지기 이전에, 나에게 두 가지 기본적인 교회론적 가르침을 주었다. 첫 번째 가르침은 "하나님의 다스림 없이는 교회도 없다"는 것이다(볼프가 이야기하는 하나님의 다스림은 하나님의 종말론적 다스림이 이루어진다는 의미에서의 "하나님의 통치", 곧 "하나님의 나라"로도 번역할 수 있다―옮긴이). 교회는 교회 자체보다 더 큰 무엇에 의거해서 살아가고 그것을 향해서 살아간다. 만일 하나님의 다스림으로 향해 있는 창이 닫힐 때, 그때는 어둠이 교회를 내리 덮고 공기가 탁해진다. 만일 하나님의 다스림을 향한 창이 열려 있을 때, 생명을 주는 하나님의 숨결과 하나님의 빛이 교회에 새로운 희망을 준다. 두 번째 가르침은 "교회 없이는 하나님의 다스림도 없다"는 것이다. 교회의 생명이 하나님 나라에 의존해 있는 것처럼, 하나님의 다스림을 향한 희망의 생명력은 신앙 공동체들에 달려 있다. 오직 교회라는 공동체들, 즉 십자가에 달린 메시아에 대한 기억을 생생하게 가지고 있고, 또 오실 그분에 대한 희망을 뚜렷이 가지고 있는 공동체들이 세상에 존재하기에, 우리는 모든 창조세계를 갱신하시는 하나님의 새롭게 하시는 숨결과 하나님의 빛을 인식한다. 성령에 의해서 태어나고 유지되는 공동체 없이는 하나님의 다스림에 대한 희망은 말라 죽을 뿐이다. 노비 사드에 있던 그 기독교 공동체가 만일 그 자체를 넘어서 하나님이 설계자이고 건축자이신 도성을 주시하지 않았다면, 그 공동체는 번성하는 것은 말할 것도 없이 살아남을 수라도 있었을까? 또한 바로 그 도성을 자신의 말과 행동으로 증거하는 그 공동체와 다른 공동체들 없었다면, 그 도성을 향한 희망이 그렇게도 적대적이고 무관심한 환경 속에서 살아남을 수 있었을까? 이러한 것은 베를린이나 로스앤젤레스, 또한 마드라스나 나이로비에 있는 교회 모두에 적용되는 사실이며, 또한 아프리카, 아메리카, 아시아, 오스트레일리아, 유럽에서의 하나님의 통치에 대한 희망에 적용되는 사실이다. 하나님의 다스림과 교회 사이의 관계에 대한 이러한 두 가지 가르침은 이 책의 신학적 틀을 형성한다.

    이 책의 신학적 틀과 주제에 대한 나의 관심은 어린 시절 내가 겪은 교회에 대한 경험에서 싹튼 것이다. 그리고 이 책의 내용—주제들, 강조점들, 관점들, 논증들—은 주로 나의 교회일치적 참여에서 비롯되었다. 내가 1980년대 중반에 교회일치주의(ecumenism)의 세계에 입문했을 때는 교제(communion, 교통, 친교, 사귐)가 핵심적인 교회일치적 개념으로

막 부상할 때였다. 처음부터, 그리고 무엇보다도 가톨릭과 동방 정교회 신학자들의 영향 속에서, "교제"의 교회론적 용법은 삼위일체적 교제라는 더 큰 틀 내에 자리하고 있었다. 삼위일체와 공동체의 관계를 주제로 삼고 있는 이 책은 교회일치적 대화들과 내가 그 대화에 기여한 공헌들의 열매이다. 매우 일반적인 방식으로 말하자면, 나는 교회론적 개인주의의 전형적인 개신교적—무엇보다도 "자유교회"라는 모습의—형태와, 반대로 교회론적 전체주의(holism)의 가톨릭적이고 동방 정교회적인 전통적 형태들이 교회론적 대안들 중 유일하게 적합한 교회론적 대안이 아님을 밝히고자 한다. 더 나아가서 나는 삼위일체에 대한 적합한 이해가 결국에는 우리에게 교회 안의 개인과 공동체 사이의 관계에 대해서 보다 분명한 의미를 드러내면서도 전망 있는 모델을 제공한다는 점을 밝히고자 한다. 내 목표는 교회일치적 교회론을 제기하는 것이다. 그러나 이것은 모든 전통들을 끌어 모으지만 그 어디에도 뿌리를 두고 있지 않은 구성물이라는 점에서가 아니라, 뚜렷한 개신교적 교회론의 가락에 속하는 모든 거대한 주제들이 가톨릭과 동방 정교회의 목소리들에 의해서 더 풍요롭게 된다는 의미에서 교회일치적 교회론이다.

이 책을 쓰면서 너무나도 많은 빚을 지게 되었기에, 오로지 나의 진심 어린 감사의 말을 통해서만 그 빚들을 갚을 수 있을 것이다. 본래 이 책의 원고는 튀빙겐 대학교 신학부 박사후 과정에 요구되는 교수자격논문(Habilitationsschrift)으로 제출되었다. 나는 출판과 독자들의 편의를 위해서 그것에 다소 수정을 가했다. 지도 교수 위르겐 몰트만(Jürgen Moltmann) 교수는 신학적 지혜의 근원이었을 뿐 아니라, 연구에 필요한 공간을 제공해주었다. 오스발트 바이에르(Oswald Bayer) 교수는 세심한 논문 부심이었다. 공적인 교회일치적 대화의 상황에서나 사적인 대화의 상황에서나 파리의 가톨릭연구소 에르베 마리 르그랑(Hervé-Marie Legrand) 교수는 비범한 지식으로 명확한 조언을 해주셨다. 또한 나와 아내가 연구와 저술에 매진하며 파리의 봄을 누렸던 기억에 남는 한 달 반의 기간에 자신의 집에 머물도록 허락했다. 솔슈와르 도서관은 나에게 작업실을 제공했고, 마리 테레즈 덴제르(Marie-Therèse Denzer)는 우리가 자신의 아파트를 사용할 수 있게 해주었다. 풀러 신학교의 동료 교수인 로버트 뱅크스(Robert Banks) 교수는 신약성서학자이자 실천신학자로서의 예민한 눈을 가지고 내 원고의 많은 부분을 읽어주었다. 캘리포니아 파사데나에 있는 풀러 신학교의 학생들과 오시예크에 있는 개신교 신학부의 학생들 모두가 책에 있는 내용 대부분을 강의로 들었다. 그들이 보여주었던 찡그림, 하품, 휘둥그런 눈, 미소는 그들의 좋은 발언만큼이나 이 책의 내용을 형성했다.

이 책의 마지막 장은 본래 1991년 4월 스페인 살라망카 대학교에서 열린 지역 교회의 보편성에 관한 학술회의에서 발표되었고 나중에 영어와 스페인어로 출판된 강연이다.[1] 제3장 전반부의 일부는 프랑스 스트라스부르의 교회일치연구소(the Institute for Ecumenical Research)에서 강의한 것이다. 두 기관에서의 토론들은 이 문제에 대한 나의 이해를 깊게 했으며 사유의 명료함에 큰 기여를 했다.

이 책의 대부분은 내가 알렉산더 폰 훔볼트 재단에서 연구원으로 있었던 시절(1989-1991년)에 쓰여진 것이다. 그 재단은 이 책이 출간되는 데도 큰 후원을 제공했다. 풀러 신학교는 나에게 이 프로젝트에 전념하도록 안식년을 주었다. 마티아스 그뤼네발트 출판사(Matthias Grünewald Press)의 브루노 케른(Bruno Kern)은 원고가 책으로 나올 수 있게끔 충분한 관심을 가져주었고 노이키르헤너(Neukirchener) 출판사는

---

[1] "Apportaciones ecumenicas al tema del coloquio: causa nostra agitur? Iglesias liberes." In *Iglesias Locales y Catolicidad: Actas del Coloquio International celebrando en Salamanca, 2-7 de abril de 1991*, ed. H. Legrand et al., 701-731 (Salamanca: Universidad Pontificia de Salamanca, 1992); "Catholicity of 'Two and Three': A Free Church Reflection on the Catholicity of the Local Church," *The Jurist* 52 (1992): 525-546.

공동을 출판하는 것을 합의함으로써 이 책이 더 많은 개신교 독자들에게 소개될 수 있게 하였다. 브뢰켈(Marianne Bröckel) 여사는 나의 독일어 모친이 되어, 비원어민 독일어 사용자인 내가 나의 사유를 독일어로 표현할 수 있게끔 돕기 위해서 어려운 문장들을 놓고 많은 시간 동안 숙고해주었다. 또한 브뢰켈은 오탈자를 고치거나 색인을 만드는 지루한 작업들을 기꺼이 감당했다. 마지막으로 나의 아내 주디는 그녀가 내게 해준 것에 대해서, 그리고 훌륭한 인간으로서 그녀의 있는 모습 그대로에 대해서 내가 얼마나 감사해 하는지를 잘 알고 있다. 또한 주디는 그녀의 충고와 조력 없이는 내가 이 책을 끝마치기는커녕 시작도 못했을 것임을 잘 알고 있다.

튀빙겐에서
1996년 5월

한국어판 서문

나는 이 책을 거의 20년 전에 썼다. 그리고 이 책을 관통하는 논리는, 부분적으로 반대되는 동시에 부분적으로 서로 보충적인 그러한 두 방향으로 나아간다.

첫 번째 방향은 공식적인 가톨릭 교회론과 동방 정교회 교회론의 몇몇 지점에 대한 반대로 향하고 있다. 이 지점에 대한 나의 첫 번째 탐사는 "그리스도인의 일치를 위한 바티칸 위원회"가 오순절 교회의 지도자들과 국제적인 교회일치를 지향하는 대화를 착수하기 시작하던 1984년에 이를 위한 입장을 표명하는 문서를 공동으로 작성하는 데 내가 참여하면서부터 시작되었다. 주제는 공동체였고, 더 나아가서 실제로는 교제의 문제, 즉 하나님 안에서 하나님과 함께 그리고 교회 안에서 서로 갖게 되는 그러한 교제의 문제였다. 젊은 청년이었던 나는 열정적으로 이 대화에 참여했으며, 실제로 전 세계에서 가장 큰 기독교 집단과 전 세계에서 가장 빠르게 성장하는 기독교 운동 사이에서 벌어지는 중요한 대화였기 때문에, 나의 신학적 이력에서 가장 으뜸가는 경험들 중 하나였다. 나의 이러한 노력 뒤에 있었던 주된 동력은 자유교회 교회론을, 단순히 교회론적 의붓자식쯤으로 치부하던 상황에서부터 다시 되살리고자 한 시도였다고 이야기할 수 있다. 많은 점에서, 나는 자유교회 모형을 교회의 미래로 보았고, 이 점에서 가톨릭 교회의 공식적 교회론이 이러한 생동하는 신앙 공동체에 교회로서 적합한 지위를 주지 않는다는 점에 대해서 우려하고 있었다.

전체 논의에서 두 번째 방향은 오늘날의 자유교회들에서 볼 수 있는 지배적 실천의 모습들이나 교회에 대한 생각들과 반대로 향하고 있다. 물론 개신교 기독교는 언제나 개인주의로 향하는 경향성을 지녀왔지만, 최근 50년간 자유교회들은 과잉-개인주의(turbo-individualism)로 묘사될 법한 방향으로 지속적으로 움직였다(그리고 이는 그리 놀랍지 않게 일종의 권위주의와 결합되곤 한다). 그리고 더욱 해악을 끼치는 지점은, 오늘날의 개인주의가 광폭하게 지배적인 소비주의, 행위 지향적 율법주의, 적대적인 민족주의 등에 의해서 악화되고 있다는 점이다. 이러한 경향은 교회의 정체성에 심각한 위협으로 다가오고 있다. 왜냐하면 교회는 하나님의 삼위일체적 삶 속에, 즉 자신을 내주는 사랑으로서 불경건한 이들을 구원하시고 이들을 하나님 자신과의 교제로 이끄는 그러한 삼위일체 삶 속에 뿌리를 박고 있기 때문이다. 이 책은 교회의 삼위일체적 특성에서 도출되는 교회적 관계들이 가지는 형식적 특성을 주요 주제로 삼아서 다룬다. 더 구체적으로 표현하자면, 삼위일체와 교회 사이에 존재하는 긴밀한 연관관계에 대한 나의 주장은 그리스도인의 삶에 다음과 같은 점을 시사한다. 그리스도인의 삶은 (1) 동등한 이들의 공동체 속에서 사는 것이며, (2) 교회와 교회의 구성원들이 하나님의 자기를 내주는 사랑을 본받을 수 있게끔 그리스도의 성령에 의해서 힘을 받아야 하며, (3) 관대함과 용서 그리고 원수 사랑의 실천을 요구한다.

이 책에서 나는 우선적으로 이러한 주장들 중에서 첫 번째 요소에 집중하고자 한다. 나머지 다른 두 지점에 대해서는 『배제와 포용』(Exclusion & Embrace, IVP 역간)과 『베풂과 용서』(Free of Charge, 복있는사람 역간)에서 다루었다. 이러한 지점들은 사실 하나의 일관된 전체라고 볼 수 있다. 교회가 건강한 삶을 살기 위해서는, 위의 세 지점들에 대한 해명이 모두 필요하다. 하지만 내가 보기에는 무엇보다도 교회는 새로운 영적 깊이를 얻어야 한다고 생각한다. 이러한 지점은 세상 속에 모인 공동체인 동시에 세상 속에서 흩어진 하나님의 백성인 교회가, 삼위 하나님의 삶을 주시고 삶을 바꾸시는 실재를 향해서 그 자신의 온전한 삶 모두를 새로운 방향으로 향하게 하는 법을 배워야 함을 의미한다. 나는 이 책이 이러한 위대한 목표에 조금이나마 기여하기를 바란다.

한국어판은 영어판에 비해 진일보한 판본이다. 이 판본은 지역적 차원에서가 아니라 지구적 차원에서의 교회의 통일성에 대한 추가된 한 장(제Ⅷ장)을 포함하고 있다["Trinity, Unity, Primacy on the Trinitarian Nature of Unity and Its Implications for the Question of Primacy" in *Petrine Ministry and The Unity of the Church* (Collegeville: The Liturgical Press, 1999)]. 나는 이 점에서 기꺼이 이 책을 증보하고자 한 새물결플러스 출판사의 호의에 감사한다. 또한 번역자인 황은영에게 감사를 표현하고 싶다. 일찍이 번역과 출판 모두를 담당해본 경험에 비추어볼 때, 출판과 번역 사역이 모두 사랑의 노고라는 사실을 나는 잘 알고 있다.

미로슬라브 볼프

예일 대학교 신학대학원 헨리 라이트 신학 교수
예일 "신앙과 문화 연구소" 창립 소장

영어판 서문

한 권의 책은 언제나 특정하게 주어진 상황을 위해서, 즉 특정한 시간과 장소에 존재하고 공동의 신념과 제도와 실천을 공유하는 하나의 언어 공동체를 위해서 저술된다.[1] 저자의 관점에서 보자면, 한 번역자가 저자의 책만을 번역하고 상황은 번역할 수 없다는 것은 아쉬운 일이다. 하지만 저자는 그 책을 특정 상황에 자리 매김함으로써, 독자들의 상상력을 도울 수 있다. 그리고 그것이 바로 내가 여기서 하고자 하는 일이다. 나는 어떻게 이 책이 미국의 교회론적 발전에서 중요한 몇몇 지점과 연관될 수 있을지를 보여줄 것이다.

먼저 나는 내가 추구하고자 하는 바가 무엇인지를 서술함으로써 논의를 시작하고자 하며, 또한 상당히 중요하게 생각하지만 그럼에도 이 책의 한계 안에서 다루어지지 못한 중요한 몇몇 주제들을 언급함으로써 결론을 내릴 것이다. 그리고 이 글의 중심부에서 나는 나의 주장을 페미니즘 교회론과 그리고 "신자들의 교회"(believers' church)라는 교회론에서 발전된 논의들의 상황에 자리 매김할 것이다. 비록 이 두 가지 지점이 교회론과 관련하여 북미의 학문적 지평에서 발생하는 모든 것은 아니겠지만, 그럼에도 많은 점에서 이 두 주장은 가장 최근의 중요한 흐름들을 보여준다(만일 우리가 이 책에서 직접적으로 다루는 가톨릭과 동방

---

1 MacIntyre, *Whose Justice?* 373-88

정교회와 교회일치 운동의 교회론적 노력들을 차치한다면, 아마도 이 흐름들이 가장 중요할 것이다). 둘째로, 나는 앤드류 월스(Andrew F. Walls)가 "신앙의 전승"[2]이라고 부른 것에 대해서 내가 가지고 있는 배경적 관심들을 간략하게 서술할 것이다. 또한 나는 어떻게 이러한 지점이 미국의 회중들에 대한 최근의 사회학적 연구에 연관될 수 있고 또한 어떻게 이것이 교회성의 다른 형식들과 연관된 다양한 실천적 실험들에 연관될 수 있는지를 또한 짧게 다루도록 할 것이다.

일반적으로 말하자면, 나의 주제는 기독교 신학에서 인격과 공동체의 관계이다. 특히 중심 주제는 은혜의 공동체로서 기독교 교회이다. 출발점은 바로 최초의 침례교도인 존 스미스(John Smyth)의 사상과, 그의 사상 안에서 그가 급진적 종교개혁자들과 공유했던 "모여진 공동체"로서의 교회에 대한 개념이라고 할 수 있다. 이 책의 목적이라면 개신교 교회론에서 나타나는 개인주의적 경향에 대해서 도전하는 동시에 인격과 공동체 모두 나름 받아야 할 지당한 관심을 받게 되는 그러한 실천 가능한 교회에 대한 이해를 제시하는 것이다. 물론 그 궁극적 목적은 삼위 하나님의 형상으로서 교회에 대한 이상을 제시하는 것이다. 내가 취한 방식은, 바로 가톨릭과 동방 정교회에서 공식적인 대표 인물로 간주되는 이들에 의해서 제기된 교회론적 진술에 대해서, 잘 이루어지고 동시에 비판적인 교회일치 지향적 대화를 수행하는 것이다.

비록 페미니즘신학이 복합적이고 다양한 형식을 가졌다고 하더라도, 페미니즘신학이 주창하는 교회론의 주된 논지는, 아마도 두 명의 두드러지는 옹호자들이 쓴 책 제목을 언급함으로써 요약할 수 있을 것이다. 엘리자베스 쉬슬러 피오렌자(Elisabeth Schüssler Fiorenza)의 『동등한 이들의 제자도』(Discipleship of Equals) 그리고 레티 러셀(Letty M. Russell)

---

[2] Walls, *Missionary Movement*.

의 『둘러 앉은 교회』(Church in the Round). 러셀의 용어를 빌리자면, 페미니즘 교회론의 주된 임무는 "가부장이 다스리는 집"으로서의 교회의 모형을 해체하는 것과 이러한 모형을 "모든 이가 공동의 식탁에 둘러앉아 떡을 떼고 식탁에서 이야기하고 친밀함을 나누는 집"의 모형으로 대체하는 것이다.[3]

물론 나의 논지의 주된 흐름은 바로 이러한 페미니즘 교회론의 평등주의적 논제와 상당히 근접한 유사성을 가진다. 나는 교회를 구성하는 그리스도의 현존이 단순히 서임 받은 성직자를 통해서뿐 아니라, 전체 회중을 통해서 매개된다는 점, 또한 전체 회중이 성령에 의해서 낳아진 그 자녀들에게 어머니 교회(mater ecclesia)의 역할을 한다는 점, 그리고 또한 전체 회중이 모두 사역을 담당하고 또한 지도자의 역할에 대해서 결정을 내리도록 부름 받았다라는 점을 주장하고자 한다. 물론 나는 명시적으로 여성 안수의 지점을 다루지는 않았다. 나는 여성 안수를 당연한 것으로 전제한다. 나의 교회론을 구성하는 모든 지점은 여성 안수를 지지하며, 또한 나는 여성 안수에 반대하는 여러 성서학적·인간학적·기독론적·신학적 논증들 중 어느 것도 설득력이 있다고 생각하지 않는다. 근본주의적 개신교 집단들이 제시하는 논증들이나 또한 로마 가톨릭 교회의 지도적 직책이 내놓는 논증들 모두 설득력이 없다.

나의 논지의 또 다른 흐름 역시 개인주의에 대한 페미니즘신학의 비판과 상당히 밀접하게 관련 있다. "분리적 자아"에 대한 거부와 관계의 그물에 위치한 자아의 개념—이 두 가지 모두 페미니즘 운동의 철학적·신학적 인간론에서[4] 두드러지게 나타나는데—은 그럼에도 페미니즘 교회론에서 그렇게 주된 주제는 아니었다. 하지만 이러한 주제는 최

---

3 Russell, *Church in the Round*, 42.
4 Keller, *Broken Web*; Weir, *Sacrificial Logics*를 보라.

근의 "신자들의 교회" 교회론에서 드러나는 최근의 발전들 중 두드러진다.[5] 전통적으로 신자들의 교회의 교회론은 주의주의(voluntarism)와 동시에 평등주의를 옹호해왔다. 즉 교회로의 편입이 "편입을 희망하는 이의 편에서와 공동체 편에서 함께 이루어지는 의지적인 것"[6]이라는 점에서 주의주의를, 그리고 교회라는 집단적인 삶에서의 책임의 문제는 궁극적으로 전체 지역 회중의 어깨 위에 놓인다는 점에서 평등주의를 옹호해왔다. 특히 고도로 진행된 근대성의 상황에서, 이 두 강조점은 때때로 거친 개인주의나 혹은 그 반대로 강요적인 권위주의의 길로 흘러가곤 했다.

그러나 최근에 신자들의 교회의 유산 속에서 발견되는 공동체적 차원을 되찾고자 하는 중요하고도 광범위한 파급력을 가진 운동들이 대두되고 있다. 이는 존 하워드 요더(John Howard Yoder)와 제임스 맥클랜든(James W. McClendon) 그리고 여러 다른 이의 이름과 결부되어서 알려지고 있다. 예를 들어 "침례교도의 정체성을 다시 그려보기"라는 구호와 함께, 일군의 침례교 신학자들은 이미 익숙하게 열린 두 길 사이에서, 즉 한편으로는 "하나님의 자유를 좁은 성서 해석과 권위의 강압적 위계 안으로 속박시킨 이들"이 택한 길과, 또한 다른 한편으로는 "자유라는 이름 속에서 자유를 그리스도의 몸에서의 구성원됨과 공동체가 가지는 적합한 권위로부터 잘라내고 하나님의 은사로서의 자유를 단순한 자율이라는 개념이나 방종주의적 이론과 섞어버린 이들"이 택한 길 양편 사이에서, 타당한 하나의 다른 길을 추구하고자 한다.[7]

교회론적 개인주의에 대한 비판과 또한 동시에 위계적 일원론으로의 퇴행을 피하고자 하는 대안을 제시하는 것은 모두 나의 관심에서 핵

---

5 Williams, "Believer's Church"를 보라.
6 McClendon, "Believer's Church," 5.
7 "Re-Envisioning Baptist Identity," 8.

심적이다. 주의주의와 평등주의는 마땅히 지켜져야 하는 좋은 지점들이지만, 그럼에도 이것들 모두는 각각이 드리우는 어두운 그늘들로부터 건짐 받아야 한다. 주의주의와 평등주의의 어두운 그림자는 다름 아니라 자기 폐쇄적 개인들이 빠지게 되는 거짓된 자율성—즉 그 관계가 근본적으로 계약주의적이고 또한 그에 대한 헌신이 오로지 언제까지나 "더 나은 보상이 다른 곳에서 주어지기 전까지"만[8] 존속하는 자율성—이다. 이러한 그늘에서부터 주의주의와 평등주의를 건져내기 위해서, 우리는 우선 자유롭고 동등한 인격들이 서로 속하게 되는 것을 단순히 그들의 자유로운 결정에 의존하는 것으로 보기보다는, 그러한 자유롭고 동등한 인격들 자체가 이미 공동체적 존재들이라는 것을 그 시초에서부터 생각해야 한다. 따라서 공동체와 인격들, 그리고 소속(belonging)과 선택(choice)—그 자체로 이미 신적 부르심에 대한 응답으로서 이해되는—모두에 대한 이중적 강조가 이 책에서 이루어지게 된다. 이 두 가지 지점은 분석적이고 전략적인 목적을 위해서만 분리될 수 있을 뿐이다. 만일 우리가 교회적 사회성의 본질에 대해서 검토하고자 한다면, 우리는 이것을 공동체라는 각도에서 보거나 혹은 인격의 각도에서 보게 된다. 그리고 우리가 개인주의와 권위주의라는 악들을 교정하고자 한다면, 우리는 소속을 강조하거나 혹은 선택을 강조하게 된다. 그러나 우리가 무엇을 하든지 간에 결국 양자 모두를 함께 고찰해야 한다.

교회적 자아를 구성하기 위하여, 인격과 공동체 모두에 대한 이중적 강조가 시사하는 결과는 매우 중요하다. 이 자아는 언제나 다른 이들에 의해서 "거주"되거나 "내주"되는 자아이다. 이 책의 말미에서 드러나겠듯이, 다른 이들에 의해서 거주되는 자아라는 복합적 개념—내가 사용하는 용어에 따르면 "전일적 자아"—을 제시하면서, 나는 페미니

---

8 Luntley, *Reason, Truth and Self*, 190.

즘 교회론과 신자들의 교회 신학의 교회론을 넘어서고자 한다. 하나님에 대한 교의와 인간론에 대한 최근의 페미니즘신학의 숙고는 이러한 방향으로 이미 이행 중에 있다.[9] 그러나 과정 사상을 제외하면,[10] 교회론은 이러한 발전들에 대해서 아직은 익숙하지 못하다. 이 책에 등장하는 다른 많은 지점들에서도 그렇지만, 특히 이 사안에 있어서, 나는 삼위일체 교의에 각인된 정체성의 개념에서 나의 논의를 시작하고자 하며, 라칭거가 제시한 교회적 영혼(anima ecclesiastica)뿐 아니라, 지지울라스가 제시한 전일적 인격의 개념들과 대화하면서 나의 논의를 진행시키고자 하며, 이 지점에서 개신교 교회론을 위해서, 자아 안에 다른 이들의 내주함의 개념을 더욱더 풍요롭게 하고자 한다.[11]

전체적으로 보자면 페미니즘신학과 신자들의 교회 신학에서의 교회론적 사고 어느 것도 삼위일체 교의에 뿌리내리고자 하지 않는다. 신자들의 교회 신학이 설파하는 교회론은 이러한 점에서 일반적인 개신교 신학의 오랜 전통을 반영한다.[12] 오로지 최근에 이르러서야, 위르겐 몰트만은 그의 책 『삼위일체와 하나님의 나라』(The Trinity and the Kingdom of God, 대한기독교서회 역간)에서 하나님의 공동체와 인간의 공동체 사이를 연결 짓는 방식을 이끌어왔다. 그럼에도 그는 오로지 "위계"와 "동등성"이라는 구도에 집중해서,[13] 단순히 삼위일체적 교회론에 대한 간략한 소묘 이상을 보여주지 않았다. 『우리를 위한 하나님』(God for Us)에서, 페미니즘신학자 캐서린 라쿠나는 삼위일체와 교회에 대한 관계에 있어서 상당히 중요한 기획이 될 언급을 하고 있다.[14] 라쿠나가

---

9 Jones, "This God"을 보라.
10 Suchocki, God, Christ, Church, 129-98을 보라.
11 Volf, Exclusion an Embrace를 보라.
12 Gunton, "Church on Earth"를 보라.
13 Moltmann, Trinity and Kingdom, 200-202을 보라.
14 LaCugna, God for Us, 401-403

가톨릭 신학자인 반면에 몰트만의 삼위일체적 고찰이 많은 부분 동방 정교회 신학에 빚을 지고 있다는 것은 우연이 아니다. 교회적 공동체를 신적 공동체에 일관되게 연결 짓기 위해서, 우리는 주류 가톨릭 사상과 동방 정교회 사상에 눈을 돌려야 한다. 최근의 신학자들에 의해서 이루어진 것 말고는, 대개 이러한 관계는 조심스럽게 숙고되기보다는, 그저 긍정되곤 했다. 또한 내가 이미 보이고자 한 것같이, 가톨릭 사상과 동방 정교회 사상에서 교회 내의 위계는 천상의 위계를 반영하곤 했다. 모든 사회적 관계가 가지는 갈등적 요소가 있고 여기에 교회가 예외가 되지 않는다는 것을 고려할 때, 삼위일체에 대한 위계적 개념은 결국에는 교회 안에서 권위주의적 행위를 승인하는 것에 그치고 만다. 반면에 나는 삼위일체에 대한 비위계적 교의를 바탕으로 해서, 비위계적이지만 충실히 공동체적인 교회론을 발전시키고자 시도했다.[15]

    나는 앞에서 언급한 이러한 교회론적 사상의 두 전통들 중 어느 것보다도 더욱 신앙의 전승의 문제에 관심을 쏟고 있다. 페미니즘신학자들은 만일 신앙의 전승에 너무 큰 집중이 이루어지면 결국 전달되는 것은 억압적 신앙—즉 성차별적 이데올로기를 영속화하고 또한 교회의 구성원의 절반을 직임을 얻을 가능성에서 배제하게 되는 신앙과 실천들—일 뿐이라고 우려해왔다. 반면에 몇몇 "신자들의 교회" 신학자들은, 신앙의 전승에 대한 관심이 문화화를 포괄하게 되고, 결국에는 신앙의 전승의 행위에 대한 배반을 야기하게 되며, 종국에는 교회는 얄팍한 중산층적 감성에 거슬리는 십자가와 그 외 다른 여러 지점들을 상실하게 된다고 우려해왔다. 나는 이러한 두 가지의 우려들을 모두 받아들인다. 그러나 만일 그리스도인의 신앙이 믿을 가치가 있다면, 이것은 전달될 가치가 있다. 그리고 만일 이것이 전달될 가치가 있다면, 신앙의 전

---

15 또한 Volf, "Trinity Is Social Program"을 보라.

승을 바로잡는 일이, 즉 억압적인 부산물들로 점철되고 또한 본질적인 내용을 상실한 신앙의 전승을 바로잡는 일이 어떻게 책임 있게 그리고 효율적으로 이루어질 수 있는지를 고민하는 것은 우리의 의무이다. 그럼에도 나의 관심은 실용주의적 선교학자의 관심, 즉 그 일차적 관심이 개종자의 수를 늘리고 또한 사회적 영향의 유용성을 증대하는 것이라고 생각하기에 단지 기술적인 것에만 집중하는 그러한 관심과는 차이가 있다. 나의 관심은 오히려 구성신학자의 관심, 즉 문화적으로 의미 있는—즉 문화적으로 감수성 있고 동시에 문화적으로 비판적인—복음의 사회적 구현을 촉진하는 교회론을 발전시키고자 하는 구성신학자의 관심이다.

인격과 공동체 사이의 관계와 또한 복음의 사회적 구현에 대한 나의 복합적 관심은 나로 하여금 빈번하게 사회학의 세계 안으로 들어가도록 인도했다. 마치 헤겔이 이야기하는 철학자들과 같이 황혼녘에 날개를 펴는 올빼미의—이미 다 자란 삶에 대한—시선을 가진 사회학자들 중에 내가 속하는 것은 아니다. 나는 신학자이며 나의 과업은 단순히 시들어가는 삶에 대해서 응시하는 것이 아니라 그 삶이 생동성과 비전을 다시 흡수할 수 있게끔 돕는 역할을 하는 것이다. 물론 일개 신학자가 단지 펜을 움직임으로써 역사를 거꾸로 풀어가고 교회를 젊음으로 돌이키게 할 수 있다고 상상하는 것은 주제넘은 짓이고 또한 오도된 것이다. 다르게 표현하자면, 신학자는 종국도 아니고 시초도 아니며 오로지 역사의 과정 한가운데에서 그 자신의 주제로 접어든다. 즉 그는 순례하는 교회(a pilgrim church)라는 주제로, 즉 그 나름의 과거와 미래를 가지는, 문화 속에서 살아가는, 그 나름의 역사의 한가운데 존재하는 교회라는 주제로 접어드는 것이다. 그러므로 신학자는 언제나 이미 존재하는 것에서부터 시작해야 한다. 그리고 이 지점이 바로 사회학이—다른 여러 분과들과 마찬가지로—개입되는 지점인 것이다. 신학은 변화하는 문화적 상황 속에 존재하는 순례하는 교회가 가지는 사회적 형태를 이해함에 있어서, 사회학의 도움을 필요로 한다.

그러나 이것은 어디까지나 도움이지 명령이 아니다. 신학자는 배울 준비가 되어 있고 또한 심지어는 무엇을 배워야 할지를 들을 준비가 되어 있어야 하지만, 그럼에도 언제 그리고 누구로부터 도움이 필요하고 이를 어떻게 가장 잘 사용할 것인지의 문제에 대해서 궁극적으로 스스로 결정하는 특권을 포기해서는 안 된다. 그러므로 나는 일군의 사회 과학자들—이름을 대자면, 베버, 퇴니스, 파슨스, 루만, 버거, 우트노우 등등—에 대한 소소하고도 빈번한 의존에 대해서 사과할 필요를 느끼지 못한다. 만일 내가 이 책을 미국에서 저술했더라면, 나는 다른 그 무엇보다도 미국의 회중에 대한 최신 연구들에 좀더 세심한 주의를 기울였을 것이다.[16] 또한 이전에 언급된 사상가를 다룬 것같이 상황에 적절한 방식으로 이러한 연구 결과들을 다루었을 것이다. 내가 만일 그렇게 했더라도, 나는 여전히 나의 가정의 많은 지점들이 결국은 참으로 확증되었을 것이라고 생각한다.

신앙의 전승에 대한 관심은, 나로 하여금 오늘날 번성하는 교회들—적어도 표면적인 차원에서도 그러하고 또한 공동체의 열정이나 헌신의 차원에서도 그러한—에 대한 다른 차원의 관점을 가지고 저술하게끔 이끌었다. 번성하는 교회들 중 대다수가 제3세계에서 일어나고 있으며, 그들의 역동성은 기독교 신앙을 압도적으로 서구적인 종교에서 "비서구적인 종교"로 변환시켰다.[17] 선교학자들이 아니라 서구의 구성주의적 신학자들이야 말로 바로 그들의 명시적이고 암시적인 교회론들과 신학들을 배울 수 있게끔, 이러한 교회들에서 이루어지는 실천들에 귀

---

16 Ammerman, *Congregation and Community*; Wind and Lewis, *American Congregation*을 보라.
17 Walls, *Missionary Movement*, xix.

기울여야 할 것이다.

그러므로 단순히 실천신학자들뿐 아니라 구성신학자들 역시 미국에서 이루어지는 교회적 실천에서 거대한 실험을 착수해야 할 시기이다. 만일 내가 이 책을 미국에서 저술했더라면, 나는 대형 교회의 문제들을 포함해서 이러한 실험에 대해서 조심스럽게 주의를 기울여볼 수 있었을 것이다. 분명히 이러한 교회들 중 몇몇은, 찬사이기도 하지만 동시에 그럼에도 위험할 정도로 상당히 모욕에 가까운 "성공적으로 잘 팔리는 교회"(marketed churches)라는[18] 용어로 묘사될 수 있다. 이러한 묘사가 적합한 정도만큼 이러한 교회들은, 얼마나 미국 문화에서 모든 것과 모든 사람들을 "관리 가능한 대상과 판매 가능한 상품들"로[19] 변환시키는 경향이 지배적인지를 보여주는 단적인 사례가 될 것이다. 만일 소위 3대 대형 교회(the Big Three)가 교회의 모형로서 거룩한 삼위일체를 대체하게 된다면, 이에 대해서 예언자적 분노가 따라야 하지, 축하가 뒤따라서는 안 된다. 이것은 경축해야 할 사안이 아니라 베옷과 재를 뒤집어써야 하는 사안인 것이다.

다른 이들은 얼마나 광범위하게 욕망의 시장에서 교회의 판촉이 광범위하게 진행되는지를 판단해보아야 할 것이다.[20] 그러나 적어도 몇몇 대형 교회들은 이러한 시장의 유혹에 저항하는 좋은 시도를 하고 있으며, 이러한 시도는 다른 교회들 못지않게 잘 이루어지고 있다. 예를 들어, 가장 각광받는 대형 교회인 윌로우크릭 교회(Willow Creek Community Church)를 보자. 물론 이 교회는 여러 지점에서, 특히 그 자신의 부유한 지역의 문화적 경계를 넘어서지 못한다는 점에서 비난받을 소지를 가지고 있다. 그러나 만일 우리가 길버트 빌레지키얀(Gilbert Bilezikian)—그

---

18 Barna, *Marketing the Church*.
19 Kenneson, "Selling [Out] the Church," 319.
20 비관적인 해석으로는 Guinness, *Dining with the Devil*; Wells, *God in the Wasteland*를 보라.

교회의 신도이며 신학자이기도 한—이 그 교회에 대해서 저술한 바를 바탕으로 하고, 또한 그 교회의 교육 목사인 존 오트버그(John Ortberg)가 열정적으로 옹호한 바를 바탕으로 해서 평가해본다면, 공동체로서 윌로우크릭 교회가 가지는 비전은 많은 지점에서 상당히 인상적이다. 평신도를 대상으로 기술되고 몇몇 지점에서 신학적으로 꼭 온전하지는 않은 교회의 성경 공부 교재인 『공동체 101』(Community 101)에서, 빌레지키안은 교회의 정체성을 굳건하게 삼위일체에 근거 지으며, 공동체에 대한 강한 강조점을 교회가 가지는 비위계적인 특성에 대한 동등하게 강한 강조점과 결합시킨다. 그는 여성의 사역의 문제를 열정적으로 옹호하며, 또한 교회를 인종과 성별에 따라서 이익집단으로 나누는 것에 엄정하게 저항한다. 그는 복음전파에 관심을 기울이는 것만큼 사회적 참여에 관심을 기울이며, 또한 십자가에 달린 메시아를 따르는 삶의 형식에 전념한다.[21] 이 모든 것은 정당하다. 더 나아가서, 이것이 신앙의 전승에 있어서 매우 성공적인 교회의 비전이라는 점으로 인해서, 더더욱 이러한 모든 지점은 더욱 비범하다. 이러한 공동체에 관련된다고 할 때, 신학자들은 비판을 하기 이전에—물론 비판을 해야 하지만—우리는 그 교회의 비전을 검토하고, 또한 그 실천을 고려하고, 또한 그 두 가지 지점에서 배워야 한다. 적어도 우리 신학자들이 이류 지식인의 특징을 보여주는 세련되지만 둔탁한 지성이라는 비판을 받을 것이 아니라고 한다면 말이다.

마지막으로 덧붙이자면, 나의 책의 몇몇 독자들은 이 책에서 다른 중요한 교회론적 주제를 접하지 못할지도 모른다. 물론 나는 주로 내부의 문제, 즉 교회의 내부의 본질의 문제에 대해서만 검토한다. 외부의 문제와 교회의 사명은 단지 나의 주변적 비전에 존재할 뿐이다. 더 나

---

21 Bilezikian, Community 101.

아가서, 내가 안을 들여다볼 때에도, 내가 집중하는 것은 인격과 공동체 사이의 관계가 가지는 형식적 특질들이지, 내용적 성격들이 아니다. 교회가 그리스도의 사랑과 또한 성령 안에서의 의로움과 평화와 사랑을 구현하고 이를 전달한다는 것은 무엇을 의미하는가?(롬 14:17) 어떻게 교회는 세계를 향한 하나님의 보내심에 참여하는 본연의 소명을 이룩할 것인가? 교회와 교회가 속한 사회들 사이에 존재하는 관계의 본질은 무엇인가? 어떻게 교회의 삶으로의 참여―어떻게 교회됨 자체가―그리스도인의 삶의 방식의 타당성과 연관되는가? 내가 이러한 지점들을 직접적으로 다루지 않은 이유는 내가 이것들을 중요한 것이 아니라고 생각하기 때문이 아니라, 어느 누구도 한 번에 모든 것을 말할 수 없기 때문이다. 이러한 주제들을 다루는 것은 시간과 공간이 필요한 작업이며, 또한 저자에게뿐 아니라 독자에게도 인내를 요구하는 작업이다. 지금 내가 가장 잘 할 수 있는 것은 단지 독자들로 하여금 나의 논문들 몇몇[22]과 특히 나의 책 『배제와 포용』을 참조하라고 권고하는 것일 뿐이다.[23] 나는 그 책이야말로 이 책의 필수적인 보충서라고 생각한다. 그 책에서도 삼위일체 하나님에 대한 비전은 논의의 근거를 제공한다. 그러나 나는 그 책에서는 다음과 같은 다른 질문을 추구한다. 그 책에서 나는 삼위일체의 교의가 인격과 공동체 사이의 형식적 관계에 어떠한 시사점을 가지는가를 묻기보다, 죄된 세계 안으로 들어오는 삼위일체의 비전이 기만과 부정의 폭력으로 물든 세상에서 우리가 어떻게 살아야 하는지에 대해서 어떤 길을 보여주는지를 묻는다.[24]

앨런 패짓(Alan Padget)과 「사크라 독트리나」(sacra doctrina) 편집진들

---

[22] Volf, "Church as Prophetic Community"; "Worship as Adoration and Action"; "Soft Difference"; "Christliche Identität und Differenz"; "When Gospel and Culture Intersect."
[23] Nashville: Abingdon, 1996.
[24] 또한 Volf, "Trinity Is Social Program"을 보라.

은 이 책의 문체 문제와 관련하여 그들의 일을 훌륭하게 해주었다. 뉴올리언스에서 세계 최상급의 구운 새우 요리를 대접받으면서 동시에 원고를 청탁받는 것에 대해서는 이중의 감사가 전달되어야 할 것이다. 어드만 출판사의 존 포트(John Pott)는 그가 뉴올리언스와 다른 곳에서 보여주었던 그 모든 세심함과 이루 말할 수 없이 적절한 감히 흉내 낼 수 없는 유머를 보여준 바 있지만, 무엇보다도 그는 가장 비범한 편집자이다. 무엇보다도 그의 관대함으로 이 책의 번역이 가능하게 되었다. 서문과 서론을 제외하고 이 책을 번역한 더그 스토트(Doug Stott)와 이를 편집한 대니얼 할로우(Daniel Harlow)는 나의 감사함을 받아야 마땅하다. 마지막으로 존 오트버그와 텔포드 워크(Telford Work)는 이 서문을 읽고 귀중한 논평을 해주었으며, 이것을 저술하는 과정에서 나의 연구 조교인 메디 소테럽(Medi Sorterup)은 언제나 그렇듯 그녀의 예민함으로 큰 도움이 되었다.

서론

1. 저항의 외침과 그 운명

"우리가 인민이다!"라는 구호는 동독과 서독을 가르는 벽이 1989년 11월에 휩쓸리듯 무너졌을 때 터져 나온 목소리다. 그것은 공산당과 그 지명된 정부가 보였던 고압적 감찰 행위에 대해 저항하는 인민의 외침이었다. 바로 인민의 전위대로 자임하면서 실제로는 그 인민들을 억눌렀던 자들에 대해 "아니요"라고 대답하는 함성이 울려 퍼진 것이었다. 비록 대부분의 사람들이 동유럽의 벨벳혁명이 필연적으로 일어날 것이었다고 주장하지는 않겠지만, 그래도 그 혁명의 궁극적인 성공은 아마도 바로 이러한 저항의 외침 속에 있는 "우리"를 구성하는 것에 의존해 있을 것이다. 그렇다면 이러한 "우리"가 자기 자신의 이익에나 신경 쓰는 개인이나 개별 집단들로 쪼개질까? 아니면 이러한 "우리"는 그 자율성을 옛 시절에 대한 기억이나 새로운 불안정을 바탕으로 사람들을 조작하는 새로운 (민족주의적?) "총통"에게 넘겨버리며, 결국 하나의 일반 대중으로 용융될까?[1]

내가 아는 한, 아직은 어느 누구도 "우리가 교회다!"라는 외침으로 교회 안의 다양한 장벽들을 휩쓸려고 시도하지 않았다(비록 독일어권 가톨릭 교회 안에서 어떤 것들을 바꾸기 위해서 이러한 표어를 사용해왔

---

1 이 점에 관해서는 Volf, "Unclean Spirit," 88f. 참조.

던 한 광범위한 운동이 있었지만 말이다). 그러나 이러한 특정한 슬로건은 역사적으로 자유교회를 부상시켰던 저항을 표현한다.[2] 비록 피터 레이크(Peter Lake)와 함께 초기 영국 분리주의 운동을 "모든 종류의 목회적 엘리트에 대한 대중주의적 반발" 정도로만 이해하는 것은 지나친 단순화일 터이지만,[3] 자유교회 운동의 많은 대표자들의 논쟁적 글들 속에서 권력의 문제가 지배적이라는 점은 분명 교회의 위계적 구조에 대한 대중주의적 저항을 잘 증거하고 있다. 최초의 침례교도인 존 스미스(John Smyth)가 제시하는 교회론적 원리는 다음과 같다. "우리는 다음과 같이 말한다. 교회, 정확히 말하자면 세상과 분리되어 있고 서로 참된 언약 속에서 결합한 두세 명의 신실한 사람들은 그리스도는 물론 그리스도에 의해서 우리에게 주어진 언약과 약속, 그리고 목회적 권력을 가진다."[4] 결국 그리스도와 그의 권력을 가지는 것은 "신실한 사람들"이다. 그리고 바로 **그들이** 언약과 약속을 가지는 것이다. 헨리 에인스워스(Henry Ainsworth)가 정식화한 것 같이, 당대 교회에 대한 분리주의자들의 비판은 "성전에 대한 개인적이거나 우발적인 신성모독적 불경함에 대한 것이 아니라, 성전의 거짓된 구조"를 향해 있었다.[5] 두세 명의 신실한 사람들이 강력한 위계 구조에 대해서 무력한 채로 남아 있게 되는, 그러한 특정한 교회적 권력의 구조는 분명 변화되어야 하는 것이었다. 이러한 비판에 대한 두드러지는 배경은 교회가, 실제로 다양한 장소들에 모여 있는 하나님의 백성이라는 사상에 있다. "**우리**가 교회다. 그리고 이 이유로 인해서 바로 **우리**가 교회 안에서 그리스도의 다스림의 주

---

2 "자유교회들"이라는 표현은 두 가지 기본적 의미를 함의한다. 그것은 먼저 회중교회 체제를 가지는 교회들을 의미하고, 둘째로는 교회와 국가 사이의 일관된 분리를 단언하는 교회들을 의미한다(Mead, *Experiment*, 103을 보라). 비록 이 용어가 둘째 의미도 함의하고 있으며 그로부터 분리될 수 없음에도, 주로 첫째 의미와 관련해서 사용하기로 한다.
3 Lake, *Puritans*, 89. 비판적인 견해로는 Brachlow, *Communion*, 175을 보라.
4 Smyth, *Works*, 403.
5 Collinson, "Early Dissenting Tradition," 544에서 인용.

체이다." 이것이 바로 이들 분리주의자들의 글들에 면면히 흐르는 맥이라고 할 수 있다. 그리고 이러한 기초적이고 반성직자적인 교회론적 단호함이 가지는 반군주적이고 반위계적인 시사점은 너무 두드러져서 간과할 수 없다.[6] "우리가 인민이다!"라는 표현은 자유교회의 "우리가 교회다!"라는 표현에서 명백하게 들을 수 있다.

반면에, "우리가 교회다!"라는 저항의 외침은 다소 불필요하게 들리기도 한다. 오늘날 어느 누구도 그것에 대해서 반대하지 않으며, 그래서 그러한 외침은, 단순히 공허한 불만족에서 기인하고 결국에 가서는 오히려 더 심각한 사회적 문제를 간과하게 되는 그러한 많은 저항의 목소리들과 운명을 같이 하는 것처럼 보인다. 그러한 외침들은 때때로 그 외침들이 반대하여 겨냥하는 집단의 자기 이해 속으로 편입되어 들어가고 결국에는 길들여진다. 그래서 예를 들자면 "우리가 교회다!"(We are the Church!)라는 생각이 결국 "교회는 하나의 우리다"(The church is a "we")라는 주장으로 귀결된다. 비록 이러한 정식화는 그 자체로는 반대할 만한 것이 아니지만, 복수적인 것들의 단수화("are"이 "is"로 변화하는)가 그 "우리"라는 복잡성이 유사-"나"의 단순성으로 환원되는 것을 표시할 때마다 이에 대한 우려가 발생하지 않을 수 없다. 대중주의적 저항의 외침이 단순히 저항을 완화시키는 통합주의적 정식으로 변화하는 것이다! 하지만 이와는 반대로 "우리가 교회다!"라는 슬로건은 교회가 하나의 집합 명사라는 이론을 매우 합당하게 표현한다. 교회는 단수적인 하나의 "우리"가 아니다(The church *is not a* "we"). 교회는 복수적인 우리다(The church *are* we). 반면에 이러한 복수형은 관계성을 결여한 복수성을 표현하지 않는다. 교회적 복수형은 단순한 문법적 복수형으로 혼동되어

---

[6] 역사학계는 바로 이 지점에 대해서 동의하고 있는 듯하다. 예를 들어 Förster, *Thomas Hobbes*, 116, 174을 보라. 또한 Zaret, *Contract*, 94; Collinson, "Early Dissenting Tradition," 548을 보라.

선 안 된다. 분명 여러 "나"들이 함께 모여서 문법적 복수형을 구성하지만, 그럼에도 그것들은 아직 교회적 "우리"를 구성하는 것이 아니다. "우리가 교회다!"라는 주장은 단순히 "우리가 자주 만난다"는 것도, 혹은 "우리가 공동의 목표를 위해서 함께 협력한다"는 것도 의미하지 않는다. "우리가 교회다!"라는 주장은 기본적으로 다음과 같은 것을 의미한다. "우리 각자는 저마다의 존재 속에서 다른 이들에 의해서 특징지어진다." 누구든지 "우리는 교회다!"를 이야기하면서 이보다 덜 이야기한다면 그는 너무나 적게 이야기하는 것이며, 결국 "우리가 교회다!"라는 저항의 외침은 이데올로기적 슬로건으로 퇴화될 뿐이다.

뒤따르는 연구는 다름 아니라 **"우리가 교회다"라는 자유교회의 저항의 외침을 삼위일체적 틀 안에 자리 잡게 해서 해명하는 것이다. 그 일은 그것을 교회론적 프로그램의 위치에까지 높이고, 가톨릭과 동방 정교회의 교회론들과 대화하는 가운데 진행될 것이다.** 또한 나는 이러한 시도가 "우리가 인민이다!"라는 정치적 저항이 사회 철학에 제기하는 문제들을 명료하게 하는 데 미약하게나마 그리고 간접적으로나마 기여하는 신학적인 공헌이 되기를 바란다. 그러나 교회의 재발견에 기여하는 것이 나의 일차적인 목표임은 분명하다.

"우리가 교회다!"라는 저항의 외침은 누군가가 서로 함께 모여서 교회가 되고자 한다는 사실을 전제한다. 많은 교회에서—특히 비서구권 세계의 교회에서—이러한 욕구는 상당히 건실하다. 나는 이러한 교회들에게 그들이 공동체로서 스스로를 더 잘 이해하고 더 잘 살아갈 수 있게끔 하는 교회론적 범주들을 제공하기를 원한다.[7] 하지만 현대 사회에

---

[7] 이 연구에서 나는 "공동체"(community)라는 용어를 Ferdinand Tönnies가 "공동체"와 "사회"를 구분할 때의 그러한 의미로 사용하지 않는다(Tönnies, *Gemeinschaft*를 보라). "공동체"라는 용어는 나에게 일반적으로 교회라는 사회적 구성체 속에 있는 구체적인 관계들을 의미한다. 나는 명백하게도 신학적으로 공동체로서 교회 안의 관계들이—그것들이 삼위일체 하나님의 공동체 혹은 친교에 상응한다고 한다면—어떻게 드러나야 하는지에 대해서 신

서는 현대성이라는 벌레가 교회적 공동체를 이루고자 하는 의지를 뿌리부터 서서히 갉아먹고 있다. 그래서 교회적 삶을 살아내는 신앙은 개인주의적 삶을 사는 신앙으로 대체되고 있다. 그 자신 안에 종교성의 허다한 형태들의 요소들을 포괄하고 지속적으로 변화할 뿐인 일종의 흐트러진 신앙(a diffuse faith)으로만 대체되고 있는 것이다.[흐트러진 신앙 혹은 분산된 신앙은 일차적으로 개인들의 다양한 종교적 욕구를 만족시키기 위해서 신앙이 다양한 방식으로 모양을 바꾸는 상황을 이야기한다. 기복적 욕구든, 심리적 욕구든, 사회적으로 관계 맺고 싶어하는 욕구든, 공동체에서 인정을 받고 싶은 욕구든 간에 지나치게 다양한 욕구, 하지만 지극히 개인적인 욕구들이 오로지 개인의 종교적 체험이라는 잣대로 인해서 신앙이라는 이름으로 전환되는 상황을 이야기한다. 따라서 흐트러진 신앙은 어떤 면에서 삶의 다양한 욕구들에 관계한다는 점에서 분산된 것(diffused)이지만 동시에 그것이 신앙의 핵심을 중점에 두고 삶을 살아가는 것이 아니라 삶의 잣대에 맞추어 신앙을 끊임없이 변태시킨다는 점에서 해이한 것(diffused)이라고 이야기할 수 있을 것이다—옮긴이]. 공동체를 향한 열망이 감소하지 않은 사람들은 먼저 "우리가 교회다!"라고 말하는 것을 배워야 한다. 로마노 과르디니(Romano Guardini)가 이야기한 잘 알려진 표현같이, 교회는 먼저 자체의 영혼들 속에서 그 잠을 떨쳐내고 깨어나야 한다.[9] 그러므로 공동체로서 교회에 대한 교회론적 토론은 그리스도인 신앙의 공동체적 형태를 오늘날 진정성 있게 살아내고 또한 효율적으로 전달할 수 있을 올바른 방식에 대해 이야기하는 선교학적인 토론이기도 하다.

학적으로 탐구하고자 한다.
8 Marty, *Church*, 45ff.을 보라.
9 Guardini, *Kirche*, 19을 보라.

2. 자유교회들: 미래의 교회들?

1. 전 지구적인 교회적 변화는 20세기의 후반부 내내 진행되어왔다. 이제 기독교는 소위 "제1세계"의 종교에서부터, "3분의 2 세계"의 종교가 되어가고 있다. 이러한 과정에서 전 지구적인 교회적 변화는 서서히(하지만 열심히) 유럽적 문화화 형태를 벗어버리고, 다양한 문화화 형태를 지닌 진정으로 세계적인 종교로 거듭나고 있다. 문화적으로 결정된 다양한 형식의 교회들이 세계 곳곳에서 등장하고는 있지만, 일반적인 차원에서 하나의 교회론적 변화가 감지된다. 교회에 대한 이해가 전통적인 위계적 모델에서부터 (이제는 그다지 새롭게 느껴지지 않는) 교회 구성상 참여적인 모델을 향해서 움직여나가고 있다.[10]

다양한 자유교회들이 특히 개신교 내에서, 더 구체적으로는 오순절파와 은사주의 집단들 내에서 빠르게 성장하고 있다. 이들은 종교적 직접성(religious immediacy)의 개념을 통해서뿐만 아니라 리더십 역할을 이행하는 데 드러나는 높은 정도의 참여성과 유연성을 통해서도 특징지어지고 있다(물론 그러한 리더십은 동시에 대중주의적-권위주의적이기도 하다).[11] 자유교회의 빠른 성장이 두드러지는 것만큼이나, 전통적인 개신교와 가톨릭 교회에서 막 시작되고 있는 구조적 변화들 역시 두드러진다. 개신교와 가톨릭 교회들은 이제 점증하는 "회중주의화"(congregationalization)의 과정을 경험하고 있으며, 심지어 이러한 과정이 교회론적으로는 수용되지 않은 상황에서도 그러한 일이 일어난다. 이제 교회의 삶에서 목사와 사제들의 배타적 특권이 점차적으로 줄어들고 있다. 어떤 면에서 서구 세계에서 나타나는 교회 활동의 전문화 경향

---

10 라틴아메리카에 관해서는 Stoll, *Latin America*, 333ff.의 통계를 보라.
11 이에 관해서는 Martin, *Tongues*; Wilson, "Evangelization"; Hocken, "The Challenge"를 보라.

도 이러한 흐름에 대해서 피상적인 차원에서만 모순될 뿐이다.[12] 이러한 "회중주의화 과정"은 어떤 면에서 위계적 구조에 가장 충실했던 가톨릭 교회에서 매우 명백하게 드러나고 있다.[13] 추기경 라칭거(Ratzinger)의 잘 알려진 대담집 『신앙의 상황에 대해서』(Zur Lage des Glaubens)에서 우리는 이러한 관찰이 현 상황에 대한 외부자의 잘못된 해석이 아님을 잘 알 수 있다. 그의 견해는 이렇다.

> 내가 받는 인상은, "교회"라는 현실에 대한 진정한 가톨릭적 입장의 의미가, 명시적으로 표현된 거부의 과정 없이 암묵적으로 점점 소멸하고 있다는 점이다.…말하자면 많은 점에서 고전적인 의미에서 개신교적이라고도 결코 부를 수 없었던 교회에 대한 어떤 관념이 가톨릭 사상 속에, 그리고 심지어 가톨릭 신학에까지 널리 퍼지고 있다. 현재의 많은 교회론적 사상들은 오히려 많은 점에서 북미 기독교의 "자유교회" 모델과 맞아떨어지고 있다.[14]

여기서 라칭거는 중요한 점을 고려하지 못하고 있다. 점점 회중주의로 향해 나아가는 교회론을 제기하는 가톨릭 신학자들이[15] 이러한 변화를 이끌고 있는 동인이 아니다. 오히려 그들은 사회적 발전에 의해서 추동되는 풀뿌리 운동들을 신학적으로 기록하고 표현하는 진동계측기에 불과하다.

오늘날의 지구적 발전은 미래의 개신교적 기독교 세계가 자유교회

---

12 이 장의 2.2에 나오는 "포용"에 관한 논의를 보라.
13 "회중주의 역사 프로젝트"라는 틀 속에서 쓴 논문에서 사회학자 Stephen Warner는 누구나 "모든 종교적 전통을 가로질러서 실질적으로 미국의 회중주의로 향하는 합류의 흐름"을 확인할 수 있다고 강조한다("the Place," 54을 보라).
14 Ratzinger, Report, 45f.
15 예를 들어, Boff, Die Neuentdeckung과 idem, Kirche를 참조하라.

의 형태를 띨 것임을 함의한다. 비록 감독제 교회들은[16] 위계적 구조들을 포기하지 않으려 하겠지만, 결국 그들도 실천적으로나 신학적으로 그들의 삶의 방식의 주요한 흐름으로 자유교회적 요소들을 통합시키게 될 것이다.[17] 많은 복고적인 노력들이 이러한 요소들의 수용을 늦추려고 하겠지만, 그러한 시도도 이러한 자유교회적 요소를 전적으로 차단하지는 못할 것이다. 이 점에서 내가 보기에 우리는 명백하고 되돌릴 수 없는 기독교 전체의 "회중주의화 과정"의 한복판에 서 있는 듯하다.[18] 『레오나르도 보프의 침묵』(The Silencing of Leonardo Boff)이라는 책에서 하비 콕스(Harvey Cox)는 교회론적인 동시에 교회-정치적인 핵심적 질문들 중 하나를 다음과 같이 정식화한다. "어떻게 교회의 지도자가 사회의 밑바닥에서부터 솟아나는, 그리고 교회적 통치법의 전통적 방식들을 침식시키는 위협이 되는 준동하는 영적 에너지를 다룰 수 있을 것인가?"[19]

2. 전근대적인 사회적 맥락에서 교회와 사회 사이의 광범위한 일치를 통해서 고양되었던 교회적 삶의 전통적인 방식이 사라지는 것을 늦추기 위한 다양한 반작용이 있을 수 있다. 예를 들어, 혹자는 그러한 전통적 교회 형식의 소멸을 현대성 자체가 교회를 향해 도발하는 사악한 유혹으로 한탄하거나, 폴 틸리히(Paul Tillich)가 "전도된 예언자적 선포" 혹은 "교회 외부에서 교회를 향해서 무의식적 차원에서 이루어지는 예언자적 비판"이라고 부른 것의 한 예시로 그것을 열광적으로 받아들일 것이다.[20] 이에 어떠한 방식으로 반응하든 간에, 자유교회 모델의 지속적인 지구적 확장이 돌이킬 수 없는 지구적 차원의 사회적 변화에 의해서

---

16 나는 "감독제 교회"라는 용어로 감독직(episcope)의 직무가 실천적인 이유에서보다 교리적인 이유에서 옹호되는 교회들을 의미한다.
17 Whitehead, Emerging을 보라.
18 Chandler, Racing, 210ff.을 보라.
19 Cox, Silencing, 17.
20 "전도된 예언자적 선포"에 대해서는 Tillich, Theology, 3.214을 보라. 『조직신학』(성광문화사 역간).

이루어지고 있다는 사실은 의심의 여지가 없다.[21] 현대 사회들은 이제는 어느 정도 자기 폐쇄적 사회 체계가 되기를 그친 지 오래되었고, 하나의 경제적-기술적 세계 체제의 부분들이 되어가고 있다. 이러한 체제에 대한 심층적 분석은 여기서 불필요하다. 우리의 목적을 위해서는 자유교회 모델의 확장을 촉진하는 특징들을 강조하는 것만으로도 충분할 것이다. 이러한 점들은 사회들의 분화, 결정의 사유화, 가치의 일반화, 그리고 편입의 문제를 포괄한다.[22]

현대 사회들은 상호 의존적이지만 스스로 역동적인 다양한 하위 체제들(subsystems)로 점진적으로 **분화되는 특징**을 가지고 있다. 이러한 하위 체제들은 사회적 삶의 특정한 영역과 관련해서 전문화된다. 이러한 하위 체제들 모두가 "서로를 위한 사회-내재적 환경"을 제시하며 복잡한 상호 의존적 관계를 통해서 안정성을 획득한다."[23] 현대 사회들 속에서 교회의 위치는 결국 이러한 특정한 사회적 발전의 관점을 통해서 결정되어야 한다. 전근대적인 유럽 사회들 속에서는 "교회가 기능적이고 매체적인 모든 영역에서 발생하는 변화들에 제한을 가하고 안정성을 부여하는 기초적 요소로"[24] 역할을 감당했지만, 오늘날 교회는 단순히 종교적 질문들을 담당하는 하나의 전문화된 기관이 되었다. "오늘날 종교는 기능적으로 분화된 사회 속에서 하나의 기능적 하부 체계 중 하나로서 살아남아 있다."[25]

사회의 하부 체제로서 교회는 결국 점진적 분화의 소용돌이에 굴복

---

21 명백하게도, 동일한 사회 변화는 개별 그리스도인들이 완전히 서로로부터 고립되어서 오로지 미디어에 의해서 전달되는 하나의 목회자의 목소리만을 따르는 전자 교회라는 끔찍한 비전으로 위협한다. 이러한 끔찍한 비전의 실현은 구원의 극단적인 사유화는 물론이고 교회의 해체를 구성할 것이다.
22 현대 사회들의 특징에 대한 나의 제시는 특히 Luhmann, *Religion*을 따른다.
23 Luhmann, *Religion*, 243.
24 Ibid., 102. 또한 Kaufmann, "Kirche," 6을 보라.
25 Luhmann, "Society," 14.

하게 된다. 이에 따라 다양한 기독교 전통들과 교회들이 개신교 종교개혁을 따라 분화되면서 출현하게 되었다. 비록 신학적 관점에서 우리가 사회적 발전을 무작정 긍정할 수 없을뿐더러 세심하게 그것을 검토한다고 하더라도, 현대 사회들 속에서 교회들은 다양한 사회적·문화적 집단이 겪는 종교적 필요들을 만족시키는 데 고도로 전문화된 서로 다른 종교적 기관들을 사회학적으로 대표하는 것은 자명하다. 그리고 이러한 상황은 단순히 크고 포괄적인 교회 공동체들에만 해당하는 것이 아니라, 이러한 공동체 속의 작은 개별적 지역 교회에도 해당한다. 이런 점에서 사회학적 연구들이 교회의 사회적 위치와 기능을 다루면서, 시장의 용어들을 사용해온 것은 우연이 아니다.[26] 마치 소비자가 다양한 상인들이 제공하는 물품들 중에서 자신이 원하는 하나를 고를 수 있는 것처럼, 누구든 다양한 교회들의 종교적 제품들 중에서 하나를 고를 수 있다(비록 교회들이 정당하게 그들 스스로를 "상인들"로 이해하지도 않고 그렇게 이해되기를 원하지 않더라도 말이다). 개인이 그 스스로가 원하는 것을 무엇이든 살 수 있는 커다란 상점을 닮은 문화 속에서, 종교 역시 하나의 "상품"이 되며, "어느 누군가가 사용하거나 사용하지 않을 수 있는 하나의 사회적 가능성"이 되어버린다.[27]

종교가 "상품"이 되었다는 사실은 사회적 분화의 결과인 것만은 아니다. 그것은 현대 사회의 또 다른 중요한 구조적 특질과 연결되어 있다. 현대 사회의 두 번째 특징은 낮은 정도의 사회적 **귀속주의**(social ascriptivism)와 그에 상응하는 **결정의 사유화**(privatization of decision)다. 전통적 사회들에서 사람들은 자신의 통제를 넘어서는 상황(예를 들어 사람이 타고난 신분 같은 것)에 의해서 특정한 하부 체제에 속하게 되었

26　그러한 시장 용어에 대해서 Berger, "Market, 77-93"; Berger and Luckmann, "Secularization," 76ff.을 참조하라.
27　Kaufmann, *Religion*, 143, 223.

다. 하지만 그와 반대로 현대의 분화된 사회들은 특정 개인을 특별한 사회적 역할과 제도에 강제로 귀속시키는 그런 식의 지시를 포기해야 한다.[28] 이제 개인들이 대체로 자신의 사회적 역할을 스스로 결정한다. 따라서 이러한 사회는 높은 정도의 **개인적 연합주의**(associationism)라는 특징을 띠며, 제도와 조직에서 회원의 권리는 영향을 받는 개인들의 사적인 결단을 통해서 결정된다.[29] 교회적 삶에서 결정의 사유화는 다음과 같은 것을 의미한다.

> 영적인 소통(교회)에 참여하는 것과 신앙 행위를 포함하는 믿음의 삶에 속한 그러한 부분은 둘 다 개인적 결단에 관한 문제이다. 즉 이는 종교성이 오로지 개인적 결정에 기반을 두는 것으로 기대됨을 의미한다. 그리고 이제 의식적으로 점점 그렇게 되어가고 있다. 이전에는 불신앙이 사적 사안으로 치부되었다면, 이제는 신앙이 그러하다.[30]

종교 공동체에서 회원됨의 자명한 본성은 대체로 사라졌으며, 진리와 구원에 대한 질문은 개인이 결정해야 할 문제가 되고 있다.

결정의 사유화는 **가치의 일반화**(generalization of values) 현상과 함께 진행된다. 자유와 평등은 편파주의적 금지에 의존하지 않고 사회 행위를 제어하는 보편적 가치로서 환영받는다.[31] 여기서 도출되는 것은 "모든 사람을 모든 기능적 영역의 가능성 있는 참여자로 온전히 편입시키는 것"이다.[32] 사람들 사이의 특정한 차이들은 누군가가 원칙적으로 특정한 기능으로 향하는 통로를 차단하는 근원으로 기능해서는 안 된다. 모든

---

28 Luhmann, *Religion*, 236.
29 종교에 대한 사회적 발전이 가지는 시사점에 대해서는 Berger, *Imperative*를 보라.
30 Luhmann, *Religion*, 238f.; Kaufmann, *Religion*, 142.
31 Parsons, *System*, 13ff. 『현대 사회들의 체계』(새물결출판사 역간).
32 Luhmann, *Religion*, 234.

사람은 교육을 받아야 하고, 선거권을 가져야 하며, 노동을 통해서 필요를 충족시켜야 한다. 가치의 일반화는 "종교를 향한 진입이 다른 역할에 의해서 제한되지 않지만 동시에 다른 역할을 향한 진입이 종교를 통해서 제한되지도 않는 상황"을 의미할 뿐 아니라, 더 나아가서 그것은 "성직자와 평신도 사이의 구분을 깨는 동시에, 이러한 성직자와 평신도 사이의 구분을 순수하게 조직적인 차원에서 (종교적으로 무관한) 재구성하는 작업을 요청한다."[33]

3. 오로지 빈곤한 교회론만이 현대 사회 발전의 경향을 그저 맹종할 것이다. 비록 역사가 우리에게 교회의 직제(order)의 발전 과정에서 교회가 많은 부분 사회 안에서의 발전 과정들에 의존한다는 사실을 가르쳐주기는 하지만,[34] 그렇더라도 교회의 사회적 형식은 그 근원을 사회적 환경이 아니라 그 자체의 신앙에서 발견해야 한다. 그렇게 함으로써만 교회는 자신을 둘러싼 환경 속에서 예언자적 징표로서 효과적으로 기능할 수 있다. 이 연구의 모든 부분은 바로 현대 사회의 도전에 신학적으로 적합한 교회론적 응답을 찾는 작업과 관련되어 있다. 여기서 나는 현대 사회의 구조적인 요소들이 교회의 자기 이해와 신앙의 전승의 성공에 어떻게 영향을 끼치는지를 규명하고자 한다.

미국에서의 여론 조사는 분명히 사람들의 확신, 즉 그들의 사회적·정치적 삶의 현장 속에서 자명하다고 전제하는 자유와 평등의 가치들이 그들의 신앙 속에서 반영되어야 한다는 확신을 명백하게 증거한다(비록 북미의 상황이 보편화될 수는 없지만 그럼에도 그것은 현대 사회의 일반적인 경향을 드러낸다).[35] 그들은 신앙을 그들 자신과 하나님 사이에 발생하는 그 무엇으로 생각한다. 교회의 구성원이 되는 것은 그들의 신앙을 결정

---

33 Ibid.
34 Kottje and Risse, *Wahlrecht*, 44을 보라.
35 Gallup and Castelli, *Religion*, 90을 보라.

하기에 중요한 것이 아니라 그들의 신앙을 뒷받침해주기에 중요한 것이 된다. "그들은 사람이 종교 제도를 섬기는 것이 아니라, 종교 제도가 사람을 섬겨야 한다고 본다."[36] 미국인들은 분명히 그들의 교회들에서 한 가지 사실을 기대한다. 다름 아니라 교회적 삶에서 평신도들이 더 많이 참여하기를 바란다. "미국의 종교의 미래를 결정하는 데 누가 더 큰 영향을 행사해야 한다고 생각합니까? 성직자입니까, 아니면 예배에 참여하는 사람들입니까?"라는 질문에 약 61퍼센트의 사람들이 다음과 같이 대답했다. "평신도, 즉 종교적 예배에 참석하는 사람들이 더 많은 영향력을 행사해야 한다."[37] 청년층(18세에서 29세에 이르는)에서는 약 70퍼센트에 해당하는 사람들이 이러한 대답을 했고, 반면 9퍼센트만이 성직자의 측면에서 더 큰 영향력이 행사되는 것을 선호한다고 대답했다.

다른 종교의 경우와 마찬가지로 기독교에서도 신앙을 전승하는 문제는 곧 생존의 문제이다. 이러한 전승은 오로지 결정들이 사유화되는 상황에서만 심각한 문제로 대두된다. 다원적 상황에서는 여러 요소들이 신앙의 전승에 우호적으로 기능하거나 적대적으로 기능한다. 여기서 나는 교회의 사회적 형식과 연관된 특정한 요소들에 대해서만 다루어볼 것이다. 기독교 교회사 학자들, 특히 그중에 네이선 해치(Nathan O. Hatch)는 『미국 기독교의 민주주의화』(The Democratization of American Christianity)라는 책에서 이러한 다양한 기독교적 운동의 신속한 확산의 요인을 그들의 "대중주의"에서 찾고자 한다.[38] 종교 사회학자 로저 핑크(Roger Finke)나 로드니 스타크(Rodney Stark)는 이러한 지점을 재확인한다. 침례교도와 초기 감리교도들로 하여금 북미주를 1776년과 1850년 사이에 완전히 정복하게 한 것은 바로 그들의 민주주의-대중주의적 성

---

36 Ibid, 252.
37 Ibid, 252f. 또한 Dudley and Laurens, "Alienation"과 유사하다.
38 특히 Hatch, Democratization을 보라.

격과 회중주의적 성격이었다. 그들은 다음과 같이 기록한다.

> 아마도 "회중주의는 이러한 [복음전도적] 수요를 만족시켜 주는 데 충분한 기반은 아니었다. 하지만 그럼에도 그것은 필수적인 요건이었던 것으로 보인다. 이러한 주장은 다음과 같은 사실, 즉 지역 회중들이 상당히 자치적이었던 이 시기에 발생한 "감리교의 성장의 기적"이 결국 성직자들이 그 통제권을 가지면서부터 시작된 "감리교의 붕괴"로 이어진다는 사실에서 확실히 뒷받침된다.[39]

세계 도처 다양한 교회의 경험들, 특히 침례교와 오순절-은사주의 교회의 경험들은 바로 이러한 사회학적 관찰의 정당성을 확인시켜준다.[40]

이 지점에서 내 의도는 특정한 복음전도의 방법을 권장하는 것이 아니며, 더구나 무차별적인 방식으로 교회적 대중주의를 긍정하는 것도 아니다. 오히려 점증하는 자유교회에 대한 경험에 비추어볼 때, 그리고 이에 상응해서 소위 주류 개신교회들이 점차 전 세계적으로 주변부 교회로 전락하는 모습을 볼 때,[41] 우리는 현대 사회들 속에서 기독교를 전승할 가능성에 영향을 미치는 사회적 요인들에 대해서 반성해보아야 한다.[42] 신앙의 실제적인 내용과는 별도로,[43] 기독교 신앙의 성공적

---

39 Finke and Stark, "Upstart Sects," 34.
40 Martin, *Tongues*를 보라.
41 Roof and McKinney, *Main-line Religion*을 보라.
42 Kaufmann, "Kirche," 7.
43 Roger Finke와 Rodney Stark는 세속화가 이러한 신앙을 전달하는 일의 성공에 영향을 주는 신앙의 내용과 관련 있는 가장 중요한 요소들 중 하나로 본다. 그들은 세속화를 다음과 같이 정의한다. "세속화에 대해서 우리는 타계성에서 세속성으로의 이행하는 것을, 그리고 초자연에 대한 다소 거리를 둔 동시에 다소 불명료한 개념을 제시하는 것을, 그리고 그 구성원들에 대한 도덕적 제약을 완화하고, 자신들의 주장을 더욱 전문적이고 우월한 진실에 양도하는 것을 의미한다"(Finke and Stark, "Upstart Sects," 28). 신앙의 전승과 관련해서 그들은 다음과 같은 결론을 도출한다: "집단들이 세속화될수록 다소 덜 열성적으로 개종을 위한 노력을 기울이게 되고, 따라서 종교적 메시지에서 특별히 전할 것이 없

인 전승은 교회에 대한 이중적 차원의 동일시를 전제로 하는 듯 보인다. 즉 그것은 외부자에 의한 동일시이며, 동시에 교회 구성원 스스로에 의한 동일시이다. 만일 신앙이 의식적인 결정에 의해서 얻어지는 것이라면—이 경우에 신앙은 더 이상 주어진 사회적 환경에 따른 자명한 특성들에 속하지 않는다—신앙을 매개하는 것은 오로지 **그 신앙 외부에 서 있는 사람들이 그 신앙을 구현하고 전승하는 교회 공동체의 구성원들과 스스로를 동일시할 수 있을 때**라야 비로소 성사될 수 있게 된다. 이러한 동일시는 어느 정도의 공감을 전제로 한다. 하지만 현대 사회들 속에서 사람들은 위에서 아래로 향하는 상명하달적 조직들에 대해서는 더 이상 공감하지 않으며, 이는 교회에서 볼 수 있는 상명하달적 구조에 대해서도 마찬가지다. 오늘날 동시대의 인간들이 가지는 공동체를 향한 추구는 특정한 방식, 즉 그러한 현대 인간들 자신의 다양한 종교적·사회적 욕구들이 심각하게 받아들여지는, 그리고 그 속에서 그들의 개인적인 헌신이 존중되고 그들의 참여 자체가 공동체의 형성에 기여한다고 여겨지는, 사회화의 특정한 방식들에 대한 추구이다. 만일 일찍이 프란츠 자베르 카우프만(Franz-Xaver Kaufmann)이 강조한 것처럼[44] 가치관의 수용이 오로지 "공감적으로 구조화된" 상황에서만 발생할 수 있다고 한다면, 가족 바깥의 사회적 집단들이 참여적 구조를 가지게 될 때 신앙이 효율적으로 전승될 수 있다.

초기 교회의 역사는 물론이고 교회의 역사 전체가 보여주는 것처럼, 신앙은 사제나 목사나 학자들에 의해서 전승되는 것이 아니라,[45] 오

이 하나의 신앙을 증언하기가 어렵게 되어버린다"(Ibid.). 우리는 이러한 분석이 충분하게 정밀한 구분을 하고 있는지를 물어볼 수 있다. 이러한 주장에서 우리는 오로지 근본주의자들만이 그들의 신앙을 효율적으로 전할 수 있는 위치에 있다고 말할 수밖에 없게 된다. 이 문제에 관한 간략한 신학적 반성을 위해서는 Volf, "Herausforderung"을 보라.
44 Kaufmann, "Kirche," 7. 또한 Kaufmann, Religion, 268, 275를 보라.
45 올바르게 Kaufmann, Religion, 222; Kaufmann, Zukunft, 19.

히려 신실하고 영감 받은 하나님의 백성에 의해서 이루어진다. 하나님의 백성이 그들의 신앙을 전승하는 데 가지는 관심은, 그들이 그 신앙을 삶 속에서 실제로 구현해내는 그리스도인 회중에 대해 갖는 관심을 그리 크게 넘어서지 못한다. 따라서 신앙의 전승은 **한 교회의 구성원들이 스스로를 그 교회와 동일시하는 것**을 전제로 한다. 그러나 이러한 동일시는 오로지 그리스도인들 각자가 교회에서의 삶을 형성해나가는 데 충분한 권한을 부여받았으며, 공동 참가자라는 사실을 그들 스스로 긍정하고 이해하는 것이 허락될 때에야 비로소 일어난다. 비록 이러한 편입의 보장이 교회 내에서 "공감적 사회 관계"를 창조하기에는 다소 충분하지 못하다고 하더라도, 이러한 편입의 노력 없이는 교회 내에서의 관계는 점차 불가능해질 것이다. 왜냐하면 사람들이 사회 안에서 일반적으로 승인하는 것과 교회에서 경험하는 것 사이의 "사회적 불일치"가 너무나 커져버리기 때문이다.

기독교 공동체들의 이러한 참여적 특성, 혹은 모든 신자들이 개인 나름의 관점에서 같은 것을 표현할 수 있는 주체가 되는 능력은,[46] 교회의 외부자나 교회의 구성원들이 교회와 자신을 동일시하는 과정에서 중요한 전제이다. 교회와의 이러한 이중적 동일시가 없다면, 유럽에서 특히 두드러지는 기독교 신앙 전승의 위기는 결국 극복하기 매우 어렵게 될 것이다.

그렇다면 우리가 전 지구적인 기독교 세계의 구원을 자유교회들에게 기대해볼 수 있을까? 결코 그렇지 않다. 너무나 빈번하게 자유교회들은 그들을 둘러싼 세계를, 그리고 동시에 그러한 세계에 덧붙여진 심각한 질병들을 그들의 삶에서 반영해왔다. 한 가지 예만 언급해보자. 그들이 원하든 원하지 않든 간에, 자유교회는 종종 특정한 사회 계급과 문화

---

46 Metz, "Das Konzil," 250.

집단의 특정한 욕구를 전문화하는 "동질적 집단들"로 기능해왔다. 동시에 자유교회는 상호 경쟁의 한복판에서 자신의 상품을 인생 프로젝트라는 슈퍼마켓에서 종교적 소비자들에게 덤핑 가격으로 팔아 치우려고 해왔다. 거기서 소비자는 왕이며 종교적 필요를 판단하는 데 가장 적합한 인물이다. 그러나 그들에게 한 줌의 충성도 정도나 거둘 수 있는 최대한도의 돈보다 조금이라도 큰 어떠한 것도 요구할 수 없다. 만일 자유교회가 기독교 세계의 구원에 기여하고자 한다면, 그들 스스로가 먼저 치유되어야 한다.

3. 교회일치적 연구

1. 오늘날, 교회에 대한 재평가는 그것이 오로지 교회일치적 프로젝트일 때만 유의미하다. 40년 전 칼 바르트(Karl Barth)는 다음과 같이 썼다.

> 만일 어떤 사람이 분열이 일어나는 상황들에 묵종한다면, 그리고 심지어 그가 그 속에서 즐거워한다면, 그리고 그가 다른 형제들의 명백한 잘못과 오류들에 관해서 스스로 자기 만족에 빠져 있고 더 나아가서 그들에 대한 자신의 책임에 대해서도 스스로 만족해한다면, 그는 자신의 교단 안에서는 좋고 충직한 고백자가 될 수는 있을 것이며, 어떤 면에서 좋은 로마 가톨릭 신자나, 좋은 개혁주의자나, 좋은 정교회 신자나, 침례교도가 될 수는 있을 것이다. 하지만 그는 자신이 좋은 그리스도인이라고 상상해서는 안 된다.[47]

---

47 Barth, *Church Dogmatics*, IV/1.676. 『교회교의학: 화해에 관한 교의』(대한기독교서회 역간).

오늘날 바르트의 경고는 어떤 면에서 거의 불필요하게 보일지도 모른다. 바르트가 이러한 말을 한 이래로 지금까지, 우리가 만일 분리되어서 살아간다면 우리 **모두**가 초라한 그리스도인이라는 점이 지극히 자명해졌다. 그리고 또한 이러한 자기 충족적 고립 속에서는 어떤 교회론도 발전할 수 없다는 사실 역시 자명하게 되었다.

비록 교회일치적 가치들이 일반적으로 널리 퍼져 있다 하더라도, 교회일치 운동 그 자체는 오늘날 많은 부분 심각한 위기에 처해 있다. 위기의 원인들에 대한 정확한 분석, 특히 가톨릭 내부적 원인들과 동방정교회 내부적 원인들에 연관된 분석은 이 상황에서는 필수적이지 않다. 나는 연구의 목적상 서로 연관된 두 가지 상호 보충적인 요인들에 대해서만 주의를 기울이기로 하겠다. 위기의 첫 번째 원인은 최근에 일어나는 엄정한 교단주의의 쇠락을 꼽을 수 있다. 비록 사람들이 스스로를 특정한 교단과 동일시하지만, 그들은 다른 교단에 속한 지역 교회를 출석하는 데 주저하지 않으며, 심지어는 교단을 바꾸는 것에도 그리 마음 쓰지 않는다.[48] 소위 탈신앙고백적 기독교(postconfessional Christianity)가 부상하고 있다.[49] 서로 다른 다양한 신앙고백들 사이의 관계를 중심으로 방향을 잡고 있던 거대한 교회일치 프로젝트는 이제 그 스스로를 새로운 발전의 단계에 적응하는 데 상당한 어려움을 겪고 있다.[50] 다소 지나간 세대에 속하는 교회일치주의자들은 그들의 교회일치적 사유가 위험에 처해 있다는 사실을 발견하고 있다. 이 연구에 관련된 교회일치

---

48 이 점에서 관해서는 Wuthnow, *Reconstructing*, 71-99; Barna and McKay, *Vital Signs*, 124을 보라.
49 또한 Raiser, "Ökumene," 413을 보라
50 George A. Lindbeck이 말한 교회일치 프로젝트의 새로운 개념 설정의 필요성에 관한 언급은 상당히 정확하다. "일치적 교회일치주의는 새로운 방식으로 다시 파악되어야 한다. 우리는 그것을 더 이상 내가 나의 삶의 대부분 동안 해왔던 식으로, 위에서 아래로 향하는, 상대적으로 변화하지 않고 구조적으로 여전히 콘스탄티누스주의적인 교제의 방식으로 생각해서는 안 된다. 그것은 기독 공동체와 그 일치를 아래에서 위로 재구성하는 방식으로 사유되어야 한다"(Lindbeck, "Confession," 496).

운동의 위기의 두 번째 요소는 구 개신교 교단(소위 주류 교단으로 알려진 교단)의 사회적·교회적 중요성의 감소이다. 이는 비록 이러한 교단이 기독교 신앙을 효율적으로 전승하는 데 무능력했다는 점에서 기인하는 것이기도 하겠지만, 부분적으로는 현대 사회들 일반이 가지는 내적인 역동성에서 기인하는 것이기도 하다. 하여간 동방 정교회와 로마 가톨릭과 더불어 교회일치 운동의 세 기둥 중 하나인 개신교는 지속적으로 점점 그 무게를 상실해가고 있다.

이러한 발전들과 병행해서, 지역 교회의 상대적 독립을 강조했던 자유교회들은 세계적인 성장을 통해서 더 큰 중요성을 얻어가고 있다. 그러나 그들은 교회일치 운동 내에서 가족으로 여겨지고는 있다 하더라도, 여전히 교회일치 운동 내에서 의붓자식쯤으로 남아 있다. 물론 많은 점에서 의심의 여지없이 이것은 그들의 잘못이다. 하지만 나는 이 지점에서 비판을 누구에게 돌리는 것이 적합한지에 관한 무익한 과제에 연루되기는 원하지 않는다. 나는 단지 최근 10여 년간 많은 교회일치적 토의들이 자유교회와 더 나아가서 회중주의적 교회론이 거리낌 없이 무시될 수 있다는 전제를 가지고 행해져왔다는 사실에 대해서 지적하고자 한다. 로잔 회의(1927)의 보고서는 여전히 자유교회를 감독제 교회와 장로교회와 마찬가지로 동등한 대화 파트너로 보고 있다.

> 이러한 몇몇 요소들[즉 감독제, 장로회, 회중주의적 체제들]은 모두—더 많은 연구를 요구한다는 조건 아래—새롭게 재결합한 교회의 직제 속에서 적합한 자리를 가진다.…각각의 분리된 교제는…기꺼이 그 자체의 영적 자산들을 연합된 교회의 공동의 삶으로 가져와야 한다.[51]

---

51 *Faith*, 469.

자유교회의 관점에서 보자면, 「세례와 성찬식과 사역」(Baptism, Eucharist, and Ministry; BEM)이라는 문서(1982)는 이러한 요구 사항을 충족하지 못했다. 자유교회는 그들이 누락되었다고 생각했기 때문에 BEM 문서에 전적으로 불만스러워했다.[52] 실제로 그들은 명시적으로 하인리히 프리스(Heinrich Fries)와 칼 라너(Karl Rahner)의 교회일치적 제안에서 명시적으로 소외되어 있었다.[53] 한 가지 예를 들자면, "소규모 교회 연합들이나 분파들(!) 그리고 기본적으로 교회 연합에 관심을 표명하는 이들"은 프리스와 라너가 제안한 연합에 고려조차 되지 않았다. 사람들은 아마도 이 상황에서 자유교회들이 세계적으로 가장 큰 개신교 집단을 대변하기 때문에 단순히 산술적인 이유에서라도 자유교회들을 무시하고는 교회일치가 불가능하다는 자명한 사실을 망각한 듯 보인다. 더 나아가서 개신교적 관점에서, 그리고 이러한 제안에 반대해서 누구나 에버하르트 융엘(Eberhard Jüngel)과 함께 다음과 같이 질문할 수 있어야 한다 "그렇다면 개혁교회와 루터교회가 연합의 대가로 (예를 들어) 그들의 이전 친족이었던 침례교도들을 부정해야 한다면, 그들이 과연 로마 가톨릭과 결합할 수 있겠는가?"[54]

이 연구의 한 가지 의도는 자유교회와 그들의 교회론(혹은 교회론들)을 제시할 수 있을 만한 것으로 만드는 것이다. 교리적으로 완전히 정통적인(비록 동시에 그들이 곧잘 명시적으로 근본주의적이기도 하지만) 자유교회, 그리고 수적으로 점증하는 의미 심장함을 띠는 자유교회 말이다. (그러나 동시에 나는 좋은 신학적 그리고 교회일치적 방식으로 무언가를 그들에게 가르치려고 시도할 것이다.) 자유교회의 교회론이 교회일치적 관점에서

---

52 예를 들어 "Evangelical"을 보라.
53 Fries and Rahner, Einigung, 64.
54 Jüngel, "Einheit," 341. 또한 Fries와 Rahner의 제안에 대한 Joseph Cardinal Ratzinger의 비판도 보라(Church, 132f.).

설득력 있게 되는 한에서, 자유교회는 탈신앙고백적인 교회일치적 개념 틀을 향한 추구에서 하나의 촉매로서도 기능할 수 있을 것이다.

  2. 논쟁의 상대편에게 다가가서 즉각적으로 논쟁을 시작하는 것은 좋은 예의가 아니다. 나는 에티켓을 지키고자 하는데, 이는 단지 의례적인 목적을 위해서가 아니다. 비록 이 연구가 논쟁적 신학에 관련된 것은 아니지만, 나는 관련되는 차이점들을 묘파하고 또 그것의 결과들에 대해서 질문하는 것을 꺼리지 않을 것이다. 이것은 교회일치적 대화에 참여하는 데 있어서 유일하게 정당한 형식은 아닐 것이다. 비록 누구나 교회적 그리고 신앙고백적 차이에 대해서 논하지 않고도 신학적 교회일치 운동에 연합할 수 있겠지만, 이러한 차이들이 전체 대화 작업의 색깔을 적어도 잠재적인 차원에서 규정한다는 점을 잊어서는 안 된다.[55] 만일 이러한 차이들이 온전하게 공개적 방식으로 다루어질 수 있다면, 그들이 상호적인 일깨움으로 서로에게 기여할 가능성은 존재한다. 만일 이러한 차이들이 회피된다면, 상대로부터 배워야 할 모든 것을 저마다 이미 배웠다는 거짓된 인상이 생겨날 것이다. 아마도 예리한 독자라면 내가 나의 대화 상대로부터 어떤 것을 배웠고, 그로 인해서 자유교회 모델을 (바라기는) 어떻게 더 향상시킬 수 있었는지를 쉽게 분간할 것이다.

  그러나 한편으로 내가 여전히 확신을 결여하고 있는 지점이 있다. 감독제 교회는 물론, 근원적인 자유교회의 교회론적 모델 모두, 하나의 옳은 교회론이라는 것이 존재한다는 가정에 바탕을 두고 있다. 이러한 가정에 따르면 하나님은 교회를 위한 특정한 구조를 계시하였고, 따라서 이러한 하나의 구조는 언제나 유지되어야 한다는 것이다. 반면에 대조적으로 주석가들은 신약성서에서 다양한 교회적 모델들을 발견할 수 있다고 지적한다. 나는 신약성서 시기에 합당한 것으로 여겨졌던 것이

---

55 Schillebeeckx, *Menschen*, 241을 보라.

적어도 오늘날 부당한 것이 될 수는 없다는 단순한 체계적 가정에서 나의 논의를 진행할 것이다. 나는 모델들의 다양성이 정당할 뿐 아니라, 더 나아가서 바람직하다고 본다. 다양한 교회 전통의 분화는 단순히 추문으로 보고 한탄할 만한 것이 아니라 오히려 다양성과 유연성을 요구하는 다문화적이고 빠르게 변화하는 사회 속에서 드러난 기독교 신앙의 역동성의 징표로서 환영할 만한 것이다. 프란츠 자베르 카우프만은 이러한 분화의 과정에서 "새롭게 대두하는 세계 사회의 문턱에서 기독교에게 주어진 진정한 기회"를 본다. 그는 다음과 같이 이야기한다.

> 나의 관점에서 보면, 기독교의 다양한 전통들이 그 종교적 경험에서 다양하게 다른 지점에 강조점을 두고 있을 뿐 아니라, 이를 넘어서 다양한 전통들이 서로 다른 사회적 형식과 다른 공동체 구성 형태들을 발전시켜왔으며, 바로 이것이 오늘날 우리가 처한 상황임을 우리는 보여줄 수 있어야 한다. 즉 하나의 전체로서 평가하기는 힘들며, 바로 이러한 차이들이 최선의 생존 기회들을 제공했음을 보여줄 수 있어야 한다.[56]

우리는 이러한 서로 다른 전통들의 통합에 대해서 질문해고 씨름해야 함이 분명하다.

누군가는 아마도 이러한 다양한 교회적 모델들의 정당성을 다음과 같은 논증을 통해서 거부하려 할지도 모른다. 그리스도가 의도한 제도적 교회를 받아들이는 것을 원치 않는 자는 결국 그 자신의 필요나 따르는 자기 나름의 교회를 만들 수밖에 없다는 것이다.[57] 그러나 (내가 믿

---

56 Kaufmann, *Zukunft*, 23.
57 Ratzinger는 북미의 자유교회들을 교회론적으로 다음과 같은 논증을 통해서 부적합하다고 판단한다: 종교개혁에 의해서 생성된 "국가 교회의 억압적 모델로부터 도피해서 미국으로 피신한 이들은 **그들 나름의** 교회를 만들고 그들의 필요에 따라서 구성된 조직을 만들었다." 왜냐하면 그들은 더 이상 그리스도가 의도한 제도적 교회를 더 이상 믿지 않았

기로는 분명히 신약성서의 증언과 대립되는) 이런 방식으로 논증하는 자들은 결국 이러한 하나님의 불변하는 의지에 대한 호소 자체가 오히려 특정한 교회적 조직을 유지하고자 하는 특정인의 이데올로기적 관심을 은폐하는 것은 아닌지를 묻는 질문에 직면해야 한다. 내가 생각하기로는 이러한 필요와 이해에 관한 논증의 주고받음이 우리에게 통찰을 줄 수 있을 것 같지 않다. 교회적 모델의 다양성에 대한 논쟁은 좀더 나은 논쟁으로 실행되어야 한다. 현재의 연구 구도에서 나는 이러한 기존 방식의 논쟁을 더 지속하고 싶은 의사가 없다. 여기서 나는 나의 연구의 목표를 한정 짓는 데 초점을 맞추기 위해서 교회적 다양성이 나의 신념이라는 것을 인정한다. 나는 하나의 특정한 자유교회의 교회론이 가장 유일하게 옳은 교회론이라는 극단적인 논제를 제시하는 것이 아니며, 그러한 교회론이 모든 시대와 모든 장소에서 가장 최고의 것이라고 주장하는 것도 아니다. 나는 다소 조심스런 방식으로 자유교회의 교회론이 교의적으로 정당화될 수 있고, 그것이 현대 사회에도 적합하며 또한 그 이유로 인해서 그리고 그러한 조건에서 그것이 다른 교회론보다 우월하다고 스스로를 증거할 수 있음을 증명하고자 한다. 이러한 논증은 역사에 대한 단순한 "진보주의적" 이해("이후에 나오는 것은 지금 있는 것과 이전에 있던 것보다 좋은 것이다") 혹은 역사에 대한 "원시주의적" 이해(이전 것은 현재의 것이나 미래의 것보다 좋은 것이다") 둘 다에 대한 반대를 전제한다. 나는 여기서, 내가 이전에 어디선가 표현한, 소위 역사에 대한 "만화경적" 이해, 즉 "사회적 질서들은 다양한 방식으로 다양한 영향 속에서 진화론적이거나 혹은 비진화론적인 방식을 꼭 따르지 않은 채 이행되어간다"[58]는 관점을 옹호하고 한다. 하지만 나는 여기서 교회적 모

고 동시에 국가 교회로부터도 도망치고 싶어했기 때문이다"(Report, 46).
58 Volf, Work, 84.

델의 무정부 상태를 수용한다고 제안하는 것이 아닙니다. 교회적 모델은 교회에 대한 신약성서의 증언에 호소함을 통해서 그리고 반성을 통해서—즉 어떻게 삼위일체와 예수 그리스도의 구원에 대한 신앙이 교회가 살아가는 문화적 자리들과 만나는지에 대한 반성을 통해서—그 신학적 정당성을 획득할 수 있다.

3. 나는 여기서 전개하는 교회일치적 대화를 교회론적 사유의 두 위대한 전통들, 곧 가톨릭과 동방 정교회 전통들과 함께 수행해나가려고 한다. 나는 그러한 두 대화 상대자로 라칭거 추기경(Joseph Cardinal Ratzinger)[59]과 지지울라스 대주교(the Metropolitan John Zizioulas)[60]를 선정하였다. 이 두 대화 상대자의 공통점은 다음과 같다. 그들은 결코 그들의 전통 주변부에 서 있는 예언자가 아니다(만일 그랬더라면 그들은 그들의 교회 내에서 그토록 높은 지위의 감독직을 맡는 영예를 누리지 못했을 것이다). 비록 라칭거가 신앙교리성(the Congregation for the Doctrine of the Faith)의 수장으로서, 그리고 부분적으로 그 이유로 인해서 신학자로서, 상당한 논쟁의 중심 인물이기는 해도, 라칭거나 지지울라스가 모두 일치하는 지점은 그들이 바로 그들 각각의 전통을 동시대적 방식으로 표

---

[59] Ratzinger의 신학에 대해서는 그의 논쟁적인 대담인 *The Ratzinger Report* 이래로 상대적으로 많은 책이 출간되었다(예를 들어, Rollet, *Le cardinal*; Thils, *En dialogue*를 보라). 그러나 그의 교회론—그가 진정으로 위대한 신학적 기여를 이룬 부분인—에 대한 철저한 연구는 아직 이루어지지 않고 있다. Aidan Nichols의 *Theology of Joseph Ratzinger*는 Ratzinger의 신학적 발전에 대한 소묘이지만, 정확히 말하지만 비판적 분석의 주장이 결여된 소묘이다. Gerhard Nachtwei의 통찰력 있는 연구(*Unsterblichkeit*)는 비록 분석적이기는 하지만, 그럼에도 Ratzinger의 신학적 대화 상대자와의 대화 속에서 단순히 그의 전반적인 신학의 틀 안에서 그의 종말론을 제시하고 옹호할 뿐이다.

[60] 두 학위 논문이 Zizioulas의 사유를 다루고 있다. Gaëtan Baillargeon은 *Communion*에서 Zizioulas의 명시적인 교회론적 입장을 분석하지만 그의 입장의 배경을 구성하는 존재와 공동체의 존재학에 대해서는 구체적으로 다루지 않는다. Paul Gerard McPartlan의 연구(*Eucharist*)는 Henri de Lubac과 Zizioulas의 성례론적 교회론에 대한 비평적 비교를 수행하는데 Zizioulas를 교회론 신학자로뿐 아니라 교회적 실존의 깊이를 파헤친 사상가로 심도 있게 다룬다. 하지만 McPartlan은 그럼에도 나의 연구에 관련되는 주제(삼위일체적이고 교회적인 차원에서의 교제의 구조)에 대해서는 오로지 지엽적으로 다룰 뿐이다.

현하고자 노력하는 동시대의 탁월한 신학자들이라는 사실이다. 아마도 독자들 중에 다소 예언자적 관점을 선호하는 사람들은 이러한 이유로 인해서 그들이 대화 상대자가 될 수 없고, 따라서 단순히 그들을 그저 자신의 공동체를 안정시키는 일이나 하도록 내버려두는 것이 낫다고 생각할지도 모른다. 나는 이 지점에서 과연 이들이 신학자로서 어떠한 건설적 기여를 하지 않고 그저 보수적인 안정화의 기능을 하는 작업에 몰두해 있는 것은 아닌가 하는 문제에 대해서 판단을 내릴 필요는 없다. 나는 교회적 관계의 소위 포스트모던적 형식을 찾고자 하지만, 그럼에도 **전근대적** 전통을 동시대적 차원에서 다시 정식화한 사례들과 대화하는 것이 매우 중요하다고 보기 때문이다. 더 나아가서 이러한 오랜 전통 속에 담겨 있는 지혜는, 비록 우리가 이것들을 거부해야 한다고 강박적으로 느낄지라도 결코 낮추어 평가될 수 없다.

내가 라칭거와 지지울라스와 수행할 폭넓은 대화에서, 나는 최초의 침례교도—"자기 침례자"(Se-Baptist)—이자 "그의 여러 약점에도 불구하고 가장 재능이 많은 그리고 그러한 이름으로 거명된 사람들 중 가장 탁월한 자라고 할 수 있는" 존 스미스(John Smyth, 1554-1612)의 목소리에도 빈번하게 귀를 기울일 것이다.[61] 그는 바로 그의 신학적 성숙과 교회일치적 적합성으로 인해 현재의 논의에 상당한 기여를 할 수 있는 자유교회 전통의 대표적 목소리이다. 나는 그러나 스미스가 이야기하는 바를 단순히 새로운 단어나 새로운 논증으로 반복하는 데 멈추지 않고 더 대담한 작업을 수행할 것이다. 존 스미스가 한 전통을 시작했다면, 나는 다른 전통과의 교회일치적 대화 속에서 그 전통을 더 풍요롭게 할 것이다.

교회적 삶과 교회적 이론 자체가 언제나 혹은 온전히 일치하지 않

---

61 Dexter, *Congregationalism*, 323.

는다는 사실을 발견하는 데 큰 숙고가 필요한 것은 아니다. 이에 대한 인식은 어쩌면 교회적 현실에 대한 비난뿐 아니라 교회적 이론에 대한 비판으로 이해될 수 있을지도 모른다. 그러나 이 연구에서 나는 사회 통합의 권위주의적 구조를 정당화하는 이론을 오용하는 것보다는, 한 사회적 영역에서부터 다른 사회적 영역을 제한하기 위해서 의식적으로 혹은 무의식적으로 그러한 이론을 오용하는 경우에 더욱 관심이 있다. 교회적 현실에 대한 특정한 해석들은 대개 교회들 사이의 장벽을 유지하기 위해서 주장되는 경우가 많다. 바로 이 지점이 내가 다양한 교회적 모델들에 대해서 토론하고자 할 뿐 아니라, 동시에 이러한 모델들이 드러내는 교회적 현실에 집중하고자 하는 이유이다. 그럼으로써만 다양한 교회적 모델들이 효율적으로 풍요롭게 될 것이라고 생각한다.

명백하게, 나는 교회적 현실이 오직 자유교회 모델에 대해서만 하나의 해독제로서 기능하게 되고자 한다. 가톨릭과 동방 정교회의 교회론에 대한 나의 관심은 라칭거와 지지울라스에 의해서 제시된 모델의 수준 정도에만 머물러 있다. 그렇게 함으로써, 내가 단순히 나의 개신교적 전통을 가장 좋은 측면에서 제기하고자 하는 것이 아니냐는 의심을 받을 수 있다는 점을 인정한다. 이어지는 토론들에서 나의 사유가 따라서 진행할 하나의 큰 구도는 다음과 같은 것이다. 비록 자유교회의 전통적 교회론이 개인주의적일지라도, 실제로 공동체는 자유교회의 공동체적 삶에서 중요한 역할을 담당하고 있다는 것이다. 다른 교회적 전통들과 대화하면서, 나는 이론적으로 교회적 삶이라는 문제를 다시 회복시키고자 한다. 그럼에도 이러한 구도는 가톨릭과 정교회의 모델이 다소 유동성이 없는 반면 자유교회의 교회론은 유연하며 개선이 가능하다는 대조적 인상을 우리에게 심어준다. 나는 분명히 이러한 양자의 전통들이 교회론의 **역사**를 가지고 있다는 사실을 알고 있다. 라칭거와 지지울라스는 분명 이러한 전통의 부분이다. 그러나 분명히 일개 개신교 신학자가 가톨릭과 정교회의 교회론을 개선시키고자 시도하는 것은 주제넘은 짓일 것이다. 따라서 나는 내 논증이 기능하는 방식이, 가톨릭과 동방 정교회 신학자들을 향한 하나의 제안으로, 즉 그들로 하여금 자유교회 모델과의 대화에서 교회론적 실재를 검토하고, 따라서 그들의 모델들에 역동성을 주게끔 재고해보게 할 수도 있는 제안으로 의도되었다는 사실을 그들이 이해해주었으면 한다.

4. "교회에 대한 질문은 교회의 직임에 대한 질문에 속한 많은 해명되지 못한 지점에 대한 결정적 배경을 형성할 뿐 아니라, 동시에 기본적으로 모든 질문들의 배경들을 구성한다."[62] 여기서 우리는 바로 이 "모든"이라는 용어가 발터 카스퍼(Walter Kasper)의 주장에서 얼마나 엄격하게 이해되어야 하는지에 대해서 논쟁할 수 있을 것이다. 물론 모든 결정적인 신학적 질문들은 기실 어느 정도 기독교 신앙이 가지는 사회적 형식에 대한 질문 속에 일정 부분 반영되어 있다는 데는 그리 이견이 없을 것이다. 또한 이것은 왜 제1부(제I장과 제II장)에서 라칭거와 지지울라스의 교제의 신학(theology of the communio)에 대한 비판적 분석이 단순히 엄밀한 교회론적 논의의 차원에만 국한되는 것이 아닌지를 보여준다. 이러한 분석을 진행하면서 나는 또한 삼위일체론, 인간론, 기독론, 구원론, 계시의 신학에 관한 질문들에 대해서 검토할 것이다. 이 부분에서, 나는 가톨릭과 동방 정교회 신학에서의 교제(the communio)의 구조에 대해서 연구해볼 것이다. 여기서 라칭거와 지지울라스에 대해서 제기되는 비판은 그 신학 체계 자체를 향해 있다. 이러한 신학 체계 외적인 고려에 관련되는 비판은 제2부에서 이루어질 것이다.

하지만 제2부의 주요 목표는 비판이라기보다는 구성이다. 나는 먼저 교회를 교회로 만들어주는 것이 무엇인지 질문해볼 것이다(제III장).

---

62 Kasper, "Grundkonsens," 178.

내가 교회를 교회로 만들어주는 것을 공동체적 신앙고백의 차원으로 그 좌소를 설정하기에 다음 장에서 나는 신앙의 중재에 대한 질문에 대해서 다루도록 할 것이다. 신앙의 특정한 성격과 그것의 중재는 언제나 특정한 인간론을 전제로 한다. 그러므로 제Ⅳ장에서, 나는 인격성의 공동체적 관점을 묘파할 것이다. 그리고 이것은 교회와 삼위일체 사이의 관계에 대한 교회론적 기초 연구로 이어질 것이다(제Ⅴ장). 그 후에 나는 이러한 교회론적·구원론적·인간론적·삼위일체론적 관점에서 교회의 구조에 대한 질문을 검토해볼 것이다(제Ⅵ장). 이 책의 마지막 장은 교회의 전일성(全一性, catholicity)의 문제라는 관점에서 책의 전체를 요약하고자 한다.

    나의 구성적인 관심의 중심 주제는 바로 총체적인 의미에서 지역 교회이며, 나는 다양한 개별적 지역 교회들 사이에서나[63] 혹은 지역 교회들과 그것을 둘러싼 사회적 실재 사이에서 파악되는 관계들에 대해서는 오로지 주변적 차원에서만 다룰 것이다.[64] 나는 여기서 오로지 자기 사안들에나 신경 쓰는 지역 교회들에 대해서 그냥 만족해야 한다는 것을 결코 간접적으로라도 제시하는 것이 아니다. 나는 오히려 상황적 감수성을 가진 동시에 하나의 신앙을 고백하는 교회일치적 작업에, 그리고 세계를 변혁시키는 하나의 복음을 책임성 있게 삶에 실현시키고 공적으로 선포하는 교회일치적 작업에, 전 세계에 흩어져 있는 교회들 사이의 교제의 구조들을 확립하는 교회일치적 작업 모두에 참여해야 할 의무를 느낀다. 그러나 이러한 작업은 지역 교회들 없이는 성취될 수 없다. 실제로 그러한 작업은 이러한 지역 교회적 방식에 의해서 다루어져야 할 문제이다. 왜냐하면 한 장소에 모인 하나님의 백성은 교회성

---

63 아래 Ⅲ.3; Ⅶ.3.1.3을 보라.
64 아래 Ⅶ.3.2을 보라.

(Ecclesiality, 교회됨)이라는 가장 근본적인 목표를 구성해야 하기 때문이다. 나는 기본적인 교회론적 확신—자주 망각되지만, 꼭 자유교회에만 특정한 관점만을 대표하지는 않는 확신—의 관점으로, 삼위일체적 공동체의 아이콘으로서의 교회적 공동체에 대한 이러한 교회일치적 연구 속에서 지역 교회 자체에 초점을 맞출 것이다.

제1부

제 I 장

라칭거: 교제와 전체

교회라는 주제는 추기경 요제프 라칭거의 신학에서 중심을 차지한다.¹ 젊은 라칭거가 키프리아누스에 대해서 가졌던 태도는 아무런 제한 없이 라칭거 스스로에게도 동일하게 적용된다. "어디에서 시작했건 간에 누구나 결국은 교회로 되돌아와야 한다."² 아우구스티누스의 교회론에 대한 박사 논문에서부터 신앙교리성³의 수장으로서 출판한 최근의 저작에 이르기까지, 그는 언제나 교회성(ecclesiality)의 가톨릭적 형식이 가지는 내적인 논리를 드러내 밝히고자 노력했다. 비록 이러한 시도가 언제나 어떠한 중립적 관점에서 기인한 것이 아니라 이러한 교회성 그 자체의 관점에 토대를 둔 것이었더라도 말이다.⁴ 그러나 교회의 필수불가

---

1 Ratzinger의 신학 일반에 대해서는 Fahey, "Ratzinger"; Häring, "Nightmare Theology"; Nachtwei, *Unsterblichkeit*; Nichols, *Theology*를 보라.
2 Ratzinger, *Volk*, 99; Ratzinger, *Eschatologie*, 14을 보라. Ratzinger가 생각하는 교회의 중심성에 관해서는 Eyt, "Überlegungen," 40을 보라.
3 Ratzinger, *Gemeinschaft*를 보라.
4 Ratzinger, *Volk*, 57을 보라. 젊은 Ratzinger는 교회론적 논쟁이 발생할 때 Augustine가 공평한 권위로서 성서에 호소하려는 시도가—즉 교회 자체 밖에서 교회를 증명하려는 시도가—마치 "신앙 밖에서 신앙을 증명"하려는 시도와 유사하다고 보았다(Ratzinger, *Volk*, 131). 그의 관점에 따르면, 이 두 가지 시도는 결국 실패할 수밖에 없다. 왜냐하면, 그가 이후에 설명한 바와 같이 "모든 이유들은 결국 역사적인 좌소에 의해서 결정되고, 결국 순수한 이유는 존재하지 않기 때문이다"(Ratzinger, "Kirche in der Welt," 317). Ratzinger의 신학적 방법론에 대해서는 Nachtwei, *Unsterblichkeit*, 226ff.을 보라.

결한 구조의 근거를 교회 내부로부터 잡으려는 라칭거의 노력은 순수하게 교회론적 작업이라고만 이야기할 수는 없다. 오히려 라칭거는 궁극적으로 "기독교 신앙의 공동체적 형태"에 관심을 가진다.[5] 이러한 주장은 "오로지 전체만이 존속한다"는 그의 기본적인 확신에서 기인한다.[6] 더 정확히 이야기하자면, 위대한 "사랑"의 연합이라는 가장 포괄적 의미에서의 전체는 개인이 인류 전체로부터 겪는 소외와 인간이 하나님으로부터 겪는 소외를 모두 극복한다.[7] 라칭거는 교회의 본질을 바로 자아와 전체 사이의 가교에다 위치시킨다. 그것은 보편적으로 공동체적인 "우리" 속에서 인간적 "나"와 신적 "당신"이 가지는 교제이다.

인간의 인간 동료들과의 공동체와 하나님과의 공동체를 현대 다원주의적 사회의 개인주의로부터 보호하기 위해서, 라칭거는 기독교 신앙과 그 교회의 실천에서 나타나는, 결정적으로 상호 연관된 두 가지 탈선들을 반박한다. 첫 번째 탈선은 초기 아우구스티누스에게서 발견되는 "하나님과 영혼, 그 외에 다른 것은 아무것도 아님"(Deus et anima—nihil aliud, nihil)이라는 도식과 그러한 도식의 종교개혁적 혹은 자유주의적 혹은 인격주의적 혹은 실존주의적 변형들이다. 두 번째 탈선은 지역 교회를 광역 교회로부터 단절시키고, 그것을 그저 하나의 집단-역학적인 상호 작용으로 환원시킨 지점에 있다. 이러한 두 가지 탈선들은 자유교회의 교회론이나 그 실천과 완전히 궤를 같이한다고 주장된다. 라칭거는 자유교회의 교회론이 그리스도인은 과연 무엇인가에 대한 **개인주의적** 견해를 보여주는 전범적인 모델이라고 생각한다는 인상을 준다. 기독교 신앙은 분명히 비개인주의적 방식으로 삶에 적용되는 것이므로 교회의 삶이 공동체적일 수밖에 없다고 생각하기에, 라칭거는 그의 신

---

5 Razinger, *Prinzipienlehre*, 50.
6 Razinger, "Buchstabe," 254.
7 Razinger, *Introduction*, 204. 『그리스도 신앙』(분도출판사 역간); idem, *Fest*, 129.

학적 작업의 시초에서부터 명시적으로나 암묵적으로 자유교회의 교회론을 반박했다. 비록 그것이 고전적인 개신교적 형식에 속한 교회론이라기보다는 오히려 점점 널리 퍼지고 있는 후기 바티칸 공의회 가톨릭 교회의 "'회중'으로의 도피"라는 형식에 속하는 교회론을 겨냥했다 하더라도 말이다.[8]

피에르 아이트(Pierre Eyt)는 인간 "나"와 신적 "당신"과 교회적 "우리"가 서로 얽혀 있음을 라칭거보다 더 절박하게 해명하려 한 가톨릭 신학자가 거의 없다고 강조한다.[9] 또한 가톨릭 교회론을 떠받치는 기독교 신앙의 공동체적 특징을 분명히 제시함으로써, 자유교회의 교회론이 가지고 있는 기본적인 전제를 예리한 신학적 통찰을 가지고 논박한 신학자는 더더욱 적다. 이러한 것들은 공동체적 자유교회의 교회론을 탐색함에 있어서 바로 왜 라칭거가 가톨릭 편의 적절하면서도 주된 대화 상대자인지에 대한 두 가지 중요한 이유를 잘 보여준다.[10] 나의 관심은 가톨릭 신앙교리성의 수장이 아닌 신학자로서의 라칭거에게 있다(비록 어떻게 라칭거의 교제에 대한 이해가 그의 주교직과 교리성의 수장으로서의 교회적 실천으로 번역되는지에 대해서 연구해보는 것이 상당한 교훈을 줄 수 있겠지만 말이다).[11] 그리고 나는 실제로 라칭거가 제2차 바티칸 공의회의

---

8 Razinger, *Prinzipeienlehre*, 6. 또한 idem, *Volk*, 90, 각주 7; "Liturgie," 244; *Church*, 9f.
9 Eyt, "Überlegungen," 45.
10 왜 내가 Ratzinger를 가톨릭 편의 대화 상대자로 선택했는가에 대한 추가적인 이유를 알고자 한다면 서론의 3.3을 보라.
11 나는 여기서 Henri de Lubac이 제기한 것처럼, Ratzinger가 실제로 "그 자신 안에서 신학자와 신앙교리성의 수장" 사이를 충분하게 구분했는지(de Lubac, *Zwanzige Jahre*, 113), 혹은 그가 "교회 행정적 기능과 신학적 기능을 혼동"했다고 비판하는 것이 정당한지(Pelchat, "Ratzinger," 323)를 묻는 신학적·교회적·정치적으로 의미를 가진 질문들을 제기하지 않을 것이다. 그럼에도 '신앙교리성'의 수장으로서 제시한 그의 포고문의 신학적 내용이 수년간 견지해온 그의 신학적 확신을 따르고 있다는 사실을 부인하기는 어렵다. 반면에 그가 신학자로서 역할을 해온 것에 대해서는 Kasper가 Ratzinger의 책에 대한 서평에서 언급한 것 같이, "무엇이 건전한 논제를 구성하는 것이고 무엇이 단순한 가정을 구성하는지, 그리고 무엇이 공동의 교회적이고 신학적인 교리를 구성하고 무엇이 저자의 개인적인 신학을 구성하는지를 구분하는 것은 언제나 명백하지 않은 문제이다"(Kasper, "Einführung,"

정신과 의미를 제대로 표현하고 있는지에 대한 가톨릭 내부의 논쟁에 개입하지 않을 것이다. 나의 탐사가 교회일치적 합의나 교회일치적 수렴을 지금 당장 만들어보려는 데 있는 것이 아니라 자유교회의 교회론을 새로운 방식으로 정식화하는 데 있기 때문에, 나는 유일하고 결정적인 가톨릭의 교회론—만일 그것이 가톨릭 신학의 영역에서 존재하기라도 한다면—을 다룰 필요가 없다. 여기서는 단순히 논쟁의 여지없이 "비가톨릭적이지 않은" **하나의** 교회론에 대해서 살펴보는 것으로 족하다. 아마도 제2차 바티칸 공의회의 신학 자문위원이자 신앙교리성의 수장인 사람이 제시한 교회론은 이러한 요구조건에 부합할 수 있을 것이다.[12]

라칭거가 총괄적으로 교회론을 다룬 책을 출판한 적은 없다. 아우구스티누스의 교회론에 대한 그의 연구를 별도로 하자면, 그 나름의 교회론적 해명은 약 40년간에 걸친 다양한 강연과 에세이들에서 산발적으로 나타나는데, 그중 몇몇은 그의 여러 저술들이 가진 특징들을 잘 보여준다. 이러한 특징을 잘 보여주는 저작들 가운데 하나는 1991년에 출판된 『공동체로 부름 받음』(*Zur Gemeinschaft gerufen*)이라는 책인데, 이 책은 "가톨릭 교회론을 위한 초보적 가이드"를 제공하고자 한다.[13] 그러나 독자들은 이 책을 통해서 다양한 조각들이 처음 예상했던 것보다 큰 그림에 훨씬 더 쉽게 들어맞는 교회론적 퍼즐을 만나게 될 것이다. 수년 동안, 그의 초기의 저작에서 최근의 저작에 이르기까지, 라칭거의 교회론적 사고는 상당하게 일관된 채로 남아 있다.[14]

---

184).
12 Ratzinger의 논쟁적인 대담, *The Ratzinger Interview* 말미에서, J. K. S. Reid는 다음과 같이 저술한다. "의심의 여지없이 이 인물은 그 스스로가 충직한 종으로 두드러지는 교회의 대표자이다. 그러나 그렇다고 해서 완전하게 대표하는 것은 아니다"(Reid, "Report," 132).
13 Razinger, *Gemeinschaft*, 9.
14 Fahey, "Ratzinger," 79을 보라. Ratzinger의 신학적 발전에서 제2차 바티칸 공의회 몇 년 후에 발생한 중요한 전환점을 발견할 수 있다는 데는 의심의 여지가 없다. 그 기간부터 그의 몇몇 동료들은(예를 들어 Hans Küng 같은) 그를 더 이상 알지 못한다고 주장했다 (Cox, *Silencing*, 75을 보라). 그러나 나에게는 적어도 이러한 변화가 근본적인 신학적 입

나는 교제(communio)를 라칭거의 교회론의 핵심적인 개념으로 이해하면서, 나의 관심을 조직적 사상가로서의 라칭거에게 돌리고자 한다. 나는 그의 교회론의 내적 논리를 파악하고자 하며, 그러한 논리를 비판적으로 제시하고자 한다. 먼저 신앙에 대한 교회의 매개에 대해서 다루고 또한 기독교적 실존에 대한 교회의 매개에 대해서 다룰 것이다. 그러고 나서, 교회성 그 자체에 대한 광역 교회의 매개를 다루고자 한다. 다음 단계로 나는 각기 다른 그리스도인과 지역 교회의 공동체성 밑바탕에 있는 하나님의 말씀의 교회적 형식에 대해서 검토하고자 한다. 이것은 더 나아가서 직임의 공동체적 형식에 대한 검토, 곧 성례전과 말씀의 공동체성이 가지는 전제에 대한 고찰로 이어질 것이다. 라칭거의 교제 개념에 대한 내적 논리를 비판적으로 재구성하는 작업은 결국 교회 내에서 공동체적으로 규정된 개인들의 동일시 문제로 귀결된다. 마지막 단계에서 나는 삼위일체 공동체와 교회적 공동체 사이의 관계에 대한 라칭거의 이해에 대해서 의문을 제기할 것이다.

장을 포함한 것은 아닌 것 같다. 그 강조점의 변화에 대한 논의에서, 그의 입장은 별반 변화가 없었을 뿐 아니라, 제2차 바티칸 공의회의 도입으로 가톨릭 교회에 초래된 큰 변화에 대해서도 그 자신은 상대적으로 영향을 받지 않았다. Ratzinger가 '신앙교리성' 수장으로서 정력적으로 방어하고자 한 것은 그가 젊은 신학자 시절 저술한 것과 일치하며 또한 기존에 그가 이미 진술했던 내용과도 암묵적으로 일치한다. 그러나 공의회 이전에, 그리고 공의회 기간 동안에 진보적이라는 인상을 주었던 그의 신앙은 공의회 이후에 보수적인 것으로 드러났다. 특히 누군가가 공의회의 문서들에서 공의회의 실제적인 의도가 아직 완결되지 않은 표현으로서 새로운 요소들을 해석하는 상황에서는 더욱더 그러했다. 변화한 것은 Ratzinger의 신학이 아니라, 그의 초점과 기능이다. 비록 개인적으로는 항상 참여적이었지만 균형 잡힌, 그리고 충분히 자기 비판이 가능한 사상가였던 이로부터, 지고한 교회의 힘을 부여받아 타협이라고는 할 수 없는 것처럼 보이는 변증가가 등장하게 된 것이다. 공의회 이전에 그는 여전히 "자유 속에서 살아 있는 진리가 가지는 승리의 힘"을 신뢰하고자 했기에, 포고문과 규범적 규정을 통해서 숨어 있을 필요가 없었다(Ratzinger, *Das neue Volk*, 265). 하지만 공의회 이후에 그는 "경계의 명확한 설정에 대한 요구"를 받아들였고, 교황과 주교들이 "이러한 경계 설정에 동의해서 결정을 내릴 수 없는 상황"에 대해서 개탄스럽게 생각했다(Ratzinger, *Prinzipienlehre*, 241).

1. 신앙, 성례전, 교제

"교회의 필수적인 성질에 대한 내적 근거"를 제공하는 것은 교회가 그리스도인의 시작을 위한 필수적인 외적 전제일 뿐만 아니라, 그 자체로 그 기획의 내적인 구조여야 함을 보여준다. 왜냐하면 적어도 그리스도인의 삶 자체가 공동체적이라고 한다면, 그리스도인이 된다는 것과 일반적으로 "역사 속에서 말씀을 받아들이는 근본적인 형식"은 결국 공동체적일 수밖에 없기 때문이다.[15] 나는 먼저 신앙의 행위의 공동체성에 대해서 검토해보고, 이후에는 이러한 공동체성을 동반하는 성례전적 구조에 대해서 다루려고 한다.[16]

1.1. 신앙과 교제

라칭거에 따르면 신앙 행위의 목표와 과정은 교회 공동체와 뗄 수 없이 연결되어 있다. 신앙의 행위는 한편으로 인간 존재를 공동체 안으로 편입시키며, 동시에 다른 한편으로는 공동체에 의해서 유지된다.

1. 신앙의 "대상"은 삼위일체 하나님 혹은 예수 그리스도이기 때문에, 신앙은 실제로 항상 공동-신앙(co-faith)을 의미한다. 참으로, 다른 그리스도인들과의 교제는 단순히 "구원의 외부적 상황이 아니라, 그 형이상학적 본질로 실제로 들어가는" 것이다.[17] 한 인간이 믿는 하나님은 삼위일체 하나님이며, 그래서 그분은 자기 폐쇄적 통일성이 아니라 신적

---

15 Ratzinger, *Prinzipienlehre*, 204.
16 이 장에서 나는 (communio의 번역어로서) 교회와 공동체 사이에 용어적인 차이를 구분하지 않는다. 또한 나는 두 가지 용어를 동어적인 것으로 받아들인 Ratzinger의 실천을 뒤따를 것이다. 이후에 내가 지역적 의미에서, 그리고 보편적 의미에서 교회적 교제를 구분할 때, 나는 "지역 교회"(*ecclesia localis*)나 "회중"(congregation)이라는 표현을 한편에서 사용하고, 다른 한편으로는 "교회"(*ecclesia universalis/universa*, 보편 교회)라는 표현을 다른 의미로 사용하고자 한다. 제2차 바티칸 공의회의 애매한 용어에 대해서는 Legrand, *Réalisation*, 145f.을 보라.
17 Ratzinger, *Volk*, 245, 각주 21.

인 세 위격들의 공동체이다. 이러한 하나님을 믿는 것―즉 이러한 하나님에게 자신의 실존을 굴복시키는 것―은 필수적으로 신적 공동체 속으로 들어가는 것을 의미한다. 삼위일체 하나님이 단순히 사적 차원의 신이 아니기에, 어느 누구도 이러한 하나님과 사적 사귐을 만들어내지 못한다. 그러므로 삼위일체 하나님과의 사귐은 또한 신앙 속에서 자신의 실존을 동일한 하나님에게 굴복시킨 다른 모든 인간들과의 사귐이다. 따라서 삼위일체적 신앙은 공동체가 되는 것을 의미한다.[18] 그러므로 교회 공동체는 "신앙 속에서 고백되는―그로써 단순히 동등한 상대자 정도이기를 그치는―그 상대자"의 필연적 결과이다.[19]

누구나 신앙 안에서 예수 그리스도와의 교제를 통해서 삼위일체적 공동체 안으로 들어간다. 하지만 한 개인이 삼위일체 하나님과 사적 관계를 거의 만들어내지 못하는 것처럼, 그가 그리스도와의 사적 관계를 구성해내는 것은 거의 불가능하다. 왜냐하면 그리스도는 결코 개인적이고 자기 폐쇄적인 인격이 아니기 때문이다. 그는 새로운 "아담"으로서, "전체 '인간' 피조물의 통일성"을 자신 안에서 구현한 집단적 인격체이다.[20] 따라서 그리스도를 믿는 것은 곧 그의 집단적 인격성 안으로 "들어가는" 것이며, 이러한 이유 때문에 다른 이들과의 교제 속으로 들어가는 것이다.

라칭거는 갈라디아서 2:20에 대한 신학적 주석을 통해서 구원의 본질적 교회성을 기독론적으로 근거 짓는 작업을 설명하고 있다. 바울이 "이제는 내가 사는 것이 아니요 오직 내 안에 그리스도께서 사신 것"이라고 기록할 때, 그는 신자의 자아가 "자기 폐쇄적 주체"가 되기를 그치고, "하나의 새로운 주체로 삽입되었음"을 뜻한다.[21] 그러나 이러한 새로

---

18 Ratzinger, *Prinzipienlehre*, 23, 51을 보라. 참조. Ratzinger, *Church*, 29.
19 Ratzinger, *Prinzipienlehre*, 23.
20 Ratzinger, *Introduction*, 176; 참조. Ratzinger, *Dogma*, 221f.

운 주체는, 갈라디아서 2:20을 토대로 예상해볼 수 있듯이, 단순히 그리스도가 아니다. 라칭거는 갈라디아서 2:20을 그가 가장 선호하는 교회론적 본문인 갈라디아서 3:16과 3:28의 관점으로 해석한다. 즉 "씨"와 "하나"에 대해서 말할 때, 그는 그 "하나"를 "그리스도와 함께하는 새롭고 **단일한** 주체"로 해석하는 것이다.[22] 한 사람이 그 속으로 "이식되는" 새로운 주체는, 오로지 그리스도와 신앙 안에서 연합한 이들이 "그리스도 안에서 하나"가 되는 한에서만 발생할 수 있다. 교회는 하나의 주체로서—즉 하나의 행동하는 주체가 된다는 의미에서—그 자신의 이러한 특성을 그리스도와의 연합 속에서 획득한다. 머리인 그리스도와 몸인 교회는 "전체 그리스도"(whole Christ)를 구성한다. 즉 "인간의 실존이 온전히 그 자신의 목적을 이루는" 좌소, 또 교회 내에서 인간의 존재가 그리스도와 함께 "불가분적으로 하나의 단일한 실존 속으로 연합함으로써" 그러한 일을 이루는 유일한 좌소를 구성하게 된다.[23] 라칭거는 에베소서 5:32을 토대로 이러한 결론을 내릴 수 있다고 본다.[24] "교회의 심원한 본질"은 "그리스도, 곧 머리와 지체로 된 전체 그리스도(Christus totus, caput et membra)와 함께하는" 것으로 구성된다.[25]

그러나 모든 그리스도인이 "그리스도 안에서 **하나**"라는 바울의 진술은 주체성을 교회에 양도해야 한다는 주장을 충분하게 지지하지 못한다. 즉 그리스도의 주체성을 통해서 구성된 사회적 주체성인 교회에 주체성을 귀속시켜야 한다는 주장은 근거가 충분하지 못하다. 바울

---

21 Ratzinger, "Theologie," 519.
22 Ibid. 볼프 강조. 참조. Ratzinger, *Brüderlichkeit*, 69f.; Ratzinger, *Introduction*, 179.
23 Ratzinger, "Identifikation," 28; 참조. Ratzinger, *Introduction*, 178f.
24 Ratzinger, *Sakrament*, 10.
25 Ratzinger, "Kirche," 180. Ratzinger에 따르면, 이러한 관점이 왜 "하나님의 백성"이라는 표현이 교회를 나타내는 데 부적합한 기술인지를 잘 보여준다. 그리스도의 몸(*Corpus Christi*)은 "'새로운 백성'이라는 공동체적 존재가 근본적으로 세계의 국가들이나 이스라엘의 범주와는 근본적으로 다른 종적 차이(*differentia specifica*)를 제시한다"(Ratzinger, "Kirche," 176; 참조. Ratzinger, *Gemeinschaft*, 25f.).

의 "그리스도 **안에서** 하나"를 라칭거의 "그리스도와 **함께하는** 단일한 주체", 혹은 분명하게 "단일한…예수 그리스도"로 바꾸기 위해서, 우리는 바울을 넘어서는 신학적 해석을 필요로 하게 된다.[26] 이러한 신학적 재해석의 의도는 명백하다. 교회의 주체성은 하나의 전체적 구원론과 교회론을 함의한다. 실제로 그것은 교회가 주교와 사제 속에서 그리스도와 **함께** 활동하는 분명하게 가톨릭적인 구원론과 교회론을 함의하는 것이다. 이러한 재해석을 뒷받침해주는 신학적이며 주석적인 근거들은 분명하지 않은 채 남겨진다. 어디서도, 라칭거는 이러한 주장의 근거를 제시하지 않는다.

어떻게 교회가 그리스도와 함께 단일한 주체가 되지만 그럼에도 그리스도와 구분되는지에 대한 문제는 여전히 질문할 만하다. 라칭거는 명백하게 그리스도와 교회의 이러한 동일시가 "구별없는 동일시"로 이해되어서는 안 되고, 오히려 "역동적인 연합"으로, 즉 "부부 간의 사랑과 같은 성령의 실재적 행위"로 이해되어야 한다고 주장한다.[27] 성령을 통해서 십자가에서 "죽은" 주는 "다시 돌아오고" 이제 그의 "신부"인 교회와 나누는 사랑의 대화에 관여하게 된다.[28] 그럼에도 여전히 성령의 재현적 사역에 의지하는 것은 **하나의 단일한** 주체 내에서의 대화라는 개념을, 단지 자기 자신과 대화하는 것이 아닌지 하는 의심으로부터 벗어나게 할 수 없다. 신랑과 신부를 동시에 포괄하는 하나의 주체라는 개념을 포기하지 않는 한, 교회와 그리스도를 병렬해서 파악하는 것은 불가능한 것처럼 보인다.

2. 신앙이 단순히 교제로 이어지는 것이 아니다. 라칭거에 따르면, 신앙은 또한 교회에 의해서 유지되는 것이며 실제로는 **교회의 선물**이

26　Ratzinger, "Theologie," 519; Ratzinger, *Prinzipienlehre*, 51.
27　Ratzinger, *Gemeinschaft*, 36; Ratzinger, *Das neue Volk*, 239.
28　Ratzinger, "Offenbarung," 522.

다. 이러한 개념은 신앙이 "인간 자아의 가장 깊은 내면에 뿌리내린 심오한 인격적 행위"이며,[29] 그것이 주님의 선물이라는 주장을 부정하는 것이 아니다. 그러나 신앙은 인격적 행위임에도 불구하고, 개인과 하나님 사이의 고독 속에서는 발생하는 것이 아니다. 인격적 방식으로 하나님을 믿는 것은 본질적으로 "신앙 공동체의 이미 존재하는 결정에 참여하게 되는 것"을 의미한다.[30]

이러한 참여는 무엇보다 먼저 교회의 집합적 신앙을 개인적 차원에서 전유함으로 발생한다. 개별자는 그 자신의 고독한 반성을 통해서 신앙을 만들어내지 못하며, 결국 신앙의 교제로부터 "신앙의 경험에 대한 언어와 형식"을 받아들일 뿐이다.[31] 특정한 "언어 게임"은 한 사람이 그러한 언어 게임을 유지하고 있는 언어 공동체에 편입될 때만 비로소 유의미해지기에, 신앙은 더 나아가서 개별자가 "교회라는 공동체에 익숙해지는 것"을, 즉 "성령에 대한 공동 경험의 좌소"인 교회에 일치되어가는 것을 전제한다.[32] 개인으로 하여금 이러한 신앙의 공동체적 표징들을 이해할 수 있게 만드는 것은 바로 공동체적 삶이다.

그러나 만일 교회의 "언어 게임"에 이르기 위한 공동체적 발산 과정이 공동체가 개인적 신앙의 발생에 참여하는 전체 폭을 구성한다면, 신앙의 행위 그 자체는—그것이 비록 공동체에 의해서 형성되는 것이라고 할지라도—근본적으로는 개인적 행위로 남아 있게 될 것이다. 말하자면, 모든 인간 존재가 그 자신의 교회의 사회화 과정을 지배할 것이다. 그러나 라칭거에게 신앙은 근본적으로 그 발생에 있어서뿐 아니라

---

29 Ratzinger, *Auf Christus Schauen*, 39; 참조. Ratzinger, *Prinzipienlehre*, 116.
30 Ratzinger, *Prinzipienlehre*, 38.
31 Ratzinger, "Dogmatische Formeln," 37; 참조. Ratzinger, *Prinzipienlehre*, 346.
32 Ratzinger, *Prinzipienlehre*, 26, 130. 여기서 Ratzinger는 비록 명시적으로 표현하지는 않았어도 아마 후기 Ludwig Wittgenstein의 언어철학의 요소(*Philosophische Untersuchungen*)를 전유하고 있는 듯 보인다.

신앙의 **구조**에 있어서도 공동체적이다. 신앙을 가짐으로써, 한 사람은 "신앙 공동체의 이미 존재하는 결정 속으로" **스스로를 사로잡히게끔** 한다.[33] 주체로서 신자가 그 자신을 사로잡히게끔 **허용하는 것**은 결국 주체로서 교회에 의해 **사로잡히게 되는** 것과 다르지 않다. 물론 여기서 중요한 시사점은 사로잡히는 것이 신앙에 뒤따르는 "후속적 차원의 법적 행위가 아니라" 오히려 "**신앙 자체의 부분**"이라는 점이다.[34] 그러므로 세례를 받는 것은, "교회로부터 누군가가 받는" "특정한 신앙"이 주어지는 것이다.[35] 따라서 "희망인 동시에 사랑인" 신앙 그리고 "칭의를 위한 준비의 전체 형태"를 제시하는 신앙(물론 이 지점에서 라칭거는 매우 명백하게 비개신교적 정식을 보여주고 있지만)은[36] 믿음을 가진 인간의 인격적 행동인 동시에 교회의 집합적 행위인 것이다.

신앙이라는 인격적 행위에 교회 공동체가 참여하는 것은 회심의 본성과 교회의 본성에 근거하고 있다. 라칭거에 따르면, 회심은 단순히 인간 존재가 행동을 실행하는 그런 돌이킴이 아니라, 회심한 사람으로 하여금 "이제 내가 살지만 더 이상 내가 사는 것이 아니다"라고 이야기하게 만드는(갈 2:20을 보라) 보다 근본적 차원에서의 자아의 변화라고 할 수 있다. 이러한 자아의 변화는 자아의 측면에서 전적 수동성을 함의한다. 능동성은 단순히 옛 자아의 존재만을 확인시켜줄 뿐이며 능동성은 결국 자아의 **변화**를 촉진하는 데 실패하고 만다.[37] "기독교적 회심이 자아와 비-자아의 경계를 깨뜨리기에, 결국 회심은 오로지 비-자아의 관점에서만 한 개인에게 주어질 수 있을 뿐이다." 이러한 점에서 라칭거는

---

33 Ratzinger, *Prinzipienlehre*, 38.
34 Ibid., 42 (볼프 강조); 참조. ibid., 346.
35 Ibid., 109, 각주 8.
36 Ibid., 108.
37 Ratzinger, *Introduction*, 201ff.을 보라. 여기서 Ratzinger는 수용의 우선성을 강조하고 이로부터 "그리스도인의 적극성"의 필요성을 도출한다. 이것은 역사적 적극성일 뿐 아니라 **교회적** 적극성이기도 하다.

회심을 "인격적 결정의 단순한 내적 성찰로는 충분히 실현될 수 없는 것"이라고 주장한다.[38] 그러나 논증의 과정에서 그가 명시적으로 말하고 있지는 않지만 끊임없이 가정하고 있는 전제는 결국 내적 성찰에서 발생하는 것은 하나님으로부터 기인하는 것이 아니라 인간에게서 기인한다는 것이다. 오로지 이러한 특정한 가정만이(단순히 진정한 신앙은 언제나 사회적으로 매개된다는 주장을 훨씬 뛰어넘는 것을 내포하는) 신앙이 결코 주님으로부터 직접적으로 주어질 수 없으며, 본질적으로 교회로부터 동시에 오게 된다는 라칭거의 독특한 논제의 근거를 보여준다. 그의 추론은 다음과 같다. 아무도 자아의 변화를 홀로 실행할 수 없기 때문에 **교회**가 바로 이러한 과정에 참여해야만 한다. 비록 교회가 신앙의 선물과 그 자신의 존재를 주님으로부터 받는다고 하더라도, 자아의 변화는 결국 한 사람이 교회에서부터 주어진 신앙의 선물을 받을 때에야 비로소 일어난다.[39]

아마 어느 누구도 하나님에 대한 경험이 언제나 사회적으로 매개된다는 사실을 부정하지는 않겠지만, 그럼에도 이것이 신앙의 교회적 차원의 증여라고 정확하게 기술할 수 있는지, 그리고 이러한 매개의 과정에 참여하는 교회를 어떻게 이해해야 하는지에 대한 질문 역시 여전히 제기될 수 있다. 신앙의 매개와 신앙의 담지자로서 교회에 대한 라칭거의 이해는 그리스도와 교회의 주체적인 일치라는 생각에 의해서 유지된다. 만일 교회가 그리스도와 함께 단일한 주체라면, 그리스도에게서부터 오는 신앙은 동시에 그리스도와 함께 행동하는 교회의 선물

---

38 Ratzinger, "Theologie," 520. 신앙이 가지는 근본적인 교회적 본성의 동일한 토대는 (어느 정도 수평적 차원에서 정식화된) 어느 누구도 자기 자신에게 신앙을 줄 수 없다는 것이다. 그 본질상 신앙은 "분명 거룩한 교회 안에 있는 예수의 모든 형제들과의 소통의 수립"이기 때문이다(Ratzinger, *Prinzipienlehre*, 35). 이러한 소통은 신앙하는 개인들과 그들을 받아들이는 공동체 양편 모두로부터 수립되어야 한다.
39 이러한 관점에서는 어느 누군가 신자가 되기 위해 그 자신의 주도권을 바탕으로 결정을 내리는 것은 불가능하게 된다(Ratzinger, *Prinzipienlehre*, 42을 보라).

이어야만 한다. 교회가 행동할 때, 그리스도 역시 행동한다. 그리스도가 행동하는 곳에서, 교회도 행동한다. 그리고 그리스도와 함께하는 단일한 주체로서 신앙을 부여할 수 있는 교회는 전체 성도의 교제(the entire communio sanctorum)로 존재해야 한다(그러나 교회는 특정한 인간 존재들 속에서 활동하는 능력을 가지게 된다). 이러한 논제는, 전체 교회로부터의 신앙의 성례전적 수용을 통해서 생겨난 신앙의 매개라는 교회적 특성이 그 신적 기원의 표징이자 보증이며 우리가 처리할 수 있는 성질의 것이 아니라는 표징이자 보증이라는 주장으로 이어진다.

물론, 인격적 인간의 신앙에 대한 교회의 참여가 신앙 입문에서만 그치는 것이 아니다. 하나의 신적이며 인간적인 주체(인 교회)로부터 신앙의 선물을 받은 이후에는, 그가 교회가 믿는 것을 스스로의 힘으로 믿는 것이 아니다. 오히려 기본적으로 그는 전체 교회와 함께 그것을 믿는다. 믿음을 가진 자아는 교회적 영혼의 자아(the self of *anima ecclesiastica*)이다. 즉 "인간 존재의 '나'는, 그 안에서 교회 전체 공동체가 그 자체를 표현하는데, 그것과 함께 그가 살아가며, 그 안에서 그것이 살아가며, 그것으로부터 그가 산다."[40] 따라서 신조의 자아는, 라칭거가 추종하는 앙리 드 뤼박(Henri de Lubac)의 연구를 따르면, 개인적 자아라기보다는 집합적 자아다. 즉 신앙을 지닌 교회라는 어머니(*Mater Ecclesiae*)의 자아로서, "개인적 자아는 믿음을 가지는 한에서는 결국 그것에 소속되어야 한다."[41] 라칭거는 심지어 "그 자신의 [신앙의] 행위를 [교회에] 양도한다"라는 표현을 통해서 교회와 함께 신앙한다는 개념을 제시한다.[42]

그러나 이러한 집합적 자아의 엄밀한 성격뿐만 아니라 그것이 개인적 자아에 대해 가지는 관계 역시 여전히 명료하지 못한 채 남아 있다.

---

40 Ratzinger, *Church*, 127.
41 Ratzinger, *Prinzipielehre*, 23; 참조. idem, "Dogmatische Formeln," 36.
42 Ratzinger, "Dogmatische Formeln," 44.

비록 한 인격이 교회 "로부터" 그리고 교회와 "함께" 살아간다는 것이 충분히 파악할 수 있는 개념이라 할지라도, 하나의 공동체가 한 개인의 자아 **속에** 살 수 있으며, 또한 그 스스로를 그 인격 **속에** "표현한다"는 생각을 어떻게 이해해야 하는가? 이것이 의미하는 바는 아마도 인간 공동체가 **주체**로서 개인적 인간 존재 속에서 행동하고 거주할 수 있다는 주장일 것이다. 이는 개인이 믿음을 가질 때, **이 공동체가 그 동일한 개인 안에서** 믿는다는 것이다. 그렇다면 더 나아가서 한 개인이 개인적 신앙의 행위를 교회에 양도할 수 있다는 주장을 어떻게 이해해야 하는가? 이것이 시사하는 바 역시 주체로서의 자아가 자기 스스로 행위할 수 있는 교회라는 주체 속에서 거주할 수 있음을 의미할 것이다. 이는 곧 교회가 믿음을 가질 때, 개인도 **그 속에서** 믿음을 가진다는 것을 의미한다. 그렇다면 이러한 주장은 개인적 인간 존재와 인격으로 간주되는 교회 사이의 상호적인 "인격적 내주함"을 함의할 것이다. 비록 신약성서가 인격적 내주함의 현상에 대해서 증언하기는 하지만,[43] **오로지 신적 인격들만**이 인간 존재 속에 거주할 수 있으며, 또한 인간 존재가 신적 인격들 속에 거주할 수 있다고 주장하는 것은 사실 그다지 예상을 벗어나는 진술이 아니다[예를 들어, 바울 서신에 나오는 "그리스도가 당신 안에"(롬 8:10); "우리는 그리스도 안에"(롬 8:1)라는 표현]. 하지만 인간 존재들이—개인이든 공동체든—다른 인간 존재에게 거주한다는 것은 예상을 벗어나는 무리한 진술이다.

교회가 그리스도와 결합한 하나의 주체라는 개념은, 라칭거로 하여금 교회와 그리스도가 관계적으로 병렬적이라는 것은 물론 개별적 인간이 교회와 그리스도와 함께 관계적으로 병렬적이라는 사실을 파악하기 어렵게 만든다. 라칭거는 우리에게 신앙하는 자아가 단순히 전체적

---

43 뒤의 IV.3.2.1을 보라.

자아 속으로 잠겨버리는 것이 아니라, "그 스스로 더 큰 자아 속에서, 더 큰 자아와 함께 그 스스로를 새로이 받아들일 수 있게" 온전히 자기 자신을 내맡겨야만 한다고 확신시키려 한다.[44] 유사하게 그리스도와 개인 사이의 "사랑의 인격적 대화"가 가능한 상태로 머물러 있다.[45] 하지만 명료하지 못한 지점은 어떻게 개인들의 주체성, 즉 사랑의 대화의 전제조건이기도 한 주체성이 그리스도와 함께한 교회가 제시하는 포괄적 주체의 틀 안에서 적극적으로 파악될 수 있는가 하는 것이다. 이 점에서 라칭거가 "실존의 융합", "동화", 그리고 분리선들이 점차 분할되는 것에 대해서 이야기하는 것은 그리 예상을 벗어나지 않는다.[46]

하지만 라칭거의 구원론적이면서 교회론적인 모든 사유를 근거 짓는 개념, 즉 집합적 주체의 개념은 단순히 상정되었을 뿐이다. 상당한 비약을 통해서 라칭거는 아담에 대한 히브리적 개념을 "모든 인간 존재들의 인간 실존은 하나이다"[47]라는 그리스적 사유 방식에 연결 짓고, 현대적 인격주의의 범주 속에서 두 가지 생각을 표현하려고 한다. 그는 주체에 대한 현대적 개념이 점진적으로 이완되어간다는 점을, 그리고 이러한 상황이 실제로 "확고하게 자기 폐쇄적인 자아는 결코 존재하지 않으며, 오히려 우리 안팎으로 다양한 종류의 힘들이 영향을 주고받는다"는 사실을 드러내준다고 지적한다.[48] 비록 이러한 참조 사항이 우리로 하여금 확실하게 인격과 공동체 사이의 관계를 다시 고려하게 해주지만, 라칭거가 다른 곳에서 정식화했던 "포괄적 인격성"에 대한 개념이나,[49] (신-인적) "초-자아"(super-I)에 대한 생각을 설득력 있게 만들어주

---

44 Ratzinger, "Theologie," 519.
45 Ratzinger, "Kirche in der Welt," 351.
46 Ratzinger, *Gemeinschaft*, 34.
47 Ratzinger, "Kirche in der Welt," 350. 참조. idem, "Wurzel," 223.
48 Ratzinger, *Gemeinschaft*, 33.
49 Ibid.

기에는 충분치 못하다.[50]

3. 이 지점에서 신앙의 매개에 대한 라칭거의 개념 배후에 작동하는 동기들에 대해서 구원론적 질문을 던지는 것이 적합할지 모르지만, 이러한 탐구는 내가 스스로 제한한 현재의 내적 비판의 범위를 넘어선다.[51] 그러므로 나는 이 장 말미에서야 신앙의 매개의 인간론적 전제들을 간략하게 다룰 것이고, 삼위일체적 인격성에 대한 토론의 틀 속에서 라칭거의 인격성 이해에 관한 보다 정확한 분석을 제기할 것이다.

라칭거에 따르면, 신앙의 행위의 교회성은 인간 존재의 본질적 사회성에 기반을 두고 있다.[52] 개인의 정체성은 비록 그것이 얼마나 명료하게 형성되었건 간에, 결코 자기 폐쇄적 인격 속에 존재하지 않는다. 왜냐하면 "인간은 자기 자신이 되어 갈수록 더 많이 '다른 이'와 함께 있기 때문이다. 오로지 '다른 이'를 통해서, 그리고 '다른 이'와 '함께함'을 통해서만, 그는 자기 자신이 된다."[53] 라칭거는 "다른 이와 함께하는 존재"는 곧 **다른 이를 위한 존재**라고 이해한다. 전범이 되는 인간 존재로서 그리스도는 "로부터"와 "를 위한"의 "순수 현실태"(pure actualitas)이다.[54] 타인에 대한 이러한 인간의 이중적 관계, 즉 "로부터의 존재"와 "를 향한 존재"라는 이중적 관계성은 신자들을 교회 안으로 접붙이는 교회의 선물로서 신앙의 성격에 상응한다. 개인은 자신이 그로부터 살고 있고 그를 위해 살고 있는 것, 즉 포괄적인 교회 공동체 속으로 통합된다. 라칭거에 따르면, 이렇게 진정한 인간 존재와 같이 신앙 역시 근본적으로는 공동체적이며, 결국 다른 이들에게서부터 오는 것인 동시에 다

---

50 Ratzinger, *Introduction*, 178.
51 뒤의 IV.1.1.1을 보라.
52 Ratzinger는 반복적으로 언어의 예를 사용함으로써 인간 존재가 가지는 본질적 차원에서의 사회적 본성을 설명하려 한다(Ratzinger, *Introduction*, 185f; *Die sakramentale Begründung*; 23, *Prinzipienlehre*, 91f.).
53 Ratzinger, *Introduction*, 175.
54 Ibid., 170. 이러한 면에서 Nachtwei, *Unsterblichkeit*, 27-30을 참조.

른 이를 향해 가는 것이다. 라칭거가 죄를 "분리의 신비"로 정의하고 창세기 3장을 창세기 11장의 관점에서 해석한 것은 인간학적으로 그리고 교회론적으로 일관된 것이다. 언어 혼란의 좌소로서 바벨은 다름 아니라 죄의 본질을 구성하는 해체(disintegration)에 대한 "신비로운 표징"인 것이다.[55] 이러한 "표징"은 그리스도인은 무엇인가에 대한 그의 견해를 보여주고 교회론을 소극적 방식으로 드러내주는 장치로서 기능한다.

지역 교회에 대해서 그리고 주교들의 평등성에 대해서 라칭거가 가진 신학적 관점을 분석함으로써 우리는 **"로부터의 존재"와 "를 향한 존재"가 공동체성의 근본적 구조를 구성한다는 점**을 재삼 확인할 수 있다. 더 나아가 그 자신을 "성부로부터 받고 영속적으로 그 자신을 성부께 되돌려드리는" 그리스도의 모습과 같이,[56] 공동체성과 교제의 근본적 구조는 동시에 넓은 의미에서 그리스도인의 정체성을 구성하는 근본적 구조이다.[57] 이러한 점은 진정한 그리스도인됨과 진정한 교회됨 사이의 일치를 명료하게 드러내줄 뿐 아니라, 동시에 그러한 공동체적 그리스도인의 실존은 삼위일체적 교제와의 상응 속에서 파악되어야 한다는 점을 우리에게 강조하고 있다.[58]

1.2. 성례전과 교제

인간은 신체를 가진 존재인 동시에 공동체적인 존재이다. 만일 하나님에 대한 한 인격의 관계가 하나님에 대한 인간적 관계이고자 한다면, 그것은 또한 **신체적**이어야 하며, 정확하게 그 신체적 특징 속에서 하나님에 대한 사회적 관계여야 한다.[59] 바로 여기서 신앙의 성례전적

---

55 Ratzinger, *Das neue Volk*, 104.
56 Ratzinger, *Prinzipienlehre*, 97.
57 Ratzinger, *Das neue Volk*, 213을 보라.
58 뒤의 6.1을 보라; Ratzinger, *Prinzipienlehre*, 23.
59 Ratzinger, *Introduction*, 184; *Die sakramentale Begründung*, 23f.을 보라.

매개가 그 인간론적 근거를 발견한다. 성례전은 신앙의 세 가지 모든 본질적 특성들, 즉 인격적 행위로서의 신앙, 교회적 선물로서의 신앙, 신적 선물로서의 신앙을 표현하고 보장해준다.

그리스도인의 삶에서 공동체성은 성례전 가운데 신앙을 자기 것으로 수용하고 전유함으로 표현된다. 한 사람이 자기 자신에게 스스로 줄 수 없고 오로지 배타적으로 다른 이들로부터 받아야만 하는 성례전은 단지 하나의 인격이 고립된 자아로서 믿음을 갖는 것이 아님을 증거한다. 오히려 "이미 이전에 신앙을 가졌던 자들로, 자신들의 역사의 주어진 실재로서의 하나님을 그에게 전해준 자들의" 공동체로부터 신앙을 받아들인다는 사실을 증거한다.[60] 이미 강조했듯이, 신앙은 또한 필수적으로 인격적 차원을 가진다. 단순히 성례전을 시행하는 행위 자체로는 충분하지 않다. 왜냐하면 회심 자체는 단순히 "위로부터 하명될 수 없으며, 오히려 자기 스스로 그것을 받아들여야 하는 것"이기 때문이다.[61] 그러므로 인격적 응답이 없는 성례전은 "무의미한" 것이 된다.[62]

그러나 적어도 라칭거와 일반적 가톨릭 성례전 신학에 따르면, 성례전은 인격적 신앙의 공동체적 매개의 표징을 넘어선다. 성례전은 교회로부터 온 신앙의 선물이 실제로는 **신적 선물**이라는 점을 우리에게 명시적으로 이해시키는 그러한 방식으로 이 공동체적 매개에 의미를 부여한다. 특별히 교회가 그리스도인의 실존을 근거 짓는 결정적 행위들을(즉 또한 그로부터 교회가 교회로서 살아가게 되는 행위들을) 하는 경우에, 하나님은 언제나 이러한 인간의 행위들에 자신을 묶으시면서 인간

---

60 Ratzinger, *Prinzipienlehre*, 30.
61 Ibid., 35. Ratzinger는 초기 교회의 성례전의 집전에서 성례전의 질문과 대화의 형태에서 표현되는 회심의 인격적이고 공동체적인 양극을 발견한다(Ratzinger, *Prinzipienlehre*, 34ff).
62 Ratzinger, *Das neue Volk*, 330. Ratzinger는 동일한 맥락에서 "단순한 성례전주의(sacramentalism) 이전에 신앙과 확신이 가지는 우선성"에 대해서 이야기한다(ibid., 330).

의 행위를 **사용**하신다.⁶³ 한 사람이 언제나 다른 사람의 증언을 통해 신앙 안으로 들어오는 것은 아니다. 라칭거는 "사적 선생들"을 통해서 신앙으로 인도되는 것과 이와 동일한 과정에서 **교회**의 참여를 통해서 신앙으로 인도되는 것 사이를 구분한다⁶⁴("교회"는 개인에 앞서는 "제도"일 뿐 아니라 동시에 "개인들로 이루어진 공동체"이기 때문에, 그가 비록 교회의 개념으로부터 이러한 "사적 선생들"을 배제하는 것을 원하지 않는다 할지라도).⁶⁵ 만일 다른 사람들의 증언들이 오로지 중요한 문제라면, 비록 신적 행위가 인간 존재에 의해서 매개되었다고 이야기하더라도, 신적 행위는 인간의 행위 **안에서** 발생하는 것은 아닐 것이고 신앙을 매개하는 사회성은 결국 약화될 것이다. 반면에 신앙의 성례전적 매개는 "신적 행위가 언제나 신적-**인간적** 행위"라는 사실을 의미한다. 교회의 기원이 되는 그리스도 안에서 하나님이 바로 그 신-**인**을 통해서 행동한 것처럼, 현재에도 하나님은 "우리의 통제 밖에 있는 그분의 형질을 그리스도의 몸과 연결 짓는다."⁶⁶ 따라서 성례전은 신적 행위의 역사적 연속성이 실현되는 하나의 공동체를 전제로 한다.⁶⁷ 그리스도는 자신의 몸을 통해서 구체적으로 역사한다. 그러나 이러한 공동체는 성례전을 역사적 하나님의 행위의 매개로서 전제한다. 그리스도의 몸으로서 교회는 성례전을 통해서 구성된다. 성례전적 행위의 주체가 다름 아니라 주님이시기 때문에—교회는 오로지 그리스도와 함께하는 주체를 구성하는 한에서 주체일 뿐이다—교회는 성례전을 그 자신 안에서부터 만들어낼 수 없다. 교회는 성례전을 집전하는 권위를 받아야만 하는 것이다. 따라서 신앙의 매개가 가지는 성례전성(sacramentality)은 다음과 같은 점을 증거한다.

---

63 물론, 이것이 하나님은 교회 밖에서 역사하지 않는다는 주장을 함의하는 것은 아니다.
64 Ratzinger, *Prinzipienlehre*, 115을 보라.
65 Ratzinger, *Das neue Volk*, 149.
66 Ratzinger, *Church*, 126 (처음 강조는 볼프의 것).
67 Ratzinger, *Sakrament*, 17을 보라.

개인의 신앙을 구성하는 것으로서 교회가 개인을 수용하는 것은 "교회 자체가 처한 상황—즉 교회 스스로가 [하나님에 의해서—옮긴이] 받아들여지기를 허용하고, 또 실제로 받아들여지는 상황—속에 포함된다." 그러므로 성례전은 분명히 신앙이 가지는 "교회적 차원"을 밝혀줄 뿐 아니라 동시에 "교회적 존재의 신학적 차원"[68] 역시 드러내준다.

근본적으로 신앙이 가지는 공동체적 본질은 신앙이 우리의 자의적 처분에 달린 것이 아님을 보여준다. 이러한 두 가지 특성들, 즉 신앙의 공동체적 본질과 우리의 자의적 통제의 개입 불가능성은 바로 성례전에 의해서 보장된다. 선물로서의 신앙이 가지는 특성은(또는 수용의 우선성은) 단순히 신학적으로 인격적 신앙을 하나님의 선물로 이해하는 것으로 보장될 수는 없다. 누구든 성례를 시행하는 과정에서 교회의 선물로서 신앙을 예전적으로 "실행"해야 한다. 라칭거에 따르면, 성례전으로 매개되지 않은 신앙은 단순히 "자기 스스로 고안한 신앙"일 뿐이다.[69] 성례전은 교회적 초월과 신적 초월이라는 "이중적 초월"이 신앙의 행위 속에 내재해 있음을 우리에게 보여준다.[70] 성례전으로 정초된 신앙 행위의 교회적 초월은 그 신적 초월과 상응하며 이를 보장해준다. 신앙의 성례전적 매개는 하나님의 선물로 부여된 신앙이 신학적으로 정형화된 인간의 산물로 퇴보되지 않도록 보장해준다.

실질적으로, 교회의 교제 속으로 편입하는 것은 삼위일체의 교제 속으로 편입된 결과이다. 삼위 하나님에 대한 신앙을 통해서 누구나 교회의 구성원이 된다. 그러나 시간적인 관점에서 볼 때, 삼위일체적 교제로 편입되는 것은 교회의 교제 속으로 편입되는 방식을 통해서 진행된다. 왜냐하면 신앙은 교회 공동체 안으로 받아들여짐은 물론이거니와

---

68 Ratzinger, *Prinzipienlehre*, 116.
69 Ratzinger, "Warum," 70.
70 Ratzinger, *Prinzipienlehre*, 42.

교회 공동체의 현존하는 삶의 형식으로 동화되어가는 과정을 전제하기 때문이다. 그러므로 교회적 연합은 결국 인간 존재가 삼위 하나님과의 연합에 매이는 것이며, 바로 이러한 하나님과 인간 사이의 연합을 통해서 실현되는 것이다.[71] 교회의 교제 속으로 받아들여짐, 그리고 삼위일체적 교제 속으로 들어가는 것은 결국 세례라는 성례전 안에서 시간적으로 서로 일치하게 된다.

2. 성만찬과 교제

세례를 통해서 인간은 자기 고립으로부터 나와 삼위일체적 교제 속으로 들어가며, 그로써 또한 교회의 교제 속으로 들어가게 되고 이로 인해서 교회에 속한 존재가 된다. 그러나 교회에 속한 존재**로서** 그들은 **성만찬**(Eucharist)으로 말미암아 살아가게 된다. 개인들을 그리스도인으로 만드는 일에 성례전적으로 참여하는 교회는 교회로서 자신의 존재를 성만찬 속에서 실현한다.[72] 이것이 바로 성만찬적 교회론의 근본적인 논제이다. 뒤이어서 나는 라칭거의 성만찬적 교회론의 특정한 형식을 살피고 그가 얼마나 일관되게 이를 제시하고 있는가를 다룰 것이다.

   1. 비록 라칭거가 성만찬적 교회론을 "교회에 대한 제2차 바티칸 공의회의 진정한 핵심"이라고 부르지만,[73] 실제로 그는 제2차 바티칸 공의회가 성만찬적 교회론으로 방향을 전환할 때까지 기다릴 필요가 없었다. 그는 이미 교회론에 대한 첫 번째 저서(1954)에서 성만찬적 교회론을 옹호했으며, "위계적-제도적"교회론(주로 반-종교개혁의 논객들에 의

---

71 Ibid., 51; 참조. Volk, 210.
72 Ratzinger, Das neue Volk, 82.
73 Ratzinger, Church, 7.

해서 형성된)은 물론 "유기체적-신비적" 교회론에 대항해서 자신의 교회론에 대한 명확한 경계 설정을 제시했다.[74] 이러한 두 가지 교회론은 모두 한쪽으로 편향되었다. 전자는 교회의 결정적인 성령론적 차원을 제외했기 때문이고, 반면 후자는 교회의 가시적 성격을 충분하게 근거 짓지 못했기 때문이다. 라칭거에 따르면, 정확하게 이해된 성만찬적 교회론의 장점은 그것이 앞의 두 가지 교회론이 지닌 단점을 제거한다는 데 있다.

교회는 예수가 제자들과 함께한 유월절 만찬에서 기인하였고, 주의 만찬 속에서 자체의 "생동력을 제공하는 중심"을 발견하였다. "교회는 성만찬의 기념이다. 성만찬은 교회다. 이러한 두 가지는 하나가 하나 옆에 서는 관계인 것이 아니라 서로가 동일하다."[75] 성만찬을 정기적으로 기념하는 것은 그리스도와의 연합을 교회라는 매개를 통해 새롭게 실현시키는 것이다. 이는 인간 존재를 삼위일체적 교제와 교회의 교제 안으로 편입시킴으로 그리스도인으로 만드는 것이다. "그리스도는 자신의 성례전적 몸을 통해서 그리스도인들을 그 자신에게로 이끈다." 그들은 "전체 그리스도", 곧 머리와 몸이 되며, 그리스도의 실존을 여러 시대에 걸쳐서 담지한다.[76] 교회에 대한 이러한 성만찬적 해석은 교회론과 구원론을 긴밀하게 결합시키고, 이러한 결합은 "성만찬의 필요성", 즉 결국은 교회 자체의 필요성에 대한 라칭거의 지적을 설득력 있게 만들어 준다.[77]

그리스도의 성례전적 몸을 통해 구체적으로 실현되는 그리스도와의 연합은 우리에게 그리스도의 몸으로서 교회를 언급하는 것이 단순

---

[74] Ratzinger, *Volk*, 211; *Das neue Volk*, 90ff.을 보라.
[75] Ratzinger, *Prinzipienlehre*, 55; 참조. Ratzinger, *Volk*, 93ff. 비록 *Gemeinschaft*, 70ff.에서 Ratzinger는 성만찬과 회중을 구별하지만, 그럼에도 그는 결국 두 가지 개념들 모두 교제로서 교회에 대한 명칭에서 표현된다고 본다.
[76] Ratzinger, *Das neue Volk*, 83.
[77] Ratzinger, *Schauen*, 79. "성만찬의 필요성은 교회의 필요성과 동일한 것이고, 그 역도 마찬가지다."

히 교회의 "신비적 내부"를 넌지시 시사할 뿐만 아니라, 오히려 "주의 만찬을 함께 모여서 기념하는 사람들의 교제"를 가시적으로 시사함을 보여준다.[78] 누구든 성만찬의 기념에 참여하는 자는 그리스도를 통해서 삼위 하나님과의 교제 속에서 다른 모든 참여자들과 함께 서는 것이며, 동시에 그렇게 **가시적으로 규명된다**. 교회가 성만찬적 관점에서 그리스도의 몸으로서 파악되는 한, 그리스도의 몸은 그 자체로 "구체적으로 손에 잡히는, 실제적으로 법적으로 규명 가능한 출발점"을 얻게 된다.[79] 성만찬은 교회를 삼위일체 하나님과의 가시적 교제 속에 있게 함으로써 교회로 교회 되게 만든다.

2. 성만찬적 교회론은 지역 교회를 낮은 단계로 혹은 광역 교회의 행정 구역으로 격하시키기보다는(특별히 두 번째 천년기에 라틴 교회 신학에서 보였던 경향과도 같이) 오히려 지역 교회에 온전한 교회성을 부여하는 것을 가능하게 한다. 성만찬이 기념되는 모든 지역 회중은 "교회 자체의 무매개적이고 실제적인 실현이다." 왜냐하면 이러한 지역 회중은 (성만찬을 통해서) 주님을 온전히 소유하기 때문이다.[80] 그러므로 성만찬적 공동체의 교회성은 증가되는 성질의 것이 아니다. "성만찬적 교제를 넘어가는 것은 없다. 광역 교회 내에서의 연합은 교회성의 완성도 아니고 증가도 아니다. 다만 이러한 관점에서 충만함을 고양하는 것이다."[81] 하나뿐인 하나님의 교회는 "개별적인 다양한 지역 회중들을 통해서 존재하며 이는 예배적 공동체를 통해서 실현된다."[82]

성만찬이 기념되는 그 어떤 장소나 그곳에는 말 그대로 충만한 의미에서의 교회가 있다. 만일 이 말이 사실이라면, 무엇이 회중을 진정

---

78 Ratzinger, *Das neue Volk*, 98.
79 Ibid., 84.
80 Ratzinger, *Prinzipienlehre*, 315; 참조. 308; 또한 *Church*, 7.
81 Ratzinger, *Prinzipienlehre*, 308.
82 Ratzinger, *Das neue Volk*, 97; 참조. 107f.

한 교회로 만드는지에 대한 질문은 그 회중이 성만찬을 기념하기 위해서 충족시켜야 할 조건이 무엇인지에 대한 질문으로 변환된다. 라칭거는 성만찬에 현존하는 그리스도의 임재의 특징으로부터 다음의 두 가지 조건을 도출한다. 첫째, 주님은 회중 그 자체에서부터 생겨나는 것이 아니라, 오히려 "그 자신을 주는 분으로 오직 외부에서부터 회중에게로 오실 수 있는 분이다."[83] 이는 왜 어떠한 공동체도 그 스스로부터 성만찬을 기념하고 또 그것을 교회로 도입할 수 없는지를 해명해준다. 교회가 된다는 것은 반드시 주님으로부터 그 자신을 선물로 받아야만 하며, "이미 존재해 있고, 실제로 존재하고 있는 곳으로부터, 즉 역사를 통해 발전되어온 그리스도의 몸의 성례전적 공동체로부터" 받아야 한다.[84] 둘째, 성만찬에서 임재하는 주님은 "언제나 한 분으로, 나뉘지 않는 분으로, 특정한 장소에만 계시는 것이 아니라 전 세계 어디에도 계시는 분이다."[85] 만일 어느 누구나 성만찬을 기념하는 다른 이들과 연합하여 선다면, 그는 성만찬에서 주님을 만날 수 있다. 이것이 바로 왜 그 자신을 다른 하나님의 교회들로부터 분리하는 교회는 교회가 될 수 없는지에 대한 이유이다. "성만찬을 기념하는 공동체들 사이의 연합은 성만찬적 교회론의 외적 장식물이 아니라, 가장 깊은 차원의 조건이다."[86]

라칭거는 이러한 교제-교회론을 "예수 그리스도의 이름으로 모이는 이들은 스스로 교회를 만든다"는 회중주의적 교회론의 기본 사상이라 주장되는 것과 대립시킨다.[87] 물론, 자유교회의 관점에서 볼 때, 이러한 생각은 자유교회의 교회론이 언급하는 성령의 작용을 무시한 것으로 사실을 왜곡한 것에 불과하다.[88] 그러나 라칭거의 관점에서는, 그의

---

83 Ratzinger, *Prinzipienlehre*, 308.
84 Ratzinger, *Church*, 10; 참조. *Fest*, 59.
85 Ratzinger, *Prinzipienlehre*, 308.
86 Ratzinger, *Church*, 11; 참조. *Prinzipienlehre*, 308.
87 Ratzinger, *Gemeinshaft*, 76.

교회론의 기본 원리, 즉 그리스도를 임재하게 해주는 성령은 오로지 그의 **전체** 몸으로서만 소유될 수 있다는 원리로부터 도출해볼 때, 자유교회의 교회론에 대한 그의 설명은 적절한 것이었다. 이러한 원리에서, 우리는 왜 라칭거는 교회가 그 구성원들의 상호 작용을 통해서 구성될 수 있다는 논제를 비판해야 한다고 믿는지 이해할 수 있을 것이다. 비록 이 논제가 자유교회의 교회론 자체에 의해서 거부되는 것이 분명하더라도 말이다. 하지만 라칭거 자신의 원리에 따르면, 교회는 오로지 "그 자신을 전체로부터 받음으로써, 그리고 그 자신을 전체에게 줌"으로써만 구성될 수 있다.[89] 그리스도 스스로가 오로지 전체와 함께하기에, 지역 교회 역시 전체로부터 기인해야 하며, 전체를 위해서 존재해야 한다. "교회가 성만찬이다"라는 표현의 정확한 "번역"은 다름 아니라, "교회는 교제이고, 그렇기 때문에 그리스도의 전체 몸과 함께하는 교제이다"라는 것이어야 한다.[90] 왜냐하면 주님이 한 분인 것처럼,[91] 오직 하나인 성만찬에서 각 개인은 그리스도의 전체 몸과의 교제를 누리기 때문이다.

앞에서 살펴본 바와 같이, 여기서 우리는 신앙에 대한 라칭거의 이해를 뒷받침하는 교제의 동일한 기본 구조를 만나게 된다. 인간 존재가 스스로를 그리스도인으로 만들 수 없고 오로지 교회로부터 그리스도인의 실존을 받아들이는 것처럼, 회중은 그 자신을 하나의 교회로 만들 수 없고, 오히려 전체 교회로부터 교회로서의 자신의 존재를 받아들여야 하는 것이다. 더구나 만일 누군가가 그리스도인으로 살고자 한다면 교회로부터 그 스스로를 고립시킬 수 없는 것처럼, 하나의 회중은 전

---

88 뒤의 제III장을 보라.
89 Ratzinger, *Fest*, 59; 참조. 128; *Prinzipienlehre*, 309.
90 Ratzinger, *Gemeinshaft*, 77.
91 "Kirche," 각주 5를 보라.

체 교회로부터 자신을 고립시킬 수 없고 오히려 지속적으로 "전체 교회 속에" 머묾을 통해서, 그리고 전체 교회를 위한 삶을 살아감을 통해서 교회로서의 존재를 도출해야 하는 것이다. 이러한 이중적 방식—즉 "로부터의 존재"와 "를 향한 존재"—에서 개인들이 그리스도인이 되기 위해서는 교회 회중을 필요로 하며, 마찬가지로 하나의 회중은 교회가 되기 위해서 더 큰 광역 교회를 필요로 한다. 왜냐하면 개인적 그리스도인이나 지역 교회 모두 포괄적 교제 속에서만 존재할 수 있기 때문이다.

그렇다면 전체 그리스도(Christus totus)라는 개념에 함의된 지역 교회와 개인적 그리스도인들의 구성에 관한 이 논제가 비가톨릭 교회들과 비가톨릭 그리스도인의 교회성에 대해서는 어떤 의미를 담고 있을까? 제2차 바티칸 공의회 이후에, 라칭거는 다음과 같이 썼는데, 이는 의심할 여지없이 단순히 공의회에 대한 하나의 해석으로만 국한되지는 않을 것이다. "공의회가 의식적으로 동방 정교회들은 물론 종교개혁에서 유래한 공동체들까지 교회들로 지칭했다."[92] 물론 몇 년 후에, 라칭거는 "갈라진 동방 정교회들과 그들의 분열에도 불구하고" 교회(ecclesia)라는 용어를 사용할 것을 제안한 바 있고, 이는 "아직 충분히 해명되지 않은 조직신학적 상황"을 드러내는 것이다.[93] 하지만 이러한 진술 이후, 교의 헌장 「인류의 빛」(Lumen gentium) 8장에서 "이다"(est)라는 문구를 "존속한다"(subsistit)라는 문구로 변환한 그의 작업이 뒤따른다["그리스도의 몸은 로마 교회다"(corpus Christi est ecclesia romana)라는 문구가 "이 교회는 전일적 교회 안에서 존속한다"(haec ecclesia subsistit in ecclesia catholica)라는 문구로 대치된다]. 비록 이것이 꼭 가톨릭 교회와 그리스도

---

92 Ratzinger, *Das neue Volk*, 319.
93 Ibid., 235f.

의 교회를 직접적으로 동일시하지 않으려는 결정을 신학적으로 해명하려는 시도라고 이야기할 수는 없을지도 모른다. 그러나 이것은 결코 우연이 아니다. 라칭거의 교회론적 전제는 그러한 신학적 명료화를 위한 실질적 가능성을 전혀 제공하는 않는 것처럼 보인다. 아마도 혹자는 라칭거의 이후의 주장, 즉 보편 교회의 연합이라는 특정한 삶의 형식들은 그저 선언의 성격을 가지는 것이 아니라, 개별 교회들이 교회들로서 존재하기 위한 구성적 성격을 지닌다는 주장을 예상했을지도 모른다.[94] 하나의 지역 교회는 전체 교회와의 교제 속에서 존재한다. 즉 "지역 교회는 가톨릭 교회이든지, 그렇지 않다면 지역 교회는 결코 존재하지 않는다."[95]

라칭거의 교회론의 내적인 논리에 따르면, 누구든 "성만찬에 참여하지 않는 사람은(혹은 하나의 성만찬 밖에서 그렇게 하는 사람은) 그리스도의 몸에, 즉 교회 안에 있는 것이 아니다." 왜냐하면 그리스도의 몸으로서 교회는 "주님의 몸을 함께 받는 사람들의 교제"이기 때문이다.[96] 고대 교회의 전통에 따르면 세례는 "한 사람이 그것을 통해 그리스도인이 되고, 그로써 그 구성원이 되기 위한 필수적 구성 요소로서 이해된 성례이다." 이렇게 주장하는 고대 전통은 성만찬적 교회론에서는 다소 단절적인 요소로 기능한다. 이러한 전통은 "공동체에서 출교된 이들은 출교라는 부정적 형식 속에서 교제에 속한다"는 역설적인 주장을 통

---

94 Ratzinger는 성공회-가톨릭 합의문서(Anglican-Catholic Consensus Documents)에 대해서 상당한 비판을 가한다. 그는 다음과 같은 점을 주장한다. "로마 가톨릭 교회와의 교제에서 벗어난 교회는 온전한 그리스도인들의 교제의 가시적 선언에 포함되지 않는다는 것을 제외하면 로마 가톨릭 교회의 관점에서 부족할 것이 전혀 없다"(Ratzinger, Church, 74). 나는 교회일치를 위해서는 상당히 중요하더라도, 가톨릭 내부의 문제에 대해서는 관여하고 싶지 않다. 결국 이 지점에서 제2차 바티칸 공의회 문서가 어떻게 해석되어야 하는지에 대해서는 다루고 싶지 않다. 이에 대한 Ratizinger의 해석은 Church (p. 74, 각주 15)에서보다는 오히려 Das neue Volk (p. 319)에서 더 잘 드러난다. Sullivan, Church, 63ff.을 보라.
95 Ratizinger, Gemeinschaft, 77.
96 Ratizinger, "Kirche," 179.

해서만 수용될 수 있기 때문이다.[97] 라칭거의 교회론적 전제가 하나의 교제(성만찬) 안에서 교제하지 않는 이들은 출교된 이들이라고 주장하는 한, 결국 그의 교회론적 사유는 배타적인 것이 된다.

3. 성만찬은 언제나 지역 교회에서 기념된다고 말하는 교회론의 성만찬적 근거에도 불구하고,[98] 라칭거는 여전히 **광역 교회의 우선권**이 다음의 두 가지 방식 가운데 함의되어 있다고 믿는다. 즉 지역 교회는 "광역 교회로부터" 기인하고 "광역 교회를 위해" 존재하는 식으로 광역 교회와 연결되어 있다. 모든 성만찬적 교제에서 오직 주님 한 분만이 현존하기 때문에, 하나의 광역 교회는 단순히 자기 폐쇄적이고 충분하게 발전된 성만찬적 교제들에 추가로 주어지는 방식으로 생겨나는 것이 아니라, 그러한 교제들에 선행하는 것이며 그것들을 유지해주는 것이다. 교회는 그 자신의 통일성을 "예수 그리스도의 몸의 단일성과의 상응 가운데" 이끌어낸다."[99] 더 나아가서 회중은 자신을 주님과 함께 광역 교회로부터 받아들이는 것이다. 주님은 광역 교회로부터 지역 교회에 오며, 그러므로 그것은 분명하게 "외부로부터" 오는 것이다. 이러한 "이중적 초월"은 신앙의 경우와 마찬가지로 교회성에도 해당한다. 즉 지역 교회는 광역 교회로부터 기인함과 동시에 하나님으로부터 기인한다. 지역 교회가 광역 교회로부터 기인하는 것은 신적 초월의 표현일 뿐만 아니라, 신적 초월을 보장해준다. 왜냐하면 만일 하나의 회중이 광역 교회로부터 도출되지 않았다면, 라칭거에 따르면 이것은 단순히 인간적 일이 되는 것이며 결국 삼위일체 하나님과의 교제라는 공동적 좌소로부터 멀어지게 되어 (아무리 명확하다 할지라도) 단순히 자아 실현이나 사회적

---

[97] Ibid.
[98] 순환의 항존(satio orbis)이라는 의미에는 보편 교회의 성례전이 존재할 수 없다(Afanassief, "Statio orbis"; Legrand, *Réalisation*, 166, 각주 23을 보라).
[99] Ratzinger, *Schauen*, 79.

참여를 위한 단순한 틀로 향하게 된다.[100]

만일 성만찬적 교회론을 하나의 주체로서 교회의 보편적 통일성에 대한 개념에 연관 짓고자 한다면, 결국 교회의 우선성은 피할 수 없는 주제가 된다. 머리와 몸을 포괄하는 "전체 그리스도"가 모든 성만찬에 현존하기에, 「인류의 빛」에서 명시한 것같이, "그리스도의 교회"는 동시에 모든 지역 교회에 현존한다.[101] 각각의 지역 교회는 그 자신 속에서 "진정으로 활동하고 현존하는" 보편 교회의 구체적 실현일 뿐이다.[102] 보편 교회는 여기서 오직 모든 지상의 교회를 뛰어넘는 동시에 포괄하는 전체 성도의 교제(communio sanctorum)라는 의미에서만 이해될 수 있다. 전체 그리스도는 명시적으로 잠시 머무르는 교회들까지 포괄한다. 교회가 그리스도와 함께하는 하나의 주체라는 가정—이것이 잘못된 전제라는 것을 뒤에서 보여줄 것이다[103]—아래서는, 보편 교회의 "시간적이고 존재론적인 우선성"에 반대하는 논증이 불가능하다.[104] 그러나 라칭거가 믿는 이러한 논리가 초기 교회의 그리고 누가 교회론의 실질적인 발전 과정에서 증명될 수 있는지는 상당히 의심스럽다. 예루살렘의 최초의 교회(행 2장)를 "모든 종류의 언어를 말하는" 보편 교회(ecclesia universalis)라 부르고, 이러한 교회의 자기 "현실화"로서 "다양한 지역에서 교회"가 생기게 되었다고 한다면, 이는 신약성서의 본문보다는 오히려 보편주의적인 가톨릭 교회론에 더욱 상응한다.

만일 누구든지 그리스도의 몸에 대한 비은유적 개념으로 시작하고, 이 개념을 전체 교회의 주체성을 함의하는 것으로 해석하고, 더 나아가

---

100 Ratzinger, *Church*, 194f.; *Fest*, 128을 보라.
101 *Lumen gentium*, 26.
102 *Christus Dominus* 11을 보라. 참조. Ratzinger, *Gemeinschaft*, 41.
103 뒤의 III.2.1.3을 보라.
104 Ratzinger, *Gemeinschaft*, 41. 또한 「신앙의 회중」(The Congregation of Faith)이라는 문서 역시 교제로서의 교회에 대해서 다룬다("Kirche," 각주 9).

서 보편 교회의 우선성을 주장한다면, 그는 어떻게 모든 개별적 지역 교회가(비록 그것이 광역 교회와의 교제 속에 있더라도) 그리스도의 몸으로서 동시에 파악될 수 있는지에 대해서도 역시 질문해야 한다. 한 가지 가능성은 보편 교회의 구체화로서 저마다의 지역 교회를 이해하는 것이다. 그리고 보편 교회는 이러한 지역적인 구체화 밖에서는 결코 가시적으로 존재하지 않는 것으로 이해하는 것이다. 이것은 우리가 이후에 살펴볼 지지울라스의 제안이다.[105] 그러나 이러한 경우에는 **가시적** 보편 교회는 지역 교회에 대해서 우선성을 주장할 수 없으며 또한 하나의 주체로서 파악될 수 없다. 오로지 지역 교회들만이 주체들이다. 반면 라칭거가 생각하는 것처럼, 만일 누군가가 하나의 가시적 보편 교회를 하나의 주체로 상정한다면, 즉 이러한 보편 교회를 일차적 의미에서 그리스도의 몸으로 파악한다면, 지역 교회들은 유기적으로 단순히 보편 교회에 연관된 **부분들**일 뿐이다. 그렇다면 문제는 라칭거의 교회론에서 성만찬적 성격이 바로 그 내부에서부터 붕괴하지는 않는가 하는 것이다. 어떤 경우든, 라칭거가 주장하는 교회론의 문맥 속에서는 왜 광역 교회가 성만찬적 회중에 비해 교회성의 증가를 드러내서는 안 되는지가 분명하지 않다(라칭거가 가끔 이를 명시적으로 부정하지만 말이다).[106]

공시적으로 이해하든 통시적으로 이해하든 간에, 지역 교회는 넘어서는 광역 교회의 우선성은 하나님의 말씀과 교제에 대한 라칭거의 이해에서 다시금 강조된다. 이 지점에 대해서는 이어지는 부분에서 다루도록 할 것이다. 지금까지의 논의에서 우리는 신앙 행위의 교회성에서부터 시작하여, 지역 교회와 더 나아가 개인적인 그리스도인에 대한 광역 교회의 우선성에 대해서까지 옮겨왔다. 그리스도인이란 무엇인지에

105　뒤의 II.3.2.3을 보라.
106　앞의 2.2를 보라.

대한 라칭거의 공동체적 견해는 전체에 대한 관점에서만 파악된다. 라칭거가 말한 것처럼, 이러한 관점은 성서적 사유가 "먼저 전체를 추구하고, 그 다음에 이러한 전체에서 개별적인 것을 추구한다"는 사실을 교회론적으로 적용한 것이다.[107]

3. 하나님의 말씀과 교제

세례라는 성례는 그리스도인 개인들의 공동체성을 가시적으로 만들어 주며, 성만찬이라는 성례는 지역 교회의 더 넓은 교회적 공동체성을 가시적으로 만들어준다. 그리스도인 삶의 공동체적 형식과 교회성의 공동체적 형식은 하나님의 말씀의 공동체적 매개를 전제한다. 그리고 더 나아가서 세례, 성만찬, 하나님의 말씀, 이 세 가지 모두의 공동체성은 직임(office)을 구성하는 보편 교회의 성례전적 역할을 통해서 유지된다. 여기서 나는 하나님의 말씀과 교제 사이의 관계를 다루고, 다음 부분에서 직임과 교제 사이의 관계를 다루도록 할 것이다.

    1. 하나님의 말씀과 교제의 관계는 신앙이 하나님의 말씀의 열매라는 이해와 직접적으로 연결되어 있다. 우리가 이미 살펴보았듯이, 라칭거에게 신앙은 본질적으로 교회의 선물이다. 그러나 한 인격의 신앙이 교회의 선물이라면, 신앙의 내용 역시 교회의 선물이어야 한다. 기독교 신앙의 인지적 내용은 바로 이러한 신앙에 구성적 역할을 하며, 이러한 인지적 내용이 없다면, 신앙은 결코 전승될 수 없다. 신앙의 성격을 선물로 규정한다면, 이로부터 다음과 같은 진술이 도출된다. 즉 어떤 사람이 올바른 믿음을 갖는다면, 그는 중요한 사안들에서 기본적으로 교회

---

107 Ratzinger, *Das neue Volk*, 95.

가 믿는 바를 믿는다. 공동체 속에서 성례전적으로 매개된 신앙의 열매를 통해서 하나의 인격이 그리스도인이 되며, 또한 그 공동체가 그러한 신앙의 내용을 분명하게 결정한다. 이것이 바로 "신앙의 내적 경향에도 불구하고, 왜 교회가 말씀을 이해하는 일차적 권리 주장을 가지는지에 대한 이유이다."[108]

여기서 "교회"라는 용어는 무엇보다도, 평신도를 포함한 **전체** 교회를 뜻한다. 교회가 제공해야 하는 신앙의 지식, 즉 어떠한 더 높은 권위에도 굴복하지 않고 오히려 온전히 "모든 해석의 표준"이 되는 지식은 다름 아니라, "세례에서 기인하는 공동의 지식"이다.[109] 이러한 진술은 교회가 신앙의 지식을 그 스스로에게 줄 수 없으며, 오직 "외부로부터" 수여받아야 한다는 것을 의미한다. 라칭거에 따르면 이것은 오로지 계시를 통해서만 발생한다.

그렇다면 어떻게 교회가 이러한 계시에 다가갈 수 있으며, 어떻게 오늘날 계시를 권위 있게 전승할 수 있을 것인가? 라칭거의 대답은 다음과 같다. 전통을 통해서. 그는 아우구스티누스의 기억(memoria)이라는 개념의 관점으로부터 전통에 대한 자신의 일반적 이해를 발전시킨다. 기억은 "순간의 한계를 넘어가는 방식으로 통일성을 창조하는 맥락이다."[110] 그러므로 기억은 현재 속에서 과거의 매개를 가능하게 만든다. 그러나 이 매개는 오직 소통을 통해서만, 그리고 언어 안에서 "타자에 대한 기억의 외재화"를 통해서만 발생할 수 있다.[111] 이러한 초시간성

---

108 Ratzinger, *Prinzipienlehre*, 347.
109 Ibid., 347f.; 참조. "Glaubensvermittlung," 23f.; *Theologie*, 527, 531. 이 지점에서 Ratzinger는, 전체 그리스도라는 개념에 부합하게, 함께 모이는 교회(*ecclesia congregans*)를 함께 모여진 교회(*ecclesia congregata*)를 동일시하는 것은 아니더라도 양자를 구분하는 것을 원하지 않는 듯 보인다(Ratzinger, *Das neue Volk*, 149을 보라; 또한 참조. Eyt, "Überlegungen," 40).
110 Ratzinger, *Prinzipienlehre*, 90.
111 Ibid., 91.

(transemporality) 다음으로, 소통 가능성(communicability)은 집단적 기억으로서 전통의 가장 중요한 특징이다. 이로부터 라칭거는, 전통은 전통의 담지자 없이는 존속할 수 없다고 주장한다. 여기서 전통의 담지자는 오직 특정한 담론의 공동체만이 될 수 있다.

그러나 라칭거는 단순히 전통과 담론 공동체 사이에 연관 관계를 형성하는 것에 만족하지 않는다. 그의 교회론은 그 근거가 그리스도와 함께하는 교회의 주체성에 있는데, 이는 이러한 담론의 공동체가 특정한 방식으로 이해되어야 함을 요구한다. 라칭거는, 전통은 오직 "수많은 주체들이 전통에 대한 공동 전승의 맥락 속에서 단일한 주체와 같은 그 무엇이 되었기 때문에" 가능한 것이라고 기술한다.[112] 그러나 라칭거는 전통의 담지자가 하나의 주체라는 주장을 전통의 조건들에 대한 숙고를 통해서 도출하지 않고, 단지 담론의 공동체가 전승의 한 특질이라는 생각만을 넌지시 암시한다. 그러나 이러한 생각은 결국 특정한 교회론의 관점에서부터 형성된 것일 뿐이다. 어떤 면에서 담론의 공동체가 단순히 말하는 인간들의 총계 이상이라는 점은 너무나 명확하다. 하지만 동시에 이러한 점이 담론의 공동체를 "하나의 통일된 주체"로 만들어주지는 못한다는 점 역시 명확하다. (물론 이것은 사회적 단위가 **하나의 주체가 가지는 행동 양식들**과 유사한 특정 행동 양식을 보여준다는 사실을 부정하는 것은 아니다.)

교회는 예수 그리스도의 전통의 담지자이다. 물론 교회는 "무정형의 덩어리"라기보다 어떤 면에서 하나의 주체이다. 라칭거에 따르면 그 교제가 하나의 주체라는 점은 무엇보다 경험적 실재이다. 교회는 신앙 상징을 언어로써 담지한다. 신앙의 언어를 배우기 위해 학습을 한다는 것은 **교회가 가지는** 신앙의 언어를 이해하기 위해 배운다는 것을 의미

---

112 Ibid., 92.

한다. 하지만 교회가 신앙 언어의 주체로서 행동한다는 사실은, 교회가 하나의 주체이자 매개라는 표징이다. 바로 그 매개를 통해 교회는 스스로를 주체로 표현한다.[113] 교회가 존재론적으로 하나의 주체라는 것을 가정하지 않는다면, 교회라는 경험적 언어 공동체를 주체로 해석하는 것 역시 불가능할 것이다. "시간을 초월하는 경험적 영역"이 그 자체로 "주체의 통일성"을 구성하는 것은 아직 아니다.[114] 공통적 신앙의 언어를 이야기함으로써 교회는 성령 안에서 그리스도를 향해 서 있으며, 그로 인해 그리스도로 말미암아 주체로서 구성된다. 이는 그리스도로부터 분리된 주체가 아니며, 스스로의 힘에 의해서 존재하거나 자존적인 주체가 아니다. 오히려 교회는 "그리스도와 **함께하는** 새롭고 단일한 주체"로서 구성된다.[115] 교회가 신앙의 언어를 통해서, 그리고 그 속에 있는 그리스도의 현존을 통해서 하나의 주체가 되는 과정은 서로 떨어진 두 개의 다른 과정으로 이해되어서는 안 된다. 그러한 과정은 동일한 과정의 서로 다른 수준으로 이해되어야 한다. 신앙의 언어는 그리스도의 현존의 형식이며 그리스도의 현존은 바로 신앙의 언어의 내용인 것이다.

교회는 모든 시간적 지점에서 공시적일 뿐만 아니라 역사의 전체에 걸친 통시적인 전체성 속에서 그리스도와 함께하는 단일한 주체이다. 라칭거에 따르면 교회는 언제나 스스로와 동일한 주체로 머물러왔다. 이러한 진술은 물론 역사적이라기보다는 신학적이다. 이러한 지점은 왜 교회가 과거로부터 현재를 분리시키는 해석학적 균열을 영적이면서

---

[113] Ratzinger는 역사적인 내용 배후에 보다 더 심오하고 더 실제적인 그 무엇을 추구하려 하는 경향과 구체적 실재를 영적이고 초월적인 내용을 위한 기호로 보는 경향이 있다. 여기서 지상의 예수는 "구체적인 하나의 인간"이기보다는 인간의 원형으로 기술된다(예를 들어 Kasper, "Einführung," 186; 유사하게 Krieg, "Ratzinger," 119). 이는 바로 "진정한 실재로서 비가시적인 것의 우선성을 언급하는" 플라톤주의적 신념에 기인한다.
[114] Ratzinger, "Dogmatische Formeln," 37.
[115] Ratzinger, "Theologie," 519 (볼프 강조). 참조. Ratzinger, *Prinzipienlehre*, 138; "Dogmatische Formelen," 37.

도 역사적으로 이어주는지를 설명한다. 교회 안에서, "역사의 다양성은 단일한 기억(memoria)의 통일성 속에서 하나로 묶인다."[116] 이러한 전체 교회가 가지는 교회의 기억(memoria ecclesiae)은 현재를 향한 계시의 문을 열어주는 열쇠이다.[117] 바로 이 시간을 초월한 교회의 기억이 전통적으로 전승된 문서들에 대해서 통일성의 해석학(the hermeneutics of unity)을 제공한다. 이러한 통일성의 해석학은 "개별적 진술들을 전체 전통의 맥락 속에서 읽어내는 것이며, 성서의 깊은 이해를 통해서 읽어내는 것"으로 스스로를 구성한다.[118]

교회가 그리스도와 함께하는 하나의 주체라는 주장은 교회가 "어제의 그리스도를 현재의 그리스도의 관점에서" 해석할 수 있는 권위를 가짐을 의미한다.[119] 계시의 주체는 언제나 살아 계신 그리스도이며, 계속 그러하다. 비록 그리스도가 그의 몸인 교회의 통일성 속에서 그러하다고 할지라도 말이다.[120] 그리고 바로 이 지점이 왜 교회가 그때에나 지금이나 구속력을 가지고 양자를 매개할 수 있는지, 그리고 구속력 있는 방식으로 그 당시의 그리스도를 현재에도 살아 계신 분으로 선포할 수 있는지에 대한 이유를 설명해준다. 하나의 교회, 그리고 전체 교회의 목소리를 통해서 그리스도는 오늘도 말씀하신다.

2. 라칭거에게 시간을 연결해주는 교회라는 주체는 해석학적 질문에 대한 근본적 해결책이다. 성서는 교회가 만든 것이 아니라 받아들인 것이며, 교회가 섬겨야 할 대상이며, 오직 교회의 신앙 안에서만 이해될

---

116 Ratzinger, "Dogmatische Formeln," 34.
117 Ratzinger의 견해에 따르면, 그의 해석학은 남미의 해방신학과 다르다. 그는 과거와 현재를 매개하는 특정한 지점, 즉 특정한 사람들을 선호하기보다는 "공시적이면서 통시적인 확장 속에 있는 **전체** 하나님의 백성"을 더 선호한다는 점에서 다르다(Ratzinger, "Vorwort," 9).
118 Ratzinger, Church, 82.
119 Ratzinger, "Traditionsbegriff," 45.
120 Ratzinger, "Buchstabe," 257을 보라.

수 있다.¹²¹ 「하나님의 말씀」(Dei Verbum)에 대한 주석에서, 라칭거는 대담하게도 "성서가 전통에 대한 필수불가결한 비평을 위해서 우리가 사용할 수 있는 기준으로 서 있음"을 주장한다.¹²² 전통에 대해서 성서가 가지는 기능은 해석학적으로 다음과 같다. 성서는 **"먼저** 그 자체 내에서부터 보여지고, 고려되고, 질문되어야 한다. 그리고 나서 **그 후에야** 전통의 전승의 발전과 이에서 파생된 교의적 분석이 시작될 수 있다"¹²³는 점을 전제한다. 라칭거는 「하나님의 말씀」에 대한 주석에서 낯선 요소로 보이는 성서의 연속성과 전통의 전승을 재빠르게 폐기해버린다. 왜냐하면 이러한 요소는 모든 시대를 관통해서 언제나 동일한 채로 남아 있는 살아 계신 "전체 그리스도"라는 개념과 화해할 수 없기 때문이다. 이제 그는 결단력 있게 교회의 우선성이라는 틀 속에서 성서와 교회의 상호성을 다시 그의 출발지점으로 삼는다. 라칭거는 교회와 성서에 대한 학술회의에서 다음과 같이 말한 바 있다. "최종 결정권은 언제나 교회에 속하지만, 교회는 최종 결정권을 성서에게 준다."¹²⁴ 그는 교회가 실제로 최종 결정권을 성서에 주지 않을 위험한 가능성을 고려하지 않는 듯하다. 그 토론에서 라칭거는 적그리스도는 "전체 그리스도의 그리스도적 다스림(christonomy)"(결국 교회의 교도권을 의미한다—옮긴이)이 심각하게 여겨지지 않는 곳 어디든지 웅크리고 있다고 말한다.¹²⁵

만일 수용성이 신앙의 기본적 특성으로서 유지되어야 한다면, 그리고 신앙이 단순히 인간의 지적이고 종교적인 구조물로 변질되어서는

---

121 성서와 교회의 신앙 사이의 관계에 대한 Ratzinger의 이해를 알기 위해서는 Ratzinger, *Das neue Volk*, 118f.; "Traditionsbegriff," 25-49; "Dogmatische Formeln," 40ff.; *Church*, 70ff.을 보라.
122 Ratzinger, *Offenbarung*, 519.
123 Ibid., 577 (볼프 강조).
124 Stallsworth, "Story," 118. 이미 유사한 생각이 Ratzinger, *Geschichtstheologie*, 69, 83에 있다.
125 Stallsworth, "Story," 167.

안 된다면, 교회적 이해에 대한 유일한 대안은 각각의 개인들이 성서 안에 있는 하나님의 말씀으로 직접적으로 다가간다는 것이다. 해석학적이면서 신학적인 이유에서, 라칭거는 이러한 대안을 오도된 것으로 여긴다. 보다 최근의 주석의 역사를 언급하면서, 그는 (성서를 통해서) 하나님과의 직접적 대화로 진입하려는 모든 시도들이 단순히 그 자신과의 무익한 대화로 귀결될 뿐이고,[126] 결국 "그 스스로는 확실하게 주장할 수 있겠지만, 자신의 삶을 의존하지는 못하는" 단순한 가설로 귀결될 뿐이라고 주장한다.[127] 더 나아가서 성서의 정경성과 통일성이 "그 역사적 담지자인 하나님의 백성"에게서만 배타적으로 유래하기에,[128] 이러한 작업은 결국 성서의 문서들이 가지는 특징을 놓치고 있다고 이야기한다. 교회의 신앙이 없다면, 성서는 단순히 각각의 개인들이 자신이 가지고 있는 삶의 철학으로 증발해버릴 것이고, 그렇게 되면 지난날들의 서로 연관되지 않은 목소리들의 다양성으로 해체될 뿐이다. 그러나 만일 누구든 교회에게, 즉 전체 그리스도(Christus totus)에게 성서 해석의 최종적 결정권을 부여한다면, 성서는 "지난날들의 죽은 증언이 되기를 그치고, 공동의 삶을 유지시켜주는 요소가 된다"고 라칭거는 주장한다.[129]

성서와 교회 사이에서 성립되는 통일성의 관계에 대한 분석은 현재 우리에게 주어진 라칭거의 교회론에 대한 비평적 분석이라는 목표를 훨씬 뛰어넘는 주제이다. 나는 여기서 주석적 결과물의 가설적 성격에 관한 그의 비판을 간략하게 검토하는 것으로 스스로를 제한할 것이다. 이제 **모든** 해석은 가설적이고, 심지어 교회 문서의 해석 역시도 그러하다(제2차 바티칸 공의회를 둘러싼 논쟁이 보여주는 것처럼). 언제나 여기에

---

126 Ratzinger, "Buchstabe," 257을 보라.
127 Ratzinger, "Theologie," 516; 참조. "Schriftauslegung," 21.
128 Ratzinger, "Schriftauslegung," 21.
129 Ratzinger, "Glaubensvermittlung," 31을 보라.

는 무오류성의 교리로 피신하려는 유혹이 있다. "하나님께서 계시하시는 말씀이 교회의 살아 있고 증거하는 매개를 통해서만 존재한다는 사실, 그리고 실제로 하나님의 말씀이 이러한 중재를 통해서만 세계 안에서 존재한다는 사실"로부터, 라칭거는 "교회의 근본적 무오류성은 그 자체로부터 발생한다"고 결론을 내린다. 다시 말해, 교회가 "스스로 필수불가결하다고 선언하는 것을 통해서 인간을 그리스도께로 이끄는 대신에 그리스도로부터 멀어지도록 이끌 수는 없다"는 확신을 가지고 있다.[130] 그러나 필수불가결한 것으로 교회가 선포하는 것들에 관한 다른 해석들도 가능하다. 하지만 우리가 이러한 가설적인 것에서 벗어나기 위해서는 무오류성의 교리가 너무나 넓게 적용되어야 할 것이고, 이는 결국 신앙의 결정적 진리들에 영향을 미치는 것은 물론, 그 구체적 **해석**에도 영향을 미치게 된다. 하지만 이러한 논리는 결국 "오직 성서"(sola scriptura)라는 개신교 개념에 대한 극히 근본주의적인 대안에 불과하다.

3. 신앙으로 방향을 돌이키는 것은 근본적으로 진리로 방향을 바꾸는 문제이다. 그러나 어느 누구나 오직 교회를 통해서만 신앙으로 다가오기에, 진리로 향하는 접근은 필연적으로 교회적이다. 진리를 찾는 것은 교회적 교제의 삶의 형식과 언어를 배우는 것을 통해서 발생한다.[131] 이미 명시했던 것처럼 이것은 하나의 분리된 공동체가 아니라, 광역 교회를 의미한다. 기독교 진리는 그 자신을 오직 **전체** 교회에게만 드러낸다.[132]

그러나 이러한 진술은 진리가 정태적 의미에서 "언제 어디서나 모든 사람에 의해서"(semper ubique ab omnibus) 믿어진다고 이해되는 것과 동일함을 의미하지 않는다. 역사적으로 드러나며 살아 있는 교회의 주체성에 대한 기본적인 교회론적 확신에 걸맞게, 전체 교회의 관점에서

---

130 Ratzinger, *Das neue Volk*, 148.
131 Ratzinger, *Prinzipienlehre*, 130을 보라.
132 Ratzinger, "Dogmatische Formeln," 32f.

진리를 드러내는 것은 역사적 역동성을 진리의 이해 속으로 도입한다. 말하자면, 역사의 그 어떠한 지점에서도 진리는 절대적으로 존재하지 않았고, 그것은 앞으로 시간의 마지막에 이르기까지도 그럴 수 없다.[133] "오늘"이라는 매 순간은 "어제"라는 전체에 대한 기억을 통해서, 그리고 최종적 "내일"에 대한 기대를 통해서 상대화된다. 이로부터 비록 어제보다는 오늘이 낫다고 하더라도, 잠시 체류하는 교회가 가지는 진리에 대한 이해는 언제나 완벽할 수 없다는 사실이 도출된다.[134] 그러나 진리에 다가가는 것에 대한 우리의 이러한 발전주의적 견해는 설득력이 있을까? 리드(J. K. S. Reid)는 정당하게 다음과 같이 질문한다. "20세기의 로마의 주교들이 사도 바울이나 사도들보다 더 '깊고 나은' 이해를 가지고 있는가? 차라리 이러한 차이를 그냥 '다른 것'으로 기술하는 것이 더 낫지 않은가?"[135]

라칭거에 따르면, 진리에 대한 공동체적 접근은 진리가 교회에 의해서 구성된 것임을 의미하지 않는다. 오히려 진리가 교회에 선행한다. 교회의 영속적 근원인 그리스도가 진리이며, 이것이 바로 왜 사람들이 진리를 **만들어내지** 못하는가에 대한 이유이다. 사람들은 오로지 진리를 **찾을 수 있을 뿐**이며, 그리스도의 몸으로서 교회 속에 있을 때만 비로소 진리를 발견할 수 있다.[136] 더 큰 맥락에서 그리스도인의 실존이 그러하듯이, 누구든 교회적 영혼(anima ecclesiastica)이 됨으로써만 기독교의 진리를 소유할 수 있다. 신앙과 마찬가지로, 기독교의 진리는 "이중적 초월"로 특징지어진다. 신적인 진리는 오직 광역 교회에 의해 선포된 진리

---

133 Ibid., 33을 보라. 이러한 의미에서, 우리는 "기독교 신앙의 역사"에 대해서 이야기할 수 있다(이러한 측면에서 Ratzinger, Dogmengeschichte를 보라).
134 Ratzinger, Report, 76을 보라.
135 Reid, "Report," 131.
136 물론 공의회의 결정 역시 진리를 창조할 수 없다. 공의회 교부들의 동의는 새로운 진리를 발명한다기보다는 이미 존재하고 이제서야 발견되는 진리에 대해서 증언을 하는 것이다(Ratzinger, Church, 57ff., 129f.; Report, 61을 보라).

로서만 받아들여진다. 여기서 다시 성례전적으로 자리 잡은 교회의 초월성은 신적 초월성의 징표이자 보증이다.

4. 직임과 교제

1. 나는 라칭거의 교회론에 대한 분석한 가운데에서 오직 여기에서만, 직임(office)에 대한 그의 견해를 다룰 것이다. 이것은 아마도 교회의 위계 구조가 하나님에 의해서 의도되었다고 집요하게 주장한 신앙교리성의 수장으로만 라칭거를 보았던 사람들에게는 적잖은 놀라움을 줄 것이다. 그러나 그의 교회론은 직임에 대해서 언급하지 않고서도 충분히 교회론의 본질들을 설명할 수 있기 때문에 사실 위계적인 구조와는 거리가 멀다. 다른 한편으로 직임이라는 개념은 개인을 그리스도인으로 만들어주는 신앙의 행위에 대한 라칭거의 이해 속에 녹아 있으며, 동시에 가장 분명하게는 교회를 교제로 만들어주는 성만찬에 대한 이해와 하나님의 말씀에 대한 그의 이해에 담겨져 있다.

라칭거는 가톨릭 신학자이며, 따라서 그는 교회의 개념을 성례전과 말씀을 통해서 규정할 뿐 아니라, 본질적으로 직임의 개념을 통해서 규정한다.[137] 직임은 물론 성례전과 말씀에 종속된다. 교회는 성례전(무엇보다도 가장 기초적 성례로서 성만찬과 세례)의 힘과 말씀의 힘을 통해서 성령 안에서 구성된다. 직임은 그러한 동일한 의미에서 교회를 구성하는 요소가 아니다. 직임은 단순히 성례전과 말씀을 위한 필수불가결한 조건일 뿐이며, 말씀과 성례전이 가지는 공동체성과 신적 기원의 표징이자 보장일 뿐이다. 성례전과 말씀을 통해서, 실제적 교회의 본질을 구성

---

[137] Ratzinger, "Traditionsbegriff," 27; *Das neue Volk*, 119을 보라.

하는 교회적 "우리" 속에서 인간적 "나"와 신적 "당신"의 독특한 상호 얽힘(interweave)이 일어난다. 직임은 오직 성례전과 말씀에 필수적인 한에서, 교회의 존재(esse)에 속한다. 어찌 되었든, 직임의 목표는 성례전과 말씀을 위해서 그리고 교회가 교회로서 존재하기 위해서—비록 필수불가결하기는 하지만—"수단"이 되는 것이다.[138]

이 부분에서 나는 먼저 라칭거가 어떻게 하나님의 말씀과 관련해서 직임의 개념을 이해하고 있는지 살펴볼 것이다. 그는 직임을 신앙의 행위에 이미 함의된 그리스도인 실존의 공동체성을 위한 내적 전제조건으로 간주하고 있다. 그리고 두 번째 단계에서 나는 교회를 교회들의 교제(communio ecclesiarum)로서 성례전적으로 근거하여 이해하기 위해서 직임이 반드시 필요함을 설명할 것이다. 그러고 나서 나는 교제라는 교회의 특별한 성격 속에서 직임이 지니는 성례전성을 라칭거가 어떻게 설명하는지 살필 것이다. 이 부분에서 하나와 다수(the one and the many)의 관계에 대한 라칭거의 이해와 그가 요구하는 교회 개혁의 중요한 차원을 해명해주는 교회적 영성에 대한 그의 이해 모두를 제시함으로써 결론을 내릴 것이다.

2. 우리가 이미 살펴본 바와 같이 "말씀을 이해하는 데 교회가 지니는 우선권 주장"은 신앙 행위의 구조에 대한 라칭거의 분석에 기인한다.[139] 비록 이러한 주장을 하는 교회가 언제나 단순한 제도를 넘어서는 것이기는 하지만, 교회는 "모든 개인이 각자 자신이 좋아하는 바를 선

---

138 Ratzinger, *Das neue Volk*, 244. 제2차 바티칸 공의회 이전에 Ratzinger는 다음과 같이 서술한 바 있다. "오늘날 교회론의 가장 중요한 임무는 바로 어떻게 교회의 가시적 형식에서 본질적 요소들이 그리스도의 몸으로서의 존재에 뿌리를 내릴 수 있는가를 보여주는 것이다. 그리고 그렇게 함으로 그 본질적 요소들이 하나님의 자유로운 사랑을 억압하려는 인간의 강탈하려는 의지가 드러나는 어떤 자기 만족적인 가시화에 속한 부분이 아님을 보여준다. 오히려 그 본질적 요소들은 예수 그리스도의 파송에 대한 의미를 확립하여, 보이는 것으로부터 보이지 않는 것을 포괄적으로 지시하는 영역까지 드러내준다" (Ratzinger, "Leib," 912).
139 Ratzinger, *Prinzipienlehre*, 347; 참조. 앞의 3.1.

택하는 무형의 영적 영역이 아니다."[140] 만일 교회가 그렇다면, 모든 사람들은 이제 더 이상 성서가 아니라 전체 교회의 신앙의 지혜로부터 자신의 삶의 철학을 "추출해"내야만 할 것이다. 라칭거에게 이러한 입장은 결국 기독교의 진리가 궁극적으로 선물이 아니라 개인의 반성에서 얻어지는 산물이라는 것을 내포하게 된다. 한 개인의 진리를 향한 접근이 오직 공동체적일 때, 즉 (마치 현대적인 슈퍼마켓에서) 물건을 선택하는 방식으로 그것을 선택하지 않을 때에만, 다시 말해 진리가 (마치 오래된 상점에서처럼) 교회에 의해서 주어질 때에만, 진리는 선물로 증여되는 것이다. 그러나 이러한 주장은 하나의 전제, 즉 교회가 그 자체로 구체적이면서 동시에 권위적으로 말을 건넬 수 있는 목소리를 가지고 있으며, 진정성을 가지고 진리를 전파하는 목소리를 가지고 있다는 전제에 기반을 둔 것이다. 하지만 라칭거의 논증이 여기서 설득력을 가지려면, 오직 명시적으로 표현되지는 않았지만 결정적인 전제가 설득력을 지니고 있을 때에야 가능하다. 그 전제는 바로 "신앙의 기관들(organs) 속에서"[141] 말하는 전체 교회로부터 개인에게 주어지거나 제공된 것이 아닌 것은 무엇이든지 실제로는 개인이 만들어낸 산물이라는 것이다.

만일 라칭거와 더불어 구속적이고 권위적인 목소리를 수용하고자 한다면, 과연 그 목소리는 누가 가질 수 있을까? 그 목소리는 분명 지역 교회일 수는 없는데, 왜냐하면 지역 교회는 자신이 "산출해낸 것"이 아니라, 증여받은 것만을 권위를 가지고 선포할 수 있기 때문이다. 진리와 전체는 서로에게 불가분의 관계로 연합되어 있다. 왜냐하면 진리인 그리스도는 오로지 이러한 전체 몸을 통해서만 다가갈 수 있기 때문이다. 결국 진리는 구체적으로 존재하는 능동적 **보편 교회**에 의해서만 권위

---

140 Ratzinger, "Theologie," 526.
141 Ibid.

있게 선포될 수 있다. "베드로의 직임을 그 중심으로 하는 사도적 계승 속에서 살아 있는 교회"는 유일회적으로 주어진 계시가 지속적이고 권위적이고 구속력 있는 방식으로 해석되는 유일한 장소이다.¹⁴²

라칭거에 따르면, 하나님의 말씀과 직임의 관계에 대한 이러한 반성들이, "오직 성서"(sola scriptura)에 대한 입장에 있어서 왜 개신교의 교회론과 가톨릭의 교회론의 차이가 두드러지게 나타나는지를 보여준다. "오직 성서"라는 원리를 전제하는 것은 두 가지의 커다란 교회론적-구원론적 죄를 저지르는 것을 의미한다. 이러한 원리에 따르면 모든 개인이 저마다 하나님의 말씀에 직접적 접근을 할 수 있기에, 이는 교회론적 개인주의를 승인하는 꼴이 된다. 또한 기본적으로 하나님의 말씀과 직접적 대화를 하고자 하는 모든 시도는 결국 자기 자신과의 대화에 그쳐버리기 때문에, "오직 성서"라는 원리에 의해서 의도된 개인의 자유는 드러나지 않은 구원론적 거만함으로 이어진다.

성서 해석에서 교회의 전통을 끄집어오는 것 역시 거의 도움이 되지 않는다. 개인이 여전히 해석의 주체이기 때문에, "오직 성서"에서 발생한 두 가지 문제점들이 단순히 새로운 차원에서 다시 나타날 뿐이다. 교회에서 직임을 가지고 있는 인격들이 내리는 권위적이고 근본적으로 변개할 수 없는 교회의 결정에 근거하게 될 때만, 신앙이 교회 안에서 공동체적으로 삶에 근거하게 되고, 그로써 하나님의 선물이 되는 것이다. 따라서 라칭거에게, "교회의 개념에 대한 가톨릭과 개신교 사이에 진정한 대립"¹⁴³은 하나님의 말씀을 전통으로부터 독립시키느냐가 아니라 그것을 교회의 **직임**으로부터 독립시킬 것이냐의 문제이다. 만약 권

---

142 Ratzinger, Church, 79f. 이러한 공적 해석의 과정은 단순한 신앙과 근원적 통찰을 재현적 차원에서 보전하기 위한 이해이다. 그러나 이러한 보전은 동시에 신앙의 새로운 가능성을 감추어버리기도 한다(Ratzinger, "Theologie," 531; Church, 82을 보라).
143 Ratzinger, "Traditionsbegriff," 28; 참조. Das neue Volk, 106; Report, 160.

위 있는 직임이 없다면, 전통과 성서는 주어지는 것이 아니라 선택되는 것이 된다.

3. 라칭거의 성만찬적 교회론에 따르면, 모든 교회와의 교제는 지역 교회의 충만한 교회성을 위한 필수적 전제조건이다.[144] 감독적이면서 공치적으로(collegially) 구조화된 직임의 필요성은 이러한 교제에 대한 그의 독특한 이해에서 기인한다. 하나의 교회가 교회들의 교제(communio ecclesiarum) 속에 서 있을 수 있는 능력은 모든 지역 교회가 자신의 수장인 주교를 가질 것을 요구한다. 그 주교는 광역 교회를 지시하고 있는 사람이다. 주교는 서로 얽혀 있는 두 가지 직무를 가지고 있다. 지역 교회의 수장으로서 그는 지역 교회의 교회성을 책임져야 하고, 감독 직제(ordo episcoporum)의 한 일원으로서 지역 교회가 광역 교회의 교제 속으로 온전히 매여 있게끔 한다. 교제 그 자체의 요구로부터 기인한 것으로[145] 주교의 이러한 두 가지 기본적 기능에 기초하여, 교회는 수직적으로 조직되며(지역 교회), 그리고 이러한 수직적 구조 속에서 교회는 감독 직제를 통한 하나의 네트워크 속으로 수평적으로 배열되는 것이다(광역 교회).[146]

모든 지역 회중은 그것이 하나의 주교(사제들과 부제들과 함께)에 의해서 이끌어지기 때문에, 내적으로 수직적 모양으로 조직된다. 주교는 특정한 지역적 차원에서 그 지역의 모든 신도들을 하나의 교회로 이끈다. 이로부터 구체적 지역에서 감독적 직임의 특이점이 도출되며, 교회 구성원됨을 주교와의 교제로 묶어주는 것이 뒤따른다. "단지 '몇 사람'으로 물러난다면, '많은 사람을 위해서 흘린 피'를 누릴 수 없다."[147] 이

---

144 앞의 2.2를 보라.
145 Ratzinger, *Das neue Volk*, 178을 보라.
146 Ibid., 205을 보라. Ratzinger에 따르면, 공치성(collegiality)의 이념은 언제나 "광역 교회의 통일성 속에서 개별 교회들이 공유하는 유기체의 재구성"을 포함하지만, 이것은 "광역 교회를 넘어서는 공치성(collegium)의 온전한 최고의 권력(*plena et suprema potestas*)을 의미하지 않으며, 교황의 온전한 최고의 권력(*plena et suprema potestas*)에 맞서는 균형을 의미하는 것"도 아니다(ibid., 186, 이는 분명히 Rahner에 대한 반박이다).

것이 바로 왜 "군주적 감독제"(monarchial episcopate, 단일기원적 감독제)가 "교회의 철회할 수 없는 본질적 형식"인지를 보여주는 중요한 이유 하나이다. "한 지역에 있는 한 명의 주교는 모든 이를 위해서 하나가 되는 교회를 상징한다. 왜냐하면 하나님은 모든 것을 위해 하나이기 때문이다."[148] 더 나아가서 주교는 회집된 회중들을 전체 교회와 한 분 그리스도에게 대변한다. 이런 방식으로 주교는 회중의 통일성을 보호하고, 하나님의 유일한 교회가 실현되는 곳에서 회중을 고립되지 않은 자족적 전체성으로 만든다. 그러나 만일 주교를 통해서 이렇게 수직적으로 조직된 지역 교회가 교회들의 교제에 매인다고 해도, 주교는 여전히 전체 광역 교회에 그 회중을 대표하는 자가 되어야만 한다. 주교는 "그를 믿는 자들과 형제자매의 관계" 속에 서 있음으로 스스로 필수불가결한 교회들의 교제를 완수하며, 이로써 감독 직제 내에서 자신의 직무를 합당하게 완수할 수 있다.[149]

모든 주교는 하나의 감독 직제 구조의 수평적인 구조 속에 동시에 서 있게 된다. 이러한 직제 속에서의 주교의 구성원 자격은 그의 지위에 하나의 보조물로서 더해질 수 있거나 뺄 수 있는 성질의 것이 아니라, 오히려 그의 직무에 있어서 구성적인 것이다. 한 그리스도인이 다른 그리스도인과 동일한 교제의 지평 위에 서 있음으로써 비로소 그리스도인이 되는 것과 같이, 그리고 한 회중이 전체 다른 회중들과의 교제 속

---

147 Ratzinger, *Gemeinschaft*, 73.
148 Ibid., 73f.
149 Ratzinger, *Das neue Volk*, 215. 주교가 가지는 대표적 기능은 의회 정치적 대의제와 혼동되어서는 안 된다. 주교는 개인들로 이루어진 회중의 구성원들을 대표한다기보다는, 교회의 머리인 분의 "몸의 인격화와 요약"이라는 의미에서 구성원들을 대표한다. 그러나 한 주교에 의해 대표되는 그 몸이 내적으로 막혀 있는 지역 교회일 수 없고, 오직 그 안에서 전체 교회가 실현되기 때문에 존재하게 되는 지역 교회인 것이다. 따라서 대표로서의 주교의 직임은 "그가 대표하는 이들의 의견의 통계적 평균치를 결정하는 것이 아니기에, 자신의 사적 생각을 추가해서 형식 속에 자유롭게 가지고 갈 수 있는 것도 아니다." 주교의 직임은 오히려 "교회의 공동의 요소들"을 대표한다[Ratzinger, *Das neue Volk*, 162 (볼프 강조); 참조. Ratzinger, *Church*, 57ff.].

에 서 있음으로써 비로소 교회가 되는 것과 같이, 주교 역시 그가 "다른 주교들과 함께 교제 속에 서 있음으로써" 주교가 된다.[150] 그가 주교로서 주교들의 교제 속에서 받아들여질 때, 그리고 공시적으로 이해되는 보편성과 통시적으로 이해되는 사도성 속에서 파악되는 교제에 머무르는 한에서만,[151] 비로소 그는 주교가 된다. 따라서 주교의 지위는 그리스도인의 지위에서 보이는 기본적 공동체성의 구조와 동일하게 형성된다. 주교는 타자로부터 형성된, 그리고 타자를 위한 인격인 것이다. 그리스도인의 교제 자체가 삼위일체적 교제의 한 표현인 것처럼, 직임의 공동체성은 동일한 차원에서 보편적 그리스도인의 교제의 한 표현이기 때문에, 이러한 주장들은 결코 놀랍지 않다.[152]

인간론적이고 구원론적이며 교회론적인 차원에서, 우리는 라칭거의 삼위일체로부터 도출된 공동체성의 기본 구조에 대한 이중적 정의, 즉 "로부터의 존재"(being from)와 "를 향한 존재"(being toward)라는 두 정의를 만나게 된다. 그러나 조금만 더 자세히 살펴보면, 이러한 기본 구조의 발생이 교회의 필수불가결한 조건이기보다는 교회적 교제의 가장 **최대화된 형태**라는 것이 드러난다. 라칭거는 단호하게 이러한 기본적 구조의 첫 번째 요소를 주장한다. 즉 다른 이들로부터 나오고 전체에서 나오는 것이 공동체적일 수 있다고 주장한다. 반면에 두 번째 요소("를 향한 존재")는 종종 "를 향한"(toward)에서부터 "와 함께"(with)로 축소되며, 이러한 "와 함께"의 필수불가결한 내용은 때로 "맞서지 않음"(not against)으로 이해되곤 한다. 만일 상황이 이러하다면, 비록 교회에서의 교제가 사랑을 향해 방향 지어져 있더라도, 그것은 사랑에 의해서 구성된 것이 아니며, 적어도 삼위일체에서 도출된 기본 구조를 보여주는 사

---

150 Ratzinger, *Das neue Volk*, 116; 참조. 164, 204, 206.
151 Ratzinger, *Prinzipienlehre*, 256을 보라.
152 Ratzinger, *Das neue Volk*, 214, 220을 보라.

랑에 의한 것은 아닐 것이다. "다른 이로부터의 존재"의 필수성으로 강조되듯이, 교제는 성례전적 수용의 관계 속에 그리고 그러한 이유로 또한 직임에 연관된 수용의 관계 속에 **서 있음**으로써 구성된다. 비록 이러한 방식이 아우구스티누스를 따라서 사랑으로 **해석될** 수 있겠지만,[153] 그럼에도 이러한 해석이 교회적 실재를 드러내는지 아니면 덮어버리는지는 전혀 다른 문제이다.

4. 전체 교회로부터 유래하는 직임의 공동체성은 감독직 서임이라는 성례전성을 통해서 표현되고 보장된다. 개인을 단지 하나의 개인으로 포함하는 것이 아니라, 새로운 공동체 속으로 그를 편입하고, 공동체 속에서 직임을 담당하게끔 의무를 맡기는 것이 바로 이 성례전의 본질이다.[154] 어떤 주교든지 다른 주교들과의 교제(사도적 계승 속에 있는 감독 직제) 속에서 공시적이면서 통시적인 주교들의 지지에 의해서만 성직 서임을 받을 수 있기 때문에, 이러한 서임은 새로운 주교를 전체 감독 직제 속으로 결속시킨다. 따라서 성직 서임의 성례전은 "처음부터 전통 속에 서 있음의 표현하는 동시에 보증한다."[155]

성직 서임의 성례전은 주교의 지위를 전체로부터 기인하는 것으로 규정한다. 이것이 바로 성직 서임식이 감독의 권위가 가지는 신적 기원을 보증하는 이유를 설명한다. 어느 누구도 하나님과의 사적 관계라는 고독 속에서 주님으로부터 그러한 권위를 받을 수 없으며, 이는 다른 여러 회중들의 매개를 통해서도 받을 수 없다. 그것은 오직 "전체 교회에 주어진 것으로서 예수 그리스도에 의해서 주어진 '성례전적' 권한 부여(empowerment) 속에서만 정초될 수 있다."[156] 성직 서임의 성례전은 이러

---

153 Augustine에 따르면 사랑(caritas)은 "주관적인 기질"이 아니라 "교회에 대한 애착이며, 구체적으로 그리고 필연적으로 특정한 교회에 대한 애착이다. 그 구체적인 교회는 바로 사랑 속에, 즉 전체 지구와 성만찬적 사랑의 관계 속에 있는 것이다"(Ratzinger, *Volk*, 138).
154 Ratzinger, *Das neue Volk*, 219을 보라.
155 Ratzinger, *Prinzipienlehre*, 256.

한 감독적 권위뿐 아니라 기독교 신앙의 보편적 공동체성의 근거를 즉시 제시하며, 그로써 그에 관해 우리가 독단적 처분을 하지 못하도록 만들어준다.[157] 신앙의 전승은 감독의 권위에 매여 있다. 보편적이면서도 공동체적으로 구성된 주교의 행위를 통해서, 개인은 교회의 전체 교제와 만나게 되며, 또한 삼위일체의 교제 속에서 전체 교회와 인격 모두를 결속시키는 그리스도와 만나게 된다. 그리스도는 자신을 그의 전체 몸에 결속시킨다. 왜냐하면 몸은 참으로 그와 함께한 하나의 주체이기 때문이다.

5. 교회의 감독제 구조에 대한 라칭거의 이해는 하나와 전체의 관계에 대한 그의 특정한 이해에 바탕을 둔다. 우리가 이미 본 것처럼, 지역적 차원에서 교회 구성원들의 다양성은 주교에 의해서 하나의 전체성으로 수렴된다. 개인과 전체의 유사한 관계는 광역 교회의 차원에서도 발생한다. 주교와 회중의 수평적 네트워크는 로마 교회의 주교와의 수직적 연관성에 의존하고 있다. 비록 "광역 교회의 일치가 다른 주교들과의 상호 교차적 연대에 근거하고 있지만", 그것은 결국 로마의 주교좌(sedes Romana)로 향해야만 한다.[158] 왜냐하면 교황은 "그리스도의 말씀과 사역의 통일성을 보호하고 구현하기 위해 주님에 대한 직접적 책임을 지고 있는 존재이기 때문이다."[159] 보편 교회의 구조는 지역 교회의 구조에 상응한다(더 정확히 말하자면, 그 반대의 경우에 그러하다. 보편 교회에 비해서 이차적인 지역 교회들은 "보편적 교회의 모델에 따라서" 형성되어야 한다).[160]

모든 종류의 개인주의적 혹은 공동체적 특수주의에 반대해서, 라칭

---

156 Ratzinger, *Fest*, 84.
157 Ratzinger, *Prinzipienlehre*, 309.
158 Ratzinger, *Das neue Volk*, 206, 211.
159 Ibid., 169 (볼프 강조).
160 *Lumen gentium* 23; 참조. *Ad Gentes* 20.

거는 전체성(totality)을 강조한다. 하나의 그리스도인, 하나의 지역 교회, 하나의 주교는 언제나 전체로부터 유래하며, 전체를 향해 있다. 만일 그의 교회론의 일차적 범주가 전체 그리스도(Christus totus)라면 그는 이와 다른 주장을 할 수 없다. 이로부터 다음과 같은 사실이 도출되는데, 전체성은 "단일한 개인"(single individual)의 원리, 즉 구원론과 기독론에 근거한 원리로부터 이해되어야 한다. 기독교는 전체의 구원과 관련하는 것이기에 그것은 "단일한 개인"이라는 원리에 따르게 된다. 전체 세계에는 오로지 하나의 구원자밖에는 있을 수 없다.[161] 구원자의 복수성은 필연적으로 그들 각각의 특수성을 함의하기 마련이다. 그리스도의 단일성(singularity)은 바로 그의 보편성으로부터 도출되며, 그의 단일성은 그의 몸인 교회에 통일성의 근거를 형성한다. 지상의 교회가 그리스도의 한 몸을 보여주는 가시적 측면으로 시대에 걸쳐서 그 머리의 사역을 담지하고 있다면, "단일한 개인"의 원리는 교회 내에서도 적용된다. 그 머리에 대해서 교회는 항상 교회에 대해 그리고 교회의 통일성에 대해 책임지며 그래서 그 전체성을 보증하는 존재를 소유해야 한다. 그렇지 않다면 보이는 교회는 결국 눈에 보이지 않는 교회와 상응하지 못한다.[162] 보편적 교제의 교회론은 따라서 개인적 책임의 교회론을 요구하고, 이것은 전체성을 보증하는 단일한 개인의 차원에서 적지 않게 이루어진다.[163]

---

161 Ratzinger, *Introduction*, 187f.
162 "개인들"의 원리는 지역적 차원에 적용되는 것이지만 또한 보편적 차원에서도 적용된다. 왜냐하면 지역 교회에서 교회다운 교회의 전체 존재가 실현되기 때문이다. 따라서 "**전체로서 교회**는 오직 그것이 구체적으로 주어진 하나의 **장소**에 자신을 드러내는 방식으로만 존재한다." 그리고 그 특정한 장소는 또한 "오직 **하나의 회중에는 하나의 주교**"라는 하나의 원칙만을 포함한다. 따라서 지역 회중은 오직 하나의 지도자만을 가지게 된다. 물론 이러한 리더십이 "우선적으로는 공치적"이라고 하더라도 말이다(Ratzinger, *Das neue Volk*, 123).
163 Ratzinger, *Church*, 32ff, 이 지점에서 "인격적 책임"은 "수위권 교리의 핵심"으로 간주된다(p. 43). 평신도가 가지는 인격적 책임에 관해서는 이어서 나오는 제5항 "신자들의 교제" 부분을 보라.

만일 다른 모든 교회에 대해서 가지는 관계가 지역 교회의 교회성에 본질적이라면, 그리고 로마의 주교가 교회의 통일성의 근본이라면, 로마의 주교는 개별 지역 교회들의 교회성에 있어서도 역시 본질적이다. 베드로의 계승자들과의 연합이라는 이러한 요소를 상실하는 것은 결국 "교회로서 그 본질 속에 있는" 교회에 상처를 입힌다.[164] 교회일치적 차원에서 이렇게 공격적 논제가 라칭거의 펜에서 나왔다는 사실은 오로지 그의 신학에 친숙하지 않은 사람들에게만 놀라움을 줄 것이다. 사실, 그의 성만찬적 교회론이 지니고 있는 조직적인 회오리바람은 그가 제2차 바티칸 공의회 이전에도 분명하게 견지하고 있었던 (반)교회일치적 입장으로 우리를 인도한다. 그 입장에 따르면, 교회의 통일성은

> 다른 회중들과 함께하는 개별 회중의 교제에 존재한다. 거짓된 이단의 교제에 대항하는 참된 교제의 징표는 사도적 주교좌(sedes apostolica)와의 교제이다. 사도적 주교좌는 로마이며, 전일적 교제(communio catholica)는 결국 로마의 교제(communio Romana)라고 이야기할 수 있다. 오로지 로마와 교제하는 자들만이 참되고 보편적인 교제에 서 있으며, 누구든 로마가 출교한 자들은 더 이상 보편적 교제에, 즉 교회의 통일성에 있지 못한다.[165]

하나와 전체의 관계에 대한 라칭거의 이해는 전체 그리스도라는 개념에 근거하고 있는 만큼, 교회 내에서 성령적 권위(pneumatic authority)로 접근하기 위한 중요한 시사점을 가진다. 한 분 그리스도는 그의 몸인,

---

164 Ratzinger, *Gemeinschaft*, 88. 참조. "Kirche," 각주 13. Ratzinger는 "가톨릭 교회론의 입문 역할을 하는"(p. 9) 자신의 책 *Zur Gemeinshaft gerufen*에서, "교회의 기원과 본질"과 관련된 내용을 베드로의 수위권과 교회의 통일성이라는 토론으로 신속하게 이어진다. 이로 인해 주교의 파송과 사제직의 본질에 대한 내용은 그 이후에야 나온다.
165 Ratzinger, "Kirche," 178f.

하나이자 전체인 교회를 통해서 행동한다. 교회는 한 분 그리스도를 통해서만 **하나의 전체로서** 행동을 할 수 있으며 가시적으로 존재하기 때문에, 그리스도의 모든 행위는 결국 베드로의 직임이라는 좁은 정문을 통해서만 진행되어야 한다. 물론, 라칭거는 이 한 사람이 그리스도를 철저히 투영해야 한다는 사실을 이야기한다.[166] 교회의 권위는 "대리자적" 권력(vicarial power)이기에, 이 권력은 그 자신의 힘이 아니고 오히려 그것이 명시적으로 재현하는 그리스도의 힘이다. 이 한 사람을 통해서 활동하는 것은 **살아 있는 그리스도**이다. 그럼에도 이러한 한 사람을 통해서만 그리스도는 그의 전체 속에서 일하게 된다. 여기서 모든 개별 지역 교회에 대한 교황의 권위는 지역 교회를 책임지는 모든 주교의 자율적이고 직접적인 책임성을 희생시키고 결국 전면에 드러나게 된다. 나에게 이것은 전체 그리스도의 개념 틀 속에서 하나와 전체 사이의 관계를 사유하는 라칭거의 이해가 직면하는 종착점으로 보인다. 여기서 우리는 다시 라칭거의 교회론에서 전체 그리스도라는 개념이 성만찬적 교회론을 제시하고자 하는 자신의 의도와 결국 긴장 관계에 놓이는 것을 볼 수 있다. 왜냐하면 일관성 있는 성만찬적 교회론은 결국 모든 주교의 독립성을 보존해야 하기 때문이다.

6. 그리스도에게서 유래한 성만찬적 권위—"내가 스스로 줄 수 없는 것을 주고, 내가 내 안에서 유래되지 않은 것을 행한다"[167]—는 자신이 가지고 있는 것을 지속적으로 포기하게 만드는 박탈의 영성(the spirituality of divestment)에 상응한다. 이러한 박탈이 교황에서부터 일반 신도들에게 이르기까지 전체 교회의 성격을 규정하게 된다. 이러한 "자기 박탈과 자기 부정" 속에서, 모든 교회의 구성원들은 "삼위일체적 신

---

166 Ibid., 41ff.을 보라.
167 Ratzinger, Gemeinschaft, 108.

비 속으로 동화되고", 자연스럽게 그들이 창조된 기본적 패턴에 따라서 살게 된다.[168] 어느 누구도 그 자신을 위해서 살아서는 안 되고, 모든 인격은 그 자신을 비워내고, 순수한 "로부터의 존재"와 "를 위한 존재"의 관계 속에서 살아가야 한다. 따라서 이러한 영성은 공동체성의 기본적 구조에 상응한다. 이는 교회론에 대한 단순한 부가물이 아니라, 바로 그 전제에 근거한다. 교회는 인간 존재가 삼위일체 하나님과 그리고 상호간에 누리는 사랑의 교제이다.[169] 삼위일체의 교제와 교회의 교제 사이의 관련성을 검토해보기 전에, 교회 안에서 신도들의 지위에 대한 라칭거의 이해를 다루어야 한다. 그러나 교회 안의 개혁에 대한 그의 생각을 먼저 살펴보자.

영성은 교회 내에서 일어나는 개혁 열망에 대한 라칭거의 답변이다. 전체로부터, 곧 전체 그리스도로부터만 기인하는 대리적 권위는 기본적으로 교회의 구조를 결정한다. 교회의 구조가 한번 정해지면, 즉 주님이 의도한 구조 그리고 그로써만 그리스도를 교회 안에서 활동하게 할 구조가 형성되고 나면, 이러한 본질적인 지점에 영향을 주는 개혁은 오로지 동일한 교회 구조 속에서 바른 교회적 "기능"에 포함되든지, 영성에 포함되어야만 한다. 이것을 벗어나서 다른 개혁을 시도하는 것은 본질에서 멀어질 뿐이다. "'개혁'에 대한 너무나 많은 말이 있기에 우리는 결국 우리 자신에 대해서만 말하는 것으로 끝난다. 그리고 그 속에서 복음은 거의 언급되지 않는다."[170] 이것이 바로 왜 라칭거의 저작에서 교회 내부의 권리를 지키는 것보다 자기 자신을 탈피하는 것이 훨씬 더 많은 자리를 차지하는 이유이다.[171]

---

168 Ibid.
169 Ratzinger의 교회론에서 영성의 중요성에 대해서는 Fahey, "Ratzinger," 82을 보라.
170 Ratzinger, "Glaube," 538. 『신앙과 미래』(가톨릭출판사 역간).
171 Ratzinger는 개인 그리스도인들의 권리에 대해서 이야기하고, 또한 공동체의 권리에 대해서도 이야기한다(Ratzinger, "Demokratisierung," 38f.), 또한 그는 "상호적 돌봄과 상호적

이러한 입장은 기본적으로 "도덕적 갱신 없이는 인간과 인류의 개혁은 불가능하다"는 확신에 기반을 두고 있다.[172] 영성을 필요로 하지 않는 그 어떠한 최상의 (말하자면, "틀림없는") 구조도 있을 수 없다. 만일 그러한 것이 있기라도 한다면, 그것은 단순히 노예적 구조일 것이다.[173] 만일 교회가 삼위일체 하나님과의 만남에 계속해서 관심을 가진다면, 라칭거의 관점에서는 이러한 만남의 매개를 포함하지 않는 어떠한 구조적 요소들도 부수적일 수밖에 없다.[174] 물론 라칭거의 주된 논점을 반박하기는 어렵다. 하지만 이차적인 것으로의 진입을 촉진시키거나 좌절시킬 수 있고, 혹은 일차적인 것에 상응하거나 모순될 수 있다손 치더라도, 게다가 틀림없는 구조들이 만들어질 수 있다 하더라도, 그 구조들의 기능이 필연적으로 비현실적인 윤리적 성숙을 전제해야만 하는 것은 아니다. 이러한 의미에서 제도적 실제를 경시하고 영성과 도덕성에만 집중하는 것은 교회적 삶의 중요한 문제들을 지나쳐버릴 위험을 안고 있다.[175]

5. 신자들의 교제

1. 라칭거는 그의 성만찬적 전제에 비추어, 광역 교회의 "나"(I)에 매여 있는 예전적 "우리"(We)의 관점에서 교회 내에서의 평신도의 지위를 검토한다. 예배 속에서 평신도는 그리스도의 현존을 가능하게 하는 사제들의 사역에 수동적인 대상이 아니다. 오히려 예전적 사건에서 주체는

교환"의 실천적 양태들의 필요성에 대해서도 언급한다(Ratzinger, *Das neue Volk*, 216); 그러나 무게의 중심은 여전히 영성과 섬김에 있다.
172 Ratzinger, *Gemeinschaft*, 140.
173 Ratzinger, *Das neue Volk*, 142, 189을 보라.
174 Ratzinger, "Warum," 60을 보라.
175 Legrand, *Réalisation*, 216을 보라.

"바로 전체로서 모인 회중이며, 사제는 단지 이러한 주체를 함께 구현하고 그 해석자가 되는 한에서만 주체가 된다."[176] 물론 개별 회중은 예전적 사건의 진정한 주체인 전체 교회가 스스로를 실현하는 좌소가 되는 한에서만 이러한 주체성을 소유한다. 라칭거는 아우구스티누스에게서부터 이처럼 교회에 실제적으로 부여된 것을 일방적으로 사제들에게 귀속시키지 않는 법을 배웠다. 아우구스티누스는 "교회의 모든 구원적 사건"을 하나님의 모든 거룩한 백성에게로 귀속시켰다. 사제들이 행하는 사역의 주체는 직접적으로 그리스도가 아니라, 오히려 "그리스도와 함께하는 전체 거룩한 교회(ecclesia sancta)"이기 때문이다.[177]

사제는 교회에 대립해서 서 있는 것이 아니라, 오히려 그 안에서 활동하는 "살아 있는 전체 교회 **안에**" 근본적으로 서 있다.[178] 이러한 제한된 의미에서, 교회에서는 "단순히 말씀의 수용자이기만 하고 말씀의 능동적인 담지자는 아닌 평신도들이 존재하지 않는다."[179] 그러나 아우구스티누스같이, 라칭거는 그리스도와 함께 활동하는 교회의 구원적 행위는 "공적 위계 구조의 가시적인 도구적 행위를 통해서" 진행된다고 이해한다.[180] 만약 예전 속에서 그리스도가 이러한 **전체** 교회와 함께 활동한다면 다른 어떤 것도 가능할 수 없다. 왜냐하면 구체적 회중이 한 사람을 통해서, 즉 그 회중을 통일체로 만들어주는 사제나 주교를 통해서만 통전적 예전을 집전할 수 있기 때문이다. 그리고 만일 주교이건 사제이건 간에 이 한 사람이 전체 교회로부터 나오는 권위를 소유한다면 결국 전체 그리스도는 이 한 사람 안에서만 활동할 수 있다. 사제적 행위의 배타성은 따라서 예전적 행위의 포괄적인 포용성을 위해 필수불가결한

---

176 Ratzinger, "Demokratisierung," 39.
177 Ratzinger, *Volk*, 149.
178 Ratzinger, *Das neue Volk*, 151 (볼프 강조).
179 Ibid.
180 Ratzinger, *Volk*, 149.

전제이다.

이어서 나는 라칭거가 제시하는 교회의 민주화와 예배의 예전적 형태, 교회적 영성에 대해서 분석할 것이다. 이 모든 것은 예배에서 신자들의 교제(communio fidelium)가 가지는 입장에 대한 이해에서 도출된다.

2. 교회는 성만찬적 집회(물론 이 집회는 단순히 성만찬을 기념하게 위해서만 모인 것은 아니다)이기 때문에, 교회의 지도력은 "순수한 정치적-행정적 사안"이 될 수 없으며 오히려 "성례전적 선포의 권위 속에서" 발생해야 한다.[181] 이것이 바로 왜 평신도가 교회를 이끌 수 없는지에 대한 설명이다. 그들은 전체 교회로부터 나오는 권위를 가지지 않는다.[182] 물론 이 진술이 평신도가 완전히 교회의 지도권에서 배제된다는 것을 의미하는 것은 아니다. 전체로서 모인 모든 회중이 예전적 기념의 주체이기 때문에, 라칭거는 회중이야말로 교회 내에서 법적 주체라고 이야기한다. 회중의 이러한 주체성은 "자신의 회중적이고 '민주적인' 활동에 힘을 부여하는 방식을 통해" 구체적으로 사유되어야 한다.[183] 따라서 이러한 논의에 근거해볼 때 직임을 지명하는 것은 "결코 위로부터만 생겨나는 것은 아니다."[184]

그럼에도 개별적 회중은 자기 폐쇄적 실체로서 예전적 행위의 유일한 주체가 아니다. 하나의 교회는 개별 회중의 예배 속에서 실현되는 것이기에, 예배의 진정한 주체는 결집된 회중 속에서 자신을 실현시키는 "모든 장소와 모든 시대의 성도의 교제(communio sanctorum)"이다.[185] 이것

---

181 Ratzinger, "Demokratisierung," 32.
182 Ratzinger에 따르면 교회 안에서의 민주주의는 은사적으로 근거 지어지는 것이 아니다. 왜냐하면 은사는 민주적 원리라기보다는 성령의 원리이며, 은사는 아래에서부터 구성되어서 공동으로 열려 있는 권한 부여가 아니라 위로부터 오는 접근 불가능한 권한 부여의 표현이다. 따라서 그에 따르면, 은사의 개념은 민주화와 관련된 논의에서 사라져야 한다(Ratzinger, "Demokratisierung," 26f.).
183 Ratzinger, "Demokratisierung," 41; 참조. Ratzinger, Das neue Volk, 221.
184 Ratzinger, "Demokratisierung," 41.
185 Ratzinger, "Liturgie," 249; 참조. Ratzinger, Das neue Volk, 219.

은 예전적으로 모인 회중이 오직 광역 교회로부터만 그리고 광역 교회를 위해서만 존재한다는 것을 표현한 것이다. 따라서 개별적 회중은 "오직 광역 교회와의 통일성 속에 서 있을 때만 비로소 합당한" 주체로서 행위할 수 있다. 이로부터 직임에 대한 임명은 결코 "아래로부터만" 생겨나는 것이 아니라, "또한 언제나 광역 교회의 결정 속에 자신을 포함해야만 한다는 사실이 따라 나온다."[186]

어떻게 직임을 임명해야 하는지에 대한 문제와는 별도로, 어떻게 지역 교회가 법적 주체라는 주장과 광역 교회의 존재론적이고 시간적인 수위성이 양립 가능한지를 물어보아야만 한다. 만일 광역 교회가 가시적 차원으로든 불가시적으로든 지역 교회 내에서 현실화되고 활동할 때에만 지역 교회가 지역 교회일 수 있다고 한다면, 어떻게 그것이 광역 교회를 **넘어서는 대항적** 권리를 가질 수 있겠는가? 왜냐하면 지역 교회가 법적 주체가 된다는 것은 적어도 광역 교회와 지역 교회 사이의 상호 내주와 상호 포함을 승인하는 교회론을 요구하기 때문이며, 그것은 결코 일방적 실현의 관계를 함의할 수 없기 때문이다.

3. 비록 회중의 모든 구성원들이 예전적 행위(actio) 안에서는 공동 참여자들이라고 하더라도,[187] 어떠한 개인적 참여자도 그 나름의 "방식"으로 예전을 형성할 수 없다. 정확하게 말해서, 예전의 참여자인 회중의 구성원들은 하나의 자기 폐쇄적 실체로서 서 있는 것이 아니라, 전체 성도들의 교제 속에 그리고 전체 교회의 예전적 행위 속에 포섭되는 것이며, 그로 인해 구체적 장소에서 이를 실현하는 것이다. 이것이 바로 예배가 "집단(성직자와 전문가들을 포함하는)의 자의성"으로부터 지켜져야 하는 이유이다.[188] 어느 누구도 예배를 자기 스스로 설계할 수 없다. 예배

---

186 Ratzinger, "Demokratisierung," 41.
187 Ratzinger, *Fest*, 79을 보라.
188 Ratzinger, "Liturgie," 249f.

는 자신이 살아가고 유기적으로 자라왔던 전체 교회로부터 받아야 한다. 예배의 보편적으로 그리고 공동체적으로 보호받는, 역동적이고 비자의적인 이러한 성격은 "인간이 자기 자신이 가진 것으로 할 수 있는 것보다 훨씬 크고 위대한 어떤 것이 바로 여기에서 일어날 수 있도록 보증해주고 제시해준다. 예배는 우리가 그리스도의 부활이라는 우주적 드라마에 함께 참여하고 즐거워하도록 하는 객관적 권능 부여를 표현한다. 그리고 이것은 바로 예배가 서고 넘어지는 기준이 된다."[189] 개별적 인격이나 집단이 독립적 방식으로 "예전을 수행하는" 곳은 어디라도, 예배의 공동 주체인 교회가 밀려나가게 되고, 또한 "예배의 진정한 실행자"인 그리스도 역시 밀려나가게 된다. 이것이 바로 왜 자의적으로 독립적인 집단이 예배를 기념하기보다는 결국 "자기 자신"을 기념하며, 결국에는 "아무것도 아닌 것"을 기념하면서[190] 자기 스스로에게만 갇혀 있는지에 대한 이유이다. 예배의 이러한 보편적으로 공동체적인 활동에 대한 요구는 삼위일체 하나님과 인격 사이의 구속적 만남이 언제나 보편적 교제의 방식으로 실현된다는 라칭거의 기본적 확신을 반영한다.

라칭거가 "수용의 수위성"(primacy of reception)이라고 부르는 것은 그의 모든 교회론에서 발견된다. 예배, 그리스도인의 실존, 교회와 주교의 존재, 이 모든 것들은 언제나 전체로부터 우리가 받는 것이다. 수용은 이처럼 교회적 실존과 인간 실존의 기본 형식이다. 개신교는 언제나 가톨릭의 구원론과 교회론이 말하는 "행위를 통한 칭의"에 대해 수용의 수위성을 강조해왔다. 라칭거는 "행위를 통한 칭의"에 대한 이러한 비난을 오히려 반-개신교적, 특히 반-자유교회적 비판으로 뒤바꾼다. 광역 교회의 행위는 수용의 수위성을 담보하기 위해서 반드시 필요하다. 복

---

189   Ratzinger, *Fest*, 60.
190   Ratzinger, "Liturgie," 247f.

음의 행위와 성서의 행위(심지어 전통의 행위 역시도) 그 자체로 충분하지 않다. 광역 교회로부터 주어지거나 받아들여지지 않은 신앙, 교회, 하나님의 말씀, 예배는 모두 다 결국 "자기 스스로 만들어낸 신앙"이며 "자기 스스로 구성한 회중"이다.[191] 그것은 결국 자기 스스로에게 말을 건네는 혼잣말이며, 단지 자기를 기념하는 예배일 뿐이다. 전체 그리스도라는 개념에 걸맞게, 라칭거에게는 오로지 양자택일밖에는 없는 듯 보인다. "광역 교회로부터와 또 그로써 주님으로부터" 오든지, 아니면 "자기 스스로 구성된 것"이든지. 교회가 하나님만이 할 수 있는 것을 찬탈해서 자신에게 돌렸으며, 그 과정에서 단순한 인간적 기관으로 전락했다는 개신교도들의 비판을 라칭거는 역으로 활용해서, 전체 교회로부터 분리된 개별 그리스도인이나 교회 공동체에게로 화살을 돌린다.

그러나 위계적 직임의 제도를 통해서 광역 교회로부터 성례전적으로 받지 못한 모든 것을 단순히 "자기 구성적"이라고 폄하하는 것이 설득력이 있는가? 정말로 평등성에서 세속성이 오는가?[192] 또한 교회가 단순히 인간적 조직임에도 불구하고, 인간들의 모든 영역을 보다 쉽게 통제하기 위해서 자신을 정확하게 하나님과 동일시한다고 감히 제안하는 것이 동일한 정당성[예를 들어, 에밀 뒤르켐(Emil Durkheim)의 종교사회학을 따라서 볼 때][193]을 가지고 있는 것은 아닐까? 라칭거가 제시한 개신교(특히 자유교회) 그리스도인의 종교적이고 교회적인 경험에 대한 환원적 해석은 결국 교회일치적 전망에 거의 도움이 되지 않는다. 암묵적이든 명시적이든 이러한 주장은 많은 그리스도인들이(혹은 분명히 로마의 주교와의 교제 밖에서 살아가는 그리스도인들이) 광역 교회의 성례전적 틀 밖에서 살아가고 있으며, 그들은 단순히 예배 속에서 자신들끼리만 교류하

---

191 Ratzinger, "Warum," 70.
192 이에 대해 Ratzinger, *Prinzipienlehre*, 260에서 명시적으로 표현한 바 있다.
193 Durkheim, *Elementary Forms*, 205ff.을 보라.

며 살아간다는 것이다. 이러한 주장은 실제로 그들이 삼위일체 하나님과의 진정한 교제에 서 있지 않음을 주장하는 것 아닌가? 물론 어떤 이들은 이러한 라칭거의 배타성을 단순히 상황적으로 규정된 논쟁적 과정으로 해석하고 싶을지 모르겠지만, 이러한 배타성은 그의 교회론적 전제의 필연적 귀결로 보인다.

라칭거의 교회론적 사유에 나타난 배타성은 그가 사용하는 "보증"(guarantee)이라는 용어에서 잘 드러난다. 신앙의 매개의 성례전적 공동체성, 하나님의 말씀이 열매 맺기 시작하는 방식의 성례전적 공동체성, 지역 교회와 주교의 구성의 성례전적 공동체성, 예전의 성례전적 공동체성은 모두 "보증"으로 이해된다. 즉 이러한 각각의 내용들이 인간적 행위가 아니라 신적 행위를 다루고 있음을 보증한다는 것이다. 라칭거의 전제는 동일한 실재에 대한 다른 보증인이 있음을 허용하지 않으며, 더 나아가서 이러한 "보증인" 없이 이러한 실재로 진입할 수 있다는 사실 역시 허용하지 않는다.[194] 단 하나뿐인 교회적 전체로부터 도출할 수 있는 것만이 신적 행위들의 보증인으로서 기능할 수 있다. 이러한 보증인들에 대한 배타성은 라칭거의 배타적이면서도 환원적인 형용사와 부사들(예를 들면, "오직", "홀로", "다른 어떤 것도")의 빈번한 사용을 통해서 확증된다. 이러한 것들은 단지 교회와 주교들에게만이 아니라, 그리스도인에게도 적용되며, 또한 계시에 대한 접근에도 동일하게 적용된다.[195]

4. 그리스도인의 예배의 공동체적 형식은 근본적으로 공동체적 영성

---

[194] Avery Dulles는 가톨릭의 성례전과 공적 구조들에 대한 자신의 선호를 "있을 법한/있을 법하지 않은"이라는 개념 쌍을 통해서 표현한다(Dulles, *Catholicity*, 165을 보라). Ratzinger 자신의 교회론적 출발점은 이러한 표현을 허용하지 않는다.

[195] 신앙과 관련해서, Ratzinger, *Prinzipienlehre*, 35 [비록 그가 이후에는 좀더 분화된 입장을 취하지만: "신앙은 회심이라는 사적 결단으로 **결코 충분한 표명**에 이를 수 없다"(p. 116, 볼프 강조; 그러나 어느 누가 이 지점에 대해서 논의하려 하겠는가?)]과 Ratzinger, "Theologie," 520을 보라; 교회와 주교의 위상과 존재에 대해서는 Ratzinger, *prinzipienlehre*, 266을 보라. 하나님의 말씀에 대해서는 Ratzinger, *Das neue Volk*, 148을 보라.

에 상응한다. 왜냐하면 공동체적 예배의 표현은 그것이 개인적으로도 내면화되기를 요구하기 때문이다. 이러한 내면화가 없다면, 한 개인은 단지 예전의 기념 속에서 하나의 공동체적 "역할"을 수행할 뿐이며, 그가 다른 이들과 교제를 한다든가 삼위일체 하나님과 교제를 한다고 했을 때조차 그것은 단순히 "겉치레의 교제"가 될 뿐이다.[196] 교제의 실재는 예전적 사건과 예전적 실재를 내면화하는 과정에 결정적 방식으로 의존한다. 이러한 내면화가 일어나는 곳에서 "사람들은 더 이상 단순히 자신의 역할만을 수행하면서 나란히 놓여 있는 것이 아니라, 실제로 존재의 차원에서 서로를 어루만지게 된다. **오로지 이런 방식으로만 '공동체'가 발생한다.**"[197] 따라서 이러한 능동적 참여(actuousa participatio)는 외적 행위의 차원이 아니라 심원한 개인적 참여의 차원이며 이것이 바로 교제의 전제조건이다.

"공동체성"(communality)은 예전적 영성만을 특징짓는 것이 아니라, 모든 기독교 영성의 일반적 특징이다. 신앙 안에서 수용되고 전유되는 구원적 은혜, 즉 공동체적으로 구조화된 은혜를 내면화하는 것으로 영성이 구성되기 때문에, 이러한 기독교 영성이 다른 방식으로 존재할 가능성은 전혀 없다. 그러므로 라칭거에 따르면, 기도는 단순히 한 영혼이 하나님과 씨름하는 것이 아니다. 여기서 어느 누구도 "교회와의 관계를 단절한 채, 그리스도와 홀로 대화를 시작할 수 없다."[198] 기도하는 것을 배우는 것은 질서 속에서 어머니 교회의 기도의 언어를 배운다는 것을 의미한다. 교회의 언어를 전유함으로써 바로 이 언어로 표현되는 실재와 접촉을 하게 되는 것이다.

기도라는 공동체적 과정은 "기도의 목표(그리고 그것이 구성하는 존재의 운동)"에 상응한다. 즉 그것은 교회적 영혼(anima ecclesiastica)이 되

---

196 Ratzinger, *Feast*, 68.
197 Ibid., 70 (볼프 강조).
198 Ibid., 30.

는 것이다.[199] 교회적 영혼, 이것은 바로 본래적 자신이 되는 인격이며, 동시에 동료 인간들과 삼위일체 하나님과의 교제 가운데 자유로운 존재로서 서게 되는 인격인 것이다. 물론 기도가 단순히 "교회"라는 사회적 실체와의 심리적 동일시를 통해서 발생하는 것은 아니다. 여기서 교회는 제도적이고 가시적인 것을 초월하지만 동시에 이러한 속성들과 분리될 수 없는 그리스도의 몸인 영적인 유기체(a pneumatic organism)로 이해된다. 이것이 왜 진정한 교회적 영성은 그리스도에 대한 헌신(Christ-devotion)과 동일한지에 대한 이유를 설명해준다. 그리고 이러한 헌신이 있는 곳마다 진정한 영성이 발견될 수 있으며, 그곳에 "교회의 내적 정점" 역시 발견된다.[200] 이러한 상황에서, 우리는 어떻게 라칭거가 모든 결정적인 교회론적 사건들을 묘사할 수 있었는지를 이해할 수 있으며, 뿐만 아니라 우리의 영혼 속에서 잠자고 있는 교회를 깨우는 것과 관련하여 로마노 과르디니가 표현한 "공의회의 깊은 열망들"을 묘사할 수 있었는지를 이해할 수 있다.[201]

6. 삼위일체와 교회적 교제

라칭거는 비록 그의 논증의 주요 단락들이 거의 정기적으로 삼위 하나님과 인간의 관계에 대한 간략한 진술들을 담고 있음에도, 삼위일체에 대해서는 거의 저술하지 않았다. 그러나 자세한 연구를 통해 확인할 수 있듯이, 이러한 진술들은 그의 교회론과 전체 신학에 포함된 **모든** 결정적 요소들이 결국 삼위일체 교리에 근거하고 있음을 반영한다. 교회의

---

199 Ibid., 29.
200 Ratzinger, *Das neue Volk*, 243; 참조. Ratzinger, *Volk*, 146.
201 Ratzinger, *Church*, 20.

영성과 구조들을 포함한 교회의 전체적 삶은 결국 삼위일체에 대한 특정한 이해에 상응하여 형성된 것이다. "교회의 행동과 행위는 삼위일체의 관계의 양식을 따르면서 하나님의 '우리'에 상응해야 한다."[202] 그 누구도 교회론에서 그 기본 범주가 전체 그리스도(Christus totus)가 아닌 다른 어떤 것을 기대할 수 없다. 왜냐하면 전체 그리스도는 그리스도와 함께하는 하나의 주체를 구성하는 교회가 하나님의 삼위일체적 삶 속으로 통합됨을 함의하기 때문이다.

1. 개인적 그리스도인이 교회라는 집합적 주체에 대해 갖는 관계에 대하여 라칭거가 가지고 있는 교회론적이고 구원론적인 확신은, 그가 삼위일체적 인격성(trinitarian personhood)에 대한 유비 속에서 발전시킨 것으로, 인격에 대한 특정한 이해를 전제한다. 삼위일체에서 "인격"은 **순수한** 관계성(relationality) 속에 있다. 인격은 관계이다(persona est relatio).[203] 따라서 인격으로서 성부는 낳는 분이 아니라, "낳는 행위"이다.[204] 유사하게 성자는 "실제로 대사의 역할을 하는 가운데 자신의 정체성을 상실한다."[205] 그는 바로 보내짐의 활동인 것이다. 라칭거는 예수 그리스도에 대한 신약성서의 증언에 그의 삼위일체적 인격성의 관점을 정초한다. 빌립보서 2:5-11에 대한 그의 해석에 따르면, 자기 자신을 "비우신" 예수 그리스도는 "그 자신을-위한-실존을 양도하고, 순수한 '를 위한'의 운동 속으로 들어가셨다."[206] 박탈(divestment)은 "**순수한** 운동", 즉 보내짐 가운데 "**완전하게** 존재하는" 과정이다. 이러한 운동은 그리스도의 인격에 바탕을 두고 발생하는 것이 아니다. 그리스도의 인격

---

202 Ibid., 31 [Mühlen, *Entsakralisierung*을 참조하는데, 이 책은 비록 비판적이지만(삼위일체적 진술의 교회론적 적용 가능성이 지나치게 확장되었다) 동시에 보완적이기도 한다(그 설명들이 인상적이며, 분명하게 우리를 더 진전시켜준다)].
203 Thomas Aquinas, *Summa Theologiae* i.40.2를 보라.
204 Ratzinger, *Introduction*, 132; *Dogma*, 211.
205 Ratzinger, *Introduction*, 135.
206 Ibid., 164.

자체가 바로 이러한 박탈에 존재한다. 그러나 인격성에 대한 이러한 이해에 도달하기 위해, 라칭거는 주체를 자기-박탈의 행위로부터 철수시켜야만 하며, 행위 그 자체를 인격으로 응축시켜야 한다. 여기서 니체의 인간학과 유사한 것이 나타난다. 행위자는 아무것도 아니며, 오로지 행위 자체가 모든 것이다.[207] 라칭거는 명시적으로 이러한 결론을 내리기를 주저하지 않는다. 신적 인격들의 사역과 행위 배후에 존재하는 "나"는 존재하지 않는다. 그들의 행위들이 그들의 "나"**이다**.[208]

라칭거에 따르면, 예수 그리스도가 하나의 존재론적 변칙(ontological anomaly)이라고 믿는 것은 "엄청난 오해"이다. 그리스도 안에서 "확실한 신앙은 그를 유일하고 반복되지 않는 사건으로 파악되는데, 이는 단순히 (드러나고 있는) 사변적 예외가 아니다. 오히려 우리는 여기서 처음으로 진리 속에서 '인간 존재'라는 퍼즐이 의미하는 바가 무엇인지 계시되었다고 본다."[209] 인격에 대한 삼위일체적-구원론적 개념은 어떻게 인간의 인격이 이해되어야 하는지를 보여주는 모델이다.[210] 라칭거가 주장하는 교회론의 인간론적 논제가 가지는 시사점은 명백하다. 인간의 인격성이 이러한 관계성에 있을 때라야, 인간은 그리스도와 함께하는 단일한 주체가 될 수 있으며, 하나님의 삼위일체적 교제에 참여할 수 있고,

---

207 Nietzsche, *Moral*, 293을 보라.
208 Ratzinger, *Introduction*, 149을 보라. 『그리스도교 신앙』(분도출판사 역간).
209 Ratzinger, *Dogma*, 217.
210 Robert A. Krieg는 그리스도의 인격에 대한 라칭거의 이해를 사랑의 현상학과 인간 인격의 현상학 관점에서 해석한다. "인격이 된다는 것은 상호 수여의 관계 속에서 다른 인간에게 헌신된 존재가 된다는 것이다"(Krieg, "Ratzinger," 109). 이러한 점은 그로 하여금 Ratzinger의 그리스도 개념을 단순히 그리스도인들이 "모방해야 하는 인간"으로 재구성하게 한다. 그러나 Ratzinger 자신은 방법론적으로 그리고 내용적으로 전혀 다른 길을 간다. 인격의 삼위일체적 개념은 바로 인격의 인간론적이고 교회론적인 개념에 있어서 핵심이다(이 점에서 Nachtwei, *Unsterblichkeit*, 46과 특히 262f.을 보라). 이는 왜 인간 존재가 단순히 그리스도를 모방함으로써 인격이 될 수 없으며, 오히려 죽고 새로운 자아가 되는 것으로 가능한지를 설명해준다. 이러한 새로운 자아는 오로지 외적 행위, 즉 Ratzinger에 따르면 교회에서부터 오는 신적 선물을 통해서만 생겨나는 것이다.

이로 인해서 그들의 진정한 존재를 완성시킬 수 있는 것이다. 그리스도와 함께하는 하나의 주체가 되는 것은 "인간 존재가 자기 폐쇄적 자아의 실체를 구성하려고 시도하지 않는 것" 이상을 의미한다.[211] 삼위일체 인격들과 마찬가지로, 인간 존재 역시 그러한 관계를 넘어서 "나"를 가지는 것이 허용되지 않는다. 인간과 신의 인격성에 대한 순수한 관계론적 이해는 바로 라칭거의 공동체적 교회론과 구원론의 전제이다.

로버트 크리그(Robert Krieg)는 관계로서의 인격 개념이 명확한 이해를 피해간다고 정확하게 지적한다.[212] 라칭거가 성자에 대한 성서의 이야기를 극단적으로 재해석(**성자는 그 자신**을 버리는 것이 아니라, 오히려 박탈의 행위이다)할 수밖에 없는 것과는 별개로, 그는 여전히 그리스도의 존재를 순수한 관계로 이해하는 난관에 빠져 있으며, 이는 그의 신학적 정식화에서 보이는 비일관성에서 이미 명확하게 드러난다. 총체적 관계성에 대한 그의 언급에서 우리는 다음과 같은 진술을 발견할 수 있다. "만일 성자가 단지 자신인 그 어떠한 것도 존재하지 않는다면, 즉 사적 영역을 구획 짓는 어떠한 울타리도 없다면, 그는 성부와 일치하게 되며, 성부와 '하나'가 된다."[213] 그러나 라칭거의 결론은 이런 주장을 따르지 않는다. 성자가 단지 그 자신인 지점이 없다는 사실은, 곧 성자가 모든 면에서 **또한** 성부에 의해서 결정된다는 의미이며, 이것은 역설적으로 성자가 **또한** 그 자신에 의해 결정된다는 것을 의미한다. 만일 그렇다면, 그리스도는 **순수한** 관계로 존재하지 않으며, 결국 그의 존재의 모든 측면에서 성부에 대한 관계에 **의해서** 결정되게 된다. 더구나, 삼위일체를 순수한 관계들로 보는 라칭거의 이해는—만일 이러한 삼위일체 사이의 신적 대화를 넘어서는 보다 심원하고도 실제적인 그 무엇을 구하는

---

211 Ratzinger, *Dogma*, 212.
212 Krieg, "Ratzinger," 121.
213 Ratzinger, *Introduction*, 134 (볼프 강조).

것이 아니라면—결국 그가 가정했던 삼위일체적 인격성에 대한 성서적 기초, 즉 "대화 **속에** 있는 하나님의 현상"²¹⁴과 일치하지 않는다. 결국 순수한 관계들은 서로 말할 수도 없고, 들을 수도 없다.

그럼에도 삼위일체적 인격들에 대한 관계적 이해가 설득력 있다고 가정해보자.²¹⁵ 그렇다면 이러한 관계적 개념이 인간의 인격에도 적용 가능한지를 질문해보아야 한다. 우선 라칭거는 스스로 신적 인격성과 인간적 인격성을 구분한다. 인간 존재의 경우, 관계는 인격에 추가되는 것이다. 반면 하나님의 경우, 인격은 단순히 "관계성" **그 자체다**.²¹⁶ 그러나 총체적 관계성으로서 신적 인격성은 "모든 인격적 존재를 위한 지도적 원리"를 제공해준다. 인간의 인격은 이 목표를 향해 움직여야 하며, 그것은 오로지 종말에 이르러야 얻을 수 있다.²¹⁷ 인간 실존의 충만함으로서 "**순수한** 관계"는 결국 아직-충만하지 않은-인간 실존으로서의 "관계 안에 서 있음"을 대체할 것이다. 부분적 관계성에서 총체적 관계성으로 이동하는 것은 "관계 안에 **서 있음**"과 "순수한 관계" 사이의 **양적** 차이를 전제한다. 그렇지 않다면 극단적 불연속성이 결국 원형론적 인간론(protological anthropology)과 종말론적 인간론(eschatological anthropology) 사이에서 발생했을 것이다. 오직 양적 차이만이 원형론적 인간학에서 종말론적 인간학으로의 점진적 이행을 가능하게 해준다. 그러한 양적 정식화에서 보여주다시피, 라칭거는 이러한 양적 차이에 대해 명확하게 인식하고 있는 것 같다. 그가 쓴 것처럼, 인간 존재는 "좀더 자기 자신이 되어갈수록, 더 온전하게 하나님과 함께하게 된다."²¹⁸ 그럼에도 "관계 안에 서 있음"과 "순수한 관계" 사이의 교량은 양적 범주로 건설될 수

---

214 Ratzinger, *Dogma*, 210.
215 이에 대한 비판으로는 뒤의 V.3.1을 보라.
216 Ratzinger, *Introduction*, 132f.
217 Ratzinger, *Dogma*, 213, 221.
218 Ibid., 220.

없다. 만일 관계성이 총체적인 것이라면, 인격성은 "순수한 관계"이다. 그러나 만일 관계성이 부분적이라면, 인격성은 "관계 안에 서 있음"이다. 관계 **자체인** 인격(즉 종말론적 인격)은 관계 안에 **서 있는** 인격이나 혹은 관계 안에 서 있어왔던 인격(원형론적 인격)과 동일한 인격일 수 없다. 다르게 표현하자면, 자기-박탈의 과정 속에 서 있는 인격은(엄밀히 말해서, 라칭거의 인간론에서 **자기**-박탈은 자기-모순적인 개념이기 때문에 자기가 박탈당한 인격이라고 해야 한다) 이러한 과정 자체를 통해서 발생하는 인격과 같은 인격일 수 없다. (라칭거에게 자기 박탈의 과정은 자기 자신의 정체성이 해소되고 그리스도의 전체적 인격 속으로 용해되는 과정이다. 하지만 볼프가 지적하는 사항은 이러한 자기 박탈의 과정 속에서 용해되어가는 자아—혹은 자아의 소멸—만 있는 것이 아니라, 동시에 기존의 자아 정체성과 동시에 소멸의 과정 스스로를 겪고 있는 전체적 관점에서 점점 변화해가는 더 큰 시각에서의 자아가 있다. 전자의 경우 박탈되어 전체에 결합한 자아—혹은 소멸된 자아—가 있다면 후자의 경우 이러한 자아의 소멸의 과정을 겪어나가는 더 큰 자아가 있는 것이다. 전자가 바로 순수한 관계성의 자아라면, 후자는 관계 속에 서 있는 자아이다. 볼프가 제기하는 것은 바로 라칭거가 이야기하는 자아의 박탈의 과정 속에서 필연적으로 함의되는 자아의 균열이다—옮긴이) 종말론적 인격성에 대한 라칭거의 이해가 "관계 안에 서 있음"과 "관계" 사이에서 요동하는 것으로 볼 때, 그는 아마도 이러한 문제를 잘 감지하고 있는 것으로 보인다.[219]

그리스도가 존재론적 예외를 나타내지 않는다는 논제는, 원형적 인

---

[219] Ratzinger가 인간의 인격을 "순수한 관계"로 규정하고 일관되게 순수한 관계를 "총체적 관계의 현상"으로 묘사할 때, 그는 즉각적으로 다음과 같은 점을 부가적으로 서술해야 한다: "궁극적으로 이러한 순수한 관계는 오직 하나님 안에 있는 사람에게만 온전히 발생한다"(*Dogma*, 213). 그러나 "총체적 관계성"이라는 개념이 실제로 온전하게 일어날 수 없다는 사실은 명백한 모순이다. Ratzinger의 의도와는 달리, 종말론적 인간의 인격도 "순수한 관계"라기보다는 "관계 안에 서 있음"의 경우인 듯 보인다.

간의 인격과 종말론적 인간의 인격 사이의 차이에 대한 질적 이해가 삼위일체적 인격과 엄밀하게 상응한다고 파악될 때에야 이해 가능한 것이 된다. 라칭거는 그리스도를 우리들이 닮아가야 할 "대단히 비범한 인간 존재"로 이해하지 않고,[220] 그 안에서 인간들이 진정한 자기 자신이 되는 일종의 범형적 인간 존재로서 하나님의 아들로 이해한다. 그의 목표는 인간 존재를 하나님의 삼위일체적 삶으로 통합시키는 것이다. 라칭거 사유의 내적 논리를 볼 때, 어긋나 보이는 지점은 그리스도의 신성이 아니라(라칭거에 따르면 그리스도의 신성은 성부와의 관계에서의 총체적 관계성, 즉 철저하게 사유되지는 못해도 강력하게 가정될 수 있는 관계성 속에 존재한다), 오히려 그리스도의 인간성과 인간 존재 자체의 인간성이다(라칭거 스스로 총체적 관계성으로 단호하게 가정해야 할 필요를 전혀 느끼지 않는 지점이다).

2. 인격을 순수한 관계로 이해하는 것은 삼위일체적 통일성에 대한 특정한 관점을 제시한다. 모든 인격들이 총제적 관계성이기에, 그들의 통일성은 그들의 특정한 인격적 자아를 통해서는 얻어지지 않는다. 이러한 이유로, 삼위일체적 통일성은 이러한 관계들 속에 있는 인격들의 구별된 통일성이 아니라, 그 통일성 가운데 성부와 성자와 성령이 "일치하고" 이러한 방식으로 "**순수한 통일**"인 그러한 통일성이다.[221] 이러한 관점에서 라칭거가 삼위일체 하나님의 통일성을 인격들의 차원에 위치시키지 않고, 서구의 삼위일체적 사유에서 보여주는 전체적 전통을 살려 실체의 차원에 위치시키려 한다는 점에서 그의 사유는 일관된 것처럼 보인다. 그러나 그 결과로 하나의 실체가 결국 세 가지 관계들에 대해서 우선성을 가지게 된다. 물론 라칭거는 그 관계들이 실체의 형식과

---

220 또한 Krieg, "Ratzinger," 113.
221 Ratzinger, *Introduction*, 135을 보라(볼프 강조).

동일수위적인(equiprimal) 형식을 취하고 있다고 주장한다.[222] (라칭거는 관계들의 형식과 실체의 형식이 동일하게 수위적임을 이야기한다—옮긴이) 이러한 "하나의 요소"와 "셋의 요소" 사이의 동일수위성(equiprimacy)에 대한 언급은 어떤 면에서 이 둘의 관계에 있는 상호성을 보여준다. 그러나 라칭거는 명백하게 이러한 실체와 인격들의 동일수위성이 실체의 "하나됨이라는 모든 것을 포괄하는 것의 지배"라는 전제 하에서만 발생할 수 있다고 주장한다.[223] 실체의 우선성은 물론 다른 방식으로도 입증된다. 만일 인격들이 순수한 관계들이고, 어떠한 인격도 그 자신의 것을 소유하지 못한다면(그리고 라칭거에 따르면, 외관상 성부도 어떠한 예외를 구성하지 않는다), 인격들은 결국 서로가 서로로부터 구분될 수 없으며, 인격들을 유지해주는 신적 실체로부터도 거의 구분될 수 없을 것이다.[224] 비록 라칭거는 아우구스티누스의 삼위일체론을 "하나님의 인격들이 온전히 하나님의 내부 속에만 갇혀 있기 때문에 외부적으로는 하나님이 순수한 '나'가 되어버린다"고 주장되는 한에서만 비판한다고 하지만,[225] 그럼에도 만일 모든 인격들이 서로에 대한 총체적 관계성으로 간주된다면, 결국 하나님의 신성 속에 있는 행위자는 외적으로나 내적으로 오직 하나의 실체일 수밖에 없는 것이다.

삼위일체론에서 하나가 우위를 갖는 것은 교회론적으로 중요한 상관성을 갖는다. 라칭거는 에릭 페터슨(Erik Peterson)의 잘 알려진 논문인

---

222 Ibid., 131.
223 Ratzinger, *Introduction*, 129. Gerhard Nachtwei는 Ratzinger에게 있어서 기본 범주의 형식은 관계라고 주장한다(Nachtwei, *Unsterblichkeit*, 196). 비록 이러한 논제가 관계적 존재론의 요구에 상응하더라도, Ratzinger의 저작 자체에서 이 이론에 대한 실제적 증거는 발견할 수 없다.
224 명백하게 이는 Ratzinger의 문제일 뿐 아니라 인격을 관계와 동일시하는 전통 자체의 문제이기도 하다. 이 전통은 어떻게 이러한 관계들이 인격들 속에서 응집될 수 있는지에 대해서 결코 설득력 있는 증명을 제시하지 못한다. 인격을 "존속하는 관계들"로 파악할 때 생기는 문제에 대해서는 Pannenberg, *Theology*, 1:288을 보라.
225 Ratzinger, *Dogma*, 223.

"정치적 문제로서 일신론"을 언급하면서, "교회의 나누어지지 않는 통일성"이 하나의 신적 군주의 이미지보다는 "영속적이고 역동적인 상호 얽힘, 그리고 영에서 영으로, 사랑에서 사랑으로 이루어지는 상호 침투"를 특징으로 하는 세 신적 인격의 페리코레시스(perichoresis) 속에서 보다 잘 설명된다고 주장한다.[226] 나는 "어떻게 이러한 상호 침투가 인격성을 순수한 관계성으로 이해하는 가정 아래 진술될 수 있는지"에 대한 질문을 잠시 유보하고자 한다. 라칭거에 따르면 신적 페리코레시스는 교회와 주교들과 신도들의 관계에 대한 모델로서 기능해야 한다. 그러나 이러한 신적 인격들 사이의 관계는 오직 교회적 영성만을 형성할 뿐이지, 교회적 구조를 형성하지는 못한다. 삼위일체 속에서 각각의 신적 "나"(I)는 "전적으로 당신(Thou)으로부터"[227] 실존하기 때문에, 이 인격들의 관계는 **전혀 구조화될 수 없다.** 왜냐하면 모든 인격이 서로에게 철저하게 투명하기 때문이다. 삼위일체적 인격들 사이의 관계는 결국 어떠한 구조적 결과들을 가지지 않는다.[228]

그러나 "전적으로 당신으로부터 실존함"이라는 개념은 사실상 성자의 자아에 대한 라칭거의 이해를 잘 드러내준다. 만일 성부가 하나의 예외를 구성해야 한다면(이것은 라칭거에게서는 불가능한 경우인데), 우리는 하나의 단일 지배적 하나님으로 되돌아가게 될 것이며, 이는 결국 교회 안에서 위계적 관계에 대한 모델로 기능할 것이다. 교회적 구조를 **하나님의 유일한 실체를 통해서 파악하는 것**은 라칭거의 (대략적인) 삼위일체적 사유에 보다 부합한다. 외부적으로 작용하는 하나의 신적 실체는 하나의 교회와 상응하는데, 교회는 그리스도와 함께하는 하나의 주체를

---

226 Ratzinger, *Das neue Volk*, 214.
227 Ratzinger, *Dogma*, 214.
228 Ratzinger는 교회의 구조가 하나님의 "우리"(We)에 상응한다고 주장하기보다는 교회가 행하는 **행동들**이 하나님의 "우리"에 상응한다고 주장한다(Ratzinger, *Church*, 31).

구성하고, 그러한 방식으로 행동이 가능하게 된다. 교회의 **일원론적 구조**는 바로 여기에서 기인한다. 교회 안에서 주체로 작용하는 한 분 그리스도는 교회의 하나뿐인 가시적 머리, 즉 보편 교회의 머리인 교황에 의해서, 그리고 지역 교회의 머리인 주교에 의해서 대표되는 것이다. 따라서 주교단이 아니라 오직 하나의 교황과 하나의 주교만이 하나님에 대한 교리를 통한 구조적 요소로서 근거 지어질 수 있다.

라칭거가 교회를 이러한 전체의 관점에서, 즉 교회를 하나의 주체의 관점으로 이해하기 때문에, 개별 주교들과 회중 구성원들(또는 사제들) 사이의 관계, 그리고 교황과 주교들 사이의 관계까지도 필연적으로 **위계적으로** 구조화될 수밖에 없다. 하나님의(혹은 성부의) 한 실체가 그리스도 위에 있듯, 교회의 전체성을 보장해주는 자, 즉 그리스도의 대리자(vicarius Christi)로서 교황은 주교들 위에 있어야 하고 주교들은 회중 구성원들(혹은 사제들) 위에 있어야 하는 것이다. 이러한 관계들이 순수한 것으로 인식되기에, 결국 우리는 이론적으로 자아 없는 위계들의 단선적 연계를 갖게 된다. 성자가 성부에 대해서 순수한 관계를 가지는 것처럼, 마찬가지로 교황과 주교들은 순수한 "대리자로서의 힘"을 소유한다.[229] 순수한 삼위일체적 관계성은 결국 위계적 힘을 상대화하는 듯 보이지만, (라칭거에 따르면) 오히려 이러한 위계적 힘은 그 구체적 실현들 속에서 항상 인격적 힘으로 나타나게 된다.[230] 만일 누구든지 순수한 삼위일체적 관계들에 대한 유비를 통해 교회적 관계를 설명하고자 한다면, 위계 그 자체가 가지고 있는 선한 의지가 아니고서는 이러한 위계적 개인이 가지고 있는 힘을 반대할 수 있는 어떠한 것도 존재하지 않게 될 것이다. 왜냐하면 결국 인격들을 순수한 관계들로서만 파악하게

---

229 Ratzinger, *Church*, 44.
230 Ibid.을 보라.

되면 어느 누구도 **인격들의 권리**라는 개념에 도달할 수 없기 때문이다. 순수한 관계로서의 인격은 "어느 곳에서도 자기 자신으로 서 있지 않기"[231] 때문에 결국 다른 이들에 대해서 어떠한 권리도 주장할 수 없다. 비록 처음에는 순수한 관계성 자체가 관계들의 위계적 구조를 상대화시키는 것처럼 보일지 모르지만, 실제로 그것은 위계의 힘에 자유 재량을 제공할 뿐이다.

이제 나는 다음 장에서 관심을 존 지지울라스에게 돌릴 것이다. 지지울라스는 하나님의 하나의 실체에 우선권을 주기보다는 성부의 인격에 주고자 했으며, 동시에 성부를 성자와 성령에 의해서 조건 지어진 것으로 이해했다. 이러한 이론은 다른 삼위일체 교리를 제공할 뿐 아니라, 또한 다른—비록 동일하게 성만찬적이지만—교회론을 제공할 것이다.

---

[231] Ratzinger, *Introduction*, 134.

제 II 장

지지울라스:
성도의 교제, 하나와 다수

페르가몬의 명의 주교이자 총대주교인 지지울라스(John Zizioulas)는 현재 동방 정교회의 가장 영향력 있는 신학자 가운데 하나로 간주된다.[1] 그에 대한 평판은 지당하다. 신학자 이브 콩가르(Yves Congar)는 지지울라스의 선집 『교회적 존재』(L'être ecclésial)[2]에 대한 서평에서 지지울라스에 대해서 평하면서, "그는 교회라는 살아 있는 실재에 대한 그리스 교부들의 전통을 가장 정확하고도 깊이 있게 읽어내는 신학자이며, 우리 시대에 가장 깊이 있고 전통적인 신학자 가운데 하나"라고 극찬했다.[3]

지지울라스는 자신의 사유를 교회에 집중한다. 그의 교회론의 핵심에는 성만찬이 자리 잡고 있다. 성만찬은 "가장 탁월한 통일성의 성례전으로, 그러므로 그 자체로 교회의 신비에 대한 표현이다."[4] 이러한 근본적인 교회론적 전제 위에서, 그는 의식적으로 자신을 니콜라스 아파나시프(Nicolas Affanassieff)의 성만찬적 교회론의 전통에 위치시킨다. 그는

---

1 Meyendorff, "Foreward," 12을 보라. Zizioulas의 신학적 발전과 교회일치를 위한 활동에 관해서는 Baillargeon, *Communion*, 27-58, 326-79을 보라; 또한 참조. Legrand, "Zizioulas."
2 두 개의 에세이를 제외하고 *L'être ecclésial*은 *Communion*과 동일하다.
3 Congar, "Bulletin," 88; 또한 참조. de Halleux, "Personalisme," 132f.; Williams, "Being," 102, 105.
4 Zizioulas, "Bishop," 25.

이러한 교회론을 창조적으로 전유했을 뿐만 아니라(비록 그가 아파나시프의 교구에 대한 이해와 지역 교회와 보편 교회의 관계에 대한 이해에 대해 부분적으로 비판적이었지만),[5] 궁극적으로 그의 성만찬적 교회론을 하나의 포괄적 신학 체계 속에 위치시키고자 했으며, 그의 신학적이면서도 인간론적인 전제들을 인격의 존재론[6]이라는 형식 속에서 구현하고자 했다. 지지울라스는 단지 교회론에 관심을 가지고 있던 신학자의 차원을 넘어선다. 그는 그러한 교회적 **존재** 자체를 이해하고자 했던 사상가였다.

라칭거 추기경과 마찬가지로,[7] 지지울라스도 체계적인 교회론은 제시하지 않았다.[8] 그리스어로 출판된 그의 학위 논문 「영원하신 삼중성을 따른 성스러운 성찬식과 감독직에 근거한 교회의 통일성」[Ἡ ἑνότης τῆς Ἐκκλησίας ἐν τῇ Θείᾳ Εὐχαριστίᾳ καὶ πῶ Ἐπισκόπω κατὰ τοὺς τρεῖς πτώτους αἰῶνας (Athens, 1965)]을 제외하면, 그는 다양한 교회론의 문제들과 교회론과 관련된 주제들에 관한 에세이들만을 썼을 뿐이다.[9] 그러나 이러한 저작들로부터 그가 의도한 "신교부적 종합"(neopatristic synthesis)의 윤곽이 분명하게 드러난다. 이에 대해서 로완 윌리엄스(Rowan Williams)는 "강력하고도 상상력이 풍부한 일관성"[10]이라고 말한 바 있다. 분명 그의 저작은 더 세심하게 연구할 가치가 있다. 비록 삼위일체 하나님의 삶, 인간 인격의 존재성, 교회의 본질, 이 셋 사이의 관계에 관한 그의 연구가 아직 온전한 상태에서 충분히 논의된 것은 아니지만,[11] 그럼에도 그의 연구들은 현재 동방 정교회에서 가장 통찰력 있는

5　Zizioulas, *Communion*, 24f.; Ἡ ἑνότης, 197ff.을 보라; 뒤의 3.1을 보라.
6　Zizioulas, *Communion*, 23을 보라.
7　앞의 제I장 참조.
8　동방 정교회 신학은 교회에 대한 조직신학을 아직 온전히 발전시키지 않았다(Afanassieff, "Church," 58).
9　여기서 나의 분석은 그의 책 *Being as Communion*에 들어 있는 논문들에 근거하고자 한다. 왜냐하면 그의 책에 들어 있는 논문들은 출판을 하는 중에 "특별한 개정"을 거쳤기 때문이다(Zizioulas, *Communion*, 13을 보라).
10　Williams, "Being," 105.

연구들 중 하나이다.

지지울라스의 가장 중요한 출판물은 그가 자신의 "일차적 소명"(principle vocation)이라고 말한 교회일치적 활동의 결과 속에서 유래한 것이다.[12] 이러한 출판물의 목표는 동방교회와 서방교회의 교회일치를 위한 대화에 새로운 동력을 제공하려는 것이다. 이러한 교회일치를 위한 노력 외에도, 그는 "신교부적 종합"을 더 넓은 세계에 소개하는 것에 관심을 가지고 있다. 그는 이러한 종합이 제시하고 있는 "교회적 존재 방식"(ecclesiastical way of being)이 오늘날 우리 시대의 문제들에 대한 유일한 해답이라고 확신하기 때문이다.[13] 교회적 존재 방식은 인간 존재가 삼위일체 하나님과, 서로와, 세상과 누릴 종말론적 교제를 선취하는 것으로, 지지울라스는 교회적 존재 방식을 교회적 개인주의와 세속적 개인주의 둘 다와의 대조를 통해서 강조하여 인식한다. 여기서 개인주의는 존재 안에 있는 비존재(nonbeing in being)의 진정한 "선취"(anticipation)로 이해해야 한다.

지지울라스에 따르면 인식의 순서(ordo cognoscendi)에서 사람은 교회적 교제의 경험에서부터 신적 교제에 대한 올바른 이해로 이행해간다.[14] 하지만 존재의 순서(ordo essendi)에서는 교회적 교제가 삼위일체적 교제를 전제한다. 왜냐하면 교회가 다름 아니라 삼위일체의 형상(imago trinitatis)이기 때문이다. 인간의 교제와 신적 교제가 교회적 차원에서 서로 얽혀 있다고 이해한 지지울라스의 견해를 먼저 제시하면서, 나는 존재의 순서를 따르도록 할 것이다.[15] 나는 먼저 삼위일체적이고 인간론적

---

11 Paul McPartlan과 같이 Zizioulas에 대해 우호적인 해석자들도 집단적 인격성에 대한 더 자세한 해명을 요구하고 있다(McPartlan, *Eucharist*, 303을 보라).
12 Baillargeon, *Communion*, 33, 56f.
13 Zizioulas, *Communion*, 26을 보라.
14 Ibid., 16ff.을 보라.
15 Gaëtan Baillargeon에 따르면, 여기서 내가 선택한 방법론은 Zizioulas의 저작에서 사용된 것과 동일한 것이 아니다. 왜냐하면 그의 사유의 핵심은 바로 성례전에 있기 때문이다

인 차원에서 인격의 존재론에 대해 연구하고, 다음으로 교회적 교제의 본질과 구조에 대해 연구함으로써 결론을 내릴 것이다. 삼위일체적이고 인간론적인 반성과 엄격한 교회론적 반성을 이어주는 가교는 그리스도 사건과 진리의 사건이 가지는 공동체적 본성에 대한 분석을 통해 마련된다.

신교부적 종합을 제시하고자 하는 자신의 의도에 걸맞게 지지울라스의 사유는 대개 그리스 교부들에 대한 해석을 바탕으로 이루어진다. 교부 문헌에 대한 그의 해석, 그중에서도 특히 카파도키아 교부들의 인격주의에 대한 그의 재구성은 최근에 날카롭게 비판받고 있다.[16] 그러나 나는 이 지점에서 교부학적 논쟁으로 들어가지는 않을 것이다. 왜냐하면 지지울라스에 대한 나의 관심은 교회사학자로서가 아니라 조직신학자로서의 지지울라스에게 있기 때문이다. 이 점은 철학적 이념의 역사에 대한 그의 설명에도 동일하게 적용된다. 이러한 방법론은 지지울라스가 자기 자신을 이해하는 방식과도 상응하는 듯 보인다. 그의 관심은 언제나 "역사적 발전 이면에 존재하는 **문제들**"을 향해 있었다.[17] 지지울라스의 사유를 소개하는 과정에서 내가 제시하는 비판적 물음들은 그의 사유가 지니는 신학적 타당성에만 전적으로 집중할 것이다. 이 장에서 제한적으로나마 살펴볼 지지울라스의 교회론에 대한 토론에서 나는 그가 제시하는 개별적 교회론 논제들이 비록 신학적 근거에 있어서는 다소 의심스러워 보이지만, 그럼에도 상당히 수용할 만하고 교회일치

(Baillargeon, Communion, 61). 그러나 그의 성례전적 사유에 특별한 성격을 부여해주는 것이 무엇인가를 묻자마자, 우리는 결국 삼위일체적 반성의 관점에서 얻어지는 인격의 존재론으로 돌아가야 한다. 따라서 Zizioulas의 사유의 내적 논리를 따라가 삼위일체 자체로부터 논의를 시작하고, 거기서부터 성만찬적 공동체로 이행하는 것은 권고할 만하다. 이것이 바로 Zizioulas가 자신의 논의를 진행시키는 방식이다(Zizioulas, Communion, 27-65을 보라). 그러므로 그의 널리 알려지고 번역된 "Eucharist and Catholicity"라는 논문이 그 논문집에서 처음이 아니라 중간에 놓여 있는 것은 우연이 아니다(Zizioulas, Communion, 143-69을 보라).

16 Halleux, "Personalisme"을 보라; 또한 Bori, "L'unité," 65ff.; Baillargeon, Communion, 232-53을 참조하라.
17 Zizioulas, "Holy Spirit," 29을 보라.

운동을 위해 생산적일 수 있다는 가정 아래 논의를 시작하고자 한다.

1. 인격의 존재론

지지울라스의 **교제**-교회론(communio-ecclesiology)은 삼위일체 하나님의 본성에 대한 성찰로부터 얻은 인격의 존재론에 근거하고 있다. 이러한 존재론은 그 자체로, 공동체를(그리고 그 삶을) 파괴하는 개인주의는 물론이거니와 자유를 배제하고 그러한 이유에서 인격으로부터 "존재론적 내용"을 박탈하는 일원론적인 고립된 존재론에 대해서도 온전히 대조되는 것으로 이해된다.[18]

1.1. 삼위일체적 인격성

1. 지지울라스에 따르면 그리스 교부들, 특히 삼위일체 신학을 정식화하려 했던 카파도키아 교부들의 노력이 인격의 존재론을 위한 토대를 마련했다. 그들은 "휘포스타시스"(ὑπόστασις, substantia)를 "인격"(πρόσωπον, persona, 위격)과 동일시함으로써 일원론적 그리스 철학 사유에 "혁명"과도 같은 결과를 가지고 왔다. 이러한 특별한 사유의 틀 속에서 그 개념에 존재론적 내용이 전혀 귀속될 수 없기 때문이다.[19] 이러한 동일시는 두 가지의 중요한 결과를 내포한다.

(가) 인격은 더 이상 존재에 부가된 것이 아니다. 즉 우리가 존재론적 휘포스타시스를 확인한 다음에 구체적 실재(entity)에 **추가하는** 어떠한 범

---

18 Zizioulas, *Communion*, 27-35을 보라. 그리스 철학의 존재론적 일원론을 기독교가 어떻게 극복했는지에 대해서는 Zizioulas, "Christologie," 155-61; "Relation," 60ff; "Contribution."
19 Zizioulas, *Communion*, 36f.

주가 아니다. **그것은 그 자체로 존재의 휘포스타시스이다.** (나) 실재들은 더 이상 그 존재가 존재 자체에서 유래하지 않으며—즉 존재는 그 자체로 절대적 범주가 더 이상 아니다—오히려 그 존재가 인격에서, 즉 존재를 **구성하고** 실재를 실재로 만들어주는 인격에서 유래한다.[20]

이어서 나는 그 교부들의 신학적이고 철학적인 혁명의 이러한 두 가지 결과들에 대해서 좀더 자세히 검토할 것이다. 아울러 이러한 결과들이 어떻게 지지울라스가 제기한 인격의 존재론을 떠받치는 두 가지 기반을 구성하는지도 살펴볼 것이다.

만일 누군가 "하나의 실체, 세 인격"(μία οὐσία, τρία πρόωσοπα)이라는 삼위일체의 정식을 하나님이 먼저 (존재론적 의미에서) 한 분 하나님으로 **존재하고,** 그 다음에야 비로소 세 인격으로 존재한다는 의미로 이해한다면, 신성의 "존재론적 원리"는 실체의 차원에 매여 있게 되며, 결국 일원론적 존재론에서 헤어나지 못할 것이다. 그러나 카파도키아 교부들이 제시한 "휘포스타시스"와 "인격"의 삼위일체적 동일시는 바로 이러한 존재론을 돌파해낸다. 이러한 동일시는 바로 **하나님의 존재가 하나님의 인격성과 일치한다**는 사실을 보여준다. 이는 성부 하나님이 단순히 성자와 성령의 "근원"(πηγή, source)일 뿐 아니라 인격적 "원인"(αἰτία, cause)이라는 진술의 의미다.[21] 삼위일체 하나님의 존재는 하나님의 인격적 자유의 결과이다. "하나님은 존재하지 않을 수 없기 때문에 존재하는 것이 아니다."[22] 그와 완전히 반대로, 성부 하나님은 신적 생명의 자유로운 인격적 활동 안에서 자신의 실존을 영원토록 확정—구성(!)—한다.[23]

---

20 Ibid., 39.
21 Zizioulas, "Holy Spirit," 37을 보라.
22 Zizioulas, *Communion*, 18.
23 "실체로서가 아니라 성부로서 하나님은 존재하겠다는 자신의 **자유로운** 의지를 '존재'를 통해 확증한다"(Zizioulas, *Communion*, 41).

그러나 하나님의 측면에서 신적 존재에 대한 자유로운 확정은 자기-고립에서 발생하는 것이 아니라, 성자와 성령과의 구성적 관계들을 통해서 발생한다. "이러한 확정을 구성하는 것은 정확히 그의 삼위일체적 실존이다."[24] 성부의 인격은 동일수위적으로 신적 존재와 삼위일체적 통일성의 원인(αἰτία)이다. 이러한 관점에서 보면, 바로 하나님인 그 교제와 독립적으로 한 분 하나님에 대해 이야기하는 것은 생각할 수 없다. "거룩한 삼위일체는 **시원적인** 존재론적 개념이며 신적 실체에 덧붙여지거나 뒤따라오는 개념이 아니다."[25] 이것이 바로 왜 하나님(성부)의 인격적 실존이 **신적 실체를 구성한다**고 이야기해야 하는지의 이유이다.[26] 한 분 하나님은 이러한 존재의 인격적 확정 가운데 자신의 존재를 취하지만, 이러한 확정은 바로 신적 교제가 구성됨으로써 발생하는 것이다. 이것은 인격이 궁극적인 존재론적 실재를 드러낸다는 것과 인격성이 근본적으로 관계적이고 따라서 오직 교제로서만 존재할 수 있다는 것을 잘 보여준다.[27] 다음의 기본 원리는 바로 인격과 교제 사이의 관계에 대한 이러한 시각에서 나온 것이다. "인격은 교제 없이 실존할 수 없다. 하지만 동시에 인격을 억압하고 부정하는 그 어떠한 교제의 형식도 인

---

24 Zizioulas Communion, 41.
25 Ibid., 17.
26 Zizioulas, Communion, 41을 보라; Zizioulas는 Communion, 134에서 다른 견해를 제시한다. 비록 우리가 어떻게 인격주의(personalism)와 본질주의(essentialism)가 서로 보완적인 방식으로 이해될 수 있는지를 생각해볼 수 있겠지만(de Halleux, "Personalisme," 130f.을 보라), 우리는 Zizioulas가 옹호하는 삼위일체적 인격주의를 그가 반대하는 본질주의와 평화로운 보완 관계로 결합해서는 안 된다(Baillargeon, Communion, 252). 왜냐하면 문제는 Zizioulas가 "'잘 이해된 본질주의'라고 하는 것"을 받아들일 수 있는가의 문제가 아니다(Baillargeon, Communion, 251). 오히려 Zizioulas의 사유에서 인격이 "실체의 '엑스타시'"(the 'ecstasy' of the substance)인지 아니면 "실체의 휘포스타시스"(a hypostasis of the substance)인지에 대한 문제이며(Zizioulas, Communion, 46f.), 다르게 표현하자면, 실체나 인격이 궁극적으로 존재론적 실재로 나타나느냐의 문제이다. 분명 이 둘은 동시에 그러할 수 없기 때문에, 결국 서로 배타적 대안들을 제시하고 있는 것이다. 인격에 대한 Zizioulas의 전체 존재론은—따라서 구원과 교회에 대한 그의 이해의 기반 또한—인격을 통해서 실체를 존재론적으로 정초하는 그의 주장에 따라 서거나 넘어진다.
27 Zizioulas, "Holy Spirit," 36을 보라.

정될 수 없다."²⁸

만일 신적 실체가 신적 인격을 통해서 구성된다면, 신성은 바로 인격의 개념 속에 포함되는 것이어야 한다고 지지울라스는 주장한다. 하나님의 모든 특질은 결국 그의 인격성으로부터 도출 가능해야 한다. 하나님에게 있어서 특질은 하나님의 존재를 서술해주는 그 무엇이 아니라, 결국 하나님의 존재와 일치하는 것이다. 인격성은 하나님의 본질이며 논리적으로 하나님의 특질에 선행한다. 그러므로 **하나님의 본질은 인격이다**라는 주장은 결국 하나님은 사랑**이다**라는 말과 다른 것이 아니다. 이것이 바로 "하나님은 인격이다"라는 진술은 뒤집어서 "인격이 하나님이다"라는 말로 표현될 때에야 비로소 그 의미가 충분하게 드러날 수 있는 이유이다. 엄밀히 말해서, 인격성은 오로지 하나님께만 귀속시킬 수 있는 무엇이다. 즉 하나님은 "그 자신의 경계들(그는 '파악불가하다', '불가분하다' 등)을 힘입음으로써가 아니라, 오히려 그분(하나님)의 교제의 엑스타시스(ecstasis of communion; 그는 영원한 삼위일체이며 사랑이다)를 통해서 그의 특정성이 충만한 존재론적 자유 속에서 수립된" 실재이다.²⁹ 인간은 오로지 하나님의 인격성에 참여함으로써만 인격이 될 수 있다.

2. 지지울라스는 성부의 군주성(monarchy, 단일 기원)을 주장한다. 삼위일체적 교제는 성자와 성령의 원인(αἰτία)이고 그래서 또한 삼위일체적 교제의 원인인 성부의 엑스타시스적(ecstatic, 자기 초월적) 성품을 통해서 "휘포스타시스화된다"(hypostasized).³⁰ 만일 성부의 군주성이 없다면, 삼위일체적 교제의 통일성은 상실될 것이다(만일 누군가 하나의 신적 실체에 의지하고, 결국 그로써 인격의 우선성을 포기하는 것이 아니라면). 하나님의 **교제**–통일성(communio-unity)은 결국 한 분 하나님을 전제한다.³¹ 인

---

28 Zizioulas, *Communion*, 18.
29 Zizioulas, "Human Capacity," 410.
30 Zizioulas, *Communion*, 44-46을 보라.

격이 오로지 교제 속에서만 존재하고, 교제는 결코 한 분 없이는 존재할 수 없기에, "위계의 개념은 결국 인격의 개념 속에 고유하게 존재한다."[32]

삼위일체적 교제의 구조는 이러한 삼위일체적 반성들로부터 발생하는데, 이 구조는 기독론적·인간론적·교회론적 차원에서 결정적으로 중요한 역할을 하게 될 것이다. 한편으로 성부는 그 자신 홀로는 결코 존재하지 않고, 성자와 성령과의 교제 속에서만 존재한다. 성부와 성자는 결국 성부의 정체성의 전제조건이며,[33] 실로 그의 실존 자체의 전제조건이기도 하다.[34] 하지만 다른 한편으로, 성자와 성령은 오직 그들의 원인인 성부를 통해서만 그리고 그에 대한 "일종의 종속" 속에서만 존재한다.[35] 교제는 언제나 **하나와 다수 사이에 존재하는 비대칭적-상호적 관계에서부터 구성되고 내적으로 구조화된다**. 상호성은 하나 없이는 교제로서 살아갈 수 없는 다수 안에 그리고 다수 없이는 존재할 수 없는 하나 안에 존재한다. 그러나 이러한 비대칭성은—하나가 다수에 근거하여 조건 지어진다 하더라도—하나에 의해 구성되는 다수 안에 있다. 비록 성부가 성자와 성령 없이는 존재할 수 없다고 하더라도, 성자와 성령이 성부의 원인이 아니고 오히려 그 반대이다.

지지울라스는 성부가 성자와 성령의 인격적 원인임을 강조하면서 삼위일체적 교제 속에 내재하는 비대칭성을 강조한다(그가 "삼위일체의 세 인격은 위계적 구분 없이 서로에게 동등하게 놓이고 영광에 있어서도 동

---

31 Zizioulas, "Holy Spirit," 45을 보라.
32 Zizioulas, "Die pneumatologische Dimension," 141.
33 "심지어 하나님의 정체성(동일성)조차 성부가 그 자신 이외의 인격들과 가지는 관계에 의존한다. 따라서 그 정체성이 '다수'에 의해서 조건 지어지지 않는 '하나'는 없다"(Zizioulas, "Mystère," 330).
34 "'하나'는 그 자신이 실존하기 위해서 처음부터 다수를 필요로 한다"(Zizioulas, "Contribution," 29).
35 Zizioulas, Communion, 89 [독일어판(Zizioulas, "Wahrherit," 20)에서는 다른 문장이 발견된다. 본래의 불어판(Zizioulas, L'être ecclésial, 77)과 비교해볼 때, 이것은 일종의 오류로 생각된다]; 또한 Zizioulas, "Die pneumatologische Dimension," 141을 참조하라. 삼위일체에 대한 비종속주의적 이해에 대해서는 Zizioulas, "Holy Spirit," 38-40을 보라.

등하게 나타난다"라는 삼위일체적 반성의 송영적 출발점을 상당히 선호함에도 불구하고).[36] 왜 성부만이 성자와 성령의 기원이라고 불리는가를 이해하는 것은 쉽다. 그들의 기원은 실체를 넘어서 인격의 우선성을 보장하는 **인격**이어야 한다. 그럼에도 **모든** 인격이 상호적으로 호혜적인 인과성을 보여주는 것은 아니다. 왜냐하면 그렇다면 그 인격들을 서로 구분해내는 것이 불가능하기 때문이다(만약 우리가 내재적 삼위일체와 경륜적 삼위일체를 동일시하지 않는다면).[37] 성부의 군주성(단일 기원 혹은 단일 지배)은 인격들을 구분하는 전제 조건이다. 그러나 애매한 지점은 왜 성부의 군주성이—결국 사랑이신—하나님의 통일성을 유지시켜주는 데 필수적인가 하는 것이며, 왜 하나님의 통일성을 보장하는 대안이 결국은 "존재론에서의 실체의 궁극성"에 대한 호소에 바탕을 두어야 하는가 하는 것이다.[38] 사실 이는 하나님의 통일성에 대해서 인격적 근거를 제공하려는 지지울라스 스스로의 시도에 역행하는 가정이다. 왜냐하면 이러한 가정은 결국 하나님의 통일성이 수적인 하나됨 없이는, 그래서 비인격적인 그 무엇 없이는 생각될 수 없다는 것을 전제로 하기 때문이다. 그리고 이러한 지점은 실제로 지지울라스가 삼위일체를 통해서 교회의 통일성을 위한 하나의 필연성을 근거 짓는 것이 아니라, 오히려 역으로 특정한 교회론의 관점에서 통일성의 위계적 근거를 삼위일체론으로 밀어 넣는 것이 아닌가 하는 의심을 불러일으킨다.

다른 질문은 성부가 성자의 낳음과 성령의 나옴을 통해서 그 자신의 관계적 존재를 확정한다는 개념이 실제로 교제에 대한 인격의 논리적 우선성을 이미 포함하지 않는가 하는 것이다. 자녀를 낳는 인간은 실제로 자녀를 낳는 과정을 통해서만 그러한 자신의 존재를 구성한다. 그

---

36 Zizioulas, "Holy Spirit," 39.
37 Zizioulas, *Communion*, 45, 각주 40.
38 Zizioulas, "Holy Spirit," 45, 각주 18.

러나 이런 경우, 자녀를 낳는 자로서의 존재는 인격이라는 존재에 부가 되는 개념이다. 자녀를 낳은 적이 있는 인격이 낳는 자가 된다. 그러나 성부 하나님은 낳는 자와 동일하며 그로써 하나님으로서 그 자신과 일치한다. 이것이 바로 왜 하나님이 단순히 낳음을 통해서는 성부가 될 수 없고, 오히려 이미 성부였어야 하며 그로써 심지어 낳기 이전부터(여기에서 이전은 물론 시간적인 의미가 아니라 존재론적인 것이다) 인격이었음을 의미한다. 낳음은 성부로서 그의 존재를 **확정**할 뿐이다. 성부는 관계적으로 구성되지 않는다. 그보다 그의 아버지됨은 필연적으로 관계적인 차원에서 표현되고 확정될 뿐이다. 이러한 점은 내게, "성부라는 존재는 그 '의지하는 분'(willing one), 즉 성부 자신의 결과이다"라는 지지울라스의 주장이 함의하는 바로 보인다.[39]

지지울라스는 **구성된 존재**(성부를 통한 성자와 성령의)와 **조건 지어진 존재**(성자와 성령에 의한 성부의)를 구분한다. 만일 우리가 성부 홀로 하나님 안에서 구성적인 실체라고 가정한다면, 이미 앞에서 살펴보았듯이 교제 이전에 인격에게 우선권을 귀속시키는 것은 어려운 일이 될 것이다. 하지만 만약에 성부가 조건 지어졌다는 점을 좀더 심각하게 고려한다면, 인격들 사이에 존재하는 차이가 고르게 되어 버릴 위험에 처한다. 만일 성부가 성자와 성령에 의해서 조건 지어졌다면, 성부는 결국 성자와 성령에 의해서 구성된 것이다. 즉 그는 **오직 성부로서만** 하나님인 것이다. 만일 우리가 삼위일체-내적인 상호성을 인정한다면, 바로 삼위일체-내적인 비대칭성은 사라지는 것처럼 보일 것이다. 만일 원인으로서의 성부가 첫째로 나타나는 "구성의 수준"과 삼위 모두가 동등하고 상호적으로 조건 지어지는 "관계의 수준"을 구분하지 않는다면 말이다.[40]

---

39 Zizioulas, "Persons," 42.
40 뒤의 V.4.2를 보라.

어떤 경우이든, 성부를 통해 구성된 성자와 성령의 존재, 그리고 성자와 성령에 의해 조건 지어진 성부의 존재 사이를 구분하는 지지울라스는 자신의 주장을 설득력 있게 하기 위해 좀더 명확하게 설명해야만 한다. 그리고 그러한 설명만이 위계적이고 관계적인 실체로서의 하나님에 대한 개념의 근거를 충분하게 제공할 것이다.

3. 우리가 앞으로 살펴보겠지만,[41] 지지울라스는 삼위일체의 인격적 교제를 인간 교제의 범형으로 삼는다. 삼위일체는 인간 교제의 범형이 될 수 있다. 왜냐하면 삼위일체는 인간 교제의 가능성에 대한 근거를 제시하기 때문이다. 우선, 인격적 삼위일체 하나님이 세계를 무로부터 창조했기 때문에, 삼위일체는 인간 교제의 가능성에 대한 근거가 된다. 인격을 일관된 방식으로 **파악하게** 할 뿐 아니라, 또한 진정한 인격으로 만들어주는 인격성의 두 번째 근거는 다름 아닌 그리스도와 교회의 동일성에 있다. 여기서 나는 첫 번째 조건을 간단히 다루고, 인간 인격성의 구조를 보다 정확하게 규명한 다음 두 번째 조건을 다루도록 하겠다.

인격성의 가능성의 근거에 대한 지지울라스의 성찰에서 그의 비판적인 출발점의 대상은 다시 그리스 철학의 일원론적 존재론이다. 왜냐하면 그리스 철학의 존재론이 필연성의 법칙(law of necessity)에 의해 지배되었기에, 이러한 틀 속에서는 인격의 존재론적 근거를 제시하는 것이 불가능하다.[42] 반면 기독교 신앙에 따르면 세계는 무로부터 창조되었다. 세계는 하나님과 마주한 그 무엇으로 창조되었고 하나님의 자유로운 의지로 말미암아 창조된 것이기에, 기독교 신앙은 폐쇄된 존재론을 극복한다. 하나님은 세계 자체에 통합되거나 그것에 의존하는 것이 아니라, 자유로운 인격으로서 "존재하는 그것에 존재를" 부여해준다.[43] 그

---

41 뒤의 1.2를 보라.
42 Zizioulas, *Communion*, 35을 보라.
43 Zizioulas, "Christologie," 161을 보라.

러나 만일 창조된 모든 것이 자유의 산물이라고 한다면 필연성에 의해서 지배되는 창조세계의 자기-폐쇄성은 긍정되지 않는다. 창조세계는 **자유로울 수 있다.** 바로 이러한 인격적 하나님의 창조적 자유에 근거한 피조된 존재의 특별한 자유가 피조물적 인격성을 가능하게 한다. 인격에 대해서 이러한 근거를 제시할 수 있는 것은 바로 그리스 교부들이 휘포스타시스와 인격을 동일시한 결과이다. 오직 절대적 인격만이 자유 속에서 세계를 창조할 수 있었으며, 이런 방식으로 인간의 인격이 가능하게 했다.

1.2. 인간의 인격성

신적 차원에서와 마찬가지로 인간적 차원에서도 인격은 실체를 넘어서는 우선권을 누린다. 인간의 인격은 엑스타시스(ecstasis)가 아니라, 실체의 휘포스타시스(hypostasis)이다.[44] 다르게 표현하자면, 인격은 단순히 몸이나 의식과 동등시되지 않으며, 또한 양자의 결합으로 생겨나는 것도 아니다. 오히려 인격이 몸과 의식을 소유한다. 그러나 타락 이후에 인간의 인격은 왜곡되었고, 그래서 그것은 오로지 "개인들"(individuals)로만 존재하게 되었다. 인격과 개인 사이의 이러한 구별은 지지울라스의 인간론은 물론이거니와 그의 기독론과 교회론에 있어서도 근간이 된다. 우선 나는 이러한 구별 자체를 규명하고, 그 다음 어떻게 그리스도와 교회 속에서 이러한 개인으로서의 존재가 극복되는가를 설명할 것이다. 이러한 과정에서 우리는 지지울라스를 따라 인간론, 기독론, 교회론을 오직 하나의 통일체로 이해할 수 있다는 사실을 발견할 것이다.

1. 인간의 존재를 개인으로 파악하는 것은 결국 실체나, 혹은 생물학적 본성이 우선권을 가진다는 방식으로 인간을 이해하는 것이다. 개

---

44 Zizioulas, *Communion*, 46f.을 보라.

인은 "의식이라는 축을 중심으로 돌아가는 자연적·심리적·도덕적 특성의 복합체"로 이해되는 "인격성"이다.[45] 개인으로서의 인간 존재는 피조물적 세계의 부분이다. 그들은 원인-결과의 연쇄 속에 서 있고, 따라서 필연성의 법칙 아래에 있다. 그러나 동시에 그들은 자기 스스로를 다른 존재들(다른 인간 존재, 다른 피조물, 하나님)과 대립해서 자신의 존재를 단언하고, 이로써 자신들과 다른 모든 존재들 사이에 거리를 필연적으로 만들게 된다. 이러한 거리의 궁극적 결과는 바로 죽음이다.[46] 이는 이미 인간 존재의 근본 문제가 도덕적 차원이 아니라, 존재론적 차원에 있음을 보여준다. 필연성과 분리는 개인들이 시공간에 존재하는(어떻게 분절되었더라도) 실체이기 때문에, 그리고 다른 대상들에 대해서 대립하기 때문에 발생한다. 이러한 특질은 원형론적인 피조물적 실존 속에 내재해 있다.

지지울라스의 사유에서 창조와 타락은 하나의 단일한 실재로 합쳐진다. 타락은 단순히 피조물적 실존 속에 고유하게 존재하는 한계와 위험의 계시이며 실현일 뿐이다.[47] 다른 곳에서 지지울라스가 죄를 인간이 인격적 하나님과의 교제에서부터 돌아서고, 오직 피조물적 세계와의 교제로 돌아서는 것이라고 정의할 때,[48] 이는 어떤 심리적이고 도덕적인 의미로 이해되는 것이 아니라, 존재론적인 의미로 이해되어야 한다. 즉 인간은 무엇으로부터나 혹은 어떤 것을 향해서 돌아서는 조건 속에 있는 **존재**로서, 원형론적으로 피조물적인 실존(생물학적 생식)[49]으로 이해되어야 한다. 이러한 이해의 결과는 결국 "자유롭지 못한 의지"인 듯 보인다. 실제로, 나중에 지지울라스는 정확히 이러한 가정 아래서 구원의

---

45 Zizioulas, "Human Capacity," 407, 406.
46 Zizioulas, *Communion*, 50ff.
47 Ibid., 102을 보라.
48 Zizioulas, "Human Capacity," 424을 보라.
49 Zizioulas, *Communion*, 52을 보라.

전유도 이해하게 된다. 그러나 지지울라스가 인간 실존에서 결정적인 모든 "어떻게"의 문제에 영향을 끼치는 인간 자유의 능력을 어떤 방식으로 이해했든지 간에,[50] 이러한 자유는 인격이 되는 것과 개인이 되는 것 사이에서 선택할 수 있을 어떤 가능성도 포함할 수 없다.[51]

개인과는 반대로, 인격은 자기 폐쇄적인 실체적 실재가 아니라, 오히려 개방되어 있는 관계적 실재다. 먼저 인격은 **엑스타시스적**(ecstatic, 자기 초월적)이다. 즉 인격은 "교제로 향하는 운동"이다.[52] 이러한 운동 자체가 바로 인격의 자유를 증언한다. 인격은 자아의 경계를 뛰어넘을 수 있으며, 주어진 자연적 실재와 역사적 실재에 의해서 인과적으로 규정되지 않기 때문에 자유롭다. 둘째로, 이러한 엑스타시스적 운동 내에서 인격은 전일적(catholic) 실재가 된다. 즉 그것은 **휘포스타시스적**이다(hypostatic). 인격은 그 자체 내에서 그 전체성 속의 인간 본성을 담지한다. 지지울라스의 사고 틀 속에서 이러한 인간의 본성은 그 자신 안에서 모든 인격들을 포괄하는 동시에 모든 이들의 독특성을 반영한다.[53] 따라서 엑스타시스(자유로운 공동체성)와 휘포스타시스(전일적 독특성)는 인격성의 두 가지 근본적 측면이다. [ecstasis는 그리스어의 ek(밖에)와 stasis(섬, 위치)가 결합된 단어로, 일차적인 의미에서 자신 밖으로 서는 것을 의미하는 반면, hypostasis는 그리스어의 hypo(아래)와 stasis가 결합된 단어로 일차적인 의미로 자신 아래에 서는 것이다. 그러므로 엑스타시스라는 단어는 기존에 머무는 것에서 나오는 것을 의미하며, 이는 흔히 자아 자신에게서 빠져 나와서 황홀한 무엇을 경험하는 망아경으로 일상적인 의미를 가진다. 하지만 일차적으로 이는 자아를 벗어남의 개념이다. 반면 휘포스타시스라는 단어는 모든 현

---

50 Zizioulas, "Contribution," 33을 보라.
51 뒤의 2.3을 보라.
52 Zizioulas, "Human Capacity," 408.
53 Ibid., 408, 418; *Communion*, 106. McPartlan, *Eucharist*, 139f.을 보라.

상 배후에 혹은 그 기저에 항상적으로 존재하는 것을 의미하고, 따라서 철학적 개념으로서 본질 혹은 실체라는 것과 상응하는 개념이 된다. 지지울라스의 의미에서는 모든 개별적 인격 배후에 그가 다른 인격과 공유하는 지점, 즉 모든 다른 인격과의 전체적인 관계에 상응한다. 결국 지지울라스는 엑스타시스에서는 인격이 자신의 개성을 벗어나는 방향성을 의미한다면, 휘포스타시스에서는 그의 방향성이 향하는 지점 즉 모든 인간과 하나님과 세계와의 교제 속에 존재하는 인간의 본성의 실현을 의미한다—옮긴이] 인격성은 바로 "인간의 본성이 교제의 엑스타시스적 운동 속에서 존재하는 방식으로, 그 운동 속에서 본성은 자기의 전일성 속에서 휘포스타시스화한다."[54] 이러한 방식으로 인격은 근본적으로 관계적이다. 인격은 오직 관계 속에 있을 때에만, 비로소 그 자체이다.[55]

2. 인간 존재가 개인이 되기 위해서는 단순히 태어나기만 하면 된다. 하지만 이와 대조적으로 인격이 된다는 것은 피조물적 실존의 가능성들을 뛰어넘는 것을 의미한다. 비록 인격이 된다는 것이 개인에게 일어나는 그 무엇이기도 하지만, 그것은 **단지 관계적으로 개방된 개인에 관련된 한 가지 사안에 국한되는 것이 아니다**.[56] 우선, 인격은 피조물적 실존 내에서 군림하는 필연성으로부터 자유롭고, "절대적인 존재론적 자유"에 의해서 특징지어진다.[57] 따라서 인격은 이 세상 **안에** 존재하지만, 이 세상에 **속하지** 않는다.[58] 둘째, 인격은 "시공간에 의해서 결정되지 않는 특수성이다. 다시 말해, 한정 가능성(circumscribability)에 의해 결정되지 않는다."[59] 물론 이는 개인의 경우에도 해당하는 지점이기도 하다.

---

54 Zizioulas, "Human Capacity," 442.
55 Zizioulas, Communion, 236을 보라.
56 "'생명의 능력'이자 '생명의 수여자'로서 성령은 우리의 실존을 열어서 우리를 관계적으로 만든다"는 그의 주장에도 불구하고(Zizioulas, Communion, 112), Zizioulas에 따르면 인격은 단순히 엑스타시스적인 개체가 아니다.
57 Zizioulas, Communion, 43; 또한 pp. 19, 36, 50을 참조하라.
58 Zizioulas, "Human Capacity," 420을 보라.

그러나 인격의 특수성은 다른 개인에 대립된 개인으로 한정되어 존재함으로써가 아니라, 바로 자신이 속해 있는 공동체 안에서 대체 불가능하게 존재함으로써 구성된다. 셋째, 인간은 단순히 "생물학적 휘포스타시스"로서 인격일 수 없다. 왜냐하면 그 특수성이 자연적 출생에 근거하는 실재는 결코 인간 본성의 전체성을 담지할 수 없기 때문이다.[60] 이러한 이유들로 인해 인간은 오로지 홀로 근원적 의미에서 인격이라고 불리는 존재인 인격적 하나님과의 교제 속에 있을 때에야 비로소 인격이 될 수 있다.

지지울라스에 따르면, 인간의 인격성, 즉 하나님의 형상(imago dei)으로서의 인격의 존재는 깨어진 방식과 완성되지 않은 **경향성** 속에서 드러난다.[61] 이것이 바로 인간 존재의 비극인데, 이는 생물학적 휘포스타시스로서의 인간이 특정하게 피조물적인 체질의 결과로 주어진 개인성에 필연적으로 사로잡혀 있으면서도, 동시에 인격성으로 향하고자 하는 경향이 있기 때문이다. 그러므로 구원은 **인간의 인격성을 현실화하는 존재론적 탈개인화**(ontological deindividualization)에 있음이 분명하다. 비록 인간 존재의 개인성이 자신의 생물학적 체질에 의해서 조건 지어진다 하더라도, 그들을 인격으로 변화시키는 구원의 은혜는 피조물적 인간의 실존을 중단시키지 않는다. 왜냐하면 인간 인격의 이러한 피조물적 실존은 인간 인격이 그로써 엑스타시스적 차원과 휘포스타시스적 차원 둘 다 가운데서 그 자체를 표현하는 필수적 수단이기 때문이다. 생물학적 휘포스타시스는 단순히 피조물적 본성과 동일한 것이 아니라, 오히려 원형론적이며(protological), 타락 이후적인(postlapsarian) 실존 양식이라 할 수 있다.[62] 이것이 바로 왜 구원을 베푸는 은혜가 왜곡된 피조물적

---

59 Ibid., 415, 각주 1.
60 Ibid., 441, 각주 3을 보라.
61 Zizioulas, *Communion*, 52를 보라.

실존(인간의 존재를 개인화하는 정도만큼 왜곡된)을 인격으로서와 인격의 공동체적 본성으로서의 인간 존재를 드러내는 피조물적 실존으로 변화시키 데 있는지의 이유이다. 이것은 성육신이라는 사건 속에서 범형적으로 드러난다.[63]

2. 교회의 인격성

탈개인화와 인격화의 구체적 좌소는 바로 교회다. 하지만 교회는 오직 성령론적으로 구성된 그리스도의 몸이기 때문에만 그러한 좌소일 수 있다. 이러한 이유로, 인간이 세례를 통해 인격이 될 수 있으며, 성만찬을 통해서 인격으로 살아갈 수 있는 것은 바로 교회 안에서이다. 나는 먼저 그리스도 안에서와 세례 안에서 인간 존재의 인격화가 어떻게 일어나는지, 그리고 이러한 인격화의 과정이 전제하는 진리가 무엇인지를 분석할 것이다. 그 이후에 나는 성만찬에 참여하는 것이 어떻게 인간이 교회 안에서 살아가는 삶을 형성할 수 있는지를 살펴볼 것이다.

2.1. 그리스도: 인격과 공동체

"그리스도의 두 본성" 교리가 가지는 구원론적(그리고 인간론적이고 존재론적-실존적인) 의미는 그리스도 안에서 인간의 인격성이 역사적 실제가 되었다는 사실에 있다.[64] 이처럼 그리스도는 개인의 정반대이다. 그는 가장 탁월한(par excellence) 인격이다. 왜냐하면 그의 정체성은 바로 이중적 관계, 즉 아버지에 대해서는 아들로서의, 그의 몸에 대해서는 머

---

62 Ibid., 50ff.을 보라; "Human Capacity," 417, 423, 439.
63 Zizioulas, "Human Capacity," 438f.을 보라.
64 Zizioulas, *Communion*, 54f.을 보라.

리로서의 관계를 통해서 구성되기 때문이다.

1. 그리스도의 신적 **본성**에 대한 사유가 우리로 하여금 그리스도의 신성을 어떠한 신적 실체로 파악하게 오도해서는 안 된다. 그의 신성은 삼위일체의 두 번째 **인격**으로서 아들의 신성이며, 이는 인격적 출생을 통해서 구성되는 신성이다. "삼위일체 속에서 성령을 통한 성부와 성자의 아들됨의 관계"는 또한 "신적 인격"으로서 성육신한 말씀을 구성한다.[65] 지지울라스에 따르면 우리는 바로 이 지점에서 그리스도의 동정녀 탄생에 대한 신학적 의미를 발견할 수 있다. 그것은 바로 인격성은 생물학적 출산을 통한 본성으로는 도출될 수 없다는 사실이다.[66] 그리스도의 인격성을 성자의 인격성과 동일시하는 것 이면에 존재하는 구원론적 함의는 바로 그것이 인간의 인격성을 가능하게 해준다는 것이다. 이미 앞에서 우리가 살펴본 것처럼, 오직 창조되지 않은 하나님만이 온전한 의미에서의 인격이며, 바로 이러한 삼위일체 하나님과의 교제 안에서만 인간은 자유롭고 "전일적인" 인격으로 살아갈 수 있다. 그렇지 않으면, 그들은 그들 자신과 세상에 대해서 홀로 고독하게 남겨질 것이고, 그로 인해서 그들은 자신의 개인성이라는 덫에 빠져서 결국에는 죽음에 넘겨지게 될 것이다.

성자가 홀로 서 있지 않고 오히려 성부와의 관계성 속에서 존재하듯, 성육신한 성자인 예수 그리스도는 자기 힘으로 홀로 서지 않는다. 그는 개인이 아니다. 예수의 자기 이해와 초기 교회의 기독론 모두에서, 그리스도는 많은 이들을 그 자신에게 편입시키는 집단적 인격성이다.[67] 여기서 그가 먼저 하나로 존재하고 그 다음에 다수가 된 것이 아님을

---

65 Zizioulas, "Human Capacity," 436.
66 Zizioulas, *Communion*, 55; "Human Capacity," 436을 보라.
67 Zizioulas, *Communion*, 145ff.; "L'eucharistie," 31ff; "Groupes," 253f.; "Mystère," 330을 보라.

강조하는 것이 매우 중요하다. 그는 "**동시에 다수성을 대표하는**" 하나이다.[68] 그리스도의 탈개인화는 교제의 종말론적 영을 통해서 발생한다. 그리스도의 전체 실존은 그 출생에서 부활에 이르기까지 그리고 궁극적으로 교회의 머리됨에 있어서 교제의 종말론적 영 가운데 발생한다.[69] "성령 안에서 그리스도는 우리가 이루어야 할 우리 자신을 정의상 담고 있다."[70] 이처럼, 그리스도는 진정한 인격이며, 전일성 속의 인간 본성을 자신의 특수성 속에서 담지하는 새로운 아담이다.[71]

성령에 의한 그리스도의 탈개인화로부터 교회론의 기독론적 근거는 물론, **그리스도의 정체성이 갖는 교회적 특성**이 도출된다. 우리는 교회와의 관계 속에서만 그리스도에 대해서 의미 있게 이야기할 수 있다. 비록 그리스도의 "나"(I)가 성자와 성부 사이의 관계에서 유출되는 영원한 "나"로 머물러 있다고 하더라도, "그는 성육신한 그리스도로서 **이러한 영원한 관계에 또 하나의 다른 요소를 도입한다. 그것은 바로 타자로서의 우리 자신, 즉 다수로서의 교회이다.**"[72] 만약 교회가 없다면, 우리가 영원한 성자를 가질 수 있을지는 몰라도, 성육신한 그리스도를 가질 수는 없다.

기독론과 교회론적 차원에서, 우리는 지지울라스의 삼위일체론적 반성 속에 이미 내재되어 있는 비대칭적 상호성을 발견할 수 있다. 하나의 그리스도는 교회를 구성하지만(성령 안에서 그는 다수를 그 자신 안으

---

68 Zizioulas, "Die pneumatologische Dimension," 136 (볼프 강조).
69 Zizioulas는 기독론적이고 교회론적인 차원에서 성령의 공동체적 기능을 강조한다[Zizioulas, *Communion*, 110ff. (특히, pp. 113f., 각주 116); "Die pneumatologische Dimension," 135ff.; "Ordination," 6을 보라)]. 그는 "성령론에 의해서 조건 지어진" 관계적 존재론에 대해서 이야기한다(Zizioulas, "Implications," 151). 그는 결코 이러한 성령이 가지는 공동체적이며 발생적인 기능을 삼위일체 안에 정초하지는 않는다. 내재적 삼위일체의 차원에서, 단 하나인 성부는 다수성에서 통일성을 구성하는 분이며 그로 인해서 공동체를 구성하는 분이다. 성부의 존재는 공동체와 동일하다(Zizioulas, *Communion*, 44을 보라).
70 Zizioulas, *Communion*, 183.
71 Zizioulas, "Human Capacity," 438을 보라.
72 Zizioulas, "Mystère," 331 (볼프 강조).

로 편입시킨다), 교회는 그리스도를 조건 짓는다(다수가 없으면, 그는 그리스도가 아니다).[73] 물론 삼위일체는 하나님의 내적 관계를 포함하기 때문에, 상호성을 삼위일체에서 기대하는 것은 무리가 아니다. 하지만 그리스도와 교회의 관계에서 상호성은 매우 놀라운 것인데, 왜냐하면 이는 창조되지 않은 실재와 창조된 실재 사이의 관계이기 때문이다. 그러나 이러한 상호성의 개념은 지지울라스의 기본적 확신, 즉 인간의 인격성은 이 세계에 속한 것이 아니라 오히려 신적인 것이라는 확신을 잘 표현해줄 뿐 아니라, 아울러 그가 강조하는 그리스도와 교회의 동일성까지도 잘 표현해준다. 그리스도와 교회는 불가분의 관계로 서로 얽혀 있으며, 이러한 점은 지지울라스가 개인적 인간 존재와 그리스도 사이의 관계를 이해한 방식에서도 잘 드러난다.

2. 그리스도와 개인 사이에 존재하는 관계의 독특한 본질은 교회적 차원에서 인격과 공동체 사이의 관계를 규정하는 데에 결정적이다. 인격과 공동체의 관계에 대한 지지울라스의 이해는 우리가 그리스도의 존재를 영원한 성자의 존재이기 위한 인격으로서 받아들이는 동시에, 그리스도의 인간적 본성과 관련하여 그를 집단적 인격성으로 이해할 때 드러난다. 성자인 그리스도가 성부와 갖는 그 하나의 관계를 통해서, 그의 신적이고 인간적인 본성은 이처럼 집단적 인격성으로 구성된다.[74] 따라서 그리스도에게 편입된 다수는 그들의 통일성 속에서 구성될 뿐 아니라, **동시에 각각은 저마다의 인격성 속에서** (그리스도 자신이 그러셨듯이) 성자와 성부 사이의 동일한 관계로써 구성된다. 그리스도는 다수이다. "동일한 '관계'[skesis—즉 성자가 성부에 대해서 가지는 영원한 관계]가 이제는 개별성과 특수성을 지닌 모든 것을 구성하는 요소, 즉

---

73 Zizioulas, "Mystère," 330을 보라.
74 Zizioulas, "Human Capacity," 436.

휘포스타시스들(hypostases)이 된다. 그러므로 궁극적 존재는 그리스도의 존재를 구성하는 동일한 아들됨의 관계를 통해서 구성된다."[75] 하나(그리스도)와 다수(그리스도인들)의 개념은 완전한 등가성을 내포하지 않고 오히려 성부에 대해서 수적으로 동일한 관계, 즉 그들을 인격으로 구성해주는 관계를 지닌다. 그리스도 안에 있는 **모든 인격**은 그리스도가 성자로서 성부에 대해서 가지는 **하나의 관계**를 통해서 그리스도의 특별한 인격성을 획득하게 된다. 인간의 인격성은 비록 그 자체 가운데 그리고 그 자체로부터 시작되는 것이 아니라 성자와의 연합을 통해서 이루어진다 하더라도 신적 인격성과 ("정확하게") 동일하다고 할 수 있다.

모든 인간은 따라서 그리스도 안에서 하나의 인격으로 구성된다. 그리고 이는 그리스도 스스로가 동일한 아들됨의 관계를 구성하는 근거 위에서 "그리스도"가 되는 방식, 즉 하나님의 존재 방식 속에서 실존하는 인격이 되는 방식과 다르지 않다.[76] 그리스도 안에서 인간 존재는 하나님과 "분리되지 않고"(ἀδιαιρέτως) 연합하기[77] 때문에 인간은 피조물적 실존에 존재하는 죽음과 필연성의 속박에서부터 자유롭게 된다. 동시에 인간 존재를 각자에게서부터 고립시키는 개인성은 결국 전일적 인격성으로 대체된다. 왜냐하면 그리스도 안에서, 즉 다수와의 교제 속에서(엑스타시스의 차원) 인간 존재는 결국 인간 본성의 전일성의 담지자(휘포스타시스의 차원)가 되기 때문이다.

지지울라스에 따르면, 구원의 은혜는 개인을 "전일적" 인격으로—이 전일적 인격은 동시에 그 전일성 가운데 특수성을 지닌다—변화시키는 것에 있다. 그리고 이러한 인격은 그리스도와 성부 사이의 관계를

---

75 Ibid., 438.
76 Ibid., 441, 각주 3; Communion, 19을 보라.
77 칼케돈 신조의 ἀδιαιρέτως에 대한 인간론적 의미에 대해서는 Zizioulas, "Christologie," 166f.을 보라.

통해서 구성된 인격이다. 인간론적이고 존재론적인 차원에서, 우리는 여기서 칭의에 대한 종교개혁적 이해와 유사한 것에 직면한다. 모든 그리스도인은 그리스도와 같은 종류의 의로움을 소유하는 것이 아니라 그리스도의 의로움 자체를 소유하는 것처럼, 지지울라스에 따르면 모든 인간 존재는 그리스도와 같은 방식으로 인격이 구성되는 것이 아니라 정확하게 그리스도 자체 안에서 인격으로 구성된다. 그렇다면 어떻게 그리스도 안에 서 있는 **모든** 인격이 성자가 성부에 대해서 갖게 되는 **동일한** 관계를 통해 자신의 특수성을 구성할 수 있는 것일까? 성자가 성부에 대해서 가지는 관계가 모든 인격에게 공유된다면, **서로 다른** 인격들은 실제로 구성될 수 없다. 그러나 지지울라스는 여전히 인간의 인격성을 성자가 성부에 대해서 가지는 관계의 방식 속에서 파악해야 한다고 주장한다. 왜냐하면 만일 자유가 인격을 그러한 존재로 규정하고 필연성이 본성에 내재하는 것이라면—바로 지지울라스의 전체 체계를 떠받치는 확신이다—상호 인격적 분화의 원리는 **본성**(그리스도 안에서 인격화되어야 할 본성) 속에서, 곧 생물학적인 휘포스타시스 속에서는 발견될 수 없기 때문이다. 이 경우 우리가 하나님에 의해서 구성된 공통적이면서도 분화되지 않은 인격성을 전제해야 한다면, 이는 모든 인간의 구체적 본성을 통해서 차별화되는가? 그렇다면 이러한 주장은 결국 그들의 탈개인화가 없는 개인의 인격화와 같은 것이 아닌가?[78] 따라서 지지울라스가 이러한 결론을 방지하기 위해서 모든 개인이 가지고 있는 특수성과 독특성마저도 성자가 성부에 대해서 가지는 관계 속에 근거지어져 있음을 주장하는 것은 이해할 만하다.[79] 그러나 일관성을 위해서

---

78 만일 우리가 생물학적 휘포스타시스를 분화의 원리로 파악한다면, 모든 인간 존재가 가지는 정체성은 바로 본성에서 유래하게 된다. 그러나 인간의 정체성은 공동의 인격에서 유래하는 것이 아니다. 왜냐하면 특수적이지 않은 정체성(nonparticular identity)은 존재하지 않기 때문이다. 그러나 이러한 경우 인격은 단순히 개방된 개인일 뿐이며, 그제서야 자기 동일적 자아는 관계로 들어가서 부분적으로 이러한 관계를 반영하게 될 뿐이다.

지지울라스는 인격의 특수성을 포기했어야 했다.[80] 이러한 경우, 그 결과는 지지울라스가 피하고자 하는 것이 되어버린다. 인격은 결국 신적 인격이라는 "존재의 거대한 대양" 속에서 사라져버리게 된다.[81]

인격의 특수성을 정초하기 위한 다른 가능성이 제기되었는데, 그것은 바로 교회 자체 속에 인격의 특정한 좌소를 마련하는 것이다. 지지울라스는 어떤 점에서 이러한 가능성에 끌리고 있는 것처럼 보인다. "'성령 안에서' 주어진 새로운 정체성은 새로운 일단의 관계를 통해 구성된다."[82] 그러나 이러한 관계들은 "그리스도가 성부에 대해서 가졌던 관계와 **동일한** 것"으로 파악되어야 한다.[83] 왜냐하면 인간의 인격은 오직 하나님 자신의 인격성에 참여함으로써 생겨나기 때문이다. 그러나 지지울라스는 어떻게 인간 관계의 복합체로서의 정체성이 성자가 성부에 대해서 가지는 관계를 이해함으로써 파악될 수 있는지 설명하지 않는다. 아마도 한 가지 가능한 대답은 집단적 인격으로서의 그리스도가 바로 공동체라는 것이다. 그럼에도 지지울라스에게는 공동체 역시 성자가 성부에 대해서 가지는 하나의 관계를 통해서 그리스도와 동일한 실재로서 구성되기에, 여전히 공동체가 어떻게 개인의 특수화에 기여하는지에 대한 문제는 명확하게 규명되지 않고 있다. 이러한 문제 이외에도, 인격들의 정체성은 만약 그들의 특수성이 오로지 자신들의 **인간** 관계를 통해서만 유래된다면 여전히 파악하기 힘들게 된다. 결국 정체성을 보장하기 위해서는 공동체적 관계들의 네트워크 안에서 모든 사람

---

79 Zizioulas, "Person," 45을 보라.
80 아마도 이는 Zizioulas가 그의 각주에서(분명하게 설명하지는 않았다) 여러 번 강조한 바와 같이 인격이 가지는 특수성과 고유성을 파악하는 것에 어려움을 느끼기 때문일 것이다. 그는 인격의 존재에 대한 이해를 "특수하게 살아 있는 존재들로서의 존재"에 관련하여 풀어내려 한다(Zizioulas, "Human Capacity," 426, 각주 1; 441, 각주 2).
81 Zizioulas, *Communion*, 106.
82 Zizioulas, "Community," 28.
83 Ibid. (볼프 강조).

들에게 상대적으로 안전한 좌소가 전제되어야 한다. 그리고 지지울라스는 이러한 좌소를 성만찬 예식(synaxis) 속에 있는 평신도들의 직제(ordo) 또는 주교들의 직제를 이야기함으로써 전제하려 한다.[84] 그러나 결국 그 정의상(per definitionem) 소수의 사람들만이 이 직제에 소속되기 마련이고, 각각의 개별적 인간 존재가 가지는 특수성은 이런 방식으로 보장될 수 없다.[85]

2.2. 세례

그렇다면 그리스도 안에서 역사적으로 실현된 인격성이 어떻게 인간 존재가 지니고 있는 다양한 존재의 방식이 될 수 있는가? 지지울라스의 답변은 다음과 같다. "교회 안에서." 교회의 교제 속으로 들어가고 그로써 인격성으로 진입하게 하는 것은 바로 세례이다.

1. 인간 존재는 자신을 개별화하는 "생물학적 휘포스타시스"가 부정되지 않으면서, 동시에 내적 체질 안에서 변화하게 될 때, 비로소 진정한 인격이 될 수 있다. 이러한 변화는 단순히 도덕적인 것이 아니라 존재론적인 것이다. 인간 존재는 새롭게 태어나야 한다. 더 정확히 표현하자면, 그것은 "위로부터", 즉 피조물적 실존에 존재하는 존재론적 필연성으로부터 자유로운 방식으로 다시 태어나야 한다. 이러한 다시 태어남은 바로 세례를 통해서 발생한다. "인간의 수태와 출생이 그의 생물학적 휘포스타시스를 구성하는 것처럼, 세례는 그를 새로운 실존의 방식으로, 즉 다시 태어남으로 이끌며(벧전 1:3, 23), 결과적으로 새로운 '휘포스타

---

84 뒤의 4.3.1을 보라.
85 McPartlan은 다음과 같이 기술한다. "Zizioulas는 각각의 그리스도인들이 **저마다 다른 방식으로** 그리스도가 된다고 생각한다. 따라서 각자가 모두 그리스도라고 이야기하는 것은 각자가 **동일하다고 말하는 것이 아니다**"(McPartlan, *Eucharist*, 142). Zizioulas가 주장하는 인격들 사이의 차이를 증명하기 위해서, McPartlan은 오로지 교회 안에서 다양한 사역에 대해서 주목할 뿐이다. 그러나 이러한 사역들은 (적어도 Zizioulas의 교회론에서) 여러 인격들에게 **공통되는 것이다**.

시스'로 이끈다."[86] 세례를 통해, 개인은 죽고 인격이 태어난다.

세례 안에서 매개된 새로운 탄생은 우리의 창조된 본성이 창조되지 않은 하나님과 그리스도 안에서 연합함으로 발생한다. 지지울라스에 따르면, 그리스도의 세례 받음에 대한 언급과 기독교에서 시행하는 세례 예전 사이의 구조적 동일성은, 삼위일체의 인격적 구조가 인간 휘포스타시스의 구조 속에서 만들어지는 것이 세례를 통해서임을 보여준다.[87] 세례 속에서, 인간 존재는 단지 그리스도가 그러했던 동일한 방식으로 인격이 되는 것에 그치지 않는다. 정확하게 말하자면, 세례는 "**성부와 성자 사이에 존재하는 진정한 아들됨의 관계가 인간성에 적용되는 것이다.**"[88] 그러므로 인간 존재가 인격화되는 것은 삼위일체적 인격의 교제 속으로의 수용, 즉 그리스도 안에서 발생하고 세례를 통해서 주어지는 수용으로써만 가능하다. 지지울라스에 따르면, 이러한 참된 인격적 삶이야말로(즉 교회적 방식에서 본질적으로 드러나는 삶이야말로) "삼위일체 하나님의 영원한 삶과 **동일**"하다고 말할 수 있다.[89] 바로 이러한 것이 그리스도와 합하여(εἰς Χριστόν, 그리스도 안으로; 갈 3:27을 보라) 세례를 받는다는 의미이다. 모든 인격은 비록 그 개인으로서는 그리스도가 아니라 하더라도, 하나의 집단적 인격성으로는 전체 그리스도이다.[90]

---

86 Zizioulas, *Communion*, 53.
87 Ibid., 56, 각주 50을 보라.
88 Zizioulas, "Human Capacity," 438 (볼프 강조).
89 Zizioulas, *Communion*, 114 (볼프 강조).
90 Zizioulas에 대한 McPartlan의 해석에 따르면, 각각의 인격은 "**각각 다른 방식에서 그리스도이다**"(McPartlan, *Eucharist*, 142). 이는 각각의 개별적 인격이 하나의 전체 그리스도라는 의미가 아니라, 하나의 분화된 전체로서 공동체가 전체 그리스도라는 것이다. Zizioulas는 아마도 신약성서가 개별적 인간 존재를 이야기하기보다는 성령의 전으로서 전체 회중을 지칭했다는 점을 지적함으로써, McPartlan과의 대화에서 이러한 특정한 해석을 수긍했던 것으로 보인다. 이 지점에서 Zizioulas는 명백하게도 고전 6:9, 즉 모든 그리스도인의 각각의 몸이 성령의 전이라는 증언을 간과하거나 적어도 심각하게 여기지 않는 것처럼 보인다. 그러나 Zizioulas가 "**성례전의 참석자 모두가 그 자체로 전체 그리스도이며 전체 교회**"라고 주장하는 사실은 더욱 중요하다(Zizioulas, *Communion*, 60f., 볼프 강조). 이러한 입장은 그로 하여금 인격의 특수성을 파악하지 못하게 하기 때문에, Zizioulas가 이 지점에

지지울라스에 따르면, 인간이 존재론적 사건으로서 그리스도와 연합하는 것은 오늘을 살아가는 개인들과 이천 년 전에 팔레스타인에서 살았던 한 개인 사이의 연합으로 이해되어서는 안 된다. 그리스도의 존재가 성령 안에서 발생한 것처럼, 개별적 인간 존재가 그리스도와 연합하는 것 역시 성령 안에서만 일어날 수 있다. 누구든지 성령을 통해서만 (ἐν πνεύματι, 성령으로써만; 고전 12:13; 갈 3:2을 보라) 그리스도 안으로(εἰς Χριστόν) 세례를 받는다. 세례는 본질적으로 성령 안에서의 세례이다.[91] 지지울라스는 성령을 종말론적 선물로 이해하는 데 있어서 신약성서를 따른다(행 2:17을 보라). 성령이 그리스도를 "마지막 아담"으로 그리고 "종말론적 인간"으로 구성하는 것같이, 성령 안에서의 세례는 모든 인간 존재의 인격성을 종말론적 실재로 구성한다. 바로 이 지점에서 생물학적 휘포스타시스와 교회적 휘포스타시스의(즉 개인과 인격의) 독특하면서도 역설적인(지지울라스에 따르면) 중첩이 발생한다. 인간은 "현재 그가 어떤 사람인지보다 앞으로 어떤 사람이 **될** 것인지에 의해서" 인격으로 실존한다. 인격성은 "결국 미래에 그 뿌리를 두면서 현재에 그 가지를 뻗치고 있는 것이다."[92]

이러한 정식에 따르면, 지지울라스는 "역행적 인과성"(retroactive causality)의 도움으로 시대들의 얽힘을 이해한다. 그는 이렇게 철학적으

서 한 발 물러서는 것은 분명 가능하다. 만일 모든 인격이 그 자체로 전체 그리스도라면, 그러한 인격은 다른 인격들로부터 분화될 수 없다. 왜냐하면 그 인격은 이미 성자가 성부에 대해서 가지는 유일한 관계를 통해서 구성되기 때문이다. 그러나 만일 전체 공동체가 그 자체로 전체 그리스도라면, 개별적 인격들은 그 공동체 안에서 각각의 위치를 통해서 특수화될 수 있다. 예를 들어, 주교-인격 혹은 평신도-인격의 경우와 마찬가지로, 앞에서 살펴본 바와 같이, 이러한 주장은 우리로 하여금 **모든** 인격이 가지는 특수성을 파악하게 해주지는 못한다. 이러한 난점을 해결하기 위해서 우리는 인간 존재가 가지는 "실체"를—자연적·심리적·도덕적 특질의 복합체를(Zizioulas, "Human Capacity," 407)—인격 분화의 원리로서 인식하거나, 인격성을 하나님이 저마다의 인간 존재에 대해서 가지는 개별적 관계를 통해서 근거 지어지는 것으로 보아야 한다.

91 Zizioulas, "Baptism," 645ff.; "Human Capacity," 441f.; *Communion*, 113을 보라.
92 Zizioulas, *Communion*, 59; 또한 참조. pp. 96, 99.

로 다소 난점이 있는 개념을 해명하기 위해 성령의 초시간성(pneumatic transtemporality)이라는 동일하게 난해한 개념을 사용한다. 이에 따르면, 성령의 특징은 "실재가 관계적으로 되는 것"을 가능하게 할 뿐만 아니라, "단선적 역사"는 물론 "역사적 인과성"까지도 뛰어넘게 한다.[93] 바로 이러한 성령의 특징이 이해되어야만, 비로소 우리는 지지울라스가 어떻게 기독론이 교회론에 의해서 조건 지어진다고 주장할 수 있었으며, 더 나아가 어떻게 역사적 그리스도가 "집단적 인격성"**이었으며, 그리고 동**시에 그리스도가 세례를 통해서 휘포스타시스화된 존재의 **가능성**을 인간에게 주었는지를 이해할 수 있게 된다.[94] 세례와 그리스도 사건 사이의 연관 관계는 결국 세례 속에서 그리스도 사건이 세례 받는 이들 모두에게 전이된다는 사실을 내포하고 있으며, 동시에 그리스도가 세례 받는 이들에 의해서 조건 지어진다는 사실 또한 함의한다. 이러한 연관 관계는 오로지 우리가 그리스도와 교회를 성령 안에서 실행된 교제로 이해하고, 또한 그 속에서 "과거와 현재와 미래가 인과적으로 연관된 것이 아니라, 오히려 교제의 사건 속에서 그리스도의 몸으로서 하나가 되는 교제"로 이해할 때 가능하다.[95]

2. 그렇다면 이제 성령 안에서(ἐν πνεύματι) 세례를 받는다는 것은 그리스도 안으로(εἰς Χριστόν) 세례 받음과 동시에 동일한 사건으로 하나의 몸 속으로(εἰς ἓν σῶμα; 참조. 고전 12:13) 세례를 받은 것이 된다. 만약 세례를 통한 죽음이 개인의 죽음이라면, 세례를 통한 부활은 인격의 부활이다. 물론 이 부활은 인격의 본질적 관계성을 고려할 때, 세례를 받은 인격이 관계성의 네트워크로 편입되는 것이라 할 수 있다. 그리스도의 실존이 세례의 과정 속에서 인간 존재에게 전이되는 것은 "결국 교

---

93 Zizioulas, "Die pneumatologische Dimension," 136, 137.
94 이 점에 관해서는, Zizioulas, *Communion*, 56; *Christologie*, 168을 보라.
95 Zizioulas, "Die pneumatologische Dimension," 137.

회의 교제를 통해 현실화된다."[96] 스스로가 집단적 인격성인 그리스도와 교제하는 것은 단지 개인적 사건이 아니라, 교회적 사건이다. 여기서 세례는 인간 존재를 "전일적 실재"(catholic entity)가 되게 한다. 인격은 단순히 교회 속으로 편입될 뿐만 아니라, 스스로가 교회를 만들어낸다. 성령 안에서 "교회의 구조는 각각의 인격의 존재의 구조가 된다."[97] 세례 속에서 인간 존재가 "전일적 인간 존재"로 그리스도를 덧입기에, 그리스도가 지닌 고유의 전일성과 교회의 전일성은 그 인격의 내적 체질이 된다.[98] 그러므로 세례 속에서 인간 존재는 그 인격의 엑스타시스의 차원과 휘포스타시스의 차원과 관련하여 진정한 인격으로 구성되는 것이다.[99]

그러나 교회는 단지 한 사람이 편입되거나 실현되는 몸이 아니다. 오히려 동시에 교회는 이러한 교회적 인격을 낳는 어머니이다. 거듭남은 공동체 안에서 그리고 공동체를 통해서, "교회의 자궁으로부터" 성령 안에서 일어난다.[100] 지지울라스는 그리스도와 교회의 동일성을 마치

---

96 Zizioulas, *Communion*, 114; 참조. "Christologie," 171.
97 Zizioulas, "Die pneumatologische Dimension," 142.
98 Zizioulas, *Communion*, 58.
99 비록 Zizioulas가 세례를 하나의 매개로, 즉 그것을 통해서 인간이 진정한 인격으로 구성되는 매개로 이해한다 해도, Baillargeon은 Zizioulas가 교회일치를 위해 중요하게 여겨지는 성찬식의 가치를 희생시킴으로 세례가 **황폐해졌다고** 정당하게 비판한다(Baillargeon, *Communion*, 254f.을 보라). 이러한 황폐화는 "교회의 역사적 실존과 구조를 구성하는 모든 근본적 요소들"처럼 세례가 "확실하고", "정당하며", 또한 "교회론적으로 **진실하기**" 위해 성만찬적 공동체 안에서 발생해야만 한다는 사실을 그 자체로 보여주어야 한다(Zizioulas *Communion*, 21). 물론 다른 요건들 역시 이 지점에서 중요하다. 앞으로 살펴보겠지만, Zizioulas는 인격이 되어가는 세례라는 과정과, 성만찬 속에서 인격적 삶이 실현되는 것을 모두 **순간적** 사건(punctiliar event)으로 이해한다(뒤의 3.1.3을 보라). 그러나 세례에서 발생하는 순간적 구원의 경험이 또 다른 구원적 경험으로 연결되지 않는다면(예를 들어, 성만찬적 기념에 지속적으로 참여하지 않는다면), 그것을 그리스도인들의 연합을 위한 토대라고 말하기는 매우 어렵다. 동시에, 이 지점은 Zizioulas에게 성례전이 없는 세례가 왜 거의 의미를 가질 수 없는지—혹은 아예 의미를 가지지 않는지—를 잘 설명해준다. 왜냐하면 우리가 만일 단 한 번 발생하는 세례를 통해서 그리스도인이 된다면, 다른 그리스도인들과의 교제는 결국 그리스도인이라는 존재에 단순히 덧붙여지는 무엇이 되어버리고, 그렇게 되면 그리스도인의 삶은 애초부터 공동체적인 것이 아닌 것이 되기 때문이다. 오직 인격들의 모임을 포괄하는 성만찬의 반복된 기념을 통해서만 우리는 그리스도인이 된다는 것이 본질적으로 공동체적 사건임을 알게 된다.
100 Zizioulas, *Communion*, 58, 113.

성자가 성부에 대해서 가지는 관계를 통해 그 자신의 인격성을 얻은 교회적 인격들이 결국에는 세례 받는 이들의 인격성을 구성해준다고까지 이야기함으로써, 극단적으로 강조하는 것처럼 보인다. 교회는 삼위일체-내적 역동성에 의해서 규정된 성자의 존재 속으로 참여할 뿐만 아니라, 더 나아가서 삼위일체의 외부를 향하고 있는 성자의 행위 속에도 참여하는 것이다. 나는 이러한 인격이 되는 과정에 대한 이해가 함의하는 구원론적 시사점에 대해서는 판단을 중지하고자 한다. 구원의 사회적 본성에 대해서 제기되는 비판적 질문은 다음과 같다. **어떻게** 인격을 구성하는 과정이 인간의 소통이라는 매개 속에서 발생하는가? 그리고 **어떻게** 이에 영향을 받는 사람들이 이러한 과정에 참여하는가? 이어지는 논의에서 지지울라스의 진리에 대한 이해를 다루면서, 나는 무엇보다도 이러한 문제들을 다루고자 한다.

2.3. 진리

지지울라스에 따르면 진리는 구원과 밀접하게 연관되어 있으며 실제로 그것과 동일하다. 진리가 구원이며 구원이 진리이다. 양자는 모두 하나님의 아들이고, 또 하나님의 아들과의 교제이다. 우리는 지지울라스의 교회적 구원론을 더 상세하게 밝히는 것은 물론, 엄밀하게 교회론적인 진술들과 직임의 신학에 대한 그의 진술을 더 잘 이해하기 위해서 그의 진리의 개념을 더 상세하게 검토해보아야 한다. 나의 연구를 위해서는 이러한 주제의 구원론적이고 교회론적인 차원을 연구하는 것으로 충분하기에, 지지울라스가 주변적으로만 언급하는 창조 신학적 차원은 다루지 않을 것이다.

1. 진리에 대한 지지울라스의 이해는 그가 "존재의 존재론"(ontology of being)에 대립해서 발전시킨 "인격의 존재론"(ontology of person)에 근거하고 있다. 존재의 존재론은 인간의 생물학적 휘포스타시스의 지

위가 인격성의 휘포스타시스보다 더 높은 것으로 여겨지는 "타락 후"(postlapsarian)의 상황, 혹은 단순하게 피조물적인 상황과 상응한다. 그러한 상황에서 그리고 그러한 휘포스타시스는 또한 인간들의 교제보다 더 높은 것으로 여겨진다. 그 구성에 있어서 타락 후의 실존은 파편화된 실존이다. 모든 인간은 다른 모든 인간을 단순히 자기 폐쇄적인 실체로서 만날 뿐이다. 인간들 사이의 관계는 오로지 인지적 행위를 통해서 매개될 때에만 발생한다. 그러므로 지식은 사랑에 대해서 (적어도) 시간적 우선성을 획득한다. "누구나 그가 아는 것만을 사랑할 수 있다. 왜냐하면 사랑은 바로 지식에 나오기 때문이다."[101]

그러나 인지적 행위들은 인격들 사이의 교제를 매개하는 데 그리 적합하지는 못하다. 필연성에 대한 인지적 지식은 "다른 존재에 대한 **정보를 취합하는** 과정에서 이루어지기 때문이다. 즉 다른 존재의 특징을 구성하는 묘사(특성들을 설정하기)와 평가(질과 가치를 설정하기)로 이어질 나의 관찰에 다른 존재를 복속시킴으로써 인지적 지식이 이루어진다.[102] 모든 인지적 행위는 그것이 일종의 매개의 한 방식이라는 점에서 아는 자와 알려지는 자 사이의 단절을 함의한다. 왜냐하면 인식은 언제나 알려지는 것의 다름을 전제하기 때문이다. 인격들의 교제는 인지적 활동에서 기인할 수 없다. 왜냐하면 이러한 교제는 인격들 사이의 관계가 실제로 그들의 동일성에 내재하고 외부로부터 덧붙여지지 않을 것을 요구한다. 지지울라스에 따르면, 존재론적 의미에서 동일성을 창조해내지 못하는 외부적 관계는 결국 아무런 관계도 아니다. 적어도 그것은 인격적 관계가 아니다.[103] 만일 진리가 인지적으로 이해된다면, 즉 존재에 대해 지성이 가지는 관계라고 한다면, 그것은 인격적 교제로 이어질 수 없다. 반

---

101 Zizioulas, "Human Capacity," 427.
102 Ibid., 426.
103 Zizioulas, *Communion*, 88을 보라.

대로 그것은 언제나 탈인격화(depersonalization)를 수반한다.[104]

인격의 존재론이라는 틀 속에서 진리는 현저하게 공동체적으로 일어나는 사건이다. 만일 존재가 궁극적으로 인격과 동일하다면, 첫째로, 사랑은 지식에 대해서 우선성을 획득한다. 인격들이 서 있는 관계들은 인격으로서 그것들 속에 고유하게 있기 때문에, 사랑의 관계는 인지적 활동이 일어나기 전에 발생하는 것이다. 이러한 관계는 인지적 활동에 의해서 우선적으로 발생하는 것이 아니라, 오히려 교제의 사건에 뒤따라오는 것이다. 즉 지식은 "교제의 사건의 결과이다."[105] 지지울라스에 따르면, 누구나 하나님이 세상에 대해서 가지는 관계 속에서 이것이 범형적으로 표현되는 것을 볼 수 있다. 하나님은 세상을 알기 때문에 사랑한 것이 아니다. 오히려 세상을 사랑하기에(그리고 세상을 사랑으로 창조하셨기에) 세상을 안다.[106] 둘째로, 존재를 넘어서는 인격의 우선성, 그리고 하나님의 사랑하는 인격에 대한 존재의 의존은 근본적으로 진리의 개념을 바꾼다. 진리는 더 이상 지성과 존재 사이에 있는 특정한 인지적 관계가 아니다. 그것은 오히려 인격들 사이에 있는 사랑의 사건이다. 진리 안에 존재한다는 것은 곧 교제 안에 머문다는 것을 의미한다. 이것이 바로 진리에 대한 물음이 왜 인지적 이해에 관련된 것이 아니고, 인격적 삶에 관련된 것인지를 설명해준다.[107]

이러한 이중적 확신의 관점, 즉 지식에 대한 사랑의 우선성과 교제로서 진리에 대한 이해로부터, 지지울라스는 그리스도를 진리로 이해한다. 그리스도는 계시라는 의미에서 진리가 아니다. 왜냐하면 그러한 경우 그리스도는 하나님의 지혜에 참여해야 하고, 그럼으로써 창조된 합

---

104 Ibid., 100을 보라.
105 Zizioulas, "Human Capacity," 427.
106 Zizioulas, *Communion*, 97을 보라.
107 Zizioulas는 *Communion* 70-101에 걸쳐서 이러한 진리 개념의 드러남(emergence)을 묘사하고 있다.

리성과 창조되지 않은 합리성 사이의 합리적으로 이해할 만한 연관 관계를 재현해야 하기 때문이다.[108] 그러나 그리스도는 합리성의 범주가 아니다. 그는 인격이며, 삼위일체의 두 번째 인격과 동일한 성육신한 인격이다. 그는 그러한 인격으로서 진리이다. "왜냐하면 그는 창조된 세계를 자신의 생명과의 교제 속으로 이끌기를 원하는 하나님의 엑스타시스적 사랑의 궁극적이고도 지속적인 의지를 대표하기 때문이다."[109] 그리스도와의 관계 속으로 인지적 방식으로 들어서는 것은 결국 그리스도를 개별화하고 객관화하는 것이기에, 실제로 그와의 인격적 교제로 향하는 길을 막는다. 그리스도의 진리, 즉 모든 인격의 진리는 바로 정신(νοῦς)을 뛰어넘고, 오직 교제의 **사건**으로서만 인간 존재에게 열려 있다. 그리스도는 그가 성령 안에서 인간 존재를 포괄하는 교제로서 존재하기 때문에 진리이다.

2. 진리에 대한 이러한 이해는 구원론과 교회론에서 중요한 결과를 가져온다. 하나님의 말씀에 대한 지지울라스의 견해를 간략하게 분석한 결과에 기초해서, 나는 개별적 인간들이 그리스도와 가지는 관계에 영향을 미치는 특별한 결과들에 대해서만 논의할 것이며, 또한 인간 존재 자신의 관점에서부터 이러한 점을 논의해볼 것이다. 지지울라스는 하나님의 말씀이 "말씀 그 자체를 위해서나 그 자체 안에서만 취해지는 일련의 명제들 혹은 케리그마적 진술이라는 의미에서 진리가 아니라, 생명과 교제라는 의미에서 진리"임을 주장한다.[110] 이로 인해 진리로서 하나님의 말씀을 향한 인간의 성향(disposition)은 인지적 이해나 신념이 아니다. **하나님의 말씀은** "하나님의 생명에 대한 성례전적 암시"로서 공동체적으로 **경험해야** 한다.[111]

108　Zizioulas, *Communion*, 77.
109　Ibid., 98.
110　Zizioulas, "Die pneumatologische Dimension," 143.

때때로 지지울라스의 정식은 하나님의 말씀에 대한 성례전적 접근이 인지적 접근을 필연적으로 배제하지는 않음을 말하는 것처럼 보인다. 예를 들어, 그는 "진리는 **단순히** 명제적인 것만은 아니다"라고 말한다.[112] 물론 이 말은 진리가 **또한** 명제적이라는 사실을 함의한다. 이렇게 해석하는 경우, 그것이 내포하는 의미는 진리에 대한 기독교적 이해에서 인지적 차원을 배제하는 것이 아니라, 오히려 그 인지적 차원이 진리에 대한 핵심적인 인격적 차원에 종속된다는 것이다.[113] 그러나 인지적 합리성이 언제나 인식자의 개별화와 인식 대상의 객관화를 함의한다는 지지울라스의 확신에서 볼 때, 앞의 주장은 그가 진심으로 의도하는 바가 아닐 것이다. 그의 논리를 다음과 같이 배타적으로 정식화할 때, 그의 입장이 보다 분명하게 드러날 것이다, "하나님의 말씀을 알려고 할 때, 우리는 그것을 파악할 수 없을지도 모른다."[114] 이것이 바로 하나님의 말씀이 교회에 대해서, 그리고 심지어는 세상에 대해서 대립하는 것이 아닌 이유이다. 하나님의 말씀과 그의 백성이 함께 나란히 놓여 있는 것은 하나님의 말씀에 대한 구약성서의 관점에 잘 상응한다. 신약성서의 경우에도, 말씀(Logos)은 단순히 발화되거나 기록된 말씀이 아니라, 오히려 **배타적으로** 인격이다.[115] 이것이 바로 왜 오늘날에도 하나님의 말씀이 오직 "말씀의 **육체**를 입고서 혹은 몸으로서" 인간에게 다가오는지, 그리고 공동체적으로 매개되는지에 대한 이유이다. "말씀은 성령에 의해서 창조된, 그리고 그 속에 우리가 얽혀 있게 되는 교제의 행위로서 오며, 그 안에서 우리는 마치 교회적 교제의 신비로 세워진 관계의 네트워

---

111 Ibid., *Communion*, 114.
112 Zizioulas, *Communion*, 115 (볼프 강조).
113 이러한 주장은 그가 가지고 있는 인간론적 확신에 상응한다. 그의 인간론적 확신에 따르면, 의식은 인격성에서 배제되어야 하는 것이 아니라, 그 인격성의 하나의 차원으로(인격성의 내용이 아니라) 이해되어져야 한다.
114 Zizioulas, "Implcations," 152, 각주 29 (볼프 강조).
115 Zizioulas, *Communion*, 190, 각주 68.

크에, 마치 신비 속에서처럼, 얽혀 있게 된다."¹¹⁶

교회와 관련하여 말씀의 비인지적 내향성(noncognitive interiority)은 오로지 성례전적으로 보장될 수 있다. 탈개인화는 직접적이고 무매개적인 관계를 요구한다. 이러한 관계는 성례전으로 언어를 대체할 것을 요구한다. 이는 왜 성만찬이 진리가 생겨나는 **바로 그** 좌소인지를 설명해 준다. 성만찬은 가장 탁월한(*par excellence*) 공동체적 사건으로서 삼위일체 하나님과의 교제와 생명과의 교제를 육화하고 실현시킨다.¹¹⁷ 지지울라스가 말하는 말씀과 성례전의 동일시—"말씀으로서의 진리와 성례전으로서의 진리는 **하나이며 동일하다**"¹¹⁸—는 이러한 이유로 결국 말씀이 성례전 속으로 온전히 흡수되는 것과 동일하게 된다. 오직 말씀이 성만찬적 육신과 동일하게 될 때, 종말론적 사건이 이러한 역사적 형식들을 통해서 발생한다.¹¹⁹

3. 성만찬과 그 근본적으로 교회론적인(그리고 따라서 또한 구원론적인) 기능을 살펴보기 이전에, 우리는 먼저 하나님의 말씀과 그 말씀을 전유하는 일의 비인지적 본성에 대한 지지울라스의 생각 배후에 있는 전제를 비판적으로 질문해보아야 한다. 구원론뿐 아니라 교회론에서도 중요한 결정은 바로 이 연결점에서 만들어진다.

놀랍게도 지지울라스의 구원론과 교회론에서 신앙은 아무런 역할도 하지 않는다. 신앙에 대한 언급은 그의 저작에서 거의 나타나지 않으며, 매우 적은 부분에서 신앙은 구원론적 실존에서 상당히 지엽적인 시사점만을 가질 뿐이다. 여기서 신앙은 "하나님이나 그리스도에 대한 신앙이 전혀 아니고, 단순히 인격이 되기 위한 인간의 능력에 대한 신앙이

---

116 Zizioulas, "Implications," 151, 152, 각주 29.
117 Zizioulas, *Communion*, 115.
118 Zizioulas, "Die pneumatologische Dimension," 143 (볼프 강조).
119 Zizioulas, *Communion*, 191.

다."¹²⁰ 지지울라스는 항상 신앙을 전제해야 한다고 생각하는데(예를 들어, 성례전은 결국 항상 신앙의 성례전이 되어야 한다는 생각을 따라서), 사실 이에 대한 어떠한 구체적 언급이나 설명은 하지 않는다. 그러나 실제로 이것은 타당하지 않다. 구원을 베푸는 은혜의 사적 전유로서의 신앙은 지지울라스의 구원론과 교회론에 어떠한 역할을 하도록 **허용되지 않는다**. 적어도 그가 중요하고 근본적인 자신의 입장을 체계적으로 수정하지 않고서는 신앙이 그의 체계 안에 부드럽게 들어맞을 수는 없을 것이다.¹²¹ 비록 기독교 신앙이 인지적 내용으로 환원될 수는 없다고 할지라도, 이러한 인지적 내용 없이는 결코 생각될 수 없다. 믿기 위해서, 우리는 최소한 우리가 믿고 있는 인격이신 하나님을 우상들로부터 구별해내야 하며, 이러한 구별은 어떤 면에서 인지적 활동을 통해서만 가능하다.¹²² 그러나 만일 신앙이 본질적으로 인지적 행위라면(물론 단순히 그러한 것만은 아니지만), 지지울라스의 말처럼 그러한 신앙은 결국 개인적 행위이기에 교제로 나아가지 못한다. 결국 지지울라스의 구원론과 교회론에 신앙은 등장하지 않는다. 왜냐하면 신앙은 인격과 공동체가 오직 **개인적** 행위에 의해서 구성된다고 주장함으로써, 결국 지지울라스의 체계 속에 모순을 불러일으키기 때문이다. 더 나아가서 신앙을 교회의 선물로 이해하는 것도 별 도움이 되지 않는다. 왜냐하면 교회의 선물로서 신앙 역시 결국은 개별적 인간의 의식을 통해서 전개되어야 할 것이기 때문이다.

지지울라스는 구원을 베푸는 은혜를 적용하는 데 인지적 차원이 개

---

120 Ibid., 58, 114; "Human Capacity," 421f.을 보라.
121 성육신과 부활, 그리고 성만찬에 대한 Zizioulas의 기독론적이고 교회론적인 집중은 그가 실제로 신앙을 구원론적인 방법으로 선별하려고 한다는 사실을 확증한다. Congar의 매우 귀중한 비판적 언급은 이 문제의 핵심을 건드리고 있다: "말씀이 육신이 되었다는 주장은 맞다, 그러나 말씀 또한 말을 하였다!"("Bulletin," 89)
122 Volf, "Kognitivna dimenzija," 321ff.을 보라.

입되는 것을 부정하지만, 다른 한편으로 그는 여전히 성만찬이 교의적 정식들에 의해 이단들의 공격으로부터 보호받는 그리스도에 대한 공동의 비전(εἰκών)을 요구하다고 주장한다.[123] 그런데 이러한 정식이 분명히 인지적이라면, 어떻게 우리는 인지적 차원을 허용하지 않는 성만찬 속에서 그리스도에 대한 진정한 경험을 보존할 수 있는가? 지지울라스는 이러한 교의적 정식들이 성령 안에서 공동체적 사건의 방향으로 초월된다고 믿는다. 그러나 만약에 그리스도에 대한 경험과 이러한 경험을 보존하는 교의의 인지적 내용 사이에 **내적 연결**이 존재하지 않는다면—그 교의가 "**그 자체로는 진리와 어떠한 관련도 맺고 있지 않지만, 예배 공동체의 송영적 환호 속에서는 드러난다면**"[124]—이러한 형식은 결국 역사적이고 문화적인 상황에 의해서 결정될 것이며,[125] 실제적 이슈로부터 멀어져 상당히 자의적 관점을 가지게 될 것이다. 실제로 다양한 공의회에서 교리적 정식들이 "교제의 요소들"이 되었다는 사실은 이러한 자의적 성격과 관련하여 어떠한 것도 바꾸지 못한다. 반대로, 만일 우리가 그리스도의 비전을 이러한 비전을 보호하기 위한 교의의 인지적 내용과 내적으로 연관 짓고자 한다면, 구원을 베푸는 은혜의 적용은 필연적으로 인지적 차원을 획득한다.

4. 지지울라스는 하나님과 인간 존재 사이의 교제를 **사랑**으로 묘사한다. 지지울라스에게 "사랑"은 **존재론적** 범주이다. 사랑은 "하나님과의 '분리 없는' 연합"이다.[126] 이러한 연합의 인간론적 좌소는 다름 아닌 "양심"(conscience)이며, 이러한 연합은 "자유로운" 것이어야 한다.[127] 그러나 그리스도와의 연합에 대한 지지울라스의 묘사는 인간 쪽에서의 어떤

---

123 Zizioulas, *Communion*, 117; "Die pneumatologische Dimension," 143을 보라.
124 Zizioulas, *Communion*, 116f. (볼프 강조).
125 Zizioulas, *Communion*, 117; "Die pneumatologische Dimension," 143에서 분명하게 드러남.
126 Zizioulas, "Christologie," 167.
127 Ibid.

행위를 의도하지 않으며, 심지어는 하나님에 의해서 가능하게 되는 수용적 행위 자체도 의도하지 않는다. 만일 인간 존재가 이러한 연합으로 참가하게 된다면, 결국 그들의 행위는 인식을 수반하게 되기 때문이다. 지지울라스의 구원론은 결국 오직 은혜(sola gratia)의 개념을 온전히 실현시켜주지만, 이러한 개념은 신앙의 인간적 기원을 배제하는 것은 물론(마치 종교개혁자들처럼), 신앙에 대한 인간의 경험 또한 배제되는 방식으로 이루어진다.[128] 이렇게 인간의 행위를 배제하는 것은 지지울라스가 인간 존재와 그리스도와의 연합에 있어서 자유를 **그리스도**에게 귀속시키는 것에서도 그 상응하는 지점을 발견할 수 있다. 이러한 연합은 비인격적 필연성의 결과가 아니라, 오히려 그리스도의 인격적 의지, 즉 창조된 것들을 창조되지 않은 자신과 연합시키려는 의지의 산물이다. 이러한 연합이 자유로운 것은 그것이 그리스도의 고유한 인격적 행위에서 나온 것이기 때문이지, 모든 인간 존재에 의해서 자유롭게 수용되었기 때문이 아니다.[129] 지지울라스가 생각하는 사유의 틀에서, 구원을 베푸는 은혜는 신앙 안에서 자유롭게 수용될 수 없다. 왜냐하면 이러한 수용 자체는 언제나 개인성의 암묵적인 긍정을 수반하기 마련이고, 개인의 개별성을 긍정하는 방식으로는 어느 누구도 공동체적으로 규정된 인격이 될 수 없기 때문이다. 또한 이러한 점 때문에 인간이 한 번 그리스도 안에서 인격이 된 이후에는, 그 상태로 남아 있을지에 대해 자기 스스로 선택을 내릴 수가 없게 된다. 인격성을 가진 이후에 "아니요"라고 말할 수 있을 가능성은 인격성이 교제를 통해서 구성되는 것이 아니라 개인

---

[128] 이러한 구별에 대해서는 Joest, *Ontologie*, 234ff.을 보라.
[129] Zizioulas, "Relation," 70을 보라. Baillargeon은 자유의 이러한 두 의미들을 구분하지 않으며, (어떠한 본문적 전거를 제공하지 않고) "그리스도 안에서 태어나는 것은 인격의 의지와 독립적 사실을 통해서 생겨나는 것이 아니며, 교회적 실존은 자유의 결과"라고 주장한다(Baillargeon, *Communion*, 195). 그의 두 번째 주장이 적절하다고 할 수 있을지는 몰라도, 첫 번째 주장은 틀렸다.

을 통해서 구성됨을 의미할 수 있다.

따라서 지지울라스는 자유를 다양한 가능성들 사이의 선택으로 이해하지 않는다.[130] 또한 그는 자유를 "도덕적으로" 이해하지도 않는다. 그는 자유를 존재론적으로, 그리고 하나님의 자유에 엄밀하게 상응하는 것으로 이해한다. 하나님은 "모든 긍정과 부정 너머에" 존재한다. 그러나 하나님이 이러한 두 가능성을 초월함으로써 **교제** 사건 속에서 자신의 신성을 긍정하는 방식으로 존재한다.[131] 그러므로 인간의 자유 역시 이러한 방식으로 이해되어야 한다. 인간의 자유는 이처럼 그 자신에 대해서 의식하지 못하고, 의식할 수도 없는 "교제로 향하는 운동" 속에 존재한다.[132] 누구든 이러한 운동 자체를 의식하게 되는 순간 그는 선택의 가능성에 직면한다. 그러나 선택은 인격의 특성이라기보다는 개인의 특성이며, 결국 그것은 타락에서 기인한 것에 불과하다.[133] 교제로 향하는 이러한 종류의 무반성적 운동이 인간론적으로 설득력이 있을까? 나는 그렇지 않다고 본다.

3. 교회적 교제

성령에 의한 그리스도의 탈개인화는 성령으로 매개된 그리스도에 의한 교회의 구성에 교회론적으로 상응한다. 이러한 구성이 실현되고, 교회의 생명이 실현되는 좌소는 바로 성만찬이다. 그리스도 안에서 발생하고, 세례를 통해서 개인적 인간에게 이행되는 인간 존재의 인격화는 성만

---

130 Zizioulas, "Die pneumatologische Dimension," 142을 보라.
131 Zizioulas, *Communion*, 121, 각주 126.
132 Zizioulas, "Die pneumatologische Dimension," 142.
133 Zizioulas, *Communion*, 121, 각주 126을 보라.

찬에서 구체적이고도 역사적인 실현을 이룬다.[134] 이것이 바로 왜 성만찬이 구원을 베푸는 은혜의 본질과 교회의 본질이 그 자체를 표명하는 가장 핵심적인 구원론적·교회론적 사건인지를 설명해준다.

구원을 베푸는 은혜를 인격화의 과정으로 파악하는 지지울라스의 견해를 분석하면서, 나는 거의 성만찬에 대해서는 언급하지 않았다. 그러나 성만찬은 인격성이 발현되는 좌소이며, 구원론과 인간론과 삼위일체 신학의 인지적 근거로서 일관되게 전제되어왔다. 이어지는 부분에서 나는 성만찬을 검토하고, 또 성만찬이 교회의 본질과 구조에 대해서 가지는 결과에 대해서도 논구해보고자 한다.

3.1. 성만찬과 교제

지지울라스는 이렇게 기술한다. "정교회에 있어 교회는 성만찬 속에서 그리고 성만찬을 통해서 존재한다."[135] 그렇다면 지지울라스가 대표하는 정교회 신학의 특정한 지류에서, 교회의 존재는 실제적으로 어떻게 성만찬에 근거하고 있는가?

1. 인격주의의 특정한 형식에 빚지고 있는 신학자에게 누구나 기대할 수 있겠듯이, 지지울라스는 신학과 인격적 경건에서 성만찬을 객관화하려는 모든 종류의 시도에 대해 비판한다. 성만찬은 다른 여러 성례전들 중 하나로만 간주될 때, 하나의 대상이 되어버린다. 그러한 대상으로서 성만찬은 단순히 도구, 곧 은혜의 수단으로서, 그 특별한 성질과 그에 상응하는 힘을 갖춘 것이 된다. 이것이 바로 실체와 인과성에 의해서 지배되는 성만찬의 신학이다.[136] 동시에 이러한 성만찬은 개인주의적으로 이해될 뿐이다. 그것은 단순히 한 개인에 의해서 다른 개인에게 주

---

134 앞의 2.1과 2.2를 보라; Zizioulas, *Communion*, 61.
135 Zizioulas, "Welt," 342.
136 Zizioulas, "Eucharistie," 166.

어지는 하나의 수단일 뿐이다. 사제는 성만찬을 "집행"하고, 신자는 특정한 은혜(또 다른 객체화)를 얻기 위해 성만찬을 "사용"한다. 신자들은 그들의 개인적이고 영적인 경로에 수반하기 위해서 그것을 사용한다.[137]

하지만 이와 반대로, 지지울라스는 성만찬을 무엇보다도 **예전적 행위**로, 즉 회중이 가지는 삶의 예전적 방식으로 이해한다.[138] 그것은 은혜를 받는 고립된 수단이 아니라 오히려 그 속에서 "인간이 '존속하는' (subsist) 관계의 네트워크이자, 공동체이자, 모임(synaxis)"이다.[139] 성만찬과 성만찬적 교제는 동일하다. 이에 걸맞게 성만찬적 공동체가 성만찬의 기념에서 수용하는 것은 단순히 거룩한 것들도 아니고, 심지어는 그리스도의 말씀과 행위들도 아니다. 성만찬 공동체가 그때에 수용하는 것은 바로 **그 전체성 속에 있는 그리스도의 인격**이다.[140] 구원을 베푸는 은혜는 바로 그리스도가 성부에 대해서 가지는 인격적 관계, 즉 성자를 신적 인격으로 구성해주는 관계 안으로 인간 존재를 편입시킴으로써 인격화를 구성해준다. 이러한 맥락에서 성만찬이 구원의 은혜를 "매개"하는 것이라면, 성만찬 공동체가 수용하는 것은 전체성 속에 있는 그리스도의 인격 이외의 다른 것일 수 없다.

2. 그렇다면 그리스도의 전체 인격을 수용한다는 것은 무엇을 의미하는가? 그 대답은 우리를 지지울라스의 교회론의 핵심으로 이끈다. 그는 그리스도의 성만찬적 현존과 그 전유를 자신의 성령론적으로 이해된 기독론에 상응하게, 즉 "집단적 인격성"의 개념에 기초한 기독론에 상응하게 파악한다. "그리스도의 몸을 먹고 그의 피를 마시는 것은 사람들을 **하나의 몸, 즉 그분의 몸**으로 만들기 위해, 스스로 '다수'(multitude)

---

137 Zizioulas, "Presuppositions," 337을 보라.
138 Zizioulas, "Eucharistie," 172; "Presuppositions,"를 보라.
139 Zizioulas, *Communion*, 60.
140 Zizioulas, "L'eucharistie," 55.

를 떠맡으신 그분에게 참여하는 것이다."[141] 성만찬의 기념에서 다수는 그리스도의 몸이 되는데, 이는 그리스도가 그들을 "그 자신 속으로" 받아들이는 방식으로 이루어진다. 이것이 바로 성만찬에서 하나(그리스도)의 몸과 다수(교회)의 몸이 동일한 이유이다.[142]

성만찬에 대한 이러한 이해에서부터 교회와 성만찬, 그리고 교회와 그리스도의 관계에 대한 특정한 이해가 도출된다. 성만찬은 존재론적으로 더 우선한 교회의 행위가 아니다. 교회가 성만찬을 구성하는 것이 아니라, 오히려 그 반대이다. 즉 성만찬이 교회를 구성한다.[143] 물론 이러한 내용을 성만찬이 교회의 **원인**이라고 이해한다면, 즉 먼저 성만찬이 있고, 그 다음에 교회가 성만찬으로부터 발생했다고 이해한다면 이는 타당하지 않은 주장이다. 지지울라스는 인과율의 범주를 사용해서 교회와 성만찬 사이의 관계를 판단하는 대신에,[144] 성만찬을 "교회의 신비의 모든 것을 포괄하는 표현"으로, 즉 교회와 동일한 것으로 간주한다.[145] 지지울라스에 따르면, 이러한 점은 바울이 "교회"(ἡ ἐκκλησία)라는 표현을 고린도전서 11장에서 보는 바같이, "같은 곳에 모여 있음"(συνέρχεσθαι ἐπὶ τὸ αὐτό), "주의 만찬"(κυριακὸν δεῖπνον)과 같은 표현과 동의어로 사용한 부분에서 잘 드러난다.[146]

교회와 그리스도의 교회론적으로 결정적인 동일시는 교회와 성만찬의 동일시에서 잘 드러난다. 성만찬은 교회와 그리스도가 하나의 몸, 즉 **그리스도의** 몸이 되는 장소이며, 그러므로 "완전히" 동일한 것이 되는 좌소이다.[147] 그리스도와 교회 사이의 모든 거리는 성령이 교회에서

---

141 Ibid., 69.
142 Zizioulas, "Presuppositions," 342.
143 Zizioulas, *Communion*, 21; "Presuppositions," 335을 보라.
144 Baillargeon, *Communion*, 69은 이 점을 정확하게 지적한다.
145 Zizioulas, "Eucharistie," 173; 참조. "Presuppositions," 342; "Mystère," 332.
146 Zizioulas, "Presuppositions," 334.
147 Zizioulas, "Mystère," 328.

그리스도를 인격화하고 "그를 구체적인 상황 속에서 살아 움직이는 분으로 만드는" 한 극복된다.[148] 그리스도를 인격으로 구성해주는 성자와 성부의 독특한 관계를 통해서 그리스도 안에서 다수의 인격화가 이루어진다는 개념에 상응하는 방식으로, 지지울라스는 그리스도와 교회 사이의 동일성을 인격적 범주로 이해한다. 교회의 "나"와 그 "인격적 동일성"은 바로 그리스도의 "나"인 것이다.[149] 지지울라스는 성만찬적 기도의 예시를 사용해서 교회와 그리스도 사이의 동일성을 주장한다. 비록 교회가 성자를 통해서 아버지에게 기도한다고 하더라도, 여기서 성자를 "통한다"는 뜻은 성자가 교회와 성부 사이를 매개해준다는 의미가 아니다. 만일 성찬 모임에서 자신을 그리스도와 구분하는 공동체가 기도한다고 하면, 결국 기도하는 교회와 매개하는 성자, 그리고 그것을 듣는 성부 사이의 삼원적 구조가 드러나게 된다. 그러나 이러한 삼원적 구조는 그리스도의 역할을 왜곡할 뿐만 아니라, 기도 자체를 무의미하고 소득이 없는 것으로 만든다. 오히려 교회가 기도할 때, 그리스도가 교회를 위해서 기도하는데, 그는 **교회의 기도가 그리스도 자신의 기도가 되는 그러한 방식으로** 기도한다. 그는 "우리를 대신해서[anti]" 기도하는 것이다.[150] "공동체의 기도가 그리스도의 기도와 다르지 않다는 사실은 그리스도와 교회의 **전적인 동일시**(total identification)를 의미하며, 이 지점에서는 이와 다른 방식으로 결코 이해할 수 없다."[151]

---

148 Zizioulas, "Groupes," 267; *Communion*, 111; "Mystère," 328을 보라. 그는 자신의 학위 논문에서 유사하게 Augustine의 정식을 따라서, 인간 존재가 그리스도와 함께 가지는 교회적 통일성을 전체 그리스도(*Christus totus*)로 정의한다. Zizioulas가 주장하듯, 이는 왜 교회론이 신학의 독립된 장이 되기를 그치고, 대신에 기독론의 유기적인 부분이 되어야 하는지를 설명해준다(Zizioulas, Ἡ ἑνότης, 14).
149 Zizioulas, "Implications," 144f.
150 Zizioulas, "Community," 26.
151 Zizioulas, "Mystère," 328 (볼프 강조). 문제는 과연 신약성서에서 나타나는 기도의 구조가 최소한 그리스도와 교회 사이의 차이를 강조하기보다 오히려 양자 간의 동일성을 강조하는가 여부이다. 비록 신약성서에 따르면 그리스도가 우리를 위해서 기도해준다고 하더라도(롬 8:34; 히 7:25; 9:24; 요일 2:1f.), 그리스도가 우리를 통해서 기도하는 것이 아니라,

세례를 통해서 인간 존재가 그리스도 안에서 비휘포스타시스적 방식으로(anhypostatically) 인격으로 구성되는 것과 마찬가지로, 교회 역시 성례전 속에서 비휘포스타시스적으로 존재하며, 그리스도의 동일성으로부터 자신의 전체적 동일성을 얻게 된다(여기서 "비휘포스타시스적"이란 개별성 없는 보편성으로 편입되는 것으로 이해된다. 볼프는 이 단어로 세례와 성례전을 통해서 개인과 개별 교회가 그 개체적 차원에서의 특수성을 온전히 양도하고 보편적 그리스도의 몸으로 편입되는 상황을 의미하고자 한다—옮긴이). 이런 방식으로 인격성과 교회적 존재를 병행시키는 것은 결코 우연이 아니다. 그리스도와 교회 사이의 일정한 거리는 그리스도의 개인화를 의미하는 것이며, 그렇게 되면 결국 인간 존재의 탈개인화의 가능성은 사라지게 된다. 우리는 따라서 성만찬 속에서 그리스도와 교회의 동일시가 지지울라스의 전체 구원론과 교회론을 떠받치고 있다는 사실을 발견할 수 있다. 또한 우리는 왜 지지울라스가 그리스도와 교회 사이의 차이를 강조하는 신약성서의 유비들(신부와 양 떼로서의 교회)을 의도적으로 무시했는지를 이해할 수 있을 것이다. 나는 이 부분을 이후에 다시 다룰 것이다.[152] 그러나 인격을 구성하는 과정에서 그 인격의 특수성이 상실되고 개인이 그리스도에게로 흡수되는 것처럼, 교회 역시 그리스도에게로 흡수될 위험에 처한다.

3. 교회와 그리스도의 성만찬적 동일시는 성령 안에서 발생한다. 성령은 종말을 역사적으로 만들어주는(이것은 역사를 파괴하지 않으면서 역사를 종말로 안내하는 방식으로 이루어진다) 신적 인격이다. 우리는 여기서 지지울라스가 교회와 성만찬의 동일시를 상대화시키고, 그럼으로써 또

우리가 **그를 통해서** 기도하는 것이다(롬 1:8; 16:27 등). 그리고 이러한 점은 우리의 기도가 **성령 안에서** 발생하며(롬 8:15), 그리스도가 아닌 **성령이** 우리 **안에서** 기도하는 방식으로 발생한다는 것을 보여준다(갈 4:6; 롬 8:26; 고전 14:15).
152 뒤의 III.2.1.3을 보라.

한 교회와 그리스도 사이의 동일시를 "어떤 의미에서"라는 한정어를 가지고 설명하는 것을 볼 수 있다.[153] 왜냐하면 성령에 대한 역사적 경험은 종말론적 영광과 온전히 동일한 것이 아니기 때문이다. 결국 "이미"와 "아직 아니"의 변증법에 상응하게, 그는 성만찬을 종말의 실현으로 이해하기는 하지만, 그럼에도 동시에 종말로 향하는 운동으로 이해한다.[154] 그러나 이러한 운동은 어떤 의미에서도 점진적인 것이 아니며, 그러한 것이 될 수도 없다. "왜냐하면 모든 성만찬 기념에서 하나님의 나라가 **그 전체로서** 역사 안으로 들어오고, 바로 **지금 여기에서** 실현되기 때문이다."[155] 지지울라스는 성만찬이 "**하나님의 나라**로 향하는 교회의 **운동**"이라고 주장하면서도, 어떻게 **성만찬 자체 내에서** 이러한 비점진적 운동이 이해되어야 하는지는 전혀 설명하지 않으며, 이것이 무엇을 의미하는지 상상하는 것조차 쉽지 않다.[156] 하나님의 나라가 성만찬을 통해 온전하게 실현된다는 그의 주장은 역사적으로 결정론적인 어떠한 종말론적 실현도 배제할 뿐만 아니라, 이러한 종말의 실현에 대한 어떤 매개된 고양도 배제한다. 그러므로 "이미"와 "아직 아니"의 변증법은 성만찬적 경험(이미)과 일상의 삶(아직 아니) 사이에서 일어난다.[157] 성만찬에서 종말은 역사적 실재 안에서 그리고 그 실재를 통해서 실현되지만, 정작 성만찬 자체는 "이미-아직 아니"의 변증법으로부터 배제되어 있다. 이러한 의미에서 지지울라스는 성만찬에서 실제로 일어나는 것은 "천상의 실재와 **병행되는** 실재로 이해해서는 안 되고, 그것과 **동일한** 실재로 이해해야 한다"고 주장한다.[158] 교회와 그리스도의 동일시, 그리고 성

---

153 Zizioulas, "Presuppositions," 342.
154 Zizioulas, Communion, 61f.
155 Zizioulas, "L'eucharistie," 68, 각주 52 (지지울라스 강조).
156 Ibid.
157 Zizioulas, "Groupes," 267을 보라.
158 Zizioulas, "L'eucharistie," 40. 참조. Zizioulas, Ἡ ἑνότης, 49; Zizioulas, Communion, 233에서 우리는 다음과 같은 점을 읽어낼 수 있다. "지상에서 예배하는 성례전적 공동체와 하나

만찬에서 종말의 완전한 실현은 서로 밀접하게 연관되어 있다. 하나는 오로지 다른 하나를 통해서만 가능하다. 이로부터 교회는 모든 성만찬 가운데 역사 안에서 충만하게 실현된 종말론적 실재라는 주장이 도출된다.

지지울라스는 "과도하게 실현된 종말론"(overrealized eschatology)을 제시한다고 비판받아왔다(내가 보기에는 정당한 비판이다).[159] 그는 구원을 베푸는 은혜의 경험 안에 신학적으로 필수적인 구속받지 못함의 현존이 차지하는 자리를 체계적으로 마련하지 못했다. 성만찬에서 하나님의 나라가 온전히 실현된다는 그의 거듭되는 주장은 인격의 존재론에, 그리고 구원을 베푸는 은혜는 다름 아니라 인격으로 되는 과정이라고 보는 그의 이해에 기반을 두고 있다. 인격이 되기 위해서는 누구나 생물학적 휘포스타시스의 제한으로부터 자유로워져야 한다. 그러므로 인격이 되는 과정은 오로지 하나님의 인도로부터 일어날 수 있으며, 생물학적 실존의 온전한 종말론적 초월(파괴가 아니라)[160]을 통해서만 드러날 수 있다. 더 나아가서 지지울라스에 따르면, 구원은 결국 인간 존재를 인격으로 만드는 **존재론적 구성 행위**이다. 따라서 "이미-아직 아니"의 변증법은 구원을 베푸는 은혜의 경험에 발붙일 수 없다. 만일 구원을 베푸는 은혜가 어떤 인간 존재를 이미 구성된 인격으로서 만난다면, 그 인격은 의인인 동시에 죄인(simul iustus et peccator)일 수 있을 것이다(가톨릭적으로 이해되든 혹은 개신교적으로 이해되든 간에). 왜냐하면 의인의 상태이든 죄인의 상태이든 그것은 인격으로서 그 개인의 다양한 존재 방식이 되기 때문이다. 하지만 만일 처음부터 인간 존재를 존재론적으로 한 인격

님의 보좌 앞에서의 실제 예배가 구별될 아주 작은 여지도 없다."
159 Baillargeon, *Communion*, 256f.을 보라.
160 Zizioulas는 역사를 부정하는 것에 관심이 있는 것이 아니라, 역사적인 피조물적 실재를 일시적인 것과 인과 관계의 고리로부터 해방시키는 것에 관심이 있다. 그러므로 변화된 이후의 존재는 궁극적인 것의 담지자가 될 수 있다(Zizioulas, *Communion*, 186).

으로 구성하는 것이 바로 구원을 베푸는 은혜라면, 인간은 동시에 인격이면서 개인일 수 없으며, 또한 더 많은 정도로나 더 적은 정도로 인격이 되거나 개인이 될 수 없다. 인간은 결국 개인이나 인격, 둘 중 하나일 수밖에 없다. 인간 존재가 전적으로 개인인 한에서, 그리고 그 자신의 존재가 필연성에 의해서 결정되고, 자기 자신을 위해서 그리고 자기 자신으로부터 성격을 부여받는다면, 그는 지지울라스가 말하는 의미에서 인격이 될 수 없다. 인격이 된다는 것은 한 사람이 역사적으로 인과적인 방식에 의해서 규정되는 것을 그쳐야 한다. 그러므로 지지울라스의 인간론과 구원론은 교회의 역사적 성격을 요구한다. 그리고 교회가 진정한 교회가 되고자 한다면, 즉 종말론적으로 초월되고자 한다면, 교회는 그리스도와 동일해야 하고, 또한 이러한 이유로 인해서 엄밀하게 종말론적인 실재로 이해되어야 하는 것이다.[161]

종말이 배타적으로 성만찬에서 실현된다는 것은 오직 성만찬적 공동체들만이 온전한 의미에서 교회를 구성한다는 것을 의미할 뿐 아니라, 그들이 **실현된 성만찬적 모임으로서** 존재하는 순간에만 진정한 교회가 될 수 있다는 것을 의미한다. 지지울라스는 실현주의적 교회론(actualistic ecclesiology)을 옹호한다. "교회는 **쉬지 않고 새롭게 발생하는 사건**이지, 어떤 영속적인 방식 속에 구조적으로 제도화된 공동체가 아

---

[161] Baillargeon은 바로 이 지점을 망각한 것처럼 보인다. 그는 Zizioulas가 종말론적 실재를 역사 안에서 실현되어온 것으로 파악함으로써 "과도하게 실현된 종말론"에서 벗어날 수 있었다고 말한다(Baillargeon, Communion, 256f.). 그러나 그의 출발점을 생각할 때 다음과 같은 질문들이 제기된다. 과연 Zizioulas가 종말론적 실재를 단순히 역사 안에서 부분적으로 실현된 것으로만 볼 수 있을까? 그리고 또한 그가 과연 "이미-아직 아니"의 변증법을 교회적 삶에서 드러나는 "이미-아직 아니, 둘 다"라는 의미에서 이해할 수 있을까? 대답은 부정적일 수밖에 없다. 인격의 존재론적 실현인 종말론적 실재는 오직 그것이 역사에 의한 필연성의 인과율에 "물들지" 않을 때에만, 그리고 그것이 완전히 종말론적인 경우에만, 진정한 종말론적 실재로 머물게 된다. Zizioulas에게는 이러한 이유로 결국 종말은 역사 안으로 들어 올 수 없다. "실존의 상태로서 종말은 역사를 넘어서는 현존과 함께 역사를 직면한다"(Zizioulas, Communion, 174).

니다."¹⁶² 폴 맥파틀란은 다음과 같이 서술하면서 지지울라스를 정확하게 해석하고 있다. "그리스도의 어떠한 것도 과거에서부터 현재로 이행되지 못하며, 오직 미래에서부터 현재로만 수용될 뿐이다."¹⁶³ 성만찬 공동체가 반복적으로 종말을 실현할 때에만, 그것을 "교회"라고 부를 수 있다. 그러므로 "비가시성-가시성"의 변증법은 독특한 뉘앙스를 가지게 된다. 비가시적 교회는 구체적인 회중들 속에서 가시적 교회가 된다. 그러나 왜 분산된 교회가 적절한 의미에서 "교회"라고 불릴 수 있는지에 대해서는 전혀 분명하지 않다.

확실히 교회와 인격에 대한 지지울라스의 이해는 오직 시간에 대한 일상적 경험의 관점에서만 실현주의적이다. 성령에 의해서 실현되는 초시간성(transtemporality)을 통해서 지지울라스는 연속성의 개념, 다시 말해 인격의 삶 속에서의 연속성과 개인의 인격적 삶이 그리스도의 삶(결국 동일한 것인)과 가지는 연속성을 강조할 수 있다고 믿는다. 왜냐하면 성령은 분열로부터 시간을 자유롭게 하기 때문이다. 성령은 정확하게 이러한 교제의 **사건** 속에서 시간의 흐름에 다리를 놓는다.¹⁶⁴

---

162 Zizioulas, "Mystère," 333 (볼프 강조).
163 McPartlan, *Eucharist*, 192.
164 Zizioulas, *Commuion*, 183을 보라; 참조. p. 211. "하나님의 백성이 반복적으로 그리스도의 몸이 된다"는 진술은 Zizioulas의 교회론적 실현주의에 대한 적합한 해석으로 고려될 수 없다(McPartlan, *Eucharist*, 287). 성령이 초시간적 차원을 가능케 한다는 관점으로부터 우리는 이런 방식으로 "하나님의 백성"과 "그리스도의 몸"을 구별할 수 없다. 그러나 만일 우리가 이러한 관점을 잠시 유보하고, 오히려 성만찬적 회중들 사이의 특정한 시간(즉 성령에 의해서 발생하는 초시간성으로 연결되는 시간)에 초점을 맞춘다고 해도, 이 지점에서 우리는 이러한 특정 시간 동안의 인간 존재를 신학적으로 하나님의 백성으로 해석할 이유가 없어진다. 인격성은 성만찬에 의존하고, 이러한 방식으로 인격성이 실현되고 현실화되기 때문에(뒤의 3.2.2를 보라), 인간론적 차원에서도 동일한 문제가 발생한다. 시간을 거슬러서 작용하는 인과율의 개념도 이 지점에서는 그다지 큰 도움을 주지 못한다(이러한 우발성이 설득력이 있다고 전제하더라도). 왜냐하면 이렇게 시간을 거슬러 작용하는 인과율은 어떻게 교회의 회중들이 온전한 종말론적 사건들로서 현실적으로 구성되었는지를 설명할 뿐이지, 어떻게 그러한 각각의 회중들 사이에 연속성이 구성될 수 있는지는 설명하지 못한다.

3.2. 공동체와 공동체들

이렇게 교회론과 관련된 이슈를 성만찬에 근거해서 다루는 것은 지역 교회와 보편 교회를 이해하고, 그들의 관계를 이해하는 데 중요한 결과들을 가지고 온다. 여기서 핵심적인 것은 바로 성만찬 자체의 지역성(locality)과 전일성(catholicity)이다.

1. 지지울라스에 따르면, 교회는 성만찬이 기념되는 어느 곳에서나 그 충만함 가운데 발견된다. 그러나 이러한 성만찬 모임은 사람들이 특정한 공간에서(συνέρχεσθαι ἐπὶ τὸ αὐτό, 고전 11:20) 모일 때에만 발생할 수 있다. 한정된 지리적 **지역성**(locality)은 교회를 정의하는 데 중요한 역할을 한다. 교회는 본질적으로 특정한 장소에 존재하는 특정한 지역 교회이다.[165] 각각의 지역 교회가 온전한 의미에서 교회이기 때문에, 모든 지역 교회는 기본적으로 동등한 지위를 누리며, 따라서(상급이나 하급의 주교라는 개념을 통해서 표현되는) 상급 교회 혹은 하급 교회들은 존재할 수 없다.

교회의 성만찬적 지역화로부터, 지역 교회(필연적으로 하나의 주교를 그 수장으로 가지는)가 교회로 배타적으로 간주될 수 있다는 주장이 뒤따른다. 모든 다른 교회적 구조들의 교회적 지위는 내재적이라기보다는 파생적이다.

대감독, 대주교, 혹은 교구장은 그 자체로 **교회**라 부를 수 없다. 하지만 의미를 **확장해서** 이러한 직임이 감독적 성만찬으로 인해서 합당하게 교회라고 불리는 지역 교회들, 그리고 감독적 교구들에 바탕을 두고 있다는 점을 주목할 때, 이러한 직임은 그 자체로 교회라고 정당하게 불

---

165 Zizioulas, *Communion*, 247을 보라.

릴 수 있다.[166]

지역성에 더해서, **전일성**(catholicity) 역시 성만찬의 본질적 특성이다. 이러한 전일성은 특정한 장소에 전체 교회가 함께 모여 있음을 수반한다 (τῆς ἐκκλησίας ὅλης, 고전 14:23). 그러나 지역 교회의 전일성이 특정한 장소에 있는 회중으로부터 무조건 도출되는 것이 아니다. 이것은 인간의 일이 아니다. 그것은 모든 사람을 자신 안으로 편입시키는 **전체 그리스도**의 현존이 성만찬적으로 경험되는 것에 근거한, 성령으로 매개된 기독론적 실재이다. 광역 교회는 바로 지역의 성만찬 모임(synaxis)에 현존한다. 역으로 성만찬 예식은 구체적인 성만찬적 교제의 행위일 뿐만 아니라, 동시에 광역 교회의 행위이다.[167] 따라서 모든 성만찬은 **전체** 하나님의 백성의 종말론적 모임을 앞당겨 선취한다.[168] 이러한 성만찬적 교제는 "교회의 전일성의 가장 탁월한 표현이며, 전일적 교회의 전일적 행위이다."[169]

비록 지역 교회의 전일성 자체가 실제로 그리스도의 현존에 근거하는 교회의 직무를 제시하는 것은 아니지만, 그럼에도 성만찬적 교제의 전일적 구성을 요구한다. 그것은 특정한 장소에서 자연적이고 사회적인 **모든 분리들을 뛰어넘어야 한다.**[170] 지지울라스에 따르면, 이것은 단순한 도덕적 요청이 아니다. 특정한 장소에서 특정 그리스도인들을 배제하는 교회는 단순히 나쁜 교회 정도가 아니라, 아예 교회가 아니다. 왜냐하면 특정한 장소에서 모든 그리스도인이 모이지 않는 성만찬은 단순히 도덕적으로 결함이 있는 성만찬이 아니라, 오히려 성만찬 자체가 아니기 때문이다. 말하자면 그러한 교회는 **모든 사람을** 그 자신 안으로 포

166　Ibid., 252f., 각주 7.
167　Zizioulas, "Welt," 343을 보라. 44-46
168　Zizioulas, Communion, 144, 158ff., 255을 보라.
169　Zizioulas, "Groupes," 255.
170　Zizioulas, Communion, 151; "L'eucharistie," 39f.; "Groupes," 268을 보라.

괄하는 그리스도의 몸일 수 없는 것이다.[171] 비록 어느 정도 과장이 없다고 말할 수는 없더라도,[172] 이렇게 살아 있고 구체적인 전일성이 바로 지지울라스가 주장하는 교회의 교회성이며 성만찬의 타당성을 보여주는 "궁극적 기준"이다. 만일 성만찬이 은혜의 수단을 수용하는 것에만 국한된다면, 이러한 급진적 결론은 사실 이해하기 힘들 것이다. 그러나 성만찬을 종말론적 사건으로 보는 지지울라스에게 이러한 결론은 필연적으로 따라 나온다.[173] 만일 성만찬이 세례를 받은 특정한 인격을 배제한다면, 그것은 결코 하나님의 백성의 종말론적 모임을 선취할 수 없으며, 그렇게 되면 결국 그것은 성만찬이 될 수 없다.

지지울라스는 전일성을 단순히 "배제의 부재"라는 소극적 방식으로 규정하지는 않고, 오히려 "자신의 자리에서 세례 받은 모든 이들을 포괄하는 모임"이라는 적극적 방식으로 규정한다. 이러한 생각은 교회의 지역성에 대한 그의 이해에서 볼 때 명백하다. 왜냐하면 그는 단순히 교회를 지역화할 뿐 아니라, 이러한 지역성을 하나의 **도시**로 규정하고, 동시에 오직 하나의 성만찬적 교제만이 그 해당 도시에서 기념된다고 상술하기 때문이다. 그러므로 교회는 자신의 문화적 특수성 안에서 특정한 지리적 지역에 속한 **모든** 그리스도인들을 포괄할 수 있다. 그리고 그로써 전일성을 가지게 된다.[174] 그러므로 역사적 공간의 특이성은 하나님의 백성의 분화된 통일성을 종말론적으로 선취하도록 매개해주고 보장해준다.

2. 전일적 인격성의 구성과 전일적 교회성의 구성 사이에는 상응하는 지점이 발생한다. 교회가 전체 그리스도를 떠안음으로써 그 자신의 전일적이고 교회적인 존재를 실현하는 것처럼, 세례를 통해 전일적 인

---

171 Zizioulas, *Communion*, 255, 각주 11을 보라.
172 Ibid., 257.
173 이전 저작들에서, Zizioulas는 이러한 결론을 체계적으로 내리는 것을 주저하고 있다 (Zizioulas, "Groupes," 268).
174 Zizioulas, ‘Η ἑνότης, 66ff.; "L'eucharistie," 38f.; *Communion*, 247ff.

격으로 구성된 모든 성도들은 성만찬적 모임의 틀 속에서 **전체** 그리스도를 떠안음으로써 전일적 인격으로서의 그의 삶을 실현한다.[175] 이는 인격에 대한 이해에 있어서 두 가지 결과를 야기한다.

첫째, 만일 인격성이 성만찬적으로 규정된다면, 인격성은 교회적 존재와 같이 하나의 조건이라기보다는 하나의 사건이다. 세례를 통한 거듭남이라는 행위에서, 이것은 전종말론적으로(pre-eschatologically) 인격에게 주어진 지속되는 삶이 아니다. 오히려 세례에서 그들은 하나의 순간적(punctiliar) 방식으로 인격이 된다. 그리고 동시에 인격성의 성만찬적으로 발생하는 실현주의적 경험으로 "받아들여진다." 비록 어떠한 "존재론적 **영속**"도, 이러한 실현주의적 세례와 성만찬 예식으로 인격이 되는 과정에 부가되지는 않지만, 특정한 "종말론적 **종국성**"은 이러한 과정에 포함되어 있다.[176] 그러나 하나님의 다스림의 이쪽 편에서 성만찬적 모임들 사이에 발생하는 것은—인간이 앞으로 자신이 될 바를 현재 실현하고 있다는 지지울라스의 종말론적 존재론에도 불구하고—오직 개인주의라는 악마에 대항하는 **개인**의 투쟁일 수밖에 없다.[177] 둘째, 비록 한 인격의 발생과 교회의 발생을 유비적으로 이해하더라도, 교회의 존재는 인격의 존재에 선행한다. 비록 세례에서 인격으로 구성된 어떤 사람이 성만찬적 기념에 참여할 수 있다고 하더라도, 그는 오로지 공동체 안에서만 이루어지는 세례와 성례전을 통해서 그 자신을 인격으로 받아들일 수 있을 뿐이다. 왜냐하면 그는 오직 공동체를 통해서만 전체 그리스도를 받아들일 수 있기 때문이다. 인격은 오로지 성만찬적 모임을 통해

---

175 Zizioulas, *Communion*, 60f.을 보라.
176 그러므로 Zizioulas는 성직 서임을 언급한다(Zizioulas, "L'ordination," 46; 지지울라스 강조). 그는 성직 서임을 인격이 되는 과정에 상응하는 것으로 보고, 관계적으로 이해한다(뒤의 4.2.1을 보라). 참조. Zizioulas, *Communion*, 58, 각주 52에 있는 인격성과 관련된 Zizioulas의 진술.
177 앞의 각주 164를 보라.

서, 그리고 그 모임 안에서 인격이 된다.

여기서 중요한 점은 바로 지지울라스가 성만찬에서 그리스도를 받아들이는 것을 인격의 의식적 행위로서 파악할 수 없다는 사실이다. 우리가 이미 살펴본 바와 같이,[178] 인간이 서로에 대한 그리고 하나님에 대한 관계 속으로 인지적 행위를 집어넣는 것은 언제나 받아들일 수 없는 개인화를, 즉 인격성의 부정을 함의하게 된다. 따라서 인격이 되는 과정은 언제나 비인지적 방식으로 이루어져야 한다. 그리고 이러한 점은 또한 인격과 공동체가 성만찬적 모임에서 동일수위적(equiprimal)이지 않다는 사실을 강조하게 된다. 비대칭성의 조건은 인격과 공동체 사이의 관계에서 발생한다. 비록 공동체가 공동체를 살아가는 인격들에 의해서 구성된다고 하더라도, 그리고 그들이 공동체의 한 부분이고, 그들 스스로가 공동체적 (전일적) 인격들이라 할지라도, 공동체는 단순히 이러한 인격들을 통해서 구성되지 않는다. 오히려 이 인격들이 공동체를 통해서만 먼저 인격으로 구성된다.[179]

그러므로 교회론적으로 가장 낮은 차원에서, 즉 지역 교회의 차원에서 우리는 실제로 **삼위일체적 관계성이 역전되는 현상**을 발견할 수 있다. 삼위일체적 차원에서는, 한 인격이 교제를 구성한다. 하지만 교회론적 차원에서는 인격들이 교제에 의해서 구성된다. 지지울라스가 "'휘포스타시스', 즉 하나의 구체적이고 자유로운 인격으로부터 유래하지 않은 교제는 결코 하나님의 존재의 '형상'이 아니다"[180]라고 기술할 때, 이것은 인간론적으로나 교회론적으로 교제 안에서 살아가는 모든 사람들을 지칭하는 것이 아니라, 오히려 그를 통해서 다수가 교회적 교제로 구성되고 그로써 인격으로 구성되는 **"하나"**만을 유일하게 지

---

178 앞의 2.3.1을 보라.
179 명백하게, 인격들 없이는 교제도 성립하지 않는다.
180 Zizioulas, *Communion*, 18.

칭하는 것이다. 앞으로 살펴볼 것이지만, 이것이 바로 한 분 그리스도를 "대표"하는 주교의 기능이다. 이러한 한 사람을 통해서 구성되는 공동체는 개별 인격에 대해서 우선성을 가진다. 지지울라스의 사유에서 하나와 다수 사이의 관계가 거의 대칭적으로 흐르는 유일한 지점은 바로 지역 교회들 사이의 관계에서다.

3. 지지울라스는 전일성을, 모든 인간 존재를(혹은 모든 그리스도인들만을?) 그 자신에게 편입시키는 전체 그리스도의 지역적 현존으로 이해하기 때문에, 전일성은 언제나 보편성(universality)을 함의한다(그러나 동일한 것은 아니다).[181] 어떠한 지역 교회도 고립되어 자기 폐쇄적인 방식으로 살아가도록 허용되지 않는다. 오히려 모든 지역 교회는 다른 모든 교회와의 교제 속에서 살아야 한다.[182] 그러나 반면에, 모든 교회들의 통일성은 단순히 보편성의 방식으로는 파악되지 않고, 구체적 전일성에 의해서 파악되어야 한다. 어느 누구도 교회가 실제로 하나의 교회인 것은 먼저 오직 보편적 차원에서만이지만, 그러나 항상 많은 형태들로 구체적으로 존재한다고 이야기할 수 없다(예를 들어 아마도 라칭거가 그렇게 주장하겠듯이).[183] 하나의 교회가 단지 교회들의 다수성 속에 존재하는 것이 아니다. 오히려 하나의 교회 자체가 다수성이고, 전체적 다수성이며, 동시에 이러한 다수성의 개별적 요소이다. "하나의 그리스도 사건은 **사건들**(복수)의 형태로 발생하며, 이러한 사건들은 바로 하나의 그리스도 사건 그 자체만큼이나 **존재론적으로 수위적이다**. 지역 교회는 교회성에 있어서 보편 교회만큼 수위적이다."[184]

지지울라스에 따르면, **하나**의(다시 말해, 수적으로 동일한) 성만찬이

---

181 Ibid., 257을 보라.
182 Zizioulas, Ἡ ἑνότης, 199; *Communion*, 133을 보라.
183 앞의 II.2.3을 보라.
184 Zizioulas, *Communion*, 132f.

모든 교회에서 기념된다. 따라서 보편 교회는 "집합성 속의 통일성"이 아니라, "동일성 속의 통일성"이다.

> 도식적으로 이야기하면, 첫 번째 경우에는 다양한 지역 교회들이 하나의 전체를 이루기 위해서 서로서로 더해주는 그러한 부분을 형성한다면, 두 번째 경우에는 지역 교회들이 서로에게 덧붙여질 수 있는 것이 아니라, 서로에게 **일치하며** 결국에는 그리스도의 몸과 근원적 사도적 교회에 **일치하는 온전한 원들**(full circles)이다.[185]

그러므로 각각의 지역 교회들은 비록 이들이 역사적 특징에 있어서는 서로 다른 좌소를 가진다고 하더라도, 하나의 전체 교회이다.

항상 공동체로부터 자기의 정체성을 수여받는 인격의 경우와는 다르게, 지지울라스에 따르면, 지역 교회는 초지역적인 공동체적 사건(supralocal communal event)의 어떤 성질을 통해서 전체 교회의 공동체로부터 자기의 정체성을 부여받지 않는다. 지역 교회는 명백하게 지역적인 사건, 즉 성만찬이라는 지역적 사건을 통해서 전체 교회가 된다. 교회들의 교제를 통해서 교회가 되는 것이 아니라, 단순히 보편적 공동체 가운데 서 있음으로써 자신의 전일적 교회성을(그리고 따라서 교회성 자체를) **보여줄** 뿐이다. 따라서 지역 교회들 사이의 관계는 우월성이나 종속성이 없는 근본적으로 대칭적인 관계이다. 모든 지역 교회는 "모든 것에 대해서 최종적 판단을 내릴 수 있다."[186]

통일성과 교회성에 대한 이러한 이해는 지역 교회들의 연맹으로, 즉 그 바깥에 있는 교회들은 교회로 승인을 받지 못하게 되어버리는

---

185 Ibid., 158, 각주 66; 참조. Ἡ ἑνότης, 140ff.
186 Zizioulas, "Episkope," 33.

"연맹"으로 기우는 경향이 있는 듯 보인다. 그러나 지지울라스는 이러한 경향이 가지는 단점을 지역 교회들과 주교 사이의 "하나-다수"의 변증법을 통해서 상쇄하고자 한다. 그리고 이러한 상쇄는 주교직의 차원은 물론 보편 교회의 차원에서도 발생한다.[187] 이러한 변증법은 그 방향 설정을 삼위일체적 위계의 관계로부터 획득하는 것으로, 지역 교회 내에서 하나(주교)와 다수(사제와 평신도) 사이의 변증법에 상응한다. 교제의 구조에 대한 이후의 연구를 통해서, 나는 어떻게 이러한 교회론적 전제를 지지울라스가 일관되게 적용하고 있는지를 질문해볼 것이다.

4. 교제의 구조

성만찬적 공동체들의 종말론적 전일성으로부터 그들의 관계가 가지는 공동체적 성격이 드러나는 것은 물론, 이러한 공동체들의 특정한 구조가 드러난다. 이러한 구조는 공동체들의 내적 구조와 그들의 보편적 통일성의 구조를 모두 포괄한다. 지역적이고 보편적인 차원에서 이러한 교회적 구조의 특징을 설명하기 전에, 먼저 나는 교회적 사건과 교회적 제도 사이의 관계에 대해서 간략하게 다루도록 하겠다.

4.1. 제도와 사건

지지울라스에 따르면 특정한 기능을 완수해야 한다는 필요 자체가 교회의 근본적 구조를 정초하기에 충분하다고 할 수 없다. 이러한 구조들은 교회의 사역들로부터 도출되는 것이 아니라(그것이 제대로 표현된다고 할지라도), 오히려 교회가 가지는 종말론적이고 공동체적인 **존재**에

---

[187] Zizioulas, "Conférences," 505.

서 유래한다. 종말론적이고 공동체적인 존재는 성만찬 속에서 구체적으로 실현되기 때문에, 교회적 직임은 "성만찬의 모형론으로부터 그것의 형식과 실존, 그리고 그에 대한 신학적 진술"을 얻어야 한다.[188] 성만찬은 결국 특정한 장소에서 하나님의 종말론적 다스림에 대한 역사적 기념 이외에 아무것도 아니다. 그러므로 교회의 구조들은 궁극적으로 하나님의 다스림의 본성에 근거 지어져야 하며, 그것의 종말론적 구조에 상응해야 한다.[189]

만일 교회가 종말론적 **사건**이라면, 즉 미리 앞당겨 실현되는 주의 도래(παρουσία)라면, 교회의 구조를 어떻게 이해해야 할까?[190] 지지울라스에 따르면, 하나님의 다스림은 역사 속에서 **교회적 구조 안에서 그리고 그 구조를 통해서** 현존한다. 그러나 교회의 구조들은 역사로부터 도출되는 것이 아니라, 하나님의 종말론적 다스림 그 자체에 근거한다. 먼저 다소 추상적인 방식에서 보자면, 종말론적 공동체의 실존은 이미 특정한 구조를 내포하고 있는데, 이는 이러한 종말론적 공동체가 그 자신을 다른 공동체들로부터 구분할 수 있어야 하기 때문이다. 둘째, 종말론적 다스림은 사도들에 의해서 둘러싸인 그리스도의 다스림이다(지지울라스에 따르면, 이는 요한계시록에서 가장 여실히 드러난다). 이러한 점에서 하나님의 다스림 안에 있는 그리고 따라서 교회 안에 있는 특정한 관계들이 따라 나온다. 하나님의 다스림이 성만찬 예식에서 종말론적 사건이 되는 **역사적** 구조들은 결국 **종말론적으로** 규정될 수밖에 없다.[191]

성만찬적 기념과 종말론적 천상의 예배가 바로 동일한 실재를 드러내는 것이기에, 요한계시록에 묘사된 천상의 회중의 구조—"일곱 영"을

---

188 Zizioulas, "Bishop," 26.
189 Zizioulas, "Mystère," 334; "Episkope," 33; *Communion*, 138.
190 앞의 3.1.3을 보라.
191 Zizioulas, *Communion*, 205f.; "Déplacement," 99.

가진 장로들에게 둘러싸인 하나님의 보좌와 어린 양, 그리고 그 보좌 앞에 있는 "유리 바다"(계 4:2-6)—는 바로 지역 교회의 구조에 대한 모델로서 기능한다. 성만찬 예식에서 "'하나님의 장소 혹은 보좌'는 실제로 주교가 차지하는데, 그는 자신을 향해 서 있는 하나님의 백성과 함께하는 사제들(presbyters, '장로들')의 보좌에 둘러싸이고, 부제들(deacons)에 의해서 시중을 받는다."[192] 성령은 주교와 사제와 부제, 그리고 이렇게 구조화된 관계 속에 서 있는 하나님의 백성을 통해서 교회를 구성한다.[193] 교회의 분화되지 않은 상태는 교회가 각 사역들에 따라 다르게 분화된 상황에 결코 선행하지 않는다. 오히려 교회는 바로 이러한 분화를 통해서 생겨난다. "특정한 은사들은 그리스도의 몸의 실존으로부터 흘러나오는 것이 아니라, 그의 몸의 없어서는 안 될 부분을 형성한다."[194]

종말론적인 교회적 구조에서 가장 결정적 요소는 바로 성만찬적 회중의 수장인 **주교**와 그리고 전체 그리스도인 **사람들**이다. 이 사람들은 주교를 중심으로 모인 특정한 지리적 지역에 속해 있다. 지역 교회의 내적 구조에서 주교와 사람들이 차지하는 필수불가결성은 다수의 사람을 자신에게 동시에 연합시키는 그리스도의 실재에 기독론적으로 근거한다. 물론, 사제들과 부제들 역시 실제로 중요하긴 하지만(그리고 지지울라스는 특히 자주 간과되는 부제의 중요성에 대해서 강조하고자 노력하지만), 교회론적으로 볼 때, 이들은 필수불가결하다고 이야기할 수는 없다. 그들은 "지지울라스가 자신의 신학에서 근본적이라고 강조하는 종말론적 교제의 '모형론'에 의존할 때에만, 지역 교회의 본질적 요소들이 된다."[195] 이어지는 부분에서 나는 지지울라스가 제시하는 주교와 평신도,

---

192 Zizioulas, "L'eucharistie," 40.
193 Zizioulas, *Communion*, 207을 보라.
194 Zizioulas, "L'ordination," 44.
195 Zizioulas, *Communion*, 256을 보라. 여기서 Zizioulas는 "Grundlage," 72에서 보여주는 것 ("교회의 **네 가지** 직임이 없으면 교회도 존재하지 않는다")과는 분명히 다른 관점을 취

그리고 이 둘 사이의 관계에 대해서만 집중하여 살필 것이다.

4.2. 주교

1. 주교가 되는 것이 무엇인지 이해하기 위해서, 우리는 한 사람이 주교가 되는 절차인 서임(ordination)에 대해 알아보아야 한다. 지지울라스는 이러한 절차를 한 사람이 인격이 되는 과정에 상응하는 것으로 이해한다. 우리가 보다시피, 서임의 과정과 인격이 만들어지는 과정은 부분적으로 중첩되며 어떤 의미에서는 동일하다고 할 수 있다.[196] 어쨌든 지지울라스는 인격과 개인 사이의 근본적 구별을 서임에 대해서도 그대로 적용하고 있다. 여기서 서임을 성례전의 은혜가 한 사람에게서 다른 사람에게로 전이되는 것으로 이해하거나(소위 가톨릭적 오해), 혹은 회중에 의해서 특정한 기능의 행정을 위해 대표로 세워지는 것으로 이해하는 것(소위 개신교적 오해)을 그가 비판하는 것은 논리적 귀결이다. 성직 서임에 대한 전통적인 존재론적 이해나 기능주의적 이해 모두 서임된 인간을 단순히 한 개인으로만 본다. 그가 하나님의 은혜를 입은 인간 존재이든 혹은 인간들에 의해서 위탁받은 사람이든, 혹은 그가 회중과 살아 있는 관계를 가지고 있을지라도 어떤 점에서 그는 상당히 독립적인 개인일 뿐이다.

반면에 지지울라스는 서임을 공동체적 관점에서 파악한다. "성직 서임은 서임 받는 사역자를 **심오한 차원에서** 그리고 **본질적 차원에서** 공동체에 **연결시키며**, 서임 이후 새로워진 그의 지위는 어느 누구도 그를 홀로 이해할 수 없게 만든다. 그는 이제 **관계적 실재**가 된 것이다."[197] 서임에서 한 인격은 공동체에 의해서 그 자신의 존재가 결정되지 않고서

하고 있기는 하다.
196 뒤의 4.3.1을 보라.
197 Zizioulas, "Ordination," 9.

는 그 어떠한 기능도 획득할 수 없다. 또한 서임된 인간은 공동체 대해 그것을 넘어서는 하나의 개인으로서는 어떠한 것도 소유할 수 없으며 [이러한 맥락에서 지지울라스는 **지울 수 없는 특성**(character indelebilis)을 이야기 한다], 오직 공동체 안에서만 그 무엇이 **된다**. 성직 서임은 서임 받는 사람의 자기 폐쇄성을 극복하고, 그를 엑스타시스적(ecstatic, 자기 초월적) 실재로 만든다. 그가 누구인가는 그가 서 있는 관계를 통해서 결정된다. "공동체는 감독직의 존재론에 한 부분을 형성한다."[198] 주교가 된다는 것은 근본적으로 회중에 의해서 결정되는 것이다. 서임에 부여된 성령의 인침은 이러한 관계의 외부에서는 존재할 수 없다.[199] 이것이 바로 성직 서임식에서 회중이 "합당하다"(ἄξιος)라는 탄성은 물론 "주여, 자비를 베푸소서"(Κύριε ἐλέησον, 퀴리에 엘레이손)라는 노래를 부르기 위해서 참여해야 하는 이유이며, 서임의 본질적 부분으로서 회중 스스로가 바로 감독직의 "추대식"(κατάστασις)을 실행해야 이유이다.[200]

지지울라스에 따르면, 감독이라는 존재는 회중이라는 일반적 구조 속에서 주교가 차지하는 자리에 의해서 단순하게 결정되는 것이 아니라, 오히려 그가 **특정한** 회중과 가지는 관계에 의해서 결정된다. 장차 주교가 담당하게 될 교구의 지명이 서임 기도에서 명백하게 언급되어야 한다.[201] 만일 구체적 회중이 감독직의 존재론에 포함될 경우, 담당하는 회중이 바뀌게 되면 주교 역시 새롭게 서임을 받아야 한다는 사실은 피할 수 없는 것처럼 보인다. 그러나 지지울라스의 교회론적 체계에

---

198 Zizioulas, *Communion*, 137.
199 Zizioulas, *Communion*, 165을 보라. 명의 주교직(institution of titulary bishops)을 제정하는 것은 "수치스럽게 비정경적"일 뿐 아니라(Zizioulas, *Communion*, 251, 각주 6), 더 나아가서 Zizioulas가 말하는 인격의 존재론에서도 완전히 불가능한 것이다: 회중이 없는 주교는 결코 주교가 아니다. 명의 주교에게 가상의 회중을 할당하는 것은 결국 이러한 주장의 타당성만을 강조하는 것일 뿐이다.
200 Zizioulas, *Communion*, 218; "Bishop," 31f.을 보라.
201 Zizioulas, *Communion*, 166, 각주 90.

서 이와 같은 결론이 반드시 도출되는 것은 아니다. 왜냐하면 모든 지역 회중은 하나의 **전일적** 회중이며, 이러한 회중은 하나님의 유일한 교회와 동일하기 때문이다. 일회적이고 반복 불가능한 서임의 본질에 대한 지지울라스의 주장에도 불구하고, 모든 특정한 회중이 가지는 전일성은 그로 하여금 치리의 권한(potestas iurisdictionis)과 직제의 권한(potestas ordinis) 사이의 구분을 회피하게 만들었다. 왜냐하면 권한에 대한 이러한 구분은 그의 인격의 존재론과 상반되기 때문이다(지지울라스의 인격의 존재론은 개인이 아닌 어디까지나 공동체에 의해서 규정되는 보편적 인격을 주장하는데, 감독이 공동체 안에서 가지는 치리권 이외에 그 자신이 개별적으로 감독 신분에서 가지는 권한을 이야기하는 것은 결국 감독직을 개인주의적으로 규정하는 것이 된다—옮긴이). 특정한 지역 교회에서 이루어지는 방식으로 하나의 인격을 주교로 구성하는 절차는 주교를 바로 하나님의 유일한 교회의 주교로 만드는 동시에, 같은 이유로 잠재적으로 그 주교를 모든 지역 교회의 주교로 만든다.

2. 성만찬적 모임 자체가 그리스도의 "형상"(εἰκών)이기 때문에, 주교 역시 교회의 머리로서, 그리스도의 "형상"이다. 교회를 그리스도와 동일시하는 것은 감독의 직임에 대한 지지울라스의 이해에서 기초가 된다.

> [성만찬의 기념에서] 공동체를 주관하는 머리는 그리스도의 형상으로 간주되는데, 이는 머리인 그리스도가 불가시적으로 행하는 것을 대신 수행하기 때문이다…그러므로 이러한 공동체를 주관하는 머리는 그리스도에게 속한 특권을 그 스스로 가지게 된다.

지지울라스는 다음과 같이 말할 수 있다. "사람들의 눈에는 주교가 그리스도이다."[202] 물론 그는 주교 역시 연약하고 죄를 짓는 존재라는 이유로 즉각 이러한 동일시를 상대화시키기는 한다. 그러나 **성만찬적 예**

식에서 주교는 그리스도**이다**. 왜냐하면 그리스도 자신이 주교 안에서 그리고 주교를 통해서 활동하기 때문이다. 이러한 의미에서 주교의 예전적 행위들은 그리스도 자신이 베푸는 구원적 행위와 병행해서 발생하는 것이 아니라, 그러한 행위와 온전히 **동일하다**.[203] 여기서 지지울라스가 다루지 않은 문제가 발생한다. 만일 모든 성만찬적 모임이 바로 **전체** 교회와 동일하다면, 어떻게 그리스도가 베푸는 구원적 행위와 동일한 행동을 취하는 하나의 주교가 **모든** 모임에 현존할 수 있는가? 성만찬이 단일한 하나의 성만찬인 것처럼, 서로 다른 주교들의 행위들 역시 하나의 단일한 행위가 되어야 한다. 결국 모든 주교들의 특수성은 사라져버리고 만다.

그리스도가 단순한 개인이 아니고 다수를 그 자신 안으로 편입시키는 인격이듯, 주교 역시 개인이 아니며 "**또 다른 그리스도**"(alter Christ)로서 행동한다. 왜냐하면 서임을 통해서 주교가 한 인격이 된 것처럼, 성만찬 모임의 머리로서 그가 담당하는 직무에서 그는 집단적 인격성으로서 행동한다. 오직 이렇게 될 때에만, 그리스도와 교회 사이의 동일성이 존재할 수 있고, 이러한 동일성을 통해서 교회가 교회로서 구성된다. 주교는 가장 탁월한 전일적 인격으로서, 하나인 동시에 다수인 분의 기독론적 신비가 역사적으로 구체화된 것이다. "바로 하나의 그리스도가 '다수'(즉 공동체)가 되며, 다수는 바로 그 '하나'가 된다."[204] 주교는 그리스도와 인간 존재 사이를 매개하지만, 분리된 실재들인 그리스도와 인간 존재 사이에 그가 다리를 제공하는 방식으로 그 일이 이루어지는 것이 아니다. 오히려 감독 스스로가 관계적 실재로서 그리스도인 동시에 인간 존재**이기** 때문에, 그는 다수를 그 자신 안으로 연합시키는 **또**

---

202 Zizioulas, "Mystère," 329 (볼프 강조).
203 Zizioulas, *Communion*, 163을 보라.
204 Zizioulas, "Bishop," 30.

다른 그리스도로 기능하는 것이다. 이러한 방식으로 주교는 "종말론적 그리스도의 현존을 언젠가 마지막 날에 이루어질 그 현존의 형식 속에서(즉 교제로서) 역사 안으로 가지고 들어온다."[205] 이것이 바로 왜 교회가 필연적으로 감독직의 구조를 가지게 되며, 엄밀히 말해, 주교 없이는 "기독교적인 영적 경험은 상상도 할 수 없는지"의 이유이다.[206]

주교의 지위가 회중에 의해서 규정되고, (애초부터 내적으로 분화된) 종말론적 공동체로서의 교회가 결국은 **또 다른** 그리스도인 감독에 대해서 우선성을 가지기에, 처음에는 회중이 주교에 비해서 우선성을 가지는 것처럼 보일 수 있다. 그러나 교회적 방식으로 기독론적 신비를 실현시키는 그리고 그로써 교회를 구성하는 주교의 직무는 **주교가 회중에 대해 우선권을 가진다**는 사실을 명백히 보여준다. 비록 교회가 없으면 주교가 될 수 없기에 주교는 참으로 교회에 의해서 조건 지어지긴 하지만(마치 교회가 없이는 그리스도가 될 수 없기에, 그리스도가 교회에 의해서 조건 지어지는 것처럼), 그럼에도 교회를 교회로 구성하는 자는 주교 자신이며, 오로지 주교를 통해서만 교회는 교회로서 살아간다. 왜냐하면 주교야말로 "그의 손으로 인해서 전체 공동체가 그리스도 안에서 하나님께 바쳐지게 되는 단 한 사람이기 때문이다."[207] 그리스도와의 엄밀한 상응성 속에서(그뿐 아니라, 그리스도와의 동일성 속에서), 주교는 바로 정확히 그의 공동체에 연결되어 있음에 의해, "그의 공동체 **위에**" 서 있다.[208] 왜냐하면 "포용하는 이"(그리스도이든 혹은 주교이든)는 명백하게 "포용되는 이"(사람들)에 대해서 우선권을 가지기 때문이다.[209] 비록 상호

---

205 Ibid., 29.
206 Zizioulas, "Community," 34.
207 Zizioulas, *Communion*, 153.
208 Zizioulas, "Biship," 30 (볼프 강조). 주교가 회중보다 높이 서 있다는 주장을 반박하는 다른 본문들은(Zizioulas, *Communion*, 164) 단순히 회중에 대해서 주교가 갖게 되는 더 높은 위상을 부정하는 것이라기보다는 오히려 주교가 (위계적으로 구성된) 공동체의 부분이라는 점을 강조한다.

성이 주교와 회중 사이에 발생하더라도, 이 상호성은 비대칭적이다.

따라서 우리는 주교와 회중 사이의 관계 속에서, (지지울라스에 따르면) 삼위일체-내적 관계와 그리스도와 교회 사이의 관계에도 부착되어 있는 공동체성의 동일한 비대칭적 구조를 만나게 된다. 하나(성부, 그리스도, 주교)는 다수를 구성하지만 다수는 하나에 의해서 조건 지어진다. 그러므로 하나와 다수의 관계에 대한 그의 이해가, 그가 주장하는 것처럼 "모든 피라미드적 개념"을 교회론으로부터 진정 배제할 수 있는지는 의심스러울 뿐이다.[210] "우선성의 순서"는 실제로 지지울라스 스스로가 말한 바와 같이, 관계에 대한 그의 이해에 직접 근거하고 있다.[211] 우선성의 순서가 "사랑의 교제에서부터 자유롭게 발생한다"는 그의 주장은 삼위일체와 관련할 때만 설득력 있게 들릴 뿐이다(삼위일체적 관계에 대한 그의 문제의 여지가 있는 이해를 전제한 상황에서). 왜냐하면 결국 하나님은 사랑이기 때문이다. 하지만 주교와 회중 사이의 관계에서 그의 주장은 단지 이데올로기로 퇴보해버릴 위험이 농후한 하나의 공허한 요구일 뿐이다.

3. 다수에 대해 감독직을 지닌 한 사람의 더 높은 지위는(지지울라스가 "주교의 결정적 탁월성"이라고 이야기한)[212] 또한 주교의 배타적 서임 수행권에서 추가로 강조된다. 성령은 오직 부활한 그리스도를 통해서 주어지고 그리스도의 "형상"(εἰκών)은 다름 아닌 주교이기 때문에, 오로지 주교만이 성령을 전수할 수 있다(비인과적 의미에서).[213] 그러므로 주교는 다수를 그리스도에게 편입시키고, 그로 인해서 이들을 그리스도에게 연합시키고, 또한 동시에 "교회 내의 다양한 사역들과 직제들을 분배함으

---

209   Zizioulas, *Communion*, 183.
210   Ibid., 139.
211   Zizioulas, "Grundlage," 77; 참조. "Die pneumatologische Dimension," 141.
212   Zizioulas, "Groupes," 257.
213   Zizioulas, "Bishop," 29.

로써" 연합된 자들을 다시 분화시킨다.[214] 주교는 하나님과 인간 존재 사이를 매개하는 자로서 지역 교회가 하나의 전일적 연합체로 살아갈 수 있도록, 지역 교회의 관계들을 구조화한다. 모든 은사들의 현현은 주교를 통해서 일어나야 한다. 주교만이 이러한 은사들이 공동체에 해악이 되는 개인들의 자기주장으로 퇴행하지 않고 교제의 다양한 현현이 되도록 보장해줄 수 있다.[215]

그러나 공동체성에 대한 지지울라스의 또 다른 특징은 서임을 수행하기 위한 감독직의 배타적 권리에서 다시 명확하게 드러난다. 공동체는 오로지 다양한 "다수"를 공동체로 구성해주는 한 사람이 존재할 때에만 비로소 존재할 수 있다. 교회는 오직 주교를 통해서만 전일적일 수 있으며 모든 분열과 분리를 뛰어넘을 수 있다. 지역 교회에서 공치적인 여러 수장들을 가지는 것은 불가능하다. 왜냐하면 이러한 경우 지역 교회의 통합된 전일성이 상실되기 때문이다. "각 지역 교회에서 주교가 하나인 것은 이러한 교회의 전일성을 위한 선결조건이다."[216] 지지울라스에 따르면, 교회적 통일성과 그로 인한 교회성 그 자체는 주교의 단일성 없이는 상상할 수 없다. 결국 교회는 "감독 중심적"이다.[217] 왜냐하면 교회 안에서 그리스도의 현존과 교회의 보편성은 바로 주교를 통해서 매개되기 때문이다.

4.3. 평신도

그러나 평신도는 하나의 전일적 인격으로서의 주교 안에 존재할 뿐 아니라 **그와 병행하여** 있다. 종말론적으로 구성된 성만찬적 교제의 구조

---

214 Ibid., 30.
215 Zizioulas, "Die pneumatologische Dimension," 140을 보라.
216 Zizioulas, "Bishop," 30f.
217 Ibid., 23.

속에서, 평신도는 필수불가결한 자리를 차지한다. 그러므로 또한 평신도의 관점에서 주교와 회중 사이의 관계를 검토하는 것은 필수적이다.

1. 지지울라스는 평신도를 **서임된 것으로** 보는 관점으로부터 성만찬적 교제 속에 있는 평신도의 중요성을 강조한다. 여기서 서임되었다는 것은 평신도가 단순하게 안수(χειροθεσία)의 의미에서가 아니라, 선출과 성직 서임(χειροτονία)이라는 엄격한 의미에서 특정하게 서임되었다는 것이다. 세례가 견진과 불가분의 것이고 항상 결국에는 성만찬의 상황에서 발생하는 것이기에, 세례를 받은 인격은 세례를 통해서 하나의 그리스도인이 될 뿐만 아니라, 세례라는 그 동일한 행위 속에서 서임되는 것이기도 하다. 성령의 기원 아래, 안수는 그 인격 위에 이뤄지고, 그 인격은 이제 성만찬적 회중 속에서 특정한 직제(ordo)로 선임된다. 이것이 왜 서임 받지 못한 그리스도인은 존재하지 않는지에 대한 이유이다.[218] 그리스도인들은 누구는 서임을 받고, 누구는 서임을 받지 않았기 때문에 서로에게서 구별되는 것이 아니라, 저마다 특정한 직무를 위임 받았기에 서로에게 구별된다. 비록 세례 받은 자만이 교회의 특정한 직임들로 서임 받을 수 있다고 하더라도, 그들이 서임을 받은 것은 특정한 직임(예를 들어 주교의 직임)에 대한 이러한 서임을 통해서 그 직임은 그들이 세례를 통해 받았던 그 무엇에 더해서 또 다른 것을 추가로 받는 것이 아니라는 말이다. 실제로 이들은 성직 서임에서, 객관화할 수 있는 그 무엇도 받지 못한다. 오히려 서임 받은 사람들은 성만찬적 모임의 구조 내에서, 즉 그들이 누구인지를 지금 규정하는 구조 내에서 **다른 좌소**를 부여받게 된다. 여기서 지지울라스는 교회 내에서의 상호성을 더욱 강조하게 된다.

그러나 우리가 성만찬적 모임에서 평신도라는 필수적인 직제에 대

---

[218] Zizioulas, *Communion*, 215f.

한 특별한 위임을 고려할 때, 이러한 상호성도 결국은 비대칭적인 것임을 알게 된다. 지지울라스에 따르면, 실제로 평신도의 직제와 그들의 배타적 특권은 그들이 받는 은혜에 대한 응답으로서 "아멘"을 외칠 수 있는 권리이다.[219] "아멘"은 평신도들이 하나님의 새로운 백성으로서 "이스라엘 백성과 같이 모세를 **따라야** 하고, 그에게 자신들의 **응답을 통해서 찬동**해야 한다"는 사실의 예배적 표현이다.[220] 만일 주교가 실제로 또다른 그리스도라고 한다면, 이러한 "아멘" 이외의 다른 응답은 적합하지 않을 것이다. 전적으로 나의 판단에 따르자면, 이러한 평신도의 평가절하는 결국 주교의 구원론적·교회론적 높아짐에 상응한다. 누구든지 "하나님의 좌소"를[221] 떠안는 사람은 따름을 받을 수밖에 없다. 물론 평신도는 주교를 그들과 반대되는 위상에 서 있는 한 개인으로써 추종하면 안 되고, 매우 실제적 방식으로 그들을 대표하는 자로서 추종해야 한다. 또한 이는 그들이 감독적 지도를 수용해야 하는 것이 단순히 어떤 직제에 대해 순종하는 것으로 이해되어서는 안 되고, 그들의 인격적 정체성을 표현하는 관계에 대한 은사적인 인정으로서 이해되어야 하는 이유이다.[222]

회중 안에서 주교와 평신도의 특정한 위상을 고려해볼 때, 왜 지지울라스가 교회 안에서의 관계를 궁극적으로 **위계적이라고** 규정해야 했는지가 명확해진다(비록 그가 위계의 개념을 그의 삼위일체 신학에서부터 도출하면서 평신도와 성직자들 사이에 존재하는 가치에 있어서 어떤 차이가 있음을 부정함에도 불구하고). 그러나 위계를 직무(과업)의 특수성 그 자체에서 도출하고자 하는 그의 시도는 그리 설득력 있게 들리지 않는다.[223] 왜냐하면 이러한 직무의 특수성은 평등주의적 관계에서도 분명 양립

---

219 Zizioulas, "Presuppositions," 343.
220 Zizioulas, "L'eucharistie," 41 (볼프 강조).
221 Zizioulas, "Grundlage," 70; 참조. "Community," 32.
222 Zizioulas, *Communion*, 241f.을 보라.
223 Zizioulas, "Groupes," 260; "Ordination," 11.

가능하기 때문이다. 위계적 관계는 각각의 사람들이 특별한 직무를 가진다는 이유에서 도출되는 것이 아니라, 특정한 직무들이 우선성의 특정한 서열(직제) 속에서 규정된다는 이유에서 도출된다. 지지울라스는 인간의 인격을 삼위일체적 인격과 상응하는 지점에서 파악하려고 한다. 그리고 바로 이 지점이 그를 오류에 빠지게 만든다. 왜냐하면 삼위일체적 인격들은 오직 그들의 상호적 관계를 통해서만 구별되기 때문에, 이러한 삼위일체의 인격들의 구분은—**내재적** 삼위일체에서 그들은 인격의 "특정한 과업들"과 동일하다—결국 성자와 성령을 구성하는 성부의 탁월성에 바탕을 둘 수밖에 없다.[224] 그러나 이러한 점은 교회 안에서의 관계와 다르다. 왜냐하면 인간의 인격은 자신의 직무와 동일하지 않으며, 이미 서로 구별되는 인격들이 서로 다른 직무를 부여받았기 때문이다. 이러한 지점이 바로 서로 다른 인격들로서 이러한 인격들을 구성해 주는 한 사람을 필요로 하지 않는 이유이다.

2. 그리스도의 몸을 구성하는 모든 지체들이 서임을 받았다는 것은 그들이 모두 은사를 받았다는 사실을 함축한다. 이제 은사는 공동체의 종말론적 성령으로부터 유래한다. 지지울라스는 바로 이러한 지점에서부터 구성원들이 자기 스스로를 하나의 개인들로서 이해할 수 없으며, 오직 하나의 몸에 속한 다른 구성원들과의 관계 속에서 이해되어야 한다고 결론 내린다.[225] 그에게 있어서 은사를 받는 것은 결국 세례에서 발생하는 인격화와 동일한 것이기 때문에, 그의 사유 체계에서 다른 결론은 있을 수 없다. "'은사 받음'이란 최종적으로 분석해서 결국 교회의 구성원이 되는 것이다."[226] 은사들은 "회중 속에 있는 사람들 사이에서 관계를 맺는 특정한 형식이다."[227]

224　앞의 1.2.2를 보라.
225　Zizioulas, "L'eucharistie," 46.
226　Zizioulas, "Presuppositions," 343.

그러나 은사의 수여에서 인격은 그들의 관계성 속에서 구성될 뿐 아니라, 그들의 **특수성** 속에서도 구성된다고 이야기한다. "각각의 인격이 타자와의 관계 속에서 실존적으로 존재한다는 사실에도 불구하고, 그는 절대적으로 **독특한** 자로 남아 있고 결코 동일한 다른 사람은 없는 것이다."[228] 따라서 우리는 특정한 은사가 각각 개인의 인격에 수여된다고 기대할 수 있지만, 이러한 기대는 지지울라스에게 옳은 것이 아니다. 비록 서임이 그리스도의 몸을 구성하는 지체들을 분화시켜주고 또한 구체화시켜주지만, 이러한 분화가 **구체적 인격은 아니다**. 서임은 그가 그 속에서 하나의 기능을 담당하는 특정한 직제(ordo) 속으로 개인을 이끈다. 예를 들어, 평신도들은 예배를 드리면서 "아멘"이라고 말해야 한다. 은사의 수여는 교회 안에서 특정한 구조를 창조한다. 만일 그렇다면, 어떻게 은사의 수여가 **각각의** 인격을 독특하게 만드는지는 명확하지 않다. 왜냐하면 인격이 현재 어떤 특정한 직제에 속해 있는 한, 은사의 수여는 인격에게 관계의 네트워크 속에 특정한 위치를 부여하기 때문에, 이러한 수여는 결국 다양한 유형의 인격들을 구분 짓는 근거만을 제시할 수 있지, 어떤 특정한 유형 속에서 모든 인격의 독특성을 근거 짓지는 못한다. 여기서 다시 우리는 인격의 독특성을 파악하는 데 지지울라스가 겪을 수밖에 없는 난관을 만나게 된다.[229]

평신도를 하나의 직제로 이해하는 지지울라스는 결국 주교와 대중 사이의 비대칭성을 증폭시킨다.[230] 주교는 결국 개별적 평신도에 대해,

---

227 Zizioulas, "Grundlage," 76.
228 Zizioulas, "Ordination," 11.
229 앞의 2.1.2를 보라. 그리스도가 성부와 갖는 관계에서 발생하는 인격화(즉 항상 특정한 인격의 구성으로서 발생해야만 하는 인격화)가 은사를 수여하는 성령을 통해서 발생하는 인격화와 어떻게 연관이 되는지 명백하지 않다. Zizioulas는 마치 이 두 가지가 서로 일치하며, 이로써 두 번째 과정이 첫 번째 과정의 역사적 구체화로 이해된다고 말하려고 하는 것 같다(Zizioulas, "Ordination," 10). 그러나 만일 이러한 주장이 옳다 하더라도, 인간 존재를 인격화하는 그리스도의 이러한 한 가지 관계에 근거하여 그러한 인간 존재들이 다양한 직제들 속으로 분화되는 일이 어떻게 발생하는지는 불분명하다.

평신도의 전체 직제에 대해 가지는 것보다 훨씬 더 우월한 위치를 차지한다. 평신도의 직제는 교회론적으로 필수불가결하지만, 반면에 개인의 인격은 그 중요성이 대조적으로 매우 미미하다. 비록 지지울라스가 "성만찬은 지역 공동체의 모든 구성원의 모임을 요구한다"고 말했지만,[231] 이것은 결국 성취불가능하기 때문에 성만찬에 적용하기는 너무나도 가혹한 조건이다. 더군다나 이러한 조건은 지지울라스의 사유 체계에서 요구되지도 않는 지점이다. 평신도에게는 직제가 있다는 것만으로 충분하다.[232] 실제로 지지울라스의 교회론은 지역 교회에 속한 대다수의 현존이 없이도 아무런 문제가 되지 않는 교회론이다.

예배적 차원에서 "아멘"을 이야기하는 평신도 직제의 과업과 이에 상응하는 **그리스도의 인격 속에서**(*in persona Christi*) 행위하는 주교적 직제의 과업은 성만찬의 모임을 엄격하게 **양극화된 사건**으로 만든다. 사제들과 부제들의 다양한 직무들도 결국 이러한 양극성을 단절시키지 못한다. 사제들과 부제들은 결국 주교를 둘러싸고, 사람들에 대해서는 마주선다. 주교들과 함께 사제들과 부제들은 한 극을 이루고, 반면에 평신도는 또 다른 극을 이룬다. 이러한 양극성은 이른바 사람들이 은사주의적 예배 속에서 "아멘"을 말해야 한다고 훈계하는 바울이 제시한 교회적 질서에(고전 14:16) 상응한다고 주장된다.[233]

---

230 비록 Baillargeon이 Zizioulas에 의해서 표명된 주교와 사람들 사이의 상호성을 칭송한다고 하더라도, 그는 이러한 상호성의 배후에 존재하는 비대칭적 성격에 관심을 집중하는 것에는 실패한 것 같다(Baillargeon, *Communion*, 83, 89, 115ff.을 보라).
231 Zizioulas, "Presuppositions," 348 (볼프 강조).
232 McPartlan은 집단적 인격성의 개념이 성만찬의 기념에 참여하는 지역 교회의 모든 구성원들에게 필수적으로 함축되어 있다고 본다. "집단적 인격성은 현실화된 인격적 현존을 요구한다"(McPartlan, *Eucharist*, 177; 참조. p. 210). 비록 이러한 주장이 사실이더라도, 이것은 결국 그리스도의 집단적 인격성을 구성하는 사람들이 지속적으로 성만찬을 기념해야만 한다는 어리석은 결론으로 귀결된다.
233 Zizioulas, "L'eucharistie," 43; "Community," 30. 이러한 측면에서 뒤의 VI.1.2를 보라.

4.4. 사도성과 공의회성

다른 성만찬적 회중과의 특정한 관계의 형식이 모든 성만찬적 회중의 존재론에서 중요한 역할을 담당하기 때문에, 지역적 구조뿐 아니라 초지역적 구조가 교회가 교회로서 존재함에 있어서 본질적이다. 지지울라스의 관점에서는 오직 주교만이 회중의 머리로서 그들을 구체적으로 대표할 수 있기에, 이러한 구조는 본질적으로 감독제적 성질을 가진다. 주교는 하나의 개인이라기보다는 전일적 인격으로서 사도성(apostolicity)이라는 시간적 차원과 공의회성(conciliarity)이라는 지역적 차원에서 지역 교회와 다른 모든 지역 교회들을 묶어주는 실질적 유대이다.

1. 교회성에 대한 지지울라스의 이해에서 결정적 요소는 바로 교회가 그리스도와 가지는 종말론적 "연속성", 즉 성만찬적 모임을 통해 계속해서 반복적으로 사건이 되는 어떤 것이다. 이러한 관점에서 볼 때, 주교는 성령을 통해 지역 교회의 종말론적 전일성을 미래에서 현재로 소급해서(proleptically) 매개해주는 또 다른 그리스도(alter Christus)이다. 그러나 지지울라스에 따르면 교회가 가지는 종말론적 연속성은 교회의 역사적 연속성 없이는 생각될 수 없다. 이러한 관점에서 볼 때, 주교는 시간 속에서 교회의 보편성을 보존하는 또 다른 사도(alter apostolus)이다. 주교는 "그의 교회가 최초의 사도적 공동체, 즉 열두 사도라는 역사적 공동체와 가지는 관계를 책임진다. 그러므로 주교를 통해서 각각의 지역 교회는 과거의 모든 지역 교회와 연합된다."[234] 이것이 바로 왜 한 인격이 주교들에 의해서만 주교로 서임을 받을 수 있는지의 이유이다. 주교들은 단절되지 않은 역사적 연속성 가운데 사도들로부터 그들의 서임을 받은 사람들이기 때문이다.

그러나 지지울라스는 모든 지역 교회들이 사도들의 교회와 갖는 연

---

234 Zizioulas, "Bishop," 31.

속성이 왜 꼭 사도적 계승 속에서 이루어지는 서임을 통해서만 보장되어야 하는지에 대해서 보다 구체적으로 설명하지 않는다. 그러나 그의 신학적 전제를 고려해볼 때, 사도적 계승에 대한 강조는 그의 체계와 일관성이 있다. 다시 말해, 만약 삼위일체 하나님의 삶과 함께하는 성령론적인 종말론적 교제가 인지적으로 매개되는 것이 아니라, 공동체의 성만찬적 사건 속에서 매개된다면, 교회가 사도적 교회와 가지는 연속성은 결국 인지적으로 파악되고 전승되는 교리의 연속성이라는 방식으로 매개될 수 없다. 교회가 가지는 연속성은 사건 속에서, 보다 정확하게는 성만찬적 상황 속의 성직 서임(χειροτονία, ordination)이라는 사건 속에서만 매개된다.

주교 직임으로의 서임은 이미 주교로 서임된 사람에 의해서 수행되어야 할 뿐 아니라, 둘 혹은 세 명의 주교들이(이웃에 있는 교구의 주교라면 더욱 좋다) 이러한 서임에 참여해야 한다. 이러한 점은 바로 모든 주교 각각이 다른 모든 주교들과 가지는 연관 관계를 표현하며, 주교를 주교로서, 교회를 교회로서 구성해주는 연관 관계를 표현한다.

> [주교는] 종말론적 차원(또 다른 그리스도)과 역사의 차원(또 다른 사도)에서뿐 아니라 공간의 차원에서도 교회의 전일성의 도구이다. 각각의 교회가 전일적이 되기 위해서는 결국 세계 안에 있는 모든 지역 교회들과의 교제를 누려야만 한다.[235]

공간에서의 교회의 전일성이나 교회의 통일성은 지역적이고 보편적인 교회회의(synod)에 의해서 구체적으로 표현되고 유지된다. 지역 교회가 본질적으로 감독적 성격을 가지기에, 교회회의 역시 본질적으로 감독적

---

235 Ibid., 33.

성격을 가진다.

교회회의에 대한 지지울라스의 개념은 두 가지 기본적 확신에 의해서 안내받는다. 첫째, 모든 주교는 기본적으로 동등한 지위를 가지고, 각자는 교회 안에서 최고의 권위를 대표한다. 어떠한 주교도 다른 주교의 교구의 사안에 개입하는 것은 허락되지 않으며, 지역적(그리고 보편적) 공동체의 구조 속에서 이루어지는 어떠한 결정도 주교 개인과의 상의 없이 이루어질 수 없다.[236] 주교들의 동등성과 주권은 다름 아니라 교회의 통일성을 "집합성의 통일성"[237]이 아니라 "정체성(동일성)의 통일성"이라는 보편적 차원에서 파악하는 지지울라스의 이해에서 분명하게 도출되는 결론이다. 이로부터 다른 주교에 대한 금지나 지역 교회의 삶에 대한 교회회의의 개입이라는 예외들은 오로지 지역 교회의 정체성이 위협받는 상황(교리 등의 문제로)이나 혹은 지역 교회의 내적 문제들이 직접적으로 그리고 지속적으로 다른 교회들의 삶에 영향을 끼치는 경우들(파문 등의 문제로)에만 허용된다.[238]

주교의 동등성을 상대화시키는 것처럼 보이는 교회회의라는 제도에 대한 두 번째 기본적인 확신은 하나—즉 수장(πρῶτος)으로서—와 다수 사이의 관계에 대한 특정한 이해에 바탕을 둔다. 「사도적 규준」(Apostolic Canon) 34조를 따라서 지지울라스는 하나와 다수 사이의 관계를 다음과 같이 정의한다. "수장(πρῶτος)이 다른 이의 동의 없이는 아무 것도 하지 않아야 하고, 어떠한 주교도 수장의 동의 없이는 어떠한 것도 해서는 안 된다."[239] 비록 교회회의에서 하나의 지위가 성만찬적 공동체에서의 하나가 가지는 지위와 구별된다고 하더라도, 결국 이 지점에

---

236 Ibid.
237 앞의 3.2.3을 보라.
238 Zizioulas, "Conférences," 502; "Entwicklung," 55ff.
239 Zizioulas, "Bishop," 33; *Communion*, 135f.을 보라.

서도 다시 하나와 다수 사이에 존재하는 상호성의 양극적 성질이 명확하게 드러난다. 비록 지지울라스가 최근에 자신의 관점을 바꾼 것처럼 보이기는 하지만, 이것이 바로 주교들 사이에도 "어느 정도, 명예로움에 대한 우선성의 서열"이 존재한다는 것을 주장하는 이유이다.[240] 그가 강조하는 것같이, 수장은 교회회의에 "단순히 명예로움을 주는 것이 아니라, 존재론적 지위를 부여한다."[241] 이러한 지점은 그가 보편 교회의 통일성을 지역 교회의 통일성과 엄격하게 상응하는 방식으로 파악하기 시작했다는 지표가 아닌가?[242]

2. 이러한 질문에 대답하고, 교회 안에 존재하는 하나와 다수 사이의 관계를 정당하게 이해하기 위해서, 우리는 주교의 존재와 주교의 지위에 대해서 검토해보아야 한다. 실제로 무엇이 주교의 존재와 지위를 구성하는가? 확실히, 무엇보다 성령이다. 지지울라스에 따르면, 서임은 하나님의 일이고, 따라서 그것은 사도적 계승(successio apostolica)과 다른 주교들의 현존 속에 서 있는 한 주교에 의해서 구체적인 성령 강림을 구하는 기도(epiclesis)의 현장 속에서 행해지는 것이기 때문이다. 그렇다면 이러한 서임에서 하나님 자신이 주교를 통해서 일하신다는 점을 도대체 무엇이 증거하고 또 보장하는가? 지지울라스가 단순히 라칭거처럼 보편 교회에 호소하지 않고, **구체적 성만찬 공동체**, 즉 서임이 이루어지는 광역 교회와 동일한 하나의 공동체에 호소한 것은 논리적으로 당연한 결론이다. 다시 말해, 만일 서임이 은사적 사건이라면, 그것은 결국 종말론적 상황 속에서 일어나야 한다. 지지울라스의 교회론에 따르면, 이러한 종말론적 상황은 오로지 그 특정한 구조를 가진 구체적인 성만찬적 모임일 수밖에 없다. "성령은 교회에게 배타적으로 소유된

---

[240] Zizioulas, "Grundlage," 73.
[241] Zizioulas, "Conférences," 504.
[242] McPartlan, *Eucharist*, 203-11.

다."²⁴³ 주교는 목회의 "개인적 창시자로서" 현존하는 것도 아니고, 보편 교회를 통해서 각 회중들과 서임을 받은 이들에게 오는 어떤 것의 매개자도 아니다. 그는 구체적 회중을 "주관하는 집합체"(a presiding college)이다.²⁴⁴ 그러므로 지지울라스는 "서임이 공동체와 가지는 유기적 연결은 곧 모든 목회의 신학을 위한 열쇠이며, 이는 곧 하나님의 행위를 가리킨다"고 주장할 수 있다.²⁴⁵ 회중을 통한 성령의 매개는 서임에서 주어진 은사가 다른 주교와의 관계에 기인하는 것이 아니라 구체적 회중 자체와의 관계에서 유래하며, 이러한 회중과의 관계 밖에서 은사는 결국 필연적으로 소멸한다는 지지울라스의 확신에 상응한다.²⁴⁶

여기서 주교의 지위는 엄격히 말해서, 주교가 다른 주교들과의 관계를 통해서 성령에 의해 구성되는 것도 아니고, 또 무엇보다 수장과의 관계를 통해서 구성되는 것도 아니며, 단지 주교의 지위가 **이러한 관계들 속에서 필연적으로 그 자체를 표현하고 증거한다**는 점만이 명확해진다(마치 성만찬적 공동체의 교회성이 보편 교회에 유래하는 것이 아니며, 단지 모든 교회들과의 연관성 속에서 필연적으로 자신을 표현하고 확증하는 것처럼).²⁴⁷ 만약 이러한 것이 아니라면, 보편 교회의 우선성이 결국 출발점이 되어야만 한다. 그러나 지지울라스는 지역 교회들의 교제로 보편 교

---

243 Zizioulas, *Communion*, 165.
244 Ibid., 192f.
245 Ibid., 219 (볼프 강조).
246 Ibid., 165을 보라.
247 성만찬적 공동체가 다른 공동체들과 가지는 통일성은 바로 각각의 공동체에서 이루어지는 그리스도의 현존하는 능력 의해서 구성되는 것이지, 단순히 "**외적으로 부과된 구조**"에 의해서 구성되는 것이 아니다(Zizioulas, *Communion*, 157). 우리가 본 바같이, 지역 교회들은 충만한 의미에서 교회들이다. 그리고 이러한 연유에서, 이것들은 단순히 덧붙여지는 것이 아니라 서로에게 온전히 일치하고 그로써 그리스도의 몸이 되는 것이다. Zizioulas는 다음과 같이 말한다. "이러한 이유로 '교회들 속에 존재하는 교회의 통일성의 구조'는 그것이 하나의 구조가 될 때, 자기 자신을 극도로 어렵게 한다(고대 교회가 공의회적 협력 행위에도 불구하고 그들의 삶 속에서 결코 이런 **구조**를 실현하지 않았다는 사실은 우연이 아니다)"(Zizioulas, *Communion*, 158, 각주 66).

회를 이해한다. 지역 교회들의 교제는 보편 교회와 동일하다. 성만찬적 공동체와 이를 주관하는 주교에 의해서 누군가 그리스도인이 되는 방식과는 다소 다르게, 주교의 감독적 존재는 교회회의 내의 수장을 통해서 구성되는 것이 아니다(비록 주교의 선택에 수장이 참여함에도 불구하고).

지지울라스의 삼위일체적이고 기독론적이며 지역 교회론적 차원에서의 반성에서, 우리는 하나가 다수를 구성하고 다수가 하나에 의해서 조건 지어진다는 하나와 다수 사이에 존재하는 관계의 동일한 이해와 만나게 된다. 교회와 주교 사이의 관계에서 이러한 관계적 규정은 **오직 느슨하고 유비적인 방식을 통해서만 발견될 수 있다.**[248] "개별적 주교와 수장" 사이의 관계는 "개별적 그리스도인과 주교" 사이의 관계와 정확하게 상응하는 것이 아니다. 이에 대한 이유는 다름 아니라, 개별 그리스도인의 경우와는 달리, 모든 성만찬적 공동체는 그리스도(하나)가 사도들(다수)에 의해 둘러싸인 종말론적 통치의 구체적 실현이기 때문이다. 게다가 성만찬적 모임은 종말론적 통치의 **유일한** 실현 방식이다. 이것 외부에는 이 땅에서 "그리스도의 몸"(엄격히 말하자면, "교회")이라 불릴 수 있는 어떠한 실체도 존재하지 않는다. 이것이 왜 체류하는 보편 교회가 실제로 지역 교회와 동일한 구조를 가질 수 있는지에 대한 이유이다. 비록 그 구조 자체는 오직 지역 교회에서만 발견되는 기독론적이고 교회론적인 **실재의 반영** 이외에 어떤 것도 될 수 없다고 하더라도 말이다.[249] 이러한 주장을 넘어서기 위해서, 지지울라스는 보편주의적 교

---

248 비록 Zizioulas가 교회들 사이의 관계를 삼위일체적 관계로부터 방향 지으려고 노력한 하더라도 이러한 점은 사실이다(Zizioulas, Communion, 134f.).
249 내가 생각하기에는 바로 이것이 우리가 Zizioulas의 다음과 같은 주장을 이해하는 방식이어야 한다: "수위권의 사역은 모든 공의회적인 것의 형식에 내재되어 있다" 그리고 "'다수'는 그 자신을 표현하기 위해서 언제나 '하나'를 필요로 한다. '하나'의 사역과 '다수'의 사역은 교회의 신학과 교회의 기독론적이고('하나'의 요소) 성령론적인('다수'의 요소) 본질에 근거하고 있다"(Zizioulas, "Nature," 344). 이 지점에서 "교회의 신학에 깊이 근거하고 있다"는 주장은 바로 "성만찬적 회중의 모델에 따른다"는 주장과 다르지 않다.

회론을 위해서 자신이 출발점으로 삼았던 것, 즉 자신의 성만찬적 교회론의 특별한 형태를 포기해야만 한다.[250] 교회회의적 차원에서 "하나와 다수"의 관계에 대한 이러한 이해는 그 존재에서 하나가 다수를 구성하고 동시에 다수는 하나에 의해서 조건 지어진다는 공동체의 구조에 대한 삼위일체적 규정보다는, 하나가 없으면 분화된 통일성은 존재할 수도 없다는 단순한 확신에 의해서 보다 잘 유지된다.[251] "**수장**이 교회회의에 존재론적 지위를 수여해준다"는 지지울라스의 주장은[252] 그러므로 단순히 수장이 교회회의의 "교회 병행적(para-ecclesial) 실재"[253]에 대해 구성적이라고 말할 수는 있지만, 각각의 주교가 개별 그리스도인에 대해서 가지는 것과 같이 수장이 교회론적으로 동일한 지위를 주교들에 대해서 가진다는 뜻으로 해석할 수는 없다. 개별 주교의 감독적 존재는 그가 주교들의 수장과 가지는 관계를 통해서 구성된 것이 아니다.

3. 지역 교회에서는 다수가 하나의 존재의 조건이기 때문에, 그들의 현존은 감독적 서임에서 필수적이다. 예배에서 "아멘"의 형식을 대변하

---

250 Paul McPartlan은 Zizioulas의 최근 저작이 우리로 하여금 보편 교회를 "하나와 다수"의 구조를 가진 집단적 인격으로서 파악하게 할 여지를 준다고 믿는다(McPartlan, *Eucharist*, 203-11). (아니면 이것은 단순히 그 나름의 제안일 뿐인가?) "개별 그리스도인과 주교"의 관계는 바로 "개별 주교들과 교황"의 관계에 상응해야 한다. 그렇다면 우리가 다음과 같은 결론, 즉 "관할권은 교황이 다른 주교들과 마찬가지로 받아들이는 감독적 서임의 한 부분이고 동시에 그러한 주교들은 자신들의 관할권들을 **교황으로부터** 받아들인다"라는 두 결론을 모두 내려야 한다(McPartlan, *Eucharist*, 209). 이것은 체류하는 보편 교회는 성만찬적 교회가 아니며, 그러므로 엄격하게 말해서 기독론적-교회론적 실재를 드러내지 않는다는 단순한 이유 때문에 뒤따르지 않는다.
251 하나와 다수의 관계에 대한 이러한 두 가지 이해는 명백하게 구별 가능하다. 우리가 다수를 구성하는 하나에 대해서 말하고, 또한 동시에 하나를 조건 지우는 다수에 대해서 이야기할 때, 하나와 다수 모두 존재론적으로 그들이 서로 가지는 상호적 관계에 의해서 조건 지어진다. 반면에 우리는 또한 하나와 다수를 존재론적으로 구성하는 그 무엇에 대해서 이야기하지 않고도, 다수 사이에 존재하는 분화된 통일성에 필수적인 하나에 대해서 이야기할 수 있다.
252 Zizioulas, "Conférences," 504. 123-125
253 "성만찬의 종말론적 본질", 곧 총주교(patriarch), 부주교(metropolitan), 보제(lector) 등에 근거하지 않은 모든 예배를 지칭하는 Zizioulas 자신의 표현인 "성만찬 병행적 예배"(para-eucharistic service)라는 표현에 대해서 나는 "교회 병행적 실재"(para-ecclesial reality)라는 용어를 사용해 유비적 신조어를 만들어냈다(Zizioulas, "Grundlage," 70ff.).

는 그들의 "합당하다"(ἄξιος)는 탄성 없이는 어떠한 서임도 일어날 수 없다. 비록 이러한 이유로 인해서 지역 교회가 주교의 선정에 참여하는 것처럼 보이지만 이것은 사실이 아니다. 만일 주교의 선정에서 회중의 참여가 실제로 서임의 전제조건이라면, 지지울라스가 말한 바와 같이 은사의 수여는 성만찬적 모임 **외부에서** 사람들이 내리는 결정에 의존하게 된다. 그러나 하나님의 은사적 활동은 어떠한 세속적이고, 비종말론적이고, 단순히 인과적인 연관에 매이지 않는다. 직임의 은사적 성격은 오직 성령의 종말론적 사건으로서 성만찬적 모임 속에서 벌어지는 하나님의 활동의 비매개성에 의해서만 보장될 뿐이다.[254] 그러나 지지울라스는 교회회의에 의해서 이루어지는 주교의 선택은 수장의 의장직 아래에서 발생한다고 전망한다.[255] 하지만 교회회의는 성만찬적 사건이 아니다. 결국 지지울라스가 일관적이기 위해서는 서임의 조건이 되는 교회회의에서의 선택에 반대하는 논의를 전개해야 한다. 어찌되었든, 그의 교회론적 가정은 왜 전체 회중의 결정은 합당하지 못하지만, 주교들의 성만찬외적인 결정(extraeucharistic decision)은 합당한지의 문제를 해명하지 못한다.

서임에 대한 지지울라스의 이해에서 드러나는 회중의 중요성은 그럼에도 다시금 강조된다. 비록 교회의 사도성과 공의회성이 주교 중심적이고 주교직에서 표현된다고 하더라도, 이러한 사도성과 전일성의 담지자로서의 주교는 결국 그 자신이 회중과 분리된 개인이 아니라, 전체 회중을 포함하는 전일적 인격이다. 주교의 존재가 회중에 의해서 조건 지어진다는 사실은 사도적 계승이 **지역 교회들의** 계승이라는 사실에 우선적으로 상응한다. "사도적 계승은 서임이라는 개인적 행위의 연쇄도 아니고, 진리들의 전승도 아니다. 오히려 그것은 각 공동체에서 드러

---

254 Zizioulas, *Communion*, 218f.
255 Zizioulas, "Conférences," 504.

나는 것처럼, 그 **전체 속에 있는 교회의 역사적 삶의 연속성**의 징표이며 표현이다."[256] 전체 회중은 그 자체의 구체적 구조 속에서 이러한 사도적 연속성을 구현한다. 그러므로 오로지 교회의 사도성만이 그 결정적인 종말론적 연속성, 즉 특정한 방식으로 구조화된 하나님의 다스림과 관련된 연속성의 유일한 수단이다. 모든 교회가 사도적 계승을 통해서 완전히 사도적인 것이 되기에, 모든 주교는 결국 모든 사도들의 계승자이며 베드로의 자리(cathedra Petri)에 앉는다. 오직 이러한 조건에서만 감독적 공치성은 단순히 집합적 통일성이 아닌 동일성 속에 있는 통일성, 즉 모든 지역 교회를 단순히 그리스도의 교회의 한 부분이 아니라 그 자체로 그리스도의 교회로 온전히 만들어주는 동일성의 통일성인 것이다.[257]

이러한 집단적 인격성으로서의 주교직에 대한 이해는 또한 교회회의와 공의회가 단순히 주교들의 회집이 아니라, **주교들을 통해서 매개된 지역 교회들의** 회집이라는 이해와 상응한다.[258] 이러한 점은 오직 교구를 맡은 주교만이 교회회의와 공의회에 참여할 수 있다는 교회 법령에 잘 나타난다(적어도 궁극적인 결정이 문제가 되는 경우에).[259] 교회들 자체가 바로 주교를 통해서 교회회의에 참가하기 때문에, 교회의 통일성의 구조는 개별적 지역 교회와 독립적일 수 없고, 오히려 교회들 사이의 관계와 동일하다. 이러한 내용으로부터, 공의회가 지역 교회에 의해서 수용될 때에라야, 그 공의회는 충분히 유효할 수 있다. "바로 이러한 이유로 인해서 진정한 공의회는 오로지 후험적(a posteriori)일 뿐이다. 그것은 하나의 제도가 아니라 전체의 공동체가 서로 참여하는 **사건**이다. 그리고 그들의 주교들이 자신이 받은 진리의 은사(charisma veritatis)에 따

---

256 Zizioulas, *Communion*, 168.
257 Ibid., 197, 168을 보라.
258 Zizioulas, "Conférences," 501.
259 Zizioulas, *Communion*, 241; "Conférences," 500f.

라서 행위하는지 여부를 보여주는 사건이다."[260] 은사에 대한 인정의 행위로서 지역 교회의 "아멘"은 결국 모든 교회적 삶에 있어서 필수불가결하다.[261] 비록 지역 공동체에서 은사의 수용이 실제로 교회회의적 차원에서 그리고 보편적 차원에서 하나와 다수의 관계라는 더 큰 맥락 속으로 편입되지만, 그럼에도 지역 교회는 여전히 우선성을 가진다. 만일 지지울라스가 원래 자신이 지닌 교회론적 비전에 충실하고자 한다면, 적어도 지역 교회는 우선성을 가져야 한다.

지지울라스가 원래 지닌 비전에 따르면, 지역 교회는 교회론의 핵심에 서게 된다. 바로 지역 교회가 실제로 **전체 교회이다**. 왜냐하면 그러한 지역 교회는 전체 그리스도가 현존하는 성만찬과 동일한 것이기 때문이다. 그 근원적 의미에서 교회라고 불릴 만한 유일한 실재인 지역 교회 속에서, 인간 존재는 그리스도의 인격성에 참여함으로 개인에서 인격으로 옮겨가고, 이로 인해서 삼위일체 하나님의 삶으로 편입된다. 이는 왜 인간들의 관계가 결국 삼위 하나님의 인격들 사이의 관계에 상응하는지를 설명해준다. 삼위일체 속에서 하나(성부)가 다수(성자와 성령)를 구성하고 동시에 이들에 의해서 조건 지어지는 것처럼, 하나(그리스도와 **또 다른 그리스도**로서 주교)는 다수(교회)를 구성하지만, 동시에 그들에 의해서 조건 지어진다.

우리가 제I장에서 본 것처럼, 라칭거는 지지울라스와 반대로 성만찬적 교회론과 삼위일체를 다른 방식으로 연결 짓고, 교회론적 관계에 있어서도 다른 이해에 도달한다. 신적 인격들은 "타자로부터의 존재"(being-from-the other)와 "타자를 위한 존재"(being-for-the other)의 순수한 관계들과 전적으로 동일한 것처럼, 관념적으로는 인간의 인격 역시 이

---

260 Zizioulas, *Communion*, 24.
261 Zizioulas, "Reception," 6을 보라.

러한 관계들과 전적으로 동일해야 한다. 인격들은 그들 자신 안에서, 그리고 자신을 위해서는 어떠한 것이 되어서도 안 되고, 오로지 전적으로 타자로부터 존재하고 타자를 위해서 살아가야 한다. 그러나 하나님의 한 실체가 이러한 세 인격들에 비해 우선성을 가지는 것처럼, 보편 교회 역시 지역 교회에 대해서 우선성을 가진다. 왜냐하면 지역 교회는 단지 보편 교회가 지역적으로 자신을 실현한 것이기 때문이다. 바로 이 점에서 교황이 주교들에 비해서 우선성을 가지고, 주교는 회중에 비해서 우선성을 가진다는 결론이 도출된다. 우리가 지지울라스에게서 하나와 다수 사이의 상호적(비록 비대칭적이더라도) 관계를 발견할 수 있다면, 라칭거에게서 우리는 (거의 완벽하게) 자신의 구체적 실현을 위한 전체와 하나의 일방적인 관계를 발견하는 것이다.

  라칭거와 지지울라스의 삼위일체, 인간의 인격, 교회, 교회의 구조에 대한 이해가 설득력이 있는가? 다음 장에서 나는 이 문제에 주의를 집중할 것이다. 이러한 과정에서 나는 라칭거와 지지울라스의 사유를 검토해보는 것은 물론, 그들과의 대화를 통해서 삼위일체와 교회 사이의 관계, 인격 사이의 관계, 교회들 사이의 관계와 그 구조에 대한 대안적 이해를 제시하도록 할 것이다.

제2부

제 Ⅲ 장
교회의 교회성

교회성에 대한 질문을 탐구하는 것은 곧 교회를 교회로 만들어주는 것이 무엇인가에 대한 탐구이다. 한편으로 이러한 질문은 연구에 일종의 제한을 설정한다. 왜냐하면 그것은 교회의 풍성한 삶의 많은 부분과 다면적 임무들을 간과할 수 있기 때문이다. 우리의 관심은 교회가 어떻게 하나님의 의지에 따라서 세상 안에서 **살아야 하는가**에 대한 것도 아니고, 교회가 어떻게 성령의 능력 안에서 성공적으로 **살아갈 수 있는가**에 대한 것도 아니다. 우리의 관심은 바로 일차적으로 교회를 교회라고 부를 수 있게 하는 것의 전제조건(sine qua non)이 무엇인가를 향해 있다. 교회성은 결국 필수불가결한 어떤 것을 포함한다. 다른 한편, 우리는 교회성에 대한 질문이 우리의 관심을 엄밀한 의미에서 교회의 존재에 결정적인 것, 즉 교회 전체의 삶과 임무를 뒷받침하는 것으로 향하게 함을 동시에 알 수 있다. 교회론적 의미에서 이러한 질문의 중요성은 그에 대한 대답이 결국 가장 중요한 구원론, 인간론, 삼위일체와 관련된 이슈들 포함한다는 사실을 고려할 때 비로소 드러난다.

모든 것을 한 번에 말하는 것은 불가능하기 때문에, 나는 이번 장에서 교회성 자체에 대해서 검토하고, 이어지는 세 장에서 그것이 가지는 구원론적이고 삼위일체적인 전제들을 설명하고, 직임에 대한 신학적 이해와 교회법에 그러한 전제들이 끼친 영향을 살펴보고자 한다. 교회의 전일성을 다루는 마지막 장에서는 필수불가결한 교회적 최소 조건과 교회의 삶과 임무의 광범위한 지평 사이의 간극을 좁히기 위한 가교를 마련할 것이다. 그리고 그 두 번째 부분에서는 좀더 다양한 관점에서 **전체에 대한** 이해에 다다르고자 시도할 것이다. 그러므로 각각의 장들은 그것을 다른 장들과의 연계성 속에서 읽을 때 비로소 제대로 읽을 수 있을 것이다(그리고 이 한국어판에서는 교황의 수위권을 삼위일체 관점에서 살펴보는 한 장을 저자와 논의를 거쳐 추가하였다―옮긴이).

1. 교회의 정체성과 동일시

교회에 대한 합당한 이해를 위해서 필요한 모든 것을 포괄하는 틀은 하나님의 종말론적 새 창조이다. 예수의 선포에 따르면 하나님의 백성이라는 모임은 결국 예수의 인격 속에서 다가오는 하나님의 다스림에 근거한다.[1] 이에 상응해서, 신약성서의 저자는 그리스도의 부활과 성령의 보냄 이후에 생겨난 교회가 바로 전체 하나님의 백성의 종말론적 모임을 선취하는 것으로 파악한다. 예를 들어, 바울은 교회를 바로 "하나님의 의(δικαιοσύνη)에 의해서 의도된, 도래하는 새롭고 순종적인 세계의 선취"로 파악하고 있다.[2] 교회의 종말론적 성격은 체계적인 교회론적 반성이 교회 그 자체로부터 바로 시작되는 것이 아니라, 하나님의 백성과의 관계 속에 있는 하나님의 새 창조와 함께 시작할 것을 요구한다.[3]

---

1 Lohfink, "Jesus"[비록 내가 종말론적 이스라엘 회중이 하나님의 나라에 대한 예수의 선포와 서로 관련이 있다는 그의 주장에는 동의하지만, 그럼에도 그가 내린 여러 결론들에 동의할 수는 없다. 특히 "교회에 대한 **모든** 회중주의적 이해들"에 대해 근거 없이 주장된 본성에 대해서는 동의할 수 없다(p. 93, 볼프 강조)].
2 Stuhlmacher, *Gerechtigkeit*, 214.

1.1. 교회란 무엇인가?

1. 하나님의 새 창조 속에 존재하는 교회의 미래는 삼위일체 하나님과 그의 백성들 사이의 상호 인격적 내주함(indwelling)이며 이는 요한계시록에 있는 새 예루살렘에 대한 기술에서 명확하게 나타난다(계 21:1-22:5).[4] 한편으로, 요한계시록에서 백성이 살아가는 도시의 장소보다는 그 백성을 언급하는 전체 도시는 하나님과 어린 양의 현존의 광채로 가득 찬 초월적 차원의 지성소(왕상 6:20을 보라)로 묘사된다. 그러나 다른 한편으로, 하나님과 어린 양은 그 속에서 지성소인 그의 백성이 존재하는 성전으로 그려진다(계 21:22). "하나님과 어린 양이 성도들 안에 머무르는 것처럼, 성도들은 하나님과 어린 양 안에 머무르게 된다."[5] 신약성서에 대한 정경적 해석을 통해 우리는 하나님과 어린 양, 그리고 영화롭게 된 백성들의 상호 인격적 내주함이 예수의 대제사장적 기도의 종말론적 성취임을 알 수 있다. 예수의 기도는 신자들의 통일성을 삼위일체 하나님의 교제 속에 있는 교제로서 기술한다. "아버지여, 아버지께서 내 안에, 내가 아버지 안에 있는 것 같이 그들도 다 하나가 되어 우리 안에 있게 하사 세상으로 아버지께서 나를 보내신 것을 믿게 하옵소서"(요 17:21).

그러나 이렇게 삼위일체 하나님과의 교제에 참여하는 것은 단순히 교회에 대한 희망 사항일 뿐 아니라, 더 나아가서 교회가 가지는 현재적 경험이다. "우리가 보고 들은 바를 너희에게도 전함은 너희로 우리와 사귐이 있게 하려 함이니 우리의 사귐은 아버지와 그의 아들 예수 그리스도와 더불어 누림이라"(요일 1:3). 이렇게 선포된 "생명" 속에 존재하는

---

3 나는 이러한 교회론에 대한 종말론적 관점을 Jürgen Moltmann (*Church in the Power of the Spirit*을 보라; 『성령의 능력 안에 있는 교회』, 한국신학연구소 역간)과 Wolfhart Pannenberg ("Reich Gottes"를 보라)와 공유한다. 또한 Kraus, *Reich Gottes*, 369f.을 보라.
4 이 부분은 Gundry, "New Jerusalem"을 보라.
5 Ibid., 262.

신앙, 즉 이 세상에서 성부와 함께하고 들을 수 있고 느낄 수 있는 방식으로 드러나는 신앙은(요일 1:1-4을 보라) 신도들과 삼위일체 하나님 사이의 교제를 확립해주고, 그로써 신자들 사이의 교제까지도 세워준다. 예수 그리스도에 대한 신앙을 통해 삼위일체 하나님의 교제 속으로 현재 참여하는 것은 삼위일체 하나님과 교회의 종말론적 교제를 역사 속에서 미리 앞당겨 선취하는 것이다.[6]

안디옥의 이그나티우스(Ignatius of Antioch) 이래로, 교회성에 대한 질문은 정당하게도 그리스도의 현존과 관련해서(ὅπου ἂν ᾖ Ἰησους Χριστός, ἐκεῖ ἡ καθολικὴ ἐκκλησία, "그리스도가 존재하는 곳 어디에나 전일적 교회가 있다")[7] 혹은 성령과 관련해서(ubi Spiritus Dei, illic Ecclesia, et omnis gratia, "하나님의 영이 있는 곳, 바로 그곳에 교회가 있으며 모든 은혜가 있다")[8] 대답되곤 했다. 그리스도의 현존이나 성령의 현존에(정확하게는 그리스도의 영의 현존에) 근거한 이러한 대답은 분명하게도 교회성을 근거 지우는 데 충분하지 못하다. 왜냐하면 그리스도와 그의 성령의 현존은 교회에만 홀로 국한되는 것이 아니기 때문이다(엡 1:22-23; 골 1:12-20을 보라). 따라서 성령의 일반적 현존과 특수한 현존을 구분해야 한다. 어디든 그리스도의 영이 있는 곳에서, 즉 역사 안에서 종말론적 선물로서 하나님의 새 창조를 선취하는 그리스도의 영(롬 8:23; 고후 1:22; 엡 1:14)이 교회적으로 **구성적인 활동** 가운데 현존하는 곳이라면, 바로 그곳에 교회가 있다. 성령은 모인 회중들을 삼위일체 하나님과 결합시키며, 종말론적 새 창조를 위해 그리스도로부터 퍼져 나가는 역사 속에, 더 나아가서 구약의 성도들의 역사 속으로 편입시킨다. 성령이 매개하는 삼위일체 하나

---

[6] 하나님의 백성이 새 창조 안에서 삼위일체 하나님과 가지는 교제의 선취와 상응하는 영성에 대해서는 Land, *Spirituality*를 보라.
[7] Ignatius, *Smyrn*. 8:2.
[8] Irenaeus, *Haer*. 3.24.1.

님과의 관계, 그리고 하나님의 백성의 전체 역사(이는 하나님의 다스림에 대한 예수의 선포와 그의 죽음, 그리고 부활에 그 중심이 놓인 역사이다)와의 관계는 결국 하나의 회중을 교회로 구성한다.

    2. 잘 알려진 대로, 그리스도의 영의 현존은 직접적으로 확인되는 것이 아니다. 이는 왜 교회의 정체성에 대한 이러한 특수한 개념이 바로 교회의 **동일시(정체 확인)**의 질문에 대한 대답으로서 기능할 수 없는지에 대한 이유이다. 만일 누구든지 교회성에 대해서 의미 있게 이야기하기 위해서는, 교회가 무엇인지를 알아야 할 뿐 아니라 동시에 어떻게 구체적인 하나의 교회가 외적 차원에서 하나의 교회로 규명되는지에 대해서도 알아야 한다. 누구나 **어디에** 하나의 교회가 존재하는지를 말할 수 있어야 하는 것이다. 만일 교회의 특징을 규명하는 외적 차원들이 이러한 기능을 담당하게 될 때, 그것들은 결코 **순수하게** 외적인 것일 수 없다. 만일 이러한 특징들이 가시적 교회에 대한 본질적인 그 무엇을 밝혀주지 않는다면, 우리는 결국 명백하게 교회가 무엇인지를 규명할 수 없다(이러한 특징들이 항상 "교회"라는 현상들을 동반하더라도, 결국 교회성과 관계없는 특별한 교회적 호기심을 우연히 드러내는 것이 아니라면). 그러므로 모든 기독교 교회들은 교회성의 표징들을 외적으로 감지 가능한 것으로 이해해야 하며, 동시에 교회를 구성하는 그리스도의 영의 현존의 필수적 **조건들이나 결과들로** 이해해야 한다. 이러한 표징들은 성령의 현존이 회중 안으로 매개되는 인격이나 행동이었으며(직임과 성례전), 또는 이러한 현존 자체의 결과들[그리스도를 닮아감(imitatio Christi), 헌신]이었다. 또는 두 경우 모두이기도 했다.

    교회의 정체성과 동일시에 대한 질문은 서로 분리될 수 없다. 교회를 교회로서 인식하게 만들어주는 것은 분명 정체성의 한 부분이다. 교회의 동일시를 포함하는 결정들은 바로 교회의 정체성을 포함하는 결정들이다. 그리스도의 영의 현존이 교회를 교회로 만들어준다는 교회일치적 합의가 있기 때문에, 결국 문제는 교회의 정체성에 있어 교회일치적 차원에서 중요한 성령의 현존의 외적 조건에 관한 것으로 좁혀진다. 게다가, 그리스도의 영의 현존하는 성격이 교회 안에서 표현되는 것은 바로 이러한 조건에서다. 이러한 두 가지 요소, 즉 성령의 현존의 성격과 그것의 외적 조건들이 바로 교회론에 특정한 윤곽을 드러내준다. 바로 이러한 두 가지 요소가 개인적 인격들과 지역 교회 사이, 그리고 지역 교회들 사이의 관계의 형태를 결정한다. 그러므로 이어지는 부분에서 나는 성령의 현존의 성격과 관련하여 교회의 동일시에 대한 문제에 집중하도록 할 것이다.

1.2. 교회는 어디에 있는가?

1. 내가 이미 앞에서 자세하게 설명한 것같이, 가톨릭 교회[9]는 교회를 성례전, 무엇보다 세례와 성만찬을 통해서, 그리고 말씀을 통해서 성령 안에서 구성된 것으로 이해한다. 그러나 **주교의 직임**은 말씀과 성례전의 필수불가결한 조건을 대표한다. 왜냐하면 사도적 계승 속에 그리고 다른 주교들과의 관계 속에 선 자로서 주교는 성례전과 말씀이 가진 보편적 성격과, 따라서 그 신적 기원의 징표이며 보증인이기 때문이다.[10] 오로지 "그들의 목자에게 연합된" 신자들의 지역적 교제들만이 온전한 의미에서 교회이다.[11] 이는 왜 동방 정교회를 제외한(라칭거의 교회론적 전제에 따르면 이러한 제외는 이상 현상일 뿐이다)[12] 다른 모든 그리스

---

9 비록 내가 "가톨릭 교회론"으로 "Ratzinger의 교회론"을 의도했다고 하더라도, 내가 Ratzinger의 교회론 그 자체를 곧장 가톨릭 교회론과 동일시함을 의미하는 것은 아니다. 나는 어떠한 특정 교회론도 그 자체로 완전하게 결정된 가톨릭의 교회론이 아니며, Ratzinger의 교회론은 가톨릭의 교회론의 유일한 판본이 아니라는 것을 잘 알고 있다(앞의 제I장을 참조할 것). 그리고 이 점은 Zizioulas의 동방 정교회 기독론에도 동일하게 적용된다.
10 앞의 I.4를 보라.
11 *Lumen gentium* 26; *Unitatis redintegratio* 3.
12 앞의 I.2.2와 I.4.5를 보라.

도인들의 교제들이 어느 정도 상당히 **교회적 요소**를 보여줌에도 불구하고 결국에 가서는 교회라고 할 자격을 얻지 못하는 이유이다.[13]

교회를 전적으로 성만찬적으로 이해하는 동방 정교회의 교회론에 따르면, 교회는 "감독 중심적"(episcopocentric)이다.[14] 한편으로, **또 다른 그리스도**로서 주교는 그리스도의 현존을 매개하고, 지역 교회의 전일성을 보장한다. 다른 한편으로, **또 다른 사도**로서 주교는 모든 다양한 지역 교회들을 시간적 차원(사도성)과 공간적 차원(공의회성)으로 연결 짓는다. 이러한 두 가지 기능 속에서, 주교는 성만찬적 사건과 지역 교회의 교회성에 있어서 필수불가결하다.[15] 이로부터 교회들의 정교회적 교제 외부에 서 있는 지역 교회는, 비록 그러한 지역 교회가 진정으로 사도적 계승 위에 서 있더라도, 결코 교회로 인정받을 수 없다. 왜냐하면 그것은 결국 다른 교회들과의 동시대적 교제를 결여하기 때문이다.

가톨릭과 동방 정교회의 전통에서 공통된 교회성의 두 번째 조건은 바로 **사람들**(하나님의 백성)이다. 라칭거에 따르면, 평신도는 단순히 성직자의 예전적 행위에서 수동적 대상이 아니다. 성직자는 그들이 예전을 교회적 사건으로서 구현하는 한에서만 진정한 주체일 뿐이다. 예전의 진정한 인간 주체는 바로 "전체 거룩한 교회"(entire ecclesia sancta)이며,[16] 성직자 개인은 단순히 그가 광역 교회를 구현하는 한에서만 성직자일 뿐이다. 이는 왜 회중이 그 자체로 예전적 행위를 수행할 수 없으며, 단지 보편 교회로부터 예전을 받아야 하는지에 대한 이유가 된다.[17] 동방 정교회 전통에 따르면, 주교와 하나님의 백성의 현존 없이는 성만찬적 모임은 존재할 수 없다. 지역 교회의 차원에서 "주교와 평신도" 사

---

13 *Lumen gentium* 26; *Unitatis redintegratio* 3.
14 Zizioulas, "Die pneumatologische Dimension," 140.
15 앞의 II.4.2.2와 II.4.4.1을 보라.
16 Ratzinger, *Volk*, 149, 각주 55.
17 앞의 I.5.3을 보라.

이의 관계는 결국 보편 교회의 차원에서 "그리스도와 교회" 사이의 관계에 상응한다. 평신도만이 오로지 예전적으로 필수적인 "아멘"을 이야기할 수 있기 때문에, 평신도가 바로 성만찬적 모임에서 필수적 지위를 가지게 되는데, 이는 적어도 자유교회의 관점에서는 특별하게 명예로운 지위가 아니다.[18]

2. 초기의 자유교회 전통은 말씀과 성례전과 하나님의 백성의 현존에 더해서, 교회에서 그리스도의 영의 구성적 현존에 관해서 두 가지 다른 조건을 강조했다. 첫 번째는 그리스도의 계명에 대한 순종이다. 존 스미스가 쓴 것처럼, 진정한 교회의 구성원은 "모든 알려진 죄로부터 분리되고, 전적으로 그에게 알려진 하나님의 뜻을 행하는 사람이다."[19] 잘 알려진 청교도의 실천적 삼단논법(syllogismus practicus)에 따르면, 진정한 신앙은 오직 신앙이 그 자체로 선한 행위를 드러내는 경우에만 사람의 마음속에 자리 잡을 수 있다. 그리고 진정한 신앙이 없다면, 인간 존재 안에서 성령을 통한 그리스도의 내주함이 없다. 이는 교회에도 유사하게 적용된다. 교회는 교회 가운데 있는 참회하지 않는 죄인들을 관용함으로써, 그리스도가 자신들 가운데 있지 않다는 점을 보이고, 결국은 참된 교회가 아님을 보여준다.

그리스도의 구성적 현존에 대한 두 번째 조건은 "교회의 성서적 조직"이다. 종교개혁자들과 달리, 영국의 분리주의자들은 교회 조직의 문

---

[18] 앞의 II.4.3.1을 보라.
[19] Smyth, Works, 253. 물론 이것을 교회에서부터 죄인을 배제하는 시도로 이해해서는 안 된다. 영국의 분리주의자들이 결코 완벽한 이들의 교회에 찬동했던 것은 아니다. 그들의 신조적 정의에 따르자면, 교회가 단순히 완전한 이들에 의해서만 구성되는 것은 아니다; 교회는 "오로지 그 삶이 합당한 개정의 열매를 맺으며, 그리스도를 믿고, **참회하는** 이들에 의해서 구성된다"[Smyth, Works, 744, 볼프 강조; 또한 참조. "The Orthodox Creed"(1679), xxx, in Baptist Confessions, 319; "The Second London Confession"(1677), xxvi.3, Baptist Confessions, 285]. 확실히, 영국 분리주의자들은 재세례파들과 함께 교회를 "그 안에서 불완전하나, 진지하고 복종하며 순종적인 그리스도인들이 영적으로 자라고 그들의 죄된 경향성을 억제하도록 도와주는 좌소로 보았다"(Davis, "No Discipline," 144).

제를 교회론적으로 사소한 것(adiaphora) 가운데 하나로 간주하지 않았다. 스미스에 따르면, "하나님의 말씀은 우리에게 진정한 가시적 교회의 참된 형태만을 절대적으로 보여준다."[20] 비록 스미스가 성서적 전거를 통해서 그의 주장을 풍부하게 뒷받침하고 있기는 하지만, 그가 순전히 성서적 관점에서만 논증하는 것은 아니다. 그의 전체 교회론은 **그리스도의 다스림이 전체 회중들을 통해서 실현된다**는 근본적인 **신학적** 확신에 근거하고 있다. "우리는 세상으로부터 분리되었지만 진정한 언약에 의해 함께 결합된 교회 혹은 두세 사람의 신실한 백성들이기에 그리스도는 물론 그들에게 주어진 그리스도의 언약, 약속, 목회적 능력을 소유한다고 말한다."[21] 이러한 "가시적 교회가 바로 그리스도의 나라"이다.[22] 교회의 구성원들은 "하나님의 나라의 자녀들"이며, 그러한 자로서 교회 속에서 다스린다.[23] 만일 질서를 위해서 그들이 스스로에게 종속되어야 한다면, 그들은 오직 전체로서 "교회의 통치"에만 종속하며, 이러한 경우에만 그들은 "그리스도의 통치 아래"에 설 수 있다.[24] 따라서 그리스도는 그의 다스림이 특정한 인간 존재, 곧 주교들의 규칙에 의해서 세워진 제도에 의해서 제약받지 않는 회중들 속에서만 현존할 수 있다.[25] 바로 이

---

20 Smyth, Works, 252. Smyth의 수사적 질문을 참조하라: "그 모든 훈령들을 갖춘 신약성서의 가시적 교회가 바로 복음의 가장 중요한 최상의 부분이 아닌가?"(White, Separatist Tradition, 116에서 인용)
21 Smyth, Works, 403; 참조. 315. 이에 관해서 Shantz, "Resurrected Christ"를 보라.
22 Smyth, Works, 267. 이에 관해서 Shantz, "Resurrected Christ"를 보라.
23 Smyth, Works, 274.
24 Ibid.
25 자유교회의 논점은 고대 근동의 여러 나라들에서 이루어지는 왕권 이데올로기에 대한 비판에 거의 정확하게 상응한다. Jan Assmann의 설명에 따르면, 이러한 이데올로기들은 왕을 "이중적 대리의 관계에서 이해한다. 즉 왕은 인간 존재들에 대한 신의 다스림을 대리하는 동시에, 신들과 가지는 인간의 교제를 대리한다"(Assmann, Politische Theologie, 75). 반면에, 이스라엘에서는 이집트의 파라오가 차지했던 위치가 "이중적 방식으로 재정의된다. 첫째, 주군이자 국가 원수로서의 파라오는 야웨에 의해서 대체된다. 둘째(그리고 이 단계는 더 혁명적이고 파급력이 큰 것이기도 한데), 왕의 지위는 이 대리의 다른 방향에서, 바로 '백성'으로 대체된다. 이 지점은 마치 이집트의 제국의 신들이 왕을 '선택'하는 것처럼, 야웨는 그 백성을 선택한다. 백성들은 하나님 앞에서 활동하며, 그의 인도를 받으

러한 이유로 인해서 그 "권력"이 전체 회중에게 소유되는 교회 조직만이 결국 교회성의 필수불가결한 조건을 드러낸다.[26]

3. 교회성의 조건과 관련해서 감독제 교회의 전통과 초기 자유교회의 전통은 세 가지 지점에서 서로 다르다.[27] 첫 번째 지점은 바로 사도적 계승과 다른 주교들과의 관계 가운데 선 주교의 문제에 대한 것이다. 감독제 교회의 전통에 따르면, 하나의 지역 교회는 하나의 감독을 가져야 한다. 왜냐하면 감독만이 오직 그리스도의 현존과 그로 인한 교회의 교회성을 보장할 수 있기 때문이다. 하지만 자유교회 전통에서는 이러한 주교는 결코 **허용될 수 없다**. 왜냐하면 바로 주교의 현존으로 인해서 회중이 그리스도의 현존을 상실하고, 더 나아가서 교회성을 상실하기 때문이다. 두 입장은 결국 상호 배타적이다.

오늘날 이러한 배타성은 더 이상 신뢰할 만한 것이 아니다. 여기서 나는 현대 사회에서 배타적 입장들은 설득력이 없다는 사회학적 사실을 말하려는 것이 아니라, 현재 급성장하는 수많은 자유교회들에서 보이는 역동적 삶과 정통적 신앙이 그들의 충만한 교회성을 부정하기 어렵게 만든다는 사실을 말하려는 것이다. 나는 이러한 어려운 점을 특정

며, 그의 계명을 지키며, 파라오가 그러한 것처럼 역사의 주체로 기능한다"(pp. 75f.).

26 *The Communion of the Saints*라는 책에서, Stephen Brachlow는 급진적 청교도들과 분리주의자들 사이에서 보이는 교회론과 구원론 사이의 밀접한 연관 관계에 주의를 기울인다(pp. 21-76). 여기서 그는 특히 십계명의 계율과 교회 조직에 대한 성서의 가르침에 대한 특정한 순종(즉 그 신앙을 진정한 것으로 드러내는)을 염두에 둔다. 이러한 방식으로 인간 존재는 도덕적이고 "교회론적" 명령에 대한 순종을 통해서 구원의 확실성에 다다르게 된다(p. 54를 보라). 그러나 이러한 주장 그 자체가 교회론과 구원론 사이의 **내적 연관 관계**를 보여주는 것은 아니다. 내가 보기에는 적어도 John Smyth의 회중주의적 교회론은 성서적 계명에 대한 순종에 대한 강조에서뿐 아니라, 또한 오직 이러한 교회론이 그리스도의 지배와 회중 가운데의 그의 현존을 진지하게 생각하는 것이라는 **신학적 확신**에서 생겨나는 것이다.

27 나는 "감독제적 전통"이라는 용어를 사용할 때, 감독직이 단순히 교회론적으로 실천적 중요성을 가지는 것이 아니라, 신학적이면서 교의학적인 중요성을 가진다는 점을 주장하는 교회적 전통을 지칭할 때 사용하고자 한다. 현재의 본문에서 이 용어는 "**가톨릭과 동방정교회**의 감독제적 전통"의 줄임말로 기능한다.

한 상황을 언급함으로써 그려내고자 한다. 즉 의심할 여지없이 비정형적이긴 하지만 그럼에도 경계선상에 있는 것이기 때문에 어떠한 교회론에 대해서도 시금석이어야 하는 상황을 언급할 것이다. 예를 들어, 가톨릭과 동방 정교회의 한 교구에서 그 교구의 대개의 구성원이 신앙보다는 미신에 기울어져 있고, 여러 민족주의적 이유로 그 교회와 동일시하는 경우를 생각해보자. 어떠한 침례교 회중이 그 신앙을 박해의 시련을 견디고 지켜냈지만 그럼에도 결코 제도교회라고 여겨지지는 **않는** 상황 속에서, 이러한 교구가 교회로 간주될 수 있을까? 이러한 결론은 우리들을 교회론에 대한 이해에서 불합리한 지점으로 이끄는 것이 아닌가? 마찬가지로 감독제 교회의 교회성을 부정하는 비교적 초창기의, 하지만 그럼에도 널리 퍼진 자유교회의 입장 역시 유지될 수 없다. 자신의 시대에는 진정한 교회가 없다고 한 스미스의 확신은 의심의 여지없이 분파주의의 속 좁은 편협함이며 거만함의 표현일 뿐이다.[28] 주교가 교회에 대해서 성례전적으로 그리스도를 대표한다는 주장은 결코 그들이 그리스도를 대체한다는 것을 의미하지 않는다.

둘째, 두 가지 모델은 모두, 어떻게 그리스도의 현존이 교회에 이르게 되는가에 대한 상반된 이해에 기초해 있다. 감독제 교회의 모델에 따르면, 그리스도의 현존은 성례전적으로 매개되고, 특정한 지역 교회가 전체 교회에 대해서 가지는 구체적 관계에 의존하고 있다. 반면에 전통적 자유교회의 모델은 전체 지역 교회뿐만 아니라 전체 신자들 속에서도 그리스도의 매개되지 않는 직접적 현존을 이야기한다. 첫 번째 모델이 전체론적이라면, 두 번째 모델은 개인주의적이다. 두 가지 모델은 모두 다른 그리스도인들에 대해서 가지는 구체적 관계의 심대한 교회론적 중요성을 폄하하고 있다. 즉 그것을 통해서 모든 그리스도인이 진짜

---

28   Smyth, *Works*, 757을 보라.

그리스도인이 되고 그리스도인다운 인격적 삶을 살아가게 되는 그런 구체적 관계의 중요성 말이다. 두 모델에 따르면, 이러한 관계는 영성과만 커다란 관련이 있을 뿐, 교회성과는 별 관계가 없다. 그러나 교회론이 자신의 건축물을 단순히 가설 위에 세운단 말인가?(비록 이 가설이 교회적인 현실 속에서 특정한 지지점을 가지더라도) 즉 교회가 단지 주교의 직임을 통해서만 구성되는가, 아니면 영혼이 그 자체로 하나님과의 교제를 가질 수 있는가? 교회론은 그 방향 설정을 교회적 실천과 그리고 교회에 관한 신약성서의 진술로부터 구성해야 하는 것 아닌가?

감독제 교회 모델과 자유교회 모델의 세 번째 차이점은 바로 교회성의 조건이 가지는 주관적 차원에 관한 것이다. 감독제 교회의 전통에 따르면, 교회는 객관적 활동의 수행을 통해서, 즉 단순히 성례전을 집전하고 말씀을 선포하는 주교의 행위뿐 아니라 동시에 예전적 삶에 평신도가 참여함을 통해서 형성된다. 그리스도의 구성적 현존은 인간의 주관적 성향(비록 그것이 명확하게 표현되는 것이더라도)에 매이지 않는다. 물론 이러한 주장은 어떤 예외를 고려한다. 즉 "교회가 하는 일을 수행하기 위해" 성례전을 집행하는 한 인격의[29] 신중한 의도라는 최소한도의 의미에서와 가톨릭 전통에서는 수용자의 측면에서 성례의 효력을 막는 어떠한 방해(obex)도 존재하지 않는다는 의미에서, 또한 동방 정교회 전통에서 "아멘"을 이야기하는 평신도 직제(ordo)의 현존의 의미에서 예외가 존재한다. 반면 교회성의 객관적 조건(말씀, 성례전, 성서적 교회 조직)에 더해서, 자유교회의 전통은 주관적 조건, 즉 진정한 신앙과 하나님의 계명에 대한 순종이라는 조건을 교회성의 조건으로 인식한다.

교회성의 객관적 조건에 대한 일방적 강조는 결국 "순결한 신부"와

---

[29] "성례전을 집전하고 수행하는 사제들에게서 적어도 교회가 행하는 것을 행한다는 의지를 결여하지 않는 것"["…in ministriis, dum sacramenta conficunt et conferunt, non requiri intentionem, saltem faciendi quod facit Ecclesia"(Denzinger/Schömnetzer, 854)].

"죄된 창녀"라는 단절을 형성하는 위험을 가지게 되고, 따라서 또한 말씀과 성례전을 주관하는 교회(성직자 계급 제도)와 말씀과 성례전을 받기만 하는 교회(평신도)의 단절을 야기하게 된다. 극단적 경우에는, 교회가 심지어 교회의 "아들과 딸" 없이, 즉 그 중요한 다수 없이도 "발생할" 수 있게 된다. 비록 이러한 대다수가 교회에 대해서 아무것도 원하지 않는다고 하더라도, 그들은 "어찌 됐든" 교회에 속할 수 있는 것이다. 반면에 교회성의 주관적 조건에 대한 일방적 강조는 결국 교회를 그 구성원의 신앙과 거룩함과 공동체적 의지에만 기초하게 만드는 위험을 가지고 있다. 이러한 경우, 하나님의 교회는 단순히 동일하게 생각하고 행동하며, 미묘하거나 그리 미묘하지 않은 여러 조작의 형태를 통해서 함께 모이게 되는 사람들의 사적 클럽으로 축소된다.

나는 이어지는 부분에서 이러한 감독제 교회 모델과 자유교회 모델의 배타성에 속하지 않는 교회론적 모델을 제시하고자 한다. 이에 따르면 교회는 그 속에서 교회성의 주관적이고 객관적인 조건들이 하나의 단일한 과정의 두 차원들로서 나타나는 일관성 있게 공동체적인 발생을 통해서 구성된다.

2. 우리가 교회다!

스미스는 그의 중요한 저작들 중 하나인 "가시적 교회의 원리와 그 논리적 귀결들"에서 교회를 다음과 같이 정의한다.

> 성도들의 가시적 교제는 말씀에 따라서 상호적인 덕의 세움과 또 하나님의 영광을 위해서 하나님의 거룩한 것들을 자유롭게 사용할 수 있게끔, 하나님과 그들 사이의 언약에 의해 서로 연합한 두세 명 혹은 그 이상의

성도들이다. 이러한 성도들의 가시적 교제가 바로 가시적 교회이다.[30]

마태복음 18:20에 근거한 교회의 정의("두세 사람이 내 이름으로 모인 곳에는 나도 그들 중에 있느니라")는 전체 자유교회의 전통을 형성했다.[31] 비록 자유교회의 신학자들이 처음으로 마태복음 18:20에서 교회론의 중요한 조직적 역할을 부여했지만, 이러한 특정한 본문은 실제로 초대교회의 역사에서 이미 상당히 중요한 본문이었다.[32] 그런 까닭에 이그나티우스는 분명하게 그의 교회론적 원리(ὅπου ἂν ᾖ Ἰησοῦς Χριστός, ἐκεῖ ἡ καθολικὴ ἐκκλησία, "그리스도가 존재하는 곳 어디에나 전일적 교회가 있다")를 마태복음 18:20에 근거 지었다.[33] 테르툴리아누스는 명백하게 그리스도의 이름으로 모인 두세 사람을 명기했다. 이그나티우스의 "그리스도가 있는 곳, 그곳에 교회가 있다"(ubi Christus, ibi ecclesia)는 주장은 결국 테르툴리아누스의 "셋이 있는 곳, 그곳에 교회가 있다"(ubi tres, ecclesia est)라는 주장에 상응한다.[34]

심지어 키프리아누스 역시 『통일성에 대해서』(De Unitate)에서 강하게 "교회의 구원적 권위의 통일성과 분리되지 않음, 그리고 분리될 수

---

30 Smyth, Works, 252; 또한 pp. 386f., 403, 529, 548 참조.
31 예를 들어, Jenkins, Congregationalism, 44 참조.
32 Rudolf Sohm은 정당하게도 이러한 본문(마 18:20)은 전체 교회사를 가로지른다고 기술하고 있다(Sohm, Wesen, 49). John Huss의 사유에서 마 18:20이 가지는 교회론적 중요성에 관해서는 그의 책 The Church 2을 보라: "마 18:20로부터 다음과 같은 결론이 도출된다. 즉 그리스도의 이름 안에서 모인 두 의로운 인격들이 그리스도를 그 머리로 삼아 특정한 거룩한 교회를 구성한다." 초기 개혁파 전통에 대해서는 Marayama, Ecclesiology, 26을 보라. 또한 최근의 개신교적 전통에 대해서는 Brunner, Gebot, 514f.; Barth, Church Dogmatics, IV/2, 698ff.; Barth, Priester, 245을 보라; 복음주의적 전통에 대해서는 "Evangelical," 306을 보라; 현대 가톨릭 신학에 대해서는 Schillebeeckx, Menschen, 269을 보라. Pope Paul VI는 에큐메니칼 총대주교 파송식의 연설에서(1972), 마 18:20을 언급하면서, 교회를 "우리가 너와 연합되고, 그리스도의 이름으로 함께 모였으며, 우리 모임 가운데 우리의 주님이신 그리스도를 모시게 된 결과로서 생긴 모임"으로 규정하고 있다(Towards, 241).
33 Ignatius, Smyrn. 8:2.
34 Tertullian, De exhort. castit. 7; 또한 De baptismo 6; De pudicitia 21.

없음"을 주장했음에도 불구하고,³⁵ 마태복음 18:20에 자신들의 교회론을 호소했던 그 당대의 분파주의적 집단에 대해서 그들의 정당성을 논박하지 않았다. 대신 그가 그 집단들을 정죄한 지점은 바로 그들이 "자기 스스로를 교회로부터 끊어낸" 것처럼, "하나의 본문의 의미를 끊어내었다"는 것이다. 키프리아누스에 따르면, 그들은 두 가지 방식에서 본문을 잘못 구성했다. 첫째로, 본문은 통일성을 이야기하고 있음에도 불구하고(19절: "너희 중의 두 사람이 땅에서 **합심하여** 무엇이든지 구하면"), 이들은 합심이 아닌 "대립에 기초한 분리파"를 만들고 "새로운 분파와 분열을 만들어내고", 그로써 "교회의 몸 자체와 형제 전체들과의 합심 안에 있기를 원치 않는다는 것이다." 둘째로 본문은 그리스도의 이름 안에서 회집한 사람들을 이야기한다. 그러나 분파적 집단은 "진리의 근원이자 기원인" 교회에서부터 "자기 자신을 끊어냄으로써", 결국 "자기 자신을 그리스도와 그의 복음에서부터 끊어낸다."³⁶ 이러한 무게 있는 한정에도 불구하고, 키프리아누스 역시 마태복음 18:20이 단순히 영성에서만 아니라 교회론에서도 매우 중요하다는 사실을 전제하는 듯하다.

나는 마태복음 18:20을 교회가 무엇인지를 결정할 뿐 아니라, 어떻게 교회가 교회인 것이 외적으로 드러나는지의 문제를 결정하기 위한 근거로 삼아 이러한 오랜 전통에 합류할 것이다. **그리스도의 이름으로 두세 사람이 모인 곳에는 그리스도가 그들 가운데 현존할 뿐 아니라, 동시에 그리스도의 교회가 그곳에 있다.** 비록 그것이 사랑과 진리를 거스르는 나쁜 교회일 수도 있지만, 그럼에도 그것은 교회이다. 나는 이러한 점을 마태복음 18:20에 대한 신학적(그리고 순수하게 주석적이지만은 않은)³⁷ 반성을 통해 아직은 완전하게 정식화되지 않는 논제를 제시하고

---

35 Adam, "Cyprians Kommentar," 84.
36 Cyprian, *De unitate* 12.
37 마 18:17["만일 그들(두세 증인, 16절)의 말도 듣지 않거든 교회(ἐκκλησία)에 말하고"]에서

자 할 것이다. 만약 어떤 인격들의 집단이 스스로를 "교회"라고 정당하게 부르고자 한다면 채워야만 할 내적·외적 조건들을 논의하면서, 나는 분리주의자들에 대한 키프리아누스의 두 가지 근본적 반대 주장을 간접적으로 다룰 것이다. 왜냐하면 이러한 키프리아누스의 비판들은 결국 감독제 교회들이 자유교회들에 제기하는 비판의 핵심들을 담고 있기 때문이다.

2.1. 회합으로서 교회

1. 교회는 무엇보다도 **회합**(assembly)이다. "두세 사람이 내 이름으로 **모인** 곳에는 나도 그들 중에 있느니라." 오토 베버(Otto Weber)는 그의 책 『모인 공동체』(*Versammelte Gemeinde*)에서 교회를 "특정한 장소에서 특정한 행위를 위해서 모인 가시적 인격들의 가시적 회집"으로 정확하게 정의한다.[38] 그러나 의심의 여지없이, 교회의 삶은 회합의 행위에서 그치지 않는다. 비록 교회가 회합되지 않더라도, 교회는 그 구성원들의 서로를 향한 섬김과 세상을 향한 사명에 바탕을 두고 교회로서 살아가는 것이다. 교회는 단순히 회합하는 행위로 국한되지 않는다. 오히려 교회는 특정한 공간에서 회합한다(고전 14:23). 교회는 특정한 방식으로 특정한 장소에 모이는 **사람들**(하나님의 백성)이다. 그러나 그 집중된 형식 속에서 교회는 구체적으로 예배를 위한 회집의 행위 속에서 그 자신을 드러내

그리스도의 이름(20절)으로 모인 두세 사람은 비록 그들이 진정으로 모인 지역 회중이라고 하더라도, 그들 자체가 교회가 아니라, 단지 교회가 세워진 다음 단계로서의 모임이라는 점을 제안하고 있는 듯 보인다(Gundry, *Matthew*, 370을 보라). 하지만 다른 한편으로는 20절에서의 "두세 사람"이 18절에서 언급하는 천국 열쇠의 힘을 가진 자들과 동일한 인물을 지칭할 가능성 역시 존재한다. 그러나 이럴 경우, 이들은 에클레시아(ἐκκλησία)로서 회중과 동일한 것이 된다(Luz, "Einheit," 147f.을 보라). 여기서 나는 마 18:20을 신학적으로 영성에 대한 진술로뿐 아니라 교회 자체에 대한 진술로 구성한다는 점에서 초기 교회를 따르고자 한다. 이러한 주장이 교회론적 타당성을 가지느냐의 문제는 "두세 사람"의 정체에 대한 주석적 결정에 근거하기보다는 신약성서에 대한 나의 일반적 독해와 나의 교회론적-조직신학적 개요가 가지는 설득력에 기초하고 있다고 말할 수 있다.

38 Weber, *Gemeinde*, 32.

며, 바로 이러한 점에서 자신의 교회성을 구성한다.[39]

"교회"(ἐκκλησία)라는 용어의 신약성서 용례에서, 특별히 바울의 용례에서, 우리는 이 용어가 회합한 공동체로 교회를 이해한다는 것을 확인할 수 있다. 도시에 있는 자유시민의 회합을 의미하는 민회(ἐκκλησία)라는 그리스의 세속적 개념에 상응해서, 신약성서의 교회(ἐκκλησία) 역시 거의 배타적으로 특정한 장소에 모인 그리스도인들의 구체적 회합을 지칭한다.[40] 물론 교회는 언제나 단호하게 "하나님의 교회"이지만(고전 1:2), 그것은 오직 특정한 장소에 존재하는 **이러저러한 사람들**의 교회일 때만 그러하다. 예를 들어 데살로니가인들의 교회 혹은 라오디게아인들의 교회라는 식으로 말이다(살전 1:1; 살후 1:1을 보라). 교회는 특정한 장소에서 "우리 주 예수 그리스도의 이름을 부르는" 사람들의 구체적 회집이다(고전 1:2). 이러한 장소는 비단 도시일 필요는 없다. 왜냐하면 하나의 단일한 도시 안에서도, 부분적 교회들처럼 전체 지역 교회들과 대립하지 않으면서도 그 자체로 각각 전체 교회가 되는 교회들이 여럿일 수 있기 때문이다(골 4:15-16).[41] 신약성서가 교회를 구체적 회합으로 이해한다는 점은, 여러 지역 교회들을 언급하는 것으로 교회(ἐκκλησία)라는 용어를 사용하는 드문 용례를 통해 간접적으로 확인할 수 있다(행

---

39 이에 관해서는 Roloff, "ἐκκλησία," 1003f.을 보라.
40 나는 교회(ἐκκλησία)가 "구체적인 경험적 실재를 지칭하는 것도 아니고, 특정한 사회적 개념을 지칭하는 것(심지어 지역 회중의 개념까지도)도 아니며, 오히려 교의적 가치 판단만을 배타적으로 표현한다"는 Rudolf Sohm의 주장에 대해서 반대한다(Sohm, Kirchenrecht, I.19).
41 Marlis Gielen을 따라서 나는 가정 교회가 다양한 교회들(전체 교회 혹은 포괄적 교회) 가운데 있는 회합(부분적인 교회)의 한 형태라고 보지 않는다(Gielen, "ἡ κατ᾿οἶκον ἐκκλησία," 112-117). 가정 교회는 인격을 가진 한 가정에서 모이는 하나의 전체 교회이다. 그러나 그럼에도 나는 Gielen에 반대해서, 골 4:15과 롬 16:5-14, 16에서 보는 바같이(물론 그 고대의 집 크기들을 고려하더라도), 하나의 도시에 그런 교회들이 여럿 있었을 것이라고 주장하는 것은 가능해 보인다(Stuhlmacher, Philemon, 71f.을 보라). 로마에서도 역시 한 곳에서만 모이지는 않았을 몇몇 교회들이 있었을 것이라는 가능성에 대해서는 Cranfield, Romans (『로마서 주석』, 로고스 역간), 22을 보라.

9:31; 20:28).⁴² 특정한 지역을 지칭하면서, 바울은 일반적으로 교회에 대해서 단수로 이야기하는 것이 아니라, **교회들**이라는 복수로 이야기한다(고전 16:1, 19; 고후 8:1; 갈 1:2, 22).

교회는 어느 곳에서도 결코 "지역적으로 회합된 회중(congregation) **위에** 존재하지 않으며, 지역적 '회중 안에, 회중과 함께, 회중 아래에'" 존재한다.⁴³ 회중은 그리스도 안에서 함께 모여 구체적 장소에 위치한 그리스도의 몸이다(롬 12:5; 고전 12:12-13). 동방 정교회와 자유교회의 교회론 사이에 있는 근본적 차이점에도 불구하고, 이들은 바로 이러한 중요한 지점, 즉 교회는 실제적 의미에서 배타적으로 구체적인 회합을 의미한다는 사실에 대해서는 서로 동의한다.⁴⁴ 특정한 교단, 혹은 문화적이고 정치적인 지역에 있는 지역 교회들, 혹은 지역 교회들의 전체성은 엄격한 신학적 의미에서보다는 이차적 의미에서만 "교회"로 불릴 수 있다.

그러나 주석적이고 신학적인 이유에서, 우리는 "에클레시아"(ἐκκλησία)를 단지 구체적 지역 교회와 동일시할 수는 없다.⁴⁵ 왜냐하면 "케할 엘"($q^ehal\ 'el$)이라는 히브리어 단어는 묵시적 유대교에서 기인한 것으로 결국은 초대교회의 종말론적 자기 이해와 상응하기 때문이다. 초대교회는 이 단어를 자기 호칭의 방식으로 채택하였다. 말하자면, 교회는 자기 자신을 "그리스도에 의해서 현재 실존하도록 부름 받은 종말론적 이스라엘의 중심점이자 결정화(crystallization)의 지점이 되기 위해 하나님에 의해서 예정되고 결정된 집단"⁴⁶이라고 이해한다. 바울이 이후

---

42 자신을 향한 "교회"의 박해에 대한 바울의 진술은(갈 1:13; 빌 3:6; 고전 15:9) 이 주장을 반박하는 증거들을 제대로 구성하지 않는다. 왜냐하면 바울은 이 지점에서 일반적 전체 교회들에 대해서 이야기하는 것이 아니라 예루살렘에 있는 회중에 대해서 이야기하고 있기 때문이다(Banks, *Community*, 36; Roloff, "ἐκκλησία," 1002을 보라).
43 Weber, *Gemeinde*, 33.
44 동방 정교회의 교회론에서 지역 교회의 지위에 대해서는 앞의 II.3.2.1을 보라.
45 이러한 주제에 대한 자유교회의 비판에 대해서는 Dagg, *Manual*, 100-121; Dargan, *Ecclesiology*, 31-34을 보라.
46 Roloff, "ἐκκλησία," 412.

에 "하나님의 교회"(ἐκκλησία τοῦ θεοῦ; 단순한 용어인 ἐκκλησία는 아마도 ἐκκλησία τοῦ θεοῦ라는 본래의 표현의 축약된 형태일 것이다)라는 용어를 유대인 그리스도인과 이방인 그리스도인들의 교회를 지칭하는 용어로 사용할 때, 그는 이러한 종말론적 지평을 보존하고 있다. "하나님의 교회"로서 그리스도인들은 특정한 장소에서 모든 민족으로부터 부름 받아 한데 모인 하나님의 종말론적 백성이다.[47] 따라서 에베소와 골로새에 보내진 제2바울 서신들이 특히 "에클레시아"라는 용어를 단순히 지역 교회만을 지칭한 것이 아니라 보편 교회를 지칭했다는 사실은 놀랄 만한 일이 아니다(엡 1:22; 2:22; 3:10; 5:22-33; 골 1:18). 그러나 이런 이차적인 의미에서 "에클레시아"는 **세상에 두루 흩어진** 그리스도인이나 지역 교회 전체가 아니라, 하나의 **천상적이고 종말론적인** 실재로서 보편 교회를 우선적으로 지칭한다는 사실을 지적하는 것은 매우 중요하다. 보편 교회로서, "에클레시아"는 종말론적 완성을 앞당겨 선취하는 가운데 부활한 그리스도 주변에 모인 "천상의" 교회인 것이다.[48]

2. 그렇다면 지역 교회들과 종말론적 하나님의 백성의 전체성의 관계는 무엇인가? "에클레시아"의 신학적으로 근원적인 의미는 무엇인가?[49] 그 해답은 우리가 어떻게 교회의 통일성을 파악하는가에 관한 중요한 시사점을 담고 있다. 만일 우리가 자유교회의 출발점이 요구하는 것처럼[50] **지역 교회의 우선성**에서부터 시작하면, 보편 교회는 전체 성도

---

47 Ibid., 1001-1003을 보라.
48 이러한 지점에서 Banks, *Community*, 43-47; O'Brien, "Church," 93-97; Turner, "The Ecclesiologies," 4을 보라. Andrew Lincoln은 천국의 예견적 성격을 강조한다(Lincoln, *Paradise*를 보라). 요한계시록에서의 "천상적" 교회에 대한 유사한 해석에 대해서는 Hofius, "Gemeinschaft," 193을 보라.
49 이러한 질문을 제기한다는 것 자체가—비록 중요한 조직에 관한 결과들이 이러한 질문에 대한 대답으로부터 도출된다고 하더라도—"전체의 사안이 하나의 조직에 관한 문제로" 고찰되는 것을 의미하는 것은 아니다(또한 Nygren, *Christ*, 98).
50 그러나 실제로 많은 자유교회의 신학자들은 (비가시적) 보편 교회의 우선성으로부터 논의를 시작한다(예를 들어, Strong, *Theology*, 887ff.을 보라).

의 교제(communio sanctorum)라는 의미에서 다수의 지역 교회들의 덧붙임을 통해서 드러나게 된다. 결국 종말론적 전체 하나님의 백성은 개별 그리스도인들이 모여 있는 모든 지역 교회의 총계일 뿐이다. 그러나 그렇다면 어떻게 모든 지역 회중들이 보편적 실재로서 그들의 덧붙임을 통해서만 오게 되는 하나님의 종말론적 백성의 예견이 될 수 있는가? 만일 지역 교회가 우선성을 가진다면, 결국 전체 하나님의 백성의 종말론적 통일성을 향한 지역 교회의 방향은 이차적일 수밖에 없으며, 이러한 이유로 또한 우연적인 것일 수밖에 없다.

지지울라스는 **모든 지역 교회와 보편 교회의 동일성**을 그의 출발점으로 삼은 바 있다. 전체 그리스도는 모든 성만찬적 모임에 현존한다. 집단적 인격성으로서 그리스도는 모든 그리스도인들을 자신에게 편입시키기 때문에, 전체 교회는 성만찬 교제에서 그리스도와 함께한다. 그러므로 지역 교회들은 언제나 다양한 장소에서 구체적으로 존재하는 **전체** 교회이다. 내가 이미 제시한 바와 같이,[51] 지역 교회와 보편 교회의 동일성에 대한 지지울라스의 이론은 "과도하게 실현된 종말론"의 한 형태이다. 지역 교회는 그것이 불가분리적으로 그리스도와 연결되어 있는 한에서만, 그리고 그것이 집단적 인격성으로서의 그리스도와 함께 동일할 때만 보편 교회와 동일하다. 만약 지역 교회가 그리스도와 동일하다면, 종말 자체가 자연히 성만찬적 모임에서 온전히 실현되어야만 한다.[52] 교회와 그리스도, 교회와 하나님의 다스림 사이를 구분하는 동시에 모든 회합들의 종말론적 성격을 지키기 위해서는, 결국 출발점을 지역 교회를 넘어서는 종말론적 전체 하나님의 백성의 우선성에 두어야 한다.

라칭거는 **보편 교회의 우선성**에 대해서 강조한다. 지역 교회에서,

---

51 앞의 II.3.1.3을 보라.
52 앞의 II.3.1을 보라.

교회가 모든 장소와 모든 시간에 대해서 가지는 연관 관계는 본질적이며, 보편 교회와의 이러한 관계는 역사적으로 존재하는 광역 교회와의 관계를 통해서 구체적으로 실현된다. 그는 제2차 바티칸 공의회의 지도를 따라서, 이러한 관계를 지역 교회 안에서의 보편 교회의 실현으로 정의한다. 하나의 거룩하고 보편적이고 사도적인 교회는 모든 지역 교회에서 활동하고 현존한다.[53] 지역 교회는 광역 교회의 현실에 참여한다. 그리고 광역 교회는 지역 교회 안에서 실현된다.[54] 그러나 이러한 개념은 보편 교회의 본질적으로 **종말론적인** 성격을 적합하게 고려하고 있지 않는 듯 보인다. 부활한 그리스도 주변에 모인 천상의 교회는 단순히 완성 속에 있는 미래를 향해서 열려진 것만을 의미하지 않는다. 오히려 이것은 앞으로 될 것의 현재이다. 그리고 그것은 종말론적 전체 하나님의 백성으로서 현재 존재하는 대로 미래에 존재할 것이다. 이는 왜 지역 교회가 현재 존재하는 성도의 교제와 가지는 관계의 관점으로부터가 아니라, 하나님의 새 창조 속에 있는 완성된 교회와의 관계라는 관점에서 정의되어야 하는지에 대한 이유이다.

선취(anticipation)라는 범주는 바로 이러한 상황을 표현한다. 지역 교회는 현재 존재하는 보편 교회의 구체적 실현이 아니라, 전체 하나님의 백성의 종말론적 모임을 실제로 선취하며 예견을 현실화한다. 지역 교회와 이미 존재하는 보편 교회는(이제까지 살아왔고 살고 있는 모든 그리스도인들을 포괄하는) 보편 교회가 모든 지역 교회들을 포괄하는 한에서 서로 중첩되며, 모든 지역 교회는 이런 방식으로 이해된 보편 교회의 일부분이다. 여전히 보편 교회와 지역 교회 사이의 이러한 관계가 시공간에서 서로 다른 교회들과 모든 지역 교회 사이의 구체적 관계에 대해서

---

53 *Christus Dominus* 11; *Lumen gentium* 26.
54 앞의 I.2.3을 보라.

무엇을 의미하든 간에, 보편 교회가 지역 교회 안에서 실현되고 그 안에서 행동한다는 점에서 지역 교회는 단순한 지역 교회가 아니다. 마찬가지로 다양한 지역 교회들과 개별 그리스도인들이 그들 스스로를 보편 교회 안에서 전체로 만든다는 점에서, 보편 교회 역시 단순한 의미에서 보편 교회는 아니다. **지역 교회와 보편 교회를 전체 하나님의 백성의 종말론적 모임의 선취로 만들어주는 그리스도의 영에 대해 그들이 공통으로 가지는 관계를 통해 그들이 교회로 구성되는 것은 바로 정확하게 부분적으로 중첩되는 실체로서 그렇게 되는 것이다.** 이는 비록 지역 교회가 보편 교회의 작은 부분만을 담당하지만, 그럼에도 왜 지역 교회가 **온전하게 교회일 수 있는지를** 설명해준다.[55] 이러한 점은 주체로서의 교회와 "그리스도의 몸"에 대해 분석하는 이어지는 부분에 의해서 뒷받침될 것이다.

3. 보편 교회와 지역 교회의 동일성에 대한 개념뿐 아니라 그 둘 사이의 현실화의 관계도 신학적으로 그리스도와 교회 사이의 관계에 대한 특정한 이해에 근거하고 있다. 라칭거와 지지울라스 모두 자기 나름의 방법으로 그리스도와 교회가 전체 그리스도라는 단일한 인격을 구성한다는 아우구스티누스적 개념을 전용하고 있다. 이러한 동일성 속에서 그리스도가 교회의—보편 교회의—주체일 뿐 아니라, 동시에 **교회는**

---

[55] 만일 우리가 지역 교회의 차원과 보편 교회의 차원을 종말론적 전체 하나님의 백성이라는 더 큰 맥락에서 함께 보지 않는다면, 결국 다음과 같은 문제에 봉착할 것이다. 교회는 오로지 그것이 그 자체로 **전체** 교회인(*the* church) 한에서만 "교회"라고 할 수 있다(Evans, *Church*, 21이 올바르게 서술하듯); 그러나 만약 **하나의** 교회(*a* church)가 **전체**(*the* church)라면, 어떻게 그것이 엄격한 의미에서 여전히 **하나의** 교회일 수 있는가? "지역 교회—보편 교회"라는 두 범주의 틀 내에서는, 일관되게 **지역 교회를** 파악하는 것, 즉 바울의 말을 따라서 "**너희는** 그리스도의 몸"(고전 12:27)이라는 주장을 파악하는 것은 어렵게 된다; 결국 하나의 교회는 전체 교회와 동일시되고(Zizioulas), 그러한 이유로 결국은 엄밀히 말해 하나의 **지역** 교회가 아니고, 오히려 특정한 지역에서 표명되는 보편 교회가 된다. 아니면 하나의 교회가 전체 교회의 일부분이거나(이전의 가톨릭 교회론처럼), 혹은 이것도 아니라면 하나의 교회가 전체 교회의 현실화이지만 그 하나의 교회는 전체 교회와 동일하지 않다(Ratzinger). 이렇게 되면 엄밀히 말해 그것이 하나의 교회가 전혀 아니다.

그 자체로 주체가 된다. 즉 그리스도의 주체성이 교회에게로 전이되는 것이다. 그리스도가 모든 지역 교회에 현존하고 그 속에서 활동하듯이, 그리스도와 함께 하나의 신비적 인격이 된 보편 교회는 모든 지역 교회에 존재하며, 모든 지역 교회 안에서 활동하고, 이들과 전적으로 동일하다. 지역 교회 안에 있는 보편 교회의 현존은 "그리스도와 교회의 전적인 동일시"(지지울라스)라는 개념으로부터 도출되고, 교회는 "그리스도와 함께하는 단일한 주체"(라칭거)라는 생각으로부터 도출되는 것이다.[56]

나는 이후에 "전체 그리스도"라는 개념[57]의 구원론적으로 혹은 인간론적으로 중요한 결과들을 다시 다루도록 할 것이다. 여기서 나는 교회론적 차원에 주로 관심을 가질 것인데, 그것은 언뜻 보기에는 본문 주석에 의해서 그 근거가 튼튼할 것으로 보인다. 고린도전서 12:12에서 바울은 지역 교회를 그리스도와 동일시하는 것처럼 보인다. 바울은 "몸이 하나이나 많은 지체가 있는 것같이"라고 말하며 다음과 같이 덧붙인다. "이는 그리스도의 경우도 그러하다"(참조, 고전 1:13; 6:15). 그러나 이를 근거로 바울이 "회중과 그 속에 사는 그리스도의 등가성"을 이야기하는 지점까지 나아갔다고 주장하는 것은 의심스럽다.[58] 만일 우리가 "그리스도의 몸"(σῶμα Χριστοῦ)을 최근에 박현욱이 제시한 것처럼, 여자가 남자의 몸에서 떨어져 나왔기에 결혼을 통해서 남자와 여자가 하나가 된다(고전 6:12-20; 엡 5:22-33; 창 2:21-24)는 시각에서 해석한다면,[59] 우리는 "그리스도의 몸"을 하나의 인격이 가지는 몸으로서 유기체적으로 파악하는 것이 아니라, 그것이 어떤 방식으로 파악되든지 간에 **여러 인격들의 몸**, 즉 총체성으로서 공동체적으로 파악해야 할 것이다.

---

56 Zizioulas, "Mystère," 328; Ratzinger, "Theologie," 519.
57 뒤의 IV.1.1.2를 보라.
58 Schweizer, "σῶμα," 777.
59 Park, *Leib Christi*를 보라(비록 나는 그의 견해에 모두 동의할 수 없지만). 또한 유사하게 Ratzinger, *Das neue Volk*, 81f.을 보라.

혹자는 아마도 유기체에 대한 관념이 이미 그리스도의 몸이라는 관념에 함의되어 있다고 반박할 것이다. 그러나 몸의 통일성이 가지는 유기체적 성격은 결국 몸이 가지는 **신체성**(*physicality*)**에 매여 있다**. 만일 몸이 가지고 있는 신체적 본성이 제거된다면, 몸에 대한 관념은 더 이상 그 유기체적 성격을 상실하게 된다. 로버트 건드리(Robert Gundry)가 설득력 있게 논증한 것같이, 그리스도의 몸은 비물리적 방식으로 이해되어야 한다. 그리스도인은 주와 "한 **영**"이며(고전 6:17), 정확하게 그러한 방식으로 그의 "몸"의 일부분이다.[60] 그 비신체성으로 말미암아, 그리스도의 몸은 결국 **은유**(metaphor)로서 고찰되어야 한다.[61] 물론 바울이 "그리스도의 몸"이라는 개념을 많은 부분 권면적 단락에서 발전시키지만, 그럼에도 분명히 이러한 은유는 그리스도인들 사이의 **도덕적** 관계의 특정한 성질을 묘사한다거나 주입하는 것에 초점이 맞춰진 것은 아니다.[62] 오히려 이 개념은 그리스도인의 존재 자체를 형성하는 얼마간 **구원론적이고** 엄밀하게 **교회론적인** 관계들을 표현한다. 그리스도의 몸은 성령 안에서 그리스도와 그리스도인들(고전 6:17), 혹은 그리스도와 교회(엡 5:22-33), 더 나아가서 그리스도인들이 서로 가지는(롬 12:4-8; 고전 12:14-26) 내적이고 인격적인 교제를 상징한다. 정확하게 이러한 은유적 사용이 바로 모든 지역 교회가 그 본원적 의미에서 "그리스도의 몸"이라고 불리게끔 해주는 것이다.[63]

---

60 이러한 점에서 있어서 John A. T. Robinson의 주장(*Body*, 49-83)에 대한 Robert Gundry의 비판(*Soma*, 223-244)을 보라.
61 교회가 완전히 그리스도의 **지상적** 몸과 엄격하게 **동일하지는** 않는다고 주장하는 **모든** 해석은 결국 그리스도의 몸을 하나의 은유로 보게 되며, 심지어 그리스도의 몸으로서 교회가 그리스도의 부활한 몸과 **동일하다**고 여기는 해석 역시 이러한 흐름에 포함된다(Robinson, *Body*, 49ff.을 보라). 하나의 몸은 인간의 다수성에 의해서 이루어지기 때문에, 신체를 지닌 인격들은 **비유적 의미에서만** "몸"이라고 불릴 수 있다. 이런 점에서 바울이 그리스도의 몸을 유비적으로 보았는지 아닌지에 대한 문제는 그다지 합당한 문제 제기가 아니다; 유일하게 정당한 문제 제기는 바울이 사용한 은유가 지향하는 것이 무엇이었는지를 밝히는 것이다.
62 Stuhlmacher, "Volkskirche," 160을 보라.

교회론적으로 중요한 두 가지 결과가 바로 그리스도의 몸에 대한 비유기체적 이해로부터 발생하는데, 이는 창세기 2:21-24로부터 그 방향을 가져온 이해이다. 첫째로, 그리스도는 교회와 동일시될 수 없다. 그리스도와 교회 사이에 발생하는 병행의 요소는 이 둘의 통일성을 위해 구성적이다. 그러나 교회는 오로지 신부로서 그리스도의 몸이 될 수 있지만, 그 역은 성립되지 않는다.[64] 분명 "그리스도의"(Χριστοῦ)라는 속격을 "그리스도에 속한 몸"이라는 의미의 소유격으로 배타적으로 이해해서는 안 된다. 오히려 이 속격은 설명적 의미("그 몸이 바로 그리스도다")로 해석되어야 한다.[65] 그렇지 않다면 교회와 그리스도는 단순히 병행될 뿐이고, 그들의 구체적 하나됨은 억압된다(고전 6:15; 12:1-13을 보라). 그러나 그리스도와 교회 사이의 동일시는 "너의 몸들이 바로 그리스도의 지체들이다"라는 그리스도와 그리스도인들 사이의 연합으로부터 도출된

---

63 Ulrich Luz는 지역 교회를 그리스도의 몸으로 표기하는 것은 이차적이라고 말한다. 왜냐하면 본래 그리스도의 몸은 "전체 교회를 의미했기" 때문이다("Einheit," 73). 이 지점에서 그는 교회를 그리스도의 몸으로 지칭하는 것이 실제로 "바울 이전의 교회론적 개념"이라고 전제한다. 물론 그는 그러한 전제의 근원에 대한 정보를 첨부하지는 못했다. 게다가 그는 왜 바울이 하나의 본문만을 제외하고는 개별적 지역 교회를 지시하는 개념을 전유했는지를 설명할 수 없는 듯 보인다[고전 10:16; Yorke, *Church*, 122, 또한 그는 추가로 롬 12:5과 고전 12:12을 증거로 제시하지만, 이것이 정당한 결론인지는 다소 의심스럽다; 또한 Luz는 갈 3:28과 고전 1:12을 증거로 제시하지만(p. 100), 이러한 구절들이 반론을 구성하지 못한다]. 우리는 "그리스도의 몸"이라는 구절의 종말론적 사용을 바울의 신조어로 보아야 한다(예를 들어, Schweizer, "σῶμα," 776). 그러나 Luz는 한 가지 지점에서는 정확했다. 만약 "그리스도의 몸"을 유기체적으로 파악한다고 할 때에는(Luz는 "모든 지역 교회들은 세포들로, 전체는 그 속에서 산다"라고 주장한 바 있다. p. 101), 이 표현이 **본래**, 전반적 교회들을 언급하는 것**이어야** 한다; 지역 교회들은 그들이 모두 보편 교회의 현현인 한에서만 "그리스도의 몸"이라 불릴 수 있다. 그러나 바울이 지역 교회들에 대해서 이러한 표현을 강조해서 사용했다는 사실은 "이제 **너희는** 그리스도의 몸이니"(고전 12:27)와 같은 구절을 고려해볼 때, 이러한 이유로 "그리스도의 몸"을 단일한 인격의 유기체에 유비해서 해석하려는 시도를 **반박하는** 추가 논증이 된다.
64 바울이 그리스도와 교회의 관계에서 교회를 그리스도의 "아내"가 아니라 그리스도의 **신부**(bride)로 언급했다는 점은 결코 사소한 문제가 아니다. 신부라는 용어는 "바로 이러한 결혼이 아직 성취되지 않았다는 의미와 조응한다. 이러한 주장은 여전히 종말론적 보류의 요소를 의미하는 것이다"(Wolff, *2 Korinther*, 211; 또한 Furnish, *2 Corinthians*, 499을 보라).
65 Gundry, *Soma*, 231을 보라.

다. 이 연합은 그것이 얼마나 구체적으로 표현되든지 간에 단순히 물리적 범주로는 파악될 수 없고, 인격적 범주에 의해서 파악할 수 있다. 그리고 이 연합에서 양자 사이의 지속적 구분은 여전히 결정적 중요성을 가진다. 그러므로 그리스도와 교회 사이의 동일시는 그리스도와 그리스도인들 사이의 **특별한 종류의 인격적 교제**, 곧 "인격적 내향성"으로 가장 잘 묘사될 교제를 상징한다. 그리스도는 모든 그리스도인들 안에 내주하고, 인격으로서 이들의 인격 속에 내재한다.[66] 그리스도와 그리스도인 사이에 존재하는 독특한 기독교적 병행은 그로써 보류되는 것이 아니라, 성령을 통해서 구체적으로 구성되는 것이다. 만일 이것이 정당하다면, "너희는 다 그리스도 예수 안에서 **하나**이니라"(갈 3:28)라고 말한 바울의 진술은 이러한 "하나"가 "그리스도 그 자신"이라는 점을 의미하는 것이 아니라,[67] 그들이 "그리스도 안에서" 혹은 "그리스도"가 그들 "안에서" 머무르는 한에서 있어서 그들이 "하나"라는 사실을 의미한다.[68]

그렇다면 그리스도로부터 구별될 수 있는 이 "하나"가 주체인가? 먼

---

[66] 뒤의 IV.3.2.1을 보라.
[67] Schlier, *Galater*, 175.
[68] Bruce, *Galatians*, 190을 보라. 그리스도를 그 자신 안에 다수를 포함하는 하나로 이해하기 위해서 Ratzinger와 Zizioulas는 모두 집단적 인격성의 개념을 언급한다. 이러한 의미가 구약성서에서 발견되는지는 주석적으로 논쟁의 여지가 있다(이에 대한 비판으로는 Rogerson, "Hebrew"; Moule, *Origin*, 52; Porter, "Two Myths"을 보라). 그러나 만일 이러한 지점이 구약성서에서 발견된다고 한들, 그것이 무슨 의미가 있는가? H. Wheeler Robinson에 따르면, 집단적 인격성은 두 가지 의미를 가진다. 먼저 보다 약한 의미에서 이것은 집단적 책임성을 의미하고, 보다 강한 의미로는 "동일한 사회 집단의 구성원들 사이의 심리적 통일성"을 의미한다(Robinson, "Hebrew," 5). 그러나 이러한 집단적 인격성의 강한 의미도 결국 전체 그리스도(*totus Christus*)의 개념을 정초하기에는 너무 빈약하다. 다음과 같은 Robinson의 정식, 즉 "한 개인이 소속되고 그의 인격 역시 그 속으로 확장되는 집단" 혹은 "구약의 진정한 이스라엘 백성들처럼 자신들의 사회적 관계로부터 결코 분리되지 않는 새로운 종류의 개인"(Robinson, *Corporate*, 58)은 실제로 그리스도가 자신의 인격 속에 모든 그리스도인들을 포괄하고, 이러한 그리스도인들이 전체 그리스도를 구성한다는 주장까지 나아가지는 못한다. 비록 집단적 인격성의 개념이 어떤 면에서 전체 그리스도의 개념을 설득력 있게 만들어주지만, 그 내용은 결국 다른 어떤 곳으로부터 유래해야 한다(Moule, *Origin*, 52를 보라). 결국 그 근원은 "그리스도의 몸"과 "그리스도 안에"(ἐν Χριστῷ) 있음이라는 바울의 개념에 대한 독특한 이해에서 나왔다. 그러나 만일 내가 제대로 이해했다면, 이러한 해석은 결국 주석적으로나 신학적으로 설득력이 떨어진다.

저 사회 체제들이 실제로 하나의 주체가 가지는 것(예를 들어, 어떤 집단은 특정한 도식들을 통해서 공동의 경험을 조직할 수 있다)[69]과 유사한 특질을 소유할 수 있다는 사실을 지적해야 한다. 그럼에도 그것은 의식적 체계와는 상당히 구분되는 체계를 제시한다는 사실을 주목해야 한다.[70] 이렇게 순수한 사회-철학적인 관찰만이 교회는 하나의 주체라는 주장에 주의를 준다. 하지만 교회는 다양한 사회 체계 가운데 하나가 아니기 때문에, 오직 신학적 논증들만이 결정적이라고 할 수 있다. 만일 우리가 "그리스도의 몸"(σῶμα Χριστοῦ)을 창세기 2:21-24의 관점에서 해석한다면, 우리는 더 이상 교회가 하나의 주체라고 주장할 수 없을 것이다. 한 남자가 한 여자의 주체가 아닌 것처럼(비록 성서의 가부장적 관점에서는 그가 여자의 주인이겠지만),[71] 그리스도는 더 큰 이유에서(*a fortiori*) 교회(결국 여러 인격들로 구성된)의 주체가 될 수는 없다. 그러나 만약 그리스도가 교회의 주체가 아니라면, 교회 역시 주체일 수 없다. 왜냐하면 교회가 그리스도에 대립되어 그 자체의 주체일 수 없기 때문이다.[72] 교회가 성전이라는 언급으로부터 교회가 무생물이라는 점을 도출할 수 없듯이, 어느 누구도 더 이상 교회가 신부라는 진술 하나만으로(고후 11:2-3; 엡 5:22-33) 교회가 주체라는 사실을 추론해낼 수 없다.

보편적인 성도의 교제(*communio sanctorum*)이자 지역 교회인 교회는 단순히 집합적 주체가 아니라, 인격들의 교제이다. 비록 인격들의 교제는 단순히 자기 폐쇄적 주체들이 아니라, 두 가지 방식에서 상호 의존적

---

69 Goleman, *Lies*, 159ff.을 보라.
70 Luhmann, "Autopoiesis," 426을 보라. 또한 idem, "Individuum," 162f.을 보라.
71 이러한 점은 우리가 신약성서에 나타나는 남녀 관계를 엄격하게 종속주의적 방식으로 이해할 때에도 적용된다. 신약성서의 본문을 비종속적 방식으로 해석한 것으로는 예를 들어, Fee, *1 Corinthians*, 491ff., 699ff.을 보라.
72 Ratzinger와 Zizioulas 모두 교회의 주체성은 오로지 그리스도의 주체성일 수밖에 없다고 전제한다(앞의 I.1.1.1과 II.2.1.2를 보라). 그러나 Heribert Mühlen은 자신의 광범위한 연구에서(*Una Mystica*), 교회의 인격성이 교회 안에 존재하는 인격으로서 성령의 특별한 성격에 정초한다고 주장한다(뒤의 IV.3.2.2를 보라).

주체들이다. 첫째, 그들은 그리스도가 성령을 통해서 그들 안에 살아가는 한에서만 살아갈 수 있다(갈 2:20; 고전 6:19). 둘째, 그리스도는 그들이 서로에 대해서 가지는 복합적 관계를 통해서 그들 가운데서 살아 있다(고전 12:12-13). 그러나 비록 그리스도인들이 이러한 관계들의 복합적 네트워크 속에 매여 있다고 하더라도, 그들은 여전히 주체들로 남아 있다. 실제로 그들의 주체됨은 바로 이러한 관계들 없이는 파악될 수 없다(갈 2:20).[73] 이는 왜 우리가 그리스도인들이 그리스도 안에서 "하나"가 되는 것을 "모든 차이를 넘어선 통일된 인격"으로서가 아니라, 그리스도 안에서 살아가는 이들의 교제로, 그리고 분화된 통일성으로 파악해야 하는지의 이유이다.[74]

따라서 보편 교회는 지역 교회 안에서 실현되고 행동하는 주체가 아니며, 또한 실제로 지역 교회와 동일하지도 않다. 그러나 성령을 통해서 지역 교회에 있고, 이러한 방식으로 전체 하나님의 백성의 종말론적 모임을 앞당겨서 경험하는 교회로 지역 교회를 만드는 그리스도는 모든 지역 교회를 하나님의 다른 모든 교회들과 연결 지으며, 그로써 동일한 성령을 통해서 "그리스도 안에" 있는 사람들을 모든 교제와 연결 짓는다. 그러나 어떻게 이러한 연결이 구체적으로 표현되는가? 그리고 결국 직접적으로 다가갈 수 없는 그리스도의 현존을 어떻게 외적으로 드러낼 수 있는가? 나는 두 번째 질문을 먼저 다루도록 할 것이다.

2.2. 교회와 신앙의 고백

교회는 회합이지만, 회합 자체는 아직 교회가 아니다. 교회성의 필수불가결한 조건은 사람들이 **그리스도의 이름으로** 모이는 것에 있다.

---

[73] 뒤의 IV.3.2.1을 보라.
[74] Mussner, *Galaterbrief*, 265.

그리스도의 이름으로 모이는 것은 그 자체로 교회의 구성적 원리인 그리스도의 현존을 성령 안에서 미리 전제하는 것이다. "두세 사람이 **내 이름으로** 모인 곳에는 나도 그들 중에 있느니라"(마 18:20).

1. "예수 그리스도의 이름"은 교회 안으로 모이는 사람들이 둘러싼 그 인격이 누구인지를 명확하게 규명한다. 우리는 여기서 우리와 함께하는 하나님, 즉 임마누엘이라는 이름과 만나게 된다(마 1:23).[75] 마태의 의도에 따르면, 임마누엘이라는 이름은 지상에서 말씀을 선포한 예수와 부활하고 선포되는 그리스도 사이의 통일성을 표현한다. 출생 시에 "우리와 함께하신 하나님"이라는 이름을 받았던 그분은 부활한 분으로 세상 끝 날까지 그의 제자들과 함께하신다(마 28:20).[76] 교회가 자신을 예수 그리스도의 전체 역사, 즉 그의 과거와 현재와 미래에 의해서 정의하는 한에서, 교회는 자신을 교회로 드러낸다. 바울이 사용했던 표현과 같이, 교회는 **예수 그리스도의** 교회이다(롬 16:16; 갈 1:22; 살전 2:14). 그렇지 않다면 그것은 절대로 교회가 아니다.

예수 그리스도의 전체 역사에 대한 필수적 의존은 교회성을 특정한 교의적 설명에 의존하게 만든다. 비록 이러한 설명들이 다양할 것이고 (마치 신약성서에서 신앙고백이 다양한 것처럼) 어쩌면 상당히 간략하다고 하더라도(마치 "예수는 주님이시다"처럼), 교회는 이러한 설명 없이는 존재할 수 없다. 고린도전서 15:11의 단호한 "이같이"(οὕτως)가 의미하듯이 ("그러므로 나나 그들이나 **이같이** 전파하매 너희도 **이같이** 믿었느니라"), 누구나 오직 예수 그리스도에 대한 **그 무엇을** 믿음으로써 예수 그리스도와 연관될 수 있다. 신앙의 내용은 예수 그리스도를 "다른 예수"와 구별하기 위해서, 그리고 그의 성령을 "다른 영"과 구분하기 위해서 필수적

---

75   Gundry, *Matthew*, 370을 보라.
76   마태가 마 28:20에서 사용한 *inclusio*에 대해서는 Luz, *Mattäus*, 105를 보라.

이다(고후 11:4을 보라). 교회는 오직 사도적 문서들에 의해서 증언된 예수 그리스도 위에 바탕을 두는 경우에야 비로소 교회일 수 있다. 이는 바로 누가가 예루살렘 교회가 "사도들의 가르침에 굳건히 서 있음"(행 2:42)을 보고하는 이유이다. 분명히 교리는 그 자체로서 목적이 아니며, 단순히 모인 회중과 예수 그리스도 사이의 관계를 지키고 육성하기 위한 수단이다. 이는 그 이름으로 모인 회중들이 그를 명확하게 규명하는 데 사용된다. 그러나 이러한 제한된 의미에서 "올바른 교리가 없으면 교회는 존재하지 않는다"는 주장이 참이다.

    2. 예수 그리스도에 대한 인지적 동일시(올바른 교리)의 목적은 그와의 인격적 동일시이다. 교회가 되기 위해서, 사람들은 그리스도의 **이름으로** 모여야 한다. 그로써 하나님의 백성은 그리스도가 그들의 삶에 "결정적 근거"라는 점을 증언한다.[77] 예수 그리스도 안에서 그들은 자유와 삶의 방향과 능력을 발견한다. 그들은 무엇보다 예수를 **구원자**라 부르기 위해서 모였고, 모든 세상과 모든 사람들 앞에서 그리스도를 증거하기 위해서 함께 모인다. 그들은 "이 이름 속에서" 선포를 듣고(행 5:28), 믿음으로 그의 이름을 부르며(롬 10:13), 그의 이름 안에서 세례를 받고(행 2:38), 이러한 방식으로 예수의 이름을 통해 "씻기우고", "거룩해지고", "의롭게 된다"(고전 6:11). 예수는 그들의 삶의 근원이다.[78] 둘째, 사람들은 예수를 그들의 **주**로, 그리고 온 우주의 주로 믿는 신앙을 고백하기 위해서 그리스도의 이름 안에 함께 모인다. 예수는 그리스도인들의 개인적이고 공동체적인 삶의 근본적 조건을 결정한다(고전 1:10; 5:4). 그들은 "예수의 권위와 그에 순종하는 행위를 하고자 하는 의도 하에서" 서로 모인다.[79] 예수가 그들의 삶에 구속력 있는 방향을 제시한다. 셋째, 그

---

[77] Hartmann, "ὄνομα," 519-21. "이름 안에서"라는 표현은 "근본적인 참조, 이유, 목적을 소개하거나, 어떠한 것의 능력, 혹은 행동의 능력을 함의한다"(Hartman, "Baptism," 26).
[78] Bietenhard, "ὄνομα," 273을 보라.

리스도인들은 그리스도의 이름 안에서 모임으로써, 예수를 그들의 삶 가운데 능력으로 받아들인다. "능력"과 "이름"은 밀접하게 연결되어 있다.[80] 예수 그리스도는 임마누엘, 즉 그들 안에 계신 하나님이며, 성령의 능력 속에서 그들은 새 창조에 상응하는 사역을 할 수 있으며, 새 창조로 하여금 옛것의 한복판에 빛을 비추게 허용하는 사역을 할 수 있다(눅 10:17; 행 4:7을 보라).

교회성의 두 가지 조건은 그리스도의 **이름**으로 모인 회중이라는 교회의 지위로부터 발생한다. 첫째 조건은 회합한 이들이 가지는 **신앙**이다. 교회가 이것을 넘어서 다른 어떤 것이 되든지 간에, 교회는 본질적으로 신자들의 교제(communio fidelium)이다. 그리스도를 주로 고백하는 신앙이 없다면, 교회는 존재하지 않는다.[81] 분명 교회가 모든 개인적 신자들의 신앙에 서고 넘어지는 것은 아니다. "교회는 한 개인이 신앙에 이르기 전부터 존재했고, 심지어 특정한 개인이 신앙으로부터 떨어져 나갈 때에도 여전히 남아 있을 것이다."[82] 그러나 이는 교회가 어떤 면에서 신자들의 교제 위에 존재하기 때문이 아니라, 신앙 안에 서 있는 개인들이 전체 교회를 구성하는 것은 아니기에 그러한 것이다. 교회는 비록 내가 믿지 않을지라도 존재한다. 그러나 만약 신앙을 가진 최소한의 누군가가 없다면, 결국 교회도 존재할 수 없다. 그리고 이러한 의미에서 교회의 실존은 그리스도를 그들의 구원자요 주로 고백하는 자들의 신앙에 매여 있다(신앙 그 자체는 인간의 업적이 아니기 때문에, 이러한 점이 교회를 인간적 업적으로 환원시키지는 않는다).[83]

---

79 Barrett, *1 Corinthians*, 124.
80 Hurtado, *One God*, 110을 보라.
81 루터파 교회론에서 Paul Althaus(*Die Christliche Wahrheit*, 500)는 교회를 단순히 신자들의 교제로 정의하지 않으면서도, 교회의 이러한 차원을 강조한다.
82 Schlink, *Dogmatik*, 588.
83 뒤의 IV.1.1.1을 보라.

그리스도의 **이름**으로 모인 자들과 연관된 교회성의 둘째 조건은 모인 자들이 그들의 삶을 철저히 예수 그리스도에게 내맡기는 그들의 **헌신**(commitment)이다. 칼뱅주의적 전통을 급진화하면서, 자유교회는 근본적으로 열매 없는 신앙은 죽은 것이라는 주장을 그들의 출발점으로 삼는다. 열매가 없는 곳에는 진정한 신앙이 없으며, 진정한 신앙이 없는 곳에는 교회도 없다. 실천적 삼단논법(syllogismus practicus)을 이렇게 교회론적으로 사용한 것은 하나님과 맘몬(마 6:24), 정의와 불의, 사랑과 증오, 하나님의 교회와 사탄의 모임 사이에 어떠한 공통 근거도 존재하지 않는다는 사실에서는 올바르다. 그러나 성도들의 자기 천거적인 교회는 반드시 자기 의를 내세우는 위선자들의 교회로 타락한다. 만일 신앙과 성령의 열매(갈 5:22-23) 사이의 연관 관계가 위선을 배제하면서도 동시에 지켜져야 하는 것이라면, 오히려 그리스도를 닮아가기(imitatio)[84] 위한 신자들의 필수적 **헌신**에 대해서 이야기하는 것이 더 타당하다. 그리스도를 주로 받아들이는 **인정**이 없다면, 교회도 없다.

비록 거룩한 교회(sancta ecclesia)가 "티나 주름 잡힌 것이" 없이(엡 5:27) 살아야 하지만, 교회성은 그 구성원들이 보여주는 거룩함에 의존하는 것이 아니라, 오직 그들을 성화시켜주는 그리스도의 현존에만 배

---

[84] 비록 혹자는 이러한 의무에 대한 논의가 지나치게 애매하다고 반대할 수 있겠지만, 실제로 더 상세하게 설명하는 것이 더 바람직한지에 대해서는 의심의 여지가 있다. 교회에 속한 이들 사이와 속하지 않은 이들 사이의 경계가 너무 날카롭게 그려져서는 안 된다. 선교학자인 Paul Hiebert에 따르면 "그리스도인"이라는 범주에 대한 분석은 "경계 집합"(bounded set), "불확정 집합"(fuzzy sets), "중심 집합"(centered sets)들과 같은 수학적 구분에서 부터 그 통찰을 얻을 수 있다. 경계 집합은 "이것이냐 저것이냐"의 원리에 따라서 기능한다. 즉 사과는 사과이거나 사과가 아니다. 부분적으로 사과이면서 배일 수 없다. 반면에 "불확정 집합"은 날카로운 경계를 가지지 않는다. 사물들은 유동적이며 그 참조의 명확한 지점을 가지지 않으며 따라서 정체성의 다양한 수준을 보여준다. 즉 이러한 것은 고원이 되는 산과 같은 경우에서 발견된다. "중심 집합"은 반면에 중심에 의해서, 즉 개인이 그 중심에서부터 가지는 거리에 의해서, 그리고 그 중심으로 향하는 운동과 벗어나는 운동에 의해서 결정된다. Hiebert는 "그리스도인의 범주"는 "중심 집합"과 유사한 것으로 이해되어야 한다고 생각한다. 비록 그 구분의 선이 실제로 존재하지만, 문제는 경계를 유지하는 것이 아니라 중심을 확고히 하는 것이라는 것이다(Hiebert, "The Category," 421ff.).

타적으로 의존한다. 즉 그리스도를 구원자로 믿으며, 어느 곳에 있든지 그의 이름으로 모이고, 성령의 능력 안에서 살아가기 위해 그를 주로 받아들이는 사람들과 함께하겠다고 약속한 그리스도의 현존에 의존하는 것이다. 비록 성령의 열매가 부재한 것이 그 회중에 그리스도가 부재한다는 **징표일 수도 있지만**(성령의 열매의 부재가 진정한 신앙의 부재의 징표일 수도 있듯이), 회중이 성령의 열매를 맺지 못하기에 그리스도가 부재하는 것이 아니다. 오히려 모인 이들이 종종 자신들의 불의함을 종교적 방식으로 숨기기 위해서(사 1:11-17; 58:6-7을 보라) 그리스도를 그 마음으로 구원자와 주로 부르기보다는 단지 입술로만 부르기에 그리스도와 성령의 열매가 부재하는 것이다(사 29:13; 마 15:8을 보라). 교회는 완전한 사람들의 클럽이 아니다. 교회는 자기 자신을 죄인이라 고백하고 "죄를 사해주소서"(debita dimitte)[85]라고 기도하는 인간 존재들의 교제이다.

3. 예수 그리스도와의 인격적 동일화가 없다면, 그가 누구인지에 대해서 인지적으로 설명하는 것은 공허할 뿐이다. 그러나 예수 그리스도가 누구인지에 대한 인지적 설명 없이는, 예수 그리스도와의 인격적 동일화는 맹목적이다. **신앙을 고백하는 행위**에서, 이러한 인지적 설명과 인격적 동일시가 일치하게 된다.[86] 무엇보다 한 개인이 예수 그리스도에 대해서 고백하는 신앙고백은(예를 들어 "예수는 메시아다") 예수 그리스도의 사역과 인격에 대해서 **무언가**를 이야기한다.[87] 이러한 고백의 선언적 기능은 신앙 그 자체에 대한 근본적인 인지적 차원을 표현한다. 그리스도인이 자신의 신앙을 고백하는 예수가 누구인지에 대한 진술 없이, 그

---

85 Luther, *Werke*, 34/I.276.8-13
86 분명히 여기는 신앙고백에 대한 철저한 신학적 분석을 위한 자리가 아니다; 이러한 분석으로는 Weber, *Gemeinde*, 61ff.; Arens, *Bezeugen*, 169-404을 보라.
87 Hans von Campenhausen에 따르면, 최초의 기독교 신앙고백은 특히 그리스도의 사역에 초점을 둔 반면(즉 "예수 자신과 그가 불러오신 구원적 성취와 구원적 약속"에 집중한 반면), 후대의 신앙고백들은(예를 들어 요한일서와 같이) 오히려 "그의 인격의 실재와 본성"에 집중했다("Bekenntnis," 239).

에 대해서 주장하는 것은 결국 불가능하다.

그러나 신앙의 고백 자체는 특정한 신학적 내용을 언어로 표현하는 것이라기보다는, 그 고백의 내용이 규명하는 그분을 인정하는 것이다.[88] 이것은 바로 신앙고백의 **수행적** 차원이며, 이러한 차원이 실제로 그 고백을 최초의 지점에 있었던 신앙고백으로 만든다. 예를 들면, 어떤 신자가 "예수는 주이시다"를 고백함으로써, 그는 십자가에 달린 그리스도를 "하나님이 죽은 자들 가운데서 일으켜 세우고, 모든 것(κύριος πάντων) 위에 높이신 것"을 인정하고, 그 자신을 그리스도의 통치에 복종시키며, 또한 "그리스도의 이름을 부르며 그에게 찬송과 영광을 돌린다."[89] 발화 행위로서, 신앙고백은 본질적으로 **헌신적이다**(commissive). 이러한 신앙고백을 함으로써 자신을 무언가에 위임하는 것이다. 이는 왜 한 인격이 오로지 의의 행위를 수행함으로써만 그리스도의 신앙을 고백할 수 있는지를 말해준다. 즉 왜 그리스도의 복음의 요구가 그 자신에게 의무를 부과함을 인정할 수 있는지를 말해준다(고후 9:13을 보라).[90] 신앙고백의 헌신적 차원은 또한 "고백하기"에 대한 고정된 반의어로 기능하는 "부인하기"(ἀρνέομαι)의 의미에서 잘 드러난다. 그러므로 예수 그리스도를 부인하는 것은 "거짓된 교리"를 통해서뿐 아니라, "거짓된 삶"을 통해서도 가능하다(딛 1:16).

더 나아가서, 신앙고백은 단순히 개인적이고 사적인 사안이 아니다. 그것은 언제나 "다른 사람들 앞에서" 발생하는 것이며(마 10:32-33), 또한 본질적으로 **사회적이고 공적인** 차원을 가진다. 실제로 어떤 사람이 마음속으로 믿는다고 할지라도, 그는 입술로 고백해야 한다(롬 10:9-10). 신앙을 고백하는 행위에서 나는 예수 그리스도와의 관계를 확인하며, 나

---

[88] von Campenhausen, "Bekenntnis," 225을 보라.
[89] Hofius, "Wort Gottes," 156.
[90] 이에 관해서 Hofius, "ὁμολογέω," 1257을 보라.

를 그리스도인으로 만들어주는 관계를 시인하고, 동일한 행위 가운데 나는 이러한 관계를 다른 사람들 앞에서 시인하는 것이다. 신앙의 고백은 본질적으로 소통이며 인격들 **사이에서** 발생한다. 상호 인격적 사건으로서 신앙의 고백은 선언적이고 수행적인 차원을 보전해준다. 예수 그리스도에 대한 신앙을 다른 사람들 앞에서 고백함으로써, 나는 그들과 무엇인가를 소통하게 되고, 동일하게 그들을 무엇인가로—실제로는 어떤 분에게로—초대하는 것이다. 내가 신앙을 고백하는 예수 그리스도가 바로 모든 인간 존재의 구원자이며 전체 우주의 주이기 때문에, 이러한 신앙의 고백은 언제나 "동의를 얻도록 의도된 것이다."[91] 구원을 베푸는 은혜의 보편성은 바로 신앙고백의 사회적이고 공적인 본질을 반영한다.

신앙을 고백하는 행위는 다른 사람 앞에서 신앙을 고백하는 것일 뿐 아니라 다른 사람들과 **함께** 고백하는 것을 통해 구성되는 본질적이고 사회적인 본성 때문에, 사전에 정식화된 공동의 신앙고백들로 표현되기를 추구한다. 그러나 신앙의 고백은 단순히 신앙고백들의 전유와 공적 발화로 국한될 수는 없다. 신앙은 자신이 가지고 있는 가장 함축적 표현을 통해 그러한 신앙고백들을 취한다.[92] 모든 진정한 그리스도인의 발화행위는 최소한 형식적으로나 암묵적으로 고백의 행위이다. 예를 들어 설교자는 선포의 행위가 적어도 형식적으로는 그리스도에 대한 신앙고백의 행위를 동반할 때에야 비로소 그리스도를 주라고 선포할

---

91 Jüngel, "Bekennen," 105.
92 이러한 점은 오직 "하나님의 약속"(*promissio dei*)이 신앙고백에 앞선다는 사실에 의해서만 모순되는 것처럼 보일 뿐이다. 왜냐하면 "하나님의 약속"은 결국 본질적으로 그 자신 안에서 신앙고백이라는 암묵적 행위를 가지기 때문이다. 선포의 행위는 언어적으로 구조화되기 때문에 선포자는 결국 암묵적으로, 선포되는 것을 신앙으로 고백해야 한다. "당신들의 죄는 사하여졌다"라는 주장은 그 죄의 용서를 선포하는 이가 암묵적으로 죄의 용서라는 실재를 긍정하지 않으면, 제의적 상황에서 발화될 수 없다. 신앙고백의 필수불가결성은 Mary-John Mananzan의 언어학적 분석의 결과를 통해서 확증된다. 이러한 연구에 따르면, "신앙고백의 진술들은 다른 모든 종교적 언어들이 유래하는 주된 근원이 되는 듯 보인다"(Mananzan, The "Language Game," 110).

수 있다. 선포를 지지하고 동반하는 이러한 신앙고백이 없다면, 선포라는 것도 존재하지 않는다.[93] 성례의 기념, 설교, 기도, 찬송, 증언, 매일의 삶을 통해서 그리스도에 대한 신앙을 고백함으로, 그리스도의 이름 안에 모인 이들은 하나님의 말씀을 서로에게, 그리고 세상에 말한다. 말씀의 다양한 형식의 증언을 통해서 그리스도에 대한 공적 신앙고백은 바로 **교회를 구성하는 핵심적 표지**(mark)가 된다.[94] 바로 이러한 표지를 통해서만 교회는 교회로서 살아가고, 그 자신을 교회로서 외부에 드러낸다. 비록 이러한 신앙고백이 항상 명백한 "말씀"의 결과이자 영향이고, 신앙 역시 "말씀"의 결과이자 영향이지만(롬 10:8-10을 보라),[95] 그 "말씀"은 다름 아닌 다양한 형식의 신앙고백 속에서만 선포된다. 한 인격의 신앙의 고백은 다른 이들의 신앙의 고백으로 나아가게 되며, 그로써 교회가 구성된다.

이러한 단순히 언어로 된 것만이 아닌 교회적 발화의 **객관적** 수행 반대편에는 교회의 모든 개인적 구성원들의 **주관적** 신앙이 있다. 따라서 교회성의 기본 조건은 구원을 베푸는 은혜의 기본적 조건, 즉 마음의 신앙과 입술의 고백으로 구성되는 은혜의 조건과 일치한다(롬 10:10). 그것은 단지 교회성의 기본적 조건과 그리스도인이 되는 것의 기본적 조건이 가지는 객관적이고 주관적인 측면의 시간적이고 존재론적인 순서가 뒤집힌 것에 불과하다. 교회는 먼저 고백적 언어를 통해서 구성되고 그 다음에 신앙을 통해서 구성되지만, 반면에 그리스도인은 먼저 신

---

[93] 선포자가 설교에서 자신이 암묵적으로 고백한 바를 내적으로 긍정하지 않는 상황이 있을 수 있다. 그러나 이러한 점이 교회성에 대한 나의 이해를 부정하는 것은 아니다. 왜냐하면 교회의 존재는 그리스도를 내적으로와 외적으로 고백하는 **선포자**를 통해서 구성되는 것이 아니라, 오히려 그리스도를 고백하는 사람들의 모임에 의해서 구성되는 것이기 때문이다. 그리스도를 고백하는 **이들이** 바로 교회이다. 그러나 단순히 "비슷하게 행동하는" 이들은 정확히 말해 교회가 아니다. 교회와 세계 사이의 경계에 대해서는 뒤의 각주 97을 보라.
[94] Luther, *Werke*, 50.629.28-30을 보라: "너희가 그러한 말씀을 듣고, 그것이 **선포되고 믿어지고 그에 상응하는 행위가 이루어지는 것을** 본다면, 너희는 확실히 거룩한 전일적 교회(*ecclesia sancta catholica*)가 그곳에 존재함을 확신할 수 있다"(볼프 강조).
[95] Hofius, "ὁμολογέω," 1261을 보라.

앙을 통해서 구성되고 그 다음에 고백적 언어를 통해서 구성된다.[96] 그리스도인의 회합에서 다양한 형태의 고백 속에서 교회성의 객관적 조건과 주관적 조건은—동일한 인격적이고 교회적인 과정의 두 차원으로서—서로 일치한다. 그 속에서 주관적 신앙이 표현되고 드러나는 것은 결국 상호 주관적 사건으로서 교회를 구성하고 드러낸다. 그러나 물론 신앙의 고백으로서 객관적 과정들(신앙의 고백)이 주관적 신앙을 표현하고, 적어도 이러한 객관적 과정들이 신앙을 증거하는 과정으로 여겨진다고 하더라도, 교회를 구성함에 있어서 함의되는 객관적 과정의 우선성은 보장되어야 한다.[97] 만일 공동체적 신앙고백이 가지는 다양한 형식과 객관적-주관적 과정을 통해서 교회가 구성된다면, 한편으로는 교회

---

[96] 이러한 정의에 따르면, 교회는 오로지 사람들이 **의식적으로** 그리스도를 고백하는 곳에서만 발견될 수 있을 뿐이지, 단순히 가난하고 억압받는 자들 가운데서 발견되는 것은 아니다(이에 다른 견해로는 Steinacker, *Die Kennzeichen*, 19를 보라). 이러한 관점은 신약성서에서의 신앙과 세례 그리고 교회 구성원됨 사이에 존재하는 긴밀한 연관성뿐 아니라, 가난한 비그리스도인과 그들 가운데에서 의로움과 동정의 행위를 해나가는 사람들의 자기 이해에도 관련된 문제이다. 그들 스스로가 "익명의 그리스도인들"이거나 "잠재적 교회"에 속하기를 반드시 원하는 것은 아니다. 동시에 그리스도의 현존은 단순히 교회에만 제한되는 것은 아니다; 즉 그리스도는 단지 교회를 직접적으로 구성하는 방식으로만 활동하지는 않는다(앞의 III.1.1.1을 보라). 이는 왜 우리가 가난한 이들 중에 그리스도의 현존이 있다는 점을 부정하지 않으면서, 동시에 가난한 이들 그 자체가 교회라는 주장을 부정할 수 있는지의 이유가 된다. 즉 그리스도 스스로가 그 자신을 자신의 "형제들과 자매들"인 가난한 자들에게 위탁하신 사실(마 25:40)과 성령의 활동이 바로 그러한 이들을 위해서 투쟁한다는 사실에 그 이유가 있다(Moltmann, "Christsein," 149를 보라). Jürgen Moltmann이 정확하게 지적했듯이, 우리 가운데 있는 가장 작은 자는 우리에게 교회가 누구인지 또는 무엇인지에 대해서 말해주는 것이 아니라, "교회가 **어디에 속해 있는지**"에 대해서 말해준다(Moltmann, *Kirche*, 149, 볼프 강조).
[97] 비록 신앙 없는 신앙고백이 종교적으로 의미 없다는 점은 사실이지만, 그렇다고 외적 신앙고백이 내적 차원의 신앙을 필연적으로 확증하는 것은 아니다. 이는 또한 왜 신앙고백에 대한 호소, 혹은 교회성의 객관적 조건에 대한 다른 이해는 엄격하게 말해서, 진정한 교회가 **누구인지**를 보여줄 수 없고, 오직 참된 교회가 **어디에** 숨겨 있는지만을 보여줄 뿐이다(Küng, *Kirche*, 318; Althaus, *Die Christliche Wahrheit*, 521을 보라). 비록 이러한 점이 (모든 교회론들의) 결함이라고 할 수도 있지만, 이러한 우려는 적어도—내가 바라기는—명백한 경계 설정이 보통 폭력적 행위임을 고려한다면 덜어질 것으로 생각된다. 가톨릭-정교회적 이해와 전통적인 개신교적 이해에 대해서 내가 제시하는 교회성의 객관적 조건 (교회 내적 관점)에 대한 이해가 가지는 장점은 바로 나의 이론이 신앙을 연관된 이들과 더욱더 긴밀하게 연결시키고, 바로 그런 이유로 인해서 진정한 교회가 누구인지를 더욱 잘 드러낼 수 있다는 점에 있다.

가 그것들을 통하여 구성되게 되는 인격들과 과정들, 그리고 다른 한편으로는 교회를 구성하는 그러한 사람들 사이에 존재하는 균열은 생겨날 수 없다. 교회인 것, 다시 말해 믿음을 가지고 신앙을 고백하는 인간들은 정확히 말해 또한 교회를 (규칙상) **구성한다**. 각각의 인격이 자신을 교회의 구성원으로 구성하는 것이 아니다. 모든 구성원들이 함께 그들의 공동적인 다양한 신앙고백을 통하여 성령에 의해 교회로 구성된다. 비록 다양한 구성원들이 그들 각자의 은사에 맞게 저마다 다른 방식으로 이러한 과정에 참여한다고 하더라도 말이다.[98]

4. 만일 우리가 교회성의 근거로서 공동체적 신앙의 고백을 꼽는다면, 교회의 존재에서 직임과 성례전의 중요성은 도대체 무엇인가? 교회를 위한 그리스도의 구성적 현존이라는 필수적인 교회 내적 조건만이 세상 앞에서 그리고 서로 앞에서 그리스도에 대한 신앙을 고백하기 위해 그리스도의 이름으로 모인 백성들을 구성하기 때문에, 결국 그리스도의 현존은 **서임된 직임**이라는 "좁은 문"을 통해서 교회로 들어오는 것이 아니라, **전체 교회가 가지는 역동적 삶을 통해서** 들어온다. 그리스도의 현존은 단순한 직임의 제도를 통해서 증거되는 것이 아니라, 전체 회집의 다차원적 신앙고백을 통해서 증거된다. 물론 어떤 방식으로이든 간에(그것이 사도적 계승이든 아니든)[99] "직임"이 교회적 삶에서 바람직한 것일 수는 있겠지만, 그것이 교회성에 **필수적인 것은 아니다**. 서임된 직임은 존재(esse)에 속하는 것이 아니라, 교회의 안녕(bene esse)에 속한다. 이러한 주장은 하나님의 말씀을 선포하는 특정한 섬김에 대한 폄하를 수반하는 것이 아니다. 오히려 이러한 주장은 선포가 다양한 형식의 공동체적 신앙고백의 차원으로 이해되어야 함을 함의한다.[100] 교회가 구성

---

98 뒤의 Ⅳ.1.1.2를 보라.
99 교회 내에서의 (서임된) 직임의 지위에 관해서는 뒤의 Ⅵ.3.1을 보라.
100 설교가 어떻게 예배의 전반적 사건들과 교회의 삶에 편입되어야 하는지에 대해서는

되는 데 사용되는 인간적 매개는 그리스도를 구원자와 주로 고백하기 위해서 그리스도의 이름으로 모인 **모든** 사람들이다. 사회학적으로 표현하자면, 교회는 그러므로 위로부터가 아니라 아래로부터 그리스도의 영에 의해서 구성된다.[101] 이는 왜 "예수 그리스도가 존재하는 곳 어디에나 보편 교회가 있다"(ὅπου ἂν ᾖ Ἰησοῦς Χριστός, ἐκεῖ ἡ καθολικὴ ἐκκλησία)[102]는 원리가 "부제들, 사제들, 감독들과 같은 이 없이는 교회를 교회라고 부를 수 없다"[χωρὶς τούτων (διάκονοι, πρεσβύτεροι, ἐπίσκοποι) ἐκκλησία οὐ καλεῖται]는 원리에 의해서 보장될 수 없는지에 대한 이유이다.[103]

반면에 **성례전**(세례와 주의 만찬)은 교회의 존재(esse)에 속한다. 이미 그 시원부터, 그리스도인 회중은 세례를 실행했고 성만찬을 기념했다. 교회사 속에서 세례와 성만찬이 없었던 최초의 시기는 없었던 것으로 보인다.[104] 그리스도인이 된다는 것은 곧 세례를 받는 것이며, 주의 만찬의 기념에 참예하는 것을 의미한다. 하나의 인격은 세례를 통해서 그리스도인이 되고, 주의 만찬을 통해서 그리스도인으로서 살아간다. 이러한 두 성례전을 통해서, 인격은 바로 그리스도의 죽음과 부활에 근거한 구원을 베푸는 은혜를 얻게 되며, 또한 종말론적 새 창조를 앞당겨 실현하는 구원을 베푸는 은혜로의 통로를 획득한다.[105] 세례와 성만찬이 구원을 베푸는 은혜를 매개하는 한에서, 양자는 교회에 구성적이다. 또한 이러한 "매개"에 대한 더 강한 루터교적 이해의 관점뿐 아니라,[106] 다소 완

Althaus, *Die christliche Wahrheit*, 528-30을 보라.
101 감독제 교회론에서 주교에 의해서 점유되는 지위는 여기서 바로 그리스도나 성령에 의해서 점유되는 것이 아니라(자유교회 신학자들이 종종 지적하는 것처럼), 오히려 교회 내의 **모든 구성원**에 의해서 점유된다. 여기서 논의 대상인 것은 바로 교회 안에서 그리스도의 현존을 인간적으로 매개하는 대안적 방법이다.
102 Ignatius, *Smyrn.* 8:2.
103 Ignatius, *Trall.* 3:1.
104 Dinker, "Taufe," 629.
105 세례에 대해서는 Wilckens, *Römer*, 7-33을 보라; 성만찬에 대해서는 Hofius, "Herrenmahl," 224-26, 237f.을 보라.
106 Luther, *Kleiner Kathechismus* in *Bekenntnisschriften der evangelisch-lutherischen Kirche*,

화된 칼뱅주의적 이해의 관점에서도, 역시 성례전은 구성적이다.[107] 세례와 성만찬이 없다면, 교회는 없다.[108]

분명히 성례전은 그것이 신앙고백의 형식과 신앙의 표현인 한에서만, 교회성의 필수불가결한 조건일 수 있다. 이는 참으로 그렇다. 첫째, 성례전은 이러한 고백의 공적 재현이다. 세례를 통해 세례를 받은 인격은 공적으로 그 이름 속에서 세례가 발생하는 바로 그분에 대한 신앙을 공적으로 공언하며(히 10:23), 또한 하나님과 하나님의 구원을 베푸는 행위에 대한 교회의 찬송은 바로 주의 만찬을 구성한다[고전 11:25-26에서와 같이 "기억"(ἀνάμνησις)과 "선포"(καταγγέλλειν)로서].[109] 둘째, 성만찬을 통한 구원을 베푸는 은혜의 매개는 이러한 성만찬을 받아들이는 이들의 신앙에 매여 있다. 여기서 다음과 같은 루터의 원리, "만일 네가 믿는다면 너는 성만찬을 받을 수 있다. 그러나 만일 믿지 않는다면 너는 성만찬을 받을 수 없다"[110]는 원리가 적용된다. 따라서 신앙은 세례에 선행한다(갈 3:26-27; 막 16:6; 사 2:38; 16:31-33).[111] 또한 주의 만찬은 신앙이 없

515.38-516.2을 보라.
107 Calvin, *Institutes*, IV.14.1-26.
108 Volf, "Kirche," 66; Brunner, *Gebot*, 514; Jenkins, *Congregationalism*, 73f.과는 반대로. 그 시초부터 자유교회가 간직해온 성례전에 대한 중요성은 바른 세례 행위(그들이 믿기에 바른)에 대해서 죽음도 불사하는 그들의 태도에서뿐 아니라 John Smyth가 자기 스스로에게 세례를 베푸는 안타까운 결정에서도 잘 드러난다. 비록 그는 누구나 세례를 받아야 한다는 것을 알고 있었지만, 그럼에도 그는 그 자신에게 세례에 베풀 "진정한 교회"가 없다고 생각했기 때문에 그는 자기 자신에게 세례를 주어야 하는 상황에 몰렸다고 생각했다(Smyth, *Works*, 757).
109 Hofius, "Herrenmahl," 230ff.을 보라.
110 Luther, *Werke*, 7.24.13.
111 신앙과 세례의 관계에 대해서는 Jüngel, "Taufe," 308; idem, "Thesen," 293을 보라. 세례에 대한 침례교적 이해에 대한 비판에서, Ulrich Wilckens는 세례에 대한 이런 이해 아래 있는 신앙 이해에 대해 질문을 제기한다. "신앙은 신자의 결단에 따라서 구성되는 것도, 회심의 주관적 진정성과 경험적 힘을 통해서 구성되는 것도 아니고, 오히려 신자들이 받아들이는 그리스도 안에서의 신적 행위를 통해서 구성된다"(Wilckens, *Römer*, 31). 그러나 Wilckens가 침례교도들 사이에서 보았으면 하고 바라는 신앙 이해는, 세례에 대한 침례교도들의 이해와 통한다. 즉 그들은 신앙을 신자들 편에서 그리스도 안의 신적 구원 활동을 수용하는 매개로 이해한다; 그것은 또한 이러한 수용의 매개로서의 신앙이 "엄격하게 배타적으로 말씀의 창조물(*creatura verbi*)로 이해될" 때에도 통한다(Hofius, "Wort Gottes," 157).

이, 또한 주의 만찬에 합당한 특정한 실천들 없이는 생각될 수도 없다 (고전 11:20).[112] 비록 성례전을 기념하는 것이 신앙의 결과물은 아니지만, 그럼에도 성례전은 **성례전을 받아들이는 인격에게** 성례전 자체, 곧 하나님의 행위의 도구가 될 수 있으며, 또한 그러한 한에서 교회를 구성한다. 성례전 없이는 교회도 없으며, 신앙의 고백과 신앙 없이는 성례전도 없다. 교회는 회집한 이들이, 비록 그들이 둘 혹은 셋이더라도 다양한 신앙고백의 틀에서, 그리고 세례와 주의 만찬을 통해서, 그리스도를 그들의 구원자로 그리고 주로 공언하는 어느 곳에서나 존재한다.

3. 교회와 교회들

예수 그리스도에 대한 다양한 형식의 상호 주관적 신앙은 바로 지역 교회에 내적인 교회성의 조건이다. 이러한 신앙고백은, 설령 회중이 그리스도에 대한 신앙을 세상 밖으로 고백할 때에도, 교회 내적 사건(intraecclesial event)이다. 그러나 신앙고백은 지역 교회가 가지는 특이한 행위일 수 없다. 만일 신앙고백이 교회를 구성한다면, **모든** 교회는 동일한 고백에 의해서 구성되어야 한다. 신앙의 고백은 교회를 교회가 아닌 것으로부터 구별해주는 동시에, 모든 교회를 다른 교회들과 연결해준다. 이것은 어떤 의미에서 다른 교회와의 관계들이 한 교회의 교회성의 조건에 속하게 되는지에 대한 질문을 제기한다. 종종 자유교회의 전통에서 보이는 것처럼, 표면적으로 동일한 신앙의 고백 자체로 충분한 것인가? 아니면 키프리아누스와 그를 따르는 동방 정교회와 가톨릭이 믿는 것처럼, 자유교회적 의미에서의 교제가 광역 교회의 맥락에서 분리되었다는

---

112 Hofius, "Herrenmahl," 206을 보라.

점에서, 이러한 교제는 그리스도와 교회성으로부터 분리된 것인가?[113]

1. 그리스도에 대한 신앙을 고백하기 위해서 그의 이름으로 모인 모든 회중에서, **하나이고 전체인** 그리스도는 그리스도의 영을 통해서 현존한다. 바로 이러한 이유로, 회중은 교회의 부분이라기보다는 **전체** 교회(whole church)이다. 당대의 청교도들과 회중주의자들과 함께,[114] 존 스미스는 이러한 생각으로부터 다음과 같은 결론을 도출한다. "모든 참된 가시적 교회는 다른 모든 가시적 교회들과 함께 동등한 힘을 가진다."[115] 교회는 역사적으로 오직 지역 회중들 속에서만 존재하기 때문에, 다른 교회들과의 협력(교파나 지역 시찰)이나, 심지어 현존하는 모든 교회들의 공의회라고 할지라도, 그것은 교회가 아닐뿐더러 지역 교회들을 넘어서는 어떠한 "힘"도 행사할 수 없다는 결론이 도출된다. 교회가 되기 위해서, 하나의 지역 교회는 어떠한 다른 이에게 종속될 필요가 없다(물론 그러한 종속 자체가 교회성 자체를 무화시키는 것은 아니더라도). 이러한 의미에서 모든 지역 교회는 독립적이며 또한 "자기 완성적"이다.[116] 전체 그리스도가 그 속에서 성령을 통해서 현존하기 때문에, 각 지역 교회는 그 자체의 영적 지반 위에 서는 것이다.[117]

이러한 지점에서 가톨릭적 전통과의 차이점은 상당히 두드러진다. 비록 라칭거에 따르면, 지역 교회는 실제로 온전한 의미에서 교회이지만, 그럼에도 그것은 전체 교회를 가지기 때문에, 언제나 그리스도를 받아야 하고, 따라서 그 자신의 존재를 광역 교회에서부터 받아야 한다. 이는 왜 광역 교회의 목자로서 교황과 **모든** 주교들의 공의회가 "법률적 구속력을 가지고 보편 교회의 전권적 권위로서 행동하는지"를 설명해

---

113 Cyprian, *De unitate*, xii을 보라.
114 이에 관해서 Brachlow, *Communion*, 203-29을 보라.
115 Smyth, *Works*, 267.
116 Dexter, *Congregationalism*, 523을 보라.
117 Jenkins, *Catholicity*, 104f.; Dexter, *Congregationalism*, 294을 보라.

주고,[118] 또한 이러한 전권적 권위로서 왜 지역 교회들의 사안에 개입할 수 있는지를 설명해준다. 지역 교회는 광역 교회에 종속해야 한다. 반면 지지울라스는 광역 교회와 지역 교회 사이의 동일성을 강조하기 때문에 지역 교회들 사이의 어떠한 위계적 종속도 거부한다. 각각의 지역 교회는 "모든 것에 대해서 **최종적** 판단을 내릴 수 있다."[119] 상당한 차이에도 불구하고, 우리는 핵심적인 교회론적 질문에 관해서 회중교회와 동방 정교회 사이의 놀랄 만한 합류를 확인할 수 있다. 지역 교회 자체만이 엄격하게 신학적 의미에서 교회이기 때문에, 그것은 다른 어떠한 교회적 권위에도 종속될 수 없는 것이다.

그럼에도 지역 교회의 "독립성"은, 한 지역 교회의 삶에 다른 교회들이 간섭할 수 있는 권리가 **매 경우마다** 거부되어야 한다는 것을 의미하는 것은 아니다. (이러한 개입이 취해야 할 구체적 형식은 물론 다른 질문이다. 이는 개입의 권리에 대한 질문과는 별도로 다루어져야 하는 내용이다.) 그러나 다른 교회들은 특정한 어떤 교회의 사안에 대해서, **만일 이 교회의 교회성이 위협받는 상황이 되면** 개입할 수 있다. 신앙의 실체를 상실하는 것을 통해서나[120] 그리스도의 다스림에 실천적으로 지속적으로 저항하는 것을 통해서(status confessionis) 한 교회에서 통전적인 신앙고백이 왜곡되는 경우가 그렇다.

2. 각각의 지역 교회를 다른 교회들로부터 "독립적으로" 만들어주는 성령을 통한 그리스도의 동일한 현존은 동시에 다양한 지역 교회들을 서로 연결시켜준다. 다양한 교회들은 "교회의 통일성은 예수 그리스도

---

118 Ratzinger, Church, 51.
119 Zizioulas, "Episkope," 33 (볼프 강조).
120 다음과 같은 견해, 즉 단순히 신앙의 실체를 유지하는 문제뿐 아니라, 심지어 "신앙의 실체에 대해서 **상황적으로 적합한 규명**"(Fries/Rahner, Einigung, 105, 볼프 강조)이 요구되는 문제에 대해서도 교황이—혹은 교회 회의가—간섭할 수 있다는 견해는 나에게 상당히 문제가 있는 것으로 보인다. 물론 그러한 실체의 "보존"과 "상황적으로 적합한 규명" 사이의 선이 언제나 명확하게 내려질 수 있는 것은 아니라고 하더라도 말이다.

안에 주어져 있다. 이와 다른 우선순위를 만들 필요가 없다"는 폭넓은 공감대를 가지고 있다.[121] 논란의 여지가 있는 지점은 어떻게 이러한 통일성이 구체적으로 표현되어야 하며, 또한 어떻게 이러한 통일성을 표현하는 다양한 수단들이 교회 안에 그리스도의 그리스도 현존에 연관되는가 하는 점이다.

가톨릭과 동방 정교회 전통에서, 이러한 그리스도의 구성적 현존은 오로지 시간과 공간 속에서 모든 주교들과의 교제 속에 서 있는 주교의 현존과 함께 주어진다. 오직 이러한 방식으로만 광역 교회로부터 지역 교회의 파생됨(라칭거) 혹은 광역 교회와 지역 교회의 동일성(지지울라스)이 표현되며, 이러한 방식으로만 머리와 지체를 모두 포괄하는 "전체 그리스도"의 현존이 도출될 수 있다. 즉 이러한 방식으로 지역 교회를 교회로 만들어주는 그리스도의 현존이 지역 교회 안에서 보장되는 것이다. 그러나 만일 우리가 지역 교회를 하나의 주체로 파악된 보편 교회와의 관계와 별개로 이해하고, 오히려 새 창조 속에 있는 종말론적 하나님의 백성의 모임이라는 성령으로 매개된 관계의 방식으로 파악한다면,[122] 교회 안의 그리스도의 구성적 현존은 다른 모든 교회들과 구체적인 성례전적 관계를 통해서 매개될 필요는 없을 것이다. 교회는 관계들의 네트워크이며, 그리스도의 구성적 현존은 바로 이러한 관계들을 통해서, 즉 말하자면 공동체적 신앙의 고백을 통해서 매개된다. 이것이 바로 "광역 교회와 함께하는" 존재 혹은 "광역 교회로부터의" 존재라는 (직임을 통해) 성례전적으로 매개된 위상이 교회성에서 반드시 필수불가결한 조건이 아닌 이유이다.

하지만 그렇다고 해서 교회 안에서 존재하는 **직접적** 그리스도의 현

---

121 Vischer, "Schwierigkeiten," 34.
122 앞의 2.2.3을 보라.

존에 관한 자유교회적 논제가 여기서 바로 적용될 수 있는 것은 아니다. 왜냐하면 자유교회의 논제는 신앙의 매개가 가지는 특성을 오해하고 있거나, 그리스도의 구성적 현존은 신자들의 마음속에 있는 그리스도의 현존(그 자체를 외적으로 표명하는)과는 다른 어떤 것이라는 잘못된 전제에 바탕을 두고 있기 때문이다.[123] "두세 사람의 신자"는 존 스미스가 주장한 것처럼, 실제로 "하늘로부터 **매개 없이** 그들에게 주어진 그리스도"를 가지는 것이 아니라,[124] 오히려 그들로 하여금 신앙을 갖게 해주고 세례를 주어 그리스도인이 되게끔 만들어준 서로와 또 다른 인간들에 대해서 가지는 관계를 통해서 그리스도를 소유하게 된다.

만일 교회들 사이의 실제적인 성례전적 관계가 모든 개별적 교회들의 교회성에서 과도하게 강한 조건이라고 한다면, 교회 **내적으로**(intraecclesial) 적용되는 교회성의 조건을 넘어, 교회 **사이에서**(interecclesial) 적용되는 교회성의 조건이 존재할 수 있을까? 나는 모든 교회가 다른 모든 교회들에 대해서 가지는 **개방성**을 교회성의 필수불가결한 조건으로서 여기고자 한다.[125] 하나님의 백성의 종말론적 모임(이것을 미리 맛보는 것은 지역 교회이다)이 과거와 현재의 모든 교회들과 동일한 것이 아니라면, 지역 교회의 교회성은 그것들에 대해서 가지는 성례전적 관계에 의존할 필요는 없다. 그럼에도 하나님의 백성의 종말론적

---

123 뒤의 IV.2.1.2를 보라.
124 Smyth, *Works*, 548 (볼프 강조). 그러나 그의 주장 배후에 있는 의도는 실제로 정당하다; 그리스도는 회중에게 "국가나 국왕, 사제, 고위 성직자들을 통해서" 오지 않는다. Smyth는 이후에 좀더 분화된 입장에 도달한다: "나는 이전에도 그리고 지금도 그렇지만, 사도적 계승이 단절되고 또 중단되었기 때문에 그리스도의 이름으로 모인 두세 사람에 의해서 그러한 사도적 계승이 다시 갱신되고, 또한 이들에 의해서 **다시 유지될 수 있다**고 생각한다"(p. 756, 볼프 강조). 비록 그가 진리 안의 계승이 아닌 다른 계승을 부정하였지만, 그는 그럼에도 다음과 같이 말한다. "진리를 보는 사람 누구나 세례를 줄 수 있다는 것은 적법하지 않다. 왜냐하면 그렇게 되면 세상에는 너무나 많은 교회들과 분파들이 존재할 것이고, 그들은 서로 아무런 관련도 가지지 않게 될 것이기 때문이다"(758).
125 나는 사실 회중들 사이에서 "내면으로만 향하고 전체 교회에서부터 스스로를 닫아버리는 경향성"이 실제로 있는지에 대해서는 확신할 수 없다(Lehmann, "Gemeinde," 44).

모임이 그 자신의 선취로서 모든 교회들을 포괄하기 때문에, 지역 교회는 그 자체로 다른 모든 교회들과 고립되어서 홀로 자신이 교회라는 것을 주장할 수는 없다. 지역 교회는 시간과 공간 속의 다른 모든 교회들을 교회로 인정해야 하며, 적어도 그들과 가지는 공시적이면서 통시적인 교제에 대해서 열려 있어야 한다.

따라서 개방성의 필수조건은 교회를 교회로 만들어주는 신앙고백의 특성에서 발생하게 된다. 이러한 고백은 하나의 사건으로, 그 사건 안에서 회중들은 하나님의 모든 교회의 신앙고백을 전유한다[126][마치 개인이 회중의 신앙고백을 전유하는 것처럼(히 3:1; 4:14; 10:23)].[127] 이는 왜 하나의 회중이 실제로 다른 회중들과의 적극적 연결이 없이도 그리스도에 대한 신앙을 단언할 수 있는지, 하지만 그럼에도 그들로부터의 명시적 고립 속에서는 신앙을 단언할 수는 없는지의 이유이다. 하나의 교회는 자신을 다른 교회들로부터 고립시킴으로써, 다른 교회들이 고백하는 그리스도와는 "다른 그리스도"에 대한 신앙을 가졌다고 고백하게 되거나, 실제로 그 자신이 신앙을 고백하는 예수 그리스도, 결국 **모든** 교회들과 온 세상의 구원자이자 주이신 **공동의** 예수 그리스도를 실천적으로 부인하게 된다.

다른 모든 교회들에 대한 개방성은 전체 하나님의 백성의 종말론적 모임이 구체적으로 교회의 선취적 경험을 가지기 위한 교회들 사이에서의 최소조건(interecclesial minimum)이다. 그러나 이러한 개방성을 통해서 하나의 교회는 필연적으로 그 미래를 향한 **길**로 나아간다. 다시 말해, 그 도상 위에서 공통적 신앙고백과 교제의 적합한 구조들을 통해 서

---

[126] 고전 15:1-2에서 신앙의 고백에 의존하여 자신의 주장을 하면서, 바울은 본래의 사도들에 의해서 전승되고, 고린도 교인들에 의해서 받아들여진 다양한 교회들에 대한 공동의 신앙을 언급한다(Luz, "Einheit," 67을 보라).
[127] Hofius, "ὁμολογέω," 1261을 보라. 비록 "교회와 교회들"의 관계가 어떤 면에서는 "개인과 교회" 사이의 관계와 유사하더라도, 결코 동일하지는 않다(뒤의 VII.4.2를 보라).

로 다른 모든 교회들이 자신들의 다양화된 통일성을 누림으로 서로의 교제를 더욱 심화시키고 표현한다(엡 4:2, 13-16).[128] 단순히 가장 온당한 가능성들의 틀 속에서만 머무르기 위해 이러한 길로 나아가는 것을 거절한다면, 그때 교회는 자신이 하나님의 교회가 아니라 사적인 종교클럽이라는 것을 보여줄 뿐이다. 이것이 바로 왜 심지어 회중교회주의자들이 "그리스도 안에서 지역 교회가 가지는 자기 완결성"뿐 아니라, 지역 교회가 "필연적으로 서로의 자매 교회에게 그 정서와 활동 속에서 가지는 의무"[129]를 매우 정당하게도 주장했음을 설명해주는 지점이다.

교회성과 교회 사이에 존재하는 조건에 대해서 제시된 이러한 이해는 그것이 오직 교회들의 복수성만을 이야기할 뿐, **하나의** 교회를 이야기하지 않는다는 비판에 노출되어 있을지도 모른다. 그리고 이는 실제로 타당한 비판이다. 전체 하나님의 백성의 종말론적 모임의 이쪽 편에서, 단수로 존재하는 교회는 있을 수 없다. 이러한 비판이 그저 하나의 **반대**로 이해되어야 하는지, 아니면 교회적 실재에 대한 신학적으로 정확한 기술인지의 여부는 바로 통일성을 어떠한 개념으로 사용하는지에 달려 있다. 루카스 피셔(Lukas Vischer)가 정당하게 강조했듯이, 교제(communio)라는 용어는—"오랜 철학적 전통에 의해서 다소 부담스러워진" 통일성이라는 용어 자체보다는—"교회들의 통일성"에 대한 신약성서적 이해를 더 잘 표현해준다.[130] 이러한 역사 속에서 하나의 교회는 오직 교회들의 교제(communion)로서만 존재할 뿐이다. 비록 이러한 교제 자체가 교회는 아니지만, 그것은 그럼에도 특정한 역사의 조건 속에서 종말론적 하나님의 백성이 가지는 통일성을 선취해준다.

---

128 신약성서 시대에 회중들 사이에 존재했던 소통의 다양한 형식들에 대해서는 Luz, "Einheit," 102ff.을 보라.
129 Dexter, *Congregationalism*, 523.
130 Vischer, "Schwierigkeiten," 25f. 뒤의 V.4.3을 보라.

3. 결론적으로, 나는 간략하게 교회와 세상 사이의 관계에 영향을 미치는 교회성의 추가적 조건에 대해서 다루고자 한다. 한 분 예수 그리스도에 대한 신앙을 가지는 것이 교회가 다른 교회에 대해서 가지는 개방성을 함의하는 것처럼, 그리스도를 보편적 구원자와 주로 고백하는 신앙은 더 나아가서 교회가 모든 인간 존재에 대해서 가지는 개방성을 함의한다.[131] 그리스도에 대한 신앙을 고백하는 어느 누구든 교회로의 진입과 교회 안에서의 온전한 참여가 거부되어서는 안 된다. 베드로가 이방 그리스도인에 대한 교제를 거부한 것은 단순히 나쁜 행동을 한 것이 아니라, 그 자체로서 복음의 진리를 배반한 것이다(갈 2:11-14). 마찬가지로 차별적 교회는 단순히 나쁜 교회가 아니라, 결코 교회가 아니다. 이는 종말론적 하나님의 백성의 전일성을 정당하게 다룰 수 없다. 비록 이러한 교회가 그리스도의 이름으로 모이고 그에 대한 신앙을 입술로써 고백한다 하더라도, 결국 그 교회는 그들이 생각하는 주님으로부터 "나는 너희를 결코 모른다"는 거부만을 기대해야 할 것이다(마 7:21-23).

요약하자면, 교회의 교회성은 다음과 같이 정의될 수 있다. **예수 그리스도에 대한 신앙을 다양한 방식으로, 특히 모든 하나님의 교회와 모든 인간에게 열려 있는 세례와 주의 만찬을 통해서 공적으로 고백하기 위해 구원자이자 주이신 한 분 예수 그리스도 주변에 모인 모든 회중은 온전한 의미에서 교회이다. 왜냐하면 그리스도는 하나님의 종말론적 다스림 속에 있는 전체 하나님의 백성의 모임의 첫 열매로서 그의 영을 통해 교회 안에 현존하겠다고 약속하셨기 때문이다. 이러한 회중은 하나의 거룩하고 전일적이며 사도적인 교회이다.** 누구나 이러한 회중이 통일성과 거룩함과 보편성과 사도성 속에서 성장하기를 기대하는 것은 정당하다. 그러나 이러한 회중에게서 교회를 특징짓는 이러한 특질들을 부

---

131 뒤의 VII.3.2.2을 보라.

정할 수는 없다. 왜냐하면 각각의 회중은 그리스도의 구성적 현존을 기반으로 하여 바로 이러한 특질들을 소유하고 있기 때문이다.

제 IV 장
신앙, 인격, 교회

잘 알려진 것처럼, 프리드리히 슐라이어마허(Friedrich Schleiermacher)는 그리스도인의 교제의 서로 대립된 두 형식을 구분한 바 있다. 그의 주장에 따르면, 개신교는 "교회에 대한 개인들의 관계를 그리스도와의 관계에 기반해서 만든다." 반면 가톨릭에서는 "그리스도에 대한 개인들의 관계를 교회와의 관계에 기반해서 만든다."[1] 소위 "개인주의"와 "전체주의"(혹은 "집합주의")라고 불리는 사회적 모델과 유사하게[2] 이러한 두 가지 기본적인 교회의 모델은 서로 양립하지 못하는 것처럼 보인다. 누구나 그리스도를 통해서 교회로 나오든지, 아니면 교회를 통해서 그리스도에게로 나와야 한다. 하지만 이러한 피상적 이해는 우리를 잘못된 방향으로 이끈다. 단순화된 이론만이 "인격-그리스도-교회"와 "인격-교회-그리스도"라는 양자택일을 포함할 뿐이다. **모든** 교회들의 복잡한 교회적 실재 속에서 교회에 대한 개인들의 관계는 그들이 그리스도와 가지는 관계에 의존한다. 이는 그리스도에 대한 그들의 관계가 교회에 대

---

[1] Schleiermacher, *Christian Faith*, §24. 『기독교 신앙』(한들출판사 역간). Johannes Adam Möhler는 그의 유명한 책 *Die Einheit in der Kirche* (1825)에서 개신교와 가톨릭에 대한 Schleiermacher의 구분이 매우 정확하다고 평가했다. Möhler, *Einheit*, 405.
[2] 이에 관해서 Dumont, *L'individualisme*, 35, 69, 197을 보라.

한 그들의 관계에 의존하는 것과 마찬가지이다. 결국 이러한 두 관계는 서로를 결정짓는다.[3] 다른 신앙고백들과 교회들은 결국 이러한 방식으로만, 즉 그들이 이렇게 상호적으로 결정짓는 관계들을 이해하는 **방식**과 그들이 "인격-그리스도"의 관계나 "인격-교회"의 관계에 어떤 **지위**를 부여하는지에 대해서만 차이가 날 뿐이다. 그러나 **이러한** 특정한 주제는 분명 오늘날의 교회일치를 위한 만남에서, 특별히 개신교와 로마 가톨릭 사이의 대화에서 아직까지 충분하게 논의되지 못한 질문들을 포함하고 있기는 하지만, 핵심적 주제이다.[4]

자유교회는 그리스도인의 친교에 대한 슐라이어마허의 기본적인 개신교적 모델의 극단적 경우를 보여주는 것 같다. 순전히 사회학적 관점에서 볼 때, 만일 모든 교회가 그 구성원들의 상호 작용을 통해서 "아래로부터" 구성된 것이라면, 슐라이어마허가 개신교에 대한 가톨릭의 비판을 정식화한 것같이, 모든 것은 "불확실하고 유동적인" 것이 되어버려 결국에는 "각각의 개인은 그 자체로 설" 수 없게 되지 않겠는가?[5] 적나라한 교회적 개인주의에 대한 비판이 우리 앞에 모습을 드러낸다. 그러나 꼭 이렇게 적용되어야만 하는가? 어쩌면 극단적으로 개인주의처럼 보이는 개신교의 교회론을 따를 때에도 인간이 그리스도와 가지는 관계는 그리스도인들 서로에 대한 관계를 통해서 매개되는 것이며, 이러한 관계 내에서만 그리스도와의 관계가 진정으로 첫 번째가 되지 않겠는가?

이번 장에서는 나는 라칭거와 지지울라스와의 대화를 통해 이러한

---

[3] Schleiermacher는 이 점에 대해서 잘 알고 있었던 것으로 보인다; 만일 그렇지 않았더라면 그는 개신교와 가톨릭 사이의 이러한 대립을 한쪽의 다른 쪽에 대한 승리 없이 제거하려는 희망을 가지지 않았을 것이다(Christian Faith, §23을 보라). 교회의 본질에 대한 Schleiermacher의 이해에서 모순된 요소들에 대해서는 Bonhoeffer, Communio, 101ff., 각주 18을 보라.
[4] Kasper, "Grundkonsens," 187f.을 보라. 참조. 또한 Birmelé, Salut, 203ff.
[5] Schleiermacher, Christian Faith, §24.

질문들에 대답해보고자 한다. 이는 "우리가 교회다"[6]라는 기초적인 교회론적 확신에 전제된 신앙의 매개와 구원의 구조에 대한 이해를 설명하는 것으로 이루어진다. 또한 이 장에 제시될 구원론적 관점의 인간론적 전제들에 대한 간략한 분석과 함께 결론을 제시할 것이다.

1. 신앙과 교회

인간 존재가 신앙 속에서 구원을 베푸는 은혜를 전유하기 때문에, 구원에 대한 이해(그리고 교회에 대한 이해 역시)는 신앙이 매개되는 방식에 따라서 근본적으로 형성된다. 그러므로 신앙의 매개에 대한 개인주의적 이해는 우선 구원에 대한 개인주의적 관점이기도 하며, 마찬가지로 신앙의 매개에 대한 공동체적 이해는 결국 구원에 대한 공동체적 관점이기도 하다. 나는 먼저 신앙의 매개라는 과정에서 교회가 하는 역할을 검토해보고, 다음으로 신앙은 구원을 베푸는 은혜 속으로 참여하는 수단(그 신앙이 매개되는 방식과는 별개로)이라는 견해 자체가 이미 개인주의적이라는 지지울라스의 근본적 질문에 대해서 답하고자 한다.

1.1. 신앙의 교회적 매개

1. 구원에 참여하는 인간의 매개로서 신앙은 순수한 수동성으로 존재하는 것이 아니라, 수용적 능동성(receptive activity)으로 존재한다. 신앙의 능동성을 신학적으로 어떻게 이해해야 하는가의 문제를 떠나서, 결국 믿는 존재가 인간이라는 사실은 명백하다.[7] 그럼에도 신앙은 믿음을

---

[6] 앞의 제III장을 보라.
[7] 뒤의 1.2.2를 보라. Eberhard Jüngel은 신앙은 "순수한 수동성이며 순수한 비능동성"이라는 자신의 정식을, 하나님의 사랑이 자신에게 일어나게 하는 것을 허용할 수 있으며 또 (만약

가진 인간 존재의 능동성에 근거하지 않는다. 어느 누구도 자신에게 신앙을 수여할 수는 없다. 신앙은 정확하게 자기 자신의 수용적 능동성으로서, 하나님으로부터 부여받아야만 하는 것이다. 신앙은 하나님의 영과 하나님의 말씀에 의한 사역이다. 비록 신앙을 거부할 수 있는 하나님의 선물로 이해해야 하는지,[8] 아니면 신앙을 "말씀의 창조물(creatura verbi)로서 엄격하게 배타적으로"[9] 이해해야 하는지에 대해서는 여전히 다양한 교회들 사이와 그러한 교회들 안에서 논란의 여지가 있지만, 신앙이 하나님의 영과 하나님의 말씀의 사역이라는 것은 광범위한 교회일치적 합의가 이루어져 있다. 물론 나는 여기서 이러한 논쟁점들을 다루지는 않겠다. 구원의 매개에서 신앙의 필연성을 전제한다면,[10] 결국 다음과 같은 다른 질문들이 구원론적이고 교회론적인 개인주의의 문제들을 결정한다. 즉 **어떻게** 하나님의 선물인 신앙이 구체적으로 인간 존재에게 매개되는지, 그리고 특별히 어떻게 교회가 이러한 신앙의 매개 속에 참여하게 되는지 하는 질문들이다. 그러므로 이어서 나는 교회가 가지는 도구성(instrumentality)의 문제에 집중해보도록 하겠다.[11]

존 스미스는 인간 영혼에 미치는 하나님의 **직접적인** 영향(God's direct influence)이라는 개념을 말한다. 비록 그가 아직 신앙에 이르지 못한 이

누군가가 "사랑받는 이의 경험"에 참여하기를 원한다면) 실제로 그래야 한다고 주장하면서, 정당하게 조정한다(Gott, 466, 볼프 강조).
8 예를 들어, Friedrich, "Glaube," 112.
9 Hofius, "Wort Gottes," 157.
10 뒤의 1.2을 보라.
11 신앙의 입문 과정에서 개인적 인격의 참여와 교회의 참여에 대한 질문들은 분명 서로 연결되면서도 구분되는 질문들이다. 만일 우리가 신앙을 인간 스스로에 의해서 (적어도 부분적으로라도) 성취해야 할 구원의 조건으로 본다면, 우리는 교회가 구원의 매개에서 주체로서 활동한다고 주장할 수 있을 것이고, 그 역도 마찬가지다. 그 신앙의 매개에서 개인적이고 공동체적인 인간 행위들은 서로에 상응한다. 물론, 개인의 신앙을 구원의 조건으로 허용하면서, 동시에 구원의 행위에서 교회의 참여를 반대하는 것은 논리적으로 가능하다. 또한 그와는 반대로 개인적 인간 존재의 수동성에서 시작하고 동시에 하나님의 구원을 베푸는 행위에 협력하는 교회의 필수성을 확정하는 것도 가능하다.

들은 "죄인들을 용서하기 위한 회개의 조건을 수행하기 위해 그들이 더 낮게 되도록 그들을 감동시키는"[12] 은혜의 수단이 필요하다고 강조하지만, 그는 여전히 "우리 회심에서 성부 하나님이 **다른 어떤 피조물의 도움도 받지 않고, 또 그 도움을 사용하지도 않고**, 성부와 말씀과 성령이 **어떠한 매개도 없이** 영혼 안에서 이러한 일들을 이루어간다"고 주장한다.[13] 그러나 인격이 다시 태어난 다음에는, 그 인격은 더 이상 은혜의 수단을 필요로 하지 않는다. 왜냐하면 그는 "모든 성경들과 모든 종류의 피조물들보다 더욱 탁월한 아버지, 말씀, 성령이라는 세 증인을 그 자신 속에"[14] 모시고 있기 때문이다. 그러나 실제로 그리스도인들은 "육체의 연약함"으로 인해, 이러한 은혜의 수단 없이는 살아갈 수 없다. 비록 그들이 "율법과 성경들 위에" 서 있다고 할지라도, 그들은 이러한 수단들을 "다른 이들을 얻고 도와주기 위해" 사용해야 한다.[15] 하지만 스미스에 따르면 그럼에도 여전히 적어도 이상적으로 구원은 개인적 영혼들과 하나님 사이에서 발생한다. 따라서 교회는, 고립된 개인으로서 그리스도인이 되었고 지금 그리스도인으로서 살아가는 사람들이 더해지면서 생겨난다.

여전히 몇몇 자유교회와 또한 개신교 일반에서 옹호되는 이러한 구원의 매개에 대한 개인주의적 이해 방식에 대해,[16] 라칭거는 신앙을 정확하게 오직 교회**로부터** 받은 하나님의 선물로 받아들여야 한다고 강조한다. 이러한 이유로, 인격은 항상 교회와 **함께** 믿는다. 게다가 실제로 믿음을 가지고 있는 주체 혹은 "나"는 교회의 집합적 "나"이다. 따라서 교회는 교회와 함께 교회를 통해서 살아가게 되는 아들과 딸을 낳는 어

---

12 Smyth, *Works*, 743.
13 Ibid. (볼프 강조).
14 Smyth, *Works*, 744.
15 Ibid.
16 예를 들어, Farley, *Ecclesial Man*, 182f.의 비판을 보라.

머니와 같다.¹⁷ 교회는 신앙을 매개하고 이행하는 본질적 역할을 담당하기 때문에, 구원 그 자체는 결국 필수불가결하게 사회적 차원을 가질 수밖에 없다. 하지만 교회를 어머니로 보는 이러한 이해가 신학적으로 타당한가?

2. 교회성에 대한 나의 이해는 많은 부분 마태복음 18:20에 의해 형성되었는데, 이 본문에서 그리스도는 다음과 같이 말한다. "두세 사람이 내 이름으로 모인 곳에는 나도 그들 중에 있느니라."¹⁸ 이 본문에 따르면, 그리스도의 현존은 믿음을 가진 개인들에게 직접적으로 약속되는 것이 아니라, 오히려 전체 회중에게 약속되며, 오직 회중을 통해서만 개인에게 약속된다.¹⁹ 이는 왜 어느 누구도 홀로 신앙에 다다를 수 없으며, 홀로 신앙 안에서 살아갈 수 없는지를 보여준다. 오토 베버는 우리가 "회중 밖에서는" 결코 그리스도를 소유할 수 없음을 정확하게 강조했다.²⁰ 교회는 신앙의 딸(filia)—즉 먼저는 성령과 하나님의 말씀의 딸, 그리고 또한 신앙의 딸—이기도 하지만, 동시에 신앙의 어머니(mater)이기도 하다.²¹ 적절한 말로 표현하자면, 교회의 어머니됨은 신앙의 전승이 상호 인격적인 교회의 상호 작용(interpersonal ecclesiastical interaction)을 통해

---

17 앞의 I.1.1.2를 보라.
18 앞의 III.3을 보라.
19 오리게네스는 마 18:18-20의 구절을 다음과 같이 해석한다: "조화는 하나로 불러 모으며 또한 그러한 조화로운 사람들 한가운데 하나님의 아들로서 알려진 그분을 그 안에 담고 있다"(συνάγει ἡ συμφωνία, καὶ χωρεῖ τόν ἐν μέσῳ τῶν συμφωνούντων γινόμενον Ὑιὸν τοῦ Θεοῦ, Comm. In Matth., ad loc.).
20 Weber, Gemeinde, 36. 참조. 또한 Bonhoeffer, Communio, 101. "오직 몸 자체 안에서만" 우리가 "그 몸으로 들어갈 수 있도록 역사하시는" 진정한 성령을 받을 수 있다는 말은 분명 정확하다(Congar, Der Heilige Geist, 168). 그러나 우리가 앞으로 살펴보겠듯이, 로마 가톨릭 전통과 개신교 전통 사이의 대화에서 여전히 그러한 몸이 하나의 "주체"로 파악되는지, 그리고 그것이 구원의 매개 속에서 그리스도와 함께하는 하나의 주체로 행동하는지에 대한 문제는 여전히 논란의 여지가 있다. 이러한 문제들에 대한 대답은 우리가 성령을 교회의 몸 안에 받는다는 진술이 신학적으로 수용할 만한지 여부를 결정할 것이다.
21 이런 점에서 Calvin, Institutes, IV.1.4; Luther, Werke, 30/I.188. 24f., 40/I.664.18ff.; 47.20.20f.을 보라. Luther가 교회를 어머니로 해석한 부분에 대해서는 Jüngel, "Kirche," 329f.을 보라.

서 발생한다는 진술과 같다. 구원을 베푸는 하나님의 행위는 언제나 신자들의 교제(communio fidelium)가 가지는 신앙의 다차원적 고백을 통해서 발생한다.[22] 어떤 인간도 스스로 집행할 수 없고 언제나 각자가 인격적으로 받아야만 하는 성례전은 신앙의 매개가 가지고 있는 이러한 본질적으로 공동체적인 성격을 가장 분명하게 상징한다.

신앙의 매개가 가지는 공동체적 성격은, 비록 어느 정도 제한되지만 그럼에도 중요한 의미에서, 모든 그리스도인들이 실제로 신앙을 교회로부터 받는다는 점을 함의한다. 왜냐하면 한 인간이 믿는 바는 정확히 이미 존재하고 있던 신자들의 교제가 믿어온 바이기 때문이다. 믿음을 통해서 인격은 시간과 공간에 속한 모든 교회들의, 성령으로 영감된 신앙의 고백을 전유하게 된다. 만약 누군가가 자신만의 종교를 만들어 내는 것이 아니라면, 다른 방식으로 믿음을 가질 수 있는 길은 없다. 내가 믿는 신앙은 그 신앙이 표현되는 교회에 의해서 매개된 형식들로 형성된다. 순수하게 감정에 의해서 구성되고 교회적으로 매개되지 않은 순수한 신앙은 존재하지 않는다.[23] 그러므로 나의 가장 개인적 신앙이라고 하더라도 그것은 결국 교회적으로 매개된 것이다.[24] 더 나아가서 오직 그 신앙고백에 내가 참여하는 회중 가운데서의 삶을 통해서만 나는 신앙고백의 의미를 발견한다. 비록 교회적 사회화(ecclesial socialization)가 실제로는 신앙의 언어를 학습하면서—이것이야말로 교회적 사회화에서 가장 중요한 내용이자 도구이다[25]—발생하지만 신앙의 언어를 배우는 것은 그럼에도 결국은 교회적 사회화를 전제한다. 조지 린드벡(George

---

22 나는 여기서 "신앙의 고백"이라는 용어를 모든 종교적 언설과 행위가 가지는 암묵적이거나 명시적인 고백의 차원을 지칭한다(앞의 III.2.2.3을 보라).
23 이에 관해서는 Lindbeck, *Doctrine*, 30ff.을 보라.
24 Barth, *Church Dogmatics*, IV/1.685ff.을 보라. 『교회 교의학』(대한기독교서회 역간).
25 언어와 사회화 일반에 대해서는 Berger and Luckmann, *Construction*, 133-39을 보라. 『지식 형성의 사회학』(기린원 역간).

Lindbeck)이 선포에 대해서 말한 것은 신앙고백의 모든 형태에도 해당되는 참된 진술이다. "선포는 오직 공동체적 삶과 행위의 총제적 형태(gestalt) 속에서 구현되는 한에서만 능력과 의미를 가진다."[26]

한 인간이 신앙의 내용을 받아들이고, 신앙을 어떻게 이해하고 살아야 하는지를 배우는 것은 바로 교회를 통해서이다. 그러나 이러한 교회의 매개 행위가 의미 있는 것은, 바로 누군가의 삶을 신앙 안에서 하나님께 맡기도록 이끌어줄 때이다. 교회의 매개의 목표는 결국 한 인격 자신의 신앙(fiducia, 신뢰)이어야 한다.[27] 하지만 정확히 이야기해서, 교회가 사실 한 인격에게 줄 수 없는 것은 바로, 모든 것을 결정하는 이러한 신앙, 곧 신뢰로 이해되는 신앙이다. 신앙은 배타적으로 하나님이 주시는 성령의 열매이다. 만일 교회가 한 인격에게 이러한 의미의 신앙을 주어야 한다고 하면(라칭거가 설명한 것같이, 교회의 편에서 한 인격을 수용하는 것이 신앙의 본질적이고 구성적인 부분이라면),[28] 교회는 자신의 말과 행위를 통해서 구원을 제시할 뿐만 아니라, 결국 구원을 베푸는 하나님의 행위 속에 스스로 능동적으로 참여해야 할 것이다. 이것이 실제로 교회의 어머니됨에 대해서 가톨릭의 교리가 함의하는 것이다. 「인류의 빛」에서 주장하는 바와 같이, 교회는 "영원하고 새로운 삶을 위해서 성령에 의해서 수태되고 하나님에 의해서 낳게 되는 자신의 아들들을 출산한다."[29] 반면 우리는 교회가 그리스도와 더불어서 구원적 행위의 주

---

26 Lindbeck, Doctrine, 36.
27 Althaus, Theologie, 56ff.을 보라.
28 앞의 I.1.2를 보라.
29 Lumen gentium 64. 교회를 어머니로 규정하는 유사한 정식은 또한 종교개혁자들의 저작들에서도 발견된다. 하기에 Luther는 대요리문답(Larger Cathechism)에서 교회가 "모든 그리스도인들을 낳고 기른다"(Werke, 30/I.1888.24f)고 이야기한다. Calvin에게도 비슷한 점이 나타난다: "이 어머니[교회]가 우리를 그녀의 자궁으로 수태하고, 우리를 낳고, 우리를 그 가슴으로 양육하지 않는다면, 생명으로 들어가는 다른 방법은 없다"(Institutes, IV.1.4; 참조. 또한 Huss, the Church, 13). 종교개혁자들의 진술과 달리, 교리 헌장 Lumen gentium에서 드러나는 어머니로서의 교회라는 정식은 주로 **성례전으로서의 교회**라는 신학적 틀 안에서 드러난다. 그러나 "교회의 성례전성"이라는 개념이 문제가 되는 것은 단순히 하

체가 될 수 없음을 주장해야 한다. 그리스도만이 구원적 행위의 **유일한** 주체이다. 이것이 왜 우리가 "머리와 몸인 전체 그리스도"(Christus totus, caput et membra)라는 개념을 배격해야 하는지에 대한 구원론적 이유이다. 전체 그리스도(Christus totus)는 오직 그리스도(solus Christus)와 양립할 수 없다.[30] 우리가 엄밀하게 "오직 그리스도"라는 원리를 지키기 위해서는, "하나님께 믿음으로 '예'라고 응답하는 자의 고독", 즉 다른 그 누구도 아닌 오직 그 자신에 의해서만 선고되어야 하는 "예"의 고독이 바로 구원론에 있어 필수불가결한 것이다.[31] 신적 차원에서 구원을 베푸는 행위의 배타성은 결국 인간 존재에 의한 구원하는 은혜의 직접적인[32] 인격적 수용을 요구한다.[33]

3. 교회의 **기능**을 어머니로 보는 지점에서 나타나는 자유교회(일반적 개신교 교회뿐 아니라)와 가톨릭 교회의 이해 방식의 차이는 결국 교

님이 우리를 "어떤 순수한 영적 방식이 아닌, 오직 세계 내적 구조들을" 통해서만 만난다는 개념에 있지 않다(Pesch, "Sakramentsverständnis," 334). 진정으로 문제가 되는 지점은 바로 그리스도가 구원적 행위의 유일한 주체라는 진술에 대한 부정(혹은 적어도 분명한 진술의 부재)에 있다(이 지점에 대해서는 Jüngel, "Kirche"; Birmelé, Salut, 203-53을 보라). 그러나 그리스도가 "교회 안에서 구원을 베푸는 모든 행위의 유일한 주체"(Kasper, "Kirche," 242)라는 신념에 대한 중요한 교회일치적 합의가 존재하며, 교회를 통한 구원의 매개는 단지 "성만찬시 성령의 임재를 기원하는 구조를 가지고" 있을 뿐이다(Kasper, "Grundkonsens," 180; 또한 Congar, Der Heilige Geist, 488-95을 보라). 가톨릭과 개신교의 교회일치적 대화를 위해 결정적으로 해결해야 할 문제이면서 아직 합의에 도달하지 못한 문제는 바로 교회의 도구성의 성격에 대한 것이다(Birmelé, Salut; Kasper, "Grundkonsen," 178을 보라). 즉 그리스도가 구원을 베푸는 은혜의 **유일한** 주체임이 전제되는 가운데 교회가 하나님의 손에 있는 도구인지를 묻는 문제이다.

30 이에 관한 비판으로는 앞의 III.2.1.3을 보라.
31 Pesch, Rechtfertigung, 261. 하나님의 다스림에 대한 예수의 선포는 모든 인간을 하나님과 만나게 한다(이러한 측면에서, Jüngel, Gott, 485f.을 보라).
32 이러한 주장은 하나님에 대한 모든 경험이 매개되어야 한다는 점을 부정하는 것은 아니다. 비매개적 직접성은 존재하지 않는다; 사회적으로 매개된 자기 자신의 자아 경험은 하나님의 모든 경험 속으로 흘러들어간다(Mühlen, "L'expérience," 47ff.).
33 Luther에 따르면, 신앙의 인격적 본질과 구원을 베푸는 신적 행위가 가지는 배타성은 불가분의 관계를 가진다. "비록 우리가 한 사람이 그리스도로 덧입기를 기도한다고 하더라도, 우리는 어느 누구에게도 자신의 신앙을 둘 수 없으며, 동일한 신앙을 그에게 줄 수 없기에, 각각의 인격은 그 자신을 위해서만 믿을 수 있을 뿐이고, 그리스도만이 우리를 그분으로 온전히 입힐 수 있다(Werke, 10/I.476.12ff.).

회의 **정체성**을 어머니로 이해하는 방식에서의 차이와도 상응한다. 라칭거에 따르면, 어머니 교회는 전체 거룩한 교회(ecclesia sancta)이기에 흩뿌려진 영적 공간이 아니라 하나의 **주체**로서 이해된다. 이러한 주체, 즉 그리스도와 함께하는 주체인 교회는 사제들 가운데서, 행위를 위한 구체적 능력을 소유하게 된다. 사제들은 그들이 전체 교회로부터 능력을 부여받는 한에서 하나님으로부터 성직 수임(consecration)을 받기 때문이다. 따라서 교회가 가지는 어머니로서의 기능은 (여전히 남성 중심적인!)[34] 위계 구조에 집중하게 된다. 이 위계는 전체 거룩한 교회에 대해 가지는 특정한 성례전적 관계에서 유래한 권위로서, 신앙의 선포와 성례전의 집전이라는 신적 권위를 소유하게 된다. 결국 한 개인이 자신의 신앙을 외부로부터, 즉 하나님으로부터 부여받는 것을 가능하게 하는 것은, 성서로부터(혹은 기독교 전통의 전체성으로부터) 그들 자신의 기독교를 기획함으로써나 혹은 그들 스스로가 방향성을 제시함으로써 신앙을 직접 구성함으로써가 아니라, 성례전적 직임라는 방식의 신앙의 매개를 통해서이다.[35] 이러한 주장에 따르면, 신앙의 전유의 직접적 본질은 결국 구원을 베푸는 신적 은혜의 행위가 가지는 배타성을 실제로 부정하는 것처럼 보인다.

그러나 성서와 기독교의 전승을 자기 나름대로 해석하고자 하는 이들에게 그것이 꼭 그들 나름의 종교일 뿐이라고 이야기할 수 있을까? 책임감 있게 성숙하다는 의미가 동시에 자의적이거나 거만한 태도를 의미하는 것인가? 반대로 인간이 "모든 것을 자유롭게 판단하고, 이것을 삶의 정치적 영역, 그리고 교회와 교의적 정식의 조직적 형태들에 적용할 수 있도록 만들어주는 것"이 바로 신앙이다.[36] 광적인 신앙의 유사-기

---

[34] 가톨릭 교회의 전통에서 여성 안수를 금지하는 엄격한 교의적 이유가 존재하지 않는다는 설득력 있는 주장에 대해서는 Legrand, "Traditio"를 보라.
[35] 앞의 I.4를 보라.

독교적 형식들이 실제로 일어난다는 것은 소종파와 여러 운동들에서 볼 때 명확한 것이고, 이것은 꼭 개신교에만 국한된 것도 아니다! 하지만 참된 신앙과 자기가 만든 미신 사이의 구분을 단순히 교회의 "권위적" 직임들에 종속시킨다면, 우리는 결국 이러한 신앙의 보호자들이 진정한 의미에서 신자들의 신앙 감각(sensus fidelium)을 표현하기보다는 이를 억압함으로써 그들 스스로 신앙의 군주들로 타락하게 될 위험스런 가능성을 떠안게 되지는 않을까? 궁극적으로 이러한 위험을 회피하는 유일한 방법은 결국 성령을 신뢰하는 것이다.[37] 처음부터 신앙과 미신 사이를 분별하는 과정을—신자들이 성서와 기독교 전통을 연구할 때에—신자들 안에서 역사하시는 성령에게 위임하는 것이 어떻게 오도된 것일 수 있겠는가?[38] 신자들의 진정한 신앙 감각을 창조하는 분은 바로 **성령**이고, 동시에 이를 감독하는 분도 바로 성령이기 때문이다. 올바르게 믿는 이들은 그들 나름대로 신앙을 "만들어낸" 것이 아니라, 오히려 성서와 기독교 전통을 통해서 그리고 기독교 회중의 신앙고백을 통해서 성령으로부터 받은 것이다.

어느 누구도 교회로부터 신앙(fiducia, 신뢰)을 받은 것이 아니라(교회는 구원적 행위의 이차적 주체가 아니다) 교회를 **통해서** 받은 것이기에, 그

---

36 Pannenberg, "Reich Gottes," 53.
37 Rahner, "Kommentar," 227f. Walter Kasper에 따르면, 가톨릭 교회는 직임들 그 자체가 "복음의 실제적 전달을 보장하지는 않는다"는 개신교의 신앙에 동의한다(Kasper, "Grundkonsens," 176).
38 이 지점에서 성서의 권위에 대해서만 이야기하는 것은 충분하지 않다. 왜냐하면 성서는 결국 특정한 해석의 전통이라는 맥락 속에서 읽히기 때문이다. 성서와 전통의 관계는 상호적이다. 이러한 관점이 전통의 기준으로서 성서를, 즉 그것이 가지는 교회에 대한 심판자로서의 기능을 담당하는 성서를 포기하는 것은 아니다. 왜냐하면 성서와 전통 사이의 상호성은 **비대칭적**이기 때문이다. 성서는 고정되어 있으나 전통은 변한다. 이것이 왜 성서가 읽혀지는 특정한 상황들 중 **하나**인 전통이 성서에 의해서 영향을 받을 수 있는지에 대한 이유이다. 전승과 해석 그리고 합리성 사이의 관계에 대해서는 MacIntyre, *After Virtue*, 204-25, 『덕의 상실』(문예출판사); idem, *Whose Justice?* 1-11, 349-403을 보라; 루터교 신학에서 성서와 이성 그리고 교회의 관계에 대해서는 Bayer, "Schriftautorität"를 보라.

리고 교회는 주체가 아니라 인격들의 교제일 뿐이기에,[39] 선물로서의 신앙의 특징은 신자들의 일반적 사제됨(이를 통해 하나님이 각 개인에게 신앙을 선사하는)과 근본적으로 다른 사제 직임을 요구하지 않는다. 물론 이러한 사제의 직임이 없다면, 사람들이 신앙의 매개 속에서 활동할 때, 실제로 하나님이 그 속에서 활동하고 계시는지에 대한 어떠한 보장도 있을 수 없음이 사실이다. 그러나 실제로 이러한 점이 하나의 결함인지 아니면 하나님의 주권에 대한 필연적 표현인지에 대해서는 좀더 검토를 해보아야 한다.[40] 어떻든 간에, 신앙을 창조하는 하나님의 말씀은 항상 **다른 이들**의 다차원적 신앙고백을 통해서 개인들에게 찾아온다는 주장에 의해,[41] 이러한 수용적 요소가 적절히 상징적으로 표현될 수 있다.[42] 이러한 방식으로 이해될 때, 어머니 교회는 개인 그리스도인들에 **대립해서 그 위에**(over against) 서지 **않는다**. 오히려 그리스도인들이 바로 어머니 교회이다.[43] 어머니 교회는 항상 개인 그리스도인들과 상응해서 존재하는 형제자매들의 교제이다. 신자들의 보편적 사제됨은 곧 "신자들

---

39 앞의 III.2.1.3을 보라.
40 뒤의 VI.2.2.3을 보라.
41 앞의 III.2.2.3을 보라.
42 하나님의 말씀이 항상 다른 사람을 통해 한 인격에게 온다는 주장은 신앙이 가지는 선물의 측면을 생각할 때, **상징적** 중요성만을 가진다고 이야기할 수 있다. 즉 하나님의 말씀이 다른 사람에 의해서 나에게 말해진다는 주장은 곧 그것이 하나님으로부터 온다는 점을 상징한다. 만일 인간과 하나님의 증여의 행위 사이에 실제적 연관 관계가 있다고 한다면, 신앙을 창조하는 하나님의 말씀은 인간 존재를 **통해서** 하나님으로부터 올 뿐 아니라, 하나님과 인간 모두에게서 온다. 이러한 경우, 다른 인간 존재들(즉 교회)은 하나님과 함께 구원을 베푸는 행위의 주체를 구성하게 된다. 하나님의 말씀이 언제나 **특정한** 인간 존재를 통해서 온다는 사실은, 비록 인간과 하나님의 증여의 행위 사이에 어떠한 실제적 연관 관계가 존재하지 않는다고 하더라도, 하나님의 말씀이 가지는 신적 기원을 보증하는 기능을 한다. 이러한 특정한 인간 존재가 특정한 방식으로 행동할 때, 하나님 또한 항상 행동한다; 그리고 하나님은 이렇게 특정한 인간이 특정한 방식으로 행동할 때에만 구원을 베푸는 창조적 방식으로 행동하신다. 만일 교회의 성례전성에 대한 개념이 **오직** 이러한 점만을 의미하는 것이라면(그리고 또한 특정한 인간들이 그리스도와 **함께** 행동하는 것이 아니라면), 이러한 교회의 성례전성의 개념은 교회의 도구화에 대한 문제를 규명하는 데 교회일치적으로 중요한 진보를 이루어낸다.
43 Jüngel, "Kirche," 329f. 또한 Baur, "Amt," 112; Ratschow, "Amt," 612.17을 보라.

의 보편적 어머니됨"을 의미한다.

바울이 사용한 수태와 출산의 비유는 이러한 교회의 어머니됨에 대한 이해를 확증해준다. 바울은 스스로를 자신의 회중들과 그 구성원들의 아버지(고전 4:14-15; 고후 6:13; 살후 2:11; 몬 1:10)와 어머니(갈 4:19; 살전 2:7)로 이해한다. 왜냐하면 그가 선교사로서 그들에게 복음을 전한 최초의 사람이고, 그들의 영적 출생과 성령에 의한 새로운 피조물이 된 사건들이 모두 그를 통해서 일어난 것이기 때문이다.[44] 이러한 교회들이 그리스도와 함께 행동하는 주체라는 언급은 없다. **선포자**이면서 **개인적** 사도로서 사도 바울이 그들의 아버지이자 어머니이다. 비록 그가 고린도 교인들에게는 세례를 주지 않았지만(고전 1:14-17), 그의 회중은 "아버지가 많지 아니"하며(οὐ πολλοὺς πατέρας, 고전 4:15), 오직 한 아버지만 가진다는 것을 강조한다. 이것은 왜 바울의 아버지됨이 "그리스도 안에서"(ἐν Χριστῷ Ἰησοῦ)만 이루어질 수 있으며, 또 "복음을 통해서"(διὰ τοῦ εὐαγγελίου, 고전 4:15)만 이루어지는지를 잘 설명해준다. 바레트(C. K. Barrett)는 이런 점에서 정당하게 "그리스도는 작인자(agent)이며, 복음은 그로 인해 인간이 새 생명으로 이끌리는 수단"이라고 지적했다.[45]

신자들의 보편적 어머니됨에 대한 이러한 주장은 또한 기독교 교회들의 실제 실천에도 상응한다. 모든 실천적 목적을 위한 신앙의 매개는 직임의 담지자들(officeholders),[46] 즉 그들 안에서 전체 교회가 행동한다고 가정되는 직임자들이 아니라 오히려 기독교의 다양한 "중요한 타자들"(친구나 혹은 가족 구성원들과 같은)에 의해서 실행된다.[47] 그리고 신앙의 매개는 교회 공동체의 모든 구성원들("나머지 타자들")의 삶에 의해서,

---

44 Stuhlmacher, *Philemon*, 38을 보라.
45 Barrett, *1 Corinthians*, 115. 『국제성서주석 고린도전서』(한국신학연구소 역간).
46 Lehmann, "Gemeinde," 45 역시 이러한 점을 긍정하고 있다.
47 또한 Kress, *Church*, 182f.

또한 신앙의 매개를 위한 타당성 구조를 창조하는 이들의 삶에 의해서 유지된다.[48] 바로 그들 **모두**를 통해서, 아버지-어머니 되시는 삼위일체 하나님은 그 자녀를 새 생명으로 낳으신다.[49] 물론 이러한 "중요한 타자들"이 그런 입문의 과정을 결론으로 이끌 수는 없다. 하나의 인격이 세례를 받고 성만찬에 참여할 때까지는 그리스도인이 될 수 없는데, 이 두 행위 모두 예배 가운데서, 따라서 또한 **지역 교회**에서 발생한다. 오로지 어머니 되는 지역 교회의 구도 속에서만 개별 그리스도인들의 어머니됨에 대한 이야기를 할 수 있다. 신자들의 보편적 어머니됨은 결국 **공동의 교회적** 어머니됨에 매이게 된다.[50] 이런 의미에서 라칭거를 따라 우리는 신앙 입문의 과정에서 사적 선생들의 참여와 교회의 참여를 실제로 구분해야 한다.[51]

1.2. 신앙의 개인주의?

지지울라스의 관점에 따르면, **신앙**의 매개의 공동체적 특징을 설득력 있게 만들기 위한 전체 노력은 별 의미가 없다. 그의 입장에서 볼 때, 신앙을 통해서 구원을 베푸는 은혜를 전유한다는 것은 그 자체로 개인

---

48 "중요한 타자들"은 한 그리스도인의 삶에서 그의 기독교적 정체성을 둘러싼 수행에서 주요한 역할자들로서 기능한다. 반면 "타자들 중 나머지"(rest of others)는 일종의 합창단과 같은 기능을 한다(정체성의 구성에 대한 묘사는 Berger and Luckmann, Construction, 150-51). 뒤의 VI.1.1.2를 보라.
49 신약성서는 이러한 거듭남의 개념을 묘사하기 위해서 남성적 은유와 여성적 은유 모두를 사용한다. 하나의 인격은 "썩지 아니할 씨로 된 것이니 살아 있고 항상 있는 하나님의 말씀으로"(벧전 1:23)된 것일 뿐 아니라, 또한 "성령으로"(요 3:6) 새롭게 태어난 것이다. 요한 문헌은 성령을 어머니로 비유하고 있으며, 그 어머니에게서 난 인격의 근원과 성령에 의해서 나게 된 새로운 근원을 대조하고 있다(요 3:4; Bultmann, John, 137). 성령의 활동이 가지는 어머니적 차원에 대해서는 Moltmann, Geist, 171ff.을 보라. 『생명의 영』(대한기독교서회 역간).
50 이러한 관점에서 볼 때, 우리는 오늘날 상당히 중요하게 부각되고 있는, 특히 영어를 사용하는 개신교 교회들에서 발견되는 교회 병행적 복음 전파와 선교 기관들의 행위를 올바르게 평가할 수 있다. 지역 교회와의 포괄적 연결 없이는 이들의 선포 행위는 부적절한 것으로 남아 있을 것이다.
51 앞의 I.1.2를 보라.

주의적이며, 신앙이 어떻게 매개되는지의 문제와 전혀 동떨어져 있다. 신앙은 인지적 내용을 전제한다. 그러나 인지적 내용이라는 방식을 통해 유래하는 어떠한 관계도 기본적으로 인격을 고립되게 한다. 비록 사람들이 인지적 행위를 통해서 타자와의 관계에 들어갈 수 있다고 하더라도, 그들의 내적 "구성"(makeup)은 이러한 타자들에 의해서 결정되지 않는다. 그러므로 그들은 이러한 관계에도 불구하고, 고립된 실체이거나 개인들일 뿐이다. 개인적 존재가 되는 것과 대조적으로, 인격성은 지식보다 사랑이 수위적임을 전제한다. 이에 따라 사랑은 도덕적 범주라기보다는 존재론적 범주이다. 하나님과 인간 존재 사이의 관계에서, 사랑은 그리스도가 자신의 자유 속에서 인간 존재와 함께 구성하는 관계, 그리고 인간 존재가 성육신과 성례전을 통해서 인식 아래(subcognitive)[혹은 인식 너머?(supracognitive)]의 차원에서 경험하는 그러한 관계를 지시한다.[52]

1. 한편으로 지식에 대한 사랑의 수위성은 상당히 설득력 있는 것처럼 보인다. 만일 하나님이 하나의 인격이라면, 궁극적으로 이슈는 하나님에 대해 어떤 것을 아는 것이 아니라(물론 "모든 것"을 알 수 없는 것은 확실하고), 오히려 하나님을 하나의 인격으로 만나고, 하나님과의 인격적 교제 속에 서는 것이다. 이러한 예는 우리 동료 인간들에게도 동일하게 적용된다. 게다가 오직 배타적으로 인지적인 관점으로만 인격에 초점을 맞추는 것은 그 인격이 인격으로서 가지는 존재를 망각하는 것이다. 소모적 방식으로 인격을 아는 것은 결국 한 사람을 인격적으로 바라보는 것을 파괴할 것이다.[53] 인격은 본질적으로 신비한 것이다.

---

52 앞의 II.2.3.1과 II.2.3.3을 보라.
53 그러므로 이 점에서 Zizioulas는 정당하게도 우리가 한 인격에게 "적극적인 질적 내용"을 돌릴 수 있다는 사실을 부인한다(Zizioulas, "Person," 46). 반면에 Ratzinger는 인격에 적극적 내용이 속해 있다고 생각한다; 인격은 순수한 관계성이다. 이 지점에서 그는 개념적으로 인격을 **과도하게** 규정하고 있으며, 이러한 이유로 그는 인격을 단순히 관계로 환원해

그러나 만일 우리가 지식에 대한 사랑의 수위권을 사랑이 지식을 통해서 매개되지 않는다는 식으로 해석할 때, 결국 문제가 발생할 수밖에 없다. 이러한 사랑의 개념은 심지어 신적 사랑과 신적 지식 사이의 관계와 관련해서도 설득력을 갖지 못한다. 비록 하나님이 세계를 그의 사랑의 힘을 통해서 창조하고 그것을 오직 창조된 세계로서 안다고 하더라도, 만일 하나님이 하나님의 편에서의 본질적 자기 소외를 전제함을 통해서 세계와 동일시되지 않는다면, 하나님 역시 **우선 세계를 창조될 무엇으로 의지해야**(will) **하고, 바로 그 이유로 또한 세계를 창조될 무엇으로 알아야 한다.**[54] 신적 사랑은 의지와 인식 없이는 생각될 수 없는데, 의지와 인식은 인식의 수위성 아래서 서로를 상호 규정한다.[55] 이는 더 나아가서 인간의 사랑에도 적용된다. 왜냐하면 하나님과는 달리 인간 존재는 세계와 또 다른 인간 존재들과 하나님을 그들의 창조적 활동의 결과로서가 아니라, 이미 실존하는 실재로 만날 수밖에 없기 때문이다. 그들을 사랑하기 위해서는(적어도 그들과 비인격적 관계로 남아 있는 것이 아니라 인격적 방식으로 그들을 사랑하기 위해서는) 반드시 그들을 알아야만 한다. 그들은 그들 자신으로부터 구별되는 어떤 실재의 정체성을 규명하지 않고서는 실존하는 실재를 사랑할 수 없다. 또한 모든 종류의 정체성 규명은 실제로, 그것이 비록 단순한 관찰이라고 하더라도, 언제나 **"특정한 구분을 바탕으로 무엇을 기획하거나 묘사하는 기능으로 파악되어야 한다."**[56] 적어도 성인들의 경우에, 한 인격을 사랑할 만한 자로 그 정체성을 규정짓는 것은 반드시 어떤 면에서 지식과 인식을 포괄

버린다(앞의 I.6.1과 뒤의 3.2.1을 보라).
54 Jürgen Moltmann은 정당하게도 다음과 같이 기술하고 있다. "영원 전부터 하나님은 그 자신뿐 아니라, 세계도 **희망해왔다**"(Moltmann, *Trinity*, 108, 볼프 강조). 하나님의 이러한 창조의 의지는 결국 앎의 행위를 전제한다.
55 Oeing-Hanhoff, "Die Krise," 299.
56 Luhmann, "Autopoiesis," 207.

하는 과정을 항상 포함한다. 이는 왜 타자성의 요소를 규명하는 최소한의 의미로서 이러한 앎이 지속적으로 사랑과 함께 수반될 수밖에 없는지를 잘 설명해준다. 지식이 없이는 교제도 있을 수 없으며, 그 반대도 참이다. 왜냐하면 앎은 설령 그 관계가 초보적이라 할지라도 알려지는 것에 대한 관계를 전제하기 때문이다.[57]

만일 사랑과 앎이 상호적으로 서로를 규정한다면, 사랑은 단순히 연관된 사람들의 내적 구성을 결정하는 관계로서 존재론적 범주로뿐만 아니라, 그들의 **의지**의 표현으로 이해되어야 한다. 사랑을 **인격적** 관계로 인식하기 위해서, 우리는 먼저 자발적인 내적 긍정을 받아들인 관계로서 사랑을 파악해야 한다. 그러나 이러한 긍정은 지식뿐 아니라, 다양한 (이전에 알려진) 가능성들 사이에서 하나를 선택하는 자유로운, 긍정하는 의지라는 요소를 또한 전제한다. 하지만 명백하게도, 이러한 선택은 약한 의미에서 이해되어야 한다. 가능성들은 주관적으로 파악할 수 있어야 할 필요는 없지만, 그럼에도 구체적으로 근접해 있어야 한다. 실제로 내가 실행은 하지 않는다 하더라도, 나는 "장식"을 한다는 명목으로 나의 이웃의 집에 낙서를 마음대로 할 자유는 있다. 하지만 실제로 이러한 것이 일차적으로 내가 할 수 있는 가능성이 아니라면(예를 들어, 그 집에 피에 굶주린 네 마리의 도베르만 개들이 있다면), 나는 결국 이것을 실행에 옮길 자유가 없는 것이다. 사랑이라는 것은 앎과 의지가 없으면 생각할 수도 없다. 따라서 지식과 의지 모두가 처음부터, 하나님과 인간 존재들의 교제를 창조하는 신앙 구조의 부분이라는 것은 놀랄 일이 아니다.

2. **지식**은 신앙의 본질적 차원이다. 신앙이 언제나 "들음"(ἀκοή)에서 나오는 한, 즉 신앙이 언제나 들음에서 나는 신앙(fides ex auditu)인 한,

---

57 Moltmann, "Entdeckung," 400.

지식은 신앙의 본질적 차원이다. 비록 신앙이 그 내용을 매개하는 언어의 인지적 내용에 대한 합의로만 환원될 수 없을지라도 말이다.[58] 우리가 실제로 표명하는 것보다 더 많은 것을 알 수 있다는 경구가 여기에 적용된다.[59] 따라서 신앙은 언제나 발화된 말씀만을 통해서, 특별히 기록된 말씀만을 통해서만 매개되는 것이 아니다.[60] 말씀의 신학자라고 생각할 수 있는 바울의 선교 사역을 볼 때, 사람들은 무엇을 들을 뿐 아니라, 또한 눈으로 무엇을 보며(갈 3:1), 또한 몸으로 경험한다(고전 2:4; 4:20; 롬 15:19; 살전 1:5). 따라서 신앙은 비언어적 의사소통의 형식을 통해서 생겨나기도 한다.[61] 그러나 이러한 점은 신앙이 필연적으로 언어적으로 규명 가능한 인지적 내용이라는 사실과 그것이 지적으로 전유되어야 한다는 사실을 바꾸지는 못한다.

> [신앙이란] 선포에서 들려지는 그리스도의 복음(εὐαγγέλλιον τοῦ Χριστοῦ)의 수용이자 채택이며, 하나님이 놓아두신 그 복음의 내용에 대한 인정이고 승인이다. 신앙은 선포가 증거하는 것을 참이라고 보고 그것을 복음의 진리(ἀλήθεια τοῦ εὐαγγελίου)라고 선포하는 것이다.[62]

신앙은 "그 본질적 모습에서 특정한 **단언적** 문장들과 진술들을 참으로 여기는 과정"을 포함한다.[63] 이것은 단순한 신앙(*fiducia*, 신뢰)이 아니라, 항상 신앙(*fiducia*)과 동의(*assensus*)를 동시에 포함한다. 그러므로 복음에

---

58 Bultmann, *Theology*, §35. 『신약성서신학』(한국성서연구소 역간).
59 이 점에서 대해서는 Polanyi, *The Tacit Dimension*, 3-25을 보라. 기본적 진리들을 고백함으로써 암묵적으로는 또한 모든 기독교 진리들을 수용한다는 진정으로 보편적 의미에서 뿐 아니라(Congar, *Diversités*, 195f.를 보라), 우리가 항상 언어를 통해 만들 수 있는 것보다 더 한 것을 믿을 수 있다는 의미에서도 암묵적 신앙(*fides implicita*)은 존재한다.
60 Luther에 의해서 주장된 말씀의 신체성에 대해서는 Bayer, "Schriftautorität," 78을 보라.
61 Kress, *Church*, 162을 보라.
62 Hofius, "Wort Gottes," 155.
63 Ibid., 156.

대한 비언어적 제시는 언제나 그것에 대한 언어적 선포에 의해서 보충되어야 한다.

만일 특정한 인지적 내용에 대한 동의가 신앙의 구조에서 한 부분을 차지한다면, **의지** 또한 동일하게 신앙의 본질적 차원을 구성해야 한다. 의지과 앎은 서로를 포괄하는 관계다. 오직 나의 의지적 행위를 통해서만 특정한 인지적 내용을 참이라고 볼 수 있다. 어느 누구도 "신앙의 본질은 의지"(natura fidei voluntas)라고 주장한 마르틴 루터를 신앙을 인간의 일로 바꾸었다고 비난할 수 없다.[64]

신앙의 의지적 차원은 신앙이 단순히 "자유로운 결정의 행위"를 의미하는 것으로 이해되어서는 안 된다.[65] 왜냐하면 신앙은 하나님의 선물이기 때문이다. 그러나 하나님은 인간에게 신앙을 선사할 때 인간의 의지를 무시하지 않는다. 비록 사람들이 "그 자신 속에서부터" 믿는 것은 아니지만, 그럼에도 그들은 "그들 자신으로서" 믿는다. 사람들은 수동적이다. 하지만 그들의 수동성은 "자기 스스로를 형성되도록 내놓는 **응답적인** 수동성"(예를 들어, 눅 1:38)이다.[66] 이렇게 "자기 스스로 내놓는 것"은 결국 의지 없이는 생각할 수 없다.

신앙에서 인지적이고 의지적인 차원은 구원론적으로 필수불가결하다. 신약성서에서 "신앙"(πίστις, 믿음)과 "신앙하다"(πιστεύειν, 믿다)가 빈번하게 나타난다는 점은, 유대교와 다른 고전적 전통과 대조적으로, 신앙이 "신적인 것에 대한 인간의 관계를 표현하는 지배적 용어"가 되었음을 증거한다.[67] 신앙의 구원론적 필수불가결성과 하나님에 대해 의지적이고 인지적으로 매개되는 관계를 부인하는 것(지지울라스가 요구하듯이)

---

64 Luther, *Werke*, 40/III.50.3ff. 참조. Pesch, *Rechtfertigung*, 199.
65 Bultmann, *Theology*, §35.
66 Joest, *Ontologies*, 313 (볼프 강조).
67 Bultmann, *Theology*, §9; Friedrich, "Glaube," 91을 보라.

이 양립 가능한 것은, 신앙을 하나님에 대해 순수하게 성례전적으로 매개된 관계의 **결과**로 이해할 때에만, 다시 말해 "하나님의 생명을 느끼는 것"으로 이해할 때에만 그러하다.[68] 그러나 이것은 정당한 주장이 아니다. 왜냐하면 비록 신앙이 성령의 영향을 전제한다고 하더라도(그 외의 방법으로 어떻게 신앙이 하나님의 선물이 될 수 있겠는가?), 신앙은 언제나 이미 형성된 하나님에 대한 관계 뒤에나 따라오는 것으로 국한될 수 없다. 신앙은 단순히 그 신앙을 정초하는 하나님에 대한 근본적 관계가 필연적으로 가지는 부수적 현상이 아니다. 신앙은 하나님에 대한 관계 자체가 발생하는 방식이다.

만일 하나님에 대한 관계가 인지적이고 의지적으로 매개된 것이라면, 이는 인간 존재에게 중요한 의미를 함의하게 되는데, 즉 인간 존재는(정확히 말하자면 신자들로서) 하나님을 마주 서게 되는 것이다(stand over against). 루트비히 포이어바흐(Ludwig Feuerbach)는 이 지점을 정확하게 보았고, 인지적이고 의지적인 차원 정도로 신앙을 포기하는 것은 하나님의 자율성을 중지시키는 것이라고 주장했다.[69] 따라서 신앙 안에서 하나님과 인간을 병렬해서 놓는 것은 모든 인간 존재 편에서의 인간론적으로 분명한 독립성을 전제하는데, 그것은 구원의 경험 안에 보존되어 있는 것이기도 하다. 그렇다면 이러한 독립성이 결국에는 지지울라스가 믿는 것처럼 인간론적이고 구원론적인 개인주의로 전락하게 되는가? 아니면 이것은 정확히, 특별하게 인간의 공동체적 정체성의 전제가 되는 요소인가? 나는 이 질문을 구원의 교회적 특징을 살펴본 이후에 다루고자 한다.[70]

68　Zizioulas, "Die pneumatologische Dimension," 143.
69　이에 관해서, Jüngel, *Gott*, 458을 보라.
70　뒤의 3.1을 보라.

2. 구원의 교회적 성격

신앙의 교회적 매개는 인간 존재가 하나님과 직접(비록 매개를 거치지 않은 것은 아니더라도) 관계를 맺도록 도와준다. **그들은 하나님**으로부터 구원을 신앙 가운데 받아들여야 한다. 그러나 이러한 개인적 인간 존재들은 홀로 그들의 하나님과 머무는 것이 아니다. 신자들의 교제에 의해서 떠받쳐지는 하나님과의 관계에 접어들게 되면서, 그들은 동시에 신자들의 교제 속으로 편입된다. 여기서 나는 신자들의 교제(communio fidelium)가 어떠한 구원론적 위상을 가지고, 또 구체적 교회로 편입이 어떻게 일어나는지를 검토해보고자 한다.

2.1. 구원의 교회성

1. 존 스미스가 주장한 것 같이, 만일 구원이 단순히 외로운 영혼과 하나님 사이에서만 발생하는 것이라면, 이것은 지극히 개인주의적이다. 이와 관련하여, 만일 우리가 교회를 그리스도의 영적 군대와 동일시하고, "가시적 교회 공동체의 일원이 아닌 사람들은 그리스도의 왕국 신민이 아니라고"[71] 주장하더라도, 결국 바뀔 것은 아무것도 없다. 왜냐하면 이러한 경우에 교회의 구성원됨은 그리스도인이 **무엇인가**의 표현이 될 수 없으며, 단순히 그들이 **해야 하는 것**의 적합한 결과일 뿐이기 때문이다. "모든 이는 이러한 참된 질서 속에서 확립된 가시적 교회의 구성원이 되어야 한다는 의무에 **양심 가운데 매여 있다.**"[72] 교회의 구성원됨이 단순히 순종의 행위로만 여겨질 수는 없다고 하더라도, 스미스의 제

---

71 Smyth, *Works*, 267f. 이에 관해서 Brachlow, *Communion*, 58을 보라.
72 Smyth, *Works*, 256 (볼프 강조).

안에 따르면 기껏해야 그 유일한 목적은 인간의 연약함을 보조하는 것일 뿐이다. 스미스가 서 있는 전통의 창시자인 칼뱅이 주장한 바와 같이, 그리스도인들이 "아직 천사에 해당하는 수준에 다다르지 못하고, 젖먹이나 어린아이처럼"[73] 행동하거나 혹은 반항적 신민들처럼 행동하기 때문에, 교회는 반드시 존재해야 한다. 그러므로 스미스에 따르면, 가시적 교회는 구원의 적극적 경험에 기반을 두는 것이 아니라, 오히려 **구원론적 결함**에 기반을 두는 것이다. 교회는 구원을 더 온전하게 경험하기 위한 "외적 보조"일 뿐이다. 구원 자체는 결국 비사회적이다.

반면에 가톨릭과 동방 정교회의 전통은 구원이 가지는 본질적 사회성을 강조한다. 구원은 하나님과 인간 존재가 함께하는 교제**이다**. 자기 폐쇄적 개인은 구원과 정반대의 지점에 사로잡혀 있다. 이것이 바로 라칭거와 지지울라스의 전체 교회론을 근거 짓는 근본적인 이념이다. 비록 그들이 교회를 교제로 이해하는 방식이 다소 설득력이 없다고 하더라도,[74] 신앙의 분명한 특성에 근거 지어진 이러한 근본적 생각은 긍정되어야 한다.

2. 인간 존재가 하나님으로부터 받는 신앙은 인간을 하나님과의 관계 속에 위치시킨다. 믿는다는 것은 곧 하나님과 교제를 누리는 것을 의미한다. 신앙은 단순히 "외로운 이가 고고한 일자에게로 향하는 비상"(플로티누스)이 아니다. 기독교의 하나님은 단순히 외로운 하나님이 아니라 세 인격 사이의 교제이기 때문에, 신앙은 결국 인간 존재를 신적 **교제**로 향하게 한다. 그러나 어느 누구도 삼위일체 하나님과 폐쇄적인 교제를 가짐으로써, 결국 그것을 "넷 사이"(foursome)에 교제로 전락시킬 수 없다. 왜냐하면 기독교의 하나님은 사적으로 소유되는 신성이 아니기 때

73　Calvin, *Institutes*, IV.1.1.
74　앞의 제Ⅲ장을 보라.

문이다. 이러한 하나님과의 교제는 또한 동일한 하나님께 신앙 안에서 스스로를 맡긴 다른 이들과의 교제를 의미한다. 그러므로 동일한 신앙의 행위는 한 인격을 하나님은 물론이고 하나님과 교제 속에 있는 다른 모든 이들과의 새로운 관계 속으로 위치시킨다. 이러한 타자들은 "우리의 이웃으로서, 곧 동일한 교제에 속한 사람들로서, 하나님과의 새로운 교제와 함께 **동일수위적으로**(equiprimally) 발견된다."[75] 교회 공동체로의 편입은 따라서 구원을 베푸는 은혜의 수용과 함께 이미 주어진다.

이러한 교제가 가지는 양차원적인 성격은 비가시적 교회(ecclesia invisibilis)로 편입되어 유사–개신교적(pseudo-Protestant) 방식으로 순화되어서는 안 된다. 비록 실제로 우리가 가시적 교회(ecclesia visibilis)와 비가시적 교회(ecclesia invisibilis)를 신학적으로 구별해야 한다고 하더라도, 우리는 하나를 다른 하나로부터 분리해낼 수 없다. 그렇게 하면 결국 비가시적 교회에서의 교제가 가시적 교회로부터 분리된 상황을 정당화하기 위해서, 이러한 비가시적 교회를 오용할 위험이 있기 때문이다. 비가시적 교회(성도의 교제)는 오로지 가시적 교회들의 복수성 속에서만 구체적으로 존속할 뿐이며,[76] 이는 왜 비가시적 교회에서의 구성원됨이 결국에는 가시적 교회에서의 구성원됨에 매여 있는지를 보여준다. 한 인격이 그리스도인 공동체 안에서 사회적 존재가 되지 않는다면 기독교 신앙에 온전히 인도될 수 없다.[77]

교회의 구성원됨이 하나님과의 교제에 의존하기에, 그것은 결국 하나님과의 교제의 결과이다. 그러나 한 그리스도인이 다른 그리스도인들과 함께 교제하는 것은 단순히 하나님과의 교제에 덧붙여진 부가물이 아니다. 비록 이것이 이차적이라고 하더라도, 시간적 의미에서가 아니라

---

75 Jüngel, *Gott*, 485; 볼프 강조.
76 유사하게, Brunner, *Kirche*, 11f.
77 앞의 1.1.2와 1.1.3을 보라.

존재론적인 의미에서 이차적이다. 구체적 교회 공동체는 이러한 하나님과의 교제가 구체적으로 삶 속에서 이루어지는 **형식**이다(비록 그것이 유일한 형식은 아니라 할지라도).[78] 이는 마치 사랑이 삶으로 드러나는 신앙의 형식인 것과 같다.[79] 그리고 이것이 바로 왜 회중들 가운데에서의 삶이 신앙(항상 교회 안에서 교회를 통해 이루어지는 신앙)이나 고백에 덧붙여진 그 무엇이 될 수 없는지에 대한 이유이다. 회중 속에서의 삶은 이러한 신앙고백의 **실행**이다. 신앙이 발화를 통해서 고백되는 것처럼, 신앙은 또한 신자들과의 교제 **안에** 있는 삶을 통해서 고백된다. 이런 의미에서 신앙은 교제 안으로, 즉 삼위 하나님과 또 다른 그리스도인들과의 교제 안으로 들어가는 것을 의미한다.[80]

3. 구원을 위한 외적 보조 수단으로 교회를 이해하는 것은 구원론적으로나 교회론적으로 부적절하다. 교회는 단순히 경건한 개인들의 덕성을 함양시켜주는 훈련의 주체나 장이 아니다. 에밀 브루너(Emil Brunner)가 정당하게 강조한 바와 같이, 교회는 "특정한 신앙의 외적 지지대(*externum subsidium fidei*)가 아니라, 사태 그 자체이다. 서로에게 연합된 존재는 그 자체로 목적인 동시에 그리스도와의 연합이다."[81] 구원과 교

---

[78] 신앙과 교회의 관계에 대한 바울의 이해에 대해서는 Dobbler, *Glaube*, 61, 69ff., 239f.을 보라.
[79] 이러한 점은 "사랑을 통해서 효과를 발생하는" 신앙의 개념(갈 5:6)에 상응하지만, 또한 사랑을 통해서 형성되는 신앙의 개념에도 상응한다(Calvin, *Institutes*, III.11.20을 보라).
[80] Luther의 저작들에 대한 연구에서 Jürgen Lutz는, Luther에게서는 성도의 교제(*communio sanctorum*)가 의롭게하는 신앙(*fides*)을 지지하고 육성할 뿐 아니라 "각자의 인격의 칭의"가 그러한 성도의 교제 속에서 "타자들을 향한 그리스도의 드러내심"(*repraesentatio Christi*)으로 발생한다는 점을 밝히고자 했다(*Unio*, 76). 이러한 점에서 볼 때 그는 성도의 교제가 "칭의의 사건에서 핵심적 측면"을 차지한다고 결론 내린다(p. 264). 이러한 주장은 신학적으로 설득력이 있다. 그러나 여전히 나는 왜 이러한 생각이 동시에 칭의에 대한 점진적 이해에 의존해야 하는지 명확하지 않다. Lutz는 다음과 같이 주장한다. "그리스도인은 오직 성화를 향해 **전진해나갈** 때에야 사제라고 불릴 수 있다"(p. 184, 볼프 강조). 그러나 나의 주장은 모든 그리스도인이 그 자신의 신앙의 고백(이상적으로는 단순히 외적인 것이 아닌)을 통해서 이미 다른 이들에게 사제일 수 있다는 것이다.
[81] Brunner, *Kirche*, 12, 15. 확실히 나는 제도에 대한 Brunner의 적개심에 동의하지 않는다.

회는 분리될 수 없다. 이 점에서 교회 밖에는 구원이 없다(extra ecclesiam nulla salus)는 오래된 정식이 존재하는 것이다. 평판을 낮추며 배타적으로 작용했던 이해에서 벗어나, 이 정식은 실제로 구원이 가지고 있는 본질적으로 공동체적인 특성을 표현하고 있다. 좀더 정확하게 이해하자면—또한 디트리히 본회퍼(Dietrich Bonhoeffer)가 국가 사회주의 정권기의 교회와 국가 사이의 투쟁에서 이 개념을 가다듬고 정식화한 것처럼—이 정식은 "구원이 교회 없이 생각될 수도 없으며, 또 교회가 구원 없이는 생각될 수 없다"고 진술한다.[82] 신앙을 경험한다는 것은 교회적 존재가 된다는 것을 의미한다. 만일 삼위 하나님과의 교제 속으로 전체 하나님의 백성을 모아 종말론적 통합의 역사 속에서 이러한 경험을 선취하고자 한다면, 교회 이외의 다른 방식으로는 이를 실현할 수 없다.[83]

교회는 수단이 아니라 그 자체로 목적이다.[84] 이는 신앙생활에서 필수적인 양태이다. 동시에, 그럼에도 교회는 동시에 은혜의 수단이 된다. 왜냐하면 교회적 삶의 진행들은—즉 하나님의 말씀에 대한 다양하고 상호적인 언술에 의해서 행해지는 신앙의 고백과 교제의 삶을 통해서 이루어지는 신앙의 고백은—결국 신앙을 매개할 뿐 아니라 또한 보조하기 때문이다. 이런 방식으로 은혜와의 만남과 은혜의 수단은 서로 중첩된다. 비록 은혜의 수단이 근본적 은혜의 경험이 없는 수단으로 기능할 수 있는 한 이 둘을 실제로 구별할 수는 있지만, 그럼에도 은혜의 수단은 언제나 은혜의 경험 앞에 (말하자면) 경의를 표할 수밖에 없다. 적

---

82 Bonhoeffer, "Kirchengemeinschaft," 231. 그러나 이러한 정식은 만일 "누가 구원받고 누가 멸망하는지에 대한 이론적 지식"으로 이해될 때에는 잘못된 것이 된다(ibid.).
83 앞의 III.1.1.1을 보라.
84 이 점에 대해서는 Bonhoeffer, Communio를 보라. 『신도의 공동생활』(대한기독교서회 역간). 나의 주장은 다음과 같다. 교회가 그 자체로 목적이라는 주장은 그 자체로 자기만족적 방식으로 세상으로부터 격리되어야 함을 의미하는 것이 아니다. 그것은 단순히 구원의 수단일 뿐 아니라 또한 오히려 그 자체로 구원적 경험의 하나의 차원임을 의미한다. 세상 속에서 교회의 역할에 대해서는 뒤의 제VII장과 Volf, "The Church"를 보라.

어도 암묵적으로 긍정되는 은혜의 경험만이 은혜의 수단으로서 기능할 수 있다.[85] 은혜의 경험과 수단 사이에 중첩이 발생하는 까닭은 교회를 향한 그리스도의 구성적 임재가 결국 신자들의 마음속에 있는 그리스도의 임재와 다르지 않기 때문이다. 그 임재는 성령의 열매와 은사 속에서 외부로 방향을 돌이킨다. 성령을 통한 그리스도의 임재는 하나의 인격을 그리스도인으로 만들고, 동시에 이 인격을 교회적 교제로 이끌어 주기에, 교회를 이중적 방식으로 구성한다. 첫째로는 한 인격을 교회에 접붙임으로써, 둘째로는 그 인격을 통해 다른 이들에게 신앙을 매개함으로써 교회를 구성한다. 여기서 우리는 다시 어머니로서의 교회와 형제자매의 사귐으로서의 교회가 서로 동일함을 볼 수 있다.

2.2. 구체적 교회의 기원

1. 자유교회 전통에 따르면, 신앙은 하나의 개별 교회가 등장하는 데 필요조건이기는 하지만 충분조건은 아니다. 많은 영국계 분리주의자들의 경우처럼, 존 스미스의 교회론에서도 **언약** 개념은 두드러진 역할을 담당한다. 그에 따르면 교회는 "성도들의 가시적 교제로서, 두세 명 혹은 그 이상의 성도들이 하나님과 그들 사이의 언약에 의해서 서로 연합되어, 말씀을 따라 그들의 상호적인 덕의 세움과 하나님의 영광을 위해서 하나님의 거룩한 것들을 자유롭게 사용한다."[86] 교회에 대한 이러한 정의가 가지는 두 가지 요소는 여기서 명확하다. 바로 "서로 연합함"과 "언약"이다. 교회는 오로지 자발적으로 사람들이 연합해야 생겨나고, 또 그들이 그 속에서 자발적으로 합류할 때에만 비로소 자란다. 그러나 그리스도인의 회중은 또한 "맹세, 약속, 서약"[87]이라는 언약을 포함한다.

---

85 앞의 III.2.2.3, 각주 90을 보라.
86 Smyth, *Works*, 252.
87 Ibid., 254.

이러한 요소들이 없으면 교회는 연속성과 안정성을 가지지 못한다. 스미스에 따르면 신자들 사이의 언약은 그들을 하나로 묶는 사랑의 외적 측면일 뿐이다(이는 마치 하나님과 신자들 사이의 언약의 인간 쪽 측면이 신자들을 그리스도와 연결하는 신앙의 외적 측면인 것과 다르지 않다). 이러한 언약은 "그 어떤 것이든 모든 사랑의 의무들"로 이루어진다.[88]

"서로 연합함"과 "언약"이라는 두 가지 개념의 결정적 요소는 그것들이 **인간의 활동들**(human activities)을 묘사한다는 점이다. 인간의 활동은 스미스의 사유에서 잘 드러나는데, 그는 "자기 자신을 교회로 만드는 인간"이라는 매우 부적절한 표현까지도 사용했다.[89] 다른 영국계 분리주의자들과 같이, 스미스는 언약에 대한 상호주의적 이해를 지지했다. 하나님과 신자들 사이의 언약은 오직 신자들이 언약의 조건을 완성하는 경우에만, 그리고 그들이 교회 조직에 대한 성서적 이해의 성실한 준수를 포함한 하나님의 명령에 따라서 살아가는 경우에만 유효하다.[90] 이런 점에서 자유교회의 교회론은 교회가 서로 회집된 구성원들의 행위로부터 단순히 생겨난다는 이해에 대해 비판을 받아왔는데, 사실 이는 그다지 놀랄 일이 아니다. 그러한 경우 교회는 실제로 독립적인 개인의 자유로운 연합이기 때문에, 그것은 하나님의 사역이 될 수 없고, 필연적으로 신자들 자신의 산물이 되어버린다.[91]

비록 이런 자유교회의 교회론에 대한 비난들이 실제로 옳기는 하더

---

88 Ibid.
89 Ibid., 660. 이러한 언어 사용은 하나의 선례를 구성했다. 그러므로 침례교 신학자 Augustus Hopkins Strong은 다음과 같이 기술한다. "그러므로 어떠한 수의 신자들이든 간에 그들이 신약성서에 정초된 그리스도의 법을 그들의 신앙과 행위를 위한 규준으로 채택하고, 또한 그 법에 맞게 그들의 예배와 봉사를 연관 지음으로써, 그리스도의 교회를 스스로 구성한다(Strong, *Theology*, 902, 볼프 강조). 이에 반하는 주장으로는 Walton, *Community*, 117, 164을 보라.
90 이에 관해서는 Brachlow, *Communion*, 21ff을 보라.
91 앞의 I.2.2를 보라. 자유교회 교회론에 대한 유사한 비판들은 동방 정교회(Limouris, "Church," 140을 보라)와 루터교(Elert, "Katholizität," 249; Aulen, *Faith*, 312ff.을 보라), 성공회 전통들(Abbott et al., eds., *Catholicity*, 11-12을 보라)에서 발견할 수 있다.

라도, 이러한 지적은 충분히 차별화된 것이 아니다. 이러한 지적은 잘못된 양자택일로부터 진전된 것인데, 즉 "아래로부터"라는 자유교회의 개념을 가톨릭(혹은 동방 정교회, 그리고 진정한 의미에서의 개신교라고 단언된 것)의 "위로부터"라는 개념과 나란히 배치함으로 발생한다. 이 입장은 부당하게 자유교회의 교회론이 "위로부터"의 차원을 부정한다고 전제할 뿐 아니라, **어떤** 교회도 그것이 "아래로부터" 구성된 존재가 아니고서는 생겨날 수도 존속할 수도 없음을 망각한다. 하나님의 말씀과 성례전을 통해서("위로부터") 활동하는 하나님의 영은 교회의 기원의 진정한 주체이다. 교회를 구성하는 분은 바로 **성령**이다. 그럼에도 **사람들**은 신앙 안에서 하나님의 선물을 받아들여야 한다(비록 그 신앙 자체 역시 하나님의 선물이라고 하더라도). **그들은** 함께 나아오고, 또 함께 머물러 있어야 한다. 물론 이전 시대의 정적인 사회 속에서 교회 구성의 이러한 수평적 차원이 간과된 점은 이해할 만하다. 그러나 근대적이고, 기동성이 있으며, 하나의 개인이 단순히 특정 지역에서의 출생이나 세례로 인해서 지역 교회의 일원이 되지 않는 후기 기독교 사회에서는 이러한 수평적 차원이 교회론적으로도 고려되어야 한다.

그러나 "아래로부터"의 개념을 고수하는 것은 단순히 사회적 환경에 적응하려는 것이 아니라, 오히려 교회의 **신학적** 정체성과 관련된 문제이다. 사회학적으로 볼 때, 역사적으로 최초의 기독교 교회들이 "자발적 연합"이었다는 것은 의심의 여지가 없다.[92] 그리고 교회가 본래 자발적 연합이라는 사실은 실제로 교회가 신도들의 교제임을 주장하는 모든 교회론에서 그 이상이 무엇이건 간에 결국 신도들이 서로 모이게 하고 또 서로 머무르게 해주는 의지가 교회성에 있어서 구성적 요소라

---

92 Scroggs, "Communities," 20; 또한 Dobbler, *Glaube*, 166ff.을 보라.

는 신학적 통찰을 반영한다.[93] 말하자면, 만일 우리가 교회를 **오직 객관적 행위들의 관점**(즉 "위로부터"의 관점)으로만 규정하게 되면, 교회는 하나님의 백성 위에서 운행하지만, 이 점에서 하나님의 백성과 동일시될 수 없다. 만일 우리가 교회를 신자들의 교제로는 이해하지만 인간적 의지의 요소를 교회론적으로 제거한다면, 교회 자체는 성령으로 추동되어 매우 자발적으로 함께 모인 개인들의 무정형의 덩어리로 환원될 뿐이다. 그렇다면 하나의 현실적이고 구체적인 교회는 오직 이러한 우발적 모임이라는 행위에서 존재하고, 역사적 연속성은 결여하게 된다. 만일 우리가 교회의 역사적 연속성을 보존하면서, 동시에 교회를 **직임자와 평신도를 포함한 전체 하나님의 백성**이라고 이해한다면, 질문은 교회가 과연 "아래로부터" 구성되는가의 여부가 아니라, 오히려 **어떻게** 이러한 "아래로부터의" 요소에 관해 신학적으로 반성해야 하는가여야 하며 그래서 교회가 단순히 연합에 대한 이러한 신자들 개인의 욕구의 결과로 환원되지 않도록 해야 한다. 하지만 이상하게도 자유교회의 신학자들이나 그들의 비판자들 그 누구도, 구체적 교회에 속하는 인간의 의지라는 교회론적으로 핵심적인 요소를 적극적 방식으로 반성하려고 노력하지 않았다.

2. 앞에서 언급한 아직 탐사되지 않은 질문에 대한 나의 다소 시험적 대답은 바로 신앙의 특성과 기능에 관한 반성에서 시작한다. 만일 교회로의 편입이 이미 신앙을 통해서 이루어지는 구원적 은혜의 수용과 함께 주어진다면, 결국 교회적 교제 안에서의 삶에 속할 수밖에 없는 인간의 의지 역시 신앙의 필수적 차원인 신과 교통하며 살고자 하는 의지로서 신학적으로 유사한 방식으로 파악되어야 한다. 내가 교회와 연합할 때, 나는 나 자신을 교회적 존재로 만드는 것("자기 자신을 교회로 만

---

93 Bonhoeffer, *Communio*, 178, 186.

드는 것")도 아니고, 또 나는 그로 인해서 교회를 하나의 가시적 교회로 만드는 것도 아니다. 오히려 그러한 **나의 행위 속에서 주님**은 나를 교회에 "더하신다"(행 2:41, 47). 그리고 내가 이러한 "교제를 고수할" 때나 (행 2:42), 혹은 다른 그리스도인의 회중에 결합할 때, 이것 역시 "더해짐"이라는 신적 행위를 인간이 실행하는 것뿐이다.[94] 이러한 의미에서, 모든 지역 교회는 하나님의 사역이다(시 100:3).[95] 이것은 세례라는 입문적 성례를 통해 분명하게 드러난다. 신앙과 그에 따르는 의지라는 필수적인 전제를 지닌 세례를 통해서[96] 우리는 이중적 교제, 곧 하나님과의 교제와 그리스도인들과의 구체적인 교제로 인도된다. 세례를 받고자 하는 것은 또한 교회의 한 부분이 되기를 원하는 것이다.

이미 신앙 안에 내제되어 있는 것으로, 다른 그리스도인들과 교제를 갖고자 하는 이러한 의지는 신앙 그 자체처럼 **교회적으로 매개된다**.[97] 이것은 순수한 사회학적 관찰에 의해서도 도출되는데, 니클라스 루만(Niklas Luhmann)의 정식화에 따르면, 어느 누구도 "자기 스스로를 사회화되도록" 결정할 수 없다.[98] 사회화를 이루고자 하는 명백한 의지도 이미 최초의 그리고 여전히 초보적인 차원의 사회화를 전제로 한다. 한 인간이 "이미 사회화되어 있지 않다면, 그는 사회화될 수 없다."[99] 자유교

---

94 Bonhoeffer, *Communio*, 190.
95 이에 관해서, Flew and Davis, eds., *Catholicity of Protestantism*, 103을 보라.
96 앞의 III.2.2.4와 IV.1.2.2를 보라.
97 Dietrich Bonhoeffer는 다음과 같이 더욱 강한 입장을 옹호한다. 교회에 속하고자 하는 "개인의 의지는 기껏해야 교회의 구성원됨의 한 표현"일 수 있다(*Communio*, 102). 교회 내에서 구성원됨에 대한 이러한 근원적 의지(혹은 초월적 의지)는 그리스도와 사귐을 갖고자 하는 근원적 의지(혹은 초월적 의지)와 상응한다. 그러나 그리스도와의 사귐은 신앙을 통해서 매개되며, 이러한 신앙에서 인지적이고 의지적인 차원은 본질적이다(뒤의 1.2.2를 보라). 신앙은 그리스도와의 사귐에 대한 표현이 아니라, 그 속에서 사귐이 실현되는 유일한 수단인 것처럼, 교회에 속하고자 하는 개인의 의지 또한 교회의 구성원됨에 대한 표현이 아니라, 이러한 구성원됨이 실현되는 유일한 수단이다.
98 Luhmann, "Autopoiesis," 427.
99 Ibid., 여기서 어떻게 최초의 교회적 사회화가 일어나는지를 특별히 검토해볼 필요는 없는 듯 보인다. 일반적 사회화의 과정에 대해서, Niklas Luhmann은 우연의 요소에 호소한다:

회 전통은 바로 이러한 지점을 충분하게 염두에 두지 못했다.[100] 자유교회 전통은 바로 자유주의 전통이 사회—철학적으로 저지른 동일한 잘못을 교회론적으로 저지른다. 제레미 벤담(Jeremy Bentham)의 탁월한 정식에 따르면, 존 로크(John Locke)는 그의 사회의 연합적 이해에서 개인이 이 세상에서 이미 성년이 된 채로 나오는 것이 아니라는 점을 망각했다.[101] 한 인격은 그가 관계를 맺고 있는 다른 이들과 분리해서 생겨나고 발전하고 살아갈 수 없는 것처럼, 그리스도인 역시 다른 그리스도인들과의 관계로 들어가지 않고서는 그리스도인으로서 존재할 수 없다. 그리스도인은 일차적으로 이러한 관계들을 **통해서** 그리스도인으로 구성되어야 한다. 교회의 구성원됨은 단순히 그리스도인이라는 존재에 외적으로 추가된 연합의 의지의 결과만이 아니다. 교회는 이러한 인격에게 신앙의 내용을 매개하고, 그를 신앙으로 이끈다. 그리고 하나님에 의해 그에게 주어진 그 신앙은 다른 그리스도인들과의 교제 속으로 그를 자리 잡게 한다. 따라서 그 인격은 구체적 교회에 단순히 가입하는 것이 아니다. 그는 교회적으로 규정된 존재**이며**, 교회 안에서 살아가기로 결정된 존재**이다**(딤후 1:5).[102] 그 인격은 교회 안에서 연합하고 머무름으로써, 자신의 교회적 존재를 자발적으로 실현해야 한다. 여기서 교회적 존재와 "관계-안에-서 있음"이라는 의지적인 교회적 위상 사이에서 상호적 관계가 형성된다. 교회적 존재는 이러한 관계들 속에 관여하고자 하는 의지에서 표현되며, 이러한 관계로 관여하고자 하는 의지는 교회적

"한 인격을 사회가 요구하는 것과 관련해서 자신을 이해하게 만들어주는 우연의 요소는 그러한 사회로의 진입이 가능하도록 해준다"(p. 427).
100 이에 관해서, Walton, *Community*, 156을 보라.
101 Dumont, *L'individualisme*, 82. George Herbert Mead 역시 유사하게 다음과 같이 주장한다. "사회계약론은 개인들을 우선적으로 지적인 개체이며, 주체적이라는 점을 전제한다. 그리고 이러한 개인들이 모여서 사회를 형성한다고 생각한다"(*Mind, Self and Society*, 233).
102 Edward Farley는 "반성의 대상도 되지 않고, 거의 정식화되지도 않는 이러한 헌신의 깊은 차원에 대해서 이야기한다"(*Ecclesial Man*, 97). 유사하게 John Dewey 역시 일반적 사회관계에 대해서 이러한 점을 지적한다(*Individualism*, 82을 보라).

존재를 형성한다.[103] 하나는 다른 하나로 환원될 수 없다. 그러나 의지와 존재 모두 교회 안에서 그리고 교회를 통해서 활동하시는 교제의 영의 열매이다.[104]

3. 신앙의 교회적 매개와 구원의 교회적 특성에 대한 이해는 교회가 가지는 특정한 사회적 형식을 전제하는 것처럼 보인다. 페르디난트 퇴니스(Ferdinand Tönnies)와 그의 "공동체"와 "사회"에 대한 모델을 따라서, 우리는 유기적(organic) 사회 구조라는 이상형(ideal type)과 개인 연합적(associative) 사회 구조라는 이상형 사이를 구별하게 된다.[105] 한 인격은 하나의 유기적 사회 구조 안에서 태어나고, 그 속에서 자라난다. 반면에 한 인격은 자유롭게 개인 연합적 사회 구조에 참여한다. 전자는 부분이 전체의 유기체에 의해서 유지되고, 그에 의해서 결정되는 "살아 있는 유기체"라고 한다면, 후자는 개별적 부분들에 의해서 구성되는 "기계적

---

[103] 존재와 의지 사이의 상호적 관계는 우리가 "말과 사상과 의지의 경험적 주체"와 "독립적이고 자율적이기에 (본질적으로) 비사회적인 도덕적 존재" 사이를 이론적으로 구별할 수 있다는 점을 전제한다(Dumont, L'individualisme, 69). 사유와 의지의 주체인 인간 존재는 사회적으로 조건 지어지며, 바로 그러한 이유로 인해 본질적으로 비사회적인 존재는 아니라는 것이 나의 전제이다.
[104] 혹자는 이러한 그리스도인의 신앙 입문의 재구성에 대해서 다음과 같은 말로 반대할 것이다. "여기서 전제하고 있는 것보다 교회가 보다 덜 참여하는 방식의 회심들도 있지 않은가?" 그러나 이러한 회심들은 적어도 내가 보기에는 명백하게 예외적인 것들로써, 이러한 것들은 이러한 규칙을 반박하기보다는 오히려 확증한다. 심지어 사울과 같은 회심의 경우를 보더라도(행 9:1-21), 이러한 예가 마치 어떠한 교회적 매개도 거치지 않고 발생한 것 같지만(부활한 예수가 사울에게 직접으로 그 자신을 보여주신 것), 그럼에도 교회는 겉으로 드러나는 것보다 훨씬 중요한 역할을 했다. 왜냐하면 만약 그가 박해하던 교회와의 지적이고 정서적인 대결이 없었더라면, 사울의 회심은 생각할 수도 없었을 것이다. 사울이 들은 천상의 목소리는 바로 이러한 점을 암시한다. "사울아, 사울아, 어찌하여 네가 나를 핍박하느냐? 나는 네가 핍박하는 예수니라"(행 9:4-5). 부활한 예수는 단순히 자기 자신을 사울에게 드러낸 것이 아니라, 이미 존재하고 있었던 교회와의 관계, 그리고 거기서 자신을 드러낸 사건의 연장선에서 자기 자신을 사울에게 계시한 것이다. 역설적으로 들릴지 모르겠지만, 교회에 대한 사울의 박해는 결국 그가 교회적으로 매개되는 과정의 시초가 되었다. 그가 회심한 이후에 얻은 그리스도와 교회에 대한 긍정적인 관계(사도로서)는 그가 회심 이전에 가졌던 부정적 관계(박해)를 단순히 부정하는 것이 아니라, 오히려 그것에 바탕을 두고 세워진 것이다.
[105] Ferdinand Tönnies가 공동체와 사회를 구별한 것과는 달리, 유기적 사회 구조들과 연합적 사회 구조들에 대한 나의 구별은 순수하게 묘사적 방식에서 의도된 것이며, 어떠한 가치 판단도 담고 있지 않다. Tönnies에 대한 신학적 비판으로는 Moltmann, Man, 61ff.을 보라.

총합과 인위적 구성체"이다. 이런 점에서 전자가 영속적이라면, 후자는 임시적이다.[106] 간단히 말해, 유기적 사회 구조는 존재의 공동체인 반면에 개인 연합적 사회 구조는 특정한 목표를 위한 연합이다.

그러나 교회는 단순히 이러한 두 부분으로 나뉘는 도식으로 구분될 수 없다. 이는 단순히 그 구도가 이상형을 다루기 때문은 아니다. 교회가 사회적 유기체나 개인들의 연합이 아니라는 사실은, 우리가 바로 교회에서의 구성원됨이 영적 **거듭남**에 근거를 둔다는 점을 깨달을 때에만, 비로소 설득력 있는 것으로 드러난다.[107] 교회는 개인들의 연합일 수 없다. 왜냐하면 한 인격은 단순히 교회에 자유롭게 참여하는 것이 아니라, 그 안으로 **다시 태어나는 것**이기 때문이다. 하나님이 바로 교회라고 불리는 담론과 실천의 공동체를 통해서 성령 안에서 이러한 새로운 생명을 낳고 유지하신다. 그러므로 교회는 단순히 독립적 개인들의 총계가 아니라 교회적으로 규정된 인격들의 교제이다. 반면에 교회는 단순히 사회적 유기체가 될 수 없다. 왜냐하면 한 인격이 사회 속에서 그냥 태어나는 것이 아니라, 다시 태어나는 것이기 때문이다. 그리스도인의 거듭남은 인지적이고 의지적인 차원의 인격적 신앙을 전제한다. 이러한 점은 왜 개인들의 연합이라는 요소가 "교회"라는 사회 구조에 본질적인지에 대한 이유이다. 그러므로 내가 이해한 바에 따르면, 교회는 막스 베버가 이야기한 바, 그 속에 인격이 태어나게 되는 "교회"라는 사회적 유형과 그 속으로 인격이 자유롭게 가입하는 "분파"라는 사회적 유형의 혼합이다.[108]

교회는 실제로 디트리히 본회퍼가 『신도의 공동생활』(Communio

---

106 Tönnies, Gemeinschaft, 5.
107 유아 세례는 교회에 대한 유기체적 이해에서 가장 중요한 기둥들 중 하나이다(Bonhoeffer, Communio, 177, 286 각주 378 참조; Huber, "Kirche," 264f.).
108 M. Weber, "Die protestantischen Sekten," 207-36; E. Troeltsch, Die Soziallehren, 967ff. 『기독교 사회윤리』(한국신학연구소 역간).

Sanctorum, 성도의 교제)의 말미에서 밝힌 것처럼, "자기 발생적으로 고유한(sui generis) 사회적 형식"[109]을 가지는 것처럼 보인다. 그러나 교회에 대한 우리의 반성은 필연적으로 사회적 세계에서 도출한 은유들을 사용해서 만들 수밖에 없다. "어머니"는 교회에 대한 우리의 유기적 이해에서 가장 두드러진 은유이다. 키프리아누스에 따르면 교회는 우리의 어머니이기 때문에, 바로 "고정되고 통일된 몸"이다. "우리는 그녀의 자궁에서 태어나고, 그녀의 젖을 먹고 자라며, 또 그녀의 영에 의해서 영감을 받는다."[110] 또한 "동호회"(club)라는 지칭도 교회가 가지는 개인 연합적 이해에 적용될 수 있다. 동호회처럼, 교회는 그 구성원들이 상호적으로 그들 자신의 목적이나 공동의 목적을 달성하기 위해서 서로를 지지해주는 기능적인 사회적 구성처럼 보이기 때문이다.

내가 분석한 것처럼, 만일 우리가 이러한 유기적 요소들과 개인 연합적 요소들을 결합하고자 한다면, "형제자매들"(siblings)[111]과 "친구들"(friends)[112]이라는 두 가지 상보적인 은유에서 "형제 같은 친구들"(sibling friends)을 도출해서 사용하는 것이 가장 최선으로 보인다. "형제자매"라는 은유는 유기적 사회형에서 기인한 것이고, 이러한 점에서 이 은유는 교회의 구성원들 사이의 교제를 표현한다. 반면 "친구"의 은유는 개인-연합적 사회형에서 기인한 것이며, 이러한 은유는 교회의 구성원됨이 가지는 의지적 차원을 표현한다. "형제/자매" 그리고 "친구"라는 용어들과 그 의미의 범위가 주로 최초의 그리스도인들이 자신을 지칭한 주요한 용어라는 점을 볼 때(비록 "형제/자매"가 더욱 더 빈번하게 드러난다

---

109 Bonhoeffer, Communio, 185.
110 Cyprian, De unitate, 23.
111 이에 관해서, Schäfer, Gemeinde를 보라.
112 교회를 친구들의 교제로서 이해하는 흐름에 대해서는 Moltmann, Church, 119ff.; 314-317; Klauck, "Freundesgemeinschaft"를 보라.

고 하더라도),[113] 신약성서는 이러한 두 은유를 확증한다고 할 수 있다.[114] 교회는 친구이기도 한 형제자매들의 교제이며, 형제자매들이기도 한 친구들의 교제이다. 물론 이러한 두 은유는 교회의 내적 영역에서의 관계를 묘사하며, 교회가 친밀한 집단임을 암시한다. 그러나 어떤 면에서 이 두 은유를 보충해주는 또 다른 은유가 필요하다. 교회가 대적자들과 이방인들까지도 하나님의 친구들과 자녀들이 되고, 그들을 자신의 친구와 형제들로 받아들이기 위해 이들을 초청하는 일에 부름을 받았다는 점을 명확하게 하기 위해서 우리는 교회가 친구들과 형제들의 "열린" 교제라는 은유에 주목해야 한다. 오직 이러한 열린 교제의 은유만이 모든 종족과 민족들로부터 모인 전체 하나님의 백성의 종말론적 모임이라는 교회의 궁극적 비전에 상응한다.[115] 그럼에도 "형제 같은 친구들"이라는 복합적 은유는 정확히 요한계시록에 나오는 종말론적 하나님의 백성에 대한 묘사에 의해서 확증된다. 요한계시록은 정확히 서로 보충되는 두 가지 은유를 사용한다. 하나는 개인 연합적 사회형을, 다른 하나는 유기적 사회형을 암시한다. 백성들을 위한 장소가 아니라 바로 백성들 자신인 "거룩한 도시"는[116] 동일하게 "어린 양의 아내이자 신부"이다(계 21:2, 9).

3. 교회적 공동체에서의 인격성

교회적 존재와 교회적 삶으로 향하는 의지가 가지는 상호 의존성은 앞서 살펴본 "형제자매"와 "친구"(혹은 "도시"와 "신부")라는 상호 보충적인

---

113 왜 바울이 우정이라는 용어를 사용하기를 피했는지에 대해서는 Marshall, *Enmity*, 134을 보라.
114 이에 관해서, Klauck, "Freundesgemeinschaft"를 보라.
115 Moltmann, *Church*, 119ff.; Klauck, "Freundesgemeinschaft," 6f., 9f.을 보라.
116 앞의 III.1.1.1을 보라.

교회적 은유들에 의해서 표현된다. 이러한 상호 의존성은 사회성과 인격성이 인간 실존의 두 가지 결정적이고 본질적인 차원들임을 말하는 특정한 인간론을 전제로 한다. 이 부분에서는 나는 "전체 그리스도" 내에서 "인격성"이 상실된다는 주장, 특히 라칭거와 지지울라스의 구원론과 교회론에서 명확하게 보이는 그러한 흐름들에 대해서 비판적으로 대화해가면서 사회성과 인격성의 관계를 검토할 것이다.

3.1. 인격성과 그리스도인의 실존

1. 지지울라스의 전제는 인간 존재가 성부와 성자 사이의 삼위일체적 관계를 통해서 동일하게 인격으로 구성된다는 것이다. 인간 존재는 세례를 통해서 인격이 된다. 왜냐하면 세례는 바로 "성부와 성자 사이에 존재하는 진정한 아들됨의 관계가 인간성에 적용되는 것"이기 때문이다.[117] 내가 보이고자 한 것처럼, 이러한 주장은 각각의 인격이 가지는 특수성을 포기하게 된다. 서로 **다른** 인격들이 가지는 있는 인격성은 그리스도가 성부에 대해서 가지는 하나의 그리고 동일한 관계에 근거 지어질 수 없다. 결국 이러한 주장은 그리스도에 상응하는 인간 복제물에 그치고 만다.[118] 지지울라스는 인격성의 기독론적 근거를 고수하고자 한다. 만약 그렇지 않다면 그는 결국 각각의 인간 존재가 하나의 인격으로서 (이미 인격으로 구성된) 그리스도와의 관계 속으로 (신앙을 통해) 들어간다고 주장해야만 하기 때문이다. 그러나 그의 관점에서 이러한 주장은 결국 개인주의적 인간론, 구원론, 기독론, 그리고 종국에는 교회론으로 퇴행하게 된다. 그러나 이러한 공동체적 측면을 유지하게 위해서 인격이 가지는 특수성을 포기하는 것은 다소 빈약한 양자택일이다. 왜냐하면

---

117 Zizioulas, "Human Capacity," 438.
118 앞의 II.2.1.2를 보라.

결국 한 인격의 특수성을 포기하는 것은 곧 인격성 그 자체를 포기하는 것을 의미하기 때문이다. 영적 복제는 인격을 만들어내지 못한다. 그렇다면 우리는 이러한 개인주의를 피할 수 있는 인간론적으로 적용 가능한 또 다른 길을 발견할 수 있을까?

    삼위일체에 대한 반성으로부터 문제의 실마리를 얻는 것이 바람직할 것 같다. 삼위일체적 차원에서 볼 때, 성부와 성자의 관계는 성부와 성령의 관계와 동일하지 않다. 성자와 성령은 그들의 특수성 속에서 구성되는데, 낳음(generatio)과 내쉼(spiratio)이라는 각각 다른 관계에 의해서 구성된다(물론 적어도 삼위일체에 대한 동방 정교회 전통에서는 이러한 두 지점이 어떻게 다른지를 명기할 수 없다 하더라도). 이러한 삼위일체론이 인간론적으로 번역된다면, **각각의 인간 존재는 각각의 경우마다 하나님이 인간에 대해서 가지는 서로 저마다 다른 관계에 따라서, 저마다 다른 인격으로 구성됨을 의미한다.**[119] 인간 존재는 그가 "하나님과 그 자신 둘 다와 관련하여 동일수위적으로 하나님에 의해 말을 건넴 받고, 또 하나님과의 교제로 부름 받았기" 때문에, 인격이 되는 것이고 또한 인간 존재로서 그 자신의 실존 속으로 들어간다.[120] 하지만 다른 한편으로 하나님의 부르심은 모든 사람에게 동일하고 일반적이다. 이러한 지점은 바로 모든 인간 존재가 가지는 동일한 인간 본성과 동등한 존엄성의 근거가 된다. 그러나 동시에 이러한 소명은 각 개인에게 특정한 것이어야 한다. 그렇지 않다면 추상적 인격성이나 보편적 인간 본성이 하나님의 부르심에 의해서 창조되었다 할지라도, 다른 이들과 구분되는 개인의 특정한 인성, 즉 구체적 인간 존재는 존재하지 않을 것이다. 하나님이 모든 개인과 맺는 관계가 모든 경우에 특정하지 않다면, 즉 하나님

---

119 하나님을 통한 인격의 구성에 관해서는 Volf, *Arbeit*, 120ff.(그리고 여기에 제시된 참고 자료)를 보라. 『노동의 미래, 미래의 노동』(한국신학연구소 역간).
120 Dalferth and Jüngel, "Person," 70.

이 각각의 개인을 그 이름으로 부르지 않는다면(창 3:9을 보라),[121] 어떤 인간 존재도 "나는 하나님이 **나를** 창조했다고 믿는다"라고 선언할 수 없다.[122] 나를 유일무이한 인격으로 만들어주는 것은 바로 나에 대해 하나님이 맺고 있는 관계의 유일성이다.

그러나 나를 하나의 고유한 개별적 인간 존재로 창조하는 하나님과 나와의 관계 속에서, 나는 다른 인간들과 나의 환경으로부터 고립된 개인으로서 서지 않는다. 이러한 종류의 고립된 개인은 존재하지 않는다.[123] 인간 존재는 복합적이고 다양한 사회적·자연적 관계들 속에 현실적으로 뿌리내리고 있다. 이러한 점은 아직 주체가 되지 않은 갓난아기에게만 적용되는 것이 아니라, 심지어 상상 속의(혹은 더 정확히 말하자면 어쩌면 영적으로는 실제적인) 교제 속에서 살아가지만 결국 그 자신의 존속을 위해서 자연에 의존하게 되는 고독한 금욕주의자에게도 적용된다. 모든 인간의 자아는 근본적 방식에서 자기 나름의 신체적 체질뿐 아니라 다른 인간과의 관계에 의해서도, 즉 그가 속한 사회의 구조와 제도에 의해서 이미 조건 지어져 있다. 이것이 바로 왜 하나님이 인간들과 가지는 관계, 즉 한 인간을 인격으로 구성하는 그 관계가 언제나 이렇게 복합적 관계 속에서 모든 인격들이 가지게 되는 분화된 실존을 **통해서** 이루어질 수밖에 없는지에 대한 이유이다. 그러므로 비록 모든 인간 존재가 하나님에 의해서 배타적으로 자신의 인격성이 구성된다 하더라도, 그 인격의 내적 "구성"은 여전히 사회적이고 자연적인 존재이다. 만약 다른 인간 존재들이 없다면, 하나님은 어떤 하나의 인간 존재를 창조할 수도 없을 것이다! 만일 하나님이 철저하게 고립된 존재를 창조하

---

121 Claus Westermann은 아담에게 "네가 어디 있느냐?"라고 질문한 하나님의 인격적 특징을 강조한다(Westermann, *Schöpfung*, 136ff.을 보라). 『창조』(분도 역간).
122 Luther, *Werke*, 30/1363.2.
123 추상적으로 획일화하는 개인주의에 대한 비판은 Welker, *Gottes Geist*, 230f.을 보라. 『하나님의 영』(대한기독교서회 역간).

고자 했다면, 이러한 존재는 인간 존재가 아닐 것이다. 이것이 바로 창세기 1:27에서 단수형이 복수형으로 독특하게 이행되는 것에 대한 인간론적 중요성일 것이다. "하나님이 자기 형상 곧 하나님의 형상대로 **그를** 창조하시고 남자와 여자로 **그들을** 창조하시고."

하나님과 인간 존재의 관계는 인간 존재가 복수의 관계들의 흐름 속으로 용해되는 것에서 지켜줄 뿐 아니라, "자아성의 계기들"의 "초시간적 사회" 속으로 붕괴되는 것을 막아준다.[124] 이런 방식으로, 하나의 주체로서 인격이 가지는 지속적 특징의 발현이 가능하게 된다. "하나님이 말을 건네는 피조물로서 그는 하나의 인격이며 따라서 인간 존재이다. 인간 존재의 기본적 특징은 바로 이러한 이미 이루어진 말 건넴을 기반으로 한, 소통에 접근할 수 있는 가능성이며, 이러한 특징이 바로 세계 안에서 다른 인간들과 교제할 수 있는 주체가 되도록 해준다."[125] 인격이

---

[124] Alfred North Whitehead의 과정철학을 따라서, Catherine Keller는 시간을 거쳐서 존재하는 인격의 동일성을 주장하는데, "현재의 나는 잠시 전의 나와 동일한 인간이다"라고 말하는 것을 가능하게 만들어 주는 것은 "(의심할 여지없이 유용한) 일반화"라고 말한다 (Keller, *Broken Web*, 194). 그러나 이러한 일반화는 "그 직접성 속에서 진정한 현실성으로 이해되어서는 안 된다"(p. 197). 만일 이러한 동일성이 실재라면, 자기 반성이 발생하게 되고, 결국 그로 인해서 개인주의의 "분열적 자아"(pp. 9ff.)가 발생한다. 이러한 "분열적 자아"에 반대해서, Keller는 사건들을 구성하는 "유동적 자아"를 내세운다(비록 이 자아가 전통적인 여성적 "해석 가능한 자아"와 같이 그 유동성 속에서 완전히 녹아버리지는 않더라도). 비록 나는 그녀의 통찰에 어느 정도 동의하지만 어떤 면에서 자아를 유동성 속으로 가져감으로써, 결국 자아를 다양한 자아들로, 그리고 "나의 영혼으로 축적되어지는 일련의 자아들의 계기들"(p. 212)로 해체시켜버리는 것처럼 보인다. 어쩌면 나의 이러한 판단은 내가 과정철학적 사유에 온전히 동의하지 못한다는 점을 드러낸 것일지도 모른다. 그러나 일단 잠정적으로 우리가 Keller의 인격 이해가 설득력이 있다고 가정하자. 유동성-속으로-자아를-가져가는 과정철학적 제안은 결국 자기 반성으로 향하는 심리적 경향성, 즉 너무나 깊이 자아의 경험에 뿌리박혀 있어서 이러한 반직관적인 형이상학적 이론을 견뎌내지 못하는 그러한 경향성을 유예하거나 고양시킬 수 없다. 비록 "나"가 **동시에** 자신의 주체이자 객체가 될 수 없다는 것이 진실이라고 할지라도(Luhmann, "Autopoiesis," 408을 보라), 우리가 가지고 있는 강한 직관은 결국 "앎의 주체가 바로 **조금 이전의** 자아일 수밖에 없다"는 개념에 저항한다(Keller, *Broken Web*, 187, 볼프 강조). 내가 보기에 Keller는 H. Richard Niebuhr가 시도한 작업, 즉 "자신에게 닥치는 모든 행위들 속에서 오직 한 분의 행위[하나님의 행위]의 현존" 속에서 사회적으로 규정되는 자아가 가지는 통일성의 근거를 너무 빨리 거부한 것처럼 보인다(Niebuhr, *Self*, 126; Keller, *Broken Web*, 175을 보라).

[125] Dalferth and Jüngel, "Person," 94.

단지 주변 환경에 의해서 결정되는 존재가 아니라, 사회적으로나 자연적으로 규정된 실체로서 바로 **자유 안에서** 사회와 자연 모두를 **직면할 수 있는** 존재인 것은 바로 인간의 인격성이 하나님에 의해서 구성된 것이기 때문이다.[126] 이것이 바로 왜 우리가 알리스태어 맥페이든(Alistair I. McFadyen)을 따라서, 인격을 "소통의 주요한 역사들에서부터 누적된 응답의 구조"[127]로만 정의할 수 없는 이유이다. 인격은 "소통의 배열"이나 "소통의 조직자"도 아니며, 또한 양자의 결합도 아니다. 단순히 "나" 그리고 자아와도 다른 인격성(personhood)은 두 가지 모두를 정초하고 있다.[128] 잉골프 달페르트(Ingolf U. Dalferth)와 에버하르트 융엘이 지적한 것처럼, 인격성의 개념은 "하나님 안에서 인간 존재가 갖는 기원과 하나님과의 교제로 향하는 인간 운명의 신비로움"[129]을 함의한다. 하나님이 인간 존재와 갖는 창조적 관계에 정초한 인격성을 바탕으로, 인간 존재는 단순히 그의 사회적이고 자연적인 관계에 수동적으로 복종하는 것이 아니라, 이러한 관계들을 자신의 인격성의 구조 속에서 창조적으로 통합할 수 있는 위치에 있다. 주체적 존재로서 이러한 상호 작용적이고 통합적인 활동이 없다면, 인간 존재는 단순히 그들이 맺고 있는 관계를 반사하는 것에 그치고 말 것이다. 비록 그렇다고 해서 그들의 인격성이 사

---

126 유사하게도 Wolfhart Pannenberg 역시 동일한 결론을 내린다: "자아됨은 궁극적으로 하나님에 대한 관계에 근거하기에, 인격은 자유 안에서 그의 사회적 상황과 조우하게 된다"(*Anthropologie*, 234).
127 McFadyen, *The Call*, 114. 그의 관점에 따르면, 인격은 "**일차적으로** 공적 구조이며, **이차적으로만** 개인들에게 전유되는 것이다"(p. 90, 볼프 강조). 인격성을 주체성과 혼동하는 것은 말할 것도 없고, 여전히 어떻게 "공적 구조"가 그 구조를 전유하는 주체("조직자")로 변화될 수 있는지가 분명하지 않다. 사회적 충동에 대한 반작용을 할 수 있기 위해서 "자아"는 우선 이러한 충동에서부터, 즉 "자아" 밖에서 벌어지는 사회적 상호 작용으로부터 유래되어서는 안 될 것이다. George Herbert Mead는 이러한 지점을 정확하게 보았다. 비록 우리가 그의 사유에서 "나"와 "자아" 사이의 통일의 문제를 보게 되더라도 말이다 (Pannenberg, *Anthropologie*, 183을 보라).
128 McFadyen, *The Call*, 78.
129 Dalferth and Jüngel, "Person," 94.

라지는 것은 아니지만, 그들은 인간이라고 불릴 만큼의 가치가 있는 방식의 인격으로 살 수 없을 것이다.

2. 주체로서 인간 존재는 그들의 환경은 물론 하나님에 대해서도 마주 서게 된다. 비록 그들이 하나님이 인간과 맺는 창조적 관계에 의거해서 살아간다고 하더라도, 그들은 쇠렌 키르케고르가 창조 일반에 대해서 지적한 바와 같이 다음과 같은 방식으로 하나님과 마주한 채 살아가게 된다. "하나님은 창조함으로써 창조세계에 하나님 자신과 마주하는 독립성을 주었다."[130] 인간 존재가 구원을 경험하는 것은 바로 이러한 인격으로서이다. 즉 비록 자신이 속한 환경에 의해서 조건 지어지며 동시에 하나님과의 관계 속에 서 있지만, 그럼에도 인간은 독립적 인격으로서 구원을 경험한다. 이것은 두 가지 중요한 결과를 함의한다. 첫째, 지지울라스가 주장한 것과 달리, 인간 존재는 그들이 구원을 경험하기 전에는 단순히 고립된 개인인 것이 아니다.[131] 비록 인간의 인격 자체가 사랑 안에서 동료 인간과 동료 피조물과 함께 교제하고, 신앙 속에서 하나님과 교제하며 살아가는 그들의 부르심에 일치하는 삶을 살아갈 수는 없다고 하더라도, 인간은 여전히 사회적이고 자연적인 관계의 매개 속에서 하나님에 의해서 구성된 인격이다. 둘째, 구원의 경험은 결국 인격의 인지적이고 의지적인 차원 속에서 인간의 주체성이라는 방식을 통해서만 얻어진다. 그렇지 않다면 인간 존재는 정확히 구원의 경험 속에 있는 인간 존재로만 국한되어 간과되고 만다. 따라서 지지울라스는 그리스도인의 입문에 대한 이해에 있어서 서로 연관되는 두 가지 인간론적 오류를 저지르게 되었다. 그리스도 없이 살아가는 인간 존재를 고립된 개인들이라고 이해하고, 구원의 인지적이고 의지적인 매개를 부정함

---

130 Kierkegaard, *Concluding Unscientific Postscript*, 232 (II/2, appendix A).
131 Farley, *Ecclesial Man*, 157f.을 보라.

으로써,¹³² 지지울라스는 인간 존재가 가지고 있는 사회성과 주체성이라는 본질적 차원을 부정한다.

한 인간이 인격이 되는 방식(인간론)과 그리스도인이 되는 방식(구원론)은 서로 다르지만 동시에 서로 상응하는 점이 있다. 차이점은 바로 한 개인이 그리스도인이 되었을 때 이미 그가 주체라는 사실로부터 발생한다. 이는 왜 일반적으로 한 인격이 주체**로서** 기독교의 신앙 속으로 입문하게 되는지의 이유이다. 그리스도인이 하나의 인격이 되는 과정과 관련하여 이는 타당하지 않다. 인격성은 주체가 되는 것을 애초에 근거 짓는 것이기에, 주체가 되는 것은 인격이 되는 것의 전제조건이 아니라 결과이기 때문이다. 그러나 인격이 된다는 것과 그리스도인이 된다는 것은 동시에 서로에 상응하는 개념이다. 인간 존재가 사회적(그리고 자연적) 방식으로 하나님에 의해서 인격으로 구성되는 것처럼, 동일하게 한 사람은 교회와의 관계라는 방식을 통해 하나님에 의해서 그리스도인으로 구성된다. 이 교회적 관계는 단순히 사회적 관계가 아닌데, 이는 그 입문 과정이 세례와 성만찬을 통해서만 그 결과에 이르기 때문이다. 그러므로 한 인격으로서 그리고 그리스도인으로서 사람은 실제로 독립적이지만 동시에 사회적으로 조건 지어진 실체이다.

3.2. 성령의 교제 속에 있는 인격

1. 라칭거에 따르면, 믿음을 지닌 인격은 구체적 기독교 교회 안으로 사회화되는 동시에, 더 근본적으로는 교회적 주체, 즉 머리와 지체인 전체 그리스도(Christus totus, caput et membra)로 사회화된다(지지울라스는 동일한 사고를 자신의 방식으로 옹호한 바 있다).¹³³ 인격에 대한 이해는

---

132 앞의 II.1.1.2와 II.2.3을 보라.
133 앞의 II.2.1.2를 보라.

구원론적-교회론적 상황에 온전히 부합해야 한다. 왜냐하면 인간 존재는 포괄적인 집합적 주체 속에서 인격이 될 수 있음이 틀림없기 때문이다. 이러한 목적을 이루기 위해 라칭거는 아우구스티누스의 인격의 삼위일체적 개념에 부합하게, 인격을 "전적 관계성"으로 파악하는 이해 방식을 우리에게 보여준다. 인격은 전적으로 그리고 온전히 그가 가지는 관계에 의해 구성되며, 그 자신의 것은 아무것도 가지지 않는다. 라칭거가 보기에는 모든 개별적 인격들에게 적용되는 "자기 자신의 고유한 어떤 것을 가짐"이라는 요소는 단일한 집합적 **주체** 속에서 파열되는 요소가 되기 십상이어서, 그는 이러한 주장을 고수한다.

내가 이미 지적했듯이, 인격성과 관련해서 라칭거는 인간론적 차원과 구원론적 차원을 충분히 구분하지 못했다. 인간론적 차원에서 라칭거는 순수한 관계성으로 구성되지 않는 인격성의 어떤 점을 암묵적으로 수용해야만 한다. 왜냐하면 순수한 관계성(하나님 안에서만 발생하는)은 "그 방향을 제공하기" 때문이다.[134] 그러나 만일 인격이 자신과 맺고 있는 관계들과 다른 어떤 것이라면, 그 인격은 자기 자신의 것을 소유한 인격으로서 그 자체를 소거함으로써만 집합적 주체 안으로 통합될 수 있을 것이다. 비록 라칭거의 의도가 인격성이 그것을 둘러싼 교회적 주체 속에서 온전히 소멸되어야 한다고 주장한 것이라기보다, 인격성 자체가 우선 그 주체 속에서 정립되어야 한다는 것을 강조하는 것이지만, 그럼에도 만약 교회적 관계 속에서 구성될 수 있는 이러한 관계들로부터 구별되는 자아라는 것이 존재한다면, 이러한 "정립됨"은 공허한 소리가 되고 말 것이다.[135]

나의 전제는 바로 인격이 인간적이고 자연적인 환경 속에서 복수

---

134 Ratzinger, *Dogma*, 213.
135 앞의 I.6을 보라.

의 관계들을 통해 하나님에 의해서 구성된다는 것이며, 하나님이 그 인격을 구성하는 행위 속에서 하나님과 그가 접한 환경에 대해 자유를 행사할 수 있는 능력을 그 인격에게 선사한다는 것이다. 이러한 자유는 다음과 같은 것들을 전제한다. 즉 이러한 관계들에 의해서 결정되고 구성되는 인격은 사실상 그러한 관계들과 동일한 것이 아니고, 오히려 그러한 사회적·자연적 환경들과 관련을 맺고, 마주 설 수 있다. 또한 그러한 관계들 속에 서 있는 존재로서 자기 자신과 그 관계들 모두를 어떤 것으로 만들 수 있는 능력을 전제한다. 만일 이러한 근본적인 인간론적 신념이 구원론적으로 회피되어서는 안 된다면(이 회피는 결국 구원론적 부정과 다르지 않을 것이다), 구원은 결국 집합적인 교회적 주체 안으로 들어가는 것으로 이해될 수 없다. 왜냐하면 결국 이러한 점은 인격성에 상응하지 않는 순수한 관계성으로의 인격 이해를 전제하기 때문이다. 대신에 만일 하나님이 인간과 맺는 관계가 우리에게 하나님과 그 환경에 대해서 얼굴과 얼굴을 마주 대할 수 있는 능력을 가능하게 만든다고 가정한다면, 구원은 이러한 만남이 하나님과 동료 인간들과 창조세계 전체에 대해서 적대적인 관계로 구성되는 것이 아니라, 그들과 함께 그들을 긍정하는 교제를 나누는 방식으로 살아가는 것으로 구성되어야 한다.

인간 존재가 하나님에 대적하는 방향으로부터 벗어나야 한다는 사실 자체가 인격성과 함께 주어진 그들의 주체로서의 특징을 부정하는 것은 아니다. 마치 창조주 하나님이 인간 존재들에게 인격들로서의 자유를 선사한 것처럼, 구원자인 하나님은 그들에게서 그 자유를 빼앗아 가지 않으면서 그들이 자유를 잘못 사용하는 일에서 구해내신다. 그들은 자신의 자아를 박탈당한 순수한 관계들이 되는 것이 아니다. 인간의 존재가 가지는 자아됨이나 하나님에 대해서 마주하는 병렬적 관계 자체가 구원의 경험에서 부정되지 않는다는 주장은 결국 신약성서의 구원론에 대한 기본적 텍스트 중 하나에서 분명히 드러나는 지점이다. "그런즉 이제는 내가 산 것이 아니요 오직 내 안에 그리스도께서 사신 것이라. 이제 내가 육체 가운데 사는 것은 나를 사랑하사 나를 위하여 자기 몸을 버리신 하나님의 아들을 믿는 믿음 안에서 사는 것이라"(갈 2:20). 이렇게 겉으로 역설적인 것처럼 보이는 정식이 선언하는 것은, 인격성은 바로 구원의 경험에서 순수한 관계성의 차원으로 환원되지 않는다는 것이다. 비록 사는 것은 더 이상 내가 아니지만, 그럼에도 그리스도는 내 안에서 살아 있으며, 나는 신앙 안에서 살아간다.[136] 자유로운 인격은 하나님이 그 인격과 맺는 관계를 통해서 구성된다는 인간론적 논제는 결국 인격이 갈라디아서 2:20에서 나타나는 것과 같은 역설적 정식 속에서 그 구원론적 상응 지점을 발견한다. 이러한 상응은 자아가 극단적 비연속성에도 불구하고("내가 사는 것이 아니라"), 은혜의 경험 속에 존재하는 피조적 연속성("내 안에 사는 그리스도")을 유지한다는 사실에 근거하고 있다.[137] 두 진술 모두에서 동일한 자아가 지시되고 있다는 사실은, 그렇지 않다면 인간이 구원을 경험할 수 없다는 사실에서 즉각적으로 나타난다. 즉 새롭게 구원받은 모든 인간 존재는 결국 무로부터(*ex nihilo*) 창조될 수밖에 없다. 죄인의 죽음과 하나님과 화해한 인간 존재의 부활은 결국 **동일한** 인간의 죽음이자 부활이다. 오트피레트 호피우스(Otfired Hofius)가 올바르게 정식화한 것 같이, 이 주제의 핵심은 죄인의 죽음과 "그[또는 그녀]의 부활"이다.[138]

---

[136] 또한 롬 8:9에 관한 Wilckens, *Römer*, II.131f.을 보라. 동일한 경우는 요한의 그려낸 그리스도가 "나의 가르침은 나의 것이 아니라"(요 7:16)고 말할 때 적용된다. 삼위일체에 대한 Ratzinger 자신의 관점(앞의 I.6.1을 보라)에 상응하게, 그는 이 진술을 이렇게 해석한다: "그리스도의 가르침은 곧 그 자신이지만, 그리스도 자신은 그 자신의 것이 아니다. 왜냐하면 그의 자신의 자아 자체가 전적으로 당신(the Thou)의 관점에서 존재하기 때문이다"(*Dogma*, 214; 볼프 강조). 그러나 예수의 진술은 말하는 주체 혹은 자아가 순수한 관계성으로 환원되지 않는다는 사실에서 바로 살아 있는 것이다.

[137] 연속성과 비연속성의 문제에 관해서는 Dabney, *Kenosis*를 보라.

[138] Hofius, "Sühne," 46 (볼프 강조). 이러한 연속성의 개념은 Eberhard Jüngel의 "존재와 비존재의 변증법"에 대한 예민한 분석에 의미 함의되어 있다. 만일 사랑이 "가장 큰 자기 중심성 속에 있는 그보다 더 큰 위대한 자아 부정"(*Gott*, 509, 각주 11; 또한 p. 408 참조)

순수한 관계성에 대한 라칭거의 개념은 결국 "나"(I)와 "나 아닌 것" (not-I) 사이의 구원론적 변증법을 제거해버리고 만다. "나"는 내가 가진 관계성 속에서 용해되어버리고 "나 아닌 것"이 된다. 그러나 이러한 변증법이 유지되어야 한다는 점은 인간론적으로, 구원론적으로, 교회론적으로 결정적 중요성을 가진다. 이러한 변증법을 표현하기 위해서, 나는 **인격적 내주성**(personal interiority)이라는 범주를 제안하고자 한다. 우리가 보는 것처럼 이러한 범주는 근본적으로 삼위일체론, 즉 하나님의 세 위격이 상호적으로 내주하는 그러한 삼위일체론 속에서 가장 잘 표현된다. 한 위격은 자신의 인격성을 유예하지 않으면서 다른 위격에게 온전히 내재적이 된다.[139] 구원론에서 인격적 내주성의 범주는 유사한 상황을 표현하는 데 도움이 된다. 즉 성령을 통해서 그리스도는 인격으로서 그리스도인들에게 그들의 자아의 위상을 유예하지 않으면서 내주한다. 혹자는 인격적 내주성의 개념이 애매하다고 비판할 수도 있다. 비록 실제로 이러한 개념은 예언과 같은 현상을 기반으로 볼 때 타당한 것으로 여겨질 수 있지만, 여전히 인격이라는 개념이 그러한 것처럼[140] 개념적으로 구체화되기는 힘들다. 성령과 예언자는 단순히 서로에게 병렬적인 관계에 있지 않다. 예언자가 말할 때 **그는 성령 안에서** 이야기하고(고전 14:2), 또한 **성령은 그 안에서** 이야기한다(고전 12:4-11). 그러나 이러한 예언자적 선포에서도 성령과 예언자는 단순히 서로 일치하는 것이 아니다. 바울이 이야기한 바, 한 예언자는 다른 예언자가 말할 때까지 성령이 기다리게 해야 한다(고전 14:26-33).[141] 여기서 우리는 인격적 상호 침

으로서 정의될 수 있다면, "존재와 비존재의 변증법"은 이미 사랑의 존재 자체에 속하는 것이다(p. 445).
139 뒤의 V.3.2.1을 보라.
140 앞의 I.2.1을 보라.
141 이 지점은 방언의 경우와도 유사하다. 바울은 "내가 영으로 기도하고"라고 적고 있다(고전 14:15). 이 지점에서 대해서는 Fee, "Pauline Literature," 666f.; idem, *1 Corinthians*, 670, 696을 보라.

투(interpenetration)라는 불가해한 현상 앞에 서게 된다.

2. 구원의 사회성을 **전체 그리스도**라는 개념의 도움을 받아서 집합적 주체로서 파악하는 것은 결국 인간론적이고 구원론적인 오류를 범한이다. 바울에 따르면 부활한 그리스도는 성령을 통해서 그리스도인들 안에서 살아 있다(롬 8:10-11),[142] 이는 그리스도인이 성령을 통해서 그리스도 안에서 그리고 다른 이들과의 교제 안에서 살아가는 것과 다르지 않다(고전 12:12-13). 그것은 이와는 다른 것일 수 없다. 왜냐하면 성령이야말로 정확히 인간과 하나님 사이의 종말론적 교제의 첫 열매인 동시에, 하나님의 새로운 세계 안에서 서로 누리는 교제의 첫 열매이기 때문이다(롬 8:23; 고후 1:22을 보라). 이 점이 바로 구원의 현재적 경험이 주는 사회성을 **성령론적으로** 파악해야 하는 이유이다.

헤리버트 뮐렌(Heribert Mühlen)은 "많은 인격들 속의 한 인격"으로서 성령이라는 개념을 종말론적으로 사용한 바 있다.[143] 비록 이러한 정식이 성령의 인격적인 삼위일체적 고유성을 적합하게 묘사하지는 못한다고 하더라도,[144] 적어도 성령의 구원론적-교회론적 사역을 정확하게 묘사하기는 한다. 그러나 뮐렌은 불행히도 이러한 정식을 가지고 교회의 인격성을 근거 짓고자 했다. 만약 우리가 이러한 교회론적인 방식으로 다소 굴절된(그리고 삼위일체 신학의 구도에서 지지될 수 없는)[145] 시도를 저

---

142 Bruce, *Galatians*, 144. 『갈라디아서』(생명의말씀사 역간); Fee, "Pauline Literature," 669을 보라.
143 Mühlen, *Una mystica*.
144 Mühlen에 따르면 Jürgen Moltmann은 이 지점에서 "비록 외적으로는 통일성을 나타내며 삼위일체를 재현하는 것처럼 겉으로 보이지만" 실제로는 하나님의 존재가 "이위일체"(a binity)로 실존한다고 비판적으로 언급한다(Moltmann, *Spirit*, 14).
145 Mühlen은 만일 성부가 신적 "나"(I)이고 성자가 신적 "당신"(Thou)이라면, 성령이야말로 양자 사이의 사랑의 결속으로서 신적인 "우리"(We)가 된다고 주장한다; 성령은 "두 인격들 안에 하나의 인격"(*Una Mystica*, 197)이며, 이러한 방식으로 성령은 동시에 아버지와 아들 안에서 "자신의 기초를 인격으로 구성한다"(Mühlen, *Geist*, 164). Mühlen의 삼위일체적 모형에서는 어떻게 하나의 인격으로서의 성령이 많은 인격들 속에 존재할 수 있으며(그리스도와 그리스도인들 안에서), 그들을 서로 연합할 수 있는지가 명확하다; 그러나 어

버린다면, "많은 인격 속의 한 인격"이라는 정식은 성령의 활동이 가지는 두 가지의 독특한 차원을 정확하게 표현한다. 성령은 **현존하는 분**(the presence)인 동시에 **마주하는 분**(the counterpart)이다.¹⁴⁶ 왜냐하면 성령은 **인격**이기에 마주하는 분이다. 그리고 성령이 많은 인격들 **속에** 있기 때문에 성령은 현존하는 분이다.

교회 안에서 인격과 교제의 관계는 인격적으로 마주하는 분이자 인격적으로 현존하는 분이라는 성령의 지위에서 도출된다. 그리스도인들에게 현존하는 성령은, 그들이 성령과 구분되는 인격인 만큼, 그들과 구별되는 인격이다. 이 점은 왜 많은 인격들 사이에 현존하는 성령이 이러한 인격들을 집합적인 하나의 인격으로 만드는 것이 아니라, 오히려 그들과 함께 그리고 그들 가운데서 서로 분화된 교제를 만들어내는지를 설명해준다. 이러한 인격들은 기독론적 사건을 통해 분화되지 않는 복수성으로 구성되거나(지지울라스), 순수한 관계성으로 해소되는 것(라칭거)이 아니다. 오히려 인격들은 성령 안에서 서로 함께 존재하며, 이런 방식으로 그들은 동시에 성령에게 마주하는 자들로 서게 되며, 또 서로에게 그렇게 서게 된다(비록 그들이 성령에 의해서, 그리고 서로에 의해서 규정된다고 하더라도). 그들은 단순한 병렬적 관계에서, 서로에게 고립되어 서 있는 개인들의 복수성 속으로 해소되지도 않는다. 왜냐하면 동일한 성령이 **모든** 인격 **안에** 현존하기 때문이며, 동일한 성령이 이들 모두를 서로에게 연결하기 때문이다. 이런 방식으로 우리는 교회의 통일성을, 교회가 단일한 주체이고 공동체적으로 규정된 개인들의 독립성을

떻게 성령이 교회 안에 있는 여러 인격들을 "더 큰 '나'(I)"로 구성할 수 있는지의 문제는 명확하지 않다. 삼위일체 안에서, 성령은 성부와 성자를 하나의 인격이나 하나의 주체로 구성하지 않고, 오히려 (Mühlen에 따르면) 아버지와 아들로부터 유래하고, 이러한 방식으로 성령 자체는 성부와 성자로부터 다른 인격으로서 구성된다.

146 Jürgen Moltmann은 성령의 독특하고, 외적으로 활동적인 인격성을 "현존과 마주함"으로 분석한 바 있다(*Spirit*, 289를 보라).

존중하지 않는 통일성이라는 주장에 기대는 대신, 그 구성원의 다수성에서 도출할 수 있게 된다.

모든 그리스도인들 속에 있는 성령은 각각의 개인들을 다른 모든 사람들에게 "개방시킨다." 이러한 일은 각자가 자신의 독특한 방식으로 성장하고 모두가 상대방 안에서 함께 기쁨을 누리는 상호적 주고받음이라는 창조적 길에 들어서도록 한다.[147] 이러한 길은 삼위일체 하나님과의 종말론적인 공동의 교제 속에서 드러난다. 그러나 우리는 이 길의 끝에서 삼위 하나님과의 교제를 누릴 수 있다. 왜냐하면 그것은 오직 삼위일체 하나님이 이미 그 길의 시작점에 서 계시기 때문이다. 신앙을 통해서 인간의 마음속에 내주하는 성령은 "성부와 성자와의 교제를 통해 자신을 드러낸다. 그리고 성령이 그의 신자들과 함께 들어가게 되는 교제는 바로 성령이 성부와 성자와 가지는 교제에 상응하며, 따라서 곧 **삼위일체적 교제이다**."[148]

---

147 뒤의 VII.4.2를 보라.
148 Moltmann, *Spirit*, 218.

제 V 장

삼위일체와 교회

오늘날 교회적 교제가 삼위일체의 교제에 상응해야 한다는 논제는 거의 자명한 명제의 위치를 점하는 것처럼 보인다. 그러나 어느 누구도 어떠한 지점에서 그러한 상응점들이 발견되어야 하는지 주의 깊게 설명하지 않았고, 또 어디에서 교회적 교제가 그러한 유비에 대한 능력의 한계에 다다르는지에 대한 연구를 보다 확장하지 않았다는 것은 놀랄 만하다. 그 결과 이러한 상응점들의 재구성은 때때로 "통일성은 복수성 없이 존속할 수 없으며, 복수성은 통일성 없이 존속할 수 없다"는 식상한 소리 이상의 것을 말하지 못하거나,[1] 혹은 인간 존재에게 교회 안에서 하나님에 대한 전적인 자기 부정적 사랑을 요구할 뿐이다.[2] 전자의 경우 너무 애매해서 어느 누구도 그 지점에 대해서 반박할 수 없으며, 후자의 경우 너무나 신적이어서 이것을 삶으로 가져올 수 없다. 우리는 아직껏 삼위일체와 교회 사이에 존재하는 상응에 대한 자세한 설명을 하지 못했으며, 어쩌면 이번 장의 틀 내에서도 이러한 점은 제시될 수 없을지도 모른다. 여기서 나의 목적은 라칭거와 지지울라스에 대한 비판적 논

---

1 예를 들어 Forte, *Trinität als Geschichte*, 200f.
2 예를 들어 Ratzinger, *Einführung*, 142ff. 『그리스도 신앙』(분도 역간).

의라는 구도 속에서, 비개인주의적 개신교 교회론이 가지는 삼위일체적 토대를 간략하게 묘사하는 것에 있다. 그 첫 단계는 교회와 삼위일체 사이에 상응하는 지점의 가능성들과 한계들에 대해서 반성하는 것이다.

1. 상응점과 그 한계점들

"삼위일체의 신비는 오로지 신성 그 자체에서만 발견될 뿐이지, 피조물에서는 발견될 수 없다."[3] 에릭 페터슨(Erik Peterson)은 영향력 있는 논문인 「정치적 문제로서 유일신론」(Monotheismus als politisches Problem)의 말미에 이렇게 서술한 바 있다. 이러한 **신학적 원리**는 "모든 종류의 '정치신학'과 근본적인 방식에서 결별하는 동시에"[4] 교회를 삼위일체와의 상응으로 파악하는 모든 시도에 대해서 그 시초에서부터 실패를 선고한다. 피조물이 가지는 통일성은 결코 삼위일체 창조자가 가지는 신비로운 통일성에 상응할 수 없다.[5] 그러나 페터슨에 따르면, 삼위일체에 대한 신앙은 천상적 단일 군주의 존재를 부정함으로써 세속적 단일 군주에 대한 신학적 정당화를 박탈하는 소극적인 기능을 정치적으로 성취할 뿐만 아니라, 적극적으로는 그리스도인들이 "삼위일체 하나님에 대한 신앙의 전제 아래서" 정치적 참여를 추구하는 것을 강조한다.[6] 어떤 것이든 간에 이러한 **사회윤리적 원리**의 진지한 실행은 결국 앞에서 언급한 신학적 원리를 상대화시킨다. 즉 비록 삼위 하나님이 정치적 권력에 정당성을 부여할 수 없을 지라도, 창조된 실재에는 이러한 삼위일

---

3 Peterson, "Monotheismus," 105.
4 Ibid.
5 Peterson, "Monotheismus," 104. 그는 이 지점에서 Gregory of Nazianzus를 따르고 있다.
6 Peterson, "Monotheismus," 47.

체의 신비에 대한 깨어진 피조물적인 상응이 여전히 존재해야 한다. 만약 그렇지 않다면 삼위일체 신앙의 전제 아래에서 이루어지는 그리스도인의 정치적 참여는 결국 이론적이기만 하고 열매는 없는 비판으로 축소될 것이다.[7]

삼위일체와 창조된 실재의 관계에 대한 페터슨의 양가적 태도는 이러한 관계의 특성 자체에 근거하고 있다. 한편으로 하나님의 삼위일체적 본성은 인간이 예배할 수 있지만 결코 모방할 수 없는 신비로 남아있다. 다른 한편으로는, 하나님이 세계와 맺는 전체 역사와 이 역사에 대한 응답을 구성하는 하나님에 대한 예배는 정확히 삼위 하나님이 세계 안에서 내주함을 지향하게 된다. 삼위일체와 교회의 관계에 대한 어떠한 반성도 하나님의 독특성과 세계의 목적 가운데서 이러한 삼위 하나님 자신에 상응하는 삼위 하나님의 내주함을 모두 고려해야만 한다.

1.1. 상응점들

1. 최고의 실재로서 하나님에 대한 삼위일체적 개념은 **하나와 다수 사이의** 관계에 대한 근본적인 문제, 즉 파르메니데스 이래로 서구에서 (그리고 이에 대한 중요한 병행을 다양한 문화와 세계 종교 속에서 발견할 수 있다) 철학적 토론을 자아냈던[8] 문제에 대해 중요한 결과들을 지니게 된다. 오도 마르크바르트(Odo Marquard)의 도식적 재현에 따르면, 하나와 다수에 대한 문제에는 두 전통이 서로 대립되어 있다. 보편화를 추구하는 철학 전통에서는 "다수 이전에 하나의 우선성을 주장하며, 어디든지 다수성이 지배하는 곳에는 결국 회복되어야 하는 불행한 상황이 존재

---

7 삼위일체적 신앙은 이 지점에서 모든 정치신학의 종언을 의미하는 것이 아니라(Peterson이 주장하는 것처럼 보이는), 다수를 넘어서는 하나의 지배를 정당화하는 정치신학일 뿐이다(Peterson의 "Monotheismus" 서문에서 제안한 것처럼). Assmann, *Politische Theologie*, 23ff.; Meier, "Politische Theologie," 15ff.을 보라.
8 Copleston, *Religion*; Habermas, *Einheit*, 11-35을 보라.

한다. 결국 이러한 다수성은 보편화되고 전체화되고 지구화되고 균등화되고 해방되고 혁명화되어야 한다"고 주장한다. 반대로 다수화를 추구하는 철학 전통은 "하나 이전에 다수의 우선성"을 주장한다. 통일성의 원리는—그것이 하나의 정당이든 하나의 과학이든 간에—"치유되어야 할 불행한 상황이며, 탈전체화되고 탈중심화되고 분화되고 복수화되고 전통화되고 국소화되고 개별화되어야 하는 것이다."[9]

삼위일체적 용어로 일관되게 사유하는 것은 결국 보편화(universalization)와 다수화(pluralization) 사이의 이원론을 피해가는 것이다. 만일 삼위 하나님이 에리우게나(John Scotus Erigena)가 말한 대로, 그 자신 안에서 다수의 단일성(unum multiplex in se ipso)이라면, 즉 통일성과 다수성의 문제가 그 안에서 동일수위적이라면, 하나님은 바로 이러한 통일성과 다수성의 근거이다. 오직 "다수성 속에 있는 통일성"만이 하나님에 대한 상응이라고 주장할 수 있다.[10] 하나님이 한 분 하나님이기 때문에, 아리스토텔레스의 은유가 제시하는 것처럼, 실재는 나쁜 연극과 같이 고립된 개별적 장면들로 퇴락될 수 없다.[11] 그러나 동시에 한 분 하나님이 신적 인격들의 교제이기 때문에, 세계라는 드라마는 단순히 지루한 독백으로 퇴락하는 것이 아니다. 삼위일체적 사유는 통일성과 다수성 모두의 상호보완적 관계를 누려야만 하는 성공적인 세계 드라마를 제안한다.

하나와 다수에 대한 매우 간략하고 추상적인 고려만으로도 우리가

---

9 Marquard, "Einheit," 2.
10 Kern, "Einheit," 207을 보라.
11 Aristotle, *Metahpysics*, 1076a을 보라. 『형이상학』(이제이북스 역간). Aristotle에 따르면, 우주는 다른 여타의 조직된 공동체와 마찬가지로, 오직 하나의 근원(ἀρχή)만을 가진다. 왜냐하면 다양한 규칙은 그 자체로 무질서이기 때문이다: "다수의 다스림은 좋은 것이 아니다; 하나만 다스려야 한다"; 이러한 맥락에서 아리스토텔레스는 『일리아스』(*Iliad*)를 적절하게 인용하고 있다(*Metaphysics*, 1076a). 이와 관련해서는 Schegler, *Metaphysik*, 2.295f.을 보라. Thomas Hobbes는 군주적 형태에 대한 그의 선호를 그가 가진 양태론적 삼위일체론에 따라서 우주를 다스리는 한 분 하나님에 대한 언급을 통해서 근거 지으려 한다(Hobbes, *Leviathan*, 522, 『리바이어던』(나남 역간); 참조. 이에 대해서는 Palaver, *Politik*, 242-73).

하나님에 대해서 생각하는 방식이 교회론뿐 아니라 전체 기독교 사상을 형성한다는 것을 명확히 보여준다.[12] 물론 하나와 다수 가운데 어느 것을 강조하느냐에 따라 삼위일체 논의에서 상당히 다양한 강조들이 여전히 존재할 수 있다. 그리고 이것이 왜 다수화로 기울어진 이들(정치신학자,[13] 해방신학자들,[14] 페미니즘신학자들,[15] 종교신학자들)[16]과 보편화로 기울어진 이들(전통적인 동방 정교회 신학자들과 가톨릭 신학자들) 모두가 공통적으로 **삼위일체적** 사유에 매여 있다고 주장하는 이유이다. 그러나 물론 신학적 토론 자체에서 신학적 사유와 교회론적 사유의 논쟁의 뼈대를 구성하는 것은, (하나 또는 다수의 우위성을 부정하는 것과 더불어서) 삼위일체론의 두드러진 중요성이 아니다. 그럼에도 신학적이고 교회론적인 사유는 삼위일체론의 구체적인 드러남이라고 할 수 있으며, 그로부터 도출될 수 있는 교회론적이고 사회적인 결과들이다.

그러나 우리는 정치적이고 교회적인 실재에 대한 삼위일체적 사유의 영향력을 **과대평가**해서는 안 된다. 예를 들어 5세기의 주교들은 분명히 삼위일체 신앙의 긍정과 황제의 신성화 사이에서 어떠한 모순도

---

12 Jürgen Moltmann (*Trinity*; *Schöpfung*; *Weg*; *Geist*)과 Wolfhart Pannenberg (*Theology*) 모두 저마다의 방식으로 모든 신학을 삼위일체론의 전개로 이해한다. 이 지점에 대해서는 또한 Ratzinger, *Einführung*, 147; Kasper, *Gott*, 378ff.; Lossky, *Theology*, 65f.을 보라.
13 예를 들어 Moltmann, *Trinity*를 보라.
14 해방신학자인 Leonardo Boff는 *Gott*에서 Moltmann의 삼위일체적 저작을 차용한다. Moltmann과 Boff의 삼위일체 신학의 관계에 관해서는 O'Donnel, "Trinity," 15ff.을 보라.
15 그러므로 Mary Grey는 "인격성에 대한 상호적이고 관계적인 이해와 하나님에 대한 관계적 개념 사이에 존재하는 본질적 연결"을 본다("Core," 369; 또한 Keller, *Broken Web*, 136을 보라). 신론에 있어서 다소 도발적인 기여를 한 Sallie McFague는 삼위일체의 중요성에 대해서 다른 입장을 가진다. 그녀의 관점에서 삼위일체는 "필수적인 것이 아니다"; "세 위격을 인정하는 것"은 그저 "패러다임을 위해 존재"할 뿐이다(*Models*, 184). 성부, 성자, 성령 (혹은 McFague가 페미니즘신학적으로 대체하여 명명한 "어머니", "연인", "친구")은 단순히 여러 이름들을 가진 한 분 하나님의 다양한 이름일 뿐이다(182). 그러나 그녀의 책 자체의 제목이 암시하듯—『어머니, 연인, 친구』(*Models of God*, 틀 밖 역간)—그녀의 주장은 결국 양태론으로 귀결되고, 또한 그녀의 의사와는 반대로 관계적으로 빈곤화 일원론으로 귀결된다.
16 Pannikar, *Trinity*; Williams, "Trinity"; D'Costa, "Christ"; Schwöbel, "Particularity"를 보라.

느끼지 못했다.[17] 반면에 외관상으로는 양태론을 신봉했던 존 스미스는 성직자주의(clericalism)라고 비판받을 여지가 전혀 없었다.[18] 이 지점은 왜 우리가 삼위일체 교리를 재개념화하는 것에(비록 이것이 필요하다고 하더라도) 너무 많은 것을 기대해서는 안 되는지 보여준다. 삼위일체를 개념화하는 과정은 단순히 위에서(삼위일체의 개념에서) 아래로(교회와 사회로) 향하는 직선적 차원으로 진행하는 것처럼 보이지는 않으며, 사회적 실제 또한 이러한 방식으로 형성되는 것 같지 않다.[19] 한편으로는 교회적 실재와 사회적 실재가, 그리고 다른 한편으로는 삼위일체적 모형이 서로에게 상호 규정적으로 기능한다. 이는 마치 교회적 모형과 사회적 모형, 그리고 삼위일체적 모형이 서로 상호적으로 규정하는 것과 같은 맥락이다. 교회를 삼위일체에 상응하는 것으로 파악하는 것은, 실재가 지나치게 다루기 어렵지 않기를 바라는 희망과 함께하는, 신학적 일관성을 지닌 사유 그 이상을 의미하지 않는다. 물론 삼위일체에 대해 사유하는 것과 그 빛 속에서 사회적 관계에 대해서 사유하는 것은 삼위일체 하나님에 대한 성경 내러티브에 의해서 우선적으로 형성되어야 한다.

2. 삼위일체적 교제와 교회적 교제 사이에 존재하는 상응의 관계는 다양한 차원에서 유비적인 방식으로 하나와 다수의 관계를 파악해야 한다는 형식적 요구에서 유래한 것은 아니다. 실질적으로, 상응의 관계는 그리스도인의 세례에 근거한다. "아버지와 아들과 성령의 이름으로" 이루어지는 세례를 통해서 하나님의 영은 신자들을 동시에 삼위일체적이고 교회적인 교제로 이끈다. 따라서 교회는 인간이 만들어낸 삼위 하나님의 이미지로 세례를 이해하는 것으로부터 발현되는 것이 아니라,

---

17 Grillmeier, "Auriga mundi," 402ff.을 보라.
18 Smyth, *Works*, 733을 보라. 또한 필리오크베(*filioque*)의 교회론적 중요성에 대한 Yves Congar의 언급을 보라(*Espirit*, 271ff.).
19 Zizioulas에 따르면, 교회적 경험은 교부들의 삼위일체론의 발전 과정을 결정적으로 형성했다(Zizioulas, *Communion*, 16f.을 보라).

하나님의 영화로운 백성들과 삼위 하나님의 하나된 교제의 영인 성령에 의해서 가능하게 되는 구체적이고 선취적인 경험이다(요일 1:3-4; 계 21:22을 보라). 이러한 관점으로부터, 왜 교회의 삼위일체적 특징에 대한 통찰이 삼위 하나님의 본성에 대한 자라나는 의식과 점진적으로 병행하게 되는지(고전 12:4-6; 고후 13:13; 엡 4:4-6을 보라), 즉 구원사에서 드러나는 아버지와 아들과 성령의 활동에 근거한 의식, 그리고 신약성서에 등장하는 삼위일체적 정식에서 표명되는 의식과 병행하게 되는지 해명될 수 있다.[20] 만일 그리스도인이 되는 입문의 과정이 삼위일체적 사건이라면, 결국 교회는 삼위일체를 교회의 결정적 실재로 이야기해야 한다.

성령의 능력 안에 있는 교회는 이미 삼위일체 하나님과의 교제를 형성하기 때문에, 삼위일체와 교회의 상응은 희망의 대상이 되는 동시에 인간 존재의 책무가 된다. 삼위일체적 관계와 교회가 가지는 관계들 사이의 상응점은 단순히 형식적인 것이 아니다. 오히려 이러한 상응은 구원론적으로 근거 지어진 것이기에 "존재론적"이다.[21] 예수의 대제사장적 기도, 즉 "아버지께서 내 안에, 내가 아버지 안에 있는 것 같이 그들도 다 하나가 되어 우리 안에 있게 하사"(요 17:21) 그의 제자들도 하나가 되게 해달라는 기도는 이미 신앙과 세례에 의해서 매개되는 삼위 하나님과의 교제를 전제하며, 동시에 그 종말론적 완성을 추구한다.[22] 이렇게 완성을 향해 방향 지어진 교회는 이미 삼위 하나님과의 교제를 소유하고 있으며, 이는 결국 삼위일체 하나님과 교회 사이에 존재하는 상응

---

20 Arthur W. Wainwright는 다음과 같은 제안을 가지고 삼위일체론에 대한 신약성서의 증언을 결론 내린다. 삼위일체의 문제는 "기독교의 경험, 예배, 그리고 사유의 발달 과정으로 인해서 발생한다. 전체 문제는 결국 예수의 삶과 부활, 즉 그 지상 사역 동안 성령을 받으시고, 부활 이후에 성령을 다른 이에게 나누어주는 예수의 삶과 부활에 근거한다"(*Trinity*, 266f.).

21 최근에 Alistair McFadyen 역시 유사한 결론에 다다른다. 그의 관점에서 삼위일체는 단순히 하나의 사회적 모형이 아니고, "우리와 함께 창조적 관계를 맺으시고 구속하시는 하나님의 결과이다"("The Trinity," 14).

22 Käsemann, *Wille*, 125ff.

의 관계는 순수하게 형식적인 것이 아니며, 하나와 다수의 관계 그 이상의 것을 포함한다는 것을 암시한다. 교회 안에서 존재하는 다수의 관계는 신적 인격들의 상호적 **사랑**을 반영해야 한다.

삼위일체와 교회의 관계에 대한 신약성서의 증언은 동방 교회와 서방 교회 모두의 교회론적 전통을 형성해왔다. 이를테면 초기 그리스 교회의 가장 중요한 스승인 오리게네스는 교회가 이미 거룩한 삼위일체로 가득 차 있다고 서술한 바 있다.[23] 비슷하게 서방 전통의 교회론에 결정적 영향을 미친 키프리아누스 역시 교회를 성부와 성자와 성령의 통일성으로부터 하나가 된 백성(de unitate Patris, et Filii, et Spiritus Sancti, plebs adunata)[24]으로 보았다. 하나님의 형상(imago Dei)이라는 개념은 양쪽의 교회론 전통 모두에 영향을 미쳤고, 두 전통은 모두 그들이 가지고 있는 삼위일체에 대한 서로 다른 이해에 맞추어 이를 다르게 발전시켰다.[25] 그러나 우리 시대에 이르러서야 교회의 삼위일체적 차원에 대한 의식적이고 지속적인 반성이 이루어지는 것처럼 보인다. 이 주제는 먼저 동방 교회의 신학에서 처음 다루어졌고,[26] 특별히 "필리오크베"(filioque)에 대한 교회론적 시사점에 관해서 다루어졌다고 할 수 있다.[27] 이 주제는 곧 다른 기독교 전통들에서도 빠르게 수용되었고,[28] 다양한 교회론적·교회일치적 문서들에 정착되게 되었다.[29]

---

23 "그러므로 교회 안에서 태어난 이는 거룩한 삼위일체에 의해서 충만하게 된다"(ὁ δὲ ἐν τῇ Ἐκκλησίᾳ τυγχάνων τῇ πεπληρωμένῃ τῆς ἁγίας Τριάδος) (Origen, *Selecta in Psalmos, Patrologia Graeca*, 12. 1265B). 동방 정교회 신학자 Boris Bobrinskoy는 교회의 제의적 삶에 대한 자신의 연구를 "삼위일체로 가득 찬 교회"라는 신학적-교회론적 원리에 바탕을 둔다(*Trinité*, 147-97).
24 Cyprian, *Liber de Oratione Dominica*, 23 (*Patrologia latina* 4.553).
25 Biedermann, "Gotteslehre," 135, 139을 보라.
26 Larentzakis, "Kirchenverständnis," 73을 보라.
27 Congar, *Espirit*, 271ff.을 보라.
28 가톨릭 전통에 관해서는 Mühlen, *Una Mystica*를 보라; 또한 개신교적 전통에 관해서는 Moltmann, *Trinity*, 200-202; Plantinga, "Images," 59ff.을 보라.
29 예를 들어 제2차 바티칸 공의회 문서들(*Lumen gentium* 2-4; *Unitatis redintegratio* 2; 또

3. 교회와 삼위일체의 상응 관계에 대한 개념은 실제로 자유교회 전통에서는 다소 낯선 것이었다.[30] 이것은 예상 가능한 일이다. 스미스가 주장한 것처럼, 만일 인간 존재가 스스로 교회에 편입하는 한에서만 효력이 발생하는 언약으로서 교회를 이해한다면, 교회를 삼위일체와의 유비 속에서 이해할 수 없을 것이다.[31] 만일 회심한 그리스도인들이 그렇게 하듯이 신적 인격들이 교제 속으로 연합해야 한다면—자유교회의 교회적 모델이 공동으로 제시하는 것처럼—이것은 삼위일체가 아니라, 삼신론이 될 것이다. 스미스에게 교회의 신학적 근거는 삼위일체적인 것이 아니라 **기독론적인** 것이다. 교회는 "그리스도의 왕국"이다. "중생한 신자는 천상의 장소에서 그리스도와 함께 앉는다." 그리스도와의 교제에서, 모든 그리스도인은 그들 모두가 사제인 동시에 예언자인 것처럼 모두가 왕이다.[32] 만일 개인적 신앙이 구원의 경험에서 결정적인 역할을 한다면, 그리스도에 대한 이러한 배타적인 구원론적-교회론적 집중은, 엄격히 말해서 오직 개인 구원만을 정초할 뿐, 구원을 베푸는 공동체로서의 교회 그 자체는 정초하지 않는다. 각각의 인격은 그리스도의 통치 아래에 직접적으로 서게 된다. **모두가 함께한다는 것**은 명확하게 규명되지 않은 채로 남게 되며, 모두가 자기 자신 안에서 그리고 자기 스스로 부상할 것이다.

한 이와 관련하여 Kasper, "Communio," 65ff.을 보라)과 또한 가톨릭과 동방 정교회 사이의 공식적인 대화 문서들("Mysterium"), 혹은 개신교와 가톨릭 신학자 연구 모임의 공동 선언문 "Common Declaration of the Study Group of Protestant and Catholic Theologians" ("Erklärung," 120)을 참조하라.

30 물론 이 지점에서 가톨릭-오순절주의 대화의 가장 최근의 문서(1989)인 "Koinonia," 29을 참조.

31 이러한 점에서 아마도 Augustus Hopkins Strong이 삼위일체론의 시사점에 대한 분석에서, 비록 그가 삼위일체를 상호 인격적인 사랑—"아버지의 증여와 아들의 수용"(*Theology*, 351)—으로 이해함에도 불구하고, 결코 교회를 언급하지 않는 점은 사실 우연이 아니다. 그의 관점에 따르면 교회는 스스로를 교회로 구성하는 인간들을 통해서 생겨난다 (*Theology*, 902을 보라).

32 Smyth, *Works*, 274f., 740.

나의 의도는 이 지점에서 자유교회의 교회론을 삼위일체적으로 재구성하는 데 기여하는 것이다. 제IV장에서 나는 신앙에 대한 이해를 삼위일체적이고 교회적인 교제 모두에 동일하게 편입하는 것으로 제시한 바 있다.[33] 이러한 점은 교회에 대한 삼위일체적 이해의 정초가 된다. 왜냐하면 오직 편입의 과정 자체를 삼위일체적으로 이해하고 교회를 단순히 의지에 기반을 둔 교제 이상의 것으로 이해함으로써만, 우리는 그리스도인들의 사귐이 하나님의 삼위일체적 통일성을 반영해야 한다는 개념에 다다를 수 있게 되기 때문이다. 여기서 나는 어떻게 그리스도의 이름으로 모인 이들이, 비록 그들이 단순히 세 명에 불과하다 할지라도 삼위일체의 형상(εἰκών)이 될 수 있는지를 보여주고자 한다.[34] 비록 이러한 논지가 다소 극단적으로 들릴지라도 이것은 결코 새로운 것이 아니다. 테르툴리아누스는 비록 그가 몬타누스주의에 동의했던 기간에도, 이미 교회와 삼위일체의 "셋됨"에 상응하는 지점이 있음을 제시한 바 있다.

왜냐하면 교회는 그 자체로 온당하게 그리고 원칙적으로, 아버지, 아들, 성령이라는 한 신성의 삼위일체가 그 안에 내주하는 성령 자체이기 때문이다. 성령은 주님이 세 인격들로 구성한다고 말한 교회를 하나의 회중으로 연합하신다. 그리고 이때로부터 이 신앙에 연합된 모든 인격은 숫자에 상관없이 교회를 세우시고 거룩하게 하시는 분에 의해서 교회로 인식되어왔다.[35]

마태복음 18:20에 대한 테르툴리아누스의 암시는 분명하다. 바로 그리스도의 이름으로 모인 회중으로서 교회는 삼위일체 하나님의 형상이

---

33 앞의 IV.2.1.2와 IV.2.2를 보라.
34 교회성에 대해서는 앞의 III.2를 보라.
35 Tertullian, *De pudicitia*, 21.

다.³⁶ 나는 이 지점에서 가톨릭 전통과 동방 정교회의 전통과 대화하면서 테르툴리아누스의 사상을 좀더 발전시킬 것이다. 이 목적을 위해서 나는 요한복음 17:21("아버지께서 내 안에, 내가 아버지 안에 있는 것 같이 저희도 다 하나가 되어 우리 안에 있게 하사")을 다음과 같은 지점에 연결하고자 한다. (가) 마태복음 18:20에 근거한 교회의 교회성("두 세 사람이 모인 곳에는 나도 그들 중에 있느니라"; 앞의 제Ⅲ장). (나) 갈라디아서 2:20에 근거한 신앙의 매개("그런즉 이제는 내가 산 것이 아니요 오직 내 안에 그리스도께서 사신 것이라"; 앞의 제Ⅳ장). (다) 고린도전서 14:26에 근거한 교회의 구조의 문제("그런즉 너희가 모일 때에 각각 찬송시도 있으며 가르치는 말씀도 있으며 계시도 있으며"; 뒤의 제Ⅵ장). 나는 각각의 본문이 표현하고 있는 주제들이 상호적으로 서로를 해석하고 또 해명한다는 점을 밝힐 것이다.

비록 삼위일체와 교회의 관계에 대한 고려가 완전한 삼위일체론을 전제한다고 하더라도, 이번 장의 전체 구도 내에서 삼위일체에 대한 이런 포괄적 반성은 불가능하다. 그 대신에 나는 위르겐 몰트만³⁷과 볼프하르트 판넨베르크(Wolfhart Pannenberg)에 의해서 제안된³⁸ 삼위일체적 관계의 사회적 모델의 틀을 채택하고, 오로지 이 모델의 특정한 측면들, 즉 삼위일체와 교회의 상응에 대한 고려에 요구되는 그러한 측면들을 발전시킬 것이다. 그러나 이러한 상응점들을 검토하기 전에, 삼위일체에 상응하는 교회를 이해하기 위해 필수적인 몇 가지 선행적인 방법론적 연구들을 정리할 필요가 있다. 여기서 나는 간략하게 삼위일체를 형상화하는 교회의 능력의 한계들을 분명하게 밝힐 것이고, 다음으로 삼위

---

36 Ratzinger, *Volk*, 75을 보라.
37 특히 *Trinität*, 145-194; "Einheit"; *Geist*, 303-24에 나오는 그의 설명을 보라.
38 Pannenberg, *Theology*, 1.259-336. 『판넨베르크의 조직신학 Ⅰ』(은성 역간); 422-32, 그리고 그의 초기 논문들. "Person," "Die Subjektivität," and "Der Gott"을 보라.

일체와 교회 사이에 존재하는 실제적 상응에 대한 분석을 다양한 관점에서 구체화할 것이다.

1.2. 유비의 한계들

1. 비록 삼위일체적인 개념들이 부정할 수 없게 교회론적인 개념들로 전환될 수 있으며 또 그렇게 된다고 하더라도, 우리가 신학을 인간론으로 환원하거나 혹은 인간론을 신학으로 격상시키는 것이 아니라면, 여전히 이러한 변환의 과정이 한계를 가진다는 점도 마찬가지로 부정할 수 없다. 이에 대한 이유는 명백하다. 비록 우리에게 삼위 하나님에 대한 개념을 가질 가능성이 열려 있다고 하더라도, 삼위 하나님에 대한 우리의 개념은 그 자체로 삼위 하나님이 아니다. 삼위일체에 대한 특정한 교의는 구원사 속에서 얻어지고, 우리의 경험과의 유비 속에서 정식화된 하나의 모형일 뿐이다.[39] 즉 이러한 삼위 하나님에 대한 우리의 개념은 우리가 하나님을 전적으로 파악하기 위해서가 아니라, 그 깊이를 이해할 수 없는 하나님을 예배하고, 또 우리의 피조물적 방식으로 하나님을 모방하기 위해서 우리가 삼위 하나님의 신비로 다가갈 때 동반하게 되는 모형일 뿐이다. 모든 하나님에 대한 모든 언어가 그러한 것처럼, 삼위일체의 모형은 신인동형론적으로 계시된다. 그러나 하나님은 "다가갈 수 없는 빛"(딤전 6:16)에 거하시기에,[40] "**그 자신의 존재의 빛 속에**" 항상 가리워진 하나님으로 나타난다. 에릭 페터슨이 강조한 것처럼, 삼위 하나님의 신비는 언제나 그분의 신성 자체 안에서만 발견될 뿐이다.

그러나 칸트가 생각한 것처럼, "삼위일체론을 통해서는 **실천적 삶**

---

39 하나의 모형으로서 삼위일체론을 다루는 입장에 관해서는 LaCugna and McDonnell, "Far Country," 202-5을 보라.
40 Jüngel, "Geheimnis," 500.

을 위한 어떠한 것도 얻을 수 없다"는 주장이 이로부터 도출되는 것은 아니다.[41] 엄밀하게 말하자면, 우리는 "여러 인격 속에 있는 한 하나님"이라는 "개념"을 가지고 있는 것이 아니다.[42] 그러나 우리가 삼위 하나님을 정의하려고 할 때 이 모형들(삼위일체의 **교리**)은 "실천적인 삶 속으로" 번역될 수 있다. 왜냐하면 이러한 모형은 심리학적이거나 사회적인 범주들처럼 우리가 가지고 있는 실재의 범주들을 통해서 하나님을 묘사하기 때문이다. 세계 내적 관계라는 개념을 통해서 우리는 신적 인격들 사이의 관계를 표현한다. 우리가 진정으로 단순히 세계 자체가 아니라 하나님을 표현한다는 점은 하나님의 자기 계시가 바로 이 세상적 방식으로 드러난다는 사실에서 도출된다. 만약 그렇지 않다면, 도대체 계시에 대한 언급이 어떠한 의미를 가지겠는가? 하나님의 자기 계시가 가지는 **이 세상적 특징**(this-worldly character)은 삼위일체적 개념을 교회론적 개념으로 전환하는 것을 가능하게 해준다.

그러나 삼위일체적 모형은 단순히 이상적인 사회적 모형의 투사가 아니다. 만일 삼위일체에 대한 모형이 인간 존재와 구분된 삼위 하나님에 대해서 실제로 이야기하고 있는 것인 한, 삼위 하나님에 대한 모형과 교회에 대한 모형 또한 구분되어야 한다. 교회론에서 "인격"과 "교제"는 삼위일체론에서의 "인격"과 "교제"와 동일할 수 없다.[43] 교회론적 인격과 교제의 개념은 삼위일체에 대한 **유비로서** 이해할 수 있을 뿐이다. 만일 삼위일체에 대한 교의(삼위일체론)가 자기 계시적 삼위 하나님과 교회 사이에 존재하는 최초의 매개의 지점을 제시한다면, 또한 우리

---

41 Kant, "Streit," 50.
42 Ibid.
43 Studer, "Person-Begriff," 177. 인격의 개념은 4세기에 교의적으로 발전되고 그 이후에 일반적으로 채택되었기에, 이 책의 견해는 인격의 개념에 대해서 좀더 급진적이다: "만일 누구든지 어떠한 방식으로든 인간 존재의 인격의 교제와 인격 발전을 성부와 성자와 성령의 신적인 삶과 비교하고자 한다면, 그러한 인격의 개념을 등가에 두는 일은 없어야 할 것이다."

는 주어진 삼위일체론과 교회론 사이에 존재하는 두 번째 매개가 필요할 것이다. 왜냐하면 하나님은 그분에 대한 우리의 사유 속에서만 우리에게 알려질 수 있기 때문에, 이러한 두 번째 매개가 부재한다면 교회를 부정하거나 혹은 하나님으로부터 하나님의 신적 본질을 박탈하게 될 위험에 빠지게 된다.

2. 이러한 두 가지 매개의 필연성은 인간 존재가 가지고 있는 피조물적 본성에 근거한다. 인간 존재는 삼위 하나님의 창조물이며, 오로지 **피조물적** 방식으로만 하나님에 상응할 수 있다. 그러나 그리스도인의 역사적 존재와 종말론적 존재 사이의 차이에 근거한 세 번째 매개의 지점이 더해져야 한다. 교회적 교제가 삼위일체의 교제에 상응하는 지점은 다음의 두 지점 사이에 난 길, 즉 언제나 인간 존재를 삼위 하나님과의 교제에 있게 하는 세례와 그러한 교제가 완성되는 종말론적인 새 창조 사이에 있는 길에서 실현된다. 여기서 상응점은 내적 동력을 얻게 되고, 역사적 최소치와 종말론적 최대치 사이에서 움직이게 된다. 잠시 **체류 중인** 교회에게는 이러한 삼위일체에 대한 상응점의 역동적 이해만이 의미가 있다. 만일 교회가 삼위일체와의 상응점의 정적으로 이해된 최소치에 머무른다면, 이는 하나님이 교회에게 교회의 존재와 함께 부여한 가능성들을 놓치는 것이다. 반면에 교회가 정적으로 이해된 최대치에 다다른다면, 교회는 그것이 처한 역사적 실재를 놓치게 될 위험에 처하고, 만일 더 나아가서 교회가 그 최대치를 구현했다고 주장한다면, 이러한 자기 이해는 결국 이데올로기로 바뀔 것이다. 이러한 세 가지 사례 중 어느 것도 잠시 체류 중인 하나님의 백성으로서의 교회의 특징을 정당하게 다루는, 삼위일체와 교회와의 상응점을 설명하지 못한다. 교회론적으로 적절한 질문은 "어떻게 교회가 **역사 안에서** 삼위일체에 상응해야 하는가?"이다.

따라서 삼위일체에 대한 교회의 상응점을 이해하기 위한 방법론적 결정은 이미 언급된 형식적 근거에 더해서 실제적 근거를 단순히 "위로부터" 얻는 것이 아니다. 비록 교회의 삶과 구조가 신적 교제에—교회가 그것을 통해서 구성되어야 하고 또 그것으로부터와 그것을 향해서 살아야 할 그러한 교제에—상응해야 한다고 하더라도, 하나님의 새 창조의 이쪽 편에서 교회가 살아야 하는 그 조건이 숙고되어야 한다. 이는 교회가 종말론적 완성을 향해 실제적 체류자로 사는 동안 **어떻게** 신적 교제와 구체적으로 상응해야 하는지는 알기 위해서다. 만일 이러한 역사적 제한에다 삼위일체와 인간 공동체 사이의 이러한 상응점의 피조물적 제한을 덧붙이고자 한다면, 교회와 삼위일체의 상응점들은 인간론과 구원론과 교회론의 발전 **이후에야** 제시될 수 있다는 주장이 도출될 수 있다(비록 인간론과 교회론 모두 삼위일체의 교의의 조명 안에서 발전되어야 한다고 해도 말이다).

2. 삼위일체, 보편 교회, 지역 교회

우리에게 익숙한 도식에 따르면, 서방 교회와 동방 교회의 삼위일체 신학은 다음과 같은 점에서 다르다. 서방 교회 전통에서는 신적 본질의 통일성이 가장 우선시된다면, 동방 교회 전통에서는 삼위 인격의 삼중성이 우선시된다.[44] 이러한 차이는 서방 교회 전통이 심리학적 유비를 선호하는 이유를 설명하는 동시에 동방 교회 전통이 삼위일체의 사회적 유비를 선호하는 이유를 보여준다. 비록 라칭거와 지지울라스 모두 그들 나름의 방식으로 삼위일체를 사유했지만, 그들 각각의 삼위일체 신학은 그럼에도 여전히 이러한 도식과 잘 맞는 듯 보인다. 이 부분에서

---

44 Wendebourg, "Person," 503ff.을 보라.

나는 신적 인격들이 신적 본질에 대해 가지는 관계의 교회론적 상응점을 분석하고[45] 이러한 유비의 구성을 가능하게 하는 하나님의 한 측면으로서 신적 인격들의 교제에 집중하기 위해,[46] 라칭거와 지지울라스의 서방 교회와 동방 교회의 삼위일체에 대한 독특한 이해를 출발점으로 삼고자 한다. 교회와 신적 인격들의 교제 사이에 존재하는 상응은 이후의 두 부분에서 더욱 발전될 것이다.

1. 비록 라칭거가 하나님의 하나의 실체와 세 신적 인격들을 동일 수위적인 것으로 간주하더라도, 그는 통일성의 우위를 그의 출발점으로 삼는다. 그가 이 통일성을 실체의 차원에 위치시키기에, 하나님이라는 하나의 실체는 비우유적으로(nonaccidentally) 파악되는 인격들에 대해 우선성을 가져야 한다.[47] 마치 지역 교회들 사이의 관계가 신적 인격들 사이의 관계라는 유비를 통해 규정되는 것처럼, 보편 교회와 지역 교회 사이의 관계는 하나님 안의 실체와 인격의 관계라는 유비 속에서 규정된다.[48] 하나의 보편 교회(전체)는 여러 지역 교회들에 대해서 우선권을 가진다. 비록 모든 지역 교회가 단순히 완전한 교회의 불완전한 **부분들**이 아니라 온전한 의미에서 교회들이지만, 그럼에도 지역 교회들은 전체로부터 나오고, 전체를 향해서 존재하는 한에서만 교회들이다.[49] 라칭거가 생각하는 구도에서, 이러한 점은 결국 지역 교회가 전체를 향해서 온전히 열려 있어야 함을 의미한다. 헤르메네길트 비더만(Hermenegild Biedermann)이 일반적인 가톨릭 전통의 삼위일체론과 교회론 사이의 관계에 대해서 이야기한 바는 라칭거에게도 동일하게 적용된다. "하나의 신적 본성과 본질의 통일성이 마치 인격들의 삼중성을 '유지하는' 것처

---

45 삼위일체와 교회의 상응의 측면에 대해서는 Biedermann, "Gotteslehre"를 보라.
46 Moltmann, "Einführung," 17.
47 앞의 I.6.2를 보라.
48 앞의 3.1.3을 보라.
49 앞의 I.2를 보라.

럼, 하나의 공동 근거로서 **보편 교회**는 지역 교회의 다양성을 '유지시킨다.'"[50] 지역 교회는 정확하게 그들이 전체에 대해서 가지는 관계 속에서만 교회인 것이다.

지지울라스에 따르면, 하나님의 통일성은 하나의 신적인 실체에서 근거 지어지는 것이 아니라 오히려 아버지의 인격에 근거하는데, 이것이 바로 하나님의 하나의 실체가 왜 인격들에 대해서 존재론적 우선성을 가지지 않는지의 이유이다. 오히려 그 역이 실제로 타당하다. 즉 하나님의 실존의 인격적 방식(즉 성부의 인격)이 신적 실체를 구성한다. 이러한 의미에서 하나님의 존재는 곧 하나님의 인격성과 상응하며, 이것은 언제나 교제 속에서 이루어진다. 실체는 **오직 인격들로서만** 존재한다.[51] 이러한 점은 라칭거의 경우와는 전혀 다른 방식으로 하나의 신적 실체와 교회 사이의 유비를 가능하게 한다. 하나님의 존재 자체에서 인격 배후에 어떠한 실체도 없는 것처럼, 교회적 존재에서 지역 교회 배후에는 어떠한 보편 교회도 존재하지 않는다. 지지울라스에 따르면, 모든 지역 교회는 그것이 구체화되는 특별한 장소에서 모두 보편 교회**이다**. 그럼에도 보편 교회와 동일하게 되기 위해서(즉 그 자체로 교회가 되기 위해서) 모든 지역 교회는 다른 지역 교회들과의 교제 속에 서 있어야 한다. 하나의 보편 교회는 다른 지역 교회들에 비해서 어떠한 우선권도 가지지 않으며, 오히려 보편 교회는 바로 이러한 교회들**로서** 존재하며, 그 자체로 다른 지역 교회들과의 교제 속에 서 있는 존재로서 각각의 지역 교회 안에서 하나의 교회 그리고 전체의 교회가 존재한다.[52]

---

50 Biedermann, "Gotteslehre," 138.
51 앞의 II.1.1을 보라.
52 앞의 II.3.2.3을 보라. 참조. Biedermann, "Gotteslehre," 134 (특히 삼위일체와 교회 사이의 상응에 대한 일반적인 동방 정교회의 이해에 관해서): "삼위일체 안에서 하나의 신적 본질이 인격들을 넘어서는 '더 큰' 그 무엇을 의미하는 것이 아닌 것처럼, 보편 교회 역시 '포괄적 하나'라기보다는 '다양성을 가진 통일성'(multiple-unity)의 문제로 이해되어야 한다."

2. 하나님의 통일성을 하나님의 한 실체를 통해서 이해하는 것은 삼위 인격에 앞서 한 분 하나님의 우선성을 불가피하게 설정하는 듯 보인다. 이렇게 되면 하나님의 삼위일체는 위협을 당하게 된다. 이에 반대로 우리는 몰트만을 따라서 "인격들은 스스로 그들의 차이는 물론 그들의 통일성을 구성한다"고 주장해야 한다.[53] 이러한 점은 한 분 하나님의 신성이 삼위 인격들에 선행하지 않으며, 오히려 이러한 한 분 하나님의 신성은 바로 삼위 인격들로서 구체적으로 존재함을 전제한다.[54] 만일 그러하다면 하나님의 존재는 결국 삼위 인격들 사이의 교제와 일치하며, 이는 지지울라스가 올바르게 강조하는 지점이다. 비록 지지울라스가 이로부터 도출하는 교회론적 결론이 전적으로 설득력 있는 것은 아니더라도 말이다.

비록 처음 보기에는 하나님 안에서의 인격과 실체의 일치가 보편 교회와 지역 교회의 동시성에 상응한다는 지지울라스의 주장이 옳은 것처럼 보인다고 할지라도, 이러한 점은 결국 교회론적으로나 삼위일체론적으로 숙고해볼 지점을 우리에게 제기한다. 하나의 중요한 교회론적 논증이 보편 교회와 지역 교회의 동시성을 반박한다. 즉 이러한 지역 교회들은 다양하게 구체화된 보편 교회의 실존적 양태들이 아니라, 오히려 전체 하나님의 백성의 종말론적 모임의 **역사적** 선취인 것이다.[55] 이러한 지역 교회들은 단순히 모든 시대의 교회라는 의미에서 보편 교회와는 동일하지 않다. 오히려 이러한 지역 교회들은 **현존하는** "보편 교회"보다 상위의 개념이다. 마치 지역 교회들 자체가 아직 드러나지 않은 전체 하나님의 백성의 종말론적 모임과 성령의 선취를 통해 연결됨으로써, 즉 다시 말해 **종말론적** 보편 교회와 연결됨으로써 발생하는 것처

---

53 Moltmann, *Trinity*, 175.
54 Staniloae, *Dogmatik*, 1.267.
55 앞의 III.2.2를 보라.

럼, 보편 교회는 지역 교회들의 **방식으로써** 발생하는 것이다. 이와는 대조적으로 공동의 신적 본성은 신적 인격들의 "집합"에 의해서 발생하는 어떤 것이 아니라, 그 자체로 신적 인격들의 모임과 동일하다. 이러한 점은 왜 "신적 본성-신적 인격" 사이의 관계가 "보편 교회-지역 교회"의 관계에 상응할 수 없는지의 이유이다. 그러나 그러한 상응이 가능한 지점은 신적 인격들 사이의 관계와 지역 교회들 사이의 관계일 뿐이다.

"신적 본성-보편 교회"와 "신적 인격들-지역 교회들" 상응은 삼위일체적 이유로 마찬가지로 거부되어야 한다. 만일 보편 교회가 신적 본성에 상응해야 한다면, 그리고 동시에 모든 지역 교회가 하나의 보편 교회와 동일한 것이어야 한다면, 삼위의 인격들은 결국 수적으로 동일한 하나의 신적 본성을, 즉 동방 교회와 서방 교회 전통 모두 대개 유지하는 그러한 하나의 본성을 소유해야 한다.[56] 그러나 그러한 경우에 우리는 하나의 신적 본성이 신적 인격들에 추가해서 존재하고 동시에 각각의 인격에 다르게 구체화된다고 가정하거나, 아니면 수적으로 동일한 하나의 신적 본성과 각각 동일하다고 생각되는 인격들 사이를 구별하는 방법을 결정하는 곤란한 위치를 강요당하게 된다고 가정해야만 한다. 이러한 이유로 인해 하나의, 수적으로 동일한 신적 본성이라는 개념을 전적으로 폐기하고, 대신에 하나님의 통일성을 **페리코레시스적으로** (perichoretically, 서로 어울려 추는 춤으로) 파악하는 것이 더욱 권장할 만한 입장이다.[57] 말하자면, 각각의 신적 인격은 다른 인격들과의 관계에서는 동시에, 다른 인격들에게 내재적인 행동의 인격적 중심으로서 있게 되는 것이다.[58] 삼위일체와 교회 사이의 상응을 초지역적(supralocal)

---

56   그러나 이러한 주장은 니케아 공의회의 교의는 아니었던 것 같다(Kelly, *Doctrines*, 234ff.을 보라).
57   예를 들어, Moltmann, *Trinity*, 174ff.; idem, "Einheit," 124ff.; Siebel, *Geist*, 25ff., 87ff.을 보라
58   뒤의 3.2를 보라.

차원에서 말하기 위해, 우리는 삼위일체적 논거를 근거로 "신적 본성-신적 인격"의 관계가 아닌, 신적 인격들의 관계를 페리코레시스로 해석함으로써 출발점을 삼아야 한다. **어떻게** 삼위일체적 관계들에 대한 유비 속에서 지역 교회들 사이의 관계를 파악해야 하는지에 대한 문제는 이후에 더 세밀하게 검토될 것이다.[59]

3. 보편 교회와 지역 교회의 구별은 그 자체의 종말론적 미래로 향하는 길 위에서 자체를 발견하는 교회만을 포함한다. 종말에 전체 하나님의 백성이 삼위 하나님의 통일성 속에 모이게 될 때, 보편 교회와 지역 교회의 구분은 사라질 것이고, 인간 존재는 삼위 하나님과 온전한 교제를 누리고, 또 인간은 그들의 상호적 관계 속에서 삼위 하나님과의 교제를 반영하게 될 것이다. 이미 모든 지역 교회가 이러한 종말론적 공동체의 구체적인 선취이기 때문에, 우리가 삼위일체에 상응하는 식으로 주어진 지역 교회 **안에서 관계들을** 살아가고 그것을 이해하는 것은 결정적으로 중요하다. 이러한 관계들이 종말론적으로 구속력이 있는 반면에, 지역 교회로서 지역에 존재하는 교회들은 단순히 역사적으로 규정된 것이기에 일시적인 것에 불과하다. 지역 교회들 속에 내주하는 삼위일체는 이러한 교회들을 구성하는 인격들 속에 현존하는 방식을 통하지 않고서는 다른 방식으로 거하지 않는다. 왜냐하면 결국 교회란 그리스도의 이름 안에서 모인 이들이기 때문이다.[60] 이러한 점은 비록 삼위일체에 대한 교회 **상호적**(interecclesial) 상응이 중요하다고 하더라도, 결국 이것은 왜 삼위일체와의 핵심적인 교회 **내적**(intraecclesial) 상응에 대한 유비 속에서만 파악될 수 있는지를 우리에게 보여준다.

"신적 본성-신적 인격들" 관계가 지역 교회 내의 관계들에서 중요성

---

59 뒤의 3.1.3과 3.2.4를 보라.
60 앞의 III.2.1.2와 뒤의 3.2.4를 보라.

을 가질 수 있는가? 만일 우리가 하나의, 수적으로 동일한 신적 본성을 전제로 한다면(그것은 우리가 살펴본 바, 거부되어야 하는 것이다), 교회 내의 관계들은 단지 "신적 본성-신적 인격들" 관계에 대한 상응이라고 이해할 수밖에 없다(교회들 사이의 관계들이 그렇게 이해되는 것과 별반 다르지 않게). 그러나 만일 우리가 인간론적으로 인류의 통일성을 단순히 하나의 인간 본성의 통일성으로 파악하는 것이 아니라면, 그리고 라칭거가 주장하는 것처럼 인간 존재는 결국 그리스도 안에서 하나의 단일한 인간 존재가 되도록 정해진 그러한 "하나의 단일한 인간 존재"를 구성해야 한다고 주장하는 것이 아니라면, 인격들 사이의 관계에서 수적으로 동일한 신적 본성에 상응하는 것은 존재하지 않는다.[61] 비록 이러한 특정한 개념이 상당히 존중할 만한 역사를 가진 것이기는 하더라도,[62] 이러한 주장은 인간론적으로나 교회론적으로 받아들일 수 없는 개념이다.[63] 삼위일체적 이유에서나 교회론적 이유에서 하나의, 수적으로 동일한 신적 본성은 삼위일체와 교회 사이의 유비에서 어떠한 역할도 하지 못한다. 지역 교회들 사이의 관계들처럼, 우리는 또한 하나의 특정한 지역 교회 내의 관계들을 **신적 인격들의 교제**에 상응하는 것으로 이해해야 한다.

3. 삼위일체적 인격들과 교회

비록 삼위일체적 인격들과 관계들을 분리하지 못한다고 하더라도, 우리는 그것들 사이를 구분해야 한다. 여기서 나는 먼저, 한편으로

---

61 Ratzinger, "Wurzel," 223.
62 예를 들어, Gregory of Nyssa, *Quod non sint tres dii* (*Patrologia graeca* 45.117ff.).
63 앞의 III.2.1.3과 IV.3을 보라.

는 삼위 인격들이 가지는 특질—그들의 관계성과 그들의 상호 침투(interpenetration)—과 다른 한편으로는 교회적 인격들과 지역 교회들의 특질 사이의 상응점들에 대해서 검토해볼 것이다. 이어지는 부분에서는 나는 교회적 관계를 구성하는 데 신적 관계들의 진행과 구조의 중요성이 무엇인지 탐구하도록 할 것이다.

3.1. 관계적 인격성

1. 라칭거는 삼위일체적 인격성을 **순수한** 관계성으로 규정한다. 인격은 관계이다(*persona est relatio*). 삼위일체에 대한 이러한 이해는 두 가지 중요한 결과를 가져온다. 첫째, 인격들은 서로에게 지나치게 열려 있어서(투명해서) 이 인격들을 하나의 지속하는 신적 실체와 구별하기 힘들다.[64] 그 결과 결국에는 그 하나의 실체가 세 인격들에 대해서 수위권을 얻을 뿐 아니라, 이러한 세 인격이 실제로 불필요한 여분의 존재가 되어버린다. 만일 신적 인격들의 행위 배후에 이러한 인격들의 "나"가 존재하지 않는다면, 이미 캐서린 라쿠나(Catherine LaCugna)가 아우구스티누스의 삼위일체론에 대해서 정확하게 주장한 것처럼, 이러한 세 인격들은 결국 구원의 경륜에 불필요한 과잉의 것이 되며, "우리에 대한 삼위 하나님의 관계는 일원적인 것이 되고 만다."[65] 둘째, 이러한 인격들은 결국 관계들 속으로 해체되어버리는 것처럼 보인다. 즉 성부는 아버지됨으로, 성자는 아들됨으로, 성령은 나옴으로 해체된다. 이러한 방식으로 이해되면, 이 인격들은 불필요한 것이 될 뿐 아니라, 활동 자체를 할 수 없게 된다. 순수한 관계들—즉 "낳음의 행위"(the act of begetting), 낳아짐의 행위(the act of being begotten), 나옴의 행위(the act of

---

64 앞의 I.6을 보라. 또한 유사하게 Gunton, *Promise*, 42에 있는 Augustine의 삼위일체에 대한 그의 분석을 보라.
65 LaCugna, *God*, 99.

procession)—은 결국 그들이 기도에서 청원을 받고 예배를 통해 찬양을 받는 것 이상의 어떠한 행위도 구원사 안에서 행할 수 없게 된다.⁶⁶

삼위일체에 대한 지식이 실제적으로 획득되게 되는 구원사를 정당하게 다루기 위해서, 우리는 삼위일체적 인격들을 **주체들로서** 파악해야 한다. 하나님의 외적 사역들은 하나의 분화되지 않는 신적 본질로 귀속될 수 없고, 오히려 하나님의 삼위 인격들로부터 나오는 것이어야 한다. 따라서 관계 자체가 단순히 인격성의 한 명시로 파악될 수 없는 것만큼, 인격성은 순수한 관계로 파악될 수 없다. 오히려 인격과 관계는 동시에 생겨나고, 상호적으로 서로를 전제한다. 이것이 바로 몰트만의 삼위일체론에서 드러나는 기본적 통찰 가운데 하나이다. "관계 없이는 어떠한 인격도 존재하지 않는다. 그러나 동시에 인격 없이는 어떠한 관계도 존재하지 않는다. 인격과 관계는 서로 보완적이다."⁶⁷ 신적 인격들은 비록 서로 다르지만 그럼에도 그 시초부터 서로 연관되어 있고 이러한 관계 없이는 파악 불가능한 주체들로서, 낳음(generatio)과 내쉼(spiratio)을 통해서 그 인격들이 구성되는 것이다. 더 나아가서 그들은 그들 자신의 인격성을 드러내며, 또한 서로 주고받는 상호적 관계를 통해서 다른 인격들의

---

66 Moltmann, "Einheit," 123f. Walter Kasper, *Gott*, 351 모두 이러한 주장을 공유하는 듯 보인다. 그러나 우리가 존속함(subsistence)의 특정한 방식이나 관계들을 "기원하거나 숭배하거나 영화롭게 할 수 없다"는 사실로부터, Kasper는 단지 인격들이라는 개념을 지지해야 한다고 결론 내리고, 그러나 우리가 인격성을 최초의 순수한 관계로 정말로 이해할 수 없다고 하지는 않는다, 그러나 이러한 결론은 "순수한 관계들"로서 인격에 결부된 신학적 문제들을 제거하기보다는 언어적으로 감출 뿐이다. 우리가 예배할 때, 우리는 마치 성부와 성자와 성령이 인격들인 "것처럼" 행위하며, 적어도 이러한 행위는 하나님을 예배할 때 그들이 무엇을 하는지 이해하고 있는 이들이 하는 일이다. 삼위일체에 대한 Ratzinger의 대화적 이해를 따라서, Kasper는 이러한 세 신적 인격들을 "순수한 자기 표명", "순수한 들음", "순수한 수용"으로 각각 이해한다(p. 353; 또한 pp. 375f.을 보라). 물론 이 지점에서 Ratzinger와 같이(*Einführung*, 144), 성부가 "말하는 분"이고, 성자가 "순종 속에서 상응하는 분"이고, 성령이 "순수하게 받는 분"이라는 점을 명시적으로 부정하는 것은 아니다(p. 353). 그러나 Kasper는 이 지점에서 어떻게 "**순수한** 자기 표명"이 동시에 "말하는 분"이 될 수 있는지를 설명하지는 않는다. 이 점에서는 Ratzinger가 더욱 일관적이다.
67 Moltmann, *Trinity*, 172.

인격성을 긍정한다.[68]

2. 라칭거는 삼위일체의 인격들에 대한 엄격한 상응 속에서 인간의 인격 역시 순수한 관계성으로 파악하고자 한다. 비록 인격성에 대한 이러한 이해는 신적 인격에 대해서 궁극적으로 설득력이 없지만, 그럼에도 이러한 주장은 여전히 우리가 신적 존재를 순수한 현실성으로 이해한다면 그나마 일정 정도의 개연성을 보여줄 수 있다.[69] 그러나 인간 인격과 관련해서 인격을 순수한 관계성으로 파악하는 것은 전적으로 부적합하다. 라칭거에게 "순수한 관계"라는 개념은 인간론적 정의라기보다는 인간의 인격에 대한 구원론적이고 종말론적인 목표라는 점은 사실이다. 실제로 인간의 인격은 자신이 가지고 있는 관계와 단순히 동일하지 않다. 오히려 이러한 관계들은 "그 인격에 대해서 외부적으로 덧붙여진 그 무엇이다."[70] 그러나 바로 이러한 점이 구원의 경험이 극복해야 하는 지점이다. 마치 그리스도가 성부에 대해서 "순수한 관계"인 것처럼, 신자들은 그리스도에 대해서 "순수한 관계"이다. 비록 "가장 절대적인 의미에서의 통일성"이 이로부터 발생한다고 하더라도,[71] 그 이유로 인해서 인간의 인격은 삼위 인격들과 함께 결국에는 하나님의 하나의 분화되지 않은 실체 속으로 해소되는 것이다. 비록 이것이 라칭거의 의도는 아니라고 할지라도, 그의 인격 개념의 결과이다.

만일 우리가 삼위일체의 인격들과 관계들을 상호 보완적인 것으로 이해한다면, 교회의 인격성을 삼위일체의 인격성에 상응하는 것으로 파악하는 것이 가능해진다. 나는 이 지점에서 신적 인격들과 교회적 인격들의 관계성에 대해서만 다룰 것이고, 삼위일체적 관계와 교회적 관계

---

68 뒤의 4.2를 보라.
69 Sieble, *Geist*, 14.
70 Ratzinger, *Introduction*, 131; 참조. Ratzinger, "Personenverständnis," 213.
71 Ratzinger, *Introduction*, 135.

의 구조를 고려하는 맥락에서 이들이 가지는 주체성의 문제를 논의할 것이다.[72] 신적 인격들과 같이, 교회적 인격들 역시 서로로부터 고립된 상태에서 살아갈 수 없다. 그리스도인들은 다른 그리스도인들과의 관계를 통해서 독립적으로 믿음을 지닌 인격들로 구성되고, 서로 주고받는 일에 참여하는 가운데(빌 4:15을 보라) 그들 자신의 교회적 인격성을 드러내고 확증한다. 인격과 관계가 가지는 상호 보완적인 본성의 맥락 속에서, 인격적 삶의 구조는 실제로 라칭거의 "'로부터의 존재' 그리고 '를 향한 존재'"(being from and toward)라는 개념을 통해서 정확하게 기술될 수 있다. 비록 그러한 "존재"의 개념이 더 이상 "순수하고 전혀 제한이 없는" 것은 아니라고 할지라도 말이다.[73] 그리스도인은 결국 다른 이들로부터 그리고 다른 이들을 향해서 살아가는 존재이다.

비록 교회적 인격들과 삼위일체적 인격들의 관계가 상응한다 할지라도, 양자 사이에 차이점은 존재한다. 나는 이 지점에서 삼위일체적 인격은 최고의 교제의 친밀함 없이는 생각해볼 수도 없는 것인 반면에, 인간 존재는 그들이 다른 이로부터 고립되어 있더라도 인격으로 머물러 있다는 사실을 언급하는 것이 아니다. 실제로 인간 존재는 서로에 대해서 고립된 상태에서, 심지어는 서로 적대적인 상태에서도 **인간 존재로** 존속할 수 있다(실제로 그들이 항상 타인을 통해서 인간 존재가 되고, 증오나 무관심 속에서도 타인과 연관되어 있다고 하더라도 말이다). 이러한 점은 **인간 존재들이** 하나님이나 환경과 맺는 관계를 통해서라기보다는, 그들이 자신들이 환경과 맺는 관계의 방식에 의해 **하나님이 그들과 맺는 관계**를 통해 그들의 존재가 인간 존재들로서 구성된다는 사실에서 유래한다.[74] 그러나 이에 반해서, **그리스도인으로서** 인간 존재는 다른 그리스

---

72 뒤의 V.4를 보라.
73 Ratzinger, *Introduction*, 134.
74 이에 관해서 Pannenberg, *Theology*, 1.431을 보라.

도인들과의 사귐으로부터 분리되어 살아갈 수 없다. 구원은 필수불가결하게 교회적인 구조를 가지며,[75] 이런 점에서 삼위일체적 인격들과 교회적 인격들 사이의 관계에는 상응이 존재한다.

그러나 양자 간에 차이점은 여전히 남아 있다. 첫째로, 인간 존재는 비록 그들이 서로에 의해서 규정된다고 하더라도, 삼위일체의 경우에서처럼 그 자체로 교제인 것은 아니다. 오히려 인간들의 교제는 항상 암시적이거나 명시적인 언약을 통해서 유지되어야 한다. 왜냐하면 인간 존재가 가지는 피조물적 본성 때문에, 교회적 교제는 언제나 의지에 근거한 교제이기 때문이다(비록 교회적 존재와 교회적 의지 모두 상호적으로 서로를 결정한다고 하더라도).[76] 이러한 적용은 또한 종말론적 하나님의 백성에게도 중요한 의미를 지닌다. 분명히 이러한 백성의 교제는 종국적인 것이다. 그리고 칼 마르크스(Karl Marx)가 공산주의에 대해서 이야기한 것처럼, 그 백성의 과거의 존재 방식은 그 백성의 본질을 소유했다는 가장과는 상충할 것이다.[77] 이러한 교제의 가능한 종점은 심지어 궁극적 차원에서 구원받은 사람들의 의식의 지평에서도 떠오르지도 않을 것이다. 이러한 교제가 가지는 종국성은 오로지 **수여되는** 것이며, 바로 그 이유로 인해서 그 비존재의 가능성을, 즉 실제로 일어나지 않을 비존재의 가능성을 전제한다.

둘째, 하나님의 새 창조의 이쪽 편에서 볼 수 있는 교회적 교제는 삼위일체 하나님의 완전한 상호적 사랑에 깨어진 방식으로만 상응할 수 있다. 교회의 사귐은 삼위일체적 인격들이 살아가는 그 사랑에 대한 역사적 차원에서의 최소치의 상응과 종말론적 차원에서의 최대치의 상응 사이에서 이동하는 중이다. 이 상응의 최소치는 "타자로부터의 존재"

---

75 앞의 IV.2를 보라.
76 앞의 IV.2.2.2를 보라.
77 Marx Engels Werke Ergänzungsband, 1.536을 보라.

그리고 "타자와 함께하는 존재"에 있다. 왜냐하면 오로지 인격들의 **교제**만이 삼위일체에 상응하기 때문이다. 그리고 상응의 최대치는 자기 자신을 서로에게 내주고, 그로 인해 자기 자신과 서로를 긍정하게 되는 사랑에, 즉 "타자를 향한 존재"의 온전함에 있다.

3. 라칭거는 (지역) 교회들 사이의 관계를 삼위일체의 순수한 관계성에 대한 유비 속에서 정의한다. 오직 교회가 "자신의 것으로 쥐고 있는" 모든 것을 포기할 때, 비로소 "통일성으로의 합류"가 발생하게 된다.[78] 이러한 주장은 정확히 "보편 교회-신적 실체"와 "지역 교회-신적 인격" 유비에 상응한다.[79] **순수한** 관계성으로부터 발생하는 이러한 연합은 그럼에도 다양한 지역 교회들 각각의 개별적 정체성의 붕괴로 귀결된다. 만일 우리가 인격과 관계 사이의 상호 보완적 본성에서 우리의 사고를 시작한다면, 교회적 인격들은 물론 교회적 공동체들 역시 독립적이지만 동시에 상호적 주고받음 속에서 서로를 긍정하는 상호 연결된 실체들로 드러날 수 있다(롬 15:26f.; 고후 8:14).

그렇지만 과연 지역 교회가 필연적으로 삼위일체와의 상응에서 요구되는 것처럼, "로부터"와 "를 향한" 존재에 의해서 필연적으로 규정되는 것일까? 나는 그럴 수 있으리라고 생각지 않는다. 그리고 라칭거 역시 이러한 삼위일체적 공동체성의 구조를 지역 교회들 사이의 관계에 일관되게 적용할 수는 없을 것이다. 비록 사랑 안에서 연합하는 것이 지역 교회들 사이에서 실로 바람직한 것일지라도, 이것은 결코 교회성의 **절대적 조건이 아니다.** 만일 우리가 (라칭거가 아우구스티누스를 따라서 그렇게 하듯이) 사랑을 성만찬적 교제 속에 "서 있는 것으로" 객관적으로 이해하는 것이 아니라면, 이것은 교회성의 절대적 조건일 수 없다. 그러

---

78 Ratzinger, *Introduction*, 135.
79 앞의 2.1을 보라.

나 이는 결국 "타자를 향한 존재"에 연관되는 사랑의 차원을 파괴하게 된다. 이 점에서 라칭거는 **사랑**이라는 단어를 애매하게 사용한다. 삼위일체적이고 최대치의 교회론적 의미에서, 사랑이라는 단어는 "로부터/를 향한"의 구조를 가리킨다. 그러나 최소치의 교회론적 의미에서 사랑이란 단어는 "로부터/와 함께"의 구조를 가리킨다. 이는 가톨릭 전통의 입장을 반영하는데, 그 전통은 "타자를 향한 존재"가 아니라 오직 "타자로부터의 존재"와 "타자와 함께하는 존재"가 교회성에 필수불가결하다고 주장한다. 잠시 체류 중인 교회는 오로지 삼위일체를 부분적으로만 반영할 뿐이다.

그러나 실제로 "타자와 함께하는 존재"가 삼위일체와 교회 사이의 상응의 **최소치**를 위해 필수불가결한 것인지 하는 질문이 떠오른다. 상호적인 주고받음의 사귐으로서의 하나의 지역 교회라 할지라도, 만일 그것이 의도적으로 다른 교회로부터 고립되어서 그러한 교회들과의 교제를 추구하지 않으면, 삼위일체에 상응하지 못할 것이다. 왜냐하면 삼위일체는 정확히 말해서 개방되고 기꺼이 초대하는 교제이기 때문이다. 그러나 만일 교회가 다른 교회들에게 열려 있다면, 이것은 이미 부분적으로 삼위일체에 상응한다고 이야기할 수 있다. 왜냐하면 다른 교회들과 교제를 추구함으로써, 이러한 교회는 결국 삼위일체 하나님과의 교제에 있는 전체 하나님의 백성의 종말론적 모임에 상응하게 되며, 처음부터 이러한 행위를 통해 실제로 교회로서 자리를 잡기 때문이다.[80] 그러므로 삼위일체에 대한 교회 상호적 상응점의 최소치는 실제로 "모든 타자들과 함께하는 존재"가 아니라, "타자들로부터의 존재" 혹은 "모든 타자들을 향하고자 하는 **추구**" 속에 있다.[81]

---

80 앞의 III.3.2와 뒤의 VII.2를 보라.
81 교회들 사이의 관계에 대해서는 앞의 III.3.2와 뒤의 3.2.4를 보라.

3.2. 페리코레시스적 인격성

1. 그들의 상호적인 주고받음 속에서 삼위일체적 인격들은 서로 의존적일 뿐 아니라, **상호적으로 내재적**이다. 이 지점은 요한복음에서 예수가 반복해서 말씀한 것이다. "그러면 너희가 아버지께서 내 안에 계시고 내가 아버지 안에 있음을 깨달아 알리라"(요 10:38; 참조. 14:10-11; 17:21). 이러한 삼위일체적 인격들에 대한 상호 내재적 거주와 상호 침투는 이미 위-키릴루스(Pseudo-Cyril)에 의해서 페리코레시스(περιχώρησις)[82]라고 알려진 것인데, 이는 신적 인격들과 그들의 통일성 모두의 특징을 결정하는 개념이다.

페리코레시스는 삼위일체적 인격들 사이의 상호적 **내주성**(interiority)을 의미한다.[83] 주체로서 각각의 모든 신적 인격 속에, 다른 인격들이 또한 내주한다. 그들은 인격들 사이의 구별을 결코 포기하지 않음에도 불구하고, 동시에 모두가 상호적으로 다른 인격에게 온전히 스며든다. 실제로 인격들 사이에 존재하는 구별은 정확하게 말해서 바로 이러한 내주성의 전제조건이다. 왜냐하면 상대방에게 해소되어버린 인격은 상대방 속에 존재한다고 이야기할 수 없기 때문이다. 페리코레시스는 "융합이나 혼합 없이 상대방 안에서 상호-내재하는 것이다."[84] 이는 다

---

[82] Prestige, *God*, 296을 보라.
[83] Staniloae, "Relations," 38.
[84] Prestige, *God*, 298. 다음과 같은 반대가 곧 뒤이을 것이다: "혼합 없이 서로에게 속함"이라는 개념은 순수한 관계성으로서의 인격성이라는 개념(앞서서 비판받았던)만큼이나 생각하기 어렵다. 그러나 그 출발점들이 서로 다르다는 것을 지적하는 것은 중요하다. 페리코레시스는 그들의 상호 내주 속에서 존재하는 구별된 인격들로 파악되고 그러한 인격들로부터 시작된다; 반면 순수한 관계성으로 인격을 이해하는 것은 결국 인격들 안에서 "굳어진" 관계들에서부터 시작한다. 페리코레시스에 대한 개념은 계시의 이야기에서 출발한다(행동하고 말씀하는 인격들로서 성부, 성자, 성령). 그러므로 그것은 개념적 미궁으로 빠질 수 있는 지점으로 이어진다; 반면에 순수한 관계성의 개념은 처음 자리에서 계시의 이야기에 도달하기 위해 이러한 개념적 미궁을 거쳐서 나아가야만 한다. 이미 앞에서 보았듯이(IV.3.2.1을 보라), 페리코레시스의 개념은 만일 우리가 엄격하게 현상학적인 관점에서 종교적 현상을 예언적 발화 행위로 볼 수 있다면, 어떤 면에서 설득력을 가지게 된다. 예언하는 이나 성령이나 모두(저마다 다른 방식으로) 예언의 메시지의 주체가 된다(비록 예언

음과 같은 두 가지 진술, "아버지와 아들은 서로 안에 있고" "그리스도인은 **그분들** 안에 있다"("**우리 안에**"—복수형!; 요 17:21)는 진술을 가능하게 만들어준다. 서로 안에 존재하는 것은 삼위일체적인 다수성을 철폐하지는 않는다. 그 인격들 사이에 존재하는 구별에도 불구하고 그들의 주체성들(subjectivities)은 서로 포개어진다. 각각의 신적 인격은 주체로서 행동하지만, 동시에 다른 인격들이 그 안에서 또한 주체들로서 행동한다. 이러한 점은 왜 요한복음의 예수가 다음과 같은 역설적인 표현을 했는지를 잘 설명해준다. "내 교훈은 내 것이 아니요"(ἡ ἐμὴ διδαχὴ οὐκ ἔστιν ἐμή, 요 7:16). 이러한 진술은 우리가 "나의 것"(mine)과 "나의 것이 아닌 것"(not mine) 사이의 갈등을 완전히 해체하기보다는 오히려 양자를 동등하게 강조한다면, 충만한 신학적 무게를 가지게 된다. 인격적 내주성 속에서, "나의 것"은 "나의 것"이 되는 것을 멈추지 않으면서 동시에 "나의 것이 아닌 것"이 되며, 동시에 "나의 것이 아닌 것"은 "나의 것이 아니기"를 그치지 않으면서 "나의 것"이 된다.

신적 삼위일체의 인격들이 가지는 내주성으로부터, 내가 **전일성**(catholicity)이라고 부르고자 하는 것이 드러난다. "아버지께서 내 안에 계시고 내가 아버지 안에 있다"(요 10:38)는 주장은 "누구든지 나를 본 자는 아버지를 보았다"(요 14:9-10)는 주장을 함축한다. 하나의 신적 인격은 단지 그 자신일 뿐만 아니라, 자신 안에 다른 신적 인격들을 동시에 담지한다.[85] 그리고 오로지 그 안에 이러한 다른 인격들이 내주하는 것 가운데 그 인격은 진정한 인격이 된다. 성자는 오직 성부와 성령이 그 안에 내주할 때에만 성자가 되며, 이러한 성부와 성령의 내주함이 없다면 성자는 존재하지 않는다. 이러한 관계는 성부와 성령에게도 동일하

이 명백히 인격의 상호 내주가 아니라 일방적 내주성을 포함하고 있더라도).
85 유사하게 Staniloae, *Dogmatik*, 1.275.

게 적용된다. 비록 저마다의 방법으로 존재한다고 하더라도, 어떤 의미에서 각각의 신적 인격은 다른 두 인격이다. 그리고 이 점은 왜 삼위일체적 인격이 독특한 인격이 되는 것을 그치고, 그 독특성 속에서 완벽하게 전일적인(catholic) 신적 인격이 되는지를 설명해준다. 물론 신적 인격들 사이에 존재하는 전일성은 창조세계와 그 역사에 열려 있으며, 이러한 상호적 내주성뿐 아니라 "하나님 안에 존재하는" 모든 피조물로 구성된다. 그러므로 오직 하나님(그리고 세 인격 각각)만이 "만유 안에 만유" (고전 15:28)가 될 수 있다.

신적 인격들의 상호적 내주성은 그들의 통일성의 성격을 결정한다. 페리코레시스 개념은 이 지점에서 인격의 연합-실체의 통일성(unio personae-unitas substantiae) 사이의 양자택일을 극복할 가능성을 우리에게 제시한다.[86] 삼위 하나님의 통일성은 수적으로 단일한 실체에 근거하는 것도 아니며, 또한 인격들 사이의 우연한 의도 속에 정초하는 것도 아니다. 이러한 삼위 하나님의 통일성은 삼위 인격들 간에 상호적으로 내주하는 존재에 있다.[87] "영원한 사랑의 힘에 의해서, 신적 인격들은 서

---

[86] Hilary of Poitiers, *De trinitate* 4.42를 보라: "*Unum sunt, non uione personae sed substantiae unitate*"(*Patrologia latina* 10.128).
[87] 이런 점에서 흔히 페리코레시스와 신적 실체의 하나됨(oneness)은 하나님의 통일성을 파악하는 두 가지 보충적 방식이라고 생각되었다. 페리코레시스는 "본질의 정체성에 대한 정확한 반대"라고 G. L. Prestige는 기술하고 있다(*God*, 298). 사상가의 칭호에 모자람이 없는 John of Damascus은 이러한 두 개념을 함께 놓고, 하나님이 그 동일한 본질로 인해서, 그리고 서로 안에 존재하는 인격으로 인해서(διὰ δὲ τοῦ ὁμοουσίου, καὶ τοῦ ἐν ἀλλήλαις εἶναι τὰς ὑποστάσεις) (*De Fide*, LVIII. *Patrologia Graeca*, 825f.) 하나시라고 주장한다. 그러나 이러한 두 개념들이 서로 양립 가능한지는 사실 의심스럽다. 만일 우리가 하나님의 수적인 차원에서의 동일한 실체를 전제한다면, 신적 인격들의 유일한 내용은 바로 기원에 대한 그들의 관계에 있다. 예를 들어 성부는 낳아지는 것을 제외하고는 모든 것을 성자와 공유해야 한다. 그렇게 되면 결국 인격들은 단순히 성부의 낳아지지 않음(ἀγεννησία), 성자의 낳아짐(ἀγέννησις), 성령의 나옴(ἐκπόρευσις) 외에 다른 것이 될 수 없으며, 결국 "하나의 나누어지지 않는 신적 실체가 그 자신을 분여하고 제시하는"(Kelly, *Doctrines*, 266) 방식으로만 존재하게 된다. 만일 우리가 신적인 실체의 통일성이라는 전제 아래에서 인격들의 상호 내주에 대해서 이야기하고자 한다면, 결국 아버지됨(ἀγεννησία)이 아들됨(ἀγέννησις) 속에 있다는 분명히 무의미한 말을 할 수밖에 없게 된다. 비록 성부가 성자 안에 존재할 수 있지만(앞의 각주 84를 보라)—적어도 요한복음의 예수에 따르

로 함께, 서로를 위해서, 서로 안에서 매우 친밀하게 존재하기에, 이들은 스스로 그들의 독특하고 비교할 수 없는 완벽한 연합 속에서 자기 자신을 구성한다."[88] 신적 본질의 통일성은 삼위의 신적 인격들이 가지는 전일성과 내주성의 표면이다.

   2. 엄밀한 의미에서, 인간적 차원에서 신적 인격들의 내주성에 해당하는 상응은 존재할 수 없다.[89] 다른 인간 자아는 나의 자아 안에서 행위의 주체로서 내주할 수 없다. 인간의 인격들은 언제나 서로에게 **주체들로서** 외부에 존재한다. 혹자는 상호적 사랑의 경험을 반대되는 증거로 제시할지도 모르겠다. 하지만 이러한 사랑의 자기 상실(selflessness)에도 불구하고, 사랑하는 자아 안에서의 사랑의 주체는 사랑받는 대상이 아니라 사랑하는 자아이다. 비록 자아가 가지는 사랑이 우선적으로 사랑받는 대상으로부터 불타오르는 것이라고 하더라도 결국 사랑의 주체는 사랑하는 자아이다.[90] 이런 점에서 그 자아는 사랑을 통해서 자아가 없어진다고 하더라도, 실제로 그 자아는 단지 타자를 끌어안을 수 있는 자아이거나 타자 안으로 "감정을 이입해서 들어갈" 수 있는 자아일 뿐이

면—그럼에도 아버지됨 자체가 아들됨에 존재할 수는 없다. 따라서 인격들이 관계들 속에 본질적으로 서 있으면서도 이러한 관계들 자체와 동일하지 않을 때에만, 비로소 인격들의 상호 내주는 가능하다. 그러나 이는 우리가 신적 실체의 수적인 동일성을 포기하는 것을 전제로 한다.

88 Moltmann, "Einheit," 124. idem, *Trinity*, 174f. O'Donnell이 "Moltmann이 묘사한 연합은 단순히 도덕적인 연합"이라고 기술할 때("Trinity," 21), 그는 신적 인격들이 서로 다른 인격 안에 존재한다는 결정적인 지점을 간과했다. 이렇게 서로 다른 인격 안에 있는 존재가 인격들의 구성을 전제하지만(Wendebourge, "Person." 508, 각주 35를 보라), 인격들은 서로에게 상호 내재적인 존재로 구성된다; 그들은 나중에야 서로에게 상호 내재적인 존재가 되는 것이 아니다.

89 Harrison, "Perichoresis," 65과 반대로. Siebel은 "세 번째 인격 속에 있는 두 인격들"에 대해서 이야기한다. 그러나 이러한 세 번째 인격이 "자연적" 인격이 아니라 "도덕적" 인격일 수 있다는 점에서, 그는 결국 "유사-인격" 안으로 도피하는 것을 피할 수 없으며(*Geist*, 48f.), 그러므로 모든 실천적 목적으로 인해 인간적 차원에서의 인격적 상호 내주의 불가능성을 강조할 수밖에 없다.

90 Eberhard Jüngel, *Gott*, 430ff.은 설득력 있게 사랑이 단순히 순수한 자기부정만이 아님을 논증하고 있다.

지, 결코 그 타자 안에서 자아로서 거주할 수 있는 그러한 자아는 아니다.[91] 타자 안에 내주함은 오로지 하나님에게 속한 배타적 특권이다.

신적 인격들은 삼위 인격들이 서로 내주하는 방식과 질적으로 전혀 다른 방식으로 인간 존재 안에 내주한다. 이러한 점은 신적 인격들의 내주성이 순전하게 상호적이기에, 하나님과 인간 존재 사이의 관계에는 해당되지 않는다는 사실로부터 이미 명백하다. 인간 존재 안에 계시는 분은 단순히 성령만이 아니라, 성령과 함께하는 성부와 성자 모두이다. 물론 인간은 성령 안에 있다(롬 8:9을 보라).[92] 하지만 인간은 성령 안에서 주체로서 내주하지 못한다. 그렇지 않다면, 성령이 그들의 행위의 주체인 것처럼 그들 역시 성령의 행위의 주체여야 한다. 성령은 결국 "자기가 불고자 하는 곳에서 분다." 만일 성령이 인간 존재 안에서 내주하는 것처럼, 인간 존재가 인격적으로 성령 안에 내주한다면, "바람이 임의로 불매…성령으로 난 사람도 다 **그러하니라**"(요 3:8)라는 구절은 역으로도 이해하는 것이 가능할 것이다. 그러나 이러한 구절의 역은 성립하지 않는다. 이러한 인격의 내주성은 일방적이다. 성령은 인간의 인격 안에서 내주하지만, 인간 존재는 그와는 대조적으로 성령의 인격에 내주하는 것이 아니라, **성령이 생명을 주는 환경**에만 내주할 뿐이다.

교회적 차원에서(그리고 넓은 의미에서는 피조물적 차원에서) **인격적 특성들의 내주성**은 신적 인격들의 내주성에 상응할 수 있다. 인격적 만남 가운데서 다른 인격은 의식적으로든 무의식적으로든 나의 존재 속으로 흘러 들어온다. 그 반대도 역시 참이다. 이러한 상호적 주고받음

---

91 심지어 임신과 같은 친밀한 관계마저도 인격적 차원에서의 상호 내주의 현상을 포착하지 못한다. 비록 아이가 한 인격이라고 하더라도(신학적 의미에서), 아이는 아직 주관성을 가지지 못하며, 어머니의 자아 안에서 존재하는 것이 아니라, 어머니의 몸 안에서 존재하는 것이기 때문이다(이 몸이 어머니가 소유한 몸일 뿐 아니라 어머니 그 자신일지라도).
92 인간 존재 안에서 성자의 현존과 성자 안에서 인간 존재의 현현에 대해서는 요 6:56; 14:20을 보라.

속에서 우리는 타자에게 어떤 것을 주기도 하지만 결국 우리 자신의 일부를 주는 것이다. 그것은 타자와의 교제 속에서 우리 스스로가 만든 그 무엇이다. 또한 우리는 타자로부터 무언가를 받으면서 동시에 그들의 일부를 받는다. 각각의 인격은 타자에게 자기 자신을 주며, 동시에 각각의 인격은 고유한 방법으로 타자를 자신 안으로 받아온다. 이것이 바로 그리스도 안에서 내주하는 성령을 통해서 교회 안에서 일어나는 인격적 특성들의 상호적 내주화의 과정이다. 성령은 이러한 그리스도인들을 서로에게 개방시키며, 그들이 자신의 독특함 속에서 **전일적 인격들**(catholic persons)이 되도록 허용한다. 바로 이 지점이 그들이 피조물의 방식으로 신적 인격의 전일성과 상응하는 지점이다. 그러나 그리스도인들의 전일성은 교회적으로 제한되지 않는다. 전일적 인격은 그 인격의 그리스도인 형제자매와 친구들뿐 아니라, 그 인격이 속한 **전체 "환경"**(창조자 뿐 아니라 모든 창조물)의 내주화도 포함한다. 모든 인격은, 그 인격이 자신을 독특한 방식으로 그가 살아가는 전체적이고 복합적인 실재를 반영하는 한, 전일적 인격이다.[93]

3. 이러한 상호적 주고받음은 비록 그것이 초보적 차원일지라도, 어느 정도 이미 존재하는 연관 관계를 전제한다. 만일 내가 전적으로 타자로부터 고립되어 있다면, 나는 그들에게 아무것도 줄 수 없으며 받을 수도 없다. 이것이 왜 인격들 사이에 존재하는 교제가 그들의 전일성에 앞서야 하는지를 설명한다(마치 인격들의 내주성이 그들의 온전한 통일성에 앞서는 것처럼). 인간의 인격은 주체로서 다른 이에게 내주할 수 없기 때문에, 그들의 통일성은 자주 제안되는 것과 같이 엄격한 페리코레시스

---

[93] Catherine Keller의 인간론에 따르면, "**모든 것**은 일정 부분 **실제로** 나의 부분이다"(*Broken Web*, 184, 볼프 강조). 그러나 내 설명과는 달리, 그녀의 페미니즘신학적 인간론은 Alfred North Whitehead의 과정철학적 전통, 즉 그 형이상학적 체계 안에서 "모든 현실적 존재"는 "다른 모든 현실적 존재" 속에 존재한다는 것을 보여준 과정철학의 전통 속에 서 있다(*Process*, 92f.; 이와 관련해서 Welker, *Universalität*, 80ff.을 보라).

적 방식으로는 파악될 수 없다.[94] 그렇다면 이것은 (지역) 교회를—삼위일체와는 상당히 다르게—그리스도인들의 뒤이은 연합으로 만드는 것은 아닌가? 교회의 통일성과 삼위 하나님의 통일성 사이에 존재하는 상응이 인간 인격의 상호 내주성을 요구하지 않는가? 그리고 신약성서 또한 인격의 상호 내주성이라는 방식으로 통일성을 파악하고 있지 않은가? 따라서 예수는 요한복음 17:21에서 다음과 같이 간구한다. "아버지여, 아버지께서 내 안에 내가 아버지 안에 있는 것같이 그들도 다 하나가 되게 하소서." 그러나 이미 **신학적** 이유로 인해서, 이러한 "같이"(καθώς)라는 문구는 동일성의 의미에서 해석되기보다는, 유사성의 의미에서 해석되어야 한다.[95] 그러나 이러한 경우에도 인간의 페리코레시스적 통일성이 신적 페리코레시스적 통일성으로부터 필수적으로 도출되는 것은 아니다. 우리는 신적 통일성과 인간적 통일성의 비교가 과연 무엇 안에 있는지를 묻는 질문을 먼저 제기해야 한다. "아버지여, 아버지께서 내 안에 내가 아버지 안에 있는 것 같이"라는 진술이 "그들이 또한 **서로 안에 존재**"하는 것이 아니라, "또한 **우리 안에 있게 하사**"와 연결된다는 점에서, 이러한 신학적 사유가 주석적으로 확증된다. 인간 존재는 성자가 그들 안에 거하는 한에서만(요 17:23; 14:20) 삼위 하나님 안에 존재할 수 있다. 그리고 만일 성자가 그들 가운데 거하면, 성부가 성자를 사랑하는 그 사랑 역시 그들 가운데 존재한다(요 17:26). 그러나 성자가 성령을 통해서 인간 존재 안에 내주하기 때문에, **교회의 통일성은 결국 그리스도인들 안에서 성령의 내주함에 근거하고 있다.** 그리고 성령을 통해서 다른

---

94 또한 예를 들어 Kasper, *Gott*, 346; Plantinga, "Images," 62f. 대상 12:39의 병행구가 제시하는 것처럼, "하나의 마음과 영혼"(행 4:32)이라는 금언적 표현은, 비록 그 "마음"이라는 표현이 인간 존재의 인격적 중심을 지칭하는 것일지라도, 인격들의 내주성에 대한 개념으로 해석되어서는 안 된다. 또한 Aristotle, *Ethics*, 1168b을 보라. 여기서 하나의 영혼(μία ψυχή)은 우정의 윤리학이라는 맥락에서 나타난다.
95 Bultmann, *John*, 513. 또한 "같이"(καθώς)를 "닮음"(resemble)으로 해석하는 Lightfoot, *John*, 299을 보라.

신적 인격들도 그리스도인들 안에 내주하는 것이다. 성령은 "다수의 인격들 안에 있는 하나의 인격"이다.[96] 이것은 인간들 사이에 존재하는 상호적 페리코레시스가 아니라, 삼위일체와 상응하는 교제 속으로 교회를 만드는 (모든 이에게 공통적인) 성령의 내주함이다. 이 교제는 인격성과 사회성 안에서 동일수위적이다. 하나님이 인간 존재들을 독립적 인격들로서 그들의 사회적·자연적 관계를 통해서 구성하는 것처럼, 그들 안에 내주하는 성령은 독립적 인격들의 친밀한 교제로서 교회적 관계를 통해서 그들을 구성한다.[97] 이처럼 그들은 삼위 하나님의 통일성에 상응하고, 그러한 점에서 그들은 **하나**의 교회의 구체적 예시라 할 수 있다.

4. 만일 인간의 인격들이 서로에 대해서 내주할 수 없다면, 인격들의 사귐으로서 교회는 말할 것도 없다. 따라서 삼위 하나님의 페리코레시스는 교회들 **사이의**(interecclesial) 통일성의 모범이 될 수 없다. 또한 교회를 구성하는 이들의 마음에 거하는 성령의 내주함과 분리해서, 교회 그 자체가 성령이 내주하는 주체가 될 수도 없다.[98] 그러므로 교회들은 성령 안에서 서로에게 연결되는데, 이는 교회들이 집합적 주체이기 때문이 아니라, 그 교회를 구성하는 **사람들**이 평신도이든 임직자이든 간에 어떤 관계 안에 서 있기 때문이다. 현대 사회에서 이러한 일은 인격적 만남 속에서 직접적으로 일어날 뿐 아니라, 이를 매개하는 기관이나 상호 작용의 메커니즘을 통해서 일어난다.

그럼에도 신적 인격의 페리코레시스는 또한 교회 사이의 관계에 대해 관련성을 가진다. 이 지점에서 삼위일체와 교회 사이의 상응은 신적 인격들의 **전일성** 위에 세워진다. 개별적 인격들과 마찬가지로 전체 공동체 역시 그들 나름의 정체성을 규정하는 특징들—그것이 그들이 살

---

96 Mühlen, *Una mystica.* 앞의 IV.3.2.2를 보라.
97 앞의 IV.3.2를 보라.
98 앞의 IV.2.1.3을 보라.

아가는 문화적 맥락에서 습득된 것이든, 혹은 그들 사이에 존재하는 탁월한 인격성들을 통해서 습득된 것이든 간에—을 가지게 된다. 그리고 그들은 이러한 특징을 다른 교회들에게 전달한다. 통시적이면서 공시적으로 서로가 서로에게 자신을 개방함으로써, 지역 교회들은 서로를 부요하게 하고, 그로 인해 점차 전일적 교회가 되어간다. 이러한 방식으로, 그들은 또한 삼위 하나님의 전일성에 점차 상응하게 된다. 이미 하나님은 그들을 전일적 교회로 구성하였다. 왜냐하면 그들은 전체 하나님의 백성의 종말론 공동체를 선취하는 존재**이기** 때문이다.[99]

4. 삼위일체적 관계들과 교회적 관계들의 구조

삼위 인격들과 그 인격들의 내주성 사이의 관계는 논리적으로 성자의 "낳음"(generation)과 성령의 "나옴"(procession)을 전제한다. 왜냐하면 오로지 이미 구성된 인격만이 서로에게 연관될 수 있으며 서로 안에 존재할 수 있기 때문이다. 삼위일체에 대한 논의에서, 삼위일체적 관계들의 구조는 일관되게 낳음과 나옴의 개념에 의해서 규정되어 있었다. 나는 이 지점에서 어떤 의미에서 낳음과 나옴이 삼위일체적 관계의 구조를 만드는지를 검토하고, 더 나아가 삼위일체의 어떠한 측면이 교회적 구조에 반영되어야 하는지 탐구해보도록 하겠다.

    1. 내가 앞서 보여준 바와 같이, 비록 라칭거가 교회 내의 관계를 삼위일체적 방식으로 파악했다고 하더라도, 그는 교회의 구조를 일원론적으로 파악한다. 그리고 여기서 명확한 역설이 발생한다. 인격들은 "순수한 관계들"이기 때문에, 하나님은 오로지 분화되지 않는 하나의 신적

---

99 뒤의 제Ⅶ장을 보라.

존재로서, 즉 **하나의** "인격"으로서 외재적으로 행동할 수 있다.[100] 이러한 방식으로 외재적으로 행동하는 하나의 신적 본성은 그리스도와 함께 하나의 주체를 구성하고 이로써 스스로 행위를 할 수 있게 된 하나의 교회에 상응한다. 여기서 삼위일체나 교회 모두에게 "하나"는 구조적으로 결정적이다. 하나의 신적 본성, 하나의 그리스도, 하나의 교황, 하나의 주교. 그리고 이러한 점은 결국 필리오크베와 연관된 직선적 삼위일체론에 상응하게 된다. 즉 성령은 단순히 아들로부터 나오는 세 번째 인격이며, 결국 구원의 경륜에서 아들을 규정하지 못하는 존재가 되어버린다. 이 지점은 성령이 교회의 구조들을 역동적으로 만들어주기는 하지만, 그럼에도 왜 구조들의 형식을 결정할 수 없는지를 잘 설명해준다.

교회의 이러한 엄격하게 위계적인 구조는 바로 "하나"의 조직적인 우위로부터 그리고 "전체"의 우선성으로부터 도출된다. 오로지 하나만이 바로 전체성의 통일성을 보장하기에, 교황은 다른 주교들 위에 존재해야 하며, 주교들은 회중 위에 존재해야 한다. 비록 이들의 힘이 신적인 "순수한 관계성"과의 유비 속에서 이론적으로 항상 순수하게 "대리자적 능력"(vicarial power, 즉 그들을 통해서 행동하는 것은 그리스도이다)이라고 하더라도, 적어도 하나님의 새 창조의 이쪽 편에서는 구체적으로 그것은 일종의 인격적 힘으로 현실화된다. 만약 교회적 인격들의 관계를 순수한 삼위일체적 관계들과의 유비 속에서 파악한다면, 필연성의 다수는 이러한 하나의 인격적 힘에 대해 무방비적으로 종속한 채 남아 있게 될 것이다. 인격적 권리는 인격을 "순수한 관계"로 보는 이러한 이해로부터는 도출될 수 없다. 인격에 대한 이러한 개념은 실현된 종말론을 잘못 전제하고 있으며, 힘에 대한 남용을 구조적으로 정당하게 대처

---

100 이것이 바로 Augustine의 삼위일체론이 함의하고 있는 점이다(Hill, *God*, 61을 보라; 참조. Studer, "Person-Begriff," 174).

할 수 없다. 왜냐하면 이런 방식으로 이해된 인격들은 관계들의 일원적인 위계구조에 뿌리박게 되기 때문에, 인격을 순수한 관계로 이해하는 것은 결국 억압적 이데올로기로 쉽사리 퇴화하게 된다.[101]

지지울라스는 교회적 관계들의 구조를 일관되게 삼위일체적 방식으로 파악한다. 그는 성부의 인격에 수위성을 부여하는 비필리오크베적(nonfilioquistic) 삼위일체 신학에 기반을 두고 교회적 관계의 구조를 이해한다. 하나와 다수 사이의 관계는 상호적이다. 성부가 성자와 성령을 구성하지만 동시에 이들에 의해서 조건 지어지는 것처럼, 그리스도 역시 교회를 구성하지만, 동시에 성령 안에서 교회에 의해서 조건 지어진다. 그리고 마찬가지로 그리스도의 형상으로서 주교는 교회 공동체를 구성하지만 동시에 성령적 실체로서 그 공동체에 의해서 조건 지어진다.

그러나 지지울라스에게 하나와 다수 사이의 상호적 관계는 비대칭적이다. 성부는 성자와 성령을 구성하지만, 성자와 성령은 단지 성부를 **조건 지을** 뿐이다. 그리스도는 교회를 구성하지만, 반면에 교회는 단지 그리스도를 **조건 지을** 뿐이다. 따라서 주교는 교회를 구성하지만, 그는 교회에 의해서만 **조건 지어진다**. 결국 성부의 홀로 다스림(군주성, 단일기원성)과 성자와 성령의 종속(지지울라스가 말한 바 "일종의 종속")[102]은 교회에 대한 그리스도의 다스림뿐 아니라, 교회 안에서의 위계적 관계들 속에서도 반영된다. 삼위일체의 인격처럼, 교회적 인격 역시 위계구조에 대한 인식 없이는 파악될 수 없다.[103] 평신도 직제의 기능은 단지 일방적으로 화답송을 하는 정도에 불과하다. 그들은 단지 **그리스도의 인격 속**

---

101 앞의 I.6.2를 보라.
102 Zizioulas, *Communion*, 89.
103 Zizioulas, "Die pneumatologische Dimension," 141. 적어도 외부자로서 나에게 있어서 위계에 대한 Zizioulas의 무제한적 긍정은 다른 동방 정교회 신학자들이 수행하고 있는 (Harikianakis, "Petrusdienst," 285) 교회 내에서의 종속에 대한 비판(곧 가톨릭적 교회론에 대한 비판)보다 훨씬 더 동방 정교회의 교회적 현실에 잘 부합하는 것처럼 보인다.

에서(*in persona Christi*) 행동하는 주교를 뒤따를 뿐이며, 단지 예전적 아멘으로 응대할 뿐이다. 더 나아가서 지지울라스는 평신도의 직제를 단순히 분화되지 않은 통일성으로 이해한다. 모든 이가 동일한 예전적 기능만을 가질 뿐이다. 평신도들은 단순히 하나와 다수라는 위계적으로 구조화된 양극성 속에 놓일 뿐이고, 그 속에서 평신도는 전체로서 종속된 채로 남아 있을 뿐 아니라, 개인들로서는 사실상 아무런 중요성도 가지고 있지 않다.[104]

2. 나는 삼위일체적 인격들과 그 관계들을 상호 보완적으로 파악해야 한다고 주장한 바 있으며, 또한 삼위일체적 인격들을 페리코레시스적 주체들로서 규정해야 한다고 논증했다. 성부, 성자, 성령은 판넨베르크가 정식화한 것처럼, "하나의 신적 주체라는 존재의 서로 다른 양태들이 아니라, 오히려 분리된 행위 중심들의 생동적 실현화"인 것이다.[105] 따라서 하나님은 세 인격을 가진 하나의 신적 자아로서 외재적으로 행동할 수 없으며, 오로지 서로 안에 존재하는 다른 인격들의 교제로서 행동한다. 그렇다면 어떻게 주체로서 신적 인격들의 관계가 구조화되는가?

삼위일체 신학은 대개 나옴들을 관계들과 동일시했는데, 그 관계들은 이중적 방식으로 발생하는 어떤 것이다. 관계들이 나옴들로 해소되던가, 아니면 나옴이 상호적 관계들로 이해되는 것이다. 첫 번째 경우, 결과는 신적 인격들 사이의 단일 직선적인 위계적 관계이다. 즉 아버지가 아들을 낳고 성령을 내쉬고(아들과 함께?), 아들과 성령을(아들과 함께?) 보낸다. 성부 혼자만 수여자가 되고, 성자와 성령이 성부를 향해 거슬러 올라가는 행위는 비정상적인 것으로 치부된다. 반면 두 번째 경우, 신적 인격들은 하나의 공동의 신적 본성으로 해소된다. 모든 인격들은

---

104 앞의 제II장을 보라.
105 Pannenberg, *Theology*, I.319. 그러나 다른 관점이 Heribert Mühlen에 의해서 제시된다. 그는 "신성 안에 있는 단일한 인격적 행위 중심"을 주장한다(*Geist*, 166).

상호적으로 서로를 구성하고 동시에 서로에 의해서 조건 지어지기에, 서로에게서 구별되지 않는다.[106] 만약 헤겔을 따르는 것이 아니라면 결국 이러한 입장은 내재적 삼위일체와 경륜적 삼위일체를 완벽하게 동일시하고, 그 시초부터 성자를 성육신된 신적 인격으로 이해하는 동시에 성령을 하나님께 세계를 가져오는 인격으로 이해하게 된다.[107]

그러나 구성하는 분과 구성되는 분은 그 구성적 과정에서부터 개념적으로 그리고 실질적으로 구별할 수 있다.[108] 이러한 점은 왜 우리가 인격들의 구성과 그들의 관계를 구별해야 하는지를 설명해준다. 성자와 성령은 성부에 의해서 구성된다. 성부는 성자와 성령이 그들의 신성을 받게 되는 근원이다. 즉 성부는 성자와 성령의 "휘포스타시스적 신성" (hypostatic divinity)을 구성한다. 그러나 **어떻게** 이러한 세 인격이 하나님으로 존재하는지, 혹은 어떻게 "삼위일체 내적 형식"(innertrinitarian form)으로 존속하는지에 대한 질문은 결국 삼위 인격들이 가지는 상호적 관

---

106 Zizioulas, *Communion*, 45, 각주 40. 구성의 차원과 관계의 차원의 구별을 반대하는 Wolfhart Pannenberg는 인격들의 구성을 엄격하게 상호적인 것으로 이해한다. 이러한 점은 그로 하여금 **미래**에 발생할 성부의 홀로 다스림(군주성)에 대해서 주장하도록 한다. 만일 그렇지 않다면 우리는 결국 인격들을 구별할 수 없기 때문이다. 성부의 홀로 다스림은 신적 인격들의 통일성의 필수 요소라기보다는—결국 완벽하고 사랑으로 가득 찬 "세 인격의 공동 작업"의 "결과"인 **신적** 통일성은(*Theology*, I.325) 그것의 "인치심"으로써 성부의 홀로 다스림을 필요로 하지 않기에—오히려 이들의 구별을 위한 전제조건이다. 만일 미래의 성부의 홀로 다스림이 실제로 삼위일체 하나님의 통일성을 위해 필수적이라면, Ingolf Dalferth가 비판적으로 언급한 것처럼, Pannenberg는 "'이후의' 미래에 벌어지게 된 종말론적 위로 그 이상인 하나님의 통일성과 관련된 문제에 삼위일체-신학적인 해법을 제시할 수 없게 될 것이다"(Dalferth, *Der Aufweckte*, 194). 삼위일체 내적 관계들이 가지는 엄격한 상호성에 대한 Pannenberg의 이해에 대한 비판으로는 Jansen, *Relationality*, 178; O'Donnell, "Pannenberg's Doctrine of God," 96 참조.
107 Schoonenberg, "Trinität," 116: "내재적 삼위일체는 그것이 경륜적 삼위일체인 한에서, 인격들의 삼위일체이다." Yves Congar는 "경륜적 삼위일체가 내재적 삼위일체다"라는 명제가 그 반대의 경우에도 옳다는 주장에 대해 정당하게 반대한다(*Geist*, 333ff.). "내재적 삼위일체는 그 자체로 경륜적 삼위일체 안에서 드러난다. 그러나 그 자체가 전적으로 드러나는가?"(p. 337) 이와 관련해서 Oeing-Hanhoff, "Die Krise," 301f; Koslowski, "Hegel," 124ff.을 보라.
108 Siebel, *Geist*, 32ff., Wiegand Siebel은 이 지점에서 Jürgen Moltmann을 언급하지 않지만, 그럼에도 결국 구성의 차원과 관계의 차원을 구분하는 Moltmann의 구분을 계승하고 있다(Moltmann, *Trinity*, 165f., 175f.을 보라).

계들에 의해서 결정된다.[109] 물론 인격들의 구성과 그들의 관계들은 시간적으로 연속적인 두 단계로 이해되어서는 안 되고, 삼위 하나님의 영원한 생명의 두 가지 차원으로 이해되어야 한다.[110] 성자의 낳음과 성령의 나옴을 통한 인격들의 구성은 관계 속에 서 있음으로 동시적으로 구성된 인격들 사이의 구분을 근거 짓는다. 이러한 구별들은 그 자체를 인격들의 구속사적 분화 속에서 드러낸다.

만일 삼위일체적 인격들의 "휘포스타시스적 신성"(구성적 차원)과 "삼위일체의 내적 형식"(관계적 차원) 사이의 구별이 설득력 있다면, 단일 직선적인 위계적 관계는 결국 삼위일체의 교제에서 사라질 수밖에 없다. 왜냐하면 성부가 성자와 성령을 구성한다고 주장하는 것은 그들 사이의 관계가 **어떻게** 구조화되었는지에 대해서 이야기하는 것이 아니기 때문이다. 어떠한 경우이든 간에 구속사 속에서 삼위 인격들은 서로에 대한 상호적 관계들 속에 서 있는 인격들로서 드러난다.[111] 그러므로 내재적 삼위일체와 관련하여, 구속사는 우리로 하여금 삼위 서로간의 상호적 결정과 상호적 침투 속에서 신적 인격들의 근본적 동등성이 존재할 것이라는 점을 추론하게 한다. 비록 성부가 신성의 근원이고 따라서 성자와 성령을 보낸다고 하더라도, 마치 성자가 성부를 영화롭게 하고 그의 통치를 성부에게 다시 되돌리는 것처럼(마 28:18; 요 13:31-32; 16:14; 17:1; 고전 15:24을 보라), 성부 또한 모든 것을 성자에게 넘겨주고 그를 영화롭게 한다. 더구나 이러한 모든 신적 속성을 공유하는 인격들 사이에 존재하는 완벽한 사랑의 공동체 속에서, 위계와 종속의 개념은 생각할 수도 없다. 신적 인격들 사이의 **관계들** 속에서, 성부는 이러한 이유

---

109 Moltmann, *Geist*, 321.
110 우리가 만일 존재론적 위상을 페리코레시스적 관계가 아닌 기원의 관계에만 배타적으로 연결 짓는다면, 우리는 구성의 차원과 관계의 차원에 대한 Moltmann의 구분이 "존재론적 군주론"(Olson, "Trinity," 226)에 대한 긍정에 상응하는 것이라고 주장할 수 있다.
111 이와 관련해서 Pannenberg, *Theology*, I.308ff.; idem, "Der Gott," 123ff.을 보라.

로 다른 인격들에 대해서 맞서 있는 자도, 혹은 "첫째"도 아니고, 오히려 **다른 인격들 중 하나**일 뿐이다.[112] 삼위일체의 관계들의 구조는 하나의 피라미드적 지배(라칭거에게서 보이는 것처럼)에 의해서 규정될 수 없으며, 하나와 다수 사이의 위계적 양극성(지지울라스에게 보이는 것처럼)에 의해서도 규정될 수 없다. 그것은 다수의 다중심적이고 대칭적인 상호성에 의해서 규정된다.

3. 만일 내가 제시한 삼위일체적 모형에서 시작한다면, 교회적 통일성의 구조는 "하나"의 방식을 통해서는—그것이 교황이든 대주교이든 주교이든 간에—생각될 수 없다. 군주성(mon-archy), 즉 "하나의—(한 사람의!)—통치"에 의해서 유지되는 모든 종류의 교회적 통일성은 결국 일원론적이며 그러므로 비삼위일체적이다. 단 **하나의** 어떤 인간 존재도 삼위일체의 관계적 네트워크에 상응할 수 없다는 사실을 고려하면서, 뮐렌은 교회적 **직임**은 비록 교황직이라고 하더라도, 집단적으로…실행되어야 한다고 주장한다.[113] 이것이 바로 올바른 방향으로 가는 첫 단계이다. 이러한 직임의 "삼위일체화"(trinitarianization)는 동시에 초기 교회에서 직임을 집단적으로…실행했던 것에 상응한다(빌 1:1; 살전 5:12; 롬 12:8을 보라).[114] 그러나 이러한 단계만으로 충분하지 않다. 왜냐하면 삼위일체의 구조와 교회의 구조 사이의 상응점은 여전히 대체적으로 위계적 방식으로 교회론적으로 파악되고 있기 때문이다. 비록 이것이 하나에 의한 지배를 철폐한다고 하더라도, 여전히 "삼위일체적으로" 규정화된 직임과 단순히 "아멘"만을 말하는 회중 사이의 양극성은 극복되지 않고 사실상 남아 있다. 만일 우리가 기능 상으로가 아니라 원칙 상으로

---

112 Moltmann, *Geist*, 232.
113 그는 이 지점에서 교황의 "삼위일체화"에 대해서 이야기한다. 물론 이 지점에서 "이러한 삼위일체화가 **필연적으로** 교황의 직임이 어떤 3인 위원회의 설립 속에서 존재해야 함을 의미하는 것은 아니다"라고 덧붙이고 있다(Mühlen, *Entsakralisierung*, 257, 볼프 강조).
114 목회 서신에서 드러나는 직임의 집합적 실행에 대해서는 Fee, Timothy, 20ff.을 보라.

보편적인 사제됨과 특수한 사제됨을 구분하는 한, 이러한 결론은 여전히 피할 수 없다. 사제의 직제는 삼위 하나님에 상응하게 되며 결국 하나님의 이름으로 회중에 대해서 군림하며 행동하게 된다.

일관되게 삼위일체적인 방식으로 교회의 구조를 파악하는 것은 단순히 직임의 제도를 삼위일체적인 것으로 파악할 뿐 아니라, **전체 지역 교회** 자체를 삼위일체에 상응하는 것으로 파악하는 것이다. 예수 그리스도의 대제사장적 기도는 그를 믿는 모든 자들을 삼위 하나님의 통일성에 상응시킨다(요 17:20; 참조. 요일 1:3). 바울 역시 고린도 교회의 회중들이 하나가 되도록 권고할 때(고전 12:4-6; 참조. 엡 4:3-6),[115] 삼위일체적 관점에서 이야기하는 것처럼 보인다.[116] 모든 그리스도인들이 가지는 다양한 은사와 봉사와 활동들은 삼위일체의 다수성에 상응한다. 마치 하나의 신성이 성부와 성자와 성령으로 존재하는 것처럼, 이러한 다양한 신적 인격들은 또한 **모든** 그리스도인들에게 다양한 은사들을 나누어준

---

[115] 비록 우리가 신약성서에 등장하는 삼중적 정식을 충분하게 발전된 삼위일체론에 대한 증거로 이해할 수는 없겠지만, 그럼에도 우리는 이러한 정식들을 신약성서에서 증언되는 하나님의 삼위일체의 역사의 빛 아래서, 즉 이후에 삼위일체론이 이로부터 등장하게 되는 그러한 역사의 빛 아래서 보아야 한다.

[116] Heinrich Schlier는 신약성서 안에서 교회의 통일성을 삼위일체적으로 근거 짓는 모티프를 찾아낸다("Einheit," 162-164). 비록 그는 하나의 성부, 하나의 그리스도, 하나의 성령을—**각각 개별적이고 그 자체로 존립하는**—그들의 삼위일체 안에 있는 신적 인격이라고 보기보다는 이러한 통일성의 근거로서 특별하게 본 것 같다. 따라서 그것이 외견 상 삼위일체적인 것처럼 보이지만, 결국 교회의 통일성은 여전히 **일원론적으로** 파악된다. *Lumen gentium* (2-4)에서도 유사한 개념적 도식을 발견할 수 있다; 신론적이고 기독론적이고 성령론적인 관점에서 제각기 "전체의 교회가 검토되지만"(Grillmeier, "Kommentar," 161), **교회적 관계의 구조**는 삼위일체적 관계의 구조에 대한 유비에서 파악되지는 않는다. 그럼에도 통일성에 대한 이러한 제한된 의미에서의 삼위일체적 근거는 멀게는 교회론적 결과들을 가져오고, 교회를 일찍이 그리스도-일원론적으로 이해하는 것을 넘어서 상당한 진보를 보여준다[이와 관련해서는 Legrand, *Réalisation*, 210ff; idem, "Entwicklung," 151-67을 보라; 개신교 진영에서는 특히 H. Richard Niebuhr가 성부, 성자, 성령에 대한 유니테리언주의를 비판해왔다("Trinity"를 보라)]. *Unitatis Redintegratio* 2이 한 발 더 나아가서 교회의 구조를 삼위일체적 관계와의 유비로 파악할 때, 이러한 주장은 **한 분 그리스도**(성령이 그와 함께 교회를 연합시키는)에 대한 해명과, 그리고 그 머리가 (베드로의 계승자로서) "하나"로서 존재하는 그러한 **하나의 위계**에 대한 해명과의 연관 관계 속에서 생겨난다.

다. 그럼에도 이러한 은사들이 **모든 이**의 유익을 위해서 나누어져야 한다는 점은(고전 1:7) 결국 삼위일체의 통일성에 상응한다. **동일한** 성령, **동일한** 주, **동일한** 하나님(성부)은 이 모든 다양한 은사들 속에서 활동하신다.[117] 삼위일체 인격들이 가지는 관계의 대칭적 상호성은 교회 속에서 **모든** 공동체의 구성원이 성령의 특정한 은사를 가지고 주님을 닮아감 가운데 성부의 능력을 통해서 서로를 섬기는 교회의 형상에서 그 상응점을 발견한다. 신적 인격들과 같이 교회의 구성원들은 모두 상호적인 주고받음의 관계 속에 서 있다.[118]

삼위일체적 차원에서, 통일성은 통일을 주도하는 "하나"를 전제하지 않는다. 오히려 이러한 통일성은 완벽한 사랑을 통해서 구성되는데, 그 사랑은 하나님의 본성이며 그 사랑을 통해서 신적 인격들은 서로 안에 존재한다. 반면에, 교회의(그리고 또한 모든 피조물의) 통일성은 이러한 통일성을 부여하는 그 한 분이 없이는 파악될 수 없다. 비록 그분이 교회의 교제 자체의 한 부분이 될 수 없다고 하더라도 말이다. 왜냐하면 이것은 삼위일체적 관계들의 구조와 모순되기 때문이다. 이 점에서 신약성서가 특정한 통일성의 은사를 증언하지 않은 것은 결코 우연이 아니다(예를 들어 주교적 은사를 가진 특정한 사람들이 그들이 가지고 있는 특별한 기능의 특징을 기초로 해서 통일성을 이루기 위한 많은 노력을 했을지라도 말이다).[119] 이그나티우스의 편지에 이르러서야 비로소 우리는 통일성의 유지가 주교의 특정한 직임이 된다는 점을 알게 된다. 여기서 "주교의 공의회"(συνέδριον τοῦ ἐπισκόπου)는 이제 "하나님의 통일성"(ἑνότης

---

117 고전 12:4-6에 대한 신학적 해석은 오로지 두 가지 전제가 주어질 때에만 설득력 있다. (1) "성령", "주", "하나님"은 단순히 한 인격의 서로 다른 이름들이 아니라 다른 인격들에 대한 지칭이라는 것(이와 관련해서 Wainwright, *Trinity*; Fee, "Pauline Literature," 669f.을 보라). 그리고 또한 (2) "은혜의 선물", "예배", "활동들"이 은사라는 동일한 실재에 대한 서로 다른 차원들이라는 것(이와 관련해서 Fee, *1 Corinthians*, 586을 보라).
118 이에 관해서는, Gelpi, *Pentecostalism*, chapter IV을 보라.
119 Luz, "Einheit," 70, 145ff.을 보라.

θεοῦ)에 상응한다.[120] 주교는 이렇게 교회가 "하나님의 좌소로 들어가는" (εἰς τόπον θεοῦ) 과정을 주관하는 위치에 있게 되고, 이로 인해 통일성을 보장하는 위치에 서게 된다.[121] 그러나 신약성서는 그 자체로 이러한 사유를 증거하지는 않는다. 신약성서에서 교회의 통일성은 특별히 **모든 인격 속에** 존재하는 **하나의 성령**의(그리고 성령과 함께 거룩한 전체 삼위일체의) 내주함을 통해서 이루어지는 것처럼 보인다.[122] 따라서 삼위일체와의 유비 속에서, 성령의 담지자로서 **모든** 인격은 이러한 통일성의 구성에 참여한다.[123] 이러한 점은 또한 통일성을 촉진해야 한다는 회중의 모든 구성원들에게 주어진 신약성서의 권고에 부합한다(고전 1:10-17; 엡 4:3을 보라).

4. 만일 인격이 관계들과 동일하지 않다면, 우리는 교회적 인격들이 가지는 **권리**의 문제를 삼위일체와의 상응 속에서 파악해볼 수도 있다. 물론 교회적 인격에게 유비적으로 권리를 부여하는 노력으로 인해서 신적 인격들에게도 권리를 부여할 수 있다고 가정하는 것은 전적으로 부당한 것처럼 보인다. "권리의 문제는 도덕적 근거에 바탕을 두고 재화의 소유를 주장하는 사회적 행위이다."[124] 그러나 신적 인격에게는 이러한 "재화에 대한 권리를 주장하는 실천"을 생각할 수 없다. 왜냐하면 신적 인격들은 온전한 사랑 속에서 살아가기 때문이다. 신적 인격은 서로에게 인격으로 내재하며, 서로에게 **모든 것을 제공한다**. 따라서 신적 인격은 이러한 "재화에 대한 권리를 주장하는 실천"을 정당화할 어떠한

---

120 Ignatius, *Phld*, 8:1.
121 Ignatius, *Magn*, 6:1.
122 독자들에게 통일성을 권고하는 고전 12:4-6의 본문과 엡 4:3-6의 본문에서 모두 삼중적 정식의 순서가 "하나님(성부)-주-성령"의 순서가 아니라 "성령-주-하나님(성부)"의 순서라는 점은 결코 쉽게 지나칠 부분이 아니다.
123 Schlier, "Einheit," 166ff.은 "은사의 담지자들"이 "교회의 구원적 통일성의 매개자이고 인도자"라는 점을 강조한다. 그러나 그는 이러한 은사의 담지자들을 교회의 통일성을 "다른 의미에서" 매개해주는 직임의 담지자로부터 구분한다.
124 Wolterstorff, "Christianity," 212.

형식적 권리도 가질 수 없다(그리고 재화에 대한 주장은 상대방에 대한 동등한 제재를 가정해야만 한다). 이러한 권리는 결국 인격들이 침해될 가능성을 전제하고 있으며, 이러한 오용의 가능성 없이는 권리 주장 자체가 무의미하다. 그러므로 신적 인격들에 관한한 이런 전제는 반사실적이다.

신적 인격들을 (상호 의존적이고 상호 내재적인) 자율적 행위 중심들로 이해하는 것은, 교회적 인격들을 비록 그들이 자율적 주체이기는 하지만 상호 의존적이고 전일적이라고 이해하는 것에 상응한다. 인격을 권리의 침해로부터 보호하기 위해서, 즉 그들 자신의 권리(인간 권리에 대한 개인적 이해에 해당하는)만이 아니라, 그들이 다른 이들이나 하나님과 가지는 교제를 위해서,[125] 우리는 양도할 수 없는 권리를 (아직은) 온전한 사랑 안에 살고 있지 않은 이들에게로 돌려야 한다. 교회 안에 있는 사람들은 이러한 권리를 **가질 수 있다**. 왜냐하면 그들은 행위의 중심들인 신적 인격들의 관계에 상응하는 인격들이기 때문이다. 그러나 만약 그들이 신적 인격들에 상응하는 삶을 살고자 한다면, 그들은 이러한 권리를 **가져야만 한다**. 왜냐하면 그들은 하나님의 새 창조의 이쪽 편에서 살아가고 있기 때문이다. 교회의 모든 구성원의 권리, 즉 교회의 직임자들뿐 아니라 다른 모든 그리스도인들의 권리는 이 땅에 **잠시 체류 중인** 교회의 삼위일체에 대한 상응에 근거한다.

물론 인격적 권리들은 인격들 사이에 존재하는 상호적 사랑을 대체할 수 없다. 오히려 적절한 이해는 권리가 이러한 사랑을 전제한다는 것이다. 권리는 인격이 침해당하는 것을 보호한다. 그리고 권리는 하나님의 새 창조의 이쪽 편에서 사랑의 표현이다. 왜냐하면 권리들 또한 삼위일체에 근거하기 때문에, 그 권리는 동시에 하나님의 새 창조에서 그들

---

[125] Paul Ramsey는 이러한 권리를 "다른 동료들과 함께하기 위해 그리고 그들을 향해 있기 위해 내가 필수적으로 가져야 할 것"으로 정의한 바 있다(*Ethics*, 37; 또한 Hauerwas, "Right," 238ff.을 보라).

권리 자체가 중단될 것을 향하여 가리킨다. 이 새 창조는 삼위일체 하나님과의 교제 속에 있는 인간 존재가 온전한 신적 사랑을 반영할 그러한 창조이다.

제 VI 장

교회의 구조들

교회에 대한 교회일치적 논의는 최근 수십 년간 주로 교회의 구조에 대한 문제, 특히 직임의 문제에 집중되어왔다. 왜 그런지는 충분히 이해할 만하다. 대개의 교회들에서(제1세계의?) 교회적인 삶은 대개 성직자나 목회자들을 통해서 이루어졌고, 이는 또한 복음의 선포나 성례의 기념들 속에서(그것이 세례이든 성찬이든 간에), 즉 직임자가 중요한 역할을 하는 사건들 속에서 이루어졌다. 그러므로 직임의 문제에 대한 교회일치적 대화는 잘 규정된 이슈를 중심으로 발생할 뿐 아니라, 지역 교회의 삶과 직접적으로 관련 있는 것이기도 하다. 신학적 차원에서도 직임의 문제는 교회일치적 토의를 위한 중요한 모판이 되어왔다. 왜냐하면 전체 교회론은 언제나 직임자들이 교회 안에서 무엇을 해야 하며, 또 어떻게 이들이 그러한 직임자들이 되는가에 대한 이해를 반영하기 때문이다.

 교회의 본성과 직임 사이의 밀접한 연관성은 직임의 문제에 대한 교회일치적이고 교회론적인 중요성을 설명해줄 뿐 아니라, 동시에 왜 이러한 특정한 질문에 대한 천착이 결국에는 극복하기 힘든 어려운 문제들로 향하게 되었는지를 분명하게 보여준다.[1] 왜냐하면 직임의 문제

---

1 Hans-Martin Barth, *Priester*, 19ff.은 이 문제가 가지고 있는 현저한 교회론적 중요성을 인지

이면에는 교회에 대한 이해와 관련된 근본적인 난점, 즉 직임의 문제에 대한 질문을 통해서 접근을 할 수는 있어도 그 질문 자체에 의해서는 해결되지 않는 난점이 도사리고 있기 때문이다. 소위 BEM(Baptism, Eucharist, and Ministry) 문서와 그에 뒤따른 여러 토론들은 이러한 점을 명백히 보여준다.[2] "교회가 무엇인가?"에 대한 교회일치적 합의가 없다면, 우리는 서로 화해를 이루지 못한 채로 직임에 대한 다양한 이해를 허용하거나, 아니면 단지 말의 차원에서만 이루어지는 입장의 통합을 가장하며 다양한 입장들을 은폐시키려 할 것이다. 어떠한 경우이든지, 통일성은 진정한 차원에서 이루어지기보다는 꾸며진 것이 된다. 이것이 최근 몇 년간 교회의 특징에 대한 문제, 특별히 교회를 교제로 이해하는 것에 대한 문제가 왜 교회일치적 대화의 중심 문제로 접어들었는지를 잘 설명해준다.

교회의 구조에 대한 반성은 분명히 교회에 대한 반성을 이미 전제한다. 만일 교회의 구조가 진정으로 교회 **위에서** 가해지는 구조들이 아니라 교회 자체**에서 우러난** 구조들이라면, 교회는 결국 그 자신의 구조들에 대한 우선성을 가진다. 따라서 우리는 먼저 교회가 무엇인지를 결정하고(제Ⅲ장), 구원이 어떻게 그 안에서 매개되는지를 결정하며(제Ⅳ장), 어떻게 교회가 교회의 근거이자 목적인 삼위일체에 상응하는지(제Ⅴ장)를 규정해야 한다. 이러한 근본적 질문들을 다룬 이후에야, 우리는 교회의 구조에 대해서 의미 있게 숙고해볼 수 있다. 이번 장에서, 나는 우선

하지 않은 채, 교회일치적 대화에서 직임의 문제에 대한 중심성을 비판한다; 그가 보기에 가톨릭 교회는 "교회론적으로 전혀 다른 출발선상에 있는" 개신교 교회에 이러한 질문을 "강요해"왔다는 것이다(p. 20). 그러나 직임의 **문제**는 그 자체로 단지 주변적 위치를 가지는 교회론에서도 중심적 의미를 가지고 있다.

2 M. Thurian, ed., Churches를 보라. BEM 문서에 대한 응답으로서, 러시아 정교회는 직임을 인식하는 문제는 교회를 인식하는 문제에 이차적이라는 점을 정당하게 강조했다: "통일성에 대한 근본적인 교회론적 문제는 '사역'에 대한 '교회일치적' 상호 인정에 있는 것이 아니라, 사도들의 신앙을 고백하는 '진정한 교회'로서 이러한 사역을 실행하고 있는 교회의 인정 속에 존재한다"(M. Thurian, ed., Churches, I.9; 참조. IV.147).

적으로 교회적 삶에서 참여의 문제를 언급함으로써, 교회의 구조에 대한 문제를 검토해보고자 한다. 그 다음에는 교회의 제도에 대한 문제와 특정한 역할에 대한 인격들의 배치에 대해서 살펴볼 것이다. 인격들 사이의 관계에 대한 나의 일차적 관심에 맞춰, 여기서는 교회의 구조들에서 직임의 문제와 함께 중요한 부분을 차지하는 성례의 문제를 명시적으로 다루지는 않을 것이다.

이렇게 언급된 세 가지 문제들—보편적 사제됨과 특수적 사제됨의 관계, 성령과 교회법 사이의 관계, 사회학적 용어 대신에 신학적 용어를 사용하여 서임을 이해하기—각각은 실제로 복잡한 문제이다. 그리고 이와 관련된 주석, 교회사, 조직신학, 교회법을 다루는 이차 문헌은 무수히 많다. 나는 이 지점에서 이러한 문제들을 세세하게 다룰 수는 없다. 교제로서 교회를 연구하는 과정에서는, 직임의 신학과 교회법에 대한 이해와 관련해서 내린 결론들이 내가 앞의 세 장에서 제시한 기본적인 교회론적 입장으로부터 도출될 수 있는지를 짚어내는 것만으로 충분할 것이다.

1. 은사와 참여

교회는 그 구성원들의 참여를 통해서, 즉 평신도와 직임자들의 참여를 통해서 살아가며, 그들을 통해 역사하는 성령에 의해서 구성된다. 모든 교회가 이 지점에 대해서 동의할 것이다. 그렇다면 논쟁의 지점이 되는 곳은 바로 이것이 **어떻게** 발생하는가이다. 우선 나는 교회의 구성과 삶에 대한 하나의 특정한 개신교적 이해를 옹호하고자 한다. 그리고 나는 이 입장을 가톨릭과 동방 정교회의 이해와 대조해볼 것이다. 그 이후에 나는 은사들에 대해 숙고해봄으로써 이러한 이해를 펼쳐낼 것이다.

1.1. 주교인가, 모든 사람들인가?

1. 가톨릭과 동방 정교회의 교회론은 모두 단호하게 **감독 중심적**(episcopocentric)이다. 라칭거의 교회론에서나 지지울라스의 교회론에서 주교의 역할은 각각 서로 다소 다른 역할을 하지만, 그럼에도 이 두 가지 입장에서 주교가 교회 안에서 가지는 탁월한 지위는 바로 하나의 주체로서 교회의 개념에, 즉 머리와 지체들로 구성된 "전체 그리스도"라는 생각에 의해서 유지되는 교회의 개념에 온전히 연결되어 있다. 교회가 주체로서 스스로 구체적으로 행동하기 위해서는 유일한 인간 주체인 주교를 필요로 하게 된다. 주교는 **그리스도의 인격 안에서**(in persona Christi) 행동하며, 동시에 **교회의 인격 안에서**(in persona ecclesiae) 행동한다. 교회에 대한 라칭거와 지지울라스의 이해에 따르면, 이 두 개념은 마치 그리스도의 몸이라는 하나의 유기체 속에서 머리와 몸이 그러하듯 긴밀하게 연결되어 있다.

라칭거에게, 교회를 주체로 강조하는 것은 전체 교회의 중요성에 대한 강한 긍정을 의미한다. 만일 교회가 그리스도와 함께하는 하나의 주체라면, 교회는 또한 구원론적으로 그리스도와 함께 행동한다. 이러한 전체 교회의 활동은 사제의 예전적 사역 속에서 구체화된다. 사제를 통해서 교회는 중재자 되시는 그리스도의 사역에 참여한다.[3] 나는 이미 이러한 이해가 교회에 너무나 큰 구원론적 의미를 부여한다고 지적한 바 있다.[4] 이렇게 구원론과 관련해서 "지나치게 많은" 관심을 쏟는 것은 동시에 평신도에 관해서는 "지나치게 적은" 관심을 쏟는 것에 상응한다. 세례를 받은 모든 사람들의 보편적인 사제됨에도 불구하고,[5] 사제는 **원칙적으로** 다른 신자들로 대체될 수 없다. 전체 교회로부터 성례전적으

---

[3] Ratzinger, *Prinzipienlehre*, 287을 보라.
[4] 앞의 IV.1.1.2를 보라.
[5] *Lumen gentium* 10을 보라.

로 그 권위를 받은 사제만이 그리스도의 인격 안에서(in persona Christi) 뿐 아니라 교회의 인격 안에서(in persona ecclesiae) 행동할 수 있다. 비록 평신도들이 사제 안에서 그리스도와 함께 행동하는 전일적 교회(ecclesia catholica)의 부분이라는 점에서 실제로 예배의 주체라고 하더라도, 그들은 언제나 사제를 통해서만 행동할 수밖에 없다. 따라서 라칭거는 능동적 참여(actuosa participatio)를 외적 활동으로 이해하기보다는 예배 사건에 대한 인격적 참여로 이해한다.[6] 비록 사제와 실제 회중 사이뿐 아니라 사제와 전일적 교회 사이의 양극적 구분은 이들이 동일하게 예전적 활동에 참여한다는 점에서 잠시 중단되는 듯 보이지만, 다른 차원에서는 이러한 양극성이 여전히 강조되고 있다. 말하자면, 예전적 행위 속에서 그리스도의 인격(persona Christi)과 교회의 인격(persona ecclesiae) 안에서 행동하는 것은 바로 사제이다. 전체 회중과 각각의 개별적 인격은 이러한 행위를 오히려 수용적으로만 내면화할 뿐이며, 이렇게 수용적으로 머무를 때에만 이들은 예배 안에서 진정성 있게 능동적 존재가 된다.

지지울라스에 따르면, 직임자의 존재, 즉 주교의 존재는 기독론적으로 그리고 교회론적으로 결정된다. 주교는 회중에게 그리스도를 재현하며, 동시에 그 자신 안에서 전체 회중을 구현한다. 이 모델에 따르면 한편으로 주교는 단순히 회중에 맞서 있는 존재가 아닌데, 이는 주교가 사적 인격(persona privata)이 아니라 공동체적 실체, 즉 집단적 인격성(corporate personality)이기 때문이다. 하지만 다른 한편으로, 예전 속에서 오로지 주교 혼자만 그리스도의 인격 안에서 행동한다. 회중은 단순히 그의 행위를 받아들일 뿐이다. 최소한 이론적으로 볼 때, 주교만이 성령

---

[6] 앞의 I.5.1을 보라. 가톨릭 교회론에서 능동적 참여(actuosa participatio)의 개념을 더 풍성하게 이해하기 위해서는 Legrand, Réalisation, 181ff.; Kasper, "Communio," 79ff.을 보라. 라틴 아메리카에서 가톨릭 신학자들은 교회 안에서 평신도의 역할에 대해서 특별한 강조를 해왔으며, 그러한 과정에서 라칭거의 교회론과는 극단적으로 다른 논제들을 주장해왔다(Boff, Die Neuentdeckung; idem, Kirche를 보라).

으로 말미암는 자발성을 가지고 예전적 "아멘"을 이야기할 수 있다. 주교가 회중에 의해서 조건 지어졌다는 사실에도 불구하고, 이러한 양극성의 상황—더 정확히 말하자면 비대칭적 양극성의 상황—은 지지울라스에게도 마찬가지로 주교와 회중 사이에 남아 있다. 회중에 의해서 조건 지어진 주교가 능동적으로 행동한다. 그리고 주교에 의해서 구성된 회중은 단지 받아들일 뿐이다.[7]

2. 이러한 연구의 과정에서, 나는 (1) 교회가 단순히 단일한 주체가 아니라 오히려 상호 의존적 주체들의 교제라는 것, (2) 구원의 매개는 직임자를 통해서 이루어질 뿐 아니라 교회 안의 모든 다른 구성원들에 의해서도 이루어진다는 것, (3) 교회는 직임의 제도를 통해서보다는 그리스도인이 서로에게 하나님의 말씀을 말하는 공동체적 신앙고백을 통해서 성령에 의해서 구성된다는 것을 보이려고 노력했다.[8] 이러한 기본적인 신학적 확신으로부터 교회의 삶과 구조는 결코 주교 중심적일 수 없다. 그러나 교회는 그것이 어떻게 표현되든지 간에, 하나의 중심을 가진 양극화된 공동체(monocentric-bipolar community)가 아니라, 근본적으로 **다양한 중심들을 가진 공동체**(polycentric community)이다.[9]

바울이 고린도의 열광적이고 혼돈스러운 회중에서 평화의 문제를 다시 확립하고자 할 때, 그는 다양한 중심을 가진 참여적 구조를 가지고 교회적 삶의 모형을 제시하려고 했다(고전 14:33을 보라).[10] 바울의 교회론에서 매우 중요한 가르침을 핵심적으로 요약하고 있는 고린도전

---

7 앞의 II.4.3을 보라.
8 앞의 III.2.1.3, IV.1.13, III.2.2를 보라.
9 Michael Welker에 따르면, "여전히 우리의 교회들을 특징짓는 단순한 위계적 구조들은 회중이 예배 행위를 산출해내고 형성하는 과정에 능동적으로 참여하는 것이 가능한—심지어 예배의 내용까지 포함해서—새로운 형태의 발전으로" 대체되어야 한다(Welker, *Kirche im Pluralismus*, 125f.). 가톨릭의 위계론적 교회론의 체계에 대해서, Avery Dulles는 교회를 "다양한 중심들을 가진 공동체"로 이해해야 한다고 주장한다(Dulles, *Catholicity*, 126).
10 또한 뒤의 3.1.1을 보라.

서 12-14장은 다음과 같이 기술한다. "너희가 모일 때에 **각각** 찬송시도 있으며 가르치는 말씀도 있으며 계시도 있으며 방언도 있으며 통역함도 있나니 모든 것을 덕을 세우기 위하여 하라"(고전 14:26; 참조. 벧전 2:5-10; 4:10).[11] 개신교 종교개혁 시기에 루터는 신자들의 보편적 사제됨의 개념을 가지고 교회에서의 삶에서 참여적 모델을 재발견했다. 그 사제됨을 루터는 단순히 구원론적 의미로만 이해한 것이 아니라, 항상 교회론적으로도 이해하였다.[12] 독일어권에서는 특별히 슈페너(Philipp Jacob Spener), 친첸도르프 백작(Nicholas Ludwig Graf von Zinzendorf), 비헤른(Johann Hinrich Wichern) 등이 루터의 교회론적 통찰을 되살리고자 했다. 어쩌면 이들의 노력은 개신교 안에서는 확립될 수 없었던 통찰이었는지도 모른다.[13] 영어권에서는 특별히 다양한 자유교회 그룹에 속해 있는 침례교,[14] 회중주의자,[15] 퀘이커,[16] 오순절파[17] 등의 집단들이 이러한 노

---

11 이에 관해서, Fee, *1 Corinthians*, 690을 보라. 교회적 삶의 양극적 이해를 지지하면서, Zizioulas는 고전 12-14장을—흥미롭게도 내가 다중심적 공동체로서 교회를 이해하는 근거인—그 전거로 제시한다. Zizioulas에 따르면, 하나님의 백성들은 은사적 예배 행위에서 "아멘"을 외쳐야 한다(고전 14:16; Zizioulas, "L'eucharistie," 43). 우리는 오직 후대에 개발된 예전적 구조를 바울 서신에 삽입할 때에만, 고전 14:16에서 교회에 대한 양극적 이해를 발견할 수 있게 된다. 왜냐하면 바울에게는 교회 안에서의 "아멘"을 외치는 것은 특정 직제(ordo)의 임무가 아니라, 모든 구성원들로부터 나올 수 있는 예전적 기여에 대한 반응으로 주어진 것이기에 구별 없는 모든 공동체의 구성원들의 임무이다(고전 14:26을 보라). 교회적 삶에서 다중심성은 모든 하나님의 백성이 예배를 섬기는 데 기여하며, 동시에 모두가 예전적 "아멘"을 외쳐야 한다는 점에서 전술한 양극성의 대척점에 선다.
12 Althaus, *Theologie*, 254ff.을 보라.
13 개신교 신학에서의 보편적 사제됨에 대한 개념을 알기 위해서는 Eastwood, *Priesthood*를 보라; 또한 Barth, *Priester*, 29-103, 191-250을 보라. Hans-Martin Barth가 설명하고자 하는 핵심은 어떤 면에서 나의 관점과 유사한데(Volf, "Kirche," 55-60), 그는 다음과 같이 쓰고 있다: "개신교 교회는 보편적 사제직의 교회이다—만약 그것이 아니라면 그것은 존재하지 않는다"(p. 103).
14 Walton, *Community*, 102을 보라.
15 Eastwood, *Priesthood*, 164-71을 보라.
16 Gwyn, *Apocalypse*, 166을 보라.
17 가장 영향력 있는 오순절 신학의 초기 평신도 신학자인 Donald Gee는 "성령이 그 회중의 구성원들 가운데 운행할 때 모두가 참여하게 되는 일반적인 자유", 이러한 자유에 의해서 특징지어지는 "열린" 예배에 대해서 말한다(Gee, *Gifts*, 15). 또한 Lim, *Spiritual Gifts*, 34ff.을 보라.

력을 시도했다.

교회의 다중심적 성격은 그리스도인들을 신앙으로 부르는 것과 은사, 이 두 가지에 그 신학적 근거를 가지고 있다. 그리스도인들은 예수 그리스도와의 교제로 들어오도록 부름 받았고(고전 1:9), 말과 행위를 통해서 그리스도를 고백하고 증거하도록 부름 받았다(벧전 2:9). 그리스도인의 입문 과정에서, 그들은 성령으로부터 이러한 사역을 감당하기 위한 권위와 능력을 받는다. 신앙으로의 부름심과 사역으로의 부르심은 일반적이고, 일회적이고, 영속적이지만, 반면 이러한 사역의 특정한 형태는 사역의 담지자와 또 그 담지자가 일하는 상황이 변하는 것에 따라서 변하게 된다. 이러한 이유로, 이 부르심은 오로지 교회의 모든 구성원들에게 동일하게 적용되는 일반적 사제됨만을 근거 짓는다. 이 부르심은 각각의 구성원들의 다양하고 변화하는 사역들을 근거지울 수는 없다. 각각의 그리스도인이 그 자신의 일반적 사제됨을 실현하는 구체적 방식은, 결국 그 자신이 가진 개인적이고 또 구체적인 은사들을 통해서 확립되어야 한다. 비록 각각의 그리스도인들이 이미 특정한 은사를 (혹은 특정한 은사들을) 이처럼 일반적 부르심 속에서 받는다고 하더라도 말이다. 은사들은 교회와 세계 안에서 다양한 형식으로 섬기기 위한 권한 부여이기 때문에, 이러한 권한 부여의 계기들은 결국 하나님의 은혜에서 오는 것이며 변할 수 있으며 겹칠 수도 있다.[18] 부르심과 은사의 관계는 다음과 같이 규정될 수 있다. 새로운 삶과 이러한 삶에 부응하는 실천으로의 부르심은 복음의 말씀을 통해서 모든 사람들에게 구별 없

---

[18] Norbert Baumert는 "Charisma und Amt"에서 바울이 은사라는 용어를 기술적인 용어로서 사용했다는 Ernst Käsemann의 주장에 대해서 의문을 제기한다(Käsemann, "Amt," 109). 나의 논지는 Käsemann의 논제의 진실성에 의존하는 것이 아니다. 이 지점에서 나는 바울이 사용한 "은사"라는 용어를 엄밀하게 쫓아가는 것이 아니라, 하나의 직임의 신학을 구성하는 것이다. 이러한 과정에서 나는 은사에 대한 바울의 직접적 진술들뿐 아니라, 교회 예배와 교회의 기능들에 대한 그의 일반적 해명 모두를 나의 지도적 원리로 여긴다.

이 온다. 이러한 개인적 차원에서의 부르심을 자신의 것으로 하는 지점에서, 일반적 부르심은 교회와 세계 안에서 구체적인 동시에 변화하는 임무를 위해서 각각의 인격들에게 주어진 은사들 속에서 구체적이 된다.[19] 모든 그리스도인들이 교회와 세계 안에서 각각의 임무를 가진다는 **사실은** 그리스도인의 부르심에 근거한다. 그리스도인들의 구체적 사역(사역들)은 바로 그 시점에 그들에게 주어진 성령의 은사들에 의해서 규정된다.

하나님의 성령에 의해서 이루어진 그들의 부르심과 능력 부여에 상응해서, 교회의 모든 구성원들은 그들의 말과 행실을 통해서 하나님의 다양한 은혜의 청지기가 되며(벧전 4:10-11), 모든 사람들은 교회의 모든 삶의 영역과 그 예배에서 기여할 그 무엇을 가진다.[20] 구원이 성령의 다양한 은사들을 통한 상호적 섬김을 통해서 매개될 때, 교회는 생겨나고 또 살아가게 된다. 물론 모든 사람들이 동일한 방식으로 그리고 동일한 강도로 신앙의 매개에 참여하지 않는다는 것은 사실이다. 특히 우리가 교회 안에서 필수불가결한 역할을 맡고 있는 직임자들이 가지는 두드러지는 중요성을 간과해서는 안 되겠지만, 그렇다고 교회 전체의 삶이 그들을 중심으로 배열되는 것은 아니다. 다른 사람들 역시 또 다른 사람들에게 구원론적으로 "중요한 타자들"이 될 수 있다. 이 지점을 넘어서, 교회의 모든 구성원들은 신앙의 매개와 신앙 안에서의 삶이 처음으로 가능하게 되는 "타당성 구조들"(plausibility structures)을 마련해야 한다.[21] 따라서 성령은 오로지 배타적으로 직임자들을 통해서만 교회를 구성하

---

19 은사에 대한 간략한 신학적 반성에 대해서는 Volf, "Arbeit," 419ff.을 보라. 은사에 대한 신학적이고 역사적인 연구에 대해서는 Norbert Baumert의 논문 "Semantik," "Begriffsgeschichte," "Fremdwort"을 보라.
20 이어지는 논제는 자유교회 진영에서 전통적으로 행해진 예전적 예배 행위에 대항해온 부적절한 비판을 지속하는 것으로 이해되어서는 안 되고(Smyth, Works, 270ff.), 오히려 특정한 방식으로 예전을 이해하고 형성하기를 권고하는 것으로 이해되어야 한다.
21 이에 관해서, Berger and Luckmann, Construction, 157ff.을 보라.

지 않으며, 동시에 자신의 은사를 통해서 다른 이들을 돕는 모든 교회의 구성원들을 통해서도 교회를 구성한다.[22] 물론 이러한 교회적 삶에 대한 다중심적-참여적(polycentric-participative) 모델의 핵심이 마치 단순히 자유교회적인 방식으로 가톨릭적 교회를 극복해서, 예배 자체가 모든 신자들에 의해서 이루어지는 구원적 행위라고 이야기하는 것은 아니다. 행동하는 사제는 행동하는 회중에 의해서 단순히 교체될 수 있는 존재로 전락하지는 않는다. 이러한 점은 그리스도의 **배타적** 구원 행위의 매개가 모든 신자들에게 요구된다는 점만을 의미할 뿐이다.[23]

3. 이어지는 단락에서 나는 은사가 교회론적으로 관련을 갖고 있는 몇 가지 특징들을 살펴보면서, 교회적 삶에서 다중심적-참여적 모델이 무엇인지를 보다 집중적으로 정의할 것이다. 하지만 먼저 이러한 모델이 가지는 실천적 시사점을 간략하게 검토해보도록 하자.

다중심적-참여적 모델은 우선 무엇보다 교회 안에서 실제로 일어나고 있는 것을 **재해석**하는 작업이다. 성령이 직임자(사도적 계승 가운데 서임된)를 통해서 교회를 구성한다고 주장하는 모델은 실제로 모든 교회에서 신앙이, 무엇보다도 소위 평신도라고 불리는 이들에 의해서, 즉 가정과 이웃과 일터에서 매개되고 생생하게 유지된다는 교회론적으로 너무나도 중요한 사실을 간과하고 있다.[24] 교회론적으로 보자면, 직임자에게 우선권을 부여하는 모형은 동시에 예배에서 평신도가 하는 기여를 억압한다. 모든 교회에서 평신도는 그들의 노래와 기도, 그리고 성서 읽기, 신앙의 고백, 그리고 단순히 그들이 현존하는 것 자체로 예배에 참여한다. 이 모든 행위들은 교회를 구성하는 것으로 교회론적으로 인

---

22 또한 Hans-Martin Barth의 Luther 해석(*Priester*, 37)을 보라.
23 IV.1.1.2를 보라.
24 "농어촌 회중들"에 관한 BEM 문서에 대한 대답으로서 남인도 교회가 제기한 비평은 **모든 교회들에게 적용될 것이다**: "복음의 빛은 평범한 사람들에 의해서, 즉 복음에 대한 이들의 헌신을 통해서 유지된다"(M. Thurian, ed., *Churches*, II.78).

정받아야 한다. 왜냐하면 바로 이러한 행위들을 통해서 사람들이 그리스도를 구원자와 주님으로 서로에게 고백하게 되고, 이러한 방식으로만 하나님의 영이 그들을 교회로 구성하기 때문이다.

교회에서 항상 실제로 발생하는 것에 대한 신학적 재해석은 동시에 새로운 교회적 실천의 중요한 전제가 된다. 교회의 구성에서 평신도의 역할을 교회론적으로 희미하게 하려는 시도는 평신도의 수동성을 촉진하는 가장 중요한 **신학적** 요인들 가운데 하나이다. 만일 평신도는 단순히 성례를 받아들이고 말씀을 들음으로써만 교회를 구성한다면, 신앙의 매개에 대한 능동적 참여는 그들의 교회적 존재 외부에 있는 어떤 것이 되고 만다. 그들은 자신의 수동성 안에서만 교회일 뿐이기에, 그들의 행위는 결국 교회로서 그들의 존재에 추가된 그 무엇일 뿐이거나, 아니면 그러한 추가도 되지 못한다. 반면에 교회가 그 모든 구성원의 신앙고백을 통해서 구성된다면, 신앙의 매개는 그들의 교회적 존재의 한 차원이 될 것이다. 이러한 경우 이들은 신앙의 매개에 있어 그들의 능동적 참여 속에서 교회가 된다(물론 이러한 신앙의 매개의 행위는 수용적 수동성의 반대 측면인 동시에 이러한 수동성에 의해서 일차적으로 가능하게 되는 것이다).

평신도들의 수동성은 어떤 면에서 단순히 신학적 요인 이외의 다른 요인들로부터 생겨나기도 한다. 사회학적 요인들 역시 중요한 역할을 차지한다. 막스 베버와 에른스트 트뢸치(Ernst Troeltsch)를 따라서 에르베 르그랑(Hervé Legrand)은 종교적 차원에서 평신도에게 자격을 주지 않는 경향성을 제대로 설명한 바 있다.

모든 사회에서 나타나는 노동의 분화로 인해…우리는 성직자의 정체성이 평신도들의 권한을 종교적으로 박탈하는 것에("성직자"는 결국 "평신도"에게 그들이 지식과 방법을 결여하고 있다는 점을 주입시킨다), 그리고 또한 성직자의 정당한 선출과 정당한 우월성에 대해 성직자 스스로가 주

장하는 긍정에 변증법적으로 연관되어 있음을 알 수 있다.[25]

이러한 사회학적 경향에 저항하기 위한 첫걸음은 다름 아니라 평신도를 신앙의 매개로, 즉 그들을 통해 성령에 의해 교회가 구성되는 매개로 보고 평신도를 신학적으로 높이 평가하는 것이다.

1.2. 은사적 교회

1. 교회는 성령 안에 있는 그리스도의 현존을 통해 태어나기 때문에, 교회가 하나님의 부르심을 받고 은사를 부여받은 하나님의 전체 백성에 의해서 구성된다는 사실은 높여진 그리스도 자신이 성령의 은사들 속에서 활동하고 있다는 점을 전제한다. 은사에 대한 바울의 이해에 따르면, 일찍이 에른스트 케제만(Ernst Käsemann)이 강조한 것처럼, 성령의 은사는 "그리스도의 영광과 다스림 속에서 개인이 가지는 특정한 분깃"이다.[26] 이는 왜 은사가 인간 존재 안에 그리스도의 구체적 현존으로부터 분리될 수 없는지, 그리고 그러한 은사를 왜 인간이 마음대로 처분할 수 없는지를 잘 설명해준다. 그리스도 자신이 "그의 은사 안에, 은사를 증거하는 사역들 안에, 그리고 그러한 은사들에 의해서 가능하게 된 사역들 안에 현존한다."[27] 곧 살펴보겠지만, 모든 그리스도인이 은사를 가지기 때문에, 그리스도는 단순히 직임자들을 통해서만 행동하는 것이 아니라, 교회 안에 있는 모든 구성원들을 통해서도 행동한다.[28]

성령에 의해서 교회 안에 구성적으로 현존하는 그리스도와 은사 사

---

25 Legrand, *Réalisation*, 184.
26 Käsemann, "Amt," 111.
27 Ibid., 118.
28 그리스도의 공적인 대표를 지나치게 강조하는 본문들에 대해서, 많은 교회들이 BEM 문서에 대해서 비판적으로 이러한 점을 표명한 바 있다(*Baptism, Eucharist and Ministry*, 36 [M11]을 보라; M. Thurian, *Churches*, II.78, 207; III.175; IV.36, 181; "Evangelical," 306을 보라).

이의 연관성은 또한 신앙고백의 구성적 활동과 은사 사이의 밀접한 연관성을 증거한다.[29] 그리스도를 구원자이자 주님으로 고백하는 것은 은사적 행위의 본질적 차원이다. 비록 이것이 유일한 특징은 아니라고 하더라도, 신앙고백은 사람들이 세상과 교회에 관여하며 하는 다른 행위들로부터 은사를 구분해주는 필수불가결한 특징이다(고전 12:2-3을 보라). 이는 그렇지 않을 수 없다. 만일 그리스도가 은사 속에서 활동한다면, 그는 암묵적으로나 명시적으로 은사를 가진 사람들에 의해서 고백되어야 하며, 이러한 은사적 행위들을 통해서 그리스도가 바로 구원자이자 주님으로 고백된다. 모든 은사들이 그리스도의 은혜의 구체적 현현이듯이,[30] 모든 은사적 행위는 그리스도에 대한 신앙고백의 구체적 형식이다.

비록 모든 은사적 행위가 신앙고백이라고 하더라도, 모든 고백이 은사적인 것은 아니다. 왜냐하면 신앙고백이라는 것은 그리스도인들의 전체 삶을 통해서, 즉 그들이 말하고 행동하는 모든 것을 통해서 일어나기 때문이다. 비록 그리스도인의 모든 삶이 성령 안에서 사는 것이라고 하더라도, 그 삶이 전체로 은사적인 것은 아니다.[31] 은사는 성령에 의해서 교회와 세계 안에서 특정한 사역을 감당할 수 있게끔 그리스도의 영에 의해서 주어진 특정 능력을 지칭하는 좁은 의미를 담고 있다. 그렇다면 교회가 은사적 행위를 통해서 하나님의 영에 의해 구성된다는 논제는 그것이 비록 틀린 말은 아니더라도 너무 단순화시킨 것이다. 물론 이는 교회가 직임자의 도움으로 구성된다는 논제보다는 덜 단순하다. 왜냐하면 하나님의 영은 예를 들어 교회 "행정가"에게 신앙을 굳건히 세우기 위한 임무를 부여한다든가, 학자에게 위로하게 하는 임무를

---

29 앞의 III.2.2.3을 보라.
30 Käsemann, "Amt," 117.
31 Käsemann, "Amt," 116과 반대로. Ulrich Brockhaus는 설득력 있게 Käsemann이 주장한 은사의 윤리적 확장에 대해서 반박한다(Brockhaus, *Charisma*, 220).

행하도록 하는 사역들을 위해서 특별한 재능이 없는 경우에도 이들을 사용하실 수 있기 때문이다. 한 인격이 교회의 생활에 공헌하는 지점은, 부차적 사역을 통한 것이든 그 인격을 둘러싸는 살아 있고 영적 "분위기"를 통한 것이든 간에, 그 개인에게 주어진 특정한 은사를 넘어선다.[32] 그러나 모든 교회의 구성원을 통한 이러한 성령의 행위가 이러한 은사들 속에서 특별히 집중된 방식으로 명백하게 드러나는 한, 교회가 은사들을 통해서 구성된다고 이야기하는 것은 그 자체로 의미 있다.

2. 은사가 지니고 있는 두 번째 두드러진 특징은 바로 은사의 **보편적 분배**이다. 신약성서 본문에 따르면 은사는 "특정한 이들에게만 한정된 현상이 아니라 교회 안에서 보편적으로 존재한다"(고전 12:7; 롬 12:3; 엡 4:7; 벧전 4:10을 보라).[33] 그리스도의 몸인 공동체 속에 은사가 없는 구성원들은 없다. 모든 육체에게 부어진 성령(행 2:17-21을 보라)은 또한 모든 육체에게 은사들을 나누어준다. 이러한 은사들은 "구별 없이, 그리고 조건 없이 나누어진 선물이다."[34] 이러한 점은 왜 회중에서 섬기는 이들과 섬김을 받는 이들 사이를 구분하는 것이 교회론적으로 받아들일 수 없는지를 잘 보여준다. 모든 이는 자기만의 구체적 은사를 가지고 섬기며, 동시에 모든 이가 자신의 필요에 따라서 섬김을 받는다. 그러나 실제로는 많은 구성원들이 교회에서 수동적이다. 그러므로 비록 세례를

---

32 언어로부터 분리된 의사소통의 형식으로서 "분위기"(aura)에 대한 연구로는 Berger and Luckmann, *Construction*, 163을 보라.
33 Küng, *Kirche*, 226; 또한 Boff, *Kirche*, 267ff.; Duffield and Van Cleave, *Foundation*, 329을 보라. *Lumen gentium* 12은 이러한 은사들이 "모든 직제에 충실한 이들 **사이에서**"(*inter omnis ordinis fideles*) 나누어진다고 주장할 때, 다소 다른 관점을 가지는 듯 보인다(볼프 강조, 이와 관련해서는 Gerosa, *Charisma*, 69f.을 보라). 그러나 은사의 보편적 분배가 각각의 인격이 자신만의 독특성에 기반한 "자기만의 은사"를 가져야만 하는 것으로 이해되어야 하는지에 대해서는 자명하지 않은 것 같다(Baumert, "Charisma," 31). 물론 모두가 자기 나름의 방식으로 특별한 임무와 활동을 가지고 있을지라도, 그들을 "집사"라고 말하는 것이 때로는 유용한 추상 개념인 것처럼(실제로 이것은 언어적 소통을 가능하게 하는 추상이기도 하다), 또한 섬김(διακονία)의 은사에 대해서 일반적으로 말하는 것도 의미가 있다.
34 Brockhaus, *Charisma*, 170.

받은 모든 사람이 다 은사를 사용하도록 부름 받은 것은 아니라 하더라도, 칼 라너(Karl Rahner)가 말한 것처럼, 은사 그 자체는 그럼에도 모든 사람들 속에서 "배아적 형태로" 존재한다고 할 수 있다.[35] 은사가 한 인격에게 주어지는 정도에 걸맞게(벧전 4:10을 보라)[36]—어떤 이도 활동을 강요당하지 않는다!—이러한 은사들은 교회와 세계를 섬기기 위해 인정받고 되살려지고 실행되어야 한다.

은사의 보편적 분배는 교회의 삶을 위한 **공동의 책임**을 함의한다.[37] 이러한 공동의 책임은 지도력("직임")이라는 특정한 은사와 양립 가능하다.[38] 그러나 은사의 보편적 분배라는 맥락에서 볼 때 이러한 지도력은 새로운 시사점을 가진다. 교회 안에서 모든 것을 하는 것은 서임을 받았든 받지 않았든 간에 지도자들의 임무일 수 없다. 이것은 그리스도의 몸에서 한 지체의 지나친 영양 공급으로 이어지고, 결국에는 다른 모든 지체의 영양 부족으로 이어진다. 지도자의 임무는 우선, 교회 공동체의 구성원들 모두가 다양한 은사적 행위에 참여하도록 영감을 불어넣고 그 행위들을 조율하는 것이다.[39] 둘째로, 지도자의 임무는 성령의 드러남을 검증해보도록 부름 받은 성숙한 교회에 대해서 책임을 지는 것이다(살전 5:21을 보라).[40]

공동의 책임은 **상호 복종**(엡 5:21을 보라)을 의미한다.[41] 비록 바울이 그들의 회중들로 하여금 특정한 구성원들을 인정하고, 또 그들에게 복

---

35 Rahner, "Charisma," 1028.
36 Wilckens, *Römer*, III.11을 보라.
37 Banks, *Community*, 139; Dunn, "Models," 107을 보라.
38 나는 이 지점에서 "직임"의 제도를 전제로 하고 있으며, 이후에 "서임"에 대해서 논의하는 부분에서 그 근거를 제시할 것이다.
39 또한 Barth, *Priester*, 234.
40 바울이 그의 회중들을 교정하기 위한 하나의 특별한 특징은 바로 바울이 자신의 가르침을 이행하기 위한 권위자로서 그 회중 속에 있는 지도자들에 말을 건네지 않았다는 것이다; 이러한 점은 우리가 교회의 삶을 위해 모두가 책임을 나누고 공유한다는 개념에서 시작할 때 가장 잘 이해될 것이다.
41 또한 Mühlen, *Entsakralisierung*, 438.

종할 것을 요구했지만(살전 5:12; 고전 16:15-16을 보라), 이러한 특정한 이들의 권위는 특정한 지점에서 상대화되고, 또한 바로 그러한 이유로 보호받는다. 첫째, 이러한 권위는 절대적인 것이 아니다. 교회의 구성원들은 오로지 자신들의 공동의 주님에게만 무조건적 복종을 다할 의무가 있기 때문이다. 둘째, 이것은 단순히 그들의 형식적 지위에 근거하기보다는 회중 안에서의 능동적 섬김에 근거한다(살전 5:13을 보라).[42] 궁극적으로 지도자들에 대한 의무적 복종은 모든 사람에 대한 의무적 상호 복종이라는 틀 속에 서 있게 된다. 이는 그리스도인의 순종이 왜 "타자들의 각각 다른 은사에 대한 자유로운 순종"일 수밖에 없는지를 잘 설명해준다.[43]

3. 은사의 세 번째 특징은 그들이 가지는 근본적인 **상호 의존성**이다. 모든 구성원이 은사를 가지고 있지만, 그렇다고 모든 구성원들이 모든 은사를 가지고 있는 것은 아니다. 은사의 충만함은 전체 (지역) 교회 안에서만 발견될 뿐이다.[44] 바울은 다양한 단락에서, 그러한 은사들이 가지는 기능에 따라서 그리스도의 몸의 구성원들은 "**서로 다른 은사들**"을 가진다는 점을 강조한다(롬 12:6; 고전 12:7-11을 보라). 교회는 은사를 보편적으로 부여받은 클럽 같은 것이 아니며, 그러한 이유로 자충족적 은사를 지닌 사람들의 모임도 아니다. 교회는 하나님의 영이 하나님의 새 창조의 선취 가운데 세상과 다른 이들을 섬기기 위해 능력을 부여한 남녀 모두의 공동체이다.

교회의 구성원들이 상호 의존적이기 때문에, 그들의 삶은 상호성으로 특징지어져야 한다.[45] 교회는 "서로 주고받는" 공동체이다(빌 4:15). "직

---

42 참조. Dunn, "Models," 106; Käsemann, "Amt," 120.
43 Küng, Kirche, 474.
44 가톨릭 교회론의 틀 안에서 유사한 이해로는 Legrand, "Entwicklung," 151을 보라.
45 이에 관해서 Lohfink, Gemeinde, 116-24를 보라.

임의 은사"는 이러한 상호성의 원리에 통합되어야 한다. 직임자는 배타적으로 그리스도의 인격 안에서(in persona Christi) 행동하는 유일한 존재로서 교회에 맞서 있지 않다. 그리스도의 영은 그들 안에서 역사하는 것은 그들이 가지고 있는 직임의 능력 때문이 아니라, 그들이 사역을 실행하기 때문이다.[46] 결국 직임자들의 행위는 교회의 여타 다른 구성원들의 행위들과 원리상 다르지 않다. 각각의 인격들이 자기만의 독특한 방식으로 교회적 삶의 다양한 측면에 기여하는 한에서, 이러한 인격은 그 인격의 행위에 영향을 받는 사람들에게 그리스도의 "대리자"로 행동하게 된다. 이러한 점이 그리스도의 인격 안의 사역과 회중 사이에 불가피하게 존재하는 양극성을 제거하는 것은 아니지만, 분명히 이러한 양극성을 탈중심화시키고, 그로써 "직임자"와 "회중" 사이의 양극성을 극복하게 만든다. 영적인 능동성과 수용성은 이제 더 이상 서로 다른 두 인격들의 집단들에 각각 나누어지는 것이 아니라, 오히려 모든 인격이 공통적으로 가지는 두 가지 기본적 활동들에 현존한다. 즉 모든 인격은 그리스도의 인격 안에서 행동하며, 동시에 모든 인격은 이 행위를 수용한다.

4. **하나님의 주권적 성령**은 은사를 "그의 뜻대로" 나눠준다(고전 12:11).[47] 우선 성령은 성령이 선택하는 대로 활동한다. 전체 (지역) 교회든 혹은 교회 안의 특정한 계층이든 간에, 어떤 교회도 성령이 어떠한 은사를 어떤 구성원에게 수여해야 한다고 규정할 수 없다. 더 나아가서, 성령은 성령이 선택하는 때에 활동한다. 교회는 어느 때에 성령이 그 은사를 주어야 한다고 결정할 수 없다. 이러한 점은 교회가 자신으로부터 유래하지 않는 어떤 동력에 의해서 살아간다는 점을 분명하게 보여준다. 교회 안에서 "누가 무엇을 해야 하는가?"의 문제는 중요한 의미에서 결

---

46 Schweizer, "Konzeptionen," 331을 보라.
47 Baumert, "Charisma," 34, 37을 보라.

코 교회의 문제가 아니다. 교회의 삶을 "조직"하는 것은 교회가 아니라 성령이다. 따라서 교회의 **성령론적 구조**는 바로 은사를 수여하는 성령의 주권성으로부터 유래되는 것이다.

교회는 물론 무엇보다도 **비인격적** 제도들에 의해서 구조화된다. 그 제도들은 항상 변화하는 상황 속에서 새롭게 파악되어야만 하는 것이 아니라, 이미 주어져 있다. 이러한 제도들은 다소 다르지만, 어느 정도 안정적인 교회의 사역들을 포함하고 있다(예를 들어 감독의 사역이나 봉사의 사역 등).[48] 그럼에도 이러한 제도들은 인격적 담지자들 없이는 생각될 수 없다.[49] 이러한 제도들의 **인격적인 참여적 구조**는 성령의 주권에 의해서 결정된다. 성령은 자신이 선택하는 시간에 자신이 선택하는 대상에게 은사를 수여한다. 이러한 방식으로, 성령은 "교회가 제도적인 습관이나 전통적인 습관에 의해서 자기 고립적인 상황에 빠지지 않도록 해주며, 지속적으로 '열린 구조'를 유지하도록 만들어준다."[50]

그렇다면 과연 어떻게 주권적 성령에 의해서 은사들이 주어지는가? 이러한 은사들은 때때로 "놀라운 것" 혹은 "순간적인 것"으로 묘사되곤 한다. 따라서 우리는 단지 "우리 스스로를 그러한 은사에 대해서 개방하는 것" 이외에 할 수 있는 것이 없다(물론 그러지 않을 수도 있다).[51] 이는 또한 결과적으로 은사와 직임 사이의 병렬적인 관계를 가져온다. 은사는 "직접적"이고, "그 나름대로 처분에 달리지 않은 것"이지만, 반면에

---

48 비록 비인격적 제도들이 성례전을 포괄하더라도, 이러한 것들은 여기에서 논의되고 있는 내용의 범위를 넘어선다.
49 비인격적 제도와 인격적인 참여적 구조 사이의 교회론적 구별은 사회 체제 안에서의 "주요 역할들"에 대한 사회학적 구별에 상응하는 동시에 또한 "다양한 직무들 중에서 인간의 능력과 자원들을 배분하는 것"에 상응한다(Parsons, *Institutions*, 120). 더 나아가서 한편으로는 제도와 인격, 그리고 다른 한편으로는 그러한 제도들을 통해서 인격에 의해서 행해지는 공헌들 사이의 구별이 이루어져야 한다. 물론 개신교적 이해에서는, 하나님의 말씀의 선포는 그 자체로 공헌으로서 교회성에 구성적 요소를 지니지만, 이러한 공헌이 이루어지는 특정한 제도들이 구성적 차원을 가지는 것은 아니다.
50 Baumert의 기록에 따르면, M. Kehl은 그렇게 주장한다(Baumert, "Charisma," 34, 각주 31).
51 Baumert, "Charisma," 32ff., 45.

직임은 성례전적으로 전승될 수 있다.[52] 그러나 은사의 수여를 이렇게 규정하는 것은 너무 단순화한 것이다. 바울은 우리 모두가 은사를 "사모하고"(ζηλόω) 또 "추구해야 한다"(διώκω)고 우리에게 요구한다(고전 12:31; 14:1).[53] 이러한 바울의 요청은 교회의 필요에 대한 인식뿐 아니라 우리 나름의 생득적이거나 학습된 능력에 대한 인식을 전제로 한다. 다른 이들을 섬기기 위해서 우리는 그들에게 필요한 것이 무엇이며, 우리 자신을 제공하기 위해서 우리가 가지고 있는 것이 무엇인지를 알아야 한다. 물론 상황에 대한 나 자신의 평가에 따라서 나의 은사를 선택할 수는 없다. 내가 나와 타자에 대해서 평가를 내릴 준비가 되어 있는 동시에, 타자가 나와 그들 자신에 대해서 내리는 평가에 의해서 교정될 준비가 되어 있을 때에만 특정한 은사를 구하는 것이 이치에 맞다. 왜냐하면 이러한 타자가 나의 섬김을 받아들이고자 해야 하기 때문이다. 그러므로 우리는 은사 수여의 **상호 작용적** 모델에 도달하게 된다.[54] 한편으로는 나 자신과의 상호 작용, 즉 본성적 나와 사회 속에서 나의 능력과 경향성을 기반으로 형성된 나의 상호 작용을 통해서 하나님의 성령으로부터 은사를 받는다. 그리고 다른 한편으로는 내가 나 자신을 발견하게 된 교회와 세계와의 상호 작용을 통해서 은사를 받는다. 비록 은사가 하나님의 주권적 성령의 선물이라고 하더라도, 이러한 은사는 고립된 개인에게서 발견되는 것이 아니라, 그들의 구체적인 자연적이고 사회적인 상태에서 발견된다. 다시 말해 주권적 성령의 선물인 은사는 단지 그 쓰임의 방향에서만 교회적인 것이 아니라 **은사의 수여 가운데 이미 교회**

---

52 은사와 직임 사이의 병행에 대해서는 Bittlinger, *Im Kraftfeld*, 129을 보라.
53 나의 전제에 따르면, 은사는 필연적으로 순간적 사건들인 것은 아니다(또한 예를 들어, Ridderbos, *Paul*, 443ff.). 단순히 잠정적 은사와 항존적 은사를 구별하는 것은 Brockhaus가 지적한 바 있듯이, "그 자체로 결코 직임자들에게 특별한 지위를 부여하고, 그들에게 회중의 구성원들 모두를 종속시키는 첫 번째 단계"가 아니다. 우리가 만일 암묵적으로 항존적인 은사를 직임과 동일시할 때에만, 이러한 특권과 종속이 현실이 된다.
54 유사하게 Veenhof, "Charismata," 90f.

적이다.

5. 은사의 **공시적이고 통시적인** 다원성은 또한 교회론의 주제들과 상응한다. 바울에 따르면, 한 인격은 동시에 다양한 은사를 가질 수 있다. 비록 바울은 공동체로부터 독립적으로 살아갈 수 있을 만큼 두루두루 재능을 갖춘 인간들을 언급한 적은 없지만, 교회적 상호 작용의 틀 속에서 각각의 개인들이 "풍성하게" 은사를 가지는 것에 대해서 관심을 보인다(고전 14:12).

교회의 구조와 관련하여, 통시적으로 나타나는 은사의 다원성은 공시적인 은사의 다원성보다 훨씬 더 중요하다. 은사가 교회와 세상 안에서의 특정한 사역을 위한 부르심인 동시에 타고난 재능의 조합이라는 신학적 관점에서 볼 때, 이는 소명과는 반대로, "변경할 수 없는"것이 아니다(롬 11:29). 시간에 따라서 다양한 은사들이 서로를 대체할 수 있는데, 이는 그들에게 수여된 은사의 상호 작용적 모델이 함의하는 것이다. 회중과 그 개별 구성원들의 역사를 넘어서, 이 구성원들이 회중을 섬기기 위해 부여받은 은사들 역시 변할 수 있다. 특정한 은사들은 특정한 때에 전면적으로 부각되지만, 반면 다른 은사는 중요하지 않게 취급되기도 한다(회중에게든 혹은 그 은사의 담지자에게든 간에). 이러한 점은 하나님의 부르심과 특정한 사역을 위한 은사의 부여가 결코 평생에 걸쳐 일관된 것이 아님을 의미한다. 그러나 그것이 **반드시** 그러해야만 하는 것은 아니다. 어떠한 경우든 간에 특정한 은사의 영속성과 그것이 가지는 신적 근원 사이의 상관성은 존재하지 않는다. 하나님의 성령은 생명의 영이다. 따라서 그리고 성령의 은사는 교회의 삶 그 자체만큼이나 다양하고 역동적이다.

2. 삼위일체와 교회의 제도들

개신교 진영에서 널리 퍼진 관점에 따르면, 하나님의 성령과 교회의 제도는 서로 모순 관계에 있다. "주는 영이시니 주의 영이 계신 곳에는 자유가 있느니라"(고후 3:17). 반대로 제도는 마치 억압의 기제로 여겨지곤 한다. 만일 이러한 관점이 맞다면, 단호한 "성령적 무정부" 상태가 은사적 교회를 위한 적합한 "구조"여야 할 것이다.[55] 그러나 이러한 관점은 편견에 치우친 것이며, 누구든 이러한 견해에 찬동하면 결국 교회 제도의 특성은 물론이고, 하나님의 성령이 행동하는 방식을 인식하는 데 실패하고 만다.

2.1. 모형으로서 삼위일체

1. 피터 버거(Peter Berger)와 토마스 러크만(Thomas Luckmann)에 따르면 "제도화는 언제나 행위자의 유형에 따라 습성화된 행위에 대한 상호적 유형화가 존재할 때 발생한다."[56] 제도는 이러한 관점에서 사회적 상호 작용의 안정적 구조이며, 이러한 제도는 그 자체의 기원을 넘어서, 두 사람이 동일한 일을 반복적으로 행할 때 지속되는 모든 사회적 상황 속에서 떠오른다.[57] 사회적 단위의 정체성은 제도성을 전제한다. 왜냐하면 정체성은 형식적으로든 비형식적으로든 이미 고정된 규칙성과 관계들의 예측 가능성 없이는 파악될 수 없으며, 또한 설명과 정당화를 통한 암묵적이고 명시적인 합법화 없이는 생각할 수 없기 때문이다.[58] 모든 사회적 단위는 그 자신을 다른 사회적 단위들에 맞서 자기 자신을 정

---

55 Sohm, *Wesen*, 54; 또한 Brunner, *Kirche*, 18ff.; Kraus, *Reich Gottes*, 376을 보라.
56 Berger and Luckmann, *Construction*, 51. 제도의 문제에 대해서는 또한 Parsons, *Instituions*, 117-252; Neale, "Institution"을 보라.
57 Berger and Luckman, *Construction*, 52ff.을 보라.
58 Anderson and Carter, *Behavior*, 119ff.; Neale, "Institution."

의하는 그룹으로서, 이미 그 자체로 하나의 제도가 되는 것이다. 구체적 사회성과 제도성은 실제로 불가분의 관계를 가진다.

"교회가 제도인가?"라는 질문에 대한 대답은 결국 **교회의 성격**에 의존하는 것이다. 아돌프 폰 하르낙(Adolf von Harnack)이 루돌프 좀(Rudolf Sohm)의 견해를 정식화하면서 잘 알려진 논쟁은 다음과 같다. 만일 교회가 "오직 무한성 속에서나 서로 만나는 여러 평행선들"이라면,[59] 그리고 교회가 순간적 사건일 뿐이라면, 교회는 사회적 단위가 아니기에 기관일 수도 없다. 그러나 만일 교회의 본질이 "이 지상에 공동체를 구성하는 것"이라면,[60] 교회는 결국 제도 이외에 다른 방식으로는 존속할 수 없다. 내가 이미 보인 바와 같이,[61] 구원은 본질적으로 사회적 차원을 가진다. 따라서 오로지 제도화된 절차를 통해서만, 즉 예수 그리스도를 구원자와 주님으로 고백하는 것을 통해서, 삼위 하나님의 이름으로 이루어지는 세례를 통해서, 삼위 하나님과의 교제와 서로와의 교제를 기념하는 성만찬을 통해서, 우리는 그리스도인이 되며 그리스도인으로 살아간다.[62] 구원이 가지는 본질적 사회성은 결국 교회가 가지는 본질적 제도성을 의미한다. 문제는 교회가 제도인가 아닌가라는 물음이 아니라, 그것이 **어떤 종류의** 제도인가라는 물음에 있다.

2. 제도로서 교회가 가지고 있는 특징을 묻는 질문에 대한 적절한 대답은 삼위일체론을 언급함으로써 주어져야 한다. 교회는 하나님의 새 창조 속에서 전체 하나님의 백성이 삼위 하나님과 갖는 종말론적 교제를 다소 굴절된 방식으로 반영한다.[63] 따라서 그 제도들 역시 삼위일체

---

59 Harnack, *Kirchenverfassung*, 148f.
60 Ibid., 149.
61 구원의 사회성에 대해서는 앞의 V.2.1을 보라.
62 신앙이 인지적 차원을 가지고 있으며(앞의 IV.1.2.2를 보라), 또한 신앙의 내용은 모든 사람들에게 동일한 것이기에, 모든 개인의 인격적 신앙은 그 자체로 하나의 "역할"이라 할 수 있고, 이 지점에서 행위의 제도화를 수반하게 된다("역할"의 사회학적 의미에 대해서는 Berger and Luckmann, *Construction*, 72ff.을 보라).

에 상응해야만 한다. 이러한 제도들이 삼위일체에 상응할 수 있다는 진술은 바로 교회의 구조를 만드는 은사의 특징으로부터 도출될 수 있다. 내가 이미 보인 바와 같이, 은사들 사이의 관계는 삼위일체적 관계를 따라서 형성된 것이다(고전 12:4-6을 보라).[64]

교회의 제도성이 삼위일체에 상응하는 것으로 파악될 수 있는 것은, 오로지 삼위일체 자체가 어떤 의미에서 "제도"이기 때문이다. 이러한 점은 우리가 제도를 사회적 상호 작용의 안정적 구조로 이해할 때 명백해진다. 즉 삼위일체는 신적 인격들 사이의 안정적 관계들 없이는 파악이 불가능하다. 신적 인격들의 동일성은 이러한 안정적 관계들 없이는 결정될 수 없다. 물론 삼위일체는 오직 유비적으로만 제도라고 말할 수 있다. 예를 들면, 신적 인격들은 제도화에 요구되는 종류의 행위자의 **유형론**에 대해 그 어떤 가능성도 보여주지 않는다.[65] 정의에 따르면, 오직 하나의 신적 인격은 삼위일체 속에서 하나의 "역할"만을 지니기 때문이다. 그 "역할들"은 다른 인격들과 교환할 수 있는 것이 아니다. 자기만의 독특성을 지니고 있는 각각의 구별된 인격들은 이러한 "역할들"에 의해서 규정되기 때문이다.

물론 교회의 제도가 삼위일체와 상응하는 지점은 단순히 "위로부터", 즉 삼위일체 자체로부터 규정될 수는 없다. 교회에 적용 가능한 유비의 한계는 교회가 가지는 있는 피조물적 본질과 역사적 본질에 근거한 한계로 파악되어야 한다.[66] 따라서 교회의 제도성에 대해서는 다음의 두 가지 접근이 필수적이다. 교회의 제도성은 그것이 삼위 하나님과의 사귐 가운데서 살아가는 교제로 고찰되는 동시에, 인간의 사회적 현상

---

63 앞의 III.1.1.1을 보라.
64 앞의 V.4.3을 보라.
65 Berger and Luckmann, *Construction*, 53을 보라.
66 앞의 V.1.2를 보라.

으로 고찰되어야 한다. 교회의 제도성을 오로지 사회 철학적으로만 근거 짓는 것은 교회가 삼위 하나님과의 교제로서 가지는 내적 본질 자체를 무시하게 된다.[67] 반면 교회의 제도성을 오로지 삼위일체적으로만 근거 짓는 것은 그 자체의 목적을 향해 나아가는 인간 공동체로서의 교회의 특성을 간과하는 것이다.

3. 한 제도의 특징은 우선적으로 다음 두 가지 요인에 근거한다. 권력 분배의 양식과 그 통합의 방식. 권력 분배라는 측면에서 볼 때, 우리는 "대칭적-다중심적(symmetrical-polycentric) 모형"과 "비대칭적-단일중심적(asymmetrical-monocentric) 모형" 사이를 구분해야 한다. 통합에 있어서는 강요된 통합과 자유롭게 긍정된 통합을 구별해야 한다. 그 구체적 성취에서 이러한 요소들의 조합은 두 개의 극단적 모형들(결코 현실에서는 순수한 형태로 발생하지 않을)의 조합과 함께 제도들의 다양한 형식을 낳는다. 권력의 비대칭적-단일중심적 분배와 (형식적이든 비형식적이든) 강요된 통합이 있을 것이고, 또한 권력의 대칭적-탈중심적 분배와 자유롭게 긍정되는 통합이 있을 것이다.

이미 내가 보인 것처럼,[68] 라칭거와 지지울라스는 삼위일체를 위계적으로 이해하며, 교회 안의 위계적 관계는 부분적으로 이러한 삼위일체에 근거한 것으로 본다. 라칭거에게 삼위일체 안과 교회 안에서의 관계는 단일중심적이다. 인격은 "순수한 관계성"이기 때문에, 삼위일체는 결국 하나의 중심을 가질 수밖에 없다. 비록 지지울라스의 경우에는 단일중심성을 포기했다고 하더라도, 그는 위계 구조를 유지한다. 하나(성부)와 다수(성자와 성령) 사이의 관계는 결국 "하나"를 향해 기우는 비대

---

67 교회의 권리를 사회 철학적 선험적(*apriori*) 구조—즉 사회가 있는 곳에 권리가 있다 (*ubi societas, ibi ius*)—에서 도출하는 것에 반대하는 가톨릭적 비판에 대해서는 Mühler, "Communion," 484을 보라.
68 앞의 V.4.1을 보라.

칭적인 것이다. 라칭거와 지지울라스 모두 삼위일체와 교회가 자유롭게 긍정되는 통합을 주장한다. 하지만 하나님의 새 창조의 이쪽 편에서 볼 때, 교회 안의 자유롭게 긍정되는 통합 자체는 도달 불가능한 이상으로 머물러 있어야 하기에, 삼위일체에 근거한 교회 내의 위계적 관계들은 지배적 하나에게 다수가 부분적으로 항상 강요되는 종속으로 구체화되는 삶을 살아가게 된다.

몰트만을 따라서, 나는 이와는 대조적으로 삼위일체 안의 대칭적 관계들을 나의 전제로 삼을 것이다.[69] 이러한 지점은 다음과 같은 교회적 원리, 즉 교회가 대칭적이고 탈중심적인 권력의 분배와 자유롭게 긍정된 상호 작용을 통해서 특징지어질수록, 삼위일체의 교제에 더욱더 상응하게 된다는 교회적 원리를 낳는다. 삼위일체의 모형을 따른 은사들 사이의 관계는 상호적이고 대칭적이다. 교회의 모든 구성원들은 은사를 가지고 있으며, 모든 이는 다른 이들의 유익을 위해서 자신의 은사들을 활용해야 한다.[70]

4. 교회의 제도성에 대한 논박은 삼위일체에 상응하는 사랑으로 해석되는 "온전히 자발적인" 상호 작용이라는 이름으로 종종 제시된다.[71] 그러나 이러한 방식으로 이해된 사랑이 **인간** 공동체의 유일한 법칙이 될 수 있을까? 탈코트 파슨스(Talcott Parsons)에 따르면, "사랑에 의해서 지배되는 공동체의 안정화"를 위해서는 두 가지 전제가 필요하다. 첫 번째 전제는 다음과 같다. "공동체 구성원들의 행위, 그리고 그들 각자와 서로 영향을 주고 있는 타자로부터 상호적인 행동을 예상하는 데 있어서, 과연 이러한 상호적 사랑이 무엇을 수반하고 있는지에 대한 인지적

---

69 앞의 V.4.2를 보라. 교회의 제도성에 대한 교회일치적 문제는 "교회법에 존재하는 교제적 원리의 **실현**"에 있다기보다는(Pirson, "Communio," 45, 볼프 강조) 오히려 삼위일체적이고 교회적인 교제적 원리에 대한 저마다의 **이해**에 이미 존재한다.
70 앞의 V.4.3; Moltmann, Church, 305f.을 보라.
71 Brunner, Kirche, 66.

이고 지적인 정의가 존재해야 한다." 두 번째 전제는 "집합성의 의무와 권리와 책무를 정의하는 데 있어서 주도권을 지닌 적합한 지도권에 대한 반응이다. 가시적인 집합적 실재는 인지적 용어들로 이해되고 소통될 수 있는 규칙들을 가져야 한다."[72] 사랑의 공동체에서(적어도 그것이 인간의 공동체라면) **객관적** 의미에서 온전한 자발성은 불가능하다. 왜냐하면 사랑이신 하나님과 달리 인간 존재는 오로지 그들이 하나님의 사랑에 참여하는 한에서만 서로 사랑할 수 있기 때문이다. 따라서 인간이 서로 사랑하고자 한다면, 그들의 의지만을 가지고서는 서로를 향하여 단순히 행동을 할 수 없다. 비록 아우구스티누스의 "사랑하라. 그리고 네가 원하는 것을 하라"는 원리가 옳다 하더라도, 사랑하기 위해서 우리는 여전히 이러한 상호 작용의 특정한 규칙을 적어도 암묵적으로라도 인식하고 따라야 한다.

이러한 상호 작용의 규칙에 상응하는 행위는 주관적으로 자발적인 방식으로 일어날 수 있다. 하나님의 새 창조에서 인간의 개인적 삶과 공동체적 삶은 삼위 하나님과의 교제 속에서 서로 일치하게 될 것이고, 인간은 하나님이신 사랑이 그들에게 명령하는 바를 진정으로 하고자 **원할** 것이다. 물론 새 창조의 영이 이미 그리스도인들의 마음에 이미 부어져 있다고 하더라도(롬 5:5), 그리스도인들의 개인적 삶과 공동체적 삶은 아직 온전히 일치해 있지 않다.[73] 따라서 하나님의 새 창조의 이쪽 편에 서 있는 교회에서 우리는 적어도 모든 구성원에게 부분적으로나마 **외재적인** 어떠한 상호 작용의 규칙들 없이 행할 수 없다.

따라서 가장 핵심적인 질문은 이렇게 자유롭게 이해된 사랑 혹은

---

72 Parsons, "Religion," 319f.
73 혹자가 공산주의 자체를 하나님의 다스림으로 이해할 만큼 어리석은 것이 아니라면, 공산주의에 대한 마르크스주의적 이해에 반대해서 이러한 점이 주장되어야 한다(*Marx Engels Werke, Ergänzungsband*, 1.535, 538f.; *Marx Engels Werke*, 1.370; 2.138을 보라. 이에 관해서는 Volf, *Arbeit*, 22-24 참조).

그러한 상호 작용의 규칙들이 교회의 사회적 삶을 결정하는가가 아니라, 사랑의 실천을 구체적으로 규정하는 상호 작용의 규칙이 과연 정형화될 수 있는지 혹은 공동체의 삶에서 종말론적으로 주관적인 자발성의 선취 속에서 그 규칙들이 습관의 내면화된 규칙으로서만 교회의 삶을 결정할 수 있는지에 있다. 이러한 습관의 규칙들이 정형적으로 상세하게 규정되지 않는다는 주장이 우리로 하여금 이러한 규칙들이 **고정된 규칙들**이 아니라는 결론으로 오도하게 해서는 안 된다.[74] 비록 성공적인 사회화를 따를 때, "특정한 행위의 양식이 보통 '자발적으로' 발전된다"고 할지라도, 이러한 행위의 양식은 항상 **"제도적으로 규정된 선들을 따라서"** 발전한다.[75] 더 나아가서, 비록 이러한 습관의 규칙이 형식화된 규칙들보다 때로는 더 억압적일 수도 있겠지만, 그럼에도 이러한 규칙은 큰 고기가 작은 고기를 잡아먹는다는 "물고기의 법칙"에 반대할 수 있을 만큼 그 자체로 강한 것은 아니다. 따라서 이런 점에서 상호 작용의 규칙에 대한 법적 정형화를 주장하는 목소리가 커지게 된다. 비록 적법성이 그 자체로 사랑을 만들어내는 것은 아니지만, 그럼에도 이러한 적법성은 권리와 의무를 상세하게 기술함으로써, 사랑을 위한 공간 자체를 만들어낼 수 있다.[76] 그러나 교회 안에서의 법적 규정은 삼위 하나님과의 교제에서 드러나는 사랑의 빛에서 얼마든지 변화할 수 있도록 열려 있어야 한다. 만일 이러한 법적 규정이 **교회**법이 된다면, 이러한 법은 또한 삼위 하나님의 형상으로서 교회의 본질에 상응하는 것이어야 하기 때문이다.[77]

---

74 습관이라는 강한 규칙의 발전은 특히 "가정 교회" 운동에서 잘 관찰할 수 있다. 이러한 교회에서, "가부장적 관계"에 기초한 강한 위계적·비공식적 체계들은 종종 회중과 "승천한 그리스도의 은사주의적 대리자" 사이에서 발전한다(Walker, *Restoring*, 141, 171을 보라).
75 Berger and Luckmann, *Construction*, 60 (볼프 강조).
76 이에 관해서는 Herms, *Kirche*, 111을 보라.
77 교회법이 교회의 본질에 상응해야 한다는 주장은 오늘날 많은 교회법 이론가들에게 널리 받아들여지고 있다(이 점에 대해서는 Heckel, "Begrenzung," 943f.을 보라).

사랑의 교회와 법의 교회 사이에는 어떠한 대립도 없다. 오히려 사랑의 교회와 법의 교회는 모두 공통적으로 법이 부재하는 교회와 부정의의 교회에 맞선다.[78] 그러나 물론 이 지점에서 사랑의 교회와 법의 교회 사이에 존재하는 근본적 차이점 역시 발생한다. 법의 교회는 사랑의 교회라는 종말론적 교회의 **전종말론적** 형태이다. 비록 교회가 본질적으로 하나의 기관이라고 하더라도, 교회는 본질적으로 상호 작용이 외재적으로 규정되어야만 하는 제도가 아니다. 상호 작용의 법적 규정은 삼위일체적인 관계들이 하나님의 새 창조의 이쪽 편의 교회 안에서 반영되는 방식이다. 어떠한 방식으로 이러한 상호 작용의 외재적 규정이 표명된다고 하더라도, 이것은 교회 안에서 새 창조를 선취하는 징표이기도 하지만 또한 그러한 종말론적인 목적으로부터 떨어져 있는 거리를 보여주는 징표이기도 하다.[79] 왜냐하면 법은 오로지 그 법이 규정하는 것이 지켜지지 않을 가능성이 존재할 때 의미가 있기 때문이다. "율법은 옳은 사람을 위하여 세운 것이 아니요 오직 불법한 자와 복종하지 아니하는 자를 위함이니"(딤전 1:9). 이러한 이해로부터 교회의 법규를 최소주의적 편향에서 해석하려는 시도가 있다. 이러한 이해에 따르면 교회적 삶이 법적으로 통제되지 않을수록, 그리고 교회의 제도가 형제와 친구 사이의 친교로서 더욱더 잘 실현될수록, 이러한 제도들은 교회가 삼위하나님과의 교제를 실현할 자신의 미래에 더욱더 상응하게 될 것이다.

5. 상호 작용의 형식적 규칙들은 교회 안에 있는 새 창조의 형상일 뿐 아니라 교회가 그 목적에서부터 얼마나 떨어져 있는지를 보여주기도 하기에, 이러한 규칙들은 예비적인 동시에 변할 수도 있다. 다른 모든 사회 현상들과 마찬가지로, 교회 역시 그 상호 작용의 규칙에 관해서

---

78 Kasper, "Sakrament des Geistes," 38. 사랑과 법 사이에 존재하는 관계에 대해서는 다음의 책이 설득력 있는 논증을 제시한다. Michael Welker, *Gottes Geist*, 239ff.
79 Duquoc, *Churches*, 58f.을 보라.

형태 발생(morphogenesis)의 영속적 상태 속에 머무른다(그러나 이것은 형태 안정을 향하고자 하는 평형적 경향성과 지속적으로 긴장을 유지한다). 이러한 상호 작용의 형식적 규칙들이 발전하는 방향은 삼위일체적 교제에 의해 구속력을 가지는 방식으로 제시된다. 에른스트 볼프(Ernst Wolf)가 강조한 것처럼, 개혁된 교회는 지속적으로 개혁되어야 한다(ecclesia reformata semper reformanda est)는 진술은 결국 교회법의 영역에도 적용된다.[80]

교회 안에서 삼위일체가 반영되는 구체적 형식은 삼위일체의 구속력 있는 모델에 의한 것일 뿐 아니라, 교회 자체가 위치한 다양한 문화적 맥락들에 의해서도 형성된다. 애초부터 교회라는 사회적 조직은 기존에 존재하던 사회화의 방식을 부정하기도 하고 받아들이기도 하면서 만들어진 결과물이었다. 교회가 저마다 다른 문화적 영역들에서 존재하기 때문에, 공시적으로나 통시적으로 나타나는 교회 제도의 다양한 형식들은 이미 예상되었던 바다. 이러한 다양한 형식은 통일성을 저해하는 단점으로 부각되기보다는, 오히려 교회가 문화적으로 뿌리내리는 필수적인 과정의 제도적 차원이라고 이해할 수 있다.

2.2. 성령, 제도, 구원의 매개

삼위일체적 관계는 교회의 제도들에 대한 하나의 모델로서 기능할 수 있다. 왜냐하면 삼위일체 하나님은 성령을 통해서 교회 안에서 현존하며, 삼위일체의 형상을 교회 안에서 형성하기 때문이다. 성령의 이러한 활동을 통해서 구원을 베푸는 은혜가 매개되고 교회가 구성된다. 그렇다면 삼위일체적 모델에 따라서 형성된 교회의 제도들과 성령의 이러한 구성적 행위 사이에는 어떤 관계가 있는가? 이 지점은 교회의 제

---

80 Wolf, *Rechtsgedanke*, 72.

도성에 관련하여 가장 첨예하게 논란이 되는 교회일치적 질문이다. 나는 성령의 행위와 성령의 인간적 담지자 사이에 존재하는 관계를 검토함으로써 이 질문에 대해서 대답하고자 한다.

1. 라칭거에 따르면, 교회 안에서의 사역에 대한 순수하게 기능적인 이해는 결코 교회의 본질에 상응하지 못한다. "교회의 성령적 특질"은 필연적으로 "사역의 성령적 특질"[81] 속에서 표현되어야 한다. 교회 안에서 성령의 행위는 오로지 전체(즉 성령을 통해서 활동하는, 머리와 지체인 **전체** 그리스도)의 행위로서만 생각될 수 있기에, 사역의 성령적 특질은 전체를 대표하는 영적 직임자를 요구한다. 결국 성령은 직임자에게 매여 있기 때문에, 이러한 직임자들은 교회 안에서 영적 권위를 가지고 기능할 수 있으며, 구속력 있는 방식으로 하나님의 말씀을 해석할 수 있다.[82] 직임자들은 교회 안에 있는 사람들이 단순히 자기 자신이 아니라 하나님과 관계한다는 점을 보장해준다.

지지울라스에 따르면, 교회의 구조는 결국 모든 성만찬적 모임 속에서 실현되는 하나님의 다스림의 구조이다. 그러나 교회의 구조는 단순히 직임자들—즉 사제들(presbyters)과 부제들(deacons)에게 둘러싸인 주교들—뿐 아니라 평신도들도 포괄한다. 성령은 이 두 집단 모두를 통해서 역사하시며, 또한 그들의 상호적 관계—물론 이들의 비대칭적인 관계는 강조되어야 한다—를 통해서 역사하신다. 회중은 주교 없이 아무것도 할 수 없으며, 주교는 회중의 "아멘" 없이는 아무것도 할 수 없다. 그러므로 그 고정된 구조를 아우르는 전체로서 지역 교회는 하나님이 그 속에서 활동하신다는 점을 보장한다. 오직 주교(다른 주교들과의 교제 속에 있는)가 결정하는 것 **그리고** 지역 교회(다른 지역 교회들과의

---

81 Ratzinger, *Prinzipienlehre*, 276.
82 앞의 I.4.4와 4.5를 보라.

교제 속에 있는)가 받아들이는 것은 진리의 영에 의해서 도출된다. 하나와 다수 사이의 삼위일체적 관계의 틀에 상응하는 진리의 은사(charisma veritatis)는 비록 주교에게 주어지는 것이지만, 지역 교회에 달려 있는 것이기도 하다.[83]

2. 만일 교회가 전체 하나님의 백성의 종말론적 교제를 선취한다면, 그리고 교회가 그리스도의 성령을 통해서 그렇게 구성된다면,[84] 교회 안에서의 사역은 실로 성령론적으로 이해되어야 한다. 그렇지 않다면, 이러한 사역은 **교회로서** 교회의 삶에 기여할 수 없다. 왜냐하면 이럴 경우 사역이 교회의 외부에 머물러 있는 것이 되기 때문이다.[85] 루돌프 좀은 이러한 지점을 정확하게 파악했고, 교회 안에서 그러한 사역을 실행하는 데는 오로지 두 가지 가능성, 즉 성령의 은사를 기반으로 하든지, 아니면 거룩한 법을 기반으로 하든지밖에 없다고 주장했다.[86] 나는 이미 앞에서 교회 사역의 은사적 특징을 옹호했다. 여기서는 은사, 교회의 제도들, 교회법 사이에 존재하는 관계들에 대해서 살펴보도록 하겠다.

만일 은사가 순전히 순간적으로 발생하는 사건이라면, 이러한 은사들은 결국 교회 제도와는 거의 상관이 없게 될 것이다. 한스 동부아(Hans Dombois)의 비유에 의하면, 제도는 기껏해야 하나의 집, 즉 그 속에서 은사를 가지고 안으로 들어가는 집과 유사한 것이다.[87] 그러면 성령은 필연적으로 제도 바깥에 머무는 것이 된다. 비록 성령이 실제로 이러한 제도 속에서 활동한다고 하더라도, 이는 성령의 활동의 결과가 실현

---

83 앞의 II.4.2와 4.3을 보라.
84 앞의 III.1.1.1을 보라.
85 여기서 나는 신학적으로 중요한 의미를 가진 교회의 인격적 제도들에 대해서 논할 뿐이지, 순전하게 관료제적 성격을 가진 제도들에 대해서 논하는 것이 아니다. 이러한 관료제적 제도들은 "수위적 제도들이 가지는 신학적 의미를 잘 드러낼 수 있는 한에서만" 신학적으로 중요성을 가진다(Kehl, "Kirche," 178, note 1).
86 Sohm, *Wesen*을 보라.
87 Dombois, *Recht*, I, 903.

화된 것이 아니라, 단순히 신적 사건을 위한 인간적 틀이 될 것이다. 그러므로 은사를 실현주의적으로 이해하는 것은 많은 결점을 가지고 있다.[88] 비록 하나님에 의해서 가능한 것이 되었다고는 하지만, 그럼에도 바울은 예언과 같이 상당히 특이한 은사들마저도 **지속적으로 존재하는** 은사로 묘사한다. "예언자들"에 대한 언급(고전 12:28)은 바로 이러한 점을 전제한다. 예언자들은 교회 안에서 특정한 한 유형의 행위로 인정받은 습성화된 행위들에 종사한다. 예언은 앞에서 정의된 의미에서, 일종의 제도이다.[89] 그리고 동일한 지점이 다른 모든 은사들에도 적용된다. 은사들은 제도에 맞서는 것이 아니며, 또한 단순히 제도 안에서 일어나는 것도 아니다. 은사들은 (어느 정도 유연한) 제도이다(그러나 물론 교회의 모든 제도가 은사적이라는 뜻은 아니다).

교회 안에는 은사를 가지지 않은 어떠한 구성원도 없다는 사실을 고려한다면, 은사와 제도 사이의 관계에 대한 이러한 정의는 하나의 중요한 시사점을 가진다. 교회의 구성원들은 제도로서의 교회에 맞서 있는 것이 아니라, 오히려 그들의 행위와 관계가 바로 제도 교회라는 사실이다. 비록 제도적 교회가 그들의 "생산물"이 아니라 성령의 "생산물"이라도, 교회는 구성원들에게 하나의 객체화로서, 즉 낯선 실체로서 맞서 있는 것이 아니라, 그들이 서로를 향해서 관계 맺고 행동하는 방식이다. 그럼에도 구성원들 사이의 이러한 관계는 자의적인 것이 아니라, 그들의 (어느 정도 유연한) "역할들" 속에서 실행되는 것이다. 구성원들은 그들의 역할을 새롭게 만들어낼 필요가 없으며, 오히려 이미 존재하는 역

---

88 앞의 I.2.4를 보라.
89 Hans Walter Wolff는 예언과 제도 사이의 관계에 대한 분석에서, 예언을 종교적이고 정치적인 제도에 대립된 것으로 이해한다. 그는 제도에 대한 정의를 나보다 더욱 협소하게 설정하기에 이러한 방식으로 이해하고 있다. 그러나 그는 예언을 하나의 통일된 현상이 아니라 세 가지 유형으로 드러나는 것으로 보면서 "예언의 제도"에 대해서 이야기한다 (Wolff, "Prophet," 89).

할들 안으로(동시에 그들의 독특성을 가지고 그 역할들을 구성해나가면서) 자라나게 된다. 만일 인격들의 행위와 관계가 교회의 제도라면, 이러한 제도들 자체가 먼저 교회의 삶 속에서 모든 구성원들의 독특한 참여를 가능하게 만든다는 사실을 지적하는 것은 중요하다. 제도가 없다면, 교회는 "사건"이 될 수 없다.[90] 물론 이러한 원리는 이 명제가 역으로도 참일 경우에만 참이 된다. 즉 교회가 사건이 되지 못하면, 교회는 되어야 할 어떠한 제도도 될 수 없다.

3. 개신교 진영에서는 성령을 제도와 한데 묶는 것, 즉 성령의 담지자로서 목회자와 한데 묶는 것을 미심쩍은 것으로 생각해왔다. 그러나 은사가 단지 특정한 때만 드러나는 것이 아니라 지속적인 것이라면, 성령은 인간 존재가 아닌 하나님의 성령에 의해서 실현된 결속을 통해 은사에 필연적으로 매이게 된다. 중요한 질문은 과연 성령이 제도에 스스로 매이는 것이 교회법이라는 형태로 **정형화될 수 있는가**이다. 대답은 "아니다!"이다. 이러한 법이 필연적으로 하나님의 성령의 구원을 매개하는 활동과 모순되기 때문이 아니다. "법적 체계 자체가 이미 구원의 경륜의 구조적 요소들 속에 존재한다"는 진술은 그 자체로 반박할 수 없는 명제이다.[91] 다만 우리는, 이미 리베로 게로사(Libero Gerosa)가 최근에 제시한 바와 같이, 이로부터 **거룩한** 법의 체계를 도출해낼 수 없다. 핵심적 질문은 과연 구원의 경륜에 포함된 법적 체계가 **영적으로 구속력 있는** 교회법으로서 정형화되고 실행될 수 있는가이다. 그럼에도 이러한 법적 체계는, 좀이 이미 제대로 강조한 바와 같이, 정형화될 수 없는 성령의 행위에서 유래하는 것이다.[92] 무엇보다 이러한 정형화는 성령의 주

---

90 Marsch, *Institution*, 123.
91 Gerosa, *Charisma*, 120.
92 "교회법은 교회의 본질에 대립하여 서 있다"는 Rudolf Sohm의 다소 정확하지 않은 논제(*Kirchenrecht*, I.1)는 형식적 법과 하나님의 영의 주권적 행위가 서로 맞서 있다는 정당한 통찰에 바탕을 두고 있다. 하나님과 함께하는 삶은 법적으로 제도화될 수 없기에(Sohm,

권을 부정하게 된다. 왜냐하면 이러한 법은 결국 하나님의 성령을 "계산 가능한 요소"로 전제해야 하기 때문이다.[93] 둘째, 이렇게 되면 교회의 행위와 그리스도의 행위 사이를 구별해내지 못하게 된다. 그렇게 되면 우리는 하나님의 성령을 단지 교회의 성령으로 오인하게 된다.[94] 셋째, 성령의 행위에 대한 어떤 종류의 법적 정형화도 결국에 가서는 사람들의 잘못된 해방으로 귀결된다. 즉 타인의 행위 속에서 하나님을 접하게 된다는 형식적 확신은 결국 각 사람들의 신앙의 자유를 희생하면서 얻어질 것이다. 왜냐하면 교회법은 종교적 삶을 구속함으로써만 종교적 확신을 제공하기 때문이다.[95]

우리는 얼마나 오랫동안 하나님의 영이 특정한 은사를 특정한 인격에게 선사할지를 미리 알지 못하기 때문에, (제도들로서) 모든 은사들은 영적 분별이라는 영속적 과정을 전제한다. 모든 은사 담지자들은 회중들에 의해서 은사를 가지고 있는 자로 인정받게 되며(혹은 그렇게 인정받지 못하게 되며), 이들의 은사는 사역의 실행에서 언제나 새롭게 받아들여진다. 교회에서 이러한 은사를 받아들이는 과정은 비판적이면서 수용적인 차원을 가진다. "범사에 헤아려 좋은 것을 취하라"(살전 5:21; 참조. 고전 14:29; 요일 4:1). 이렇게 비판적 차원에 수위권을 둔다는 것은 어쩌면 적당하지 않을 수도 있다. 왜냐하면 비판적 시험은 그 자체를 위해서 발생하는 것이 아니라, 성령의 활동에 대한 적합한 수용을 목표로 하기 때문이다. 여전히 분별은 회중 안에서 모든 은사적 행위를 수반해야 한

Wesen, 14을 보라), 이러한 이유에서 왜 Sohm이 교회 조직의 은사주의적 형태를 옹호했는지를 알 수 있다. 그러나 내가 구체적 지역 교회들을 통해서 언제나 발생하는 **은사의 교회적 매개**에서 시작한다는 점에서 나의 개념은 그의 주장과 본질적으로 다르다. 반면에 그는 지역 교회들에 맞서 있는 보편 교회의 개별적 은사들과 구성원들에 대해서 생각하고 있는 듯하다. 이러한 구성원들은 자발적 순종을 통해서 그들 자신을 이러한 은사를 통한 성령의 활동에 순복시킨다(Sohm, *Kirchenrecht*, L 26ff.; idem, *Wesen*, xxiv을 보라).

93 Pirson, "Communio," 41.
94 Harnack, *Entstehung*, 128을 보라.
95 Sohm, *Wesen*, 22을 보라.

다. 왜냐하면 은사는 언제나 단순히 전제될 수 없는 성령의 구체적 행위에 의존하기 때문이다.

수용의 전체 과정은 은사에 덧붙여진 그 무엇이 아니라, 은사 자체의 본질적 부분이다. 은사 수여의 상호 작용적 모형에 따르면, 은사는 고립된 방식으로 개인들에게 주어지고 그 이후에 회중에게서 실행되는 것이 아니다. 은사는 이미 은사를 가진 개인들과 그것을 받아들이는 회중 사이에서 서로의 상호 작용 속에서 바로 성령의 선물로서 주어진다. 은사는 언제나 구체적 교회에 의해서 부분적으로 규정된다.[96] 그러므로 교회는 그 공동체의 개별 구성원들 사이에서 은사의 현존에 대해서 명시적으로나 암묵적으로 결정할 수 있고, 또는 적어도 그 구체적 교회 상황에서 특정한 사역을 창출해나가는 은사의 존재에 대해서 결정할 수 있다.

은사를 실행하는 것은 근본적으로 **개방된 교회적 과정**이다. 이러한 과정을 제한하는 것이 법적 규정의 목적이 될 수 없다. 오히려 이러한 과정을 그 개방성 속에서 보호하는 것이 법적 규정의 목적이다. 법적 예방 조치는 개인적 은사 담지자들과 회중 사이의 복잡한 상호 의존성이 실현될 수 있는 공간을 마련해준다. 교회법에 대한 이러한 이해는 예언에 대한 바울의 권고 속에 범례적으로 표현되어 있다. "예언하는 자는 둘이나 셋이나 말하고 다른 이들은 분별할 것이요.···하나님은 무질서의 하나님이 아니시요 오직 화평의 하나님이시니라"(고전 14:29, 33). 교회법은 무질서를 극복하고자 하며, 억압적 효과를 지닌 형식적 질서보다는 평화를 세우고자 한다.[97] 이러한 법은 개방된 교회적 상호 작용을 보호하기 위한 방향으로 구조화되어야 한다. 즉 그 속에 있는 **모든 이들**(πάντες)이 하나씩 하나씩(καθ' ἕνα) 말할 수 있고, 그 말

---

96 은사들은 교회에 의해서 주어지는 것이 아니다. 그것들은 성령의 선물이지, 교회의 선물이 아니다. 그러나 분명 교회를 통해서 주어진다.
97 이에 관해서 Moltmann, *Church*, 291을 보라.

이 존중받으며, 또한 **다른 이들**(ἄλλοι)이 이를 분별함으로써 **모든 사람** (πάντες)이 배우고 권면을 받아야 한다(고전 14:31). 이런 방식으로 파악된 교회법만이 교회를 정당하게 다루며, 또한 다양한 형식의 교회 사역이 실제로 그리스도인 개개인과 회중 전체에[98] 평화의 종말론적 다스림의 첫 열매로서 현존하는 주권적 성령으로부터 유래한다는 사실에 부합할 수 있다.

4. 만일 은사가 구원을 매개하는 교회의 제도라는 설명이 사실이라면, 교회적 제도는 순수하게 인간적 산물일 수 없다.[99] 그러나 비록 성령이 그 모든 제도를 생성했더라도, 그것들은 또한 순수하게 신적인 산물일 수 없다. 성령이 교회적 상호 작용을 통해서 행동한다고 할지라도, 우리는 성령이 어디에서 어떻게 역사하고 있는지에 대해서 구체적으로 규정할 수 없다. 우리가 "그 소리를 들을 수 있다"고 하더라도 "어디서 와서 어디로 가는지"는 알지 못한다(요 3:8). 어떤 이가 은사를 가졌다고 규정하는 것은 구체적으로 설명할 수 있는 무오한 판단이 아니라, 과거의 경험에 비추어서 설명되는 성령의 과정이다. 우리는 한 여성에 대해서 그녀가 과거에 예언적 활동을 했기에 "그녀는 여선지자다"라고 말할 수 있다. 그러나 우리가 어떤 이를 은사를 받은 이로 규정하자마자, 우리는 동시에 그 미래를 기대하게 된다. "이 사람은 집사다"라는 진술은 과거의 경험을 표현할 뿐 아니라, 동시에 미래에 대한 우리의 기대와 희망을 표현한다. 은사를 가진 이가 누군지를 규명하는 것은 언제나 인간적 경험과 기대를 통해서 일어나기에, 교회의 제도는 신적일 뿐 아니라 인간적인 산물이기도 하다. 교회 자체와 마찬가지로 교회의 제도 역시 신적 차원과 인간적 차원을 모두 가지고 있다.

---

[98] 또한 유사하게 Pirson, "Communio," 44.
[99] 예를 들어 Hasenhüttl, "Kirche," 8 (그가 이 책에서 분명히 제도에 대해서 지나치게 협소한 이해를 가지고 논의를 진행하지만).

교회 제도의 인간적 차원은 특정한 역할(은사)을 특정한 개인에게 배정하는 것이 언제나 잠정적일 수밖에 없음을 알려준다. 이것은 이러한 배정 자체가 잠정적이기 때문에 그러한 것이 아니라, 그러한 일에 대한 우리의 지식이 언제나 잠정적이기 때문이다. 하나님의 주권적 성령을 통해서 미래의 경험을 인지적으로 선취하는 것은 결국 정의상 잠정적일 수밖에 없다. 우리는 한 인격이 미래에 어떠한 은사를 가지게 될지도 **알 수 없다**. 더 나아가서 과거의 경험에 근거해서 어떤 인격이 은사를 가진다고 결정하는 것 역시 잠정적이다. 엄격하게 말하자면, **우리는** 개인의 차원에서 그러한 특정한 행위가 성령에 의해서 주어진 은사를 기반으로 일어난 것인지 여부를 **알지 못한다**. 우리는 다만 현재는 그러하다고 잠정적으로만 평가할 수 있을 뿐이다. 성령의 활동 자체가 예측 불가능하고 성령의 행위에 대한 우리의 지식이 제한되어 있기에, 한 인격이 특정한 은사를 가진다고 주장하는 어떠한 교회적인 차원에서의 (형식적이거나 비형식적인) 판단은 결국은 수정될 수밖에 없다.

5. 인간의 관점에서 볼 때 은사의 부여가 잠정적인 것처럼, 이러한 은사에 기반을 두고 이루어지는 교회의 사역들(예를 들어 하나님의 말씀에 대한 해석이나 교황권 같은 것) 역시 잠정적일 수밖에 없다.[100] 비록 하나님의 계시가 온전하고 신뢰할 만하더라도, 이러한 계시에 대한 무오한 해석과 같은 것은 있을 수 없으며, 한 사람의 양심을 의무적으로 강요하는 교회적 진리 같은 것도 존재하지 않는다.[101] 또한 우리가 무엇을 믿어야 하며 무엇을 행해야 하는지에 관한 교회적 진리라든가, 누가 교

---

100 이 장에서의 인격적인 교회적 제도에 대한 나의 관심에 상응하게, 나는 세례와 성만찬 이외에 병행되는 다른 성례전적 행위들에 대해서는 고려하지 않을 것이다.
101 비록 신앙의 모든 진술들, 즉 "하나님이 그리스도 안에서 자신을 계시하셨다"는 진술까지 포함하는 진술들이 모두 잠정적이라고 믿는다고 하더라도(Pannenberg, *Wissenschaftstheorie*, 312ff.을 보라; 또한 Clayton, *Explanation*, 136ff. 참조.), 우리는 동시에 계시 자체의 잠정적 성격과 이러한 계시에 대한 교회의 정식화를 구분해야 할 것이다.

회에 속했는지 아닌지를 가려내는 교회적 진리도 존재하지 않는다. "온전한 것이 올 때까지 우리는 부분적으로 아는" 것을 지속할 것이다(고전 13:9-10). 이러한 잠정성에 대해서 거부하고, 확실성(certitudo)에 광적으로 매달리는 것은 맹목적 근본주의에 위험할 정도로 가까움을 무심코 드러낸다.

그럼에도 교회는 신앙의 내용을 상세하게 설명하는 일과 교회 안에서의 구성원됨과 관련하여 (적어도 암묵적으로) 결정하는 문제를 피할 수 없다. 이러한 점은 신앙의 내용과 신앙에 상응하는 삶의 방식이 본질적으로 신앙 자체의 일부분이라는 사실에서 부분적으로 기인한다.[102] 그러나 여기서도 교회는 단순히 진리의 성령을 따라가는 것, 즉 새 창조의 첫 열매들을 따라가는 것 이외에 다른 방법은 없으며, 이후의 완성과 성취를 미리 앞당겨서 파악하면서 잠정적 방식으로 결단을 내릴 뿐이다. 또한 이러한 결단은 원칙적으로 수정될 수밖에 없다. 수정되지 않는 것은 오직 하나님의 계시 그 자체뿐이다(비록 이러한 계시 역시—그리고 계시에 대한 우리의 지식은 분명히—종말론적 완성에 열려 있다고 하더라도). 교회가 성령의 능력 안에서 이러한 계시를 선포하는 한, 교회의 선포 역시 계시의 진리 속에 참여한다. 이는 왜 교회가 하나님의 말씀에 대한 자신의 견해를 선포할 수 있으며, 또한 하나님의 말씀 자체를 선포할 수 있는지를 보여준다. 그리고 이는 왜 교회가 그 자신의 기초 위에 세워지는 것이 아니라, 전체 세계의 구원자이자 주님인 그리스도에게 근거하는지를 해명해준다.

---

102 앞의 IV.1.2.2를 보라.

3. 서임

앞의 논의에서 나는 "직임"(office)과 "서임"(ordination)을 단순히 전제했다. 그로써 나는 형제회(the Society of Friends)나 플리머스 형제단(the Plymouth Brethren) 같은 예외들을 제외하고는 그러한 직임의 제정에 대해서 의문을 제기하지 않았던 오래된 개신교 전통과 자유교회의 전통을 따라왔다. 존 스미스는 결코 서임된 직임에 대해서 적대적이지 않았다. 그는 다음과 같이 기술했다. "공동체 안으로 받아들여진 구성원은 두 종류이다. 첫째는 예언자들이요, 둘째는 사적인 인격들이다."[103] 비록 스미스가 어느 정도 직임자와 회중 사이의 관계에서 "귀족적" 요소들과 "민주적" 요소들에 대한 청교도적인 세심한 균형을 다소 "민주적인" 방향으로 틀었다고 하더라도,[104] 그는 영국의 다른 분리주의자들과 함께 직임의 제도를 최대한 존중하려는 개혁파의 전통에 많은 것을 의존하고 있었다.

서임된 직임에 대한 스미스의 근거는 성서 본문에 대한 해석에 철저히 기초한다. 우리가 적어도 신약성서가 교회의 조직에 대한 하나의 통일되고 신학적인 일관된 관점을 가지고 있기보다는, 오히려 초대교회가 다양한 문화적 영역에서 그들 자신의 삶을 제어해온 방식에 대해서 다양한 증언을 한다고 하는 사실을 인지한다면, 이러한 주장을 반박할 수는 없을 것이다. 만일 단순한 성서주의로 퇴화하려는 것이 아니라면, 결국 직임의 문제를 성서적으로 근거 짓는 것은 하나의 신학적 틀 속에 자리를 잡아야만 한다. 이어지는 부분에서, 나는 한편으로는 서임된 직임의 필수성과 특징, 그리고 서임의 필수성과 특징을 논함으로써, 다른

---

103 Smyth, *Works*, 255.
104 이에 관해서 Brachlow, *Communion*, 157-202을 보라.

한편으로는 직임자의 선출이 어떻게 이루어져야 하는지를 숙고함으로써 직임의 제도와 서임을 **신학적으로** 근거 짓고자 한다.

3.1. 직임과 서임

1. "직임들"(offices)은 은사의 특정한 형태이다.[105] 교회 안의 다른 사역들과 마찬가지로, (서임된) 직임자의 사역은 모든 그리스도인에게 공통적인 세례와 직임자에게 특별하게 부여된 은사에 그 기반을 둔다.[106] **모든** 그리스도인들은 다 세례 받을 뿐 아니라, 저마다 다양한 은사를 구체적으로 가진다는 점에서 직임자들과 교회의 일반 구성원들 사이에 원칙상으로 어떠한 차이점도 존재하지 않는다[모든 사람들이 저마다 (부분적으로) **다른** 은사들을 받았기에, 직임 그 자체도 "교회로부터 위임받은 사람들의 차원에서 성령의 보편적 은사의 유형론적으로 사역적인(diaconal) 정점으로"[107] 단순히 이해될 수 없음에도 불구하고]. 일반적 사제됨과 특수한 사제됨 사이의 구별은 어떤 교회는 일반적인 사제직을 가지고, 또 다른 교회는 특수한 사제직도 가진다는 식의 두 집단으로 교회를 나누지 않는다.[108] 그러나 이는 **교회의 모든 구성원들의 봉사에는 두 가지 차원이**

---

105 또한 Baumert, "Charisma," 36, 각주 38.
106 앞의 1.1.2를 보라.
107 Schillebeeckx, *Menschen*, 250.
108 일반적으로 개신교 교회론의 관점에서 볼 때 문제의 소지가 있다고 여겨지는 *Lumen gentium*의 정식, 즉 "신자들의 일반적 사제직"과 "임무로서의 사제직"은 "단순히 정도에 있어서의 차이가 아니라 그 본질에 있어서"(no. 10) 전혀 다르다고 주장하는 정식은 만일 이 두 범주가 교회 안에서 **서로 다른 두 집단들**을 의미하는 것이 아니라면, **정당한 것으로** 받아들일 수 있을 것이다. 그러나 이러한 정식은 실제로 거부되어야 한다. 왜냐하면 일반적 사제직과 특수한 사제직 사이의 점진적 구별에 대한 논제는(즉 한 사람이 다른 사람보다 **더욱** 사제적이라고 하는 논제는) 기본적으로 위계적 관계를 다시 긍정하고 강화할 뿐이다. 따라서 본질적 구별이 일반적 사제직과 특수적 사제직 사이에 발생한다는 이러한 주장은 만일 이러한 은사들과 사역들 사이의 구별들이 실제로 양적이기보다는 **질적인** 한에서 정당하다. 비록 Wolfhart Pannenberg가 *Lumen gentium*에서 주장된 일반 사제직과 특수 사제직 사이의 본질적 구별이 "신자들의 공동체의 삶의 맥락에 의해서 둘러싸여 있는 채로 남아 있다"("Ökumenische Amtsverständnis," 272)고 할지라도, 그는 질적 차이의 정당성을 주장한다는 점에서 일치한다. 반면에 나는 교회에 대해서

있다는 사실을 언급한다. 공통의 세례를 기반으로 모든 이들이 사제가 되며, 모든 이들은 자신이 가지고 있는 은사에 기초해서 자신의 방식으로 그들의 사제됨을 실현한다. 따라서 교회의 모든 구성원은, 즉 직임자와 "평신도" 모두는 근본적으로 동등하다.[109]

만일 우리의 전제가 교회 안에서의 모든 사역의 동등성이라면, 서임된 직임의 필수성이 그렇게 두드러지는 것은 아니다. 교회 안의 모든 사역들이 은사적이기 때문에, 직임은 단순히 은사를 통해서 도출되지 않는다. 직임의 문제는 결국 직임자들이 수행하는 그러한 사역들의 특정한 특징, 그리고 그 사역들을 위해서 직임자들에게 부여된 은사들의 특별한 특징에 의해서 근거 지어져야 한다. 직임의 은사에 결부된 특정한 요소는 **지역 교회 전체에 대한 이들의 참조점**일 뿐이다.[110] 판넨베르크가 「아우크스부르크 신앙고백」(Confessio Augustana) 14항을 따라서 강조한 것처럼, 직임자의 특별한 직무는 "모든 그리스도인들의 공통적 관심에 대해 가지고 있는 공적 책임"에 있다.[111] 이것은 회중을 대표할 뿐 아니라, 더 나아가서 회중을 회중으로서 섬기는 것을 포함한다. 이것은 하나님과 회중의 개별 구성원과 세상 앞에서 회중의 이름으로 행동할 뿐 아니라, 전체 회중 앞에서 그리스도의 이름으로 사역하는 것을 포괄한다.

라칭거와 지지울라스에게 회중의 전체성은 직임의 통일성 없이 생각될 수 없다. "하나"는 언제나 전체의 참조점이 된다. 왜냐하면 오직 이

다중심적(polycentric)이고 평등주의적(egalitarian)이며, 예를 들어 비단일중심적-양극적(nonmonocentric-bipolar) 이해의 틀 속에서 은사들 사이에 존재하는 질적 차이들을 긍정하는 것에 관심이 있다.
109 Carl Heinz Ratschow에 따르면, 교회 안에서 평등은 "직임을 그 토대에서부터" 허문다. 왜냐하면 직임은 "소위 위계적 **권위**(auctoritas)와 함께" 일어서고 무너지기 때문이다 (Ratschow, "Amt VII," 595, 50ff.). 그러나 직임은 다른 모든 그리스도인들의 은사들, 즉 그리스도의 권위 이외의 다른 어떠한 권위에 근거하지 않는다. 이러한 점은 교회 내적 관점에서 볼 때, 왜 이러한 권위가 진정으로 위계적일 수 없는지를 잘 드러낸다.
110 예를 들어 Althaus, *Wahrheit*, 508; Ratschow, "Amt," 614, 617ff.
111 Pannenberg, "Ökumenisches Amtsverständnis," 278.

러한 방식으로만 전체의 통일성이 보장되고, 또한 전체가 전체로서 존속할 수 있기 때문이다. 라칭거와 지지울라스는 하나가 지배적인 위계적 삼위일체 모형으로부터 하나와 전체 사이의 관계에 대한 그들의 (부분적으로 다른) 이해를 도출한다.[112] 반면, 나는 이미 삼위일체의 인격들 사이의 대칭적 이해와 신약성서에서 확증되는(예를 들어, 빌 1:1; 딤전 3:1-4:18; 딛 1:5-7;[113] 벧전 5:1을 보라) 교회적 직임에 대한 공치적 이해를 옹호한 바 있다. 다양한 직임을 가진 이들 각자는(예를 들어, 설교자이든 혹은 집사이든) 모두 특정한 방식으로 지역 교회 전체에 집중한다. 고린도전서 14:31에서 세 번이나 강조하는 "모두"(πάντες)는 실제로 "하나씩 하나씩"(καθ᾽ ἕνα)에 의해서 가능하게 된다. 여기서도 "하나"는 "모두"와의 상관관계 속에서 존재한다. 라칭거와 지지울라스와는 달리, 바울은 "하나"를 일련의 다양한 "하나들" 가운데에 자리매김한다. 즉 회중들의 다중심적 구조에 상응하는 상황인 "하나들" 가운데에 "하나"를 위치시키는 것이다.

모든 직임자들에게 전체 지역 교회가 가지는 통일성의 특정한 차원이 표현되며, 이들 모두가 함께 교회의 통일성의 징표이다.[114] 직임에 대한 이러한 개념은 직임에 대한 삼중적(세 **단계**가 아니라!) 이해에 동의하는 것을 매우 쉽게 만든다. 이 삼중적 이해는 *BEM* 문서가 제안한 것으로,[115] 전체로서 지역 교회를 포함하는 모든 중요한 기능들이 "주교들"(ἐπίσκοποι), "사제들"(πρεσβύτεροι, 장로들), "부제들"(διάκονοι, 집사들)의 직함 아래 쉽게 포함될 수 있는 한에서 그러하다.

2. 다른 모든 은사들과 마찬가지로, 직임의 은사 역시 지역 교회 안

---

112 앞의 I.6과 II.1.1을 보라.
113 목회서신에 나타나는 직임에 대한 공치적 이해에 대해서는 Fee, *Timothy*, 21ff.을 보라.
114 Wolfhart Pannenberg는 다른 관점을 도입한다. 그는(그의 삼위일체 개념에 상응하게, 앞의 V.4.2, 각주 106을 보라) "교회적 직임의 신학의 중심"에 "교회의 통일성에 대한 징표로서 직임자의 상징적 기능을" 두고자 한다(Pannenberg, "Reich," 134).
115 *Baptism*, nn. 22ff.을 보라.

에서 은사로서 구성되고 기능하기 위해서 회중들에 의해서 인정을 받아야 한다. 이러한 것은 스미스가 다른 분리주의자들과 함께 엄격하게 구분했던, "은사" 자체와 "은사 사용의 권한"을 단일한 실체의 양상들로 파악해야 함을 전제한다. 스미스에 따르면, 직임자들은 이러한 은사들을 하나님으로부터 직접 받았다. "은사를 사용할 수 있는 권한은 몸을 수단으로 하여 머리인 그리스도로부터 받은 것이다."[116] 만일 우리가 은사의 부여를 상호 작용적 모형으로 설명한다면,[117] "은사"와 "은사를 사용하는 권한"은 하나님에 의해서 "몸을 수단으로 하여" 주어지는 것이다. 따라서 회중의 편에서의 인정은 지지울라스의 용어를 사용하자면, 직임의 존재론 안으로 들어가는 것이다. 이에 대한 인정이 명시적인지 혹은 암묵적인지는 이차적으로 중요할 뿐이다. 중요한 지점은 바로 이러한 인정 자체가 이미 존재한다는 것이다. 직임의 은사에 대한 교회적 인정의 명시적 형태로서 서임을 설명하기 이전에, 먼저 직임에 대한 이러한 이해가 직임과 교회의 교회성 사이의 관계와 관련해서 어떠한 결과를 내는지를 논의해보도록 하겠다.

나는 교회가 예수 그리스도를 믿는 신앙에 대한 복수의 상호적이며 공적인 고백을 통해서 구성된다는 점을 주장한 바 있다.[118] 이러한 의미에서 직임 자체는 교회의 존재(esse)에 속하지 않는다. 실제로 공적 직임자가 없는 회중도 온전한 의미에서 교회일 수 있다. 그러나 최소한 암묵적으로라도 인정되는 직임이 없으면, 즉 전체 지역 공동체에 초점이 맞춰진 은사가 없다면 어떠한 지역 교회도 영속적으로 존재할 수 없으며 또한 교회를 향한 부르심에 충실할 수도 없다. 직임자들에 의해서 행해지는 사역은 교회를 위해서 반드시 필요하다. 교회로서 살아남기 위해

---

116 Smyth, Works, 424.
117 앞의 VI.1.2.4를 보라.
118 앞의 III.2.2.4를 보라.

서 모든 교회는 내적으로나 외적으로 사역을 수행해야 한다. 즉 예수 그리스도에 대한 고백적 신앙 속에서 그 근거를 지켜내야 하며, 성례를 기념해야 한다. 이러한 이유로 교회는 지도자들, 교사들, 집사들을 필요로 하는 것이다. 비록 이러한 역할들을 담당하는 이들이 교회 안에서 자주 변하더라도, 그리고 반드시 명시적으로 인정되는 것은 아니더라도, 그들은 실제로 교회 안에 언제나 존재해야 한다. 이러한 제한된 의미에서 (서임되었든 서임되지 않았든 간에) 직임들은 교회적 삶에 있어서 필수적인 부분이다.

3. 서임의 신학에 대한 세 가지 중요한 결론은 직임에 대한 은사적 이해에서 도출될 수 있다.[119] 첫째, 은사는 실제로 성령의 선물이기 때문에 직임의 은사는 (마치 자유교회 전통에서 이해되는 것처럼)[120] 회중 편에서의 위촉에 근거한 것도 아니고, (감독제 교회에서 이해되는 것처럼) 주교들의 성례전적 행위에 근거할 수도 없다. 만일 직임의 은사가 단순히 공동체의 위촉을 통해서 생겨난다면, 은사는 결국 순수하게 인간적인 위임과 권한 부여의 차원으로 환원된다. 그러나 반면 그러한 은사들이 단순히 성례전적 행위에서만(그것이 보편 교회의 행위이든 지역 교회의 행위이든) 유래한다면, 성령의 주권은 위기에 처하게 된다. 이렇게 되면 우리는 결국 하나님이 영이 언제, 누구를 통해서, 어떻게 행동할 것인지를 알게 되기 때문이다. 이러한 견해들과는 달리, 서임은 **하나님에 의해서 주어지고 전체로서 지역 교회에 집중된 은사의 공적 수용으로** 이해되어야 한다.[121] 따라서 우리는 오직 성령이 직임자들을 임명하고(고전 12:28;

---

119 로마 가톨릭에서 서임의 세 양상에 대해 반대하는 관점은 Lumen gentium 21을 보라; 유사한 견해가 개신교 진영에서도 최근에 제기되었다. Hahn, "Grundfragen," 343f.을 보라.
120 예를 들어 Flew and Davis, eds., The Catholicity of Protestantism, 106을 보라. Luther도 유사한 입장을 취한다(예를 들어, Werke 6.407.34ff.; 이에 관해서 Althaus, Theologie, 279ff.을 보라).
121 이러한 점은 은사가 서임에서 주어질 수 있는 가능성을 배제하는 것은 아니다. 딤전 4:13-14(참조. 딤후 1:6-7)은 이러한 점을 증빙해주는 듯 보인다. 하지만 이러한 특정한 신약성

행 20:28), 그러한 임명이 오로지 "성령이 원하시는 대로 이루어진다"(고전 12:11)는 사실을 동시에 주장할 수 있다. 따라서 이러한 수용을 단순히 직임의 은사에 외재적인 것으로, 즉 이미 존재하는 상황을 그저 승인하는 것으로 보는 것은 적합하지 않다. 이미 설명한 바와 같이, 교회의 수용은 은사의 **수여**에서 중요한 차원이다. 이러한 지점은 직임의 은사에도 동일하게 적용된다. 서임은 이러한 수용의 기나긴 교회적 과정에 대한 공적이고 엄숙한 결정이며, 이러한 결정은 직임의 은사 자체를 구성하는 일부분이다. 따라서 서임은 본질적으로 신적-인간적 행위라는 결론이 따라 나온다.

직임자들의 사역은 전체 지역 교회를 포괄하기 때문에, 직임의 은사는 전체 회중에 의한 수용을 요구한다. 그러므로 둘째로, **서임은 바로 하나님의 성령에 의해서 인도되는 전체 지역 교회의 행동**이지, 서임이라는 제도 자체를 통해서 그 자체를 영속화하는 교회 내의 특정 계급의 행동이 아니다(행 6:1-6;[122] 13:1-3을 보라). 이것이 바로 직임의 은사의 구체적인 교회적 매개를 정당하게 평가하는 것이다. 비록 지역 교회가 그들의 대표자들(교회의 이름으로 행동하는 직임자들; 딤전 4:13-14을 보라)을 통해서 서임을 실행할 수 있고, 대개의 경우 그러하더라도, 지역 교회 자체는 항상 서임의 행위에 함께해야 한다. 왜냐하면 **지역 교회야말로** 바로 서임의 인간 주체이기 때문이다. 직임자에 대한 신적 부르심과 능력 부여는 전체 회중의 서임 행위에 의해서 인정된다. 그래서 우리는 스미스가 말한 바와 같이, "그들은 교회가 누구를 보냈는지를 선포하기 위해 하나님에 의해서 보냄을 받는다."[123]

서 본문이 서임의 성례전적 이해를 확증하는지는 사실 의심스럽다.
122 행 6:1-6의 본문에서 일곱 집사들이 전체 회중에 의해서 서임된 것으로 보는 논증에 대해서는 Dunn, *Jesus*, 181을 보라.
123 Smyth, *Works*, 256.

서임의 성례전적 이해에 관한 토론과는 별개로, 스미스의 원칙은 교회일치적 차원에서 도전을 받지 않는다. 여전히 문제가 되는 지점은 단지 "교회"라는 말이 어떤 의미로 이해되고 있는가이다. 라칭거와 지지울라스는 교회를 전체 전일적 교회로 이해하고 있다. 물론 이들은 전일성을 자신들 나름의 방식으로 이해한다고 하더라도 말이다.[124] 그러므로 라칭거와 지지울라스는 서임이 언제나 다른 모든 주교들과의 공시적이고 통시적인 교제 속에 서 있는 주교에 의해서 수행되어야 한다고 주장한다. 오직 이것만이 직임자가 그리스도와 함께하는 주체인 전체 교회에 의해서 위임되는 것과, 그로써 직임자가 신적 파송을 누리게 되는 것을 보증한다. 그러나 이러한 생각이 설득력이 있는가? 서임을 수행하는 주교와 교황에 의해서 진행되는 모든 서임에서 항상 전체 교회가 행동하고 있다고 말하는 것은 개연성이 떨어지는 신학적 요청에 불과하다. 지지울라스는 서임의 효력을 발효시키는 요소로서 사도적 계승 속에 있는(in successione apostolica) 주교들의(물론 그 이웃 교구의 주교들의) 현존에 더해 구체적 회중들에 의한 "아멘"을 요구함으로 전체 교회의 이러한 참여를 구체화하고자 한다. 그러나 서임을 위한 이러한 조건들은 단지 **상징적** 가치만을 가질 뿐이다. 실제로 이러한 조건들은 주어진 서임에서 전체 교회와 또 교회의 머리로서 그리스도가 실제로 행동한다는 명확한 징표를 구성하지는 않는다. 더 나아가서 이러한 조건들은 우리가 "교회"를 현존하는 전체 보편 교회로, 즉 성도의 교제(communio sanctorum—지지울라스에게는 모든 지역 교회들과 동일한)로 이해할 때에만 의미 있다. 그러나 이러한 주장은 사실이 아니다. 이미 밝힌 바와 같이, 이러한 방식으로 이해된 보편 교회는 결국 신학적 추상일 뿐이다. 하나님의 새 창조의 이쪽 편에서 볼 때, 교회는 오로지 전체 하나님의 백성

---

124 앞의 I.4.5와 II.4.4.1을 보라.

의 종말론적 모임을 선취하는 개별적 지역 교회들 안에서만 구체적으로 존재할 뿐이다.[125] 따라서 오직 지역 교회들만이 서임의 인간 주체가 될 수 있다.[126] 반면에 지역 교회들의 이름으로 서임을 행하는 직임자의 공시적이고 통시적인 교제는 지역 교회들의 통일성을 위한 중요한 **징표**로 기능할 수 있다.

셋째로 서임은 평생에 걸친 사역으로 임명받은 것이라고 **반드시** 이해될 필요는 없다(비록 분명히 그러할 수 있고 또한 많은 경우 그러하다 하더라도). 다른 여타의 은사와 마찬가지로, 직임의 은사는 철회 불가능하지 않다. 직임의 은사를 자유롭게 부여하는 성령은 언제든지 하나의 은사를 다른 은사로 대체할 수 있다. 만일 그렇지 않다면, 성령의 주권이 의문에 붙여진다. 루돌프 좀이 정확하게 파악한 것처럼, 이럴 경우 사람들은 영적 직임을 "형식적인 취득에 근거하여" 행사하고, 영적 직임은 "지속적으로 존속하는 권리"가 될 것이다.[127] 더 나아가서, 직임의 은사는 여타의 은사들과 마찬가지로 그것이 일차적으로 직임의 은사로 기능하기 위해서는 회중의 인정을 필요로 한다. 따라서 비록 직임이 지속적으로 존속할 수 있다 하더라도, 그 직임은 단 한 번에 영원히 획득되는 것이 아니다. 그러므로 직임의 은사는 하나님의 부여과 교회의 수용이라는 두 가지 핵심적인 차원에서 반드시 일생에 걸쳐 지속되는 것이 아니다. 손을 얹음과 "서임"에 관련된 신약성서의 본문들(행 6:6; 13:3; 딤전 4:14; 딤후 1:6을 보라)에서 서임이 언제나 특정한 과제에 매여 있다는 점에서 볼 때,[128] 그 본문들은 서임에 대한 이러한 이해를 확증한다. 이는

---

125 앞의 III.2.1.2와 III.3.1을 보라.
126 전체 지역 교회를 비성례전적으로 이해되는 인간 주체로 보는 것은 결국 주교와 주교 안에서 보편 교회를 성례전적으로 이해된 서임의 인간 주체로 여기는 것만큼이나, 교회를 직임의 "제조기"로만 이해하는 위험을 안고 있다(Ratzinger가 그러하듯).
127 Sohm, *Wesen*, 65.
128 이러한 점에서 Williams, "Rukopolaganja," 63-67의 설득력 있는 공헌을 보라.

왜 세례와 달리, 서임이 언제나 반복될 수 있으며, 필연적으로 일회적 사건이 아닌지를 잘 해명해준다.[129]

서임의 행위가 곧 수용의 영적이고 교회적인 과정에 대한 공적 결론이기 때문에, 그것은 특정한 지역 교회에 매여 있을 수밖에 없으며, 이러한 점은 바로 자유교회 전통이 그 시초부터 올바르게 주시한 지점이다.[130] 분명히 하나의 지역 교회 차원에서 이루어진 이전의 서임은 그 서임된 인격이 이후에 옮겨가는 새로운 지역 공동체에게도 아울러 중요한 의미를 가지며, 이러한 점이 더욱더 그러할수록 연관된 지역 교회들 사이에서의 교제는 더욱더 친밀할 수밖에 없다. 다시 말하자면, 한 지역 교회에 서임을 결부시키는 것은 한 인격이 (최초로) 서임을 받음과 동시에 그 인격이 지역 교회는 물론 지정된 관할 교회와 교단, 그리고 심지어는 "보편 교회"(여전히 추구되고 있는)에서 "인정"을 받을 가능성을 배제하지 않는다. 그가 실제로 다른 지역 회중으로 이전해가는 것의 여부와는 상관없이 말이다. 비록 영적 특징들과 직무적 유능함에서 유래하는 이러한 인정이 서임에 대한 하나의 전제일 수는 있겠지만, 그러한 인정 자체는 "서임된 상태"와는 신학적으로 구분되어야 한다. 각각의 지역 교회는 그 스스로, 전체로서 그 교회를 포함하는 특정한 은사들을 받아야 한다. 이러한 (언제나 잠정적인) 수용과 그 결과로서 생기는 서임을 통해서 특정한 직임의 은사가 **이러한 특정한 지역 교회를 위한** 직임의 은사가 된다.

서임의 이러한 세 가지 특징은 바로 직임이 화석화된 제도에 속해 있다고 파악하거나 은사를 순수하게 영적인 자유의 영역에 속해 있다

---

[129] 직임의 시간적으로 제한된 활용에 대한 근본적 개방성은 결국 공시적 다양성과 통시적인 소명적 변화 두 가지에 의해서 특징지어지는 근대의 이동적 사회에 상응한다(Volf, *Work*, 108f.; idem, "Arbeit," 425ff.을 보라).
[130] Brachlow, *Communion*, 162, 170을 보라.

고 간주하는 것이 모두 불가능하다는 것을 증명해준다. 또한 직임은 비제도화된 은사에 더해져 직제를 위해 존재해야 하는 제도화된 은사가 아니다. 다른 은사들과 마찬가지로 직임은 제도이지만, 동시에 그 제도화의 정도와 종류에 따라서 은사들과는 구분된다. 교회의 인정이 모든 은사들의 본질적 차원이지만, 직임 자체가 이미 하나의 전체로서 지역 교회에 매여 있기 때문에 이러한 직임에 관련되는 교회적 인정은 규칙 상 명시적이며 공적이다. 이것이 바로 직임의 은사가 (잠재적으로) 다른 은사들보다 더욱 안정적인 제도들인 이유이다.

3.2. 서임과 선출

서임은 분명히 선출을 전제로 한다. 서임 받기 위해서 직임자는 먼저 선택되어야 한다. 이번 장에서 나는 이러한 선출의 실제적 양태들을 좀더 세밀하게 정의하고자 한다. 그러나 이러한 특정한 문제는 교회 내의 의사 결정 참여라는 일반적 문제들을 동시에 그리고 범례적으로 불러일으킨다.[131]

1. 지지울라스는 삼위일체에 대한 자신의 독특한 이해 위에 세워진 하나와 다수의 관계에 상응하는 식으로, 주교가 교회를 구성하지만 동시에 교회에 의해서 조건 지어진다고 본다. 교회에 대해서 주교가 가지는 의존적 차원에서 불구하고, 즉 서임 때에 예전적 선포로 "합당하다"(ἄξιος)라고 표현되는 의존에도 불구하고, 지지울라스에 따르면 사람들에 의한 선출은 감독의 임직 조건이 아니다. 반대로 지지울라스의 주장에 따르면, 사람들에 의한 선출은 직임의 은사의 수여를 성만찬의 종말론적 맥락 바깥에서 이루어지는 결정에 의존하는 것으로 만든다. 그렇다면 지지울라스의 대안은 무엇인가? 일관성을 위해서 그는 아마도 성

---

131 이에 관해서는 Volf, "Demokratie"를 보라.

만찬적 모임에서 제비뽑기(행 1:26)를 통해서 이루어지는 주교의 선출을 옹호해야 할 것이다. 그러나 실제로 지지울라스는 성만찬 외부에서 진행되는 절차인 것을 통해서 **교회회의**(the synod)가 이러한 선출을 하도록 한다.[132] 비록 지지울라스는 의심의 여지없이 이 지점에서 지역 교회와 보편 교회 사이에 존재하는 연관관계와 동일성을 보존하고자 시도하는 듯이 보이지만, 그러나 그의 의도와는 다르게 결국에 그는 보편 교회의 손을 들어주는 것이 아닌가?

이와는 반대로, 라칭거는 성만찬 외부의 맥락에서 이루어지는 선출에 대해서 거리낌이 없다. 왜냐하면 라칭거는 명시적으로 지역 교회에 대한 보편 교회의 우선성을 긍정하기 때문이다. 한편 모인 회중은 실제로 온전한 의미에서의 교회이며, 그렇기 때문에 예배 사건의 주체이다. 그리고 이 지점은 왜 지역 교회가 직임자의 선출에 참여해야 하는지의 이유를 해명해준다. "직임을 임명하는 것은 결코 위로부터**만** 발생하는 것이 아니다."[133] 그럼에도 모든 지역 교회는 오로지 전체 가톨릭 교회와 함께 성례전적 교제를 가질 때에만 "교회"가 된다. 그리고 지역 교회는 오직 머리와 몸인 "전체 그리스도"라는 더 큰 주체 안에서 포함될 때에만 하나의 주체가 된다. 온전한 권위는 언제나 전체로부터 나온다. 이러한 점에서 직임으로 임명하는 것은 결코 개별 회중으로부터 생겨나는 것이 아니고, "언제나 또한 더 큰 광역 교회를 포괄"해야만 한다.[134] "위로부터만이 아니라"와 "언제나 또한 위로부터"의 도식은 지역 교회와 보편 교회 사이에 존재하는 대칭성을 지적하는 것처럼 보인다. 하지만 보편 교회가 지역 교회 안에서 실현되고 또 행동하는 한에서만 지역 교회가 교회라는 점을 고려한다면, 이러한 도식을 따라 지역 교회는 무의미

---

132 앞의 II.4.4.3을 보라.
133 Ratzinger, "Demokratisierung," 41.
134 Ibid.

성 속으로 함몰될 위험에 처해 있다.

존 스미스의 전제는 진정한 가시적 교회야말로 그리스도의 나라라는 것이다. 교회의 구성원들은 그 나라의 자녀들이며 교회 안에서 다스린다.[135] 직임자의 선출에서도, "선출은 온전한 교제 속에 있는 교회 공동체 구성원들의 대부분의 목소리에 의해서 이루어진다"는[136] 원리가 등장한다. 그리스도가 유일한 왕이기 때문에, 오거스투스 홉킨스 스트롱(Augustus Hopkins Strong)이 정식화한 것처럼, 교회의 구성 원리는 "절대적 민주정"이다. 비록 그것은 "그리스도의 의지를 그 몸으로 실행하고 해석하는 것을 지향하는" 한에서만 그러한 민주정일 수 있지만 말이다.[137] 교회 조직의 기본적 원리는 전체 교회가 다스리는 곳 어디서든 그리스도 역시 다스린다는 것이다. 스미스에게 논쟁적인 지점은 바로 교회 안의 하나의 계층(주교)만이 다스리는 곳에서는 그리스도가 다스릴 수 없다는 주장에 있다. 자유교회 조직의 기본 원리는 시공간적으로 다른 주교들과의 교제에 서 있는 주교가 다스리는 곳은 어디라도 그리스도가 다스린다는 감독제 교회 조직의 기본적 원리에 대한 거울 이미지이다. 결국 감독제 교회 조직 원리의 핵심은 궁극적 권위가 전체 지역 교회의 손 안에 놓여 있는 곳에서는 그리스도가 다스릴 수 없다는 점이다.

이러한 두 가지 모델 모두 교회 안에서 주권적인 분은 인간, 즉 주교나 평신도가 아니라 삼위일체 하나님이라는 점을 정당하게 강조한다. 그러나 동시에 각각의 모델은 상대편의 모델이 교회 안에서 하나님의 주권을 보존한다는 사실을 부인한다. 따라서 이들은 서로에 대해서 배타적이며, 상대방의 교회성을 부정한다. 이전에 교회성에 대해서 상고한

---

135 앞의 III.1.2.2를 보라.
136 John Smyth, *Works*, 256. 이에 관해서 Strong, *Theology*, 920을 보라.
137 Strong, *Theology*, 903.

바와 같이, 직임자의 선출 방식에 대한 질문은 교회의 교회성에 관련된 것이 아니라, 오늘날에 교회로서 올바른 방식으로 살아가는 것과 관련이 있다. 나는 그리스도가 교회 안에서 주교나 전체 사람들을 통해서 다스릴 수 있다고 생각한다.[138] 이러한 주장은 왜 내가 여기서 이전의 교회론적 개요들에 함의되는 직임자의 선출 방식에 대한 이해의 타당성을 증명하려고 노력했는지, 또한 왜 이러한 특정한 이해가 오직 한 가지 방식으로만 허용 가능다고 주장하지 않았는지를 설명해준다. 참여적 교회 구조만이 모든 시공간에서 유일하게 옳은 구조라고 주장하는 논제는 위계적 교회 구조가 하나님의 불변하는 작정이라고 주장만큼이나 잘못된 것이다. 이러한 점은 비록 교회 조직의 위계적 이해를 정당화하려는 엄격한 **신학적** 논증들이 **모든** 상황에서 잘못된 것으로 드러나더라도 적용된다(물론 이는 교회 조직의 참여적 모형에는 적용되지 않는다). 스킬러베익스(Edward Schillebeeckx)는 교회의 위계적 형식에 대한 진정한 논증은 오직 "사실상 20세기 동안 존재해온 비민주적 문화를 지시하는 단순한 참조점일" 뿐이라고 정확하게 지적한다.[139] 교회 조직의 위계적 이해를 뒷받침하기 위해서 제시될 수 있는 유일한 이유들은 **문화적인** 것들 뿐이다. 물론 이러한 이유들이 가볍게 여겨져서는 안 된다. 왜냐하면 교회의 성공적 사명을 가능하게 해주는 것은 바로 성공적 문화화 과정뿐이기 때문이다.[140] 그러나 교회 조직에 대한 특정한 이해를 옹호하는 문화적 이유들은 제한된 가치를 동시에 가진다. 왜냐하면 그러한 이유들은 결국 문화적으로 특정한 것이고 보편화될 수 없기 때문이다.

2. 나는 앞에서 삼위일체가 위계적으로 이해되어서는 안 되며,[141] 교

---

138 앞의 III.1.2.3을 보라.
139 Schillebeeckx, *Menschen*, 275.
140 이에 관해서 Kottje and Risse, *Wahlrecht*, 44을 보라.
141 앞의 V.4를 보라.

회는 신적 권위가 항상 전체(전체 그리스도)의 방식으로, 따라서 하나의 의한 방식으로 항상 와야 한다는 의미에서의 주체가 아님을 주장하면서, 교회 조직에 대한 위계적 이해를 옹호하는 일차적으로 신학적인 논증들에 반대를 제기했다.[142] 전체 교회에 의한 직임자 선출에 대한 나의 논증은 은사에 대해서 앞에서 발전시킨 이해를 그대로 따른다.[143] 어쩌면 누군가는 이에 대해서 라칭거를 따라서 다음과 같이 반박할 수도 있을 것이다.

> [은사는] 민주적 원리라기보다는 성령의 원리이며, 이것은 곧 자의적 통제가 접근할 수 없는 위로부터 내려오는 권한의 부여이다. 이것은 단순히 아래로부터 공동으로 구성된 권위의 표현이 아니다. 그러므로 은사의 개념이 그 어떠한 자리도 차지하지 못하는 민주화에 대한 어떠한 논쟁에서 사라져야 하는 것은 정당하다.[144]

그러나 라칭거의 논증은 은사 자체가 인간적 매개 없이 오로지 하나님에 의해서 주어진다는 점을 전제하거나, 혹은 "위에서부터" 오는 신적인

---

[142] 앞의 III.2.1.3을 보라.
[143] 이 지점에서 나는 교회 안에서 민주주의를 이야기하는 것을 의식적으로 피하려고 한다. 지난 세기 서구 사회에서 다양한 제도를 통해서 발전해온 정치적 민주주의(주기적 선거, 국가와 다원주의적 시민 사회의 구별)는 단순히 특정한 사회 경제적 환경을 전제하는 정치적 참여가 문화적으로 규정된 하나의 형식에 지나지 않는다. 현대 민주주의를 모든 교회에 적용 가능한 지상 명령의 지위로 고양하는 것은 결국 특정한 문화에 갇히는 것을 의미한다. 더 나아가서, 혹자는 전근대적 사회가 어떤 면에서 현대 민주주의보다 더욱더, 그 사회의 구성원들에 의해서 이루어지는 결정 과정에의 진정한 참여에 열려 있었다고 반대할 수도 있다. 따라서 우리는 교회가 그 자신의 소명에 참되게 머물러 있으려면 교회가 사회 자체와는 다를 수밖에 없다는 것을 고려해야 한다. 그러므로 우리는 (가) 현대 민주주의의 어떠한 요소들이 교회에 이식 가능한지를, (나) 어떠한 지점에서 교회가 그러한 요소를 강화하고 긍정해야 하는지와 어떠한 지점에서 그러한 요소들을 비판하고 그 민주적 실행을 바꿔야 하는지를 깊이 숙고해야 한다(Welker, *Kirche im Pluralismus*, 11-36; Hauerwas, *Against the Nations*, 122-131을 보라).
[144] Ratzinger, "Demokratisierung," 26f.

것이 필연적으로 "위에서부터" 오는 인간적인 것을 함의한다는 점을 전제한다. 그러나 두 전제들 모두 오도되어 있다. 은사 부여의 상호 작용적 모델에 따르면,[145] 비록 은사가 하나님에 의해서 주어지더라도, 이러한 은사는 언제나 구체적 지역 교회를 통해서 주어진다. 은사의 수용 역시 은사의 구성에서 꼭 필요한 부분이다. 직임의 은사 역시 예외가 아니다. 서임은 직임의 은사에 대한 **명시적이고 형식적인** 교회의 수용에 대한 (예비적) 결론이다. 직임의 은사의 시작은 직임자의 선출로 대표된다. 그러나 이러한 명시적이고 형식적인 수용은 그 자체로 의미 있지만, 동시에 **비형식적** 수용이라는 영속하고 지속적인 과정의 연속으로서만 의미가 있다. 직임자에 대한 의식적 선출은 수용이라는 복잡한 과정 속에 있는 하나의 순간으로서 이해해야 한다. 따라서 직임의 은사적 근거는 전체 회중이 직임자의 선출에 참여하는 것과 모순되지 않으며, 또한 이러한 참여에 관해서도 단순히 중립적이지 않다.[146] 오히려 직임의 은사적 근거는 이러한 참여를 요청한다.[147]

직임자가 선출될 수 있고 선출되어야 한다는 점은 직임의 은사가 가지는 성격 자체에 근거한다. 즉 직임의 은사는 구체적 지역 교회에 본질적으로 매여 있다. 지역 교회의 **구성원들**이 직임자를 선출할 수 있고 **선출**해야 한다는 점은 그들의 부르심과 세례에 근거한다. 세례를 받은 모든 이는 교회를 향한 책임을 공유하며, 그러므로 교회적 결정에 참여할 수 있다. 이러한 책임과 참여는 직임자의 선출을 포함한다.[148] 이러한 맥락에서, 세례는 단순히 고립된 방식으로 고찰되어서는 안 된다.[149] 세

---

145 앞의 I.2.4를 보라.
146 Schillebeeckx, Menschen, 262; 직임에 대한 은사적 근거는 그 자체로 "직임자가 어떻게 임명받아야 하는가의 문제에 대해서 **아무것도** 이야기하지 않는다"(볼프 강조).
147 로마 가톨릭 전통에서 전체 회중에 의해서 직임자가 선출된다는 은사적 근거에 관해서는 Mühlen, Entsakralisierung, 435f.을 보라.
148 또한 Schillebeeckx, Menschen, 264.
149 Lumen gentium 14은 교회의 구성원됨을 세례를 통해서 규정할 뿐 아니라, 동시에 "그리

례는 일회적 사건이고, 언제라도 제자도의 길을 걷겠다는 자발적 의지에 대해서 거의 아무것도 이야기하지 않는다. 유사하게 세례는 모든 교회에게 타당하며, 구체적 지역 교회로 누군가가 편입되는 것에 대해서 아무것도 이야기하지 않는다. 그러나 은사의 수용은 영적 분별에 대한 능력과 지역 교회의 삶에 대한 참여를(성만찬으로의 참여를 포함해서) 전제한다. 그러므로 세례는 세례를 통해 실제로 기독교 신앙으로 인도되고 구체적 교회에 접목된 모든 사람들에게만 직임자의 선출에 참여할 권리를 부여한다. 세례는 그 온전한 의미에서 선출의 권리를 부여한다. 그것은 구체적 지역 교회로의 삶으로 향하는 대문이 된다.[150] 이러한 관점에서 볼 때, 왜 스미스가 직임의 선출에 대해 다음과 같은 원리를 제기했는지 이해할 만하다. "선출은 **온전한 교제 속에 있는** 교회 공동체 구성원들 대부분의 목소리에 의해서 이루어진다."[151]

  3. 선출 과정과 관련하여, 선출을 수용으로 이해하는 것은 결국 사람들이 다양한 후보자들 중에서 단순한 의지의 사용으로 선택한다는 도식 자체를 포기하는 것을 의미한다. 이러한 도식은 선출 이전에 발생하는 잠재적 직임자들과 회중 사이의 관계를 간과한다는 점에서 지나치게 단순한 도식이다. 선출은 실제로 직임의 은사에 대한 형식적이고 명시적으로 이루어지는 교회의 수용의 시작이지만, 동시에 이것은 비형식적이고 암묵적으로 이루어지는 수용의 완결이다. 그럼에도 여전히 선출은 직임의 은사 **부여**에서 본질적 부분을 차지한다. 선출이 발생하기 이전에, 그 선출에 나서는 인격들은 이미 그를 선택하는 회중에 의해서 형성되어 왔다. 그러나 이러한 수용이 그 은사가 수용되고 있는 인격들

  스도의 영을 소유하는 것"을 통해서 규정한다. 그리스도의 영을 소유하는 것은 "영향을 받는 인격의 내적 상태"와 별개인 순수하게 제도적인 방식으로가 아니다(Ratzinger, *Das neue Volk*, 242ff.; Müller, "Communio," 496을 보라).
150 앞의 IV.2.2.2를 보라.
151 Smyth, *Works*, 256. 또한 Jenkins, *Congregationalism*, 46을 보라.

에게 여파를 끼치는 것처럼, 그 인격들은 수용하는 회중에게 영향을 미친다. 그 인격들은 단순히 자신들을 회중에게 "선출될 가능성" 있는 존재로 자신을 제시하지 않는다. 어떤 의미에서 그들은 사역을 통해서, 즉 그 사역의 충실함이 결국에는 공동체의 분별 아래에 있게 되는 사역을 통해서, 하나님의 성령의 부르심과 은사에 대한 응답 속에서 자기 자신을 회중에게 "부과한다." 이것이 바로 모든 직임의 은사에 존재하는 권력의 요소로, 만일 이러한 권력이 회중의 편에서의 비판적 수용 앞에서 멈추지 않는다면 이는 억압적인 것이 된다. 따라서 직임자들의 선출 과정은 직임자와 회중 사이에서 서로 주고받는(혹은 거절하는) 이러한 복합적인 상호 작용으로 묘사될 수 있다.

선출을 수용으로 이해하는 것은 신학적으로 신적 행위의 우선성 개념을 가지고 시작하는 것이다. 그러나 직임자가 자신을 회중에 부과하는 사회학적 과정이 신적 행위가 가지는 우선성의 징표로서 해석되어서는 안 된다. 양자 사이에는 어떠한 상관관계도 없다. 직임자들이 자신을 공동체의 삶으로 편입시킨다는 점에서 결국 하나님의 영은 오직 (미래의) 직임자들을 통해서만 일하는 것도 아니며, 단순히 이를 받아들이는 회중을 통해서만 일하는 것도 아니다. 오히려 **상호 작용 속에 있는** 직임자들과 회중 **모두를** 통해서 일한다. 신적 행위의 우선성에 대해 고찰할 때, 이러한 상호 작용은 단순히 우선적으로 인간적 사건으로 이해되어서는 안 된다는 사실을 강조해야 한다. 상호 작용적 선출 과정을 통해서, 교회의 구성원들은 **하나님**이 이미 부르신 이들을 골라내는 것이다(행 13:2을 보라). 만일 서임이 단지 회중에 의한 권력의 위촉으로 축소되는 것이 아니라면, 이외에 다른 것일 수 없다. 만일 하나님이 명백한 수용의 과정의 시초에 서 있지 않다면, 하나님은 그 과정의 완결에서도 발견되지 않을 것이다. 하나님에 의해서 이루어지는 임명은(행 20:28을 보라) 결국 하나님에 의한 부르심(행 13:2을 보라)을 전제로 한다. 그렇지 않다면, 임명의 과정에서 하나님의 행위는 결국 인간의 선출적 행위에 대한 후행적인 종교적 승인이나 정당화가 되어버릴 뿐이다. 따라서 모든 전통들은 언제나 직임자의 선출을 "하나님의 의지 안에서 협력하여 이루어지는 사건으로 보거나 성령의 활동의 흘러넘침"[152]으로 이해해왔다. 서임과 마찬가지로, 선출 역시 영적인 사건이기에 스미스는 이미 다음과 같이 인식한 바 있다. "선출, 인가, 서임은 **기도와 금식**과 함께 수행되어야 한다."[153]

4. 이러한 점은 교회의 다중심적-참여적 모형이 단순히 구조적 변화를 통해서 실현되는 것이 아님을 명백히 보여준다. 단순히 참여적인 교회 구조를 마련하는 것으로는 충분하지 않다. 민주주의에 대한 사회철학적 논의들은 민주적 제도 자체가 그에 상응하는 내재화된 가치와 실행 없이는 결코 기능할 수 없음을 우리에게 명백히 보여주었다. 이러한 점은 교회에도 적용된다.

교회의 참여적 모형은 참여적 제도에 상응하는 가치들과 실천들 그 이상을 요구한다. 교회는 무엇보다도 단순히 도덕적 목적들을 성취하기 위한 장소가 아니다. 교회는 실제로 하나님의 성령의 현존에 의해서 구성되는, 삼위 하나님과의 교제 가운데 있는 전체 하나님의 백성의 종말론적 모임의 선취이다. 그러므로 교회는 살아 계신 성령의 현존을 필요로 하고, 이러한 현존이 없이는 심지어 탈중심화된 참여적 구조와 문화를 가지고 있는 교회라도 결국에는 불모의 것이 되고, 어쩌면 위계적 교회보다도 더욱 척박할 수도 있다.[154] 그러므로 교회는 그 구성원 대다수의 참여가 없이도 작용할 수 있어야 하며, 또한 교묘하든 공개된 것이든 간에 강요의 형태 속에서도 기능할 수 있어야 한다. 성공적인 참여적 교

---

152 Kottje and Risse, *Wahlrecht*, 14.
153 Smyth, *Works*, 156 (볼프 강조).
154 또한 Gee, *Gifts*, 15을 보라.

회의 삶은 깊은 영성을 통해서 유지되어야 한다. 오직 교제의 성령을 통해서 살아가는 인격만이(고후 13:13) 교회적 공동체의 삶 속에 진정으로 참여할 수 있다.

제 VII장
교회의 전일성

모든 교회는 저마다 자신의 방법으로 전일성(catholicity)을 추구한다. 바로 이 지점이 하나님의 새 창조의 이쪽 편에서 드러나는 전일성의 역설이다. 비록 전일성이 전체성(ὅλος)을 지향한다고 하더라도, 이것은 언제나 어떤 특수성에 기초해 있다. 어떠한 교회도 순수하게 그리고 단순하게 전일적이지는 않다. 저마다 **특정한 방식으로** 전일적이다. 그러므로 이 지점에서 전일성에 대한 논란이 생겨난다.

    이어지는 논의에 앞서 나는 교회성, 신앙의 매개, 삼위일체와 교회 사이의 관계, 교회의 구조들에 대한 이전의 설명들(제III-IV장)이 교회의 전일성에 어떠한 시사점을 가지는지를 물음으로써, 다시 그러한 해명들을 요약하고자 한다. 더 나아가서, 나는 나의 관심을 교회들, 그리고 그들이 살아가는 복합적 문화들, 또한 교회들의 구성원들이 가지는 전일성 사이에 존재하는 관계들에 기울이고자 한다. 그리고 모든 문화와 교회에 열려 있는 전일적 교회가 어떻게 이러한 관계들에서 드러나는지를 아울러 살펴볼 것이다.

1. 전일성에 대한 질문

1. 교회의 전일성에 대한 토론이야 말로 감독제 교회들과 자유교회들이 서로 극단적으로 대립하고 있는 주제이다. 그 시초에서부터 자유교회는 가톨릭과 동방 정교회 모두에게 비전일적인(uncatholic) 것의 대명사로 여겨져왔다. 전일성이 교회의 다른 모든 본질적 속성들을 특징짓는 것이기에, 자유교회가 행했다고 간주되는 교회론적 대죄들은 결국 교회의 전일성 그 자체에 대한 위반으로 이해되어왔다. 통일성, 거룩성, 사도성에 대한 자유교회의 이해가 문제 있는 것은 바로 자유교회가 전일적이지 않기 때문이라는 것이다. 자유교회의 통일성은 실제로 다른 교회와 나누는 교제의 구체적 형식을 결여하고 있기에, 즉 전체 교회와의 교제를 결여하고 있기에, 결국 전일적이지 않은 것으로 여겨져왔다. 또한 그들은 배타적이기에, 그들이 주장하는 거룩성은 전일적이지 않다고 여겨졌다. 자유교회적 사고에 따르면, 의식적으로 믿지 않고 또한 그에 걸맞게 살지 않는 모든 이가 교회에서 배제되어야 한다. 또한 자유교회는 그 역사에서 사도적 계승(successio apostolica)에 따라서 보장받는 전체 교회와의 연결을 결여하고 있기에, 자유교회가 주장하는 사도성은 비전일적이다. 더 나아가서, 자유교회가 가지는 특정한 교회론적 특성은 통일성, 거룩성, 사도성에 대한 그들 나름의 이해에 정확하게 근거하고 있다. 감독제 교회의 논증을 따르자면, 만일 자유교회들이 전일적이고자 한다면, 자유교회는 그들의 정체성을 포기해야만 한다. 전일적 자유교회는 용어상 모순이다. 자유교회는 자기 자신을 전체 교회에 매이게 하며 그로 인해서 전일적이게 하는 관계로부터 자유롭다고 자신을 이해하기 때문이다.

이러한 소묘는 사실 자유교회의 관점에서 보면 크게 달라진다. 종교개혁에서 유래한 다른 여타의 교회들과 함께, 자유교회는 애초부터 전일성이라는 가치에 동의했지만 동시에 이러한 속성을 가톨릭 교회에 돌리는 것은 거부했다.¹ 가톨릭 교회의 통일성은, 루터가 지적한 바와 같이 교황(혹은 주교)이 "그 자신의 궁정만이 기독교 교회 전체라고 선포"하기에 전일적이지 않다.² 가톨릭 교회의 거룩성은 죄인 된 구성원들로부터(casta meretrix) 거리를 유지하면서도 결코 그 자체의 죄 용서를 위해 기도하지 않기 때문에(ecclesia sancta et immaculata) 전일적이지 않다.³ 가톨릭 교회의 사도성은 너무나 지나치게 사도성을 유지하는 형식에 집착하고(successio apostolica), 교회의 교의를 과거의 정형화에 묶어두고, 그러한 방식으로 정형화에 통일성을 부과하려 하기에, 전일적이지 못하다. 자유교회의 주장에 따르면, 가톨릭 교회(그리고 암묵적으로는 동방 정교회 역시)는 자신의 특수성을 받아들이기를 거부하기 때문에 다른 교회들의 (온전한?) 전일성을 거부한다.⁴ 전일성에 대한 이러한 종류의 배타적 주장은 자유교회적 관점에서 볼 때는 지나치게 협소하고, 불관용적이며, 따라서 충분히 전일적이지 않다. 전일적이기 위해서는 가톨릭과 동방 정교회 모두 그들 자신을 여러 다른 교회들 중 하나의 교회로 이

---

1 루터교의 전통에 대해서는 Luther, *Werke*, 5.597.28; 8.96.12; 50.625.15; 또한 Elert, "Katholizität," 241을 보라. 그리고 개혁교회의 전통에 대해서는 Calvin, *Institutes*, IV. 1.2; 또한 Berkhof, *Katholizität*, 16ff.을 보라; 자유교회 전통에 대해서는 Smyth, *Works*, 745 (물론 특정한 용어를 사용하는 것은 아니지만); 그리고 또한 Flew and Davis, eds., *The Catholicity of Protestantism*을 보라. 또한 무엇보다도 잘 알려진 회중주의 신앙 고백문인 *Savoy Declaration* (1658)은 바로 교회의 전일성에 대해서 도전하고 있다. "이러한 특별한 교회들 외에, 더 포괄적이고 그 자체로 가톨릭적인(Catholique) 교회는 그리스도에 의해서 세워진 것이 아니다." 그러나 물론 우리는 이 지점에서 뒤따르는 문구 역시 살펴보아야 한다: "그러한 가톨릭 교회—즉 그의 훈령들을 강행할 수 있는 권력과 또한 그의 이름으로 자신의 권위를 행사할 수 있는 위임을 받은 그러한 포괄적 교회"("Die Plattform der Savoy-Declaration," VI, in Müller, *Bekenntnisschriften*, 653). 따라서 *Savoy Declaration*은 그 자체로 교회의 전일성에 대해서 도전하는 것이 아니라 교회의 전일성에 대한 특정한 이해 방식에 대해서 도전하고 있는 것이다.
2 Luther, *Werke*, 50.283. *Confessio helvetica posterior* (1562) XVII (in Müller, *Bekenntnisschriften*, 196, 5f.); *Consensus Bremensis* (1595) I.2 (in ibid., 740. 11ff.)을 보라.
3 또한 *Unitatis redintegratio*, 3. 그러나 다른 강조점이 *Lumen gentium* 8에 나타나는 것처럼 보인다.
4 제2차 바티칸 공의회는 다른 모든 기독교 공동체들을—동방 정교회와 영국 성공회를 모두 포괄해서—가톨릭 교회 옆에 존재하는 비전일적 교회로 규정했다(*Unitatis redintegratio*, 13, 17; Dulles, *Catholicity*, 132).

해해야 한다. 그러나 그들이 과연 그렇게 함으로써 자신들의 정체성을 포기하려 할까?

이처럼 회중주의 교회들과 감독제 교회들은 실제로 전일성에 대한 이해에서 완전히 정반대 편에서 대립하고 있는 것처럼 보이는데, 그 이해는 결국 각각의 교회들이 가지는 자신의 정체성에 깊이 뿌리박고 있다.

2. 분명 우리는 "전일성"이라는 개념을 극단적으로 다른 내용을 가지고 채울 수 있다. 만일 가톨릭 교회나 자유교회 모두 자신을 "전일적"이라고 하면서 동시에 상대방에게는 그 전일성을 거부한다면, 결국 전일성이라는 용어 자체는 자신들의 교회적 정체성을 강화하려는 목적을 위해 감정적 방식으로 사용되는 공허한 암호문으로 전락하는 것 아닐까? 마치 그것이 그러한 적극적인 신학적 의무를(오래된 교회 신앙고백문에 닻을 내린) 가지고 있는 개념이라도 되는 것처럼 말이다. 그렇다면 교회의 전일성에 대한 토론 자체는 아무런 소득이 없는 것이 아닌가?

분명히 말하지만, 전일성이라는 개념이 가지고 있는 내용은 전적으로 자의적인 것이 아니다. 비록 전일성이 우리가 교회에 대한 주어진 이해 바깥에서 논의할 수 있는 보편적으로 접근 가능한 교회의 표지(nota ecclesia)는 아니라 할지라도, 그것은 교회의 다른 본질적 특징들과 마찬가지로 "교회의 정체성을 드러내는 교회의 본질을 표현하는"[5] 교회의 본질적 특징, 즉 교회의 속성(proprietas)이다. 바르트의 잘 알려진 경구에 따르면, 교회는 "전일적이다. 그렇지 않다면 그것은 교회가 아니다."[6] 이로부터 전일성이라는 개념이 가지는 내용은 언제나 교회에 대한 각각의 이해에 달려 있다는 점이 도출된다. 그러므로 교회의 전일성에 대한 논의는 항상 교회에 대한 올바른 이해에 도달하고자 노력할 때에만 결

---

5 Congar, "Wesenseigenschaften," 364.
6 Barth, *Church Dogmatics*, IV/1.702.

실을 맺을 수 있다.[7] 전일성에 대한 특정한 이해가 교회의 다른 모든 속성들에 특징을 부여하며 그 속성들을 교회일치를 위한 대화 상대자에게 문제가 되게 만든다는 점에서, 교회의 전일성에 대한 문제는 회중주의 교회와 감독제 교회 사이의 대화에서 유일하게 중요한 문제는 아니라고 하더라도, 중요한 문제들 중 하나임은 분명하다.[8]

3. 우리가 전일성에 대한 개념을 신학적 내용으로 채우는 것과 상관없이, 전일성에 대한 토론은 언제나 **통일성**과 **다수성**의 관계에 대한 근본적 질문을 포함한다. 이 지점은 이미 "전일성"이라는 용어 자체에서 드러난다. 전일적이라는 말은 포괄적이고 완전하다는 것을 의미한다. 아리스토텔레스는 그의 『형이상학』(Metaphysics)에서 "전체"는 "(1) 본래 전체라고 일컬어지는 것의 부분들 중 어떠한 것도 결여되지 않는 것을 의미하며, (2) 그 부분들이 하나가 되는 방식에서 포함되는 대상들을 포함하는 것을 의미한다"고 썼다.[9] 그러나 우리는 교회와 같은 사회적 구조에 적용할 수는 없는 동종적인 전체성을 잠시 제쳐놓는다면, 전체성을 **분화된 통일성**으로 정의할 수 있다.[10] 따라서 전일성을 주장하는 어떠한 교회도 그 자신의 통일성 속에 다수성을 포함시켜야 하고, 그러한 다수성 속에서 하나의 교회가 되어야 한다. 전일성(catholica)은 바르셀로나의 파키아누스(Pacian of Barcelona)가 시편 44:10과 관련지어 말한 바와 같이 형형색색의 옷을 입은 여왕과 같다.[11]

이러한 용어에 대한 고려는 왜 교회일치를 위한 합의에서 통일성과

---

[7] Barth, *Church Dogmatics*, IV/1.701ff.; Lochman, "Notae ecclesiae," 33.
[8] Nicholas A. Nissiotis는 전일성의 문제가 "**교회론의 중심적 문제**"이자, "서로 멀어진 그리스도인들 사이의 대화에서 중요한 핵심"이라고 보았다(Nissiotis, "Katholizität," 259).
[9] Aristotle, *Metaphysics*, 1023b.
[10] 유사한 부분들로 구성된 동종적 전체성(마치 컵 안에 든 물과 같은)과 유사하지 않은 부분들로 구성된 이종적 전체성(인간 몸과 같은) 사이의 구별에 대해서는 Thomas Aquinas, *Summa Theologiae*, I.11.2.2를 보라.
[11] 이에 관해서, Beinert, *Um das dritte Kirchenattribut*, 53ff.을 보라.

다수성을 모두 강조하는 것이 교회의 전일성을 구성하기 위해 중요한지를 설명해준다.[12] 만일 우리가 다수성을 부정한다면, 전일성은 결국 완전한 획일성으로 붕괴되고 자연히 그릇된 전체성이 되고 만다. 반면 우리가 통일성을 포기한다면, **전일성**은 결국 통합되지 않은 그릇된 특수성으로 해체되어버린다. 따라서 전일성에 대한 적절한 이해는 통일성과 다수성 모두를 포기할 수 없다. 통일성과 다수성의 문제들과 관련하여, 전체성에 대한 다양한 이해는 그 요구하거나 허용하는 통합과 차별화의 **정도**에 따라서 서로 다르다. 이러한 정도에 대한 규범적 결정은 전일성 개념에 그 신학적 내용을 제공하는 기본적인 교회론적 결정에 의존한다. 그러므로 어떤 사람은 **그가 지닌 관점으로만** 전일성에 대한 특정한 이해를 전체주의적이라고 혹은 개인주의적이라고 의미 있게 비판할 수 있다. 그러므로 이러한 비판은 중립적인 관점에서 주어진 사태를 객관적인 서술하는 것으로 이해될 수 없다. 이러한 비판은 결국 교회에 대한 특정한 이해에 근거한 특정한 관점에서만 의식적으로 정형화될 뿐이다.

4. 물론 자기 자신의 계층에서의 다수성에 대한 태도가 이러한 계층 바깥의 타자에 대한 태도와 뗄 수 없다고 하더라도, 통일성과 다수성 사이의 관계는 무엇보다 모든 교회의 내적 문제이다. 통일성과 다수성의 외적 차원은 결국 **포용성과 배타성** 사이의 관계성의 문제이기도 하다. 따라서 전일성에 대한 논의는 단순히 교회의 내적 삶만 포함하는 것이 아니라, 교회가 세상 속에서 실존하는 문제도 포함한다. 실제로 우리는 어떤 면에서 전일성에 대한 문제를 교회의 외적 관계에 있어서 교회의 **가장** 우선적인 문제라고 말할 수 있다.

다른 사회적 구조의 경우와 마찬가지로, 교회에서도 통일성과 다수

---

12 동방 정교회 교회론에 대해서는 Lossky, "Third Mark," 179을 보라; 가톨릭 교회론에 대해서는 Dulles, *Catholicity*, 31을 보라; 개신교의 교회론에 대해서는 Pannenberg, "Apostolizität," 105f.을 보라.

성, 배타성과 포용성의 문제를 지속적으로 불러일으키는 것은 바로 사회적 삶 자체의 내적 역학이다. 게다가 현대적 사회와 문화적 삶 가운데 교회가 관여하고 있다는 점은 교회의 영역 안에서 이러한 문제들의 긴박함을 더욱 증가시킨다. 상호적으로 영향을 미치는 두 가지 발전적 경향성이 오늘날 목격된다. 한편으로는 증가하는 보편화와 획일화의 흐름이 있지만, 동시에 이에 결부되어서 다른 한편으로는 점증하는 다원화와 분화의 흐름이 있다. 오도 마르크바르트(Odo Marquardt)에 따르면, (무엇보다도 자연과학과 지구적 경제를 통해서 이루어지는) 기술적 획일화의 과정은 "다원화라는 전통적이고 역사적이며 미학적인 과정"의 도전을 받고 있다. 사회적 획일화(인간 존재의 동등성)의 과정은 "권력의 분리를 촉진하는 개인주의적 다원화의 과정"에 의해서 도전받고 있다.[13] 세계는 점진적으로 획일화되고 있지만 이러한 과정은 동시에 자체의 다수성을 이 모든 것 속에서 드러낸다. 교회는 점증하는 세계의 통일성에 어느 정도까지 자신을 동일시할 것인가의 문제와 또한 그 속에서 점점 더 분명하게 나타나는 다수성에 대해서 어느 정도까지 따라갈 것인가의 문제에 직면해 있다. 또한 이러한 현재의 보편화와 다원화의 경향성을 교회의 전일성이 어느 정도까지 포용할 수 있으며 또한 배타적이어야 하는지에 대한 문제에 직면해 있다. 그러므로 전일성의 신학은 그 교회론이 "하나"에 우선권을 부여하는 보편화의 전통에서부터 시작해야 하는지, 아니면 "다수"에 우선권을 두는 다원화의 전통에서부터 시작해야 하는지의 문제에 직면해 있다. 혹은 이러한 양자택일에서 빠져나갈 가능성이 있을까?[14]

---

13 Marquard, "Einheit," 4. 나는 이 지점에서 Marguard가 제시한 것처럼, 두 경향성 사이의 보상과 균형의 관계가 이 논의 속으로 들어갈 수 있는지의 문제에 대해서는 다루지 않으려 한다.
14 앞의 V.1.1.1을 보라.

종교들 사이의 관계에 대한 현대 그리스도인들의 토론은 현재 보편화와 다원화의 전통들 내에서 움직이고 있다. 최근까지 기독교는 통일성의 전통으로부터 기인하는 논지, 즉 "교회 밖에는 구원이 없다"(extra ecclesiam nulla salus)를 자신의 전제로 여겨왔다. 더 포괄적 논제인 "그리스도 밖에는 구원이 없다"(extra Christum nulla salus; 이 논제는 첫째 논제가 구체적으로 만들고자 했던 목표이다) 역시 결국에는 다수보다 하나에 우선권을 준다. 오로지 "종교다원주의 신학"이 가장 처음으로 "신학적 루비콘 강"을 건너서, "그리스도와 기독교의 종국성과 우월성에 대한 고집에서 물러나서 다른 여러 길들이 가지는 독립적 타당성을 인식하는 방향으로 나아간다."[15] 이러한 문제 제기는 과연 우리가 다원성의 맥락에서 또한 그로써 다양한 종교들 안의 구원 경험의 상대성의 맥락에서 교회의 전일성을 파악해야 하는지, 아니면 적절하게 이해된 전일성은 보편성을 요구하고 또한 그로써 그것이 얼마나 분명하게 표현되든 간에 결국에는 그리스도의 절대성을 요구할 수밖에 없는지의 문제를 우리에게 제기한다.

전일성에 대한 논의에서 제기된 거대한 사회학적·철학적·신학적 질문들에 대한 이러한 간단한 개요는, 19세기 러시아의 평신도 신학자로 잘 알려진 알렉시스 코미아코프(Alexis Khomiakov)가 생애 말기에 전

---

15 Knitter, "Preface"; 또한 Hick, God. 1986-87년 기포드 강연(Gifford Lectures)에서 그는 이러한 종교다원주의적 신학의 극단적 전제를 다음과 같은 결론까지 밀어붙였다: "진정한 물 자체(an sick)는 하나라고도 할 수 없고 여럿이라고 할 수도 없으며, 또한 실체 또는 과정, 선 또는 악, 목적 또는 비목적이라고 이야기할 수 없다"(Hick, Interpretation, 246). 그러나 Hick의 견해는 단순히 안정적인 것이 아니라, 상대주의나 포괄주의, 심지어는 배타주의로 기울어 질 수 있다. 인식론적으로 이러한 입장은 결국 그의 다원주의적 사고와는 상응하지 않는 보편적 합리주의를 전제하게 된다(Apczynski, "John Hick's Theocentrism"을 보라), 왜냐하면 그는 윤리적으로 결국 사랑이라는 계명의 보편성으로부터 출발하고 있으며, 이러한 사랑은 단순히 "실재 자체"가 아니라, "서로 다른 공동체들 사이에 다양하게 경험되고 생각되는 실제적인 것"에 뿌리내린 것이기 때문이다. 이 지점에서 사랑의 계명이 모든 고등 종교들에 핵심적이라는 이유로 종교들의 기준으로 자리하게 된다. 그러면 우리는 이 지점에서 결국 세계 종교들에 대해서 배타주의로 향하는 길을 내디디는 것은 아닌가?

일성의 개념과 유사한 소보르노스트(sobornost)의 개념(러시아 정교회의 신학 개념으로 서로 연관된 사람들에 의해서 이루어지는 영적인 상호 헌신의 개념이다—옮긴이)과 관련하여 주장한 것처럼, 전일성은 "전체 신앙의 고백을 그 자체 내에 포괄하는"것을 설명하는 데 도움이 된다.[16] 지역 교회의 전일성에 대한 대안적 이해를 제시하기 위한 이어지는 시도에서, 나는 물론 모든 질문들에 전부 답하지는 못한다. 나는 단지 전일성에 대한 어떠한 반성이라도 그 안에서 이루어져야 할 포괄적 틀을 제시하기 위해서, 이러한 질문들을 언급하는 것이다.

지역 교회의 전일성에 대한 적합한 사고는 이러한 포괄적 틀에 대한 검토 없이는 불가능한 것처럼, 그 그림 자체의 개별적 구성 요소들에 대한 탐사는 그 개별 구성원들의 전일성에 대한 분석 없이는 불가능하다. 즉 어떻게 우리가 교회를 전체로서 파악할 것인가의 문제는 결국 우리가 어떻게 그 구성원들을 "부분들"로 파악하느냐에 달려 있으며, 그 반대도 마찬가지다. 교회의 전일성에 대한 토론의 말미에, 나는 인격의 전일성과 그 전일성이 지역 교회의 전일성에 대해서 가지는 관계들을 고려함으로써 인격과 공동체 사이의 관계를 검토하고자 한다. 지역 교회는 개별 구성원들과 포괄적 전체 사이의 중간에 서 있다(지역 교회는 우선은 그 포괄적 전체와 관련하여 전일적이라고 불릴 수 있다). 따라서 우리는 지역 교회의 전일성에 대해서 말하기 이전에, 지역 교회와의 관련 속에서 이러한 포괄적 전체를 숙고해보아야 한다. 그렇지만 이렇게 서로 연관된 주제들을 논하기 이전에, 나는 과연 전일성이 양적 실체 혹은 질적 실체를 재현하는지 여부를 묻는 논쟁적인 문제를 다루어야 한다.

---

16 *L'Église Latine et le Protestantisme au point de vue de l'Église d'Orient*, 399. Plank, *Katholizität*, 72에서 인용.

2. 전일성과 새 창조

전일성을 주제로 삼아 기술하게 되는 신학적 내용은 분명히 "전일성"이라는 용어에 담긴 "전체"(ὅλος)의 의도된 지시대상에 의존한다. 지시대상이 변하면, 전일성에 대해서 다양하게 겹치는—지리적(모든 곳에서 발견되는), 인간론적(모든 인간 존재를 포괄하는), 계시적(모든 구원적 진리들을 담고 있는), 창조적(모든 창조물을 고치는), 구원론적(구원을 가져다주는 모든 선을 담지한), 그리고 마지막으로 기독론적(전체 그리스도를 담지한)—의미들은 모두 변한다. 나는 이런 다양한 의미들을 구체적으로 다루지는 않을 것이다. 전일성에 대해서는 양적(외연적) 이해와 질적(내포적) 이해라는 이미 확립된 분류를 시작으로 해서, 나는 먼저 양적 이해를 비판하고, 그 이후에는 어떤 특정한 질적 이해를 옹호하는 논거를 제시할 것이다.

    1. 안디옥의 이그나티우스가[17] 사용한 전일적(καθολικός)이라는 형용사가 처음에는 교회론적으로 어떤 방식으로 논쟁적으로 사용되었지 모르지만, 전일성(catholicity)이라는 용어는 실제로 아주 이른 시점부터 지리적 의미를 가졌고(공간적이고 문화적인 보편성 속에 있는 통일성으로서) 이는 곧바로 올바른 신앙이라는 개념과 연결되었다. 가톨릭 교회(전체 교회)는 진정한 교회로서, 그것의 보편적인 확장은 곧 올바른 신앙의 징표로서 기능해왔다.[18] 잘못된 교회의 문제를 다룰 때에 이제 이러한 의미의 보편성은 더 이상 도움을 주지 못하게 되었고, 또한 교회의 진리

---

17 Ignatius, *Smyrn*, 8:2. 어떻게 전일성이 이해되어왔는가의 역사는 결국 Ignatius가 사용한 형용사 전일적(καθολικός)이라는 용어가 처음으로 사용된 해석사 속에서 반영된다. 나는 이 지점에서 André de Halleux를 따른다. 그는 *Smyrn*. 8:2에 나타나는 전일적 교회(ἡ καθολικὴ Ἐκκλησία)라는 표현은 그 전체성 속에 있는 교회를 의미한다고 본다. 그러므로 다음의 결론은 교회의 전체성을 이해하는 데 유용하다: "전일적 교회(ἡ καθολικὴ Ἐκκλησία)라는 표현에 대한 초기 교부들의 증언은 의심의 여지없이 실제로 전일성의 신학과는 아무런 상관이 없었다"(de Halleux, "L'Église," 24).

18 Kelly, "Katholisch," 11ff.을 보라.

역시 이러한 보편적 확장을 통해서 증명될 수 없게 되었다. 지역적 보편성으로 이해되는 교회의 전일성은 라칭거가 이미 적합하게 정식화한 바 있듯이,[19] 그 구성원들에게 기껏해야 "자신들의 오류를 수많은 타자들과 공유하고 있다"는 위안만을 줄 뿐이다. 보편적 확장은 그 자체로 고유한 속성이 아니라, 교회의 임무이다. 그러므로 이러한 지리적 차원에서의 보편적 확장은 진정한 교회의 결정적 특질이 될 수 없다. 전일성은 애초에 교회의 실제적인 보편적 확장과는 아무런 관계가 없다. 앙리 드 뤼박이 정당하게 지적한 것처럼, "오순절 아침에 그 작은 방이 실제로 그 모든 구성원에게 여전히 충분히 큰 방이었을 때에도"[20] 교회는 이미 전일적이었다.

레렝의 벵상(Vincent of Lérins)의 역사적으로 영향력이 있는 정식에 따르면, 전체란 어디에서나, 언제나, 모든 사람이 믿어온 것이다(quod ubique, quod semper, quod ab omnibus creditum est).[21] 여기서 "보편성의 개념은 연속성의 개념과 결합하고, 전일성은 시대에 걸쳐서 유지되는 동일성을 의미하게 된다."[22] 그러나 만약 사람들이 자신이 믿는 바를 적합한 방식으로 상세하게 기술해야 한다면, 어디서나(ubique), 언제나(semper), 모든 사람(omnes)이라는 단어들이, 믿어야 할 것을 적절하게 명기한다면, 그 단어들은 엄격한 보편성으로 파악되어야 했을 것이다. 그렇지 않다면, 예를 들어 누가 그 "모두"에 들어가며, 그처럼 또한 신앙의 어떤 본성이 시대에 걸쳐서 교회의 정체성을 구성하는지에 관한 질문들은 대답되지 않은 채로 열려 있게 된다. 이것이 바로 왜 마르틴 켐니츠(Martin Chemnitz)가 "성경으로부터"(ex Scriptura)를 레렝의 벵상이

---

19 Ratzinger, Volk, 29.
20 De Lubac, Katholizismus, 44.
21 Beinert, Um das dritte Kirchenattribut, 64에서 인용.
22 Steinacker, "Katholizität," 75.

만든 정식화에 덧붙인 이유다. "언제나, 어디서나, 모든 신도들에 의해서 성경으로부터 지속적으로 끊임없이 받아들여진 것"(quad semper, quod ubique et ab omnibus fidelibus ex Scriptura constanter receptum fuit).[23] 그러나 만일 성경(Scriptura)에 대한 이러한 언급이 진지하게 받아들여진다면, "언제나, 어디서나, 모든 사람에 의해서"라는 언급은 결국 불필요하게 될 수 있다. **성경**은 어떤 신앙이 언제나, 어디서나, 모든 사람에 의해서 믿어져야 하는지를 증거한다. 어디서나(ubique), 언제나(semper), 모든 사람들(omnes)에 의해서 정의되는 전일성은 (분명 그것이 중요하기는 하지만) 단순히 부차적인 해석학적 기능을 가질 뿐이다.

전일성을 교회의 보편적 확장이나 보편적으로 믿어지는 어떤 것으로 보는 **양적** 이해 방식은 더 이상 설득력이 없다. 따라서 전일성에서 함의되는 전체(ὅλος)가 일차적으로는 **충만함**(fullness)으로, 그리고 이차적으로만 보편성으로 이해되는 질적 이해가 제기된다. 교회 안에서 **구원의 충만함**이 실현되었기 때문에 교회가 전일적이라는 주장은 교회일치적 차원에서 오늘날 널리 퍼진 합의 지점인 듯 보인다.[24] 논란이 되는 지점은 교회 안의 **구원의 충만함**이라는 현존이 어떻게 파악되어야 하는가이다.

2. 교회의 전일성을 구원의 충만함으로 보는 질적 이해는 신약성서에서 나타나는 구원론적이고 교회론적인 진술들에 직접적으로 기반하고 있다. "또 그[하나님]가 만물을 그[그리스도]의 발 아래에 복종하게 하시고 그를 만물 위에 교회의 머리로 삼으셨느니라. 교회는 그의 몸이니 만물 안에서 만물을 충만하게 하시는 이의 충만함이니라"(엡 1:22-23).

---

23 Elert, "Katholizität," 252에서 인용.
24 가톨릭 신학에 대해서는 Beinert, *Um das dritte Kirchenattribut*, 그리고 Dulles, *Catholicity*를 보라; 또한 동방 정교회 신학의 관점에 대해서는 Zizioulas, *Communion*, 143ff.을 보라; 또한 개신교 신학의 관점에 대해서는 Berkhof, *Katholizität*를 보라.

"그 안에는 신성의 모든 충만이 육체로 거하시고 너희도 그 안에서 충만하여졌으니 그는 모든 통치자와 권세의 머리시라"(골 2:9-10; 참조. 요 1:14-16). 나의 전제는 신약성서에 등장하는 이러한 근본적인 구원론적·교회론적 진술들이 오직 포괄적인 **종말론적 구도** 안에서만 적합하게 이해될 수 있다는 것이다. 교회성에 대한 분석과 마찬가지로, 교회의 전일성에 대한 탐사는 결국 하나님의 종말론적 새 창조에 대한 반성에서 시작한다.[25]

우리가 이미 살펴본 바와 같이, 새 창조란 새 하늘과 새 땅에서 삼위일체 하나님과 그분의 영화롭게 된 백성들이 상호 내주하는 것이다(계 21-22장). 인간과 세계의 전체 역사는 심판에 의해 부정성으로부터 해방되어서 새 창조라는 포괄적 실체로 편입될 것이다. 새 창조는 따라서 그 시초로부터 계속된 창조세계 전체의 총괄갱신(recapitulation), 즉 하나님, 그분의 전체 백성, 전체 우주가 하나의 분화된 통일성을 구현할 전체성일 것이다. 그 분화된 통일성은 교제인데, 삼위 하나님이 "만유 안에 계시"게 될(엡 1:10; 고전 15:28을 보라) 그러한 교제이다.[26] 하나님의 백성의 종말론적 전일성은 오로지 하나님의 새 창조의 종말론적 전체성이라는 틀 안에서만 적절하게 이해될 수 있다. **전체 하나님의 백성이 가지는 전일성은 결국 창조된 실재 전체를 위한 구원의 종말론적 충만함이 가지는 교회론적 차원이다.**

교회의 전일성에 대한 종말론적 정의로부터 그 전일성에 대한 내포적(질적) 이해와 외연적(양적) 이해가 불가분 연관되어 있다는 사실이 도출된다. 교회의 전일성에 대한 내포적 이해를 출발점으로 삼을 때, 우리

---

25 앞의 III.1.1.1을 보라. 유사하게, Pannenberg, "Apostolizität," 92ff.; Moltmann, *Church*, 347ff.; Staniloae, *Dogmatik II*, 222; Flew and Davis, ed., *Catholicity of Protestantism*, 23.
26 이에 관해서, Moltmann, *Weg*, 284ff.; von Balthasar, "Absolutheit," 132ff을 보라. 역사와 관련한 판단에 대해서는 Volf, *Work*, 119-21을 보라.

는 필연적으로 외연적 차원에 직면한다. 왜냐하면 결국 모두를 위한 구원의 충만함이 없이는 소수를 위한 구원의 충만함이 존재할 수 없기 때문이다. 또한 창조된 실재 전체를 위한 구원의 충만함이 없이는 인간을 위한 구원의 충만함도 존재할 수 없다. 그 자체의 역학으로 인해서, 내포적 전일성은 결국 외연적 전일성으로 향하게 된다. 그러나 하나님의 백성의 내포적-외연적 종말론적 전일성을 그 자체로 하나님의 다스림의 전체성으로 혼동하는 것은 잘못일 것이다.[27] 요한계시록에 따르면, 새 예루살렘, 즉 삼위 하나님이 거하시는 하나님의 백성은 결국 하늘로부터 새 땅으로 내려온다. 그리고 이는 단순히 영화롭게 된 실재 그 자체와 동일한 것이 아니다(계 21:1-4을 보라). 양자가 서로 맺고 있는 관계에도 불구하고, 하나님의 영화롭게 된 자녀들과 하나님의 영화롭게 된 세계(롬 8:21을 보라)는 구분되어야 하며, 이 점은 바로 왜 하나님의 백성의 전일성이 삼위 하나님이라는 더 큰 무엇에 구성적으로 연관될 뿐 아니라, 동시에 하나님의 새로운 세계라는 더 큰 무엇 안에 통합된 것으로 존재하는지를 설명해준다. 하나님의 백성의 종말론적 전일성은 결국 하나님과 창조세계 전체에 열려 있는 특수성으로 파악되어야 한다.

3. 만일 교회의 전일성이 종말론적으로 정의되어야 한다면, 체류 중인 교회와 새 창조 사이에 존재하는 관계의 본성은 교회의 역사적 전일성을 이해하는 데 중요한 시사점을 제공한다. 교회와 새 창조 사이의 관계는 적어도 신약성서의 주장에 따르면, **선취**(anticipation)라는 개념의 도움을 통해서 가장 잘 이해될 수 있다. 이미 살펴본 바와 같이 교회가 가지는 선취의 성격은 결국 교회를 교회로 구성하는 그리스도의 영의 현존에 근거해 있다.[28] 그리스도인들은 성령을 통해서 그리스도의 한 몸

---

27 Balthasar, "Absolutheit," 135이 명백하게 그러하듯.
28 앞의 III.1.1.1과 2.1.2를 보라.

으로 세례를 받는데(고전 12:12), 바울에 따르면 성령은 그리스도인들에게 새 창조의 첫 열매이자, 첫 할부금으로 주어졌기 때문이다(롬 8:23; 고후 1:22; 엡 1:14을 보라). 교회의 교회성이 선취의 성격을 가진다면, 교회의 전일성도 그러하다. 교회 안에 현존하는 새 창조의 영이 전체 하나님의 백성의 종말론적 모임을 선취하기 때문에 교회는 전일적이다.

신학의 역사에서 매우 이른 시기부터 오순절의 기적(행 2장을 보라)은 정당하게 시원적인 전일적 사건으로 이해되었다.[29] 하나님의 영은 최초의 그리스도인들에게 내려오시고, 바벨탑의 언어 혼란으로 인해 야기된 소통의 단절을 제거하심으로써 그들에게 구체적으로 구원을 경험하게 하셨다(창 11:1-9). 그들은 서로 말하고 이해하게 되면서 바벨론 유수로부터 부상한 교회 공동체가 되었다. 그러나 만일 우리가 애버리 덜레스(Avery Dulles)를 따라서 오순절의 사건을 단지 "역전된 바벨"로 이해하는 것은 환원주의적이다.[30] 오순절에 최초의 그리스도인들 모두가 **하나의 언어**만을 이야기한 것이 아니다. 그러한 기적은 결국 바벨의 획일성으로 돌아가려는 불운한 복귀를 재현할 뿐이다(그것은 탑의 건설이라는 과대망상 행위의 전제 조건으로 볼 수 있다). 오순절의 사건에서 의사소통은 **서로 다른** 언어들을 이야기하는 것을 통해 생겨난 것이다.[31] 그러므로 하나님의 백성이 가지는 종말론적 전일성은 역사 안에서는 언제나 분절된 방식으로 반영된다. 모든 이의 통일성이 각각의 인격이 가지는 독특성을 긍정하는 것과 함께하는 것이 전일성 속에 있다.

4. 교회의 전일성이 가지는 선취라는 특성은 종말론적 전일성과 역사적 전일성 사이의 상응점에 근거하고 있다. 이와 마찬가지로 그 특성

---

29 이에 관해서, Volf, *Exclusion and Embrace*, 226-31; de Lubac, *Katholizismus*, 50f.을 보라.
30 Dulles, *Catholicity*, 173.
31 Welker, *Gottes Geist*, 215ff.; Volf, "Justice," 471ff; Dempster, "Moral Witness"; Macchia, "Sighs Too Deep for Words"를 보라.

은 동시에 역사적 전일성을 **상대화한다**. 만일 하나님의 영이 탁월한 새 창조의 첫 열매로서만 교회 안에 현존한다면, 각각의 교회는 오직 **부분적으로만** 전일적일 수 있다. 판넨베르크는 이러한 점을 다음과 같이 강조한다. "오직 종말론적 성취의 영광에서만 그리스도의 교회는 전일성을 온전하고 완벽하게 실현할 것이다."[32] 역사 안에서 각각의 교회는 교회가 역사적으로 항상 자신의 온전한 종말론적 전일성을 단지 분절된 방식으로 반영하는 한에서만 전일적이다. 이것이 바로 왜 어떠한 교회도 온전한 전일성을 주장할 수 없는지의 이유이다.

이러한 전일성에 대한 이해가 근거하고 있는 구원론적이고 교회론적인 "충만함"(plērōma)에 대한 진술들은(엡 1:23; 골 2:10) 어떤 면에서 전일성의 불완전하고 분절된 성격과 다소 모순되는 것처럼 보인다. 이러한 본문은 교회를 단순히 "모든 것 안에서 모든 것을 채우는 그리스도의 충만함"으로 기술한다. 그러나 이러한 진술들은 하늘에 있는 종말론적 교회를 기술하는 것이며,[33] 지상에 있는 교회와 관련해서는 이러한 진술들은 선취라는 의미에서 신학적으로 해석되어야 한다. 이러한 해석은 또한 에베소서와 골로새서에 대한 세심한 독해를 통해서도 주장될 수 있다. 두 본문은 모두 "충만함"과 "**온전한** 충만함"을 구분하는 것처럼 보인다. 교회가 이미 그리스도 안에 존재하는 "온전한 충만함"에 참여하고 있기 때문에(골 1:19; 2:10), 교회는 그 자체로 "모든 것 안에서 모든 것을 채우는 그리스도의 충만함이다"(엡 1:23). 그러나 동시에 그리스도인들은—그들은 교회와 다른 어떤 실체를 재현하는 게 아니라 그들 자체가 교회이다[34]—"하나님의 **온전한** 충만함"을 이루기 위해 "채워져야 할" 존재들이다(엡 3:19; 또한 엡 5:18; 4:11-13을 보라).[35] 여전히 채워질

---

32 Pannenberg, "Apostolizität," 105.
33 앞의 III.2.1.1을 보라.
34 앞의 III.2.1.1을 보라.

여지가 있다는 것은 분명 아직 완전히 채워진 것이 아니라는 말이다. 이처럼 플레로마(plērōma)에 대한 진술은 성령에 의해 교회 안에서 역사적으로 반영된 종말론적 실재를 묘사한다. 성령은 이 참된 실재를 향하여 몰아가는 내적 동력을 교회들 내에 해방시키는 분이다. 그러나 이러한 내적 동력 자체는 교회의 전일성이 이미 실현 속에 존재함을 보여줄 뿐 아니라, 동시에 그것이 부분적일 수밖에 없음을 보여준다.

5. 이러한 종말론적 관점은 우리로 하여금 교회의 전일성의 종말론적 최대치와 역사적 최소치 사이의 중요한 구분이 가능하게끔 만들어 준다. 전일성의 최대치에 관한 널리 퍼진 합의가 존재한다(비록 그 전일성의 성격을 어떻게 이해하느냐에 대해서는 이견들이 있더라도). 이러한 합의는 이미 그 자체로 중요하다. 왜냐하면 이러한 점은 바로 교회가 어느 방향으로 움직여야 하는지에 대한 목표에 관한 합의가 있다는 점을 증거하기 때문이다. 반면 역사적 차원에서 전일성의 최적의 형태와 그 최소치에 대한 논쟁은 여전히 남아 있다. 따라서 전일성의 최소치에 대한 문제는 교회일치적 관계에서 매우 중요하다. 교회성에 대한 이전의 반성에서처럼, 전일성에 대한 이후의 반성에서도 나는 교회가 결국 전일적이라고 불리기 위해서는 어떠한 조건을 달성해야 하는지에 대한 문제를 먼저 다루려고 한다.

지역 교회의 전일성 문제를 다루기 전에, 나는 다음과 같은 지점, 즉 적어도 전일성에 대한 질적 정의를 고려함에 있어서 전일성의 조건들은 넓은 의미에서 결국 교회성의 조건들과 상응한다는 사실을 지적하고자 한다. 만일 우리가 교회의 전일성을 구원의 충만함으로 정의한다면, 우리는 볼프강 바이네르트(Wolfgang Beinert)의 견해처럼 전일성을 교회의 **"본질에 대한 가장 잘 표명된 표현"**으로 보아야 할 것이다.[36] 이것

---

35 이에 관해서, Schnackenburg, *Epheser*, 81을 보라.

은 전일적이지 않은 교회는 존재하지 않는다는 점, 그리고 공동체의 교회성을 인식하는 것 자체가 동시에 그 공동체의 전일성을 인식하는 것이라는 점을 함의한다.

3. 지역 교회의 전일성

자유교회가 유래한 개혁교회 전통은 교회의 전일성을 비가시적 교회(ecclesia invisibilis)에 돌렸다. 「웨스트민스터 신앙고백」에 따르면(1647), 전일적 교회는 보이지 않으며, "하나로 모아졌고, 모아지고, 모아질" 선택받은 모든 이에 의해서 구성된다.[37] 발생기의 자유교회 전통은 전일성에 대한 유사한 이해를 보여주었다. 존 스미스는 "전일적 교회는 바로 선택받은 자들의 무리"라고 기술하며, 또한 그것은 보이지 않는다고 단호히 주장했다.[38] 물론 비가시적 교회가 전일적이라고 이야기하는 것은 교회론적으로 상투적인 표현이다. 만일 비가시적 교회가 전일적이지 않다면, 어떻게 가시적 교회가 전일적일 수 있겠는가? 신학적으로 결정적인 질문은 결국 구체적이고 보이는 교회들의 전일성을 포함한다.

비가시적 교회의 전일성에 대한 판단을 잠시 보류한다면, 우리는 자유교회의 교회론에서 오직 **지역 교회**가 가지는 전일성에 대해서만 이야기할 수 있다. 엄격하게 신학적인 의미에서 자유교회의 교회론 자체가 지역 교회 외에 다른 교회를 허용하지 않기에, 우리가 지역 교회의 전일성에 대해서 이야기할 수 있는 이유는 명백하다.[39] 반면, 지역 교회에 대

---

[36] Beinert, *Um das dritte Kirchenattribut*, 530.
[37] Müller, *Bekenntinisschriften*, 597에서; 또한 Calvin, *Institutes*, IV.1.2를 보라. 루터교 전통에서 비가시적 교회의 전일성에 대해서는 Elert, "Katholizität," 242을 보라.
[38] Smyth, *Works*, 251. *Baptist Confessions*, 285, 318을 보라.
[39] 앞의 III.2.1.1을 보라.

한 이런 배타적인 집중 자체는 전일성의 신학을 위한 어떠한 공간도 남겨두지 않는 듯 보인다. 모든 교회가 그 자체로 자율적이기 때문에, 그리고 모든 그리스도인이 교회를 자유롭게 추구하고 또 바꿀 수 있기 때문에, 자유교회는 결국 지역적 특수주의와 특화된 관심에 불가피하게 매몰되기 쉽고, 이러한 점에서 자유교회는 지속적으로 전일적이지 않은 것으로 입증되는 듯 보인다. 이것이 바로 전일성에 대한 자유교회의 딜레마이다. 오직 지역 교회가 전일적일 수 있음에도 불구하고, 실제로 지역 교회는 전일적이기 불가능한 것처럼 보인다. 우리가 이러한 딜레마를 빠져나갈 수 있을까? 교회에 대한 자유교회의 유명한 정의인 "두세 사람이 모인 곳"이라는 원리가 어떻게 전일적일 수 있을까?[40] 나는 어떻게 지역 교회가 가지는 전일성이 "하나님의 다양한 은혜"(벧전 4:10)로부터 생겨나며, 또 창조세계의 부요함과의 대면하는 것으로부터 생겨나는지를 검토함으로써 이러한 질문에 대답하고자 한다.

3.1. 전일성과 은혜

1. 잘 알려진 최초의 침례교 신앙고백서인 「영국인의 신앙 선언」(*A Declaration of Faith of the English People*, 1611) 제11항에 있는 교회의 정의는 교회의 전일성에 대한 질적 이해를 분명하게 표현하고 있다(비록 "전일적"이라는 특정한 신학적 용어는 사용하지 않더라도).

[우리는 다음과 같이 믿는다.] 교회가 그리스도에 대해서는 하나여야 하지만(엡 4:4), 그럼에도 그것은 전 세계에 존재하게 될 수많은 회중의 수만큼이나 다양하고 특정한 회중들에 의해서 이루어진다. 비록 그들이 두세 사람으로 구성되더라도 그들에게는 그리스도가 주어지며, 또한

---

40 앞의 III.1.1.3을 보라.

구원의 수단이 주어진다(마 18:22; 롬 8:32; 고전 3:22). 그리고 이들은 모두 그리스도의 몸이며(고전 12:27), 또한 전체 교회이다(고전 14:23).[41]

용어상으로는 일관되지 않는 부분이 있다고 할지라도("특정"이라는 용어의 본래 의미를 고려할 때,[42] "특정한 회중"이라는 표현은 보편 교회의 수위성을 주장하는 교회론을 전제한다. 따라서 여기에 자유교회의 교회론이 들어설 자리는 없다), 이 인용문은 전일성에 대한 자유교회적 이해를 특별히 제시한다. 모든 교회("회중")는 구원의 모든 수단과 함께 전체 그리스도를 가지며, 그러한 이유로 교회의 부분이 아니라, 그 자체로서 하나의 **전체 교회**이며, 그러한 의미에서 전일적이다. 그리고 이 지점에서 전일성은 **전체 그리스도의 현존에 근거한 회중 혹은 교회의 온전함**을 의미한다. "모든 참된 보이는 교회"는 스미스가 지적한 바와 같이, "전체 그리스도와 하나님의 거룩한 모든 것에 대한 위임을 가진다."[43] 그러므로 모든 참된 가시적 교회는 전일적이다.

전일성에 대한 질적 이해를 전제로 할 때, 지역 교회의 전일성이 성령을 통한 그리스도의 현존에 의해서 구성된다는 사실에는 이견의 여지가 없다. 다만 논쟁의 여지가 있는 지점은 바로 지역 교회의 전일성이 지역 교회와 보편 교회 사이에[승리하는 교회(ecclesia triumphans)와 전투하는 교회(ecclesia militans)에 대한 가장 포괄적인 의미에서] 과연 어떠한 관계를 전제하느냐 하는 것이다. 제2차 바티칸 공의회 문서는 모든 지역 교회 안에서 "그리스도의 단일하고 거룩하고 전일적이고 사도적인 교회가 온전히 존재하며, 또한 활동하고 있음"을 진술한다.[44] 지역 교회는 그 속

---

41 McBeth, *Sourcebook*, 40.
42 "전체가 아니라, 하나의 부분에 속해 있거나 영향을 미치는 것"[*The Oxford English Dictionary* (1989)].
43 Smyth, *Works*, 267.
44 *Christus dominus* 11; 또한 *Lumen gentium* 26을 보라.

에서 보편 교회가 실현되기 때문에 전일적이다. 라칭거는 교회를 주체로 보는 개념의 도움을 얻어 이러한 실현화된 관계를 파악한다.[45] 하나의 유일한 교회는 그리스도와 함께하는 하나의 주체이며, 그러한 것으로서 모든 지역 교회에 현존한다. 따라서 지역 교회는 오로지 "전체성으로부터 자신의 존재를 부여받고, 다시 되돌려서 이 전체성에 자신을 내주는"[46] 한에서, 전일적 교회로 구성된다. 동방 정교회 교회론에서, 지지울라스는 지역 교회에 대한 보편 교회의 수위성에 반박한다.[47] **모든 그리스도인을 자신에게 통합시키는 전체 그리스도는 모든 성만찬적 교제 속에 현존한다. 이로부터 지역 교회가 보편 교회와 동일하다는 개념이 도출된다. 비록 그 구체적 실현의 장소가 서로 다르더라도, 지역 교회들은 각각 하나의 전체 교회이다. 이 지점에서 전일성은 지역 교회를 보편 교회와 같은 것으로 보는 동일성이다. 그러므로 이러한 두 전통에 따르면, 지역 교회의 전일성은, 지역 교회가 존재하는 보편 교회와 갖는 관계를 통해―그 둘 사이의 동일성의 관계의 방식을 통해서든, 아니면 지역 교회 안에서 보편 교회가 현존하는 관계의 방식을 통해서든 간에―이루어지는 것이라 하더라도, 결국 그리스도의 현존을 통해서 구성된다.

의심의 여지없이, 지역 교회는 지역 교회를 뛰어넘는 교회론적 전체와 연결되는 방식으로써만 전일적일 수 있다. 문제는 바로 이러한 전체를 (하늘과 땅에) 실존하는 보편 교회로 정의하는 것이 정확한 것인가 하는 것이다. 내가 앞에서 제시한 모델에 따르면,[48] 이러한 전체는 전체 하나님의 백성 속에 계시는 삼위 하나님의 종말론적 내주함이다. 만일

---

45 이에 관해서 앞의 제I장을 보라.
46 Ratzinger, *Feast*, 66.
47 이에 관해서 앞의 제II장을 보라.
48 앞의 III.1.1.1을 보라.

그렇다면, 우리는 전체가 지역 교회와 가지는 관계를 "현실화"나 "구체화"의 범주로 파악할 수 없다. 왜냐하면 이러한 전체, 즉 그로 인해서 교회가 "전일적"이라고 불릴 수 있는 그러한 종말론적 하나님의 백성은 이미 실존하는 실재를 재현한다기보다는, 희망의 대상을 재현하는 것이기 때문이다. 그러므로 지역 교회의 전일성은 이미 존재하는 보편 교회의 현실화나 구체화가 아니라, 전체 하나님의 백성의 여전히 떨어진 공동체를 선취하는 것이다. 비록 이러한 선취에서 공동체적인 종말론적 구원이 구체적으로 경험된다고 하더라도 말이다.[49] 지역 교회의 전일성은 하나님의 새 창조의 총체성 속에 있는 하나님의 백성의 종말론적 전일성을 역사적으로 선취하는 것이다.

모든 지역 교회가 가지는 있는 전일성의 구성이 현재 실존하는 보편 교회의 방식을 통해서 진행되는 것은 아니라고 말하는 것은, 물론 자신을 전일적이라고 지칭하는 지역 교회들이 과거와 현재의 다른 구체적 지역 교회들과 고립되어서 살아갈 수 있음을 의미하는 것은 아니다. 내가 이 지점에서 문제 삼고자 하는 것은 오로지 구체적 지역 교회의 전일성이 실존하는 보편 교회의 현실화로서 파악된다는 것이다. 그럼에도 각각의 지역 교회의 전일성이 그 자체를 드러내야만 하는 다른 교회들과의 구체적 관계들의 본성과 관련하여 질문은 열린 채로 남아 있다.[50]

2. 만일 지역 교회가 선취의 방식으로 구원의 충만함을 가져야 한다면, 지역 교회는 이러한 충만함을 매개하는 데 필요한 모든 사역을 그 안에 담고 있어야 한다. 따라서 지역 교회의 전일성은 단순히 구원론적 차원을 가질 뿐 아니라, 또한 **사역적**(목회적) 차원을 가진다. 구원을 베푸는 은혜의 전일성은 은사의 전일성을 전제한다. 앞에서 인용한 「영국인

---

[49] 앞의 III.2.1.2를 보라.
[50] 뒤의 3.1.3을 보라; 이에 관해서는 또한 앞의 III.3을 보라.

의 신앙 선언」 제11항에서, 우리는 다음과 같은 내용을 확인할 수 있다.

> 다양하고 특정한 회중들은 그들의 구원을 위한 모든 수단을 가지며, 그 자체로 하나의 전체 교회이다. 비록 그들 중에 직임자가 없거나, 그들의 직임자가 감옥에 있거나, 아프거나 혹은 여타의 이유로 교회로부터 단절된 상황에 놓였다 할지라도, 그들은 함께 모일 때, 기도하고 예언하고 떡을 떼며 모든 거룩한 계명들을 집행할 수 있다(벧전 4:10; 2:5).[51]

교회의 모든 구성원들은 교회 안에서 영적 사안들을 수행할 권리와 "직임자"를 선출할 권리를 가진다. 왜냐하면 스미스가 언급한 바와 같이, "형제들은 하나님 나라와 사제됨의 **모든** 능력을 그리스도로부터 직접적으로 받았기 때문이다."[52] 자유교회의 관점에서 볼 때, 은사의 전일성은 결국 각각의 회중이 그 자체 안에서 구원을 매개하는 데 필요한 모든 사역을 가지고 있으며, 또한 그 구성원들의 전체성이 이러한 사역들의 담지자임을 의미한다. 여기서 전일성은 **지역 교회에 나누어진 영적 은사들의 충만함**을 의미한다.

자유교회는 감독제 교회와 함께 전일성의 구원론적 차원이 사역적 차원을 전제한다는 확신을 공유한다. 그러나 그들은 지역 교회의 사역적 전일성이 어떻게 이해되어야 하는지에는 의견을 달리한다. 감독제 교회의 전통에 따르자면, 비록 가톨릭 전통에서는 이러한 사역들이 본질적으로 **외부로부터** 지역 교회에 온다고 주장하지만, 그럼에도 지역 교회는 자신의 삶을 위한 필수적인 모든 사역들을 가지고 있다. 라칭거에 따르면, 한 인격은 공시적으로나 통시적으로 "다른 주교들과 함께

---

51 McBeth, *Sourcebook*, 40.
52 Smyth, *Works*, 315 (볼프 강조).

하는 교제" 안에 서 있는 한, 주교가 된다.[53] 지역 교회 안의 사역들은 근본적으로 교회의 전체성으로부터 유래한다. 따라서 지역 교회는 그것이 특수한 교회인 한에서, 즉 그 사역들이 보편 교회로부터 유래하고 보편 교회를 향해 방향 지어진 방식으로 살아가는 한, 그 직임과 관련하여 또한 전일적이라고 할 수 있다. 만일 교회가 그리스도와 함께하는 하나의 주체이고, 그 권위가 오로지 교회의 전체성으로부터 유래한다면, 교회는 그러해야 한다.[54]

동방 정교회 전통에 서 있는 지지울라스의 재구성에 따르면, 감독직 서임의 필수불가결한 상황은 다름 아니라 성만찬적 모임이다. 왜냐하면 "성령은 오직 교회에 의해서만 배타적으로 소유되기 때문이다."[55] 더 나아가서, 서임은 사도적 계승 속에 서 있는 인근의 다른 주교들의 현존과 행위를 필요로 한다. 감독의 서임에 대한 이러한 두 조건은 지역 교회가 보편 교회와 **동일시될 때**, 그 사역과 관련해서도 역시 전일적이라는 것이 분명하게 증명된다. 다시 말해, 그 지역 교회의 주교가 다른 주교에 의해서 구성되고, 지역 교회가 하나님의 종말론적 통치와 동일하게 되는 성만찬적 모임 속에서 다른 모든 교회들과 가지는 필연적 결속을 드러내는 한 그러하다.[56]

자유교회의 모델에 따르면, 구원의 전일성 혹은 성령 안에서 전체 그리스도의 현존은 실존하는 보편 교회에 대한 어떠한 참조점을 통해서 구성되지 않는다. 또한 이러한 모델에 따르면 사역의 전일성은 보편 교회와의 연결을 요구하지도 않는다. 새 창조의 첫 열매로서 교회에 현존하고, 이로써 그것을 하나의 전일적 교회로 만드는 성령은 교회의 삶

---

53 Ratzinger, *Das neue Volk*, 116.
54 앞의 I.4를 보라.
55 Zizioulas, *Communion*, 165.
56 앞의 II.4.2를 보라.

을 위해서 필요한 다양한 은사들을 그 동일한 행위 속에서 교회에게 부여한다. 새 창조의 은혜는 "다양한 형식"을 가진다. 사람들이 은혜를 받을 때, 그들은 구원의 선물을 받을 뿐 아니라, 동시에 서로를 섬길 성령의 다양한 은사들도 함께 받는다. 구원의 은혜를 받는 이들은 동시에 그 은혜의 "청지기"가 된다(벧전 4:10을 보라). 지역 교회는 온전한 의미에서 전일적이다. 왜냐하면 그 구성원들이 성령의 능력 안에서, 그리고 세상 속에서 서로를 향한 섬김과 공동의 행위를 통해서, 그들이 받은 은혜의 전부를 다른 이들에게 전달해주기 때문이다.[57] 지역 교회의 사역의 전일성은 **성령의 능력으로 그리고 그 구성원들의 전체성을 통해서 교회가 스스로를 교회로 구성되고, 교회로서 살아갈 수 있음을 의미한다.**

3. 물론 그리스도인들의 모든 모임이 전일적 교회라고 주장할 수도 있다. 그러나 단순히 전체성에 대한 동의가 그러한 집단을 즉각 전일적 교회로 만들어주는 것은 아니다. 그렇다면 전일성의 **외적** 표징은 무엇인가? 전일성에 대한 질적 이해는 이러한 질문을 피할 수 없다. 왜냐하면 이러한 질적 이해는 무엇보다도 교회가 가지는 내적 측면, 즉 구원하는 은혜의 충만함에 초점을 두기 때문이다. 교회는 무엇보다도 교회 헌장 「인류의 빛」에서 강조하는 것처럼, "인간적 요소와 신적 요소로부터 나오는 복합적 실재"인 것이다.[58] 비록 우리가 교회의 외적 차원과 내적 차원을 구분할 수 있다고 하더라도, 이 둘을 분리할 수는 없다. 이러한 점이 바로 전일성의 외적 표지를 추구하는 것을 의미 있는 것으로 만들어준다. 비록 이러한 외적 표지들의 존재가 교회의 전일성을 증명하지는 못하지만, 그 표지의 부재는 적어도 그 공동체가 주장하는 전일성에 대한 신뢰성에 손상을 주거나 이에 대한 반증일 수 있다. 여기서 나는

---

57 앞의 IV.1.1.1과 VI.1을 보라.
58 *Lumen gentium* 8.

교회의 전일성을 특징짓는 두 가지 표지를 검토하고, 그 후에 전일성의 창조적 차원을 포괄하는 세 번째 표지에 대해서 언급하고자 한다.[59]

지역 교회가 가지는 전일성의 첫 번째 표지는 그것이 **다른 교회들과 가지는 관계**를 아우른다. 그러나 가톨릭 전통과 달리, 성례전적으로 매개되는 "보편 교회로부터의" 기원과 "보편 교회로 향하는" 운동은(라칭거) 자유교회의 모델에 따르면 전일성의 필수적 조건을 대표하지 못한다. 또한 사도적 계승의 기초와 다른 주교들과의 성례전적 교제 위에 서 있는 주교의 기초 위에서 다른 지역 교회들과 같은 시공간 속에서 교제하는 것은(지지울라스) 지역 교회의 전일성을 결정하는 필수불가결한 요소가 아니다. 자유교회적 관점에서 이러한 교회들 사이의 관계는 바람직한 것이지만, 그렇다고 이러한 관계들이 전일성의 필수적 조건인 것은 아니다. 교회들 사이의 관계에서 전일성의 최소한의 조건은 결국 다른 모든 교회에 대해서 각각의 교회가 가지는 **개방성**이다. 과거와 현재를 가로지르는 하나님의 교회들로부터 자기 자신을 닫아버리는 교회, 혹은 어떠한 방식으로든 이러한 교회들로 향해 돌아서고자 하는 열망이 없는 교회는 자신의 전일성을 부정하는 것이다. 교회는 그 스스로 다른 교회들로부터 자신을 고립시키는 동시에 전체 하나님의 백성이 가지는 종말론적 전일성을 반영할 수 없다. 지역 교회의 전일성은 다른 모든 교회 사이에 존재하는 공시적이고 통시적인 소통을 위한 통로가 언제나 열려져 있어야 한다는 점을 전제한다.

그러나 다른 모든 교회에 대한 개방성은 교회의 전일성의 **최소한의** 특징일 뿐이다. 특정한 교회가 보편적이기를 원한다면 이러한 특징이 없을 수 없다. 그러나 전일성의 최소한의 특징을 교회의 최적화된 상태로 혼돈하는 것은 큰 오산이다. 물론 교회가 다른 모든 교회와 열린 관

---

59 뒤의 3.2.2를 보라.

계에 **있기만** 할 때에도 전일적인 교회가 될 수 있지만, 설령 그렇더라도 그 교회는 분명 빈곤한 교회일 것이다. 모든 전일적 교회는 과거와 현재의 다른 교회들과의 연결을 깊고도 충만하게 할 책무가 있다. 교회가 이러한 일을 하기를 거부한다면 그것은 전일적 교회가 될 수 없고, 결국 교회가 아니다. 다른 교회들에 대한 개방성은 이들 교회와의 자유로운 네트워킹으로 이어져야 하며, 또한 이러한 그물의 이미지가 제안하듯이 이러한 상호 관계가 교회의 제도들과 상응하는 방식으로 표현되어야 한다.[60]

다른 모든 교회에 대한 개방성은 전일성의 형식적 정체성의 특징이다. 하지만 앞에서 말했다시피, 이러한 정체성은 여전히 불충분하다. 왜냐하면 교회가 전일적 성격을 가지기 위해서 개방되어야만 한다고 할 때, 그 개방이 향하는 대상인 기독교 집단들 자체를 규명하는 것은 불가능하기 때문이다. 따라서 우리는 이러한 특징에 **사도적 전승에 대한 충실성**을 덧붙여야 한다. 모든 교회는 이러한 사도적 전승에 대한 충실성을 전일성의 기본적 정체성 특징으로 보아야 한다. 비록 그들이 이러한 충실성을 다르게 해석하고, 다른 수단들을 통해서 이를 보장하고자 하더라도 말이다. 왜냐하면 (명시적이든 암묵적이든 간에) 교회의 신앙의 고백을 통해서만 교회가 다른 사회적 집단들과 구별되는 것처럼, 오로지 사도적 전승의 관점을 통해서만 교회의 전일성이 일차적으로 규정될 수 있기 때문이다. 자유교회의 모델에 따르면, 전일성은 단순히 보편 교회에 의존함으로써 구성되는 것이 아니며, 새 창조의 성령의 현존을 통해서 직접 이루어진다. 따라서 사도적 전승과의 연관성도 마찬가지다. 전일성을 증거하고 보증하는 연관 관계는 하나를 그 머리로 가지는 실존하는 보편 교회에 의존할 필요가 없다. 오히려 이 연관 관계는 역사적

---

60 이에 관해서 앞의 III.3을 보라.

으로 매개되는 사도적 경전들(apostolic scriptures)에 대한 직접적 접근을 통해서 생겨난다.[61] 그러나 이러한 사도적 경전들을 다룸에 있어서 모든 교회를 향한 개방성에 대한 전일적 요구는 여전히 유효하다. 사도적 경전들에 대한 적합한 해석, 그리고 이로 말미암은 사도적 전승과의 동일시는 공시적이고 통시적인 교회의 소통을 통해서만 발생할 수 있다.[62]

3.2. 전일성과 창조

1. 콩가르는 교회에 필요한 전일성의 두 가지 근거에 대해서 적절하게 주의를 기울인 바 있다.[63] 그중 하나는 하나님의 은혜이다. 삼위 하나님은 그리스도를 믿는 사람들의 교제 안에 거함으로 구원의 전체성을 창조세계에 전달한다. 전일성의 또 다른 근원은 창조 그 자체이다. 창조는 물론 그 자체로 삼위 하나님의 은혜와 별개인 전일성의 근원이 아니다. 구원자이신 하나님은 창조자이신 하나님이 만드시고, 유지자이신 하나님이 현존하는 그러한 실재인 창조세계 안으로 들어오신다. 그럼에도 만일 창조와 구원 사이의 구별이 의미가 있다면, 창조세계를 교회의 전일성을 산출하는 두 번째 근원으로 보는 것 역시 가능하다.

앞에서 본 바와 같이 만일 우리가 전일성을 종말론적으로 규정한다면, 어떻게 창조를 교회가 가지는 전일성의 근원으로 이해할 수 있겠는가? 이러한 종말론적 관점은 종종 자유교회가 문화에 대해 갖는 태도에서 드러나는 것처럼 세계에 대한 경멸로 향하게 되는 것이 아닌가? 물론 이에 대한 대답은 우리가 창조세계와 새 창조 사이의 관계를 어떻게 파악하는가에 달려 있다(이는 마치 신학적 결정이 교회 공동체들의 사회적

---

61 앞의 I.3을 보라.
62 이러한 제한된 의미에서만, 그리고—포괄적인 교회적 소통의 차원에서 성서를 읽는다는—바로 이 의미에서만 우리는 진정으로 교회가 성경에 의미를 준다고 이야기할 수 있다(Hauerwas, *Unleashing*, 27).
63 Congar, "Wesenseigenschaften," 487ff.

입장에 의해서 형성되는 것과 같다). 나의 전제는 하나님의 종말론적 행위가 하나님의 시원론적 행위와 반대편에 서 있지 않다는 것이다. 새 창조는 옛 창조의 완전한 멸절 이후에 새로운 **무로부터의 창조**로 드러나는 것이 아니다. 새 창조는 오히려 옛 창조의 갱신과 거듭남을 통해서 이루어진다.[64] 여러 민족들이 그들의 "영광"과 부를 새 예루살렘으로 가져오는 것처럼(계 21:24-26, 이는 하나님의 백성이지 도시가 아니다!), 교회들 역시 인간 존재의 모든 자연적이고 문화적인 부요에 대해 열려 있어야 한다. 교회가 구체적 인간 존재들의 구원이 경험되는 장소가 될 때에만 하나님의 백성의 종말론적 전일성을 역사적으로 반영할 수 있다. 그 경험은 그들의 자연적이고 문화적인 독특함이 수용되고, 거룩해지며, 회복될 때에 가능해진다. 이러한 점은 먼저 다양한 문화들 속에서 하나님의 종말론적 새 창조에 상응하는 것을 분별하게 해주는 예언자적 비판 정신을 전제로 한다.[65]

2. 자유교회 모델은 창조와 관련된 전일성의 차원과 긴장 관계에 있는 것처럼 보인다. 그러나 이러한 긴장은 이미 언급된 이원론의 경향성에서 유래하기보다는(이원론이 자유교회 모델 자체에 내재되어 있지는 않다), 오히려 자유교회 모델이 교회론적으로 언약과 자유로운 선택에 귀속시키는 구성적 역할에서 유래한다. 모든 인격은 자신이 속하고자 하는 교회를 자유롭게 선택한다. 아리스토텔레스가 언급한 바와 같이, "유사한 것은 유사한 것으로" 향하기 때문에, 자유교회가 주장하는 전일성은 진정으로 위험에 처하게 된다. 자유교회는 실제로 자신들의 종교적 틀 속에서 같은 인종, 같은 사회적 계급, 같은 정치적 견해를 일편향적으로만 확정지어 종교적 클럽으로 쉽사리 퇴보할 수 있다. 교회 성장 운

---

64 이에 관해서 Volf, *Work*, 98ff.을 보라.
65 이에 관해서 Volf, "Church"를 보라.

동들이 널리 사용하는 어구인 "동질적 집단들"은 전일적일 수 없다. 물론 충분히 타당한 논증일 수는 있지만, 이러한 비판은 특정한 교회에 속하고자 하는 의지에 대한 너무 단순한 이해를 전제하고 있다. 왜냐하면 이런 비판은 귀속 의지와 교회적 존재 사이에 있는 상호적 영향의 문제를 충분히 고려하지 않은 것처럼 보이기 때문이다.[66] 물론 이러한 고려가 문제를 가볍게 만들 수 있을지는 몰라도, 문제를 해결하지는 못한다.

이러한 난점을 피하기 위해서 지지울라스는 "영토적 원리"라는 것을 주장한다. 이것은 어떤 특정한 지역(도시)에는 그 지역의 모든 그리스도인들이 소속되어야 하는 단 하나의 교회만 허용되어야 한다는 것이다.[67] 교회는 자신이 "그 장소의 전체성"을 구현할 때만,[68] 비로소 창조와 관련된 의미에서 전일적일 수 있다는 것이다. 그렇다면 이러한 해법이 오늘날 설득력이 있는가?[69] 지지울라스가 주장한 이러한 전일성의 영토적 전제조건이 어떻게 현대적 의미에서의 거대 도시는 말할 것도 없고 큰 도시들에서 실현될 수 있을지 상상하는 것은 매우 어렵다. 지역성을 순수한 영토적 개념으로 이해하는 것은 오늘날 더 이상 의미가 없다. 우리가 오늘날 처한 상황은 삶의 각 영역에서의 지리적 다원화이며(특히 거주지와 직장 사이의 지리적 분리), 그 삶의 해당 영역에서의 문화적 다원화이다. 사람들은 이제 다지역적으로(multilocally) 살아가며, 지역들 자체가 다문화적(multicultural)이다. 따라서 하나님의 백성의 종말론적 전일성에 대한 교회적 상상력을 **영토적으로** 보존해보려는 어떠한 시도도 결국 실패할 수밖에 없다.[70] 우리는 유동성 있는 다문화적인 사람들이 자

---

66 앞의 IV.2.2.2를 보라.
67 앞의 II.3.2.1을 보라.
68 Zizioulas, "Groupes," 268. 또한 유사하게 Ratzinger, *Gemeinschaft*, 73.
69 정교회에 대한 비판으로는 Erickson, "Local Churches," 9ff.을 보라.
70 미국의 사회학자 Robert Wuthnow는 다음과 같이 기술한다. "지역적 이동성, 도시화, 직업적 분화는 종교와 지역 공동체 사이의 유대관계를 모두 침식해버렸다"(*Reconstructing*, 309).

신들의 거주지 밖에 있는 교회에 정규적으로 출석하는 것을 금지해야 하는가? 만일 우리가 영토성의 원리를 여전히 유지하면서도 이러한 암묵적이거나 명시적인 금지를 거부하기를 원한다면, 우리가 교회에 대한 정의로부터 예전적이고 공동체적 삶의 개념을 전적으로 제거하지 않으려고 한다면, 결국 우리는 실제적인 교회 구성원들에게 의지함 없이 단지 직임자들과 지리적 위치를 통해서 지역 교회를 정의해야 할 것이다. 그러나 사람들 사이의 모든 경계를 초월하는 것이(구원의 경험에서 유래하는 과정으로서) 오늘날 개인적 결단의 자유 속에서 삶으로 실행되어야 한다. 이러한 점은 신약성서의 시대에도 그다지 다르지 않다. 유대인이나 이방인이나, 노예나 자유민이나, 남자나 여자나 모두 그리스도의 교회에 함께 속해 있다는 사실은 결국 그들이 가진 신앙과 세례에 근거한 것이다(갈 3:26-28; 고전 12:12-13; 골 3:10-11). 그러므로 신약성서 시대에 하나의 도시 안에 여러 개의 가정 교회들이 존재했다는 사실은 놀랄 일이 아니다.[71]

하나의 특정한 지리적 장소에 존재하는 여러 교회들은 각각 전일적이다. 지역적으로 규정된 특정한 장소가 가지는 전체성이 교회 속으로 구체적으로 전유되어야 한다는 것이 전일성의 필수조건은 아니다. 전일성의 교회적 차원이 하나님의 모든 교회에 대해 하나의 특정한 교회가 가지는 개방성을 통해서 드러난다면, 마찬가지로 창조와 관련된 전일성의 차원 역시 어떠한 구별 없이 그리스도에 대한 신앙을 고백하는 모든 인간을 향한 **보편적 개방성**을 통해서 드러난다. 인종이나 사회 계급을 바탕으로 특정한 사람들을 배제하는 교회와 무관심 가운데 배타적

---

71 앞의 III.2.1.1을 보라. 이것은 영토성의 원리가 지역 교회의 전일성을 보장하기 위해서라기보다는 오로지 영토성의 원리를 가정함으로써만 지속적으로 효력을 줄 수 있는 권위와 종속의 일차원적 구조를 유지하기 위해 열렬하게 주장하는 것임을 시사한다[이와 관련해서는 Kaufmann, "Organisation"(영어판: Concilium, v. 91.73)을 보라].

차별을 용인하는 교회는 결국 교회가 소유한 전일성을 부정하는 것이다. 자신의 타자성 속에 있는 다른 그리스도인들이나 다른 교회들을 수용하려는 의지가 없다면 전일성도 존재할 수 없다!(롬 14:1-15:13)[72] 그러나 모든 인간에게 열려 있는 존재는 전일성의 최소치만을 제시할 뿐이다. 이러한 보편적 개방성을 넘어서, 교회는 하나님의 부요한 창조 속에 존재하는 모든 문화적 부요함의 범위들을 긍정적 방식으로 통합하면서 (단순한 동화가 아니라), 전체 하나님의 백성의 종말론적인 샬롬을 역사적 방식으로 반영하고자 해야 한다.[73]

4. 인격의 전일성

1. 교회의 전일성은 교회 구성원들의 전일성이 없이는 생각할 수 없다. 왜냐하면 교회의 구성원들은 (그들 없이는 스스로가 완벽하거나 전체적인 존재가 되지 않는) 전체 안에 맞아떨어지는 크고 작은 교회라는 퍼즐을 구성하는 개별 조각들이 아니기 때문이다. 교회의 전체성의 "부분들"은 인격들이고 또한 행위의 주체들이기 때문에, 각각의 구성원들이 또한 전일적일 때에만 교회들이 전일적일 수 있다. 그래서 비록 가톨릭과 동방 정교회 전통이 개신교보다 이 지점에 대해서 더욱 내포적일지라도, 모든 교회의 전통이 **인격들의 전일성**에 대해서 심사숙고해왔다.[74]

인격의 전일성을 궁극적으로 근거 짓는 것과 관련해서 이러한 전통들은 합의를 이끌어냈다. 전체 그리스도가 성령을 통해서 교회 안에

---

72 Welker, *Kirche ohne Kurs*, 55ff을 보라.
73 지역 교회의 전일성에 대해서는 Newbigin, "What is," 19ff.을 보라.
74 가톨릭 전통에 대해서는 Congar, "Wesenseigenschaften," 396을 보라; 동방 정교회 전통에 대해서는 Zizioulas, "Human Capacity," 408을 보라; Lossky, "Third Mark," 175; 그리고 자유 교회 전통에서는 Flew and Davis, eds., *Catholicity of Protestantism*, 21을 보라.

현존하기 때문에 모든 교회들이 전일적 교회가 되는 것처럼, 전체 그리스도가 성령을 통해서 모든 이 안에 내주하기 때문에 모든 신자는 전일적 인격이 된다. 인격의 전일성에 대한 이러한 이해는 단순히 전일성에 대한 질적 이해로부터 도출될 뿐 아니라, 성서적 진술로부터 분명한 지지를 받는다. 신앙과 세례를 통해서, 모든 그리스도인은 예수 그리스도 안에 거하는 신성의 충만함에 참여한다(골 2:9-12; 참조. 요 1:14-16). 인격의 전일성과 관련하여 교회 전통들 사이의 차이는 인격의 전일성에 대한 구성에서 교회가 하는 역할을 연구하자마자 즉각적으로 떠오른다.

  2. 가톨릭과 동방 정교회 전통 모두 인격의 전일성을 지역 교회의 전일성과의 유비 속에서 파악해왔다. 보편 교회가—승리하는 교회와 전투하는 교회 모두가—지역 교회 안에서 실현될 때 지역 교회가 전일적인 것이 되는 것처럼, 보편 교회가 인격 속에서 실현될 때 그 인격 역시 전일성을 가진다. 전체가 그 인격 속에 현존하기 때문에 개인은 전일적이다. 또한 보편 교회는 이 지점에서 **주체로** 파악된다. 라칭거와 지지울라스는 교회의 "나"가 궁극적으로 그리스도의 "나"라는 점에 동의한다.[75] 그리스도와 함께 교회는 결국 하나의 단일한 신비적 인격인 "전체 그리스도"를 구성한다. 그러므로 그리스도가 전체 교회와 함께 개인 안에 현존하기 때문에 개인은 전일적이다. 인격의 전일성은 그들이 "교회"라는 집합적 인격에 편입되는 것 속에 근거하며, 그로 인해 교회라는 집합적 인격은 모든 개인적 인격이 가지는 내적 구조가 된다.

  인격의 전일성에 대한 이러한 특정한 이해는 영혼과 몸의 관계에 대해서 전통적으로 널리 수용된 이해로부터 기본적 방향성을 취한다. 한스 우르스 폰 발타자르(Hans Urs von Bathasar)가 지적한 바와 같이, "만

---

75 Ratzinger에 관해서는 앞의 I.1.1.1을 보라; Zizioulas에 관해서는 앞의 II.3.1.2를 보라.

일 손이 생각할 수 있다면, 그것은 그 지체들을 초월하는 전체성의 유기체적 표현이라는 점을 이해해야 한다."[76] 이제 교회의 구성원들은 단순하게 생각하는 기관이 아니라, 서로 의존하면서도 동시에 자율적인 인격들이다. 인격들은 그들이 처한 사회적 관계들의 매개 속에서 하나님에 의해 구성된다. 사회성은 인격됨에 있어서 본질적이다.[77] 그러나 인격이 구성되는 사회적 환경은 모든 인격 안에서 작용하는 사회적 총체성이 아니라, 그 인격이 살아가는 구체적 관계들(고정되어 있으면서 유동적이고, 심오하면서도 피상적인)이다. 따라서 교회적 인격은 전체에 대한 인격의 관계를 통해 하나님의 영에 의해 구성되는 것이 아니다. 비록 그 영이 개인 안에 분명히 표명되고, 현존하고, 작용한다고 할지라도 말이다.[78] 교회적 인격은 오히려 그 인격이 타자와 갖는 복합적 관계를 통해서, 즉 구체적 그리스도인들, 특별히 그 인격이 세례를 받고 신앙을 형성해온 구체적인 회중과의 관계를 통해서 구성된다.[79]

그러나 어떻게 우리가 다른 인격들과의 구체적 관계를 통해서 그리스도인으로 구성되는 인격들의 전일성을 파악해야 하는가? 전일성의 종말론적 이해를 우리의 전제로 삼을 때, 우리는 교회적 인격의 전일성을 새 창조 안에 있는 전체 하나님의 백성의 종말론적 모임의 선취로 파악할 수 있을 것이다. 새 창조의 첫 열매인 성령은 전체 공동체에 주어질 뿐 아니라, 그 공동체 안의 모든 인격에게도 주어진다. 성령은 바로 개인들의 "마음속에" 거한다(고후 1:22). 이는 왜 바울이 매우 인격적인 용어를 통해서 새 창조의 선취를 표현할 수 있는지를 설명한다. "그런즉 **누구든지** 그리스도 안에 있으면 새로운 피조물이라"(고후 5:17). 성

---

76 Von Balthasar, *Katholisch*, 8.
77 앞의 IV.3.1.1을 보라.
78 또한 Lubac, *Katholizismus*, 293.
79 앞의 IV.1.1.3과 IV.1.1.2를 보라.

령을 통해서 그리스도 안에 있는 모든 인격은 전체 하나님의 백성 안에 있는 삼위 하나님의 종말론적 거하심을 깨어진 방식으로나마 선취한다.

그러나 어떠한 그리스도인도 다른 그리스도인들과 떨어져서, 홀로 전일적 인격이 될 수 없다. 인격의 전일성이 하나님의 백성의 종말론적 전일성을 선취하기 때문에, 이것은 단순히 하나님의 성령과 개인적 인격들의 마음 사이에서 발생하는 과정을 통해서는 생겨날 수 없다. 전체 하나님의 백성이 가지는 교제는 오직 우리가 그러한 교제 안에 살아갈 때에야 선취될 수 있다. 이 지점에서 문제가 되는 것은 유기체가 그 구성원 속에서 자체를 표현하기 위해서 개인이 전체 유기체의 한 구성원이 되어야 한다는 것이 아니라, 한 인격이 전일적이기 위해서는 그 인격이 가지고 있는 내적 구성이 교회 공동체에 의해서 결정되어야만 한다는 것이다. 오직 내가 다른 그리스도인들, 그리고 회중과 맺고 있는 관계가 나의 교회적 인격됨 그 자체의 부분일 때에만, 나는 비로소 전일적 존재이다. 인격의 본질적 관계성은 새 창조 안에 있는 하나님의 백성이 가지는 포괄적 사회성을 반영한다. 개별 그리스도인의 전일성은 바로 이러한 관계성 없이 생각될 수 없기 때문에,[80] 결국 이는 교회의 전일성을 전제한다.

이로부터 "그리스도인-다른 그리스도인" 관계가 "교회-다른 교회들" 관계에 상응하지 않는다는 점이 도출된다. 교회는 그 자체로 이미 하나의 교제이기 때문에, 하나님의 백성의 종말론적 전일성을 그 자신 안에서 그리고 그 자신으로부터 (비록 분절된 방식일지라도) 반영할 수 있다. 반면 그리스도인 홀로는 고립된 개인일 수 있고, 하나님의 백성의 전일성을 반영할 수 없을 수 있다. 따라서 다른 모든 교회에 대한 개방성은 교회와 관련된 전일성의 한 가지 조건으로서 충분할 수 있지만, 교회적

---

80 앞의 V.3.2.2를 보라.

공동체 안에서 **서 있는 것**은 인격의 전일성을 위한 필수불가결한 조건이다. 따라서 인격의 전일성은 구원의 본질적 사회성이 갖는 인격적 측면이다.[81]

3. 그러나 교회적 인격의 전일성을 관계성으로만 이해하는 것은 충분하지 않다. 왜냐하면 인격의 객관적 전일성, 즉 "타자로부터의 존재"는 개인주의적 차원에서도 실행될 수 있기 때문이다. 교회론적 개인주의는 (여타 개인주의와 마찬가지로) 인격이라는 존재를 이러한 관계들에 의해서 조건 지어진 존재의 부정으로(의식적으로든 무의식적으로든) 정의하는 관계의 부재 가운데 있지 않다. 또한 그것은 다른 이들을 부요하게 하고 자신이 그들로 부요하게 되는 것을 모두 거부하는 것 가운데 있는 것도 아니다. 실제로 모든 인간은 타자에 의해서 형성된다. 개인주의는 내가 인격의 전일성의 주관적 차원이라고 말한 것, 즉 다시 말해 자기 자신을 관계적 존재로 이해하고 서로 주고받는 공동체 속에서 자기 자신의 관계성을 만들어가려는 의식적인 노력을 결여하고 있다.

라칭거는 인격의 주체적 전일성을 교회적 영혼(anima ecclesiastica)이 되어가는 과정으로 규정한다. 즉 개별 그리스도인은 보편 교회의 소우주적 형상이 되어야 한다. 이러한 과정은 오로지 내면화의 과정을 통해서만 일어나기 때문에, 그 개별 그리스도인이 보편 교회에서 받게 되는 (자신이 발명해낸 것이 아니라) 영성의 형태뿐 아니라 보편 교회의 예전은 교회적 영혼의 발생에 결정적인 중요성을 갖는다.[82] 동방 정교회 전통은 유사하게 "전체를 향한, 그리고 전체에 의해서 채워진 존재를 향한" 개인의 "개방성"에 대해서 이야기해왔다.[83] 주관적 전일성에 대한 이러한 이해는 그리스도와 보편 교회, 즉 "전체 그리스도" 사이의 해소 불가능

---

81 앞의 IV.2.1.2를 보라.
82 앞의 I.5.4를 보라.
83 Staniloae, *Dogamtik II*, 221; Lossky, "Third Mark," 186을 보라.

한 관계의 개념을 동반한다. 전일적 인격이 된다는 것은 곧 자신의 구원 경험을 깊게 하는 것과 동일하다. 왜냐하면 그것은 곧 "전체 그리스도"를 자신 안으로 내면화함으로써 생겨나기 때문이다.

전일성에 대한 종말론적 이해에 따르면, 인격의 전일성은 삼위일체 하나님이 내주하는 전체 하나님의 백성과의 포괄적 관계를 통해서만 성취될 것이다. 이로부터 다음과 같은 규칙이 나온다. 한 그리스도인의 인격적 기질이 다른 그리스도인들의 과거와 현재에 의해 더욱 포괄적으로 규정될수록, 그 인격은 더욱 전일적 존재가 될 것이다. 이러한 의미에서 모든 그리스도인은 교회적 영혼(anima ecclesiastica)이 되어야 한다. 물론 이러한 인격의 전일성은 그 인격이 하나의 주체로 생각되는 전체와 갖는 관계 속에 있다기보다는, 오히려 그 인격이 **구체적 그리스도인들과의 관계들을 통해서** 그리스도와 갖는 관계 속에 있지만 말이다. (그러나 이러한 그리스도인들은 그 인격의 삶에서 서로 다른 중요성들을 가질 수 있다. 예를 들어, 그들은 각각 사도 바울일 수도 있고, 나의 어머니일 수도 있으며, 토마스 아퀴나스일 수도 있고, 혹은 우리 교회의 장로일 수도 있다.) 따라서 인격의 주관적 전일성은 모든 이에게 공통적인 것의 내면화에만 있을 수 없다. 이러한 주관적 전일성은 또한 각자에게 특별한 어떤 것을 받아들이는 것으로 구성되어야 한다. 신약성서의 증언에 따르면, 새 창조의 성령은 모두에게 공통되는 구원의 성령일 뿐 아니라, 동시에 각각에게 독특한 은사의 성령이기도 하다. 동일한 성령이 모든 이를 그리스도의 한 몸 안으로 세례를 주며, 동시에 "그 뜻대로 각 사람에게 나눠 주시"기도 하는 것이다(고전 12:11). 하나로 묶고 또한 여럿으로 나뉘게 하는 성령의 이중적 사역은 교회에만 근거하거나 혹은 인격에게만 근거한 잘못된 전일성이 생겨나는 것을 막아준다. 잘못된 전일성에서는 보편성에 의해서 특수성이 삼켜지고 만다. 교제의 영은 모든 인격을 타인에게 개방시켜준다. 그로써 모든 인격은 그 자신이 살아가는 관계를 통하여 독특한 방식으로 전체 하나님의 백성이 삼위 하나님과 갖는 종말론적 교제의 어떤 부분을 반영할 수 있다.[84]

---

84 이에 관해서 Volf, *Exclusion and Embrace*, 50ff.을 보라.

제 VIII 장

통일성의 삼위일체적 본성에 근거한 수위권[1]

1. 교황의 권고

「하나 되게 하소서」(Ut unum sint)라는 회람 서신 말미에서 요한 바오로 2세(John Paul II)는 어떤 권고를 한다. 그리스도인들 "사이에 존재하는 실제적인 동시에 불완전한 교제"를 고려하면서, 그는 다음과 같이 우리에게 요청한다.

> 교회의 지도자들과 그들의 신학자들 모두는 나와 함께 교황의 수위권에 대한 형제 간의 사랑에 바탕을 둔 인내 어린 대화를 이끌어나가야 한다. 이 대화에서 우리는 모든 무익한 논쟁들을 뒤로 한 채, 오로지 교회를 향한 그리스도의 뜻만을 앞에 두고 우리 스스로가 "당신이 나를 보낸 것을 세상에 믿게끔 저들이 하나되게 하소서"(요 17:21)라는 그리스도의 간구에 깊이 감동을 받도록 서로의 말에 귀 기울여야 한다.[2]

---

1 이 논문은 "베드로 계승의 사역과 교회의 통일성"을 주제로 한 대속 연구회(Society of the Atonement)가 로마에서 1997년 12월 4일에서 6일까지 연 심포지움에서 발표된 것이다. 나는 이 지점에서 나는 이 본문의 원고에 도움을 준 심포지움의 참가자들과 또한 나의 연구 조교인 Jill Colwell에게 감사의 마음을 표현하고자 한다.
2 John Paul II, Ut unum sint. That They May Be one: On Commitment to Ecumenism

나는 "교회의 지도자"라고도 할 수 없고, "그들의 신학자"도 아니지만, 그럼에도 교회와 세상 안에서 교회의 사명에 깊이 헌신한 신학자로서, 교황의 이 권고에 응대하고자 한다. 나는 우선 어떻게 수위권이라는 주제를 둘러싼 대화가 진행되어야 하는가에 대한 교황의 이중적 조언에 대해서 주의를 기울이고자 한다. 첫째, 우리는 특히 매도나 중상과 같은 "무익한 논쟁들을 뒤로" 해야 한다. 모든 교파의 개신교도들이 수세기 동안 그러했던 것처럼 교황을 "적그리스도"라 중상 모략할 때, 얻을 것은 없는 반면 수많은 것을 잃게 된다. 마찬가지로 가톨릭 측에서 개신교 지도자들을 "야생 멧돼지"(약 500년 전 마르틴 루터가 그렇게 불렸던 것처럼) 혹은 "광포한 늑대들"(좀더 근래에 라틴아메리카의 독립 교회 지도자들이 그렇게 불렸던 것처럼)로 부를 때도 얻을 것은 없는 반면 수많은 것을 잃게 된다. 둘째, 우리는 "우리가 하나인 것처럼 저들도 하나되게"라는 예수의 기도가 우리를 깊이 움직일 수 있게끔, 즉 이 기도가 우리 앞에 하나됨의 비전을 붙드는 것은 물론이고 통일성이 무엇인지에 대한 생각 자체까지도 형성할 정도로, 예수의 기도가 우리를 깊이 움직이게 해야 한다. 오로지 우리가 예수가 기도했던 그러한 하나됨을 추구할 때, 교회의 하나됨은 삼위 하나님이 세상에 관여하는 것에 대한 적합한 증언이 될 수 있다.

내가 보기에는, 수위권에 대한 질문은 우선적으로 교회의 정치—교회적 군주정 대(對) 교회적 과두정 혹은 교회적 민주주의—의 본질에 대한 것이 아니다. 오히려 대화에 임한 많은 신학자들이 인식하다시피, 수위권에 대한 질문은 무엇보다도 교회의 통일성의 본질에 대한 질문이다. 제1차 바티칸 공의회의 교의 헌장 「영원한 목자」(Pastor Aeternus)에서

(Washington, D.C.: United States Catholic Conference, 1995), 96절. 이후에는 「하나 되게 하소서」(Ut unum sint)라는 제목으로 인용될 것이다.

주장하는 것과 상응하게,³ 제2차 바티칸 공의회의 교의 헌장인 「인류의 빛」(*Lumen gentium*) 역시 로마의 주교가 "교회의 통일성에 대한 영속적이고 눈에 보이는 원리이자 토대"라고 선언한다.⁴ 유사하게도 「하나 되게 하소서」 역시 로마의 주교를 "통일성을 위한 가장 첫 번째 종"으로 규정한다.⁵ 그 회람 서신이 "권력"에 대해서 이야기할 때, 즉 "특정한 교리가 신앙의 좌소들에 속했음을 권위 있게(*ex cathedra*) 선언할 수 있는"⁶ 권력을 모두 포괄하는 권력 일반에 대해서 이야기할 때, 회람 서신은 권력을 부분적으로 통일성을 위해서 소용되는 것으로 규정한다. "**그것 없이는** 신앙의 직임 자체가 **환상이 될 뿐인** 그러한 권력과 권위를 통해서, 로마의 주교는 모든 교회의 교제를 지켜내야 한다."⁷ 명백하게도, 교황의 권력에 대한 문제는 중요하다. 이 문제는 가톨릭 교회 바깥의 많은 교회들이, 교황의 권력이 교회론적으로 통일성을 가로막는 장벽으로 가톨릭 교회 안에서 교의신학적으로 정의되고 또한 동시에 실행되는 방식을 파악하게 해주는 중요한 문제이다. 그러나 또한 교황의 권력의 중요성은 그 권력이 섬기도록 고안된 교회의 통일성의 본성으로부터 유래하는 것이기도 하다. 비록 몇몇 냉소적 신학자들이 동의하지 않을지라도, 이러한 계승에 근거하는 직제의 개념은, 교회의 통일성에 대한 이미 주어진 개념에서부터 통일성의 직임을 향해 나아가는 것이지, 그 반대는 아니다.

---

3 Vatican I, First Dogmatic Constitution on the Church of Christ. *Pastor aeternus*, in N.P. Tanner, ed., *Decrees of the Ecumenical Councils*, vol II: *Trent to Vatican II* (London/Washington, D.C.: Sheed & Ward/Georgetown University Press. 1990) 812, line 4f., 이후에는 Tanner를 쪽과 줄로 인용할 것이다[= H.Denzinger and A. Schonmetzer, eds., *Enchiridion Symbolorum. Definitionum et declarationum de rebus et fidei et morum*, 36th ed. (Freiburg/Rome/Barcelona: Herder, 1976) no. 3051, 혹은 또한 이후에서 DS로 단락 번호와 함께 인용될 것이다].
4 Vatican II, Dogmatic Constitution on the Church, *Lumen gentium*, 23.
5 *Ut unum sint*, 94.
6 Ibid.
7 Ibid. 볼프 강조.

이 장은 교회의 통일성의 본성에 대한 근본적 질문을 던지고자 하며 또한 바로 이러한 통일성을 이루게 하는 것으로 수위권을 보는 것이 적합한지에 대한 질문을 제기하고자 한다. 나의 숙고가 이루어지는 배경은 지난 30년간 교회일치에 대한 대화에 참여한 신학자들 사이에서 드러난 일반적 합의, 즉 결국 적합하게 이해된 수위권은 알렉산더 슈메만(Alexander Schmemann)이 말한 바와 같이 "모든 지역 교회의 신앙과 삶의 통일성에 대한 필연적 표현"으로 이해하거나[8] 혹은 루터교회-가톨릭 대화 문서들이 제시한 바와 같이 교회 안에서 통일성의 사역이 채택해야 할 바람직한 형태로[9] 이해하는 지점까지 나아가는 합의에 근거하고 있다. 이어지는 부분에서 나는 어느 한도까지 이러한 합의가 신학적으로 설득력 있는지를 살펴보고자 한다. 그리고 나는 이 지점에서 다음과 같은 질문들, 즉 수위권의 문제가 어떻게 "법과 권리의 문제"로 실행되어야 하는지 혹은 "은혜에 기반을 둔"[10]것으로 실행되어야 하는지—마치 수위권이 공동체를 넘어서 존재하거나 공동체의 필수적 차원으로서 존재한다는 듯이—를 묻는 중요하지만 그럼에도 이차적인 질문들은 제쳐둘 것이다.[11]

---

8 A. Schmemann, "The Idea of Primacy in Orthodox Ecclesiology," in J. Meyendorff ed. *The Primacy of Peter in the Orthodox Church*, 1st edition, 1963 (Crestwood, N.Y.: St. Vladimir's Seminary Press, 1902), 165.
9 J. M. R. Tillard, "The Bishop of Rome," trans. J. Satgé, Theology and Life 5 (Wilmington/London: Michael Glazier/ S. P. G. K., 1983), 11 who cites P. C. Empie and T. A. Murphy, eds., *Papal Primacy and the Universal Church*, Lutherans and Catholics in Dialogue 5 (Minneapolis: Augsburg Publishing House, 1974) no. 32을 보라.
10 N. Afanassieff, "The Church Which Presides in Love," J. Meyendorff ed. *The Primacy*…, 141.
11 J. D. Zizioulas, *Being as Communion. Studies in Personhood and the Church*. Contemporary Greek Theologians 4 (Crestwood: St. Vladimir's Seminary Press, 1985)을 보라.

2. 접속사의 운명

수위권을 신학적으로 정초했고 이로 인해서 제2차 바티칸 공의회 이후에조차 교황제의 대적자들을 제외한 모든 이에게 더 이상 논쟁의 여지도 남겨두지 않은 교의 헌장 「영원한 목자」에서 발췌한 다음의 본문을 검토해보도록 하자.

> 우리의 영혼의 영원한 목자이자 감독자(*episcopus*)이신 그분은(벧전 2:25), 우리로 하여금 구원을 베푸는 구속의 사역을 영원하게 하기 위해서 그리고 살아 계신 하나님의 집으로서 모든 성도들이 하나의 신앙과 사랑의 끈으로 연결되어 있게끔 하기 위해서, 교회를 세우시고자 하셨다. 그러므로 그분이 영광 받으시기 이전에, 사도들뿐 아니라 그의 말씀을 통해서 그를 믿게 될 모두를 위해서, 그들 모두가 아들과 아버지가 하나인 것처럼 그렇게 모두가 하나되기를 아버지께 간구하셨다(요 17:20f.). 그리고 그리스도는 그 스스로가 아버지에 의해서 보냄을 받으신 것처럼(요 20:21) 그가 세상에서 특히 선택하신 사도들 보내셨기에(요 20:21), 따라서 그의 교회 안에서 동일한 방식으로 세상의 끝날까지 목자들과 선생들이 존재해야 한다는 것이 그분의 뜻이다(마 28:20). 그러하다면 감독직이 하나가 되고 또 분리되지 않기 위해서, 그리고 성직자들의 연합에 의해서 신도들의 모든 무리가 신앙과 교제의 통일성 속에서 연합되어 있게 하기 위해서, 그는 복된 베드로를 사도들 모두보다 앞에 세우셨으며, 베드로에게 통일성의 영원한 원리와 눈에 보이는 기초를 세우셨다.[12]

---

12 Tanner 811, 29-812, 5 [= DS 3050-51].

여기에서 우리는 제자들 사이의 통일성을 위한 예수의 대제사장적 기도에서 인용한 인용문을 둘러싼 두 지점에 대해서 살펴보아야 한다. 첫째, 통일성의 **형식적** 근거 지음. 단일한 신앙과 사랑에 의해서 표현되는 신자들의 통일성은 "하나의 분리되지 않은" 감독직을 요구하며, 이 감독직은 베드로의 단일한 인격을 그 통일성의 지속적이고 가시적인 기초로 요청하게 된다. 교황은 이 지점에서, 마치 하나의 주교가 사제들과 또한 궁극적으로 신자들의 통일성의 전제조건인 것처럼, 주교들의 통일성의 전제조건이 된다. 공동체적 통일성은 인격적 단일성의 한 기능이다. 둘째, 통일성의 **실질적** 근거 지음. 여기서 사고의 흐름은 일관되게 기독론적이다. 하나의 영원한 목자는 사도들을 세상에 보냈고 이들이 하나되고 분리되지 않도록 복된 베드로와 그의 계승자들을 머리에 두셨다. 하나의 일시적 목자는, 바로 이 영원한 목자에 의해서 의도되는 동시에, 이 영원한 목자에 상응한다. 「영원한 목자」에서 발췌한 앞의 본문의 모든 것은 결국 수위권을 근거 짓는 두 가지 서로 보충적인 방식들에 근거한다. 하나의 인격은 다수의 인격들의 통일성을 보장하기 위해서 필수적으로 요청되며 하나의 지상적 목자는 바로 이 천상의 목자에 상응하는 존재가 된다.[13]

그럼에도 이 지점에서 우리는 이러한 통일성을 근거 짓는 두 가지 방식들이 요한복음 17:20-22의 본문, 즉 그것들이 표현하고 지키고자 하는 통일성의 비전에 대한 신약성서 본문과 어떠한 관계가 있는지를 살펴보아야 한다. "내가 비옵는 것은 이 사람들만 위함이 아니요 또 저희 말을 인하여 나를 믿는 사람들도 위함이니, 아버지께서 내 안에, 내가

---

13 특정한 하나의 단일성이 다수의 통일성의 전제조건이라는 개념은 교황제를 신학적으로 근거 짓는 가톨릭 전통에만 고유하게 속한 것은 아니다. 감독제를 택하고 있는 많은 교회론이 이러한 개념을 토대로 하여 작용하고 있다. 결국 공치성이라는 문제 역시, 그들이 명시적으로 주장하건 암묵적으로 주장하건 간에—비록 교황의 수위권이 아니라 대주교나 주교의 수위권이라 하더라도—일종의 "수위권"을 전제로 한다.

아버지 안에 있는 것같이 저희도 다 하나가 되어 우리 안에 있게 하사 세상으로 아버지께서 나를 보내신 것을 믿게 하옵소서. 내게 주신 영광을 내가 그들에게 주었사오니 이는 우리가 하나가 된 것같이 그들도 하나가 되게 하려 함이니이다." 이 본문에서 가장 핵심적인 단어는 하나라는 형용사가 아니라(그들도 하나가 되게 하려 함이니이다) 오히려 이 하나를 수식하는 "같이"(καθώς, as)라는 접속사이다(우리가 하나가 된 것같이). "같이"라는 접속사는 아버지와 아들 사이의 서로 내주하는 관계로서 드러나는 신적인 "우리"의 통일성이 바로 교회의 통일성에 대한 모형을 제공해준다는 지점을 함의한다. 예수가 기도한 교회의 통일성의 본성은 바로 삼위일체적이다. 어떻게 「영원한 목자」에서 드러나는 바 지상적 목자의 단일성에 근거한 통일성의 두 가지 근거 지음의 방식이 교회의 통일성이 가지는 삼위일체적 성격에 들어맞을 수 있는가? 나는 이 지점에서 그 교회 문서에서 옹호되는 통일성의 원리와 성서 본문에서 이해되는 통일성의 본성 사이에 균열이 있음을 주장한다. 앞의 문서에 있는 통일성의 원리는 일원론적—더욱 수식해서 말하자면 그리스도 일원론적—이지만 반면에 통일성의 본질은 삼위일체적이다.

통일성의 본성과 통일성의 원리 사이의 균열은, 교회를 삼위일체의 이미지로 이해해야 한다고 주장하는 신학자들의 사유 속에서 더욱더 명백하게 드러난다. 예를 들어 추기경 라칭거—그 나름 대로의 방식에서 교회의 삼위일체적 성격에 대해서 예민한 관찰을 하는 신학자인—의 교회론의 예를 들어보자. "신자가 된다는 것은 그 자신의 고립에서 빠져나와서 하나님의 자녀인 '우리'의 부분이 되는 것이다"라고 지적한 후에, 그는 기독교가 이 "우리"라는 특성을 가지는 가장 깊은 이유는 다름 아니라 하나님이 바로 우리라는 사실에서 나타난다고 주장한다. 기독교의 신조에 의해서 고백되는 하나님은 고독 속에서 자신 혼자 사유하는 존재로 생각되지 않으며, 또한 그 자신 안에 갇힌 절대적이고 분리

불가능한 자아가 아니라, "나-너-우리"라는 삼위일체적 관계 속에 있는 통일성이다. 그래서 하나님의 근원적 형식으로 "우리"가 됨은 이러한 관계가 지상적으로 드러나는 모든 형식들보다 앞선다.[14]

라칭거에게, 교회적 통일성의 본성은 분명히 삼위일체적이다. 그렇다면 통일성의 원리는 어떠한가? 그는 교회가 삼위일체에 대해서 가지는 상응의 관계는 "단일한 하나의 인간에 의해서 수행되는 수위권의 행사"에서부터 "공동체적 수위권"과 유사한 것을 향하여 가리킨다고 명시적으로 주장한다.[15] 그는 이 지점에서, 과연 이러한 생각이 공치성과 수위권 사이의 화해를 이끌어낼 방법을 제시할 수 있는지에 대해서, 그리고 또한 과연 비가톨릭 그리스도인들에게 가장 큰 장애인 교황제가 모든 그리스도인의 일치를 위한 명백한 수단이 될 수 있게끔 교회일치적인 대화의 폭을 맞추어갈 방법을 제공할 수 있는지에 대해서, 가설적으로 질문해볼 정도로 공동체적 수위권의 문제를 심각하게 숙고해본다.[16] 그러나 바로 이 지점에서 그는 곧바로 다음과 같은 이중적 해명을 통해서 공동체적 수위권의 생각을 떨쳐낸다. 즉 그에게서 이러한 공동체적 수위권의 개념은 "삼위일체 교의를 왜곡하는 것일 뿐 아니라, 신앙의 고백과 교회의 정치를 참을 수 없을 정도로 단순한 형식으로 결합시키는 것이다."[17] 그 대신에 그는 이중적 방식으로 수위권의 문제를 근거 짓고자 한다. 수위권의 문제는, 첫째로, 책임 있는 인간의 인격성이 응답하게 되는 "이름을 가지신 하나님" 안에서,[18] 그리고 둘째로, "증인들이 상응하게 되는 그리스도, 그리고 더 나아가 그들의 증인됨으로 인해서 그 이름

---

14 J. Ratzinger, *Church, Ecumenism, and Politics. New Essays in Ecclesiology*, trans. R. Nowelt(New York/Slough: Crossroad/ St. Paul, 1988), 31.
15 Ibid., 31.
16 Ibid., 32.
17 Ibid.
18 Ibid., 33.

을 증거하게 되는" 증인인 예수 그리스도 안에서 근거 지어진다.[19] 그래서 교회의 통일성의 삼위일체적 성격에도 불구하고 "'우리'로서 가지는 그리스도인들의 통일성은 이 통일성을 책임지는 인격들에 의해서 유지되고, 이는 다시 한 번 베드로 안에서 인격화된 형식으로 나타난다."[20]

라칭거는 통일성의 단일한 원리를 이렇게 근거 짓는 것과 교회적 통일성이 가지는 삼위일체적 본성 사이에 명백한 긴장을 감지하고 있다. 그럼에도 그는 "하나의 책임 있는 인격"[21]이라는 원리가 "하나님에 대한 삼위일체적 신앙에 굳건히 뿌리내리고 있다고 본다. 왜냐하면 사람인 그 아들 안에서만 하나님이 자신을 증언하신다는 사실을 통해서만, 삼위일체가 우리에게 의미 있는 것이 되고, 또한 우리에게 알려질 수 있는 것이 되기 때문이다."[22] 이러한 제안은, 물론 그리스도의 오심이 삼위일체의 역사를 이루는 하나의 부분임을 적절하게 강조하기는 하지만, 그럼에도 충분히 일관되게 진행되는 주장이 아니다. 기독론적으로 수위권을 근거 짓는 것은 그 자체로 수위권을 삼위일체론적으로 근거 짓는 것이 결코 아니다. 이는 마치 수위권의 문제를 한 하나님 안에서 두 번(또는 심지어 세 번) 근거 지운다고 하더라도, 이것이 그 자체로 삼위일체 하나님에 수위권을 근거 지우는 것을 의미하는 것은 아닌 것과 마찬가지이다. 라칭거는 수위권을 일원론적으로 근거 짓는 방식을 제시한다. 그리스도인들의 통일성을 "붙드는" 하나의 특정한 인격은 하나님의 하나의 인격 그리고 그 하나의 증인 예수 그리스도에 상응한다. 그

---

19 Ibid., 34.
20 Ibid., 36.
21 내가 다른 곳에서 보인 바와 같이, 교황제를 일원론적으로 근거 짓는 것은 Ratzinger의 삼위일체론의 구체적인 틀에 상응한다. 만일 인격들이 순수한 관계들이고 어떠한 인격도 그 나름의 어떠한 것도 소유하지 않는다면—이는 Ratzinger의 해명을 따른 것인데—이들은 결국 서로에서부터 구별될 수 없으며 그들을 유지하고 있는 신적 실체로부터도 구별될 수 없다. 이러한 인격들과 인격들 사이의 통일성에 대한 이러한 개념을 일관적으로 적용해서, Ratzinger는 교회적 구조를 하나님의 하나의 실체로써 파악한다. 앞의 I.6을 보라.
22 Ibid., 34.

러나 그의 제안은 결국 「영원한 목자」에 나타난 것의 변주이다. 즉 하나의 하나님과 하나의 그리스도가 삼위일체를 따라서 만들어진 모형으로 주장되는 교회적 통일성의 원리로서 하나의 교황을 근거 짓는다. 그래서 또다시 통일성의 (삼위일체적) 본질과 그 제안된 통일성의 (일원론적) 원리 사이에 균열이 드러난다. "우리가 하나인 것같이 저들도 하나되게"라는 그리스도의 대제사장적 기도에 바탕을 두고 교회론을 해명하고자 하는 의도는 결국 내적으로 전복된다. 왜냐하면 통일성을 표현하고 보장하는 제안된 수단이 결국 통일성의 성격과 어긋나기 때문이다. 이 기도에서 가장 중요한 접속사인 "같이"—"우리가 하나인 것같이 저들도 하나되게"에서의—는 이 지점에서 간과되게 된다.

이 장의 나머지 부분에서, 나는 무엇보다도 교회적 통일성의 가시적 원리가 바로 그 통일성의 본성에 상응해야 한다는 점을 주장하고자 한다. 통일성의 원리는 통일성의 본성 자체가 그러하듯이 삼위일체적이어야 한다. 또한 나는 통일성의 삼위일체적 원리를 요구하는 것이 삼위일체 교리의 왜곡을 수반하는 것이 아니라, 오히려 그 교리에 대한 적합한 이해에서 도출된다는 점을 주장하고자 한다. 이는 마치 그러한 요구가 신앙에 있어서 허용 불가능한 정치화를 의미하는 것이 아니라 그 최고의 영적 통찰의 표현을 구성하는 것과 마찬가지다. 물론 이 지점에서 우리는 지면의 한계로 인해서 소묘적이고 다소 제안적인 차원에서의 통찰만을 제시해야 할 것이다. 우선 나는 삼위일체적 통일성의 본성을 탐사하고, 그 이후에 교회적 통일성의 본성에 대해서 언급한 이후에, 마지막으로 하나의 단일한 인격을 교회적 통일성의 가시적 원리로 파악하는 것이 타당한지에 대해 문제를 제기할 것이다.[23]

---

23 나는 이 지점에서 이 책의 앞 장들과 *Exclusion and Embrace: A Theological Explanation of Identity, Otherness, and Reconciliation* (Nashville: Abingdon, 1996), 그리고 "The Trinity is Our Social Program: The Doctrine of Trinity and the Shape of Social Engagement." *Modern*

3. 삼위일체적 통일성

교회적 통일성의 문제와 관련하여 삼위일체적 통일성의 본성에 대해 논의할 때, 두 가지의 서로 얽혀 있는 가장 중요한 문제는 우리가 다음의 두 질문을 제기할 때 가장 명징하게 드러난다. (1) 삼위일체 교리가 위계적 관점으로 이해되어야 하는가? (2) 삼위일체적 사랑의 본성은 무엇인가? 나는 먼저 첫 번째 질문을 간략하고 탐구하고 그 이후에 두 번째 질문에 집중하고자 한다.

최근 수년간 신학자들은 삼위일체에 대한 위계적 이해와 평등주의적 이해들에 대한 토론에 크게 몰두해왔다. 교리사의 대부분 기간 동안 삼위일체에서 위계는, 마치 인간 공동체들 속에서 위계가 도전받지 않았던 것처럼, 역시 도전받지 않았다. 한 인격의 수위성은 세 인격의 통일성에 대한[24] 필연적 선행조건으로 이해되었으며 또한 그들 사이의 구별에 있어서도[25] 선행조건으로 이해되었다. 이러한 관점에서는 삼위일체의 평등주의적 구성은, 마치 기능적으로 분화된 현대 사회가 전통적이고 위계적으로 분화된 사회를 대체할 때 드러나는 얄팍한 민주주의적인 감성을 신에게 투사하는 행위처럼 보이곤 했다. 그러한 논리에서, 삼위일체 안의 위계의 거부는 하나님의 특질에 대한 계시에 의해서 형성된 것이 아니라, 이 시대의 거짓된 평등주의적 정신에 의해서 추동된 것처럼 보였다.

Theology 14, 3 (1998)에서 전개했던 논리를 요약하고 확장할 뿐이다.

24 W. Pannenberg, *Systematic Theology I*, trans. G. W. Bromiley (Grand Rapids: Eerdmans, 1991), 325 (『조직신학 1』, 은성 출판사 역간) and J. D. Zizioulas, "The Teaching of the 2nd Ecumenical Council on the Holy Spirit in Historical and Ecumenical Perspective," in *Credo in Spiritum Sanctum, Atti del congress teologico internazionale di pneumatologia in occasione del 1600 anniversario del I Concilio di Constantinopoli e del 1550 anniversario del Concilio di Efeso. Roman, 22-26 marzo 1982*, Teologia e filosofia 6 (Vatican: Liberia Editrice Vaticana, 1983), vol 1, 45.

25 J. D. Zizioulas, *Being as Communion*…, 44f. 각주 40.

하지만 최근에 삼위일체 교리의 위계적 구성에 대해 도전하는 목소리들과 또한 삼위일체적 평등주의를 옹호하는 목소리들이 떠오르기 시작했다.[26] 점차로 증가하는 이러한 신학자들의 집단과 함께, 나는 다른 글에서 위계가 신적 통일성을 근거 지을 때 불필요할 뿐 아니라 신적 인격들 사이에 구별을 보장하는 데에도 불필요하다는 점을 이미 보인 바 있다.[27] 이 지점에서 나는, 모든 신적 속성을 나누어가지는 모든 인격들에 의해 구성되는 그러한 완전한 사랑의 신적 공동체 속에서는, 위계의 개념이 무의미하다는 점을 더하고 싶다. 신적 위계를 뒷받침하려는 다양한 논증들은 이 지점에서 판넨베르크가 "존재론적 평등"과 "도덕적 종속"이라는 범주를 가지고 표현한—즉 아들이 비록 존재론적으로 열등하지 않아도 도덕적으로 아버지에게 종속한다는—그런 종류의 구별을 만들어야 한다.[28] 이러한 지점은 경륜적 삼위일체의 차원에서는 설득력이 있다. 이러한 차원에서는 종속 그 자체가 논리적 모순을 가진 것으로 거부되지 않는다. 하지만 내재적 삼위일체의 차원에서는 이러한 구별은 이해하기 어렵다. 왜냐하면 모든 신적 속성을 가지고 있는 한 인격이 정확하게 동일한 속성을 가지고 있는 다른 인격에게("존재론적 동등함") 종속한다는 것이 무엇을 의미할 수 있는지 상술하는 것이 불가능하기 때문이다. 위계의 부재는 바로 신적 인격들의 완전함의 결과로 보인다. 이러한 종류의 관점에 따르자면, 삼위일체적 관계의 위계적 구성은 결국 지상적 차원에서의 위계에 대한 긍정을 삼위 하나님의 천상적 교제에 투사한 것에 불과하다. 물론 성서에서 표면적으로 정당화되는 여러 지점에도 불구하고, 위계적 구성은 삼위일체 하나님에 대한 비전에

---

[26] J. Moltmann, *The Trinity and the Kingdom of God: The Doctrine of God*, trans. M. Kohl (San Francisco/London: Harper Collins/SCM Press, 1981).
[27] 앞의 V.4.2를 보라.
[28] W. Pannenberg, *Systematic*…, 324-325.

서 영감을 받은 것이기보다는, 오히려 지나간 옛 시대에 대한 향수나 혹은 위계가 무너진 인간 공동체에 엄습하게 되는 혼란에 대한 공포에 의해 더욱더 영향을 받은 듯 보인다.

내가 보기에는, 신적 인격들의 동등성은 그들 사이에 존재하는 완전한 사랑의 형식적 차원이다. 그러나 과연 이러한 사랑 자체를 어떻게 이해해야 할 것인가? 이러한 사랑은 바로 "자기를 내줌"의 "실천"에 있다. 자아는 그 자신의, 즉 그 자신의 공간에 속하는 무엇을—자아가 타자에 의해서 확장되기 위해서 자신을 수축하는 운동 속에서 또한 동시에 타자의 완성을 증대시키기 위해서 동일하게 수축되는 길을 택해서 스스로 작아진 타자에게로 온전히 개입하는 그러한 운동 속에서—내준다. 이러한 타자를 받아들임과 합류되는 자아의 내줌의 운동은 다름 아닌 영원한 신적인 사랑의 순환 운동이다. 이 순환 운동은 선물(내줌)의 교환 형태를 띠는데, 거기서 타자는 빚을 진 존재로 드러나지 않는다. 왜냐하면 그 타자가 이미 기쁘게 받아들임으로 인해서 이미 자신을 내주었기 때문이며, 그리고 또한 그 내줌이 자신에게 주어지기도 전에 이미 그 타자가 상호성의 운동에 참여해 있기 때문이다. 우리가 요한의 말, 즉 "우리가 사랑함은 그가 먼저 우리를 사랑함이라"(요일 4:19)라는 유명한 말을 바로 온전한 신적 사랑의 소유자(lover)들 사이에 일어나는 교환의 순환에 적합하게 맞춘다면, 우리는 "**각자가** 먼저 사랑하는 것일 뿐 아니라 또한 사랑받기 때문에 사랑하는 것"이라고 이러한 신적 사랑을 기술할 수 있을 것이다. 좀 덜 역설적으로 말하자면, 자기 내줌의 완전한 순환은 모든 지점에서 동시적으로 움직여야 하는 것이다. 이는 왜 오로지 하나님만이 적합하게 말해서 사랑이라고 이야기할 수 있는지를 설명해주는 지점이다. 즉 하나님은 완전한 연인들의 교제로서 파악된다.[29]

---

29 R. Swinburne, *The Christian God* (Oxford: Clarendon Press, 1994), 170-191.

궁극적으로 볼 때, 이러한 동등한 신적 인격들 사이에 존재하는 완전한 신적 사랑은 교회의 구성원들 사이의 관계에 대한 모형을 제시한다. 또한 교회가 신적 교제에 대해서 가지는 상응의 관계는 우리가 현재 살아가는 죄된 세계가 아니라 오로지 앞으로 올 완전한 세계에서 이루어질 수 있기 때문에, 바로 그 이유로 인해서 이 지점에 대해서 나는 궁극적 관점으로만 이야기할 뿐이다. 하나님조차도 이러한 죄된 세계에서 자기 내줌의 행위를 반복할 수 없다. 이러한 죄된 세상에 대해서 하나님이 다루시는 방식은 언제나 복잡하고 다소 어려운 **변환**(translation)의 과정을 수반한다. 성령의 권능 안에서 하나님에 의해서 보냄을 받은 말씀이 "세상 죄를 지고 가는 하나님의 양"(요 1:29)이 되었다. 죄를 "지고 가는" 수고 속에서, 사랑의 기쁨은 사랑의 고통으로, 즉 사랑 아닌 것에 대해서 맞서는 고통으로, 그리고 사랑 아닌 것의 손에서 수난을 받는 고통으로, 그리고 사랑 아닌 것의 희생양들과 공감하는 고통으로 변화된다. 이것이 바로 그리스도의 십자가이다. 이것이 바로 죄된 세상을 향하여 돌리는 완전한 신적 사랑의 얼굴이다.

세상 안에서의 신적 사랑에 함의되는 십자가를 짊어짐이 가지는 본성에서부터, 교회의 통일성에 대해서 그리스도가 가지는 관계를 파악하는 중요한 시사점들이 도출된다. 그리스도는 다양한 사람들을 하나의 하나님의 백성으로 모으지만, 이는 그리스도 인격의 단일함("하나의 지도자와 하나의 공동체")에서 기인한 것도 아니고 그의 비전의 단일함("하나의 율법과 원리 그리고 하나의 공동체")에서 기인한 것도 아니다. 이는 무엇보다도 그 자신을 내줌에서 기인한다. 사도 바울은 이렇게 기록한다. "떡이 하나요 많은 우리가 한 몸이니 이는 우리가 다 떡에 참여함이라"(고전 10:17). 표면적으로 볼 때 떡의 단일함은 바로 몸의 통일성을 근거 짓는 듯 보인다. 그러나 더 깊이 보자면 바로 이 하나의 떡은 바로 예수 그리스도의 **십자가에 달린** 바로 그 몸을 상징하며, 곧 자기 폐쇄적 단일함에 갇히기를 거부하고 오히려 다른 이들이 참여할 수 있게끔 자신을 여는 바로 그러한 몸을 상징한다. 단일한 인격적 의지와 단일한 비인격적 원리 혹은 법—즉 초월적 "하나"의 두 가지 변이 형식들—은 차이들을 억압하고 환원함으로써 통일성을 강요한다. 반면에 십자가에 달린 메시아는 그 자신의 자아를 내줌으로써 통일성을 창조한다.

만일 사람들을 분열시키는 것이 차이가 아니라 적의라는 점이 참이라면, 이러한 분열의 해결책은 바로 "하나" 안에서 발견될 수 없다. 단일한 의지를 부과하거나 혹은 단일한 법의 규칙을 부과하는 것으로는 이러한 적의를 제거하지 못한다. 적의는 오로지 자기를 내줌을 통해서만 죽음에 이르게 된다. 평화로운 통일성은 오로지 "십자가로" 그리고 "피로" 달성될 뿐이다(엡 2:13-17). 따라서 예수 그리스도를 통일성의 근거로 보는 것은 바로 죄의 세상을 향해 있는 삼위일체적 자기 내줌의 완벽한 순환을 통일성의 근거로 보는 것이다.

4. 교회적 통일성과 공동체적 수위권

삼위일체 안의 "하나"의 자리에 대한 나의 논증과 또한 삼위일체적 사랑의 본질에 대한 나의 논증—즉 실제로 어떤 면에서 하나의 단일한 주제의 형식적이고 또한 실체적인 측면들을 이루는 이러한 두 주제에 대한 나의 논증—이 설득력 있다면, 교회적 통일성의 본질과 또한 수위권의 질문에 대해 이러한 주장이 갖는 시사점은 막중하다고 할 수 있다. 교회적 통일성이 삼위일체적 통일성에 따라서 이루어진 것이라면, 우리는 이 지점에서 교회의 통일성이 "하나"의 탁월함에 근거 지어지기보다는, 다수가 행하는 자기 내줌의 사랑에 근거한다고 예상할 수 있을 것이다. 이 장의 나머지 부분에서 나는 (1) 이러한 지점이 바로 우리가 신약성서에서 발견하는 것이며 그러므로 (2) 이것이 우리가 수위권을 신학적으로 이해하고 제도적으로 그려낼 수 있는 방법이라는 것을 주장하고자 한다.

내가 이전에 제시한 바 같이, 예수의 대제사장적 기도는 예수 그리스도를 믿는 그 모두를 삼위 하나님의 통일성—즉 서로 동등한 세 삼위 인격의 상호적 자기 내줌 속에서 근거 지어지는 통일성—에 상응하는 방향으로 이끈다. 우리가 신약성서의 다른 곳에서도 교회적 통일성에 대한 이러한 이해의 흔적을 추적할 수 있는가? 사도 바울은 고린도 교회 회중을 통일성으로 향하도록 권고할 때 삼위일체적 관점—말하자면 원초적 삼위일체적 관점—에서 논증하는 듯 보인다(고전 12:4-7; 참조. 엡 4:3-6). 그는 이렇게 기술한다. "은사는 여러 가지나 성령은 같고 직분은 여러 가지나 주는 같으며 또 사역은 여러 가지나 모든 것을 모든 사람 가운데서 이루시는 하나님은 같으니 각 사람에게 성령을 나타내심은 유익하게 하려 하심이라"(고전 12:4-7). 그리스도인들의 다양한 은사들, 섬김들, 활동들은 신적 다수성에 상응한다. 하나의 신성이 "하나님", "주", "성령"으로 존재하는 것처럼 동시에 이렇게 다른 신적 인격들이 서로 다른 은사들을 교회 안의 모든 구성원들에게 나누어준다. 그러나 이러한 은사들이 **모든 이의 유익**을 위해서 나누어진다는 점은 신적 통일성에 상응한다. **같은** 성령, **같은** 주, **같은** 하나님이 이러한 다양한 은사들 가운데 활동하신다. 삼위일체적 인격들의 관계가 갖는 대칭적 상응성은 교회의 형성 속에서 그 상응점을 발견한다. 즉 **모든** 구성원들이 특정한 은사들을 가지고 주님을 모방함 가운데 성부의 힘을 통해서 서로를 섬기는 그러한 교회의 모습 속에서, 그 상응점이 드러나는 것이다. 신적 인격들과 같이, 교회의 구성원들은 상호 내줌과 받아들임의 관계 속에 서 있다.

삼위일체적 차원에서, 통일성은 다수를 하나로 묶는 특정한 하나를 전제하지 않는다. 오히려 이러한 통일성은 완벽한 사랑을 통해서 구성된다. 그 완벽한 사랑은 바로 하나님의 본성이다. 반면에, 교회적 통일성은 그 본성상 불완전한 인간의 통일성이기에, 따라서 이러한 통일성은 어떤 면에서 그 특정한 하나 없이는 파악 불가능하다. 하지만 이러한 하나는 교회적 교제의 부분이 될 수 없다. 교황 제도와 관련하여, 개신교와 일부 동방 정교회의 교황제 논박자들이 제시해왔던 반대의 근거는 그리스도가 교회의 비가시적 머리이기 때문에 교회는 가시적 머리를 가질 수 없다는 주장이었다. 그러나 알렉산더 슈메만이 적합하게 지적한 바, 이러한 가시적인 것과 비가시적인 것 사이의 양자택일의 문제는 "신학적 헛소리"에 지나지 않는다.[30] 이 지점에서, 오히려 통일성을 근거 짓는 "하나"가 교회적 교제의 부분이 될 수 없다는 주장의 근거는, 이러한 가시적인 특정한 하나를 통해 통일성을 근거 짓는 것이 바로 삼위일체적 관계의 구조에 대한 유비에 모순된다는 사실에서 발견되어야 한다. 그러한 관점에서 볼 때, 교회적 통일성의 원리는 이 지점에서 삼위일체적 통일성의 특성을 반영하지 못할 수도 있다.

통일성을 정초하는 특정한 직임을 신약성서의 기술에서 발견하지 못한다는 사실은 상당한 시사점을 가진다. 이그나티우스의 편지에서야 비로소 통일성의 보존이 바로 주교의 특정한 직무가 됨을 발견한다. 여기서 "주교의 공의회"는 "하나님의 통일성"에 상응하는 것으로 그려진다 (*Phil.* 8:1). 주교는 교회 안에서 "하나님의 자리에서" 주관하는 위치에 있으며(*Magn.* 6:1), 그로써 교회의 통일성을 보장한다. 그러나 신약성서에서 교회의 통일성은 바로 **모든 인격 속에 거하는 하나의 성령을 통해서** (그리고 성령을 통한 전체 삼위일체를 통해서) 발생하는 것으로 보인다. 삼위일체에 대한 유비 속에서, **모든 인격**은 그 자체로 성령의 담지자로서

---

30 A. Schmemann, "The Idea…," 151.

통일성의 구성적 작업에 참여한다. 이 지점은 바로 통일성을 촉구한 바울의 권고에 상응한다. 바울의 권고는 회중의 모든 구성원들에게 향했지 단순히 교회의 직임자에게만 국한되지 않았다(고전 1:10-17; 엡 4:3을 보라). 물론 이 지점에서 서임 받은 직임이 교회의 통일성에 대해 어떠한 책임성도 가지지 않는다고 주장하는 것은 잘못일 것이다. 서임 받은 사역자의 행위가 언제나 전체로서 회중에 관계하는 한에서, 사역자들은 그들의 직임을 실행하면서 전체의 통일성의 문제에 언제나 주의를 기울여야 한다. 하지만 통일성을 위한 그들의 봉사는 그 자체로 그들의 사역의 한 차원일 뿐이지, 그 직임의 주된 초점이 아니다. 통일성에 대한 책임은 언제나 하나님의 백성 자체의 의무이다.

교회적 통일성에 대한 이중적 논증—삼위일체의 본성에서 도출하는 논증 그리고 신약성서의 교회론에서 도출하는 논증—은 수위권의 질문에 중요한 시사점을 가진다. 헤리버트 뮐렌은 부분적으로는 내가 제시했던 삼위일체론과는 다르게 발전된 삼위일체론을 바탕으로, 그의 책 『탈신성화』(Entsakralisierung)에서 하나의 단일한 인격이 관계적 그물망에 상응할 수 없기 때문에, 교회 내에서의 직임은 공치적으로 실행되어야 한다고 주장한다. 그는 동일한 논증을 수위권에 대한 질문에 적용하고 이 지점에서 교황직의 "삼위일체화"를 주장한다. 물론 이 지점에서 그는 현명하게 교황직의 삼위일체화가 꼭 필연적으로 삼인의 직책(triumvirate)을 의미하는 것이 아님을 덧붙인다.[31] 나의 관점에서 볼 때, 단일성의 불완전성에서 교회적 직임들의 실행을 자유롭게 하고자 하는 주장은 이견의 여지없이 옳다. 신약성서에서 직임은 일관되게 공치적 방식으로 이루어진다(빌 1:1과 살전 5:12). 만일 우리가 고든 피(Gordon Fee)

---

31 H. Mühlen, *Entsakralisierung: Ein epochales Schlagwort in seiner Bedeutung fur die Zukunft der christlichen Kirchen* (Paderborn: F. Schöningh, 1971), 257.

의 논증을 따른다면, 이 지점에서 목회 서신 역시 예외가 아니다.[32] 사역에 대한 신약성서의 지배적 개념들을 따르고, 또한 삼위일체의 본성에 상응하고자 한다면, 교회 지도권의 최고의 단계는 바로 공동체적 방식 가운데 신학적으로 이해되고 제도적으로 규정되고 실천적으로 행사되어야 한다.

수위권의 공동체적 실행이 비현실적이라고 주장될 수 있을 수도 있다. 실제로 하나의 탁월성을 긍정하는 논증은 바로 이러한 이유로 옹호되곤 했다. 이 지점에서 슈메만이 쓴 「동방 정교회 교회론에서 수위권의 개념」(Idea of Primacy in the Orthodox Ecclesiology)에 있는 논증을 살펴보자.

> 수석 대주교(the primate)는, 교회가 바로 하나이고 수석 대주교가 행사하는 권력이 바로 각각의 주교의 권력이고 또한 모든 주교의 권력이기 때문에, 이 지점에서 모두를 대변해서 **이야기할 수 있다**. 그리고 또한 그는, 바로 이러한 통일성과 의견 일치가 그 효율성을 위해서 표현의 하나의 특정한 기관, 즉 하나의 입, 하나의 목소리를 요구하기 때문에, 모두를 대변해서 **이야기해야 한다**. 이처럼 수위권은 바로 그 안에서 **전체 교회**의 통일성으로서 교회들 사이의 통일성의 드러남과 표현이 존재하기 때문에, 바로 필수적인 사안이 된다.[33]

슈메만은 모두를 대변하여 이야기하는 첫째가 되는 특정한 하나인 수장 없이는 **효율적** 통일성과 의견 일치를 가지는 것이 힘들다는 점에서 소극적 방식으로 수위권의 필수성을 근거 짓는다. 인간 존재의 성향을 고려하자면, 공동체적 수위권이 비효율적일 수 있다. 그러나 공동체적

---

32 G. D. Fee, *1 and 2 Timothy, Titus*, New International Biblical Commentary 13쪽 (Peabody: Hendrickson, 1988), 20ff.
33 A. Schmemann, "The Idea…," 165.

의사 결정 과정에서 누가 "첫째"인지가 명백하지 않은 상황에서, 결정은 언제나 당면한 문제에 대해서 이루어질 뿐 아니라, 결국은 그 집단의 구성원들 중에서 누가 가장 탁월한가에 대해서도 이루어진다. 그러나 이러한 추론을 따르게 될 때, "하나의 일시적 목자"의 필수성은 "하나의 영원한 목자"에 대한 존중할 만한 상응의 지점에 존재하기보다는 주로 일시적 목자들이 함께 경합함에 존재하게 된다. 그렇다면 교회는 그 마땅히 되어야 할 바가 되지 못했기 때문에 하나를 필요로 한다. 그러나 하나는 그 자체로 통일성의 가시적 원리나 근거가 **아니라**, 사실상 통일성의 부재를 **선명하게 드러낸다**. 더 정확히 말하자면, 하나는 오로지 그 비통일성의 영속성을 동시에 강조함으로써만 오로지 그 비통일성을 극복할 수 있다.

이러한 효율성에 근거한 논증을 설득력 있다고 보지 않으며 오히려 수위권의 문제를 삼위일체적 방식으로 근거 짓고자 하는 이들에게(내가 어느 정도 그러하듯이), 이러한 "공동체적 수위권"을 단순히 형식적인 방식으로만—즉 결정하는 이가 하나가 아니라 셋이거나 혹은 셋 이상이어야 한다는 방식으로만—파악하지 않는 것은 본질적으로 중요하다. 만일 우리가 이러한 형식적 차원에서만 멈춘다면, 우리의 제안은 단순히 교회 지도권의 가장 최상위 부분에서만 민주적 견제와 균형을 도입하는 것에 소용될 뿐이다. 그리고 이 지점에서 수위권에 대한 주제는 결국 교회적 권력의 분배 문제나 그 권력의 오용에 대한 보호 문제에만 그치게 된다. 교회 안에서 사회적 권력의 중요성을 부정하지 않으면서 그리고 그 상층에서나 기저에서의 공동체적 의사 결정을 폄하하지 않으면서, 나는 만일 공동체적 수위권의 제안이 단순히 형식적 차원에만 머물러 있는다면 결국 이것은 교회의 통일성의 가시적 표현이 이러한 통일성의 삼위일체적 본성에 상응하게끔 하는 것에 실패하게 된다는 점을 이야기하고자 한다. 교회적 통일성은, 오로지 그 수위권의 공동체적 실행을 근거 지우는 형식적 조건이 바로 삼위일체적 삶의 핵심에 존재하는 자기 내줌이라는 일관된 실천을 동반하는 경우에라야만, 비로소 삼위일체적일 수 있다. 더 구체적으로 이야기하자면, 바로 이러한 수위권의 실행이 결국 죄의 세상 한가운데에서 일어날 수밖에 없기에, 하기에 이는 더더욱 죄의 세상을 향한 삼위일체 하나님의 사랑의 모습을 따라서 형성되어야 한다. 수위권은 결국 그리스도를 십자가로 이끈 그러한 삶의 모습을 따라서 그 모양을 가져야 한다.「하나 되게 하소서」는 바로 이러한 점을 잘 서술한다. 수위권의 사역은 "자비의 사역, 즉 그리스도 자신의 자비의 행위에서 탄생한 사역이다."[34]

그렇다면 결국 내가 제시한 교회의 통일성의 삼위일체적 원리에 대한 주장이 결국에는 기독론적 원리로 끝나는가? 아니다. 나의 서술에서 통일성을 기독론적으로 근거 짓는 것은 그 자체로 삼위일체적 근거 지음을 일원론적 방식으로 대체하는 것으로 기능하지 않는다. 오히려 그리스도의 자기 내줌의 이야기는, 삼위일체적 방식 속에서 형식적으로 구조화된 통일성의 가시적 원리에 대해서, 실질적 내용을 제공한다. 수위권의 공동체적 본성과 또한 자기 내줌의 실천으로서 수위권의 실행은, 통일성의 가시적 섬김이 삼위일체적 통일성의 본성에 상응하게 되도록 한데 결합되어야 한다. 수위권이 한 인격의 단일성에 위치하고 전해진 형식적 권력에 힘입어 실행되는 한, 수위권은 삼위일체에 상응하는 데 실패하고, 결국에는 통일성을 위해서 섬기기보다는, 비통일성을 만들어낼 뿐이다. 수위권이 공동체적으로 이해되고 구조화되고 실행되는 한, 그리고 또한 공동체를 위해서 자기를 내주는 형식을 취하는 한, 수위권은 이 지점에서 삼위일체에 상응할 뿐 아니라, 더 나아가 통일성의 근원으로서 기능할 것이다.

---

34 *Ut unum sint*, 93.

내가 논의를 마치면서 제시하는 대안이 삼위일체의 교리의 오해를 수반하고 있거나 혹은 기독교 신앙의 부적합한 정치화를 함의하는 것은 아닌가? 나는 그렇지 않기를 바란다. 나는 내가 제시한 대안이 우리가 고백하는 신앙의 가장 깊은 신학적이고 영적인 원천에서부터 우러나온 것이라고 믿고 싶다.

참고 문헌

Abbott, E. S. et al., eds. *Catholicity: A Study in the Conflict of Christian Traditions in the West*. London: Dacre, 1952.

Adam, Karl. "Cyprians Kommentar zu Mt. 16,18 in Dogmengeschichtlicher Beleuchtung." In *Gesammelte Aufsätze zur Dogmengeschichte und Theologie der Gegenwart*, edited by F. Hofmann, 80-122. Augsburg: Haas, 1936.

Ad gentes. In *Das Zweite Vatikanische Konzil: Dokumente und Kommentare. Lexikon für Theologie und Kirche*, 14.22-125. Freiburg: Herder, 1966-68.

Afanassieff, Nicolas. "The Church which Presides in Love." In *The Primacy of Peter*, by J. Meyendorff, et al., 57-110. London: Faith Press, 1963.

_____. "Statio orbis." *Irénikon* 35 (1962): 65-75.

Althaus, Paul. *Die christliche Wahrheit: Lehrbuch der Dogmatik*. 7th ed. Gütersloh: Mohn, 1966.

_____. *Die Theologie Martin Luthers*. 5th ed. Gütersloh: Mohn, 1980.

Ammerman, Nancy Tatom. *Congregation and Community*. New Brunswick: Rutgers University Press, 1997.

Anderson, R. E., and I. Carter. *Human Behavior in the Social Environment: A Social System Approach*. New York: de Gruyter, 1984.

Apczynski, John V. "John Hick's Theocentrism: Revolutionary or Implicitly Exclusivist." *Modern Theology* 8 (1992): 39-52.

Arens, Edmund. *Bezeugen und Bekennen: Elementare Handlungen des Glaubens. Beiträge zur Theologie und Religionswissenschaft*. Düsseldorf: Patmos, 1989.

Aristotle. *Metaphysics*. Translated with Commentaries and Glossary by Hippocrates G. Apostle. Bloomington: Indiana University Press, 1966.

Aristotle. *Nicomachean Ethics*. Loeb Classical Library. Cambridge: Harvard University Press, 1975.

Assmann, Jan. *Politische Theologie zwischen Ägypten und Israel*. Munich: Carl Friedrich von Siemens Stiftung, 1992.

Auer, Johann. *Gott — Der Eine und Dreieine: Kleine katholische Dogmatik II*.

Edited by J. Auer and J. Ratzinger. Regensburg: Pustet, 1978.
Aulén, Gustaf. *The Faith of the Christian Church*. Philadelphia: Fortress, 1972.
Baillargeon, Gaëtan. *Perspectives Orthodoxes sur L'Église Communion: L'oeuvre de Jean Zizioulas*. Bréches théologiques 6. Paris: Médiaspaul, 1989.
Balthasar, Hans Urs von. "Die Absolutheit des Christentums und die Katholizität der Kirche." In W. Kasper, *Absolutheit des Christentums*, 131-65. Freiburg: Herder, 1977.
____ . *Katholisch: Aspekte des Mysteriums*. Kriterien 36. Einsiedeln: Johannes, 1975.
Banks, Robert. *Paul's Idea of Community: The Early House Churches in Their Historical Setting*. Exeter: Paternoster, 1980.
Baptism, Eucharist and Ministry. St. Louis: Association of Evangelical Lutheran Churches, 1982.
Barna, George. *Marketing the Church*. Colorado Springs: NavPress, 1988.
Barna, George, and William Paul McKay. *Vital Signs: Emerging Social Trends and the Future of American Christianity*. Westchester, N.Y.: Crossway, 1984.
Barrett, C. K. *Commentary on the First Epistle to the Corinthians*. Black's New Testament Commentary. London: Black, 1968.
Barth, Hans-Martin. *Einander Priester sein: Allgemeines Priestertum in ökumenischer Perspektive*. Kirche und Konfession 29. Göttingen: Vandenhoeck & Ruprecht, 1990.
Barth, Karl. *Church Dogmatics*. Volume IV/1. Edinburgh: Clark, 1956.
Bate, H. N., ed. *Faith and Order: Proceedings of the World Conference Lausanne, August 3-21, 1927*. Garden City, N.Y.: Doubleday, 1928.
Baumert, Norbert. "'Charisma' — Versuch einer Sprachregelung." *Theologie und Philosophie* 66 (1991): 21-48.
____ . "Charisma und Amt bei Paulus." In *L'apôtre Paul: Personnalité, style et conception du ministère*, edited by A. Vanhoye. Bibliotheca Ephemeridum theologicarum Lovaniensium 73. Leuven: Leuven University Press, 1986.
____ . "Das Fremdwort 'Charisma' in der westlichen Theologie." *Theologie und Philosophie* 65 (1990): 395-415.
____ . "Zur Begriffsgeschichte von χάρισμα im griechischen Sprachraum." *Theologie und Philosophie* 65 (1990): 79-100.

_____. "Zur Semantik von χάρισμα bei den frühen Vätern." *Theologie und Philosophie* 63 (1988): 60-78.

Baur, Jörg. "Das kirchliche Amt im Protestantismus: Skizzen und Reflexionen." In *Das Amt im ökumenischen Kontext: Eine Studienarbeit des Ökumenischen Ausschusses der Vereinigten Evangelisch-Lutherischen Kirche Deutschlands*, 103-38. Stuttgart: Calwer, 1980.

Bayer, Oswald. "Schriftautorität und Vernunft — ein ekklesiologisches Problem." In *Autorität und Kritik: Zu Hermeneutik und Wissenschaftstheorie*, 39-58. Tübingen: Mohr-Siebeck, 1991.

Beinert, Wolfgang. *Um das dritte Kirchenattribut: Die Katholizität der Kirche im Verständnis der evangelisch-lutherischen und römisch-katholischen Theologie der Gegenwart*. Koinonia 5. Essen: Ludgerus, 1964.

Bilezikian, Gilbert. *Community 101: Reclaiming the Local Church as Community of Oneness*. Grand Rapids: Zondervan, 1997.

Berger, Peter L. *The Heretical Imperative: Contemporary Possibilities of Religious Affirmation*. Garden City, N.Y.: Doubleday, 1979.

_____. "Market Model for the Analysis of Ecumenicity." *Social Research* 30 (1963): 77-93.

Berger, Peter, and Thomas Luckmann. *The Social Construction of Reality: A Treatise in the Sociology of Knowledge*. Garden City, N.Y.: Doubleday, 1966.

_____. "Secularisation and Pluralism." *Internationales Jahrbuch für Religionssoziologie* 2 (1966).

Berkhof, Hendrik. *Die Katholizität der Kirche*. Zurich: EVZ, 1962.

Biedermann, Hermenegild. "Gotteslehre und Kirchenverständnis: Zugang der orthodoxen und der katholischen Theologie." *Theologisch-praktische Quartalschrift* 129 (1981): 131-42.

Bietenhard, H. "ὄνομα." In *Theological Dictionary of the New Testament*. Vol. 5. Edited by G. Friedrich. Translated and edited by G. W. Bromiley. Grand Rapids: Eerdmans, 1967.

Birmelé, André. *Le Salut en Jésu Christ dans les dialogues oecuméniques*. Cogitatio fidei 141. Paris: Cerf, 1986.

Bittlinger, Arnold. *Im Kraftfeld des Heiligen Geistes*. 4th ed. Marburg: Ökumenischer Verlag, 1971.

Bobrinskoy, Boris. *Le Mystère de la Trinite: Cours de théologie orthodoxe*. Paris:

Cerf, 1986.

Boff, Leonardo. *Der dreieinige Gott.* Translated by J. Kuhlmann. Dusseldorf: Patmos, 1987.

_____. *Kirche: Charisma und Macht. Studien zu einer streitbaren Ekklesiologie.* Translated by H. Goldstein. 3rd ed. Dusseldorf: Patmos, 1985.

_____. *Die Neuentdeckung der Kirche: Basisgemeinde in Lateinamerika.* Translated by H. Goldstein. Mainz: Matthias-Grünewald, 1980.

Bonhoeffer, Dietrich. *Sanctorum Communio: Eine dogmatische Untersuchung zur Soziologie der Kirche* [= *Dietrich Bonhoeffer Werke* 1]. Edited by J. von Soosten. Munich: Kaiser, 1986.

_____. "Zur Frage nach der Kirchengemeinschaft." *Evangelische Theologie* 3 (1936): 214-33.

Bori, Pier Cesare. "L'unité de l'Église durant les trois premiers siècles." *Revue d'histoire ecclésiastique* 65 (1970): 56-68.

Brachlow, Stephen. *The Communion of the Saints: Radical Puritan and Separatist Ecclesiology 1570-1625.* Oxford Theological Monographs. Oxford: Oxford University Press, 1988.

Brockhaus, Ulrich. *Charisma und Amt: Die paulinische Charismenlehre auf dem Hintergrund der frühchristlichen Gemeindefunktionen.* Wuppertal: Brockhaus, 1972.

Bruce, F. F. *The Epistle of Paul to the Galatians: A Commentary on the Greek Text.* New International Greek Testament Commentary. Exeter: Paternoster, 1982.

Brunner, Emil. *Das Gebot und Ordnungen: Entwurf einer protestantisch-theologischen Ethik.* Zurich: Zwingli, 1939.

_____. *Das Misverständnis der Kirche.* 2d ed. Zurich: Zwingli, 1951.

Bultmann, Rudolf. *The Gospel of John: A Commentary.* Philadelphia: Westminster Press, 1971.

_____. *Theology of the New Testament.* 3rd ed. London: SCM, 1959.

Calvin, John. *Unterricht in der christlichen Religion.* Neukirchen: Verlag der Buchhandlung des Erziehungsvereins Neukirchen, 1955. English edition, *Institutes of the Christian Religion.* 2 vols. Edited by John T. McNeill. Translated by Ford Lewis Battles. Library of Christian Classics 20-21. Philadelphia: Westminster, 1960.

Campenhausen, Hans Freiherr von. "Das Bekenntnis im Urchristentum."

Zeitschrift für die Neutestamentliche Wissenschaft 63 (1972): 210-53.

Chandler, Russell. *Racing Toward 2001: The Forces Shaping America's Religious Future*. Grand Rapids: Zondervan, 1992.

Christus Dominus. In *Das Zweite Vatikanische Konzil: Dokumente und Kommentare. Lexikon für Theologie und Kirche*, 13.128-247. Freiburg: Herder, 1966-68.

Clayton, Philip. *Explanation from Physics to Theology: An Essay in Rationality and Religion*. New Haven: Yale University Press, 1989.

Collinson, Patrick. "Toward a Broader Understanding of the Early Dissenting Tradition." In *Godly People: Essays on English Protestantism and Puritanism*, 527-62. London: Hambledon, 1983.

Congar, Yves. "Bulletin d'ecclesiologie." *Revue des sciences philosophiques et théologiques* 66 (1982): 87-119.

_____ . *Diversités et Communion: Dossier historique et conclusion théologique*. Cogitatio fidei 112. Paris: Cerf, 1982.

_____ . *Je crois en l'Esprit Saint*. 3 vols. Paris: Cerf, 1979-80. English edition, I Believe in the Holy Spirit. 3 vols. New York: Seabury, 1983.

_____ . *Der Heilige Geist*. Translated by A. Berz. Freiburg: Herder, 1982.

_____ . "Die Wesenseigenschaften der Kirche." In *Mysterium Salutis IV/1: Das Heilsgeschehen in der Gemeinde*, edited by J. Feiner and M. Löhrer, 357-594. Einsiedeln: Benziger, 1972.

Copleston, Frederick. *Religion and the One: Philosophies East and West*. New York: Crossroad, 1982.

Cox, Harvey G. *The Silencing of Leonardo Boff: The Vatican and the Future of World Christianity*. Oak Park: Meyer Stone, 1988.

Cranfield, C. E. B. *A Critical and Exegetical Commentary on the Epistle to the Romans*. 2 vols. International Critical Commentary. Edinburgh: Clark, 1975.

Dabney, D. Lyle. "Die Kenosis des Geistes: Kontinuität zwischen Schöpfung und Erlösung im Werk des Heiligen Geistes." Diss., Tübingen, 1989.

Dagg, J. L. *Manual of Theology*. The Baptist Tradition. New York: Arno, 1980.

Dalferth, Ingolf U. *Der auferweckte Gekreuzigte: Zur Grammatik der Christologie*. Tübingen: Mohr-Siebeck, 1994.

Dalferth, Ingolf U. and Eberhard Jüngel, "Person und Gottebenbildlichkeit." In *Christlicher Glaube in moderner Gesellschaft*, edited by F. Bröckle et al.

30 vols., 24.57-99. Freiburg: Herder, 1981.

Dargan, Edwin C. *Ecclesiology: A Study of the Churches* (Louisville: Dearing, 1897.

Davis, Kenneth R. "No Discipline, No Church: An Anabaptist Contribution to the Reformed Tradition." *Sixteenth Century Journal* 13, no. 4 (1982): 43-58.

D'Costa, Gavin. "Christ, the Trinity and Religious Plurality." In *Christian Uniqueness Reconsidered: The Myth of a Pluralistic Theology of Religions*, 16-29. Faith Meets Faith. Maryknoll: Orbis, 1990.

Dempster, Murray. "The Church's Moral Witness: A Study of Glossolalia in Luke's Theology of Acts." *Paraclete* 23 (1989): 1-7.

Dewey, John. *Individualism Old and New*. New York: Minton, Balch & Co., 1930.

Dexter, Henry Martyn. *The Congregationalism of the Last Three Hundred Years*. London: Hodder & Stoughton, 1880.

Diekamp, Franz. *Katholische Dogmatik nach den Grundsätzen des heiligen Thomas*. 13th ed. 3 vols. Edited by K. Jüssen. Münster: Aschendorffsche Verlagsbuchhandlung, 1957.

Dinkler, Erich, "Taufe II: Im Urchristentum." In *Religion in Geschichte und Gegenwart*, edited by K. Galling, 627-37. 3rd ed. Tübingen: Mohr-Siebeck, 1962.

Dobbler, Axel von. *Glaube als Teilhabe: Historische und semantische Grundlagen der paulinischen Theologie und Ekklesiologie des Glaubens*. Wissenschaftliche Untersuchungen zum Neuen Testament 2.22. Tübingen: Mohr-Siebeck, 1987.

Dombois, Hans. *Das Recht der Gnade: Ökumenisches Kirchenrecht I*. Forschungen und Berichte der Evangelischen Studiengemeinschaft 20. Witten: Luther, 1961.

Dudley, R. L., and C. R. Laurens. "Alienation from Religion in Church Related Adolescents." *Sociological Analysis* 49 (1988): 408-20.

Duffield, Guy P., and Nathaniel M. Van Cleave. *Foundations of Pentecostal Theology*. Los Angeles: L.I.F.E. Bible College, 1983.

Dulles, Avery. *The Catholicity of the Church*. Oxford: Clarendon, 1985.

Dunn, James D. G. *Jesus and the Spirit: A Study of the Religious and Charismatic Experience of Jesus and the First Christians as Reflected in the New Testament*. Grand Rapids: Eerdmans, 1997.

_____. "Models of Christian Community in the New Testament." In *The Church Is Charismatic: The World Council of Churches and the Charismatic Renewal*, edited by A. Bittlinger, 99-116. Geneva: World Council of Churches, 1981.

Dumont, Louis. *Essays sur l'individualisme: Une perspective anthropologique sur l'idéologie moderne*. Paris: Seuil, 1983.

Duquoc, Christian. *Provisional Churches: An Essay in Ecumenical Ecclesiology*. Translated by J. Bowden. London: SCM, 1986.

Durkheim, Emile. *The Elementary Forms of the Religious Life*. Translated by J. W. Swain. London: Allen & Unwin, 1915.

Eastwood, Cyril. *The Priesthood of All Believers: An Examination of the Doctrine from the Reformation to the Present Day*. London: Epworth, 1960.

Elert, Werner. "Katholizität." In *Morphologie des Luthertums I: Theologie und Weltanschauung des Luthertums hauptsächlich im 16. und 17. Jahrhundert*, 240-55. Munich: Beck, 1952.

Erickson, John. "The Local Churches and Catholicity: An Orthodox Perspective." *The Jurist* 52 (1992): 490-508.

"An Evangelical Response to *Baptism, Eucharist and Ministry*." *Evangelical Review of Theology* 13 (1989): 291-313.

Evans, Gillian R. *The Church and the Churches: Toward an Ecumenical Ecclesiology*. Cambridge: Cambridge University Press, 1994.

Eyt, Pierre. "Überlegungen von Pierre Eyt." In J. Ratzinger, *Die Krise der Kathechese und ihre Überwindung*, 40-62. Translated by H. Urs von Balthasar. Einsiedeln: Johannes, 1983.

Fahey, Michael. "Joseph Ratzinger als Ekklesiologe und Seelsorger." *Concilium* (*Einsiedeln*) 17 (1981): 79-85.

Farley, Edward. *Ecclesial Man: A Social Phenomenology of Faith and Reality*. Philadelphia: Fortress, 1975.

Fee, Gordon D. *First and Second Timothy, Titus*. New International Biblical Commentary 13. Peabody, Mass.: Hendrickson, 1988.

_____. *The First Epistle to the Corinthians*. New International Commentary on the New Testament. Grand Rapids: Eerdmans, 1987.

_____. "Pauline Literature." In *Dictionary of Pentecostal and Charismatic Movements*, edited by S. M. Burgess and G. G. McGee, 665-83. Grand Rapids: Zondervan, 1988.

Finke, Roger, and Rodney Stark. "How the Upstart Sects Won America: 1770-1850." *Journal for the Scientific Study of Religion* 28 (1989): 27-44.

Flannery, Austin P., ed. *Documents of Vatican II*. Grand Rapids: Eerdmans, 1975.

_____. *Vatican Council II: More Postconciliar Documents*. Grand Rapids: Eerdmans, 1982.

Flew, R. N. and R. E. Davies, eds. *The Catholicity of Protestantism*. London: Lutterworth, 1950.

Förster, Winfried. *Thomas Hobbes und der Puritanismus: Grundlagen und Grundfragen seiner Staatslehre*. Hamburg: Dunker & Humbolt, 1969.

Forte, Bruno. *Trinität als Geschichte: Der lebendige Gott — Gott der Lebenden*. Grünewalt-Reihe. Translated by J. Richter. Mainz: Grunewald, 1989.

Friedrich, Gerhard. "Glaube und Verkundigung bei Paulus." In *Glaube im Neuen Testament: Festschrift Hermann Binder*, edited by F. Hahn and H. Klein, 93-113. Biblisch-theologische Studien 7. Neukirchen-Vluyn: Neukirchener Verlag, 1982.

Fries, Heinrich, and Karl Rahner. *Einigung der Kirchen — Reale Möglichkeit*. Quaestiones Disputatae 100. Freiburg: Herder, 1983.

Furnish, Victor Paul. *2 Corinthians: Translation with Introduction, Notes and Commentary*. Anchor Bible 32A. Garden City, N.Y.: Doubleday, 1984.

Gallup, George, and Jim Castelli, Jr. *The People's Religion*. New York: Macmillan, 1989.

Gee, Donald. *Concerning Spiritual Gifts*. Springfield, Mo.: Gospel Publishing House, 1972.

Gelpi, Donald L. *Pentecostalism: A Theological Viewpoint*. New York: Paulist, 1971.

"Gemeinsame Erklärung des Arbeitskreises evangelischer und katholischer Theologen." In *Glaubensbekenntnis und Kirchengemeinschaft: Das Modell des Konzils von Konstantinopel (381)*, edited by K. Lehmann and W. Pannenberg, 120-25. Dialog der Kirchen 1. Göttingen: Vandenhoeck & Ruprecht, 1982.

Gerosa, Libero. *Charisma und Rechte: Kirchenrechtliche Überlegungen zum 'Urcharisma' der neuen Vereinigungsformen in der Kirche*. Sammlung Horizonte. Neue Folge 27. Einsiedeln: Johannes, 1989.

Gielen, Marlis. "Zur Interpretation der paulinischen Formel ἡ κατ' οἶκον ἐκκλησία." *Zeitschrift für die Neutestamentliche Wissenschaft* 77 (1986):

109-25.

Goleman, Daniel. *Vital Lies — Simple Truth: The Psychology of Self-Deception.* New York: Simon and Schuster, 1985.

Grey, Mary. "The Core of Our Desire: Re-imaging Trinity." *Theology* 93 (1990): 363-73.

Grillmeier, Alois. "Auriga mundi: Zum Reichskirchenbild der Briefe des sog. Codex Encyclicus (458)." In *Mit ihm und in ihm: Christologische Forschungen und Perspektiven*, 386-419. Freiburg: Herder, 1975.

____. "Kommentar zum Ersten Kapitel der Dogmatischen Konstitution uber die Kirche (Art. 1-8)." In *Das Zweite Vatikanische Konzil: Dokumente und Kommentare. Lexikon für Theologie und Kirche*, 12.156-76. Freiburg: Herder, 1966-68.

Guardini, Romano. *Vom Sinn der Kirche.* Mainz: Grünewald, 1955.

Guinness, Os. *Dining with the Devil: The Megachurch Movement Flirts with Modernity.* Grand Rapids: Baker Book House, 1993.

Gundry, Robert H. *Matthew: A Commentary on His Literary and Theological Art.* Grand Rapids: Eerdmans, 1982.

____. "The New Jerusalem: People as Place, not Place for People." *Novum Testamentum* 29 (1987): 254-64.

____. *Soma in Biblical Theology with Emphasis on Pauline Anthropology.* Society for New Testament Studies Monograph Series 29. Cambridge: Cambridge University Press, 1976.

Gunton, Colin. "The Church on Earth: The Roots of Community." In *On Being the Church: Essays on the Christian Community*, edited by Colin E. Gunton and Daniel W. Hardy, 48-80. Edinburgh: Clark, 1989.

____. *The Promise of Trinitarian Theology.* Edinburgh: Clark, 1991.

Gwyn, Douglas. *Apocalypse of the Word: The Life and Message of George Fox (1624-1691).* Richmond: Friends United Press, 1984.

Habermas, Jürgen. "Die Einheit der Vernunft in der Vielheit ihrer Stimmen." In *Einheit und Vielheit. XIV: Deutscher Kongress fur Philosophie, Giessen, 21.-26. September 1987*, edited by O. Marquard, 11-35. Hamburg: Meiner, 1990.

Hahn, Ferdinand. "Grundfragen von Charisma und Amt in der gegenwärtigen neutestamentlichen Forschung: Fragestellungen aus evangelischer Sicht." In *Charisma und Institution*, edited by T. Rendtorff, 336-49. Gütersloh:

Mohn, 1984.

Halleux, André de. "'L'Église catholique' dans la lettre ignacienne aux Smyrnoites. *Ephemerides theologicae Lovanienses* 58 (1982): 5-24.

―――. "Personalisme ou essentialisme trinitaire chez les Pères cappadociens? Une mauvaise controverse." *Revue théologique de Louvain* 17 (1986): 129-55, 265-92.

Häring, Hermann. "Joseph Ratzinger's Nightmare Theology." In *The Church in Anguish: Has the Vatican Betrayed Vatican II*, edited by H. Küng and L. Swidler, 75-90. San Francisco: Harper & Row, 1987.

Harkianakis, Stylianos. "Kann ein Petrusdienst in der Kirche einen Sinn haben? Griechisch-orthodoxe Antwort." *Concilium* (Einsiedeln) 7 (1971): 284-87.

Harnack, Adolf. *Entstehung und Entwicklung der Kirchenverfassung und des Kirchenrechts in den zwei ersten Jahrhunderten*. Leipzig: Hinrichs, 1910.

Harrison, Verna. "Perichoresis in the Greek Fathers." *St. Vladimir's Theological Quarterly* 35 (1991): 53-65.

Hartman, Lars. "Baptism 'Into the Name of Jesus' and Early Christology: Some Tentative Considerations." *Studia theologica* 28 (1974): 21-48.

―――. "ὄνομα." In *Exegetical Dictionary of the New Testament*. Vol. 2. Grand Rapids: Eerdmans, 1990-93.

Hasenhüttl, Gotthold. "Kirche und Institution." *Concilium* (Einsiedeln) 10 (1974): 7-11.

Hatch, Nathan O. *The Democratization of American Christianity*. New Haven: Yale University Press, 1989.

Hauerwas, Stanley. *Against the Nations: War and Survival in a Liberal Society*. Minneapolis: Winston, 1985.

―――. "On the 'Right' to be Tribal." *Christian Scholar's Review* 16 (1987): 238-41.

―――. *Unleashing the Scripture: Freeing the Bible from Captivity to America*. Nashville: Abingdon, 1993.

Heckel, Martin. "Zur zeitlichen Begrenzung des Bischofsamtes." In *Gesammelte Schriften: Staat — Kirche — Recht — Geschichte*, edited by K. Schlaich, 2.934-54. Jus ecclesiasticum 38. Tübingen: Mohr-Siebeck, 1989.

Herms, Eilert. *Erfahrbare Kirche: Beiträge zur Ekklesiologie*. Tübingen: Mohr-Siebeck, 1990.

Hick, John. *God Has Many Names*. Philadelphia: Westminster, 1982.

_____. *An Interpretation of Religion: Human Responses to the Transcendent*. New Haven: Yale University Press, 1989.

Hiebert, Paul G. "The Category 'Christian' in the Mission Task." *International Review of Missions* 72 (1983): 421-27.

Hill, William J. *The Three-Personed God: The Trinity as a Mystery of Salvation*. Washington: Catholic University of America Press, 1982.

Hobbes, Thomas. *Leviathan*. Edited by C. B. McPherson. Harmondsworth: Penguin, 1968.

Hocken, Peter. "The Challenge of Non-Denominational Charismatic Christianity." In *Experience of the Spirit*, edited by J. A. B. Jongeneel, 221-38. Frankfurt: Lang, 1989.

Hofius, Otfried. "Gemeinschaft mit den Engeln im Gottesdienst der Kirche. Eine traditionsgeschichtliche Skizze." *Zeitschrift für Theologie und Kirche* 89 (1992): 172-96.

_____. "Herrenmahl und Herrenmahlparadosis: Erwägungen zu 1 Kor 11,23b-25." In *Paulusstudien*, 203-40. Wissenschaftliche Untersuchungen zum Neuen Testament 51. Tübingen: Mohr-Siebeck, 1989.

_____. "ὁμολογὲω." In *Exegetical Dictionary of the New Testament*. Vol. 2. Grand Rapids: Eerdmans, 1990-93.

_____. "Sühne und Versöhnung: Zum paulinischen Verständnis des Kreuzestodes Jesu." In *Paulusstudien*, 33-49. Wissenschaftliche Untersuchungen zum Neuen Testament 51. Tübingen: Mohr-Siebeck, 1989.

_____. "Wort Gottes und Glaube bei Paulus." In *Paulusstudien*, 148-74. Wissenschaftliche Untersuchungen zum Neuen Testament 51. Tübingen: Mohr-Siebeck, 1989.

Huber, Wolfgang. "Die wirkliche Kirche: Das Verhaltnis von Botschaft und Ordnung als Grundproblem evangelischen Kirchenverstandnisses im Anschluss an die 3. Barmer These." In *Kirche als "Gemeinde von Brüdern" (Barmen III)*, edited by A. Burgsmüller, 1.249-77. Gütersloh: Mohn, 1980.

Hurtado, Larry W. *One God, One Lord: Early Christian Devotion and Ancient Jewish Monotheism*. Philadelphia: Fortress, 1988.

Huss, John. *The Church*. Translated by D. S. Schaff. New York: Scribner's Sons,

1915.

Jenkins, Daniel. *Congregationalism: A Restatement*. New York: Harper and Brothers, 1954.

____. *The Nature of Catholicity*. London: Faber and Faber, 1941.

Jansen, Henry. "Relationality and the Concept of God." Diss., Amsterdam, 1995.

Joest, Wilfried. *Ontologie der Person bei Luther*. Göttingen: Vandenhoeck & Ruprecht, 1967.

Jones, Serene. "This God Which Is Not One: Irigaray and Barth on the Divine." In *Transfigurations: Theology and the French Feminists*, edited by C. W. Maggie Kim et al., 109-41. Minneapolis: Fortress, 1993.

Jüngel, Eberhard. "Anthropomorphismus als Grundproblem der neuzeitlichen Hermeneutik." In *Wertlose Wahrheit: Zur Identitat und Relevanz des christlichen Glaubens. Theologische Erörterungen III*, 110-31. Beiträge zur evangelischen Theologie 107. Munich: Kaiser, 1990.

____. "Bekennen und Bekenntnis." In *Theologie in Geschichte und Kunst: Festschrift Walter Elliger*, edited by S. Herrmann and O. Söhngen, 94-105. Witten: Luther, 1968.

____. *Gott als Geheimnis der Welt: Zur Begründung der Theologie des Gekreuzigten im Streit zwischen Theismus und Atheismus*. 3rd ed. Tübingen: Mohr-Siebeck, 1978.

____. "Einheit der Kirchen — konkret." In *Wertlose Wahrheit: Zur Identität und Relevanz des christlichen Glaubens. Theologische Erörterungen III*, 335-45. Beiträge zur evangelischen Theologie 107. Munich: Kaiser, 1990.

____. "Die Kirche als Sakrament?" In *Wertlose Wahrheit: Zur Identität und Relevanz des christlichen Glaubens. Theologische Erörterungen III*, 311-34. Beiträge zur evangelischen Theologie 107. Munich: Kaiser, 1990.

____. "Thesen zu Karl Barths Lehre von der Taufe." In *Barth-Studien*, 291-94. Ökumenische Theologie 9. Zurich: Benziger, 1982.

____. "Verweigertes Geheimnis? Bemerkungen zu einer unevangelischen Sonderlehre." In *Vernunft des Glaubens: Wissenschaftliche Theologie und kirchliche Lehre. Festschrift Wolhart Pannenberg*, edited by J. Rohls and G. Wenz, 488-501. Göttingen: Vandenhoeck & Ruprecht, 1988.

____. "Zur Kritik des Sakramentalen Verstandnisses der Taufe." In *Barth-Studien*, 295-314. Ökumenische Theologie 9. Zurich: Benziger, 1982.

Kant, Immanuel. "Der Streit der Fakultäten." In *Werke in sechs Bänden*. Edited by W. Weischedel. Darmstadt: Wissenschaftliche Buchgesellschaft, 1964.

Karl Marx, Friedrich Engels: Werke. Ergänzungsband. Berlin: Dietz, 1967-1968.

Käsemann, Ernst. "Amt und Gemeinde im Neuen Testament." In *Exegetische Versuche und Besinnungen*, 1.109-34. 6th ed. Göttingen: Vandenhoeck & Ruprecht, 1970.

_____ . *Commentary on Romans.* Translated by Geoffrey W. Bromiley. Grand Rapids: Eerdmans, 1980.

_____ . *Jesu letzter Wille nach Johannes 17.* Tübingen: Mohr-Siebeck, 1966.

Kasper, Walter. *Der Gott Jesu Christi.* Mainz: Grünewald, 1982.

_____ . "Grundkonsens und Kirchengemeinschaft: Zum Stand des ökumenischen Gesprächs zwischen katholischer und evangelisch-lutherischer Kirche." *Theologische Quartalschrift* 167 (1987): 161-81.

_____ . "Kirche als Communio: Überlegungen zur ekklesiologischen Leitidee des Zweiten Vatikanischen Konzils." In *Die bleibende Bedeutung des Zweiten Vatikanischen Konzils*, edited by F. Cardinal König, 62-84. Schriften der Katholischen Akademie in Bayern 123. Düsseldorf: Patmos, 1986.

_____ . "Kirche als Sakrament des Geistes." In *Kirche — Ort des Geistes*, edited by W. Kasper and G. Sauter, 13-55. Kleine ökumenische Schriften 8. Freiburg: Herder, 1976.

_____ . "Die Kirche als universales Sakrament des Heils." In *Theologie und Kirche*, 237-54. Mainz: Grünewald, 1987.

_____ . Review of *Einfuhrüng in das Christentum*, by Joseph Ratzinger. *Theologische Revue* 65 (1969): 182-88.

_____ . "Theorie und Praxis innerhalb einer Theologia Crucis: Antwort auf J. Ratzingers 'Glaube, Geschichte und Philosophie.'" *Hochland* 62 (1970): 152-59.

Kaufmann, Franz-Xaver. "Kirche als religiöse Organisation." *Concilium* (Einsiedeln) 10 (1974): 30-36.

_____ . "Kirche und Religion in der spätindustriellen (modernen) Gesellschaft." In *Charisma und Institution,* edited by T. Rendtorff, 406-19. Gütersloh: Mohn, 1985.

_____ . *Religion und Modernität: Sozialwissenschaftliche Perspektiven.* Tübingen: Mohr-Siebeck, 1989.

_____ . *Zur Zukunft des Christentums: Soziologische Überlegungen.* Veröffentlichungen der Katholischen Akademie Schwerte 8. Schwerte:

Katholische Akademie, 1981.

Kehl, Medard. "Kirche als Institution." In *Handbuch der Fundamentaltheologie 3: Traktat Kirche*, edited by W. Kern, H. J. Pottmeyer, and M. Seckler, 176-97. Freiburg: Herder, 1986.

Keller, Catherine. *From a Broken Web: Separatism, Sexism, and Self*. Boston: Beacon, 1986.

Kelly, J. N. D. "Begriffe 'Katholisch' und 'Apostolisch' in den ersten Jahrhunderten." In *Katholizität und Apostolizität*, edited by R. Groscurth, 9-21. Kerygma und Dogma B.2. Göttingen: Vandenhoeck & Ruprecht, 1971.

_____ . *Early Christian Doctrines*. 5th ed. London: Black, 1971.

Kenneson, Philip D. "Selling [Out] the Church in the Marketplace of Desire." *Modern Theology* 9 (1993): 319-48.

Kern, Walter. "Einheit-in-Mannigfaltigkeit: Fragmentarische Überlegungen zur Metaphysik des Geistes." In *Gott in Welt: Festschrift Karl Rahner*, edited by H. Vorgrimler, 1.207-39. Freiburg: Herder, 1964.

Kierkegaard, Sören. *Concluding Unscientific Postscript*. Translated by Walter Lowrie. Princeton: Princeton University Press, 1944.

"Kirche als Communio: Ein Dokument der Glaubenkongregation." *Herder-Korrespondenz* 46 (1992): 319-23.

Klauck, Hans-Josef. "Kirche als Freundesgemeinschaft? Auf Spurensuche im Neuen Testament." *Münchener Theologische Zeitschrift* 42 (1991): 1-14.

Knitter, Paul F. Preface to *The Myth of Christian Uniqueness: Toward a Pluralist Theology of Religions*, edited by J. Hick and P. F. Knitter. Maryknoll, N.Y.: Orbis Books, 1987.

Koslowski, Peter. "Hegel — 'der Philosoph der Trinität'? Zur Kontroverse um seine Trinitätslehre." *Theologische Quartalschrift* 162 (1982): 105-31.

Kottje, Raymund, and Heinz Theo Risse. *Wahlrecht für das Gottesvolk? Erwägungen zu Bischofs- und Pfarrerwahl. Raymund Kottje antwortet Heinz Theo Risse*. Das theologische Interview 4. Düsseldorf: Patmos, 1969.

Kraus, Hans-Joachim. *Reich Gottes: Reich der Freiheit. Grundriss Systematischer Theologie*. Neukirchen: Neukirchener Verlag, 1975.

Kress, Robert. *The Church: Communion, Sacrament, Communication*. New York: Paulist, 1985.

Krieg, Robert A. "Kardinal Ratzinger, Max Scheler und eine Grundfrage der Christologie." *Theologische Quartalschrift* 160 (1980): 106-22.

Küng, Hans. *Die Kirche*. Munich: Piper, 1977.

LaCugna, Catherine Mowry. *God for Us: The Trinity and the Christian Faith*. San Francisco: Harper & Row, 1991.

LaCugna, Catherine Mowry, and Kilian McDonnell. "Returning from 'The Far Country': Theses for a Contemporary Trinitarian Theology." *Scottish Journal of Theology* 41 (1988): 191-215.

Lake, Peter. *Moderate Puritans and the Elizabethan Church*. Cambridge: Cambridge University Press, 1982.

Land, Steve. *Pentecostal Spirituality: A Passion for the Kingdom*. Sheffield: Sheffield Academic Press, 1993.

Larentzakis, Grigorios. "Trinitarisches Kirchenverständnis." In *Trinität: Aktuelle Perspektiven der Theologie*, edited by W. Breuning, 73-96. Quaestiones Disputatae 101. Freiburg: Herder, 1984.

Legrand, Hervé-Marie. "Die Entwicklung der Kirchen als verantwortliche Subjekte: Eine Anfrage an das II. Vatikanum. Theologische Grundlagen und Gedanken zu Fragen der Institution." In *Kirche im Wandel: Eine kritische Zwischenbilanz nach dem Zweiten Vatikanum*, edited by G. Alberigo et al., 141-74. Düsseldorf: Patmos, 1982.

_____. "Le métropolite Jean Zizioulas, docteur honoris causa de l'Institut Catholique de Paris." *Service Orthodoxe de Presse* 148 (May 1990): 19-22.

_____. "La Réalisation de L'Eglise en un lieu." In *Initiation à la pratique de la théologie: Dogmatique III*, edited by B. Lauret and F. Refoule, 143-345. Paris: Cerf, 1983.

_____. "A Response to 'The Church as a Prophetic Sign.'" In *Church, Kingdom, World: The Church as Mystery and Prophetic Sign*, edited by G. Limouris, 145-51. Faith and Order Papers 130. Geneva: World Council of Churches, 1986.

_____. "*Traditio perpetue servate?* The Non-ordination of Women: Tradition or Simply an Historical Fact?" *Worship* 65 (1991): 482-508.

Lehmann, Karl. "Gemeinde." In *Christlicher Glaube in moderner Gesellschaft*, edited by F. Böckle et al., 29.6-65. Freiburg: Herder, 1982.

Lightfoot, R. H. *St. John's Gospel: A Commentary*. Oxford: Clarendon, 1956.

Lim, David. *Spiritual Gifts*. Springfield, Mo.: Gospel Publishing House, 1991.

Limouris, Gennadios. "The Church: A Mystery of Unity in Diversity." *St. Vladimir's Theological Quarterly* 31 (1987): 123-42.

Lincoln, Andrew T. *Paradise Now and Not Yet: Studies in the Role of the Heavenly Dimension in Paul's Thought with Special Reference to His Eschatology.* Society for New Testament Studies Monograph Series 43. Cambridge: Cambridge University Press, 1981.

Lindbeck, George A. "Confession and Community: An Israel-like View of the Church." *Christian Century* 107 (1990): 492-96.

―――. *The Nature of the Doctrine: Religion and Theology in a Postliberal Age.* Philadelphia: Westminster, 1984.

Link, Christian. "Die Bewegung der Einheit: Gemeinschaft der Kirchen in der Ökumene." In *Sie aber hielten Fest an der Gemeinschaft: Einheit der Kirche als Prozess im Neuen Testament und heute*, by Christian Link, Ulrich Luz, and Lukas Vischer, 187-271. Zurich: Benziger, 1988.

Lochman, Jan Milic. "Die 'notae ecclesiae.'" In *Die Kirche und die letzten Dinge*, by F. Buri, J. M. Lochman, and H. Ott, 31-33. Dogmatik im Dialog 1. Gütersloh: Mohn, 1973.

Lohfink, Gerhard. "Jesus und die Kirche." In *Handbuch der Fundamentaltheologie 3: Traktat Kirche*, edited by W. Kern, H. J. Pottmeyer, and M. Seckler, 49-96. Freiburg: Herder, 1986.

―――. *Wie hat Jesus Gemeinde gewollt? Zur gesellschaftlichen Dimension des christlichen Glaubens.* Freiburg: Herder, 1982.

Lossky, Vladimir. "Concerning the Third Mark of the Church: Catholicity." In *In the Image and Likeness of God*, edited by J. H. Erickson and T. E. Bird, 169-81. Crestwood, N.Y.: St. Vladimir's Seminary Press, 1975.

―――. *The Mystical Theology of the Eastern Church.* Crestwood, N.Y.: St. Vladimir's Seminary Press, 1976.

Lubac, Henri de. *Katholizismus als Gemeinschaft.* Translated by H. U. von Balthasar. Einsiedeln: Benziger, 1943.

―――. *Zwanzig Jahre danach: Ein Gespräch über Buchstabe und Geist des Zweiten Vatikanischen Konzils.* Translated by W. Bader. Munich: Neue Stadt, 1985.

Luhmann, Niklas. "Die Autopoiesis des Bewusstseins." *Soziale Welt* 36 (1985): 402-46.

―――. "Individuum, Individualität, Individualismus." In *Gesellschaftsstruktur und*

Semantik: Studien zur Wissenssoziologie der modernen Gesellschaft, 3.149-357. Frankfurt: Suhrkamp, 1989.

_____. Funktion der Religion. Frankfurt: Suhrkamp, 1977.

_____. "Society, Meaning, Religion — Based on Self-Reference." Sociological Analysis 46 (1985): 5-20.

Lumpkin, William L., ed. Baptist Confessions of Faith. Valley Forge, Pa.: Judson, 1959.

Luther, Martin. D. Martin Luthers Werke: Kritische Gesamtausgabe. Weimar: Böhlan, 1883-.

Lumen gentium. In Das Zweite Vatikanische Konzil: Dokumente und Kommentare. Lexikon für Theologie und Kirche, 12.139-347. Freiburg: Herder, 1966-68.

Luntley, Michael. Reason, Truth and Self: The Postmodern Reconditioned. London: Routledge, 1995.

Lutz, Jürgen. Unio und Communio: Zum Verhältnis von Rechtfertigungslehre und Kirchenverständnis bei Luther: Eine Untersuchung zu ekklesiologisch relevanten Texten der Jahre 1519-1528. Konfessionskundliche und kontroverstheologische Studien 55. Paderborn: Bonifatius, 1990.

Luther's Works. 55 vols. Ed. Theodore G. Tappert and Helmut T. Lehmann. Philadelphia: Fortress, 1958-1967.

Luz, Ulrich. "Unterwegs zur Einheit: Gemeinschaft der Kirche im Neuen Testament." In Sie aber hielten fest an der Gemeinschaft: Einheit der Kirche als Prozess im Neuen Testament und heute, by Christian Link, Ulrich Luz, and Lukas Vischer, 43-183. Zurich: Benziger, 1988.

_____. Das Evangelium nach Mattäus. Evangelisch-katholischer Kommentar zum Neuen Testament 1/1. Zurich: Benziger, 1985.

Macchia, Frank D. "Sighs Too Deep for Words: Towards a Theology of Glossolalia." Journal of Pentecostal Theology 1 (1992): 47-73.

McBeth, H. Leon. A Sourcebook for Baptist Heritage. Nashville: Broadman, 1990.

McFadyen, Alistair I. The Call to Personhood: A Christian Theory of the Individual in Social Relationships. Cambridge: Cambridge University Press, 1990.

_____. "The Trinity and Human Individuality: The Conditions for Relevance." Theology 95 (1992): 10-18.

McFague, Sallie. Models of God: Theology for an Ecological, Nuclear Age. Philadelphia: Fortress, 1987.

MacIntyre, Alasdair. *After Virtue: A Study in Moral Theory*. 2d ed. Notre Dame: University of Notre Dame Press, 1984.

_____ . *Whose Justice? Which Rationality?* Notre Dame: University of Notre Dame Press, 1988.

McPartlan, Paul Gerard. *The Eucharist Makes the Church: Henri de Lubac and John Zizioulas in Dialogue*. Edinburgh: Clark, 1993.

Mananzan, Mary John. *The "Language Game" of Confessing One's Belief: A Wittgensteinian-Austinian Approach to the Linguistic Analysis of Creedal Statements*. Tübingen: Niemeyer, 1974.

Marayama, Tadatka. *The Ecclesiology of Theodore Beza: The Reform of the True Church*. Geneva: Libraire Droz, 1978.

Marquard, Odo. "Einheit und Vielheit: Statt einer Einführung in das Kongressthema." In *Einheit und Vielheit: XIV. Deutscher Kongress für Philosophie, Giessen, 21.-26. September 1987*, edited by O. Marquard, 1-10. Hamburg: Meiner, 1990.

Marsch, Wolf-Dieter. *Institution im Übergang: Evangelische Kirche zwischen Tradition und Reform*. Sammlung Vandenhoeck. Göttingen: Vandenhoeck & Ruprecht, 1970.

Marshall, Peter. *Enmity in Corinth: Social Conventions in Paul's Relations with the Corinthians*. Wissenschaftliche Untersuchungen zum Neuen Testament 2/23. Tübingen: Mohr-Siebeck, 1987.

Martin, David. *Tongues of Fire: The Explosion of Protestantism in Latin America*. Oxford: Blackwell, 1990.

Marty, Martin E. *The Public Church: Mainline-Evangelical-Catholic*. New York: Crossroad, 1981.

McClendon, James W. "The Believer's Church in Theological Perspective." Unpublished paper, 1997.

Mead, George Herbert. *Mind, Self and Society from the Standpoint of a Social Behaviorist*. Edited by C. W. Morris. Chicago: University of Chicago Press, 1934.

Mead, Sidney E. *The Lively Experiment: The Shaping of Christianity in America*. New York: Harper & Row, 1963.

Metz, Johann Baptist. "Das Konzil — 'der Anfang eines Anfangs.'" *Orientierung* 54 (1990): 245-50.

Meyendorff, John. Foreword to *Being as Communion: Studies in Personhood and the Church*, by John Zizioulas. Crestwood, N.Y.: St. Vladimir's Seminary Press, 1985.

Meyer, Heinrich. "Was ist Politische Theologie? Einführende Bemerkungen zu einem umstrittenen Begriff." In *Politische Theologie zwischen Ägypten und Israel*, edited by Jan Assmann, 7-19. Munich: Siemens, 1992.

Möhler, Johan Adam. *Die Einheit in der Kirche oder das Prinzip des Katholizismus: Dargestellt im Geiste der Kirchenväter der drei ersten Jahrhunderte*. Edited by J. R. Geiselmann. Darmstadt: Wissenschaftliche Buchgesellschaft, 1957.

Moltmann, Jürgen. "Christsein, Menschsein und das Reich Gottes: Ein Gespräch mit Karl Rahner." *Stimmen der Zeit* 203 (1985): 619-31.

_____. *The Church in the Power of the Spirit: A Contribution to Messianic Ecclesiology*. New York: Harper & Row, 1977.

_____. "Einführung: Einige Fragen der Trinitätslehre heute." In *In der Geschichte des dreieinigen Gottes: Beiträge zur trinitarischen Theologie*, 11-21. Munich: Kaiser, 1991.

_____. "Die einladende Einheit des dreieinigen Gottes." In *In der Geschichte des dreieinigen Gottes: Beiträge zur trinitarischen Theologie*, 117-28. Munich: Kaiser, 1991.

_____. "Die Entdeckung der Anderen: Zur Theorie des kommunikativen Erkennens." *Evangelische Theologie* 50 (1990): 400-414.

_____. *Geist des Lebens: Ganzheitliche Pneumatologie*. Munich: Kaiser, 1991.

_____. "'Die Gemeinschaft des Heiligen Geistes': Trinitarische Pneumatologie." In *In der Geschichte des dreieinigen Gottes: Beiträge zur trinitarischen Theologie*, 90-105. Munich: Kaiser, 1991.

_____. *Gott in der Schöpfung: Ökologische Schöpfungslehre*. Munich: Kaiser, 1985.

_____. *Kirche in der Kraft des Geistes: Ein Beitrag zum messianischen Ekklesiologie*. Munich: Kaiser, 1975.

_____. *Man: Christian Anthropology in the Conflicts of the Present*. Philadelphia: Fortress Press, 1974.

_____. *Politische Theologie — Politische Ethik*. Fundamentaltheologische Studien 9. Munich: Kaiser, 1984.

_____. *The Spirit of Life: A Universal Affirmation*. Minneapolis: Fortress, 1992.

_____. *The Trinity and the Kingdom: The Doctrine of God*. New York: Harper & Row, 1981.

_____ . *Der Weg Jesu Christi: Christologie in messianischen Dimensionen.* Munich: Kaiser, 1989.

Moule, C. F. D. *The Origin of Christology.* Cambridge: Cambridge University Press, 1977.

Mühlen, Heribert. "L'expérience chrétienne de l'Esprit: Immédiaté et médiations." In *L'expérience de Dieu et le Saint Esprit: Immédiaté et médiations. Actes du colloque,* 47-79. Le Point theologique 44. Paris: Beauchesne, 1985.

_____ . *Entsakralisierung: Ein epochales Schlagwort in seiner Bedeutung für die Zukunft der christlichen Kirchen.* Paderborn: Schöningh, 1971.

_____ . *Der Heilige Geist als Person. In der Trinität, bei der Inkarnation und im Gnadenbund: Ich — Du — Wir.* 4th ed. Münsterische Beiträge zur Theologie 26. Münster: Aschendorff, 1980.

_____ . *Una mystica persona: Die Kirche als das Mysterium der heilsgeschichtlichen Identität des Heiligen Geistes in Christus und den Christen: Eine Person in vielen Personen.* 3rd ed. Munich: Schöningh, 1968.

Müller, Ernst F. Karl. *Die Bekenntnisschriften der Reformierten Kirche.* Leipzig: Deichert, 1903.

Müller, Hubert. "Communio als Kirchenrechtliches Prinzip im Codex Iuris Canonici von 1983?" In *Im Gespräch mit dem dreieinen Gott. Elemente einer trinitarischen Theologie. Festschrift zum 65. Geburtstag von Wilhelm Breuning,* 481-98. Düsseldorf: Patmos, 1985.

Mussner, Franz. *Der Galaterbrief.* Herders theologischer Kommentar zum Neuen Testament 9. Freiburg: Herder, 1974.

"Das Mysterium der Kirche und der Eucharistie im Lichte des Geheimnisses der Heiligen Dreieinigkeit: Erstes approbiertes Dokument der gemischten Kommission für den theologischen Dialog zwischen der römisch-katholischen und der orthodoxen Kirche." *Ökumenisches* Forum 5 (1982): 155-66.

Neale, Walter C. "Institution." *Journal of Economic Issues* 21 (1987): 1177-1206.

Nachtwei, Gerhard. *Dialogische Unsterblichkeit: Eine Untersuchung zu Joseph Ratzingers Eschatologie und Theologie.* Erfurter theologische Studien 54. Leipzig: St. Benno, 1986.

Newbigin, Lesslie. "What Is 'A Local Church Truly United'?" In *In Each Place: Towards a Fellowship of Local Churches Truly United,* 14-29. Geneva:

World Council of Churches, 1977.

Nichols, Aidan. *The Theology of Joseph Ratzinger: An Introductory Study*. Edinburgh: Clark, 1988.

Niebuhr, H. Richard. "The Doctrine of the Trinity and the Unity of the Church." *Theology Today* 3 (1946/47): 371-84.

_____. *The Responsible Self: An Essay in Christian Moral Philosophy*. New York: Harper & Row, 1963.

Nietzsche, Friedrich. *Zur Genealogie der Moral*. In *Werke: Kritische Gesamtausgabe 14/2*. Edited by G. Colli and M. Montinari. Berlin: de Gruyter, 1968.

Nissiotis, N. A. "Die qualitative Bedeutung der Katholizität." *Theologische Zeitschrift* 17 (1961): 259-80.

Nygren, Anders. *Christ and His Church*. Philadelphia: Westminster, 1956.

O'Brien, P. T. "The Church as a Heavenly and Eschatological Entity." In *The Church in the Bible and the World: An International Study*, edited by D. A. Carson, 88-119. Exeter: Paternoster, 1987.

O'Donnell, John. "Pannenberg's Doctrine of God." *Gregorianum* 72 (1991): 73-97.

_____. "The Trinity as Divine Community: A Critical Reflection Upon recent Theological Developments." *Gregorianum* 69 (1988): 5-34.

Oeing-Hanhoff, Ludger. "Die Krise des Gottesbegriffs." *Theologische Quartalschrift* 159 (1979): 285-303.

Olson, Roger. "Trinity and Eschatology: The Historical Being of God in Jürgen Moltmann and Wolfhart Pannenberg." *Scottish Journal of Theology* 36 (1983): 213-27.

Palaver, Wolfgang. *Politik und Religion bei Thomas Hobbes: Eine Kritik aus der Sicht der Theorie René Girards*. Indian Theological Studies 33. Innsbruck: Tyrolia, 1991.

Panikkar, Raimundo. *The Trinity and World Religions: Icon-Person-Mystery*. Inter-Religious Dialogue 4. Madras: Christian Literature Society, 1970.

Pannenberg, Wolfhart. *Anthropologie in theologischer Perspektive*. Göttingen: Vandenhoeck & Ruprecht, 1983.

_____. "Die Bedeutung der Eschatologie für das Verständnis der Apostolizität und Katholizität der Kirche." In *Katholizität und Apostolizität*, edited by R. Groscurth, 92-109. Kerygma und Dogma Beiheft 2. Göttingen: Vandenhoeck & Ruprecht, 1971.

_____. "Der Gott der Geschichte: Der trinitarische Gott und die Wahrheit der Geschichte." In *Grundfragen Systematischer Theologie: Gesammelte Aufsätze*. Göttingen: Vandenhoeck & Ruprecht, 1980.
_____. "Ökumenisches Amtsverständnis." In *Ethik und Ekklesiologie*, 219-40. Göttingen: Vandenhoeck & Ruprecht, 1977.
_____. "Person und Subjekt." In *Grundfragen Systematischer Theologie: Gesammelte Aufsätze*. Göttingen: Vandenhoeck & Ruprecht, 1980.
_____. "Reich Gottes, Kirche und Gesellschaft in der Sicht der systematischen Theologie." In *Christlicher Glaube in moderner Gesellschaft: Enzyklopädische Bibliothek in 30 Teilbänden*, edited by Franz Böckle et al., 29.119-35. Freiburg: Herder, 1982.
_____. "Reich Gottes und Kirche." In *Theologie und Reich Gottes*, 31-61. Gütersloh: Mohn, 1971.
_____. "Die Subjektivität Gottes und die Trinitätslehre: Ein Beitrag zur Beziehung zwischen Karl Barth und der Philosophie Hegels." In *Grundfragen Systematischer Theologie: Gesammelte Aufsätze*. Göttingen: Vandenhoeck & Ruprecht, 1980.
_____. *Systematic Theology*. 3 vols. Grand Rapids: Eerdmans, 1991-97.
_____. *Wissenschaftstheorie und Theologie*. Frankfurt: Suhrkamp, 1977.
Park, Heon-Wook. "Die Vorstellung vom Leib Christi bei Paulus." Diss., Tübingen, 1988.
Parsons, Talcott. *On Institutions and Social Evolution: Selected Writings*. Edited by L. H. Mayhew. Chicago: University of Chicago Press, 1982.
_____. "Religion in Postindustrial America: The Problem of Secularization." In *Action Theory and the Human Condition*, 300-322. New York: Free Press, 1978.
_____. *The Social System*. Glencoe, Ill.: Free Press, 1951.
Pelchat, Marc. Review of *Le Cardinal Ratzinger et la théologie contemporaine*, by Jacques Rollet. *Laval théologique et philosophique* 45 (1989): 322-24.
_____. "Perspectives on Koinonia: Final Report of the International Roman Catholic/Pentecostal Dialogue (1985-89)." *Pneuma* 12 (1990): 117-42.
Pesch, Otto Hermann. "Das katholische Sakramentsverständnis im Urteil gegenwärtiger evangelischer Theologie." In *Verifikationen: Festschrift G. Ebeling*, edited by E. Jüngel et al., 317-40. Tübingen: Mohr-Siebeck, 1982.

_____. *Theologie der Rechtfertigung bei Martin Luther und Thomas von Aquin: Versuch eines systematisch-theologischen Dialogs.* Walberger Studien 4. Mainz: Grünewald, 1967.

Peterson, Erik. "Der Monotheismus als politisches Problem." In *Theologische Traktate*, 45-147. Munich: Kösel, 1951.

Pirson, Dietrich. "Communio als Kirchenrechtliches Leitprinzip." *Zeitschrift für evangelisches Kirchenrecht* 29 (1984): 35-45.

Plank, Bernhard. *Katholizität und Sobornost: Ein Beitrag zum Verständnis der Kirche bei den russischen Theologen in der zweiten Hälfte des 19. Jahrhunderts.* Das östliche Christentum. Neue Folge 14. Würzburg: Augustinus, 1960.

Plantinga, Cornelius, Jr. "Images of God." In *Christian Faith and Practice in the Modern World: Theology from an Evangelical Point of View*, edited by M. A. Noll and D. F. Wells, 51-67. Grand Rapids: Eerdmans, 1988.

Polanyi, Michael. *The Tacit Dimension.* London: Routledge & Kegan Paul, 1966.

Porter, Stanley E. "Two Myths: Corporate Personality and Language/Mentality Determinism." *Scottish Journal of Theology* 43 (1990): 289-307.

Prestige, G. L. *God in Patristic Thought.* London: S.P.C.K., 1956.

Rahner, Karl. "Charisma." *Lexikon für Theologie und Kirche*, 2.1025-30. Freiburg: Herder, 1957-67.

_____. "Kommentar zum Dritten Kapitel der Dogmatischen Konstitution über die Kirche (Art. 18-27)." In *Das Zweite Vatikanische Konzil: Dokumente und Kommentare. Lexikon für Theologie und Kirche*, 12.210-47. Freiburg: Herder, 1966-68.

Raiser, Konrad. "Ökumene vor neuen Zielen: Gespräch mit dem Theologen Konrad Raiser." *Evangelische Kommentare* 25 (1992): 412-16.

Ramsey, Paul. *Christian Ethics and the Sit-In.* New York: Abingdon, 1961.

Ratschow, Carl Heinz. "Amt/Ämter/Amtsverständnis VII." In *Theologische Realenzyklopädie*, 2.593-622. Berlin: de Gruyter, 1976-95.

Ratzinger, Joseph Cardinal. *Auf Christus Schauen: Einübung in Glaube, Hoffnung, Liebe.* Freiburg: Herder, 1989.

_____. "Buchstabe und Geist des Zweiten Vatikanums in den Konzilreden von Kardinal Frings." *Internationale Katholische Zeitschrift "Communio"* 16 (1987): 251-65.

_____. *Die christliche Brüderlichkeit.* Munich: Kösel, 1960.

_____. *Church, Ecumenism, and Politics: New Essays in Ecclesiology*. New York: Crossroad, 1988.

_____. "Demokratisierung der Kirche?" In *Demokratie in der Kirche: Möglichkeiten, Grenzen, Gefahren*, edited by J. Ratzinger and Hans Maier, 9-46. Werdende Welt 16. Limburg: Lahn, 1970.

_____. *Dogma and Preaching*. Chicago: Franciscan Herald, 1984.

_____. *Dogma und Verkündigung*. Munich: Wewel, 1973.

_____. "Dogmatische Konstitution über die Göttliche Offenbarung: Kommentar." *Lexikon für Theologie und Kirche*, 13.498-528, 571-81. Freiburg: Herder, 1957-67.

_____. "Ein Versuch zur Frage des Traditionsbegriffs." In *Offenbarung und Überlieferung*, by K. Rahner and J. Ratzinger, 25-69. Quaestiones Disputatae 25. Freiburg: Herder, 1965.

_____. *Introduction to Christianity*. London: Burns & Oates, 1969.

_____. *Eschatology, Death and Eternal Life*. Washington, D.C.: Catholic University of America Press, 1988.

_____. *The Feast of Faith: Approaches to a Theology of the Liturgy*. San Francisco: Ignatius, 1986.

_____. *Die Geschichtstheologie des Heiligen Bonaventura*. Munich: Schnell & Steiner, 1959.

_____. "Glaube, Geschichte und Philosophie: Zum Echo auf 'Einfuhrung in das Christentum.'" *Hochland* 61 (1969): 533-43.

_____. "Glaubensvermittlung und Glaubensquellen." In *Die Krise der Kathechese und ihre Überwindung*, 13-39. Translated by H. Urs von Balthasar. Einsiedeln: Johannes, 1983.

_____. "Identifikation mit der Kirche." In *Mit der Kirche leben*, by J. Ratzinger and K. Lehmann, 13-40. Freiburg: Herder, 1977.

_____. "Kirche II, III." *Lexikon für Theologie und Kirche*, 6.172-83. Freiburg: Herder, 1957-67.

_____. "Leib Christi II. Dogmatisch." *Lexikon für Theologie und Kirche*, 6.910-12. Freiburg: Herder, 1957-67.

_____. "Die letzte Wurzel für den Hass gegen das menschliche Leben liegt im Verlust Gottes: Das Referat von Kardinal Joseph Ratzinger auf der Kardinalsversammlung." *Herder-Korrespondenz* 45 (1991): 223-27.

_____. "Liturgie und Kirchenmusik." *Internationale Katholische Zeitschrift*

"Communio" 15 (1986): 242-56.

_____. *Das neue Volk Gottes: Entwürfe zur Ekklesiologie*. Düsseldorf: Patmos, 1969.

_____. "Pastorale Konstitution über die Kirche in der Welt von heute: Kommentar." *Lexikon für Theologie und Kirche*, 14.313-54. Freiburg: Herder, 1957-67.

_____. *Das Problem der Dogmengeschichte in Sicht der katholischen Theologie*. Cologne: Westdeutscher Verlag, 1966.

_____. *The Ratzinger Report: An Exclusive Interview on the State of the Church*. Joseph Cardinal Ratzinger with Vittorio Messori. San Francisco: Ignatius, 1985.

_____. *Die sakramentale Begründung christlicher Existenz*. 4th ed. Freising: Kyrios, 1973.

_____. *Schauen auf den Durchbohrten: Versuche zu einer spirituellen Christologie*. Einsiedeln: Johannes, 1984.

_____. "Schriftauslegung im Widerstreit: Zur Frage nach Grundlagen und Weg der Exegese heute." In *Schriftauslegung im Widerstreit*, edited by J. Ratzinger, 15-44. Quaestiones Disputatae 117. Freiburg: Herder, 1989.

_____. "Theologie und Kirche." *Internationale Katholische Zeitschrift "Communio"* 15 (1986): 515-33.

_____. *Theologische Prinzipienlehre: Bausteine zur Fundamentaltheologie*. Munich: Erich Wewel, 1982.

_____. *Volk und Haus Gottes in Augustins Lehre von der Kirche*. Münchener theologische Studien 2/7. Munich: Zink, 1954.

_____. "Vorwort." In *Schriftauslegung im Widerstreit*, edited by J. Ratzinger, 7-13. Freiburg: Herder, 1989.

_____. "Warum ich noch in der Kirche bin." In *Zwei Plädoyers*, by H. Urs von Balthasar and J. Ratzinger, 57-75. Munich: Kösel, 1971.

_____. *Zum Begriff des Sakramentes*. Eichstätter Hochschulreden 15. Munich: Minerva, 1979.

_____. "Zur Frage der bleibenden Gültigkeit dogmatischer Formeln: These X-XII. Kommentar von Joseph Ratzinger." In *Die Einheit des Glaubens und der Theologische Pluralismus: Internationale Theologenkommission*, 36-42. Einsiedeln: Johannes, 1973.

_____. *Zur Gemeinschaft gerufen: Kirche heute verstehen*. Freiburg: Herder, 1991.

"Re-envisioning Baptist Identity: A Manifesto for Baptist Communities in America." *Baptist Today* 15 (October 1997): 8-10.

Reid, J. K. S. "The Ratzinger Report." *Scottish Journal of Theology* 40 (1987): 125-33.

Ridderbos, Herman. *Paul: An Outline of His Theology*. Grand Rapids: Eerdmans, 1975.

Robinson, H. Wheeler. *The Christian Doctrine of Man*. 3rd ed. Edinburgh: Clark, 1952.

_____ . *Corporate Personality in Ancient Israel*. Rev. ed. Philadelphia: Fortress, 1980.

Robinson, John. A. T. *Body: A Study in Pauline Theology*. Studies in Biblical Theology 1/5. London: SCM, 1952.

Rogerson, J. W. "The Hebrew Conception of Corporate Personality: A Re-examination." *Journal of Theological Studies* 21 (1970): 1-16.

Rollet, Jacques. *Le cardinal Ratzinger et la theologie contemporaine*. Paris: Cerf, 1987.

Roloff, Jürgen. "ἐκκλησία." *Exegetical Dictionary of the New Testament*, 1.410-15. Grand Rapids: Eerdmans, 1990-93.

Roof, Wade Clark, and William McKinney. *American Mainline Religion: Its Changing Shape and Future*. New Brunswick, N.J.: Rutgers University Press, 1987.

Russell, Letty M. *Church in the Round: Feminist Interpretation of the Church*. Louisville: Westminster/John Knox, 1993.

Schäfer, Klaus. *Gemeinde als "Brüderschaft": Ein Beitrag zum Kirchenverständnis des Paulus*. Europäische Hochschulschriften. Theologie 23/333. Frankfurt: Lang, 1989.

Schegler, Albert. *Die Metaphysik des Aristoteles: Grundtext, Übersetzung und Kommentar*. 3 vols. Frankfurt: Minerva, 1960.

Schillebeeckx, Edward C. *Christliche Identität und kirchliches Amt: Plädoyer für den Menschen in der Kirche*. Translated by H. Zulauf. Düsseldorf: Patmos, 1985.

_____ . *Menschen: Die Geschichte von Gott*. Translated by H. Zulauf. Freiburg: Herder, 1990.

Schleiermacher, Friedrich. *The Christian Faith*. Edinburgh: Clark, 1928.

Schlier, Heinrich. *Der Brief an die Galater*. Kritisch-exegetischer Kommentar über das Neue Testament. 5th ed. Göttingen: Vandenhoeck & Ruprecht, 1971.

_____. "Die Einheit der Kirche nach dem Neuen Testament." *Catholica* (Münster) 14 (1960): 161-77.

Schlink, Edmund. *Ökumenische Dogmatik: Grundzüge*. Göttingen: Vandenhoeck & Ruprecht, 1983.

Schmitz, Herman-Josef. *Frühkatholizismus bei Adolf von Harnack, Rudolph Sohm und Ernst Käsemann*. Themen und Thesen der Theologie. Dusseldorf: Patmos, 1977.

Schnackenburg, Rudolf. *Der Brief an die Epheser*. Evangelisch-katholischer Kommentar zum Neuen Testament 10. Zurich: Benziger, 1982.

Schoonenberg, Piet. "Trinität — der vollendete Bund: Thesen zur Lehre vom dreipersönlichen Gott." *Orientierung* 37 (1973): 115-17.

Schweizer, Eduard. "Konzeptionen von Charisma und Amt im Neuen Testament." In *Charisma und Institution*, edited by T. Rendtorff, 316-49. Gütersloh: Mohn, 1985.

_____. "σῶμα." *Exegetical Dictionary of the New Testament*, 3.321-25. Grand Rapids: Eerdmans, 1990-93.

Schwöbel, Christoph. "Particularity, Universality, and the Religions: Toward a Christian Theology of Religions." In *Christian Uniqueness Reconsidered: The Myth of a Pluralistic Theology of Religions*, edited by G. D'Costa, 30-46. Faith Meets Faith. Maryknoll, N.Y.: Orbis, 1990.

Scroggs, Robin. "The Earliest Christian Communities as Sectarian Movement." In *Christianity, Judaism and Other Greco-Roman Cults: Studies for Morton Smith at Sixty*, edited by J. Neusner, 1-23. Studies in Judaism in Late Antiquity 12. Leiden: Brill, 1975.

Shantz, Douglas. "The Place of the Resurrected Christ in the Writings of John Smyth." *Baptist Quarterly* 30 (1984): 199-203.

Siebel, Wiegand. *Der Heilige Geist als Relation: Eine soziale Trinitätslehre*. Münster: Aschendorff, 1986.

Smyth, John. *The Works of John Smyth*. Edited by W. T. Whitley. Cambridge: Cambridge University Press, 1915.

Sohm, Rudolph. *Kirchenrecht*. 2d ed. Systematisches Handbuch der Deutschen Rechtswissenschaft 8. Berlin: von Duncker & Humbolt, 1923.

_____. *Wesen und Ursprung des Katholizismus*. 2d ed. Leipzig: Teubner, 1912.

Stallsworth, Paul T. "The Story of an Encounter." In *Biblical Interpretation in Crisis: The Ratzinger Conference on Bible and Church*, edited by R. J. Neuhaus, 102-90. Encounter Series 9. Grand Rapids: Eerdmans, 1989.

Staniloae, Dumitru. *Orthodoxe Dogmatik*. Translated by H. Pitters. Ökumenische Theologie 12/15. Einsiedeln: Benziger, 1984-.

_____ . "Trinitarian Relations and the Life of the Church." In *Theology and the Church*, 11-44. Translated by Robert Barringer. Crestwood, N.Y.: St.Vladimir's Seminary Press, 1980.

Steinacker, Peter. "Katholizität." In *Theologische Realenzyklopädie*, 18.72-80. Berlin: Walter de Gruyter, 1989.

_____ . *Die Kennzeichen der Kirche: Eine Studie zu ihrer Einheit, Heiligkeit, Katholizität und Apostolizität*. Berlin: de Gruyter, 1982.

Stoll, David. *Is Latin America Turning Protestant? The Politics of Evangelical Growth*. Berkeley: University of California Press, 1990.

Stormon, J. E., ed. and trans. *Towards the Healing of Schism: The Sees of Rome and Constantinople. Public Statements and Correspondence between the Holy See and the Ecumenical Patriarchate, 1958-1984*. Ecumenical Documents 3. New York: Paulist, 1987.

Strong, Augustus Hopkins. *Systematic Theology: A Compendium Designed for the Use of Theological Students*. Old Tappan, N.J.: Revell, 1907.

Studer, Basil. "Der Person-Begriff in der frühen kirchenamtlichen Trinitätslehre." *Theologie und Philosophie* 57 (1982): 161-77.

Stuhlmacher, Peter. *Der Brief an Philemon. Evangelisch-katholischer Kommentar zum Neuen Testament* 18. Zurich: Benziger, 1981.

_____ . *Gerechtigkeit Gottes bei Paulus*. 2d ed. Göttingen: Vandenhoeck & Ruprecht, 1966.

_____ . "Volkskirche — weiter so?" *Theologische Beiträge* 23 (1992): 151-70.

Suchocki, Marjorie Hewitt. *God, Christ, Church: A Practical Guide to Process Theology*. Rev. ed. New York: Crossroad, 1993.

Sullivan, Francis A. *The Church We Believe In: One, Holy, Catholic and Apostolic*. New York: Paulist, 1988.

Thomas Aquinas: Summa Theologiae. Taurini: Marietti, 1952-56.

Thils, Gustave. *En dialogue avec l'"Entretien sur la foi."* Louvain-la-Neuve: Peeters, 1986.

Thurian, M., ed. *Churches Respond to BEM: Official Responses to the "Baptism,*

Eucharist and Ministry" Text. Faith and Order Papers 132. Geneva: World Council of Churches, 1986.

Tillich, Paul. *Systematic Theology.* Chicago: University of Chicago Press, 1967.

Tönnies, Ferdinand. *Community and Society.* New York, 1963.

____. *Gemeinschaft und Gesellschaft: Grundbegriffe der reinen Soziologie.* 2d ed. Berlin: Curtius, 1912.

Troeltsch, Ernst. *Die Soziallehren der christlichen Kirchen.* Tübingen: Mohr, 1912.

Turner, Max. "The Ecclesiologies of the Major 'Apostolic' Restorationist Churches in the United Kingdom." Unpublished.

Unitatis redintegratio. In *Das Zweite Vatikanische Konzil: Dokumente und Kommentare. Lexikon für Theologie und Kirche,* 13.11-126. Freiburg: Herder, 1966-68.

Veenhof, Jan. "Charismata — Supernatural or Natural?" In *The Holy Spirit: Renewing and Empowering Presence,* edited by G. Vandervelde, 73-91. Winfield: Wood Lake, 1989.

Vischer, Lukas. "Schwierigkeiten bei der Befragung des Neuen Testaments." In *Sie aber hielten fest an der Gemeinschaft: Einheit der Kirche als Prozess im Neuen Testament und heute,* by Christian Link, Ulrich Luz, and Lukas Vischer, 17-40. Zurich: Benziger, 1988.

Volf, Miroslav. "Arbeit und Charisma: Zu einer Theologie der Arbeit." *Zeitschrift für evangelische Ethik* 31 (1987): 411-33.

____. "Christliche Identitat und Differenz: Zur Eigenart der christlichen Präsenz in den modernen Gesellschaften." *Zeitschrift für Theologie und Kirche* 92/3 (1995): 356-374.

____. "The Church as a Prophetic Community and a Sign of Hope." *European Journal of Theology* 2 (1993): 9-30.

____. "Demokratie und Charisma: Reflexion über die Demokratisierung der Kirche." *Concilium* (Einsiedeln) 28 (1992): 430-34.

____. *Exclusion and Embrace: A Theological Exploration of Identity, Otherness, and Reconciliation.* Nashville: Abingdon, 1996.

____. "Die Herausforderung des protestantischen Fundamentalismus." *Concilium* (Einsiedeln) 18 (1992): 261-68.

____. "Justice, Exclusion, and Difference." *Synthesis Philosophica* 9 (1994): 455-76.

_____. "Kirche als Gemeinschaft: Ekklesiologische Überlegungen aus freikirchlicher Perspektive." *Evangelische Theologie* 49 (1989): 52-76.

_____. "O kognitivnoj dimenziji religijskog govora. Teoloske opaske uz Susnjicevu knjigu 'Znati i verovati.'" *Crkva u svijetu* 24 (1989): 314-20.

_____. "Soft Difference: Theological Reflections on the Relation between Church and Culture in 1 Peter." *Ex Auditu* 10 (1994): 15-30.

_____. "'The Trinity Is Our Social Program': The Doctrine of the Trinity and the Shape of Social Engagement." *Modern Theology* 14 (1998): forthcoming.

_____. "When Gospel and Culture Intersect: Notes on the Nature of Christian Difference." In *Pentecostalism in Context: Essays in Honor of William W. Menzies*, edited by Wonsuk Ma and Robert P. Menzies, 223-36. Sheffield: Sheffield Academic Press, 1997.

_____. "When the Unclean Spirit Leaves: Tasks of the Eastern European Churches after the 1989 Revolution." *Cross Currents* 41 (1991): 78-92.

_____. *Work in the Spirit: Toward a Theology of Work*. New York: Oxford University Press, 1991.

_____. "Worship as Adoration and Action: Reflections on a Christian Way of Being-in-the-World." In *Worship: Adoration and Action*, edited by D. A. Carson, 203-11. Grand Rapids: Baker Book House, 1993.

_____. *Zukunft der Arbeit — Arbeit der Zukunft: Das Marxsche Verständnis der Arbeit und seine theologische Wertung*. Fundamentaltheologische Studien 14. Munich: Kaiser, 1987.

Wainwright, Arthur W. *The Trinity in the New Testament*. London: S.P.C.K., 1962.

Walker, Andrew. *Restoring the Kingdom: The Radical Christianity of the House Church Movement*. London: Hodder and Stoughton, 1985.

Walls, Andrew F. *The Missionary Movement in Christian History: Studies in the Transmission of Faith*. Maryknoll, N.Y.: Orbis, 1996.

Walton, Robert G. *The Gathered Community*. London: Carey, 1946.

Warner, R. Stephen. "The Place of the Congregation in the Contemporary American Religious Configuration." In *American Congregations: New Perspectives in the Study of Congregations*, edited by J. P. Wind and J. W. Lewis, 2.502-24. 2 vols. Chicago: University of Chicago Press, 1994.

Weber, Max. "Die protestantischen Sekten und der Geist des Kapitalismus." In

Gesammelte Aufsätze zur Religionssoziologie, 207-36. Tubingen: Mohr-Siebeck, 1947.

Weber, Otto. Versammelte Gemeinde: Beiträge zum Gespräch über die Kirche und Gottesdienst. Neukirchen: Buchhandlung des Erziehungsvereins, 1949.

Weir, Allison. Sacrificial Logics: Feminist Theory and the Critique of Identity. New York: Routledge, 1996.

Welker, Michael. Gottes Geist: Theologie des Heiligen Geistes. Neukirchen-Vluyn: Neukirchener Verlag, 1992. English translation, God the Spirit. Translated by John F. Hoffmeyer. Minneapolis: Fortress, 1994.

_____. Kirche im Pluralismus. Kaiser Taschenbücher 136. Gutersloh: Kaiser, 1995.

_____. Kirche ohne Kurs? Aus Anlass der EKD-Studie "Christsein Gestalten." Neukirchen- Vluyn: Neukirchener Verlag, 1987.

_____. Universalität Gottes und Relativität der Welt: Theologische Kosmologie im Dialog mit dem amerikanischen Prozeßdenken nach Whitehead. Neukirchen-Vluyn: Neukirchener Verlag, 1981.

Wells, David F. God in the Wasteland: The Reality of Truth in a World of Fading Dreams. Grand Rapids: Eerdmans, 1994.

Wendebourg, Dorothea. "Person und Hypostase: Zur Trinitätslehre der neueren orthodoxen Theologie." In Vernunft des Glaubens: Wissenschaftliche Theologie und kirchliche Lehre. Festschrift zum 60. Geburtstag von Wolfhart Pannenberg, edited by J. Rohls and G. Wenz, 502-24. Göttingen: Vandenhoeck & Ruprecht, 1988.

Westermann, Claus. Schöpfung. Themen der Theologie 12. Stuttgart: Kreuz, 1971.

White, R. B. The English Separatist Tradition: From the Marian Martyrs to the Pilgrim Fathers. Oxford Theological Monographs. Oxford: Oxford University Press, 1971.

Whitehead, Alfred North. Process and Reality: An Essay in Cosmology. New York: Macmillan, 1929.

Whitehead, James D., and Evelyn Eaton Whitehead. The Emerging Laity: Returning Leadership to the Community of Faith. Garden City, N.Y.: Doubleday, 1986.

Wilckens, Ulrich. Der Brief an die Römer. Evangelisch-katholischer Kommentar zum Neuen Testament 6/1-3. Zurich: Benziger, 1979-82.

Williams, George Huntston. "Believers' Church and the Given Church." In *The People of God: Essays on the Believer's Church*, edited by Paul Basden and David S. Dockery, 325-32. Nashville: Broadman, 1991.

Williams, James. "Znacaj rukopolaganja za sluzbe u crkvi." *Bogoslovska smotra* 12 (1984): 55-72.

Williams, Rowan. Review of *Being as Communion: Studies in Personhood and the Church*, by John D. Zizioulas. Scottish Journal of Theology 42 (1989): 101-5.

____. "Trinity and Pluralism." In *Christian Uniqueness Reconsidered: The Myth of a Pluralistic Theology of Religions*, edited by G. D'Costa, 3-15. Faith Meets Faith. Maryknoll, N.Y.: Orbis, 1990.

Wilson, Everett A. "Evangelization and Culture: A Paradigm of Latin American Pentecostalism." Paper presented at the International Roman Catholic–Pentecostal Dialogue, Castel Gondolfo, June 1992.

Wind, James P. and James W. Lewis, eds. *American Congregations*. Chicago: The University of Chicago Press, 1994.

Wittgenstein, Ludwig. *Philosophische Untersuchungen*. 3rd ed. Frankfurt: Suhrkamp, 1975.

Wolf, Erik. *Rechtsgedanke und Biblische Weisung: Drei Vorträge*. Tübingen: Furche, 1948.

Wolff, Christian. *Der zweite Brief des Paulus an die Korinther*. Theologischer Handkommentar zum Neuen Testament 8. Berlin: Evangelische Verlagsanstalt, 1989.

Wolff, Hans Walter. "Prophet und Institution im Alten Testament." In *Charisma und Institution*, edited by T. Rendtorff, 87-101. Gütersloh: Mohn, 1985.

Wolterstorff, Nicholas. *Until Justice and Peace Embrace: The Kuyper Lectures for 1981*. Grand Rapids: Eerdmans, 1983.

____. "Christianity and Social Justice." *Christian Scholar's Review* 16 (1987): 211-28.

Wuthnow, Robert. *The Restructuring of the American Religion: Society and Faith since World War II*. Princeton: Princeton University Press, 1988.

Yorke, Gosnell L. O. R. *The Church as the Body of Christ in the Pauline Corpus: A Re-examination*. Lanham, Md.: University Press of America, 1991.

Zaret, David. *Heavenly Contract: Ideology and Organization in Pre-revolutionary Puritanism*. Chicago: University of Chicago Press, 1985.

Zizioulas, John D. *Being as Communion: Studies in Personhood and the Church*. Crestwood, N.Y.: St. Vladimir's Seminary Press, 1985.

_____. "The Bishop in the Theological Doctrine of the Orthodox Church." *Kanon* 7 (1985): 23-35.

_____. "Christologie et existence: La dialectique créé-incréé et la dogme de Chalcédoine." *Contacts* 36 (1984): 154-72.

_____. "Les conferénces épiscopales comme institution causa nostra agitur?" In *Les conférences épiscopales: Theologie, Statut cononique, avenir*, edited by H. Legrand, J. Manzanares, and A. García y García, 499-508. Cogitatio fidei 149. Paris: Cerf, 1988.

_____. "The Contribution of Cappadocia to Christian Thought." In *Sinasos in Cappadocia*, 23-37. London: Ekdoseis Agra, 1985.

_____. "Déplacement de la perspective eschatologique." In *La chrétienté en débat: Histoire, formes et problémes actuels*, 89-100. Paris: Cerf, 1984.

_____. "The Early Christian Community." In *Christian Spirituality: Origins to the Twelfth Century*, edited by B. McGinn and J. Meyendorff, 23-43. World Spirituality 16. New York: Crossroad, 1985.

_____. "The Ecclesiological Presuppositions of the Holy Eucharist." *Nicolaus* 10 (1982): 333-49.

_____. "Ἡ ἑνότης τῆς Ἐκκλησίας ἐν τῇ Θείᾳ Εὐχαριστίᾳ καὶ τῷ Ἐπισκόπῳ κατά τοὺς τρεῖς πρώτους αἰῶνας. Athens, 1965.

_____. "Die Entwicklung Konziliarer Strukturen bis zur Zeit des ersten ökumenischen Konzils." In *Konzile und die ökumenische Bewegung*, 34-52. Studien des Okumenischen Rates 5. Geneva: ÖRK, 1968.

_____. "Episkope and Episkopos in the Early Church: A Brief Survey of the Evidence." In *Episcopé and Episcopate in Ecumenical Perspective*. Faith and Order Papers 102. Geneva: World Council of Churches, 1980.

_____. *L'être ecclésial*. Perspective orthodoxe 3. Geneva: Labor et fides, 1981.

_____. "Die Eucharistie in der neuzeitlichen orthodoxen Theologie." In *Die Anrufung des Heiligen Geistes im Abendmahl*, 163-79. Ökumenische Rundschau Beiheft 31. Frankfurt: Limbeck, 1977.

_____. "L'eucharistie: quelques aspects bibliques." In *L'eucharistie*, by J. Zizioulas, J. M. R. Tillard, and J. J. von Allmen, 11-74. Églises en Dialogue 12. Paris: Mame, 1970.

_____. "Die eucharistische Grundlage des Amtes." In *Philoxenia*, edited by R.

Thole and I. Friedeberg, 2.66-78. Fürth: Flacius, 1986.
_____. "Les groupes informels dans l'Église: Un point de vue orthodoxe." In *Les groups informels dans l'Église*, edited by R. Metz and J. Schlick, 251-72. Hommes et eglise 2. Strasbourg: Cerdic, 1971.
_____. "Human Capacity and Human Incapacity: A Theological Exploration of Personhood." *Scottish Journal of Theology* 28 (1975): 401-47.
_____. "Implications ecclésiologiques de deux types de pneumatologie." In *Communio Sanctorum: Mélanges offerts à Jean-Jacques von Allmen*, 141-54. Geneva: Labor et fides, 1982.
_____. "La Mystére de l'Église dans la tradition orthodoxe." *Irénikon* 60 (1987): 321-35.
_____. "The Nature of the Unity We Seek: Response of the Orthodox Observer." *One in Christ* 24 (1988): 342-48.
_____. "On Being a Person: Towards an Ontology of Personhood." In *Persons, Divine and Human: King's College Essays in Theological Anthropology*, edited by C. Schwöbel and C. E. Gunton, 33-46. Edinburgh: Clark, 1991.
_____. "L'ordination est-elle un sacrement?" *Concilium* (Paris) 74 (1972): 41-47.
_____. "Ordination et communion." *Istina* 16 (1971): 5-12.
_____. "Die pneumatologische Dimension der Kirche." *Internationale Katholische Zeitschrift "Communio"* 2 (1973): 133-47.
_____. "La relation de l'hellenisme et du christianisme et le problème de la mort — La réponse de Jean Zizioulas." *Contacts* 37 (1985): 60-72.
_____. "Some Reflections on Baptism, Confirmation and Eucharist." *Sobornost* 5 (1969): 644-62.
_____. "The Teaching of the Second Ecumenical Council on the Holy Spirit in Historical and Ecumenical Perspective." In *Credo in Spiritum Sanctum: Atti del congress teologico internationale di pneumatologia*, 29-54. Vatican: Libreria Editrice Vaticana, 1983.
_____. "The Theological Problem of 'Reception.'" *Bulletin of the Centro pro Unione* 26 (Fall 1984): 3-6.
_____. "Wahrheit und Gemeinschaft in der Sicht der griechischen Kirchenväter." *Kerygma und Dogma* 26 (1980): 2-49.
_____. "Die Welt in eucharistischer Schau und der Mensch von heute." *Una Sancta* 25 (1970): 342-49.

색인

BEM 문서Baptism, Eucharist, and Ministry (BEM) 51, 371, 381n.28, 411

가시적 교회visible church 183, 292, 447

가정 교회 운동"house-church" movement 396n.74

가톨릭 교회Catholic Church 24, 225-226, 270; 전일성catholicity 432; 회중주의화congregationalization 37

감독제episcopacy 107-113, 198, 225-232, 413, 259-61

감독중심주의episcopocentrism 200, 226, 373

감리교도methodists 44

감정feeling 276

개신교Protestantism 270-271

개인적 연합으로서 교회church as association 42, 301-304

개인주의individualism 19, 21, 36, 65, 106, 138, 140, 465; 교회적ecclesial 270-271, 272-275, 360-362; 신앙의of faith 283; 와 공동체and community 77; 와 구원and salvation 290

개혁교회 전통Reformed tradition 432n.1, 447

거듭남rebirth 302
거룩holiness 251
건드리, 로버트Gundry, Robert 243

게로사, 리베로Gerosa, Libero 402
계시revelation 95, 406-407
공동체community 36, 301; 와 개인and individual 77; 와 성례전and sacraments 80-84; 와 진리and truth, 101-103, 104-106

공산주의communism 395n.73
과르디니, 로마노Guardini, Romano 36, 124

교리doctrine 249
교제communion 73, 87-88, 46-47, 250, 276, 290, 298-299; 와 인격됨and personhood 141-147, 188; 와 전일성and catholicity 353

교파, 교파주의denominations, denominationalism 48, 237, 261, 417

교황Pope 112-114, 133, 216, 261, 357, 362, 432

교황 바오로 6세Pope Paul VI 233n.32
교회church: 개인적 연합으로서as association 301-304; 공의회성conciliarity 214; 그리스도와 성령의 현존and presence of Christ and Spirit 223-225; 그리스도와의 동일시identification with Christ 178-180; 다른 교회들을 향한 개방성openness toward other churches 261-266; 문화화enculturation 24, 398, 421; 사도성apostolicity 214; 사회적 유기체로서as social organism 301-304; 삼위일체와의

관계relationship to Trinity 327-330; 상품으로서as commodity 41, 48; 성례전성sacramentality 277n.29; 양극적 이해bipolar understanding 376n.11; 어머니로서as mother 164, 275-283, 295, 304; 와 구원and salvation 290-295; 와 성만찬and Eucharist 177; 와 성서and Bible 98-101; 와 세상and world 267; 와 신앙의 매개and mediation of faith 74-79, 272-283; 은혜의 수단으로서as means of grace 294-295; 의지적인 개인적 결합으로서as voluntary association 295-296; 일원론적 구조monistic structure 133; 전일성catholicity 184-186, 207, 214; 전통 담지자로서as tradition bearer 96; 제도로서as institution 390-398; 종말론적 특질eschatological character 222, 237-241, 264-266, 304, 326, 333, 339, 397, 400, 405; 주체로서 as subject 373; 지역성locality 184-186; 형식화formalization 396; 형제자매의 사귐으로서as sibling fellowship 295, 303-304; 회합으로서as assembly 235-237, 247; 또한 지역 교회, 보편 교회를 보라.

교회 구성원들church members 290; 과 직임자의 선출and election of officers 423-425

교회론ecclesiology: 객관적 조건들 objective conditions 231-232, 255-256; 주관적 조건들subjective conditions 231-232, 255-256; 또한 교회를 보라.

교회법church law   396-398, 400-407

교회 성장 운동Church Growth movement   458

교회의 복수성plurality of the church 52-55, 266, 398, 436-438

교회의 사역ministries of church: 과 전일성and catholicity 451-453; 의 동등성equality of 410

교회일치 운동ecumenical movement 48-51

교회적 영혼anima ecclesiastica 76, 102, 123, 465

교회적 존재ecclesial being   179, 298-302

구원salvation: 과 교회and the church 290-295; 과 인격성and personhood 152, 311, 312-315; 의 사회성sociality of 290-293, 315-316, 391

국가 교회"State Church"   53n.57
권리rights   365
권위주의authoritarianism   21
그레이, 메리Grey, Mary   324n.15
그리스도의 몸body of Christ   92-93, 177, 183n.164, 242-246
그리스 철학Greek philosophy   147
근본주의fundamentalism   101, 407
급진 종교개혁자Radical Reformers   19
기도prayer   123, 178
기억memory   95-98
길렌, 말리스Gielen, Marlis   236n.41

나흐트베이, 게르하르트Nachtwei, Gerhard   55n.9, 131n.223
남인도 교회Church of South India 379n.24
능력(권력)power   250, 394

니버, 리처드Niebuhr, H. Richard 308n.124, 363n.116
니시오티스, 니코스Nissiotis, Nikos A. 434n.8
니체Nietzsche, F. 126
니케아 신조Nicene Creed 338n.56
니콜스, 에이단Nichols, Aidan 55n.59

다른 교회들을 향한 개방성openness to other churches 454-457, 460, 464
다원화pluralization 44, 65, 436, 459
다중심적 공동체polycentric community 375-377, 379, 393, 409n.108, 426
달페르트, 잉골프Dalferth, Ingolf U. 309, 360n.106
대중주의populism 44-45
대형교회megachurches 27
덜레스 애버리Dulles, Avery 122n.194, 375n.9, 444
동등성(평등)equality 23, 42, 43
동방 정교회Orthodox Church 24, 226, 263
동부아, 한스Dombois, Hans 400
동의assensus 287
동질적 집단들"homogeneous units" 48, 459
뒤르켐, 에밀Durkheim, Emil 121
듀이, 존Dewey, John 300n.102

라너, 칼Rahner, Karl 51, 384
라쵸, 칼 하인츠Ratschow, Carl Heinz 410n.109
라칭거, 조셉Ratzinger, Joseph Cardinal 23, 38, 53n.57, 55-57, 64-68, 225-226, 274; 교회의 구조에 관한on structures of church 399; 교회의 어머니됨에 관한on motherhood of church 275-279; 구원의 사회성에 관한on sociality of salvation 291; 기도에 관한on prayer 123; 보편 교회에 관한on universal church 239-241; 삼위일체에 관한on the Trinity 124-134, 335-336; 서임에 관한on ordination 415; 성례전에 관한on sacraments 80-84; 성만찬적 교회론Eucharistic ecclesiology 84; 인격성에 관한on personhood 284n.53, 311-312, 317, 341-341, 356; 일원론적 교회 구조에 관한on monistic church structure 356; 전통에 관한on tradition 94-100; 지역 교회에 관한on local church 261-263, 346, 450, 452; 직임에 관한on office 103-116, 411; 직임자의 선출에 관한on election of officers 418; 평신도에 관한on laity 116-119
라쿠나, 캐서린LaCugna, Catherine 23, 341
램지, 폴Ramsey, Paul 366n.125
러셀, 레티Russell, Letty M. 19
러시아 정교회Russian Orthodox Church 371n.2
러크만, 토마스Luckmann, Thomas 390
레이크, 피터Lake, Peter 33
로마 주교bishop of Rome 교황을 보라.
로빈슨, 휠러Robinson, H. Wheeler 245n.68
로잔 회의Lausanne Conference (1972) 50
로크, 존Locke, John 300
루만, 니클라스Luhmann, Niklas 26, 299

루츠, 울리히Luz, Ulrich 244n.63
루츠, 위르겐Lutz, Jurgen 293n.80
루터, 마르틴Luther, Martin 255n.94, 277n.29, 278n.33, 288, 293n.80, 376, 432
루터교Lutheranism 250n.81, 258, 432n.1
뤼박, 앙리 드Lubac, Henri de 55n.60, 66n.11, 76, 440
르그랑, 에르베Legrand, Herve 380
리드Reid, J. K. S. 102
린드벡, 조지Lindbeck, George A. 49n.50, 276

마난잔, 메리-존Mananzan, Mary-John 254n.92
마르크스, 칼Marx, Karl 345
마르크바르트, 오도Marquard, Odo 322, 436
맥클렌든, 제임스McClendon, James W. Jr. 21
맥파틀란, 폴McPartlan, Paul Gerard 55n.60, 138n.11, 160n.85, 161n.90, 182, 205n.232, 212n.250
맥페이그, 샐리McFague, Sallie 324n.15
맥페이든, 앨리스테어McFadyen, Alistair I. 309, 326n.21
몰트만, 위르겐Moltmann, Jürgen 12, 23, 256n.96, 285n.54, 316n.144, 317n.146, 324nn.12,14, 330, 337, 342, 351n.88, 360n.108, 361n.110, 394
묄러, 요한 아담Möhler, Johann Adam 270n.1
묵시적 유대교apocalyptic Judaism 237
뮐렌, 헤리버트Mühlen, Heribert 246n.72, 316, 359n.105, 487
미드, 조지 허버트Mead, George Herbert 300n.101, 309n.127
민족주의nationalism 32
민주주의democracy 118n.182, 408, 422

바레트Barrett, C. K. 282
바르트, 칼Barth, Karl 48, 433
바르트, 한스-마르틴Barth, Hans-Martin 370n.1, 376n.13
바우메르트, 노베르트Baumert, Norbert 377n.18
바이네르트, 볼프강Beinert, Wolfgang 446
박현욱Park, Heon-Wook 242
발타자르, 한스 우르스 폰Balthasar, Hans Urs von 462
버거, 피터Berger, Peter L. 26, 390
법과 사랑law and love 397
베버, 막스Weber, Max 26, 302, 380
베버, 오토Weber, Otto 235, 275
베스터만, 클라우스Westermann, Claus 306n.121
베일라르정, 그래탄Baillargeon, Gaëtan 55n.60, 164n.99, 182n.161, 205n.230
벤담, 제레미Bentham, Jeremy 300
벨커, 미하엘Welker, Michael 375n.9
뱅상, 레렝의Vincent of Lérins 440
보브린스코이, 보리스Bobrinskoy, Boris 327n.23
보편 교회universal church 112, 211, 239, 417; 와 진리and truth 105; 의 우선성priority of 89-94; 의 종말론eschatology of 240
보프, 레오나르도Boff, Leonardo

324n.14
본회퍼, 디트리히Bonhoeffer, Dietrich 294, 299n.97, 302
볼프, 에른스트Wolf, Ernst   398
볼프, 한스 발터Wolff, Hans Walter 401n.89
부르심calling   377, 389
부제deacons   193
분리주의자Separatists   33-34, 227n.19, 229n.26, 295, 408, 412
분파sect   302
분화differentiation   40, 436
브라츨로, 스테픈Brachlow, Stephen 229n.26
브록하우스, 울리히Brockhaus, Ulrich 382n.31, 388n.53
브루너, 에밀Brunner, Emil   293
비가시적 교회invisible church   183, 292, 447
비더만, 헤르메네길트Biedermann, Hermenegild   335, 336n.52
비헤른, 요한 힌리히Wichern, Johann Hinrich   376
빌켄스, 울리히Wilckens, Ulrich 259n.111

사귐fellowship   70, 345
사도적 계승apostolic succession   207, 209, 214, 229, 432
사도적 전통apostolic tradition 456-457
사랑love 172, 345-347, 351, 366, 394-397; 과 법and law 397; 과 지식and knowledge 167-172, 284-287; 삼위일체 속의in Trinity 361
「사보이 선언」Savoy Declaration 432n.1
사제(성직자)priest(s) 117, 281, 373-375

사회society   35n.7, 44, 301
사회성sociality 276, 301-304, 311, 396, 464; 과 제도성and institutionality 390; 구원의of salvation 315-316, 390-393, 464
사회학sociology   26
삼위일체Trinity 27, 70; 내주성interiority 348-351; 라칭거의 견해Ratzinger on 124-134; 사랑love 361; 사회적 모델social model 330; 와 공동체and community 109, 146, 325; 와 교회론and ecclesiology 23, 27-29; 와 인격성and personhood 140-144, 343; 와 전일성and catholicity 349-350, 355; 위계로서as hierarchy 361, 393; 제도로서as an institution 391-392; 주체로서as subjects 342; 통일성unity 350
상품으로서 교회church as commodity 41, 48
상호 복종mutual subordination 384-5
새 창조new creation 221-223, 333, 395, 397, 441-446, 457; 또한 종말론을 보라.
서임ordination 194-196, 199-202, 206-210, 212-213, 415-417
선취anticipation   240-241, 443-446
성공회-가톨릭 합의문서Anglican-Catholic Consensus Documents 90n.94
성령Holy Spirit 72, 162-163, 179, 280-282, 316-318, 372, 400-407, 443-446; 과 교회 제도and church institutions 390; 과 전일성and catholicity 465-467; 과 제

도and institutions 398-399; 과 직임자의 선출and election of officers 424-426; 교회에 대한 주권성sovereignty over church 385-389, 402n.92, 413-414; 의 나옴 procession of 356-361; 의 은사들 gifts of 383, 389; 인간 인격에 내주함indwelling human persons 351-356, 364

성령의 열매fruit of the Spirit 252

성례전sacraments 230, 257-260, 276; 과 공동체and community, 80-84; 과 직임and office, 413

성만찬Eucharist 84-85, 136, 311; 과 교제and communion 175-183; 과 교회 안의 정체성and identity in Christ 179; 과 전일성and catholicity 185-186; 과 종말론and eschatology 179-183, 185, 192; 과 하나님의 다스림and reign of God 192; 양극적 사건으로서as bipolar event 205; 예전으로서as liturgical 176

성부의 군주성(단일 기원성)Father, monarchy of 143, 145, 358, 360n.106

성서Bible: 무오류성infallibility 101; 와 교회and church 98-101; 와 전일성and catholicity 441; 와 전통and tradition, 280n.38

성직자주의clericalism 325

세례baptism 84, 258-260, 299, 311, 333; 삼위일체적 사건으로서as Trinitarian event 326; 서임으로서as ordination 201; 와 신자의 사제됨and priesthood of believers 409;

유아infant 302n.107; 지지울라스의 견해Zizioulas on 160-165

세속화secularization 45n.43

수용의 수위성 "primacy of reception" 120

순종obedience 227

쉬슬러 피오렌자, 엘리자베스Schüssler Fiorenza, Elisabeth 19

쉴러, 하인리히Schlier, Heinrich 363n.116

슈넨베르크, 피트Schoonenberg, Piet 360n.107

슈페너, 필립 야콥Spener, Philipp Jakob 376

슐라이어마허, 프리드리히Schleiermacher, Friedrich 270-271

스미스, 존Smyth, John 19, 33, 56, 227-231, 261, 264, 273-275, 328; 개인주의적 구원에 관한on salvation as individualistic 290; 서임에 관한on ordination 414; 세례에 관한 on baptism 259n.108; 양태론에 관한on modalism 325; 언약에 관한 on covenant 295-296; 은사들에 관한on gifts 412; 전일성에 관한on catholicity 447, 449; 직임에 관한on office 408; 직임자의 선출에 관한on election of officers 420

스코투스John Scotus Erigena 323

스킬러베익스, 에드바르트Schillebeeckx, Edward 421

스타크, 로드니Stark, Rodney 44, 45n.43

스투더, 바실Studer, Basil 332n.43

스트롱, 오거스투스 홉킨스Strong, Augustus Hopkins 296n.89, 328n.31,

420

시장marketplace　27, 41

신앙(신뢰)fiducia　277, 287

신앙faith: 개인주의적individualistic 283-284; 공동체적 본성communal nature 68-80, 83-84, 292-293; 과 지식and knowledge 287-289; 교회의 선물로서as gift of the church 72-77, 81, 94; 대 미신v. superstition 280; 의 내용content of 407; 의 매개mediation of 75-79, 272-283, 379-381; 의 사유화privatization of 41-42, 44; 의 언어language of 95-97; 의 전승transmission of 45-47; 의 행위activity of 272-274; 지지울라스의 견해Zizioulas on, 171

신앙의 고백confession of faith 152-60, 276, 281, 413; 과 은사and charismata 382

신자들의 사제됨priesthood of believers　281, 373, 376, 409-410

신자들의 어머니됨motherhood of believers　281-283

실천적 삼단논법syllogismus practicus 227, 251

실체와 인격성substance and personhood　335-337

아래로부터"from below"　297-298

아리스토텔레스Aristotle　323, 354n.94, 434, 458

아스만, 얀Assmann, Jan　228n.25

아우구스티누스Augustine　64n.4, 65, 67, 95, 110, 117, 131, 178n.148, 241, 311, 341, 346, 357n.100, 395

아이트, 피에르Eyt, Pierre　66

아파나시프, 니콜라스Afanassieff, Nicolas　136

알뤼, 앙드레 드Halleux, Andre de 439n.17

알트하우스, 파울Althaus, Paul　250n.81

양극성bipolarity　362, 375, 386

어머니로서 교회church as mother　20, 76, 123, 164, 274-284, 295, 303

언약covenant　295-296, 345, 458

에인스워스, 헨리Ainsworth, Henry　33

역사history　182n.161

「영국인의 신앙 선언」Declaration of Faith of the English People　448-449, 452

영성spirituality: 공동체적communal 122-124; 라칭거의 견해Ratzinger on 115

영적 분별spiritual discernment　403, 424

예배에서의 평신도laity in worship 379

예수 그리스도Jesus Christ 125-127, 278; 교회와의 동일시identification with church 241-247; 교회와의 상호적 관계reciprocal relation with church 156; 교회의 머리head of the church 71; 낳음generation 356, 361; 두 본성two natures 154; 와의 연합union with 85, 160-162; 의 이름name of 247-251; 탈개인화deindividualization 155

예언prophecy　401

예전liturgy　118-120

오도넬, 존O'Donnell, John　352n.88

오리게네스Origen　327

오순절Pentecost　440, 444

오순절주의자들Pentecostals 37, 45, 376

오직 그리스도*solus Christus* 278
오직 성서*sola scriptura* 101, 106
오트버그, 존Ortberg, John 28
요더, 존 하워드Yoder, John Howard 21
우트노우, 로버트Wuthnow, Robert 26
워너, 스테픈Warner, R. Stephen 38n.13
월스, 앤드류Walls, Andrew F. 19
「웨스트민스터 신앙고백」*Westminster Confession* 447
웨인라이트, 어서Wainwright, Arthur W. 326n.20
위계주의hierarchicalism 21, 24, 133, 201-203, 279, 357, 358, 361-363, 421-422
위로부터 "from above" 297-298
위임와 직임delegation, and office 413-414
위-키릴루스Pseudo-Cyril 348
윌로우크릭 교회Willow Creek Community Church 27
윌리엄스, 로완Williams, Rowan 137
유비analogy 331-334
융엘, 에버하르트Jüngel, Eberhard 51, 272n.7, 309, 314n.138, 351n.90
은사들charismata 118n.182, 203-204, 372, 377-378, 381-389, 394, 404; 과 법and law 400-407; 과 직임 and office 387, 409, 412-413, 416-417; 보편적 분배universal distribution 383-384; 상호 의존성 interdependence 385; 상호 작용적 수여interactive bestowal 388; 제도 로서as institutions 400-402
은사주의 집단charismatic groups 37
은혜grace 454
의지will 285-286, 288, 299-300

이그나티우스Ignatius of Antioch 223, 233, 364, 439, 486
"이미"와 "아직 아니" "already" and "not yet" 179-181
이중적 초월 "double transcendence" 83, 91, 102
인간론anthropology 331
인격성personhood 284, 304-311; 과 개인and individual 148-153; 과 교제and communion 142-147, 188; 과 교회적 존재and ecclesiastical being 179; 과 구원and salvation 152, 310, 312-315; 과 세례and baptism 160-165; 과 실체and substance 148, 335-337; 과 전일성and catholicity 353, 461-467; 과 하나님and God 141-144, 157-159; 관계로서as relation 126-132, 340-346, 366, 393, 464-465; 사건 으로서as event 187; 의 특수화 particularization of 159-162
인격적 내주성personal interiority 315-316
「인류의 빛」*Lumen gentium* 89, 92, 277, 363n.116, 383n.33, 409n.108, 423n.149, 454
인지cognition 166
일원론적 존재론monistic ontology 147

자발성spontaneity 394-396
자발적 연합voluntary associations 295-297
자유freedom 42, 43, 313; 와 인격성and personhood 148, 150; 지지울라스 의 견해Zizioulas on 172-174
자유교회Free Church 33-34, 37-40, 45,

47, 50-58, 229-232, 376, 447-450; 개인주의적as individualistic 65; 라칭거의 견해Ratzinger on 87-88; 사회화에 관한on socialization 299; 삼위일체와 교회의 관계에 관한on church relationship to Trinity 328-329; 서임에 관한on ordination 417; 성례전에 관한on sacraments 259n.108 ; 전일성에 관한on catholicity 431-434, 448; 직임에 관한on office 414

재세례파Anabaptists　　　227n.19
전문화(교회 안의)professionalization in the church　　　37
전일성catholicity: 과 보편적 개방성and universal openness 189, 460; 과 성령and Holy Spirit 465-467; 과 종말론and eschatology 441-446; 구원의 충만함으로서as fullness of salvation 441; 양적 이해quantitative understanding 439-441; 외적 표징external marks 454-457; 인격들의of persons 461-467
전자 교회electronic church　　40n.21
전체 그리스도Christus totus　　71, 85, 89, 92, 99, 100, 112-115, 117, 178n.148, 241, 245n.68, 278, 373, 465-466
전통tradition　　55, 95-100, 280n.38
정치신학political theology　　321, 324
제2차 바티칸 공의회Vatican II　66, 84, 89, 100, 113, 240, 432n.4, 449, 474
제3세계Third World　　　26
제도institutions 387, 390, 391n.62, 396, 417
제자도discipleship　　　424

좀, 루돌프Sohm, Rudolph　　233n.32, 236n.40, 391, 400, 402, 416
종말론eschatology 179-182, 237-241, 304, 333, 339, 442-445; 과 교회and church 221-222, 326, 391, 465-467; 과 성만찬and Eucharist 179-183, 185; 과 전일성and catholicity 441-447; 지지울라스의 과도하게 실현된"overrealized" in Zizioulas 181
종속subordination　　　358, 361
죄sin　　　149
주교(들)bishop(s) 107-111, 114, 191, 194-200, 228, 229, 263, 358, 362, 364-365, 374, 399, 415; "또 다른 그리스도"로서as alter Christus 206; 와 평신도and laity, 200-205; 의 공치성collegiality of 214; 의 동등성equality of 208; 의 직임office of 206-214, 225-226
주류 개신교mainline Protestantism 45, 50
주의 만찬Lord's Supper　　258-260
주의주의voluntarism　　　21
지, 도널드Gee, Donald　　376n.17
지도력leadership　　　384
지벨, 비간트Siebel, Wiegand　350n.89, 360n.108
지식knowledge: 과 사랑and love 167-172, 284-287; 과 신앙and faith 287-289
지역 교회local church 59, 215-216; 광역교회와의 관계relation to larger church 65, 88-92, 107-108, 112, 118, 238-241, 247, 335-336, 449-451; 다른 교회들을 향한 개방성openness to other churches 262-

266; 와 서임and ordination 413-418; 와 성만찬and Eucharist 86-87; 의 독립성independence of 260-262; 의 연결됨connectedness of 262; 의 연맹confederation of 190; 의 전일성catholicity of 355, 438, 447-451; 종말론적 공동체의 선취로서as anticipation of eschatological community 339; 지지울라스의 견해Zizioulas on 184-185

지역 교회regional church　　　261
지역 교회 연맹confederation of local churches　　　190
지지울라스, 존Zizioulas, John D. 23, 55-59, 134, 136-139, 239-241, 288, 310; 과도하게 실현된 종말론 "overrealized eschatology" 181; 교회의 구조에 관한on structures of church 399-400; 교회의 지역성에 관한on locality of church 459; 교회의 통일성에 관한on unity of church 189-191; 구원의 사회성에 관한on sociality of salvation 291; 삼위일체에 관한on Trinity 334-337; 서임에 관한on ordination 418; 세례에 관한on baptism 160-165; 신앙에 관한on faith 171; 인격성에 관한on personhood 148-160, 305, 310, 317; 주교에 관한on bishops 194-200; 지역 교회에 관한on local church 261-263, 450, 453; 직임에 관한on office 410; 직임자의 선출에 관한on election of officers 418; 진리에 관한on truth 165-170; 창조와 타락에 관한on creation and fall 149-160; 평신도에 관한on laity 200-205; 하나-다수에 관한on one-many 359

직임office 107-114, 257-260, 281, 282, 362, 370-372; 과 은사and charismata 386-387, 409, 412, 416; 교회적 삶에 필수적인necessary to ecclesial life 413

직임자officeholders　 377-379, 382, 386
직임자의 선출election of officers 418-427
진리truth: 공동체적 특질communal character 101-102, 104-106, 168; 와 성만찬and Eucharist 170-172; 지지울라스의 견해Zizioulas on 165-170
집단적 인격성corporate personality 176, 245n.68
집합주의collectivism　　　　270

창조(창조세계)creation　147, 149, 457-459
청교도Puritans　　227, 229n.26, 408
초시간성transtemporality　　163, 183
친첸도르프Zinzendorf, Nicholas Ludwig Graf von　　　　　376
침례교도Baptists　　　　44-45, 376
칭의justification　　　　120, 158

카스퍼, 월터Kasper, Walter 58, 66n.11, 342n.66
카우프만, 프란츠-자베르Kaufmann, Franz-Xaver　　　　46, 53
카파도키아 교부들Cappadocians　139, 140-141
칸트, 임마누엘Kant, Immanuel　　331

칼뱅, 장Calvin, John   277n.29, 291
칼뱅주의Calvinism   259
캄펜하우젠, 한스 폰Campenhausen, Hans von   252n.87
케제만, 에른스트Käsemann, Ernst   377n.18, 381, 382n.31
켈러, 캐서린Keller, Catherine 308n.124, 353n.93
켐니츠, 마르틴Chemnitz, Martin   440
코미아코프, 알렉시스Khomiakov, Alexis   437
콕스, 하비Cox, Harvey   39
콩가르, 이브Congar, Yves   136, 360n.107, 457
퀑, 한스Küng, Hans   67n.14
크리그, 로버트Krieg, Robert   127
키르케고르, 죄렌Kierkegaard, Søren   310
키프리아누스Cyprian 64, 233-235, 260, 303, 327

타당성 구조plausibility structures   378
탈개인화deindividualization   152-153, 155, 158, 170
탈신앙고백적 기독교postconfessional Christianity   49
테르툴리아누스Tertullian   233, 329
통일성unity 189-190, 335, 364; 하나와 다수를 보라.
통합cohesion   393
퇴니스, 페르디난트Tönnies, Ferdinand 26, 35n.7, 301
트뢸치, 에른스트Troeltsch, Ernst   380
틸리히, 폴Tillich, Paul   39

파르메니데스Parmenides   322

파슨스, 탈코트Parsons, Talcott 26, 394
판넨베르크, 볼프하르트Pannenberg, Wolfhart   309n.126, 324n.12, 330, 359, 360n.106, 409n.108, 410, 445, 481
팔리, 에드워드Farley, Edward 300n.102
페리코레시스perichoresis 348-356, 359
페미니즘신학feminist theology 20, 23, 324
페터슨, 에릭Peterson, Erik   131, 321-322, 331
평등주의egalitarianism   21-22, 28
평신도laity 44, 191, 193, 200-205, 226, 358, 372-381; 라칭거의 견해 Ratzinger on 116-119; 의 수동성 passivity of 380
포이어바흐, 루트비히Feuerbach, Ludwig   289
프레스티지Prestige G. I.   350n.87
프리스, 하인리히Fries, Heinrich   51
플로티누스Plotinus   291
플리머스 형제단Plymouth Brethren   408
피셔, 루카스Vischer, Lukas   266
핑크, 로저Finke, Roger   44, 45n.43

하나님의 나라Kingdom of God 420, 443; 성만찬에서 실현된realized in Eucharist 179-181, 192
하나님의 말씀word of God   94, 406-407
하나님의 백성people of God   71n.25, 183n.164
하나와 다수one and the many   143-145, 188, 191, 197, 211-216, 322-323, 358, 362, 433-436

하르낙, 아돌프 폰Harnack, Adolf von   391
해방신학liberation theology   98n.117, 324
해치, 네이선Hatch, Nathan O.   44
헌신commitment   251
헤겔Hegel, G. W. F.   360
현대성modernity   36, 39
형제자매의 사귐으로서 교회church as sibling fellowship   303-304
형제회Society of Friends   408
호피우스Hofius, Otto   314

화이트헤드, 알프레드 노스Whitehead, Alfred North   308n.124, 353n.93
회심conversion   74
회중주의congregationalism   37-39, 45, 50, 87, 261, 262, 376
후스, 잔Huss, John   233n.32
휘포스타시스hypostasis: 신적 divine 261; 인간적human 160-165
히버트, 폴Hiebert, Paul   251n.84
힉, 존Hick, John   437n.15
힐라리우스Hilary of Poitiers   350n.86

삼위일체와 교회
하나님의 형상으로서 교회에 대한
가톨릭·동방 정교회·개신교적 이해를 찾아서

Copyright ⓒ 새물결플러스 2012

1쇄 발행 2012년 7월 15일
5쇄 발행 2022년 7월 19일

지은이	미로슬라브 볼프
옮긴이	황은영
펴낸이	김요한
펴낸곳	새물결플러스
편 집	왕희광 정인철 노재현 정혜인 이형일 나유영 노동래
디자인	박인미 황진주
마케팅	박성민 이원혁
총 무	김명화 이성순
영 상	최정호 곽상원
아카데미	차상희

홈페이지	www.holywaveplus.com
이메일	hwpbooks@hwpbooks.com
출판등록	2008년 8월 21일 제2008-24호
주 소	(우) 04118 서울특별시 마포구 마포대로19길 33
전 화	02) 2652-3161
팩 스	02) 2652-3191

ISBN 978-89-94752-21-1 03230

책값은 뒤표지에 있습니다.